Trevor Housby & A.

ANGELN

DIE ENZYKLOPÄDIE

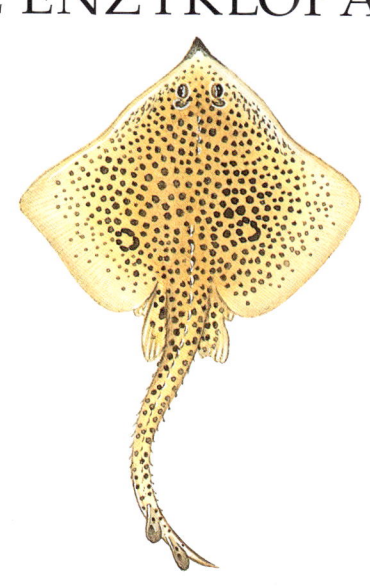

Trevor Housby & A.

ANGELN

DIE ENZYKLOPÄDIE

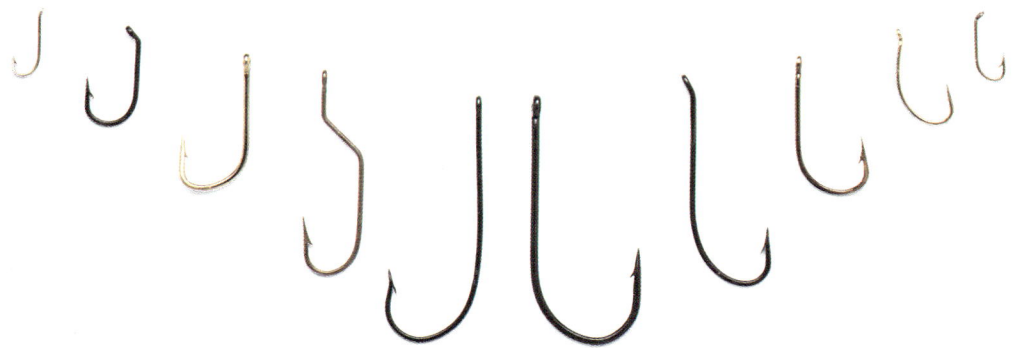

Müller
Rüschlikon

Copyright © 1994
by Dorling Kindersley Limited,
London
Titel des englischen Originals:
The Dorling Kindersley
Encyclopedia of Fishing,
The Complete Guide to the
Fish, Tackle & Techniques of
Fresh & Saltwater Angling,
erschienen bei
Dorling Kindersley Limited
9 Henrietta Street
London WC2W 8 PS
England

Die Übersetzung erfolgte durch
Olivier Portrat.

ISBN 3-275-01162-2

Copyright © 1995
by Müller Rüschlikon Verlags AG
Gewerbestrasse 10
CH-6330 Cham

Satz: Stückle Druck & Verlag,
D-77955 Ettenheim
Druck: L.E.G.O., I-36100 Vicenza
Printed in Italy

INHALTSVERZEICHNIS

DAS FLIEGENFISCHEN

DIE FISCHARTEN

DIE TECHNIKEN

FLIEGENFISCHEN

SALZWASSERFISCHEN

DAS WASSER

ANHANG

VORWORT

TREVOR HOUSBY
Dieses Buch ist der Erinnerung an Trevor Housby gewidmet, der im August 1993 kurz vor der Vollendung dieses Werks verstarb. *Trevor war der erfahrenste und vielseitigste Angler, den ich je kennengelernt habe. Während seiner abwechslungsreichen und über 35 Jahre umfassenden Karriere schrieb er über 40 Bücher und schoß er Tausende von Fotos. Neben der Tatsache, daß er ein international anerkannter Big-Game Spezialist war, auf dessen Konto blaue Marline, Blauhaie, Weißspitzenhaie, weiße Marline und Wahoos in Rekordgrößen gehen, erfand er für die Fliegenfischer den Dog Nobbler und war gleichzeitig Angelfachberater zahlreicher Angelreise-Veranstalter und verschiedener Fluggesellschaften. Er war wirklich einer der ganz Großen und sein Verlust wird uns sehr schmerzen.*
John Wilson, August 1993

Einer der herausragendsten Aspekte der Fischerei ist, daß man nie ausgelernt hat. Was heute Fische zum Biß verleitet, ist am nächsten Tag nur selten erfolgreich und wenn Sie als Angler regelmäßig erfolgreich sein möchten, müssen Sie ständig beobachten, lernen und Ihre Techniken verbessern. Ebenso holen Sie aus unserem Sport mehr heraus, wenn Sie auch auf andere Techniken und Angelarten vorbereitet sind als nur auf jene, die Sie ohnehin bereits beherrschen. Vielleicht befischen Sie heute nur einen bestimmten Strand oder Flußabschnitt, aber mit der Zeit wird sich Ihr anglerischer Horizont weiten und Angelausflüge, die Ihnen heute noch als für Sie unmöglich erscheinen, können bereits in naher Zukunft Wirklichkeit werden. Wenn Sie sich näher mit den verschiedenen Aspekten unseres Sportes befassen, werden Sie darüberhinaus Ihr Wissen über diesen Sport und Ihre Freude an ihm um ein Vielfaches steigern.

Eine der schönsten Arten, seinen anglerischen Horizont zu weiten, erfolgt über das Lesen - Angelzeitschriften und Bücher enthalten wahre Informationsreichtümer, die nur darauf warten, geborgen zu werden. Die meisten hierunter sind allerdings auf bestimmte Angelarten spezialisiert und nur selten findet man ein Buch, in dem jeder Aspekt dieses Sportes gleichermaßen berücksichtigt wird. Die Enzyklopädie „Angeln" ist eine solche Rarität, ein magisches Werk, das Informationen über Fischarten, Angelgerät, Köder und Techniken enthält, kurzum, über all das, was sich ein Angler nur wünschen kann.

Hier wurden hundert Angelbücher in einem verfaßt und gleichzeitig wurde es mit zahlreichen Fotos und detailgenauen Farbzeichnungen herrlich illustriert. Dieser für Angler unerläßliche Lesestoff ist ein Buch, das nur wenig Zeit im Regal verbringen wird.

TREVOR HOUSBY

EINLEITUNG

Die Entwicklung von Angeltechniken und Angelgerät ist eine Geschichte steten Fortschrittes, die von der einfachen Stipprute zur Erfindung der Rolle führte und heute im ewigen Verbessern des modernen Angelgerätes und seiner Anwendungsarten andauert. In diesem Buch werden typische Beispiele für moderne Ruten, Rollen und anderes, wesentliches Angelzubehör beschrieben, es hilft Ihnen bei der Köderwahl im Süß- und Salzwasser, es erläutert die Grundzüge vom Fliegenbinden und in ihm abgebildet sind typische Fliegenmuster aus den verschiedenen Fliegengruppen. Die wichtigsten Süß- und Salzwasserfischarten werden beschrieben – und detailgetreu in Form von Farbzeichnungen dargestellt - , es werden Anleitungen zu ihrem Fang gegeben und es wird erläutert, wie man "das Wasser liest", um den Standort der Fische ausfindig zu machen.

EIN ALTER SPORT
Die Ruhe beim Süßwasserangeln wird auf diesem alten Holzschnitt wiedergegeben, auf welchem ein Angler dargestellt ist, der in der Ruhe eines frühen Morgens am Wasser sitzt.

PFAUENSCHWERT-FEDER
Die Fibern der Pfauenschwertfedern sind eine der vielen natürlichen und künstlichen Materialien, die zum Binden künstlicher Fliegen verwendet werden.

DAS GERÄT

Qualitativ hochwertiges Gerät ist für einen Angler ebenso wichtig, wie ein gut gestimmtes Instrument für einen Musiker: die Grenzen Ihrer anglerischen Leistung sollten von Ihren Fähigkeiten und nicht durch ungeeignetes Gerät gesteckt werden. Das leicht verständliche Kapitel zu diesem Thema enthält Beispiele aus der breiten Produktpalette, die uns Anglern zur Verfügung steht, Vor- und Nachteile werden hervorgehoben und beim Zusammenstellen von Grundausrüstungen wird Hilfestellung geboten.

DIE KÖDER

Sie mögen die besten Ruten, Rollen, Schnüre und Haken der Welt haben, Fische fangen Sie erst dann, wenn Sie über gute Köder verfügen und mit ihnen umzugehen wissen. In diesem Kapitel erfahren Sie, wie Sie pflanzliche und tierische Naturköder zum Süßwasserfischen aussuchen und verwenden und wie Sie Süßwassergrundfutter anrühren und dann damit anfüttern. Die wichtigen

MEERESANGELN
Meeresangler fischen von Stränden, Felsen, Pieren und Hafenmauern aus, ebenso wie von Privat- und Charterbooten. Hier sind die Angler und Besatzung damit beschäftigt, das Gerät, die Köder und anderes Zubehör auf die Charterboote zu laden, bevor für einen Tagesausflug in See gestochen wird.

Kunstköderarten werden beschrieben, wozu Spinner, Löffel und Wobbler gehören und beendet wird dieses Kapitel mit praktischen Ratschlägen über den Umgang mit Naturködern, Grundfutter und Kunstködern beim Meeresangeln. Fliegen, egal, ob nun echte oder gebundene, sind ebenfalls Köder, die aufgrund ihrer Komplexität jedoch separat, nämlich im darauffolgenden Kapitel beschrieben werden.

DAS FLIEGENFISCHEN

Das Fliegenfischen ist eine der ältesten Angeltechniken, von der wir heute wissen, daß sie bereits im dritten Jahrhundert unserer Zeitrechnung in Mazedonien praktiziert wurde. Das Alter dieser Technik, ihre Komplexität und das Subtile an ihr sowie die Tatsache, daß das Fischen an vielen der guten Lachs- und Forellenstrecken über den finanziellen Möglichkeiten der meisten Angler liegt, haben dieser Technik zu einem gewaltigen Prestige verholfen. Dennoch steht zweifelsfrei fest, daß der Fang eines guten Fisches mit der Flugangel, insbesondere, wenn er eine vom Angler selbst gebundene Fliege genommen hat, eine ungemein dankbare Erfahrung ist. Heutzutage ist eine solche Erfahrung, dank ausgiebiger Besatzmaßnahmen an Talsperren und anderen öffentlichen Gewässern mit beliebten Sportfischen wie Bach- und Regenbogenforelle, in jedermanns Reichweite gerückt. In diesem Kapitel werden natürliche Insekten beschrieben, die im Lebenszyklus von Lachs, Forelle, Barsch und anderen Sportfischen eine wichtige Rolle spielen und ebenso werden die verschiedenen Arten von Kunstfliegen dargestellt, wie sie gebunden und wie sie verwendet werden.

BOOTFISCHEN
Mit Hilfe eines kleinen Bootes deckt man, ganz egal ob an einem stillstehenden Gewässer oder an einem großen Fluß, eine viel größere Wasserfläche ab, als das den Uferanglern aufgrund ihrer begrenzten Wurfweite möglich ist.

BRANDUNGS-FISCHEN
Der Brandung ausgesetzte Strände bieten oft ausgesprochen spannende und ertragreiche Angelmöglichkeiten. Dieser Angler watet gerade in die Brandung von Inch Beach, Co.Kerry, Irland hinaus, ein rauher Atlantikstrand, der für seine ausgezeichnete Wolfsbarschfischerei bekannt ist.

DIE FISCHARTEN

Weltweit gibt es Tausende und Tausende verschiedener Fischarten und nur einer Minderheit von ihnen stellen die Angler nach. Aber auch diese Minderheit zählt Hunderte von Arten und in diesem Kapitel werden annähernd 250 von ihnen näher beschrieben, worunter sich kleine Süßwasserfische wie Hasel und Sonnenbarsch befinden, aber auch Ozeangiganten wie Marline und Thune. Zur einfachen Identifizierung wurde jede Art detailgenau und farbig abgebildet und aus dem Begleittext lassen sich Details über Verbreitung, Lebensraum, Nahrung und Größe entnehmen, ebenso wie Empfehlungen bezüglich der für ihren Fang erforderlichen Technik, des Gerätes und der Köder. Ebenfalls dargestellt wurde die Grundanatomie der Fische und entsprechende Zeichnungen geben ihre wichtigsten inneren Organe und die Grundstruktur ihres Skelettes wieder. Hervorgehoben werden auch die Hauptunterschiede zwischen Knochen- und Knorpelfischen, ebenso weitere wichtige Fischmerkmale, wie etwa Schuppenarten, die Funktionen des Seitenlinienorganes und wie die Fische mit ihren Kiemen "atmen".

WILDFORELLEN
Wildforellen, wie diese prächtigen Bachforellen, sind gewöhnlich zurückhaltender und kämpferischer als ihre Zuchtgeschwister und demzufolge auch schwieriger zu fangen.

DIE TECHNIKEN

Ganz allgemein betrachtet gibt es keine einzige, "idiotensichere" Methode, um zu jeder gegebenen Zeit an einem bestimmten Gewässer eine bestimmte Fischart zu fangen und es bedarf nur wenig, um erfahrene Angler dazu zu bewegen, gleich stundenlang über die der jeweiligen Situation am meisten angepaßte Angeltechnik zu reden. Bei den hierbei verwendeten Argumenten handelt es sich jedoch gewöhnlich um Abwandlungen bestimmter Grundtechniken und Basismontagen und diese müssen Sie sich erst einmal verinnerlichen, bevor Sie sie mit zunehmender Erfahrung dann der vorhandenen Situation anpassen. In diesem Kapitel finden Sie genaue und leicht verständliche Beschreibungen einer breiten Palette von Angeltechniken, die vom einfachen Stippfischen bis zum Big-Game Fischen reicht.

DAS WASSER

Zum Fischen gehört weit mehr als der Kauf von geeignetem Gerät und das Erlernen des Umganges mit ihm. Die besten Angler sind gleichzeitig auch gute Naturkenner, die die Gewohnheiten der Fische erlernen und Strömungen, Gezeiten, Uferbewuchs, Wasserpflanzen, die Bodenbeschaffenheit unter Wasser und vieles mehr aufmerksam beobachten und hieraus Rückschlüsse auf den Standort der Fische und deren Nahrung ziehen. Durch einfaches Beobachten der Vorgänge im und um das Wasser können Sie sich beim Angeln einen gewaltigen Wissensschatz aufbauen und feststellen, wie sich Standort und Nahrungsaufnahme mit der Tageszeit, dem Wetter und dem Licht verändern. Sind Sie Süßwasserangler, dann kann ein genaues Beobachten Ihres Gewässers während der Schonzeit zu seinem besseren Verständnis führen und Sie vielleicht auch mit Information versorgen, die Sie zu Saisonbeginn gleich gewinnbringend einsetzen können. In diesem Kapitel erhalten Sie Einblick in die Unterwasserwelt und seine Bewohner; außerdem wird Ihnen Hilfe geboten, die besten Angelstellen ausfindig zu machen.

KUNSTKÖDER
Das Fischen mit Kunstködern, wie Wobbler und Spinner, ist eine fängige und unterhaltsame Art und Weise, Hechte, Barsche und andere Raubfische zu fangen.

DER UMGANG MIT DEM FISCH
Behandeln Sie die Fische stets mit Vorsicht und setzen Sie sie so schnell wie möglich in ihr Element zurück, wenn sie nicht für den Verzehr gedacht sind. Halten Sie sie sicher aber gefühlvoll und lösen Sie die Haken so schonend wie nur möglich. Halten Sie sie beim Zurücksetzen im Wasser aufrecht, bis sie wieder ein wenig zu Kräften gekommen sind und aus eigener Kraft davonschwimmen können. Lassen Sie nie alte Haken, Schnur oder anderes Gerät am Ufer oder im Wasser liegen, wo es Vögel und andere Tiere gefährden kann.

DAS WASSER LESEN
Erfahrene Angler, die viel Zeit mit dem Studieren der Gewässer verbringen, können diese schließlich wie eine Karte lesen. Sie wissen, wo die Fische mit größter Wahrscheinlichkeit anzutreffen sind - so vermeiden sie normalerweise das frustrierende Abfischen unproduktiver Wasserstrecken.

DAS GERÄT

DIE HERSTELLUNG VON ANGELGERÄT ist eine der ältesten Industrien der Welt, deren Spuren sich bis in unsere prähistorische Vergangenheit zurückverfolgen lassen. Die ältesten bekannten Fischfanggeräte sind Harpunen und aus Knochen, Geweih, Stein oder Muscheln gefertigte Angelhaken, die mit Ködern versehen an Handleinen gefischt wurden. Mit derartigen Hilfsmitteln wurde in der mittleren Steinzeit (12 000–9 000 v. Chr.) in Kleinasien gefischt und gegen Ende dieses Zeitabschnittes tauchten bereits die ersten aus Knochen gefertigten abgerundeten Angelhaken auf. Die ersten Metallhaken wurden aus Kupfer hergestellt und entstanden vor etwa 7 000 Jahren. Seitdem ging die Weiterentwicklung der Angelhaken eng mit der der Metallverarbeitung einher. Die Herstellung von Ruten und Rollen ist ebenfalls ein altes Gewerbe. In Mazedonien wurden bereits im dritten Jahrhundert unserer Zeitrechnung kurze Ruten verwendet, mit denen einfache Fliegen gefischt wurden - parallel hierzu fischten die Chinesen sehr wahrscheinlich schon damals mit Rute und Rolle.

Heute ist die Herstellung von Angelgerät eine vielseitige, weltweite und innovative Industrie, deren Produkte ständig weiterentwickelt werden. Schnell stellt man sich auf neue Techniken und Trends ein, wobei die Angelgerätehersteller zu den ersten gehören, die neue Legierungen und Verbundmaterialien ausprobieren. In diesem Kapitel werden typische Beispiele aus der breiten Produktpalette vorgestellt, die Anglern heute zur Verfügung steht.

DIE GERÄTEWAHL
Qualitativ hochwertiges und gut ausbalanciertes Gerät bereitet beim Fischen Freude und erhöht die Aussichten auf einen guten Fang.

DIE GRUNDAUSRÜSTUNG

Vergessen Sie beim Kauf einer Grundausrüstung nie, daß teures Gerät an sich noch lange keine Garantie für den großen Fangerfolg ist. Ist Ihnen dieser Sport noch neu, dann ist es darüber hinaus ohnehin sehr unwahrscheinlich, daß Sie das volle Potential aus Ihrem Gerät holen. Viel sinnvoller ist es, mit einer zuverlässigen und kostengünstigen Ausrüstung anzufangen und sich nach und nach, mit dem Weiterentwickeln der anglerischen Fähigkeiten, hochwertigeres Gerät zuzulegen.

SALZWASSERFISCHEN

Beim Fischen von der Küste aus, insbesondere beim Brandungsfischen, ist die Fähigkeit, große Wurfentfernungen zu erreichen, überaus wichtig. Keineswegs darf man hieraus jedoch ableiten, daß sich die Fische allein schon durch Weitwürfe mit Hochleistungsgerät fangen lassen. Viele Arten ziehen gerne in sehr seichtes Wasser. An steil abfallenden Stränden kann sich das tiefe, fischreiche Wasser in unmittelbarer Entfernung zum Ufer befinden, sodaß es problemlos mit einer kostengünstigen und recht weichen Rute erreicht werden kann. Für das Bootsfischen gibt es keine einzige Ausrüstung, die allen Eventualitäten gerecht wird. So läßt sich beispielsweise das Uptide-Fischen nicht mit einer gewöhnlichen Bootsrute betreiben und umgekehrt ist jede weichspitzige Uptide-Rute beim Wrackfischen hoffnungslos überlastet. Versuchen Sie stets, sich nur solches Gerät zu kaufen, das zu der von Ihnen gewählten Angelmethode paßt.

Küstenfischen
Gewöhnlich erfordert das Fischen von Felsen oder Hafenmolen geringere Wurfentfernungen, als das von einem offenen Strand aus nötig ist, sodaß die hierbei verwendeten Ruten nicht so ausgereift und hochwertig sein müssen. Gebraucht wird robustes, zuverlässiges Gerät, dem der rauhe Untergrund nichts anhaben kann und mit dem man auch mit wenig Bewegungsfreiheit große Fische bezwingen kann. Die Rute benötigt Rückgrat zum Hängerlösen, um Fische von Hindernissen fernzuhalten und um sie an Land zu heben. Verhältnismäßig kurze Ruten, zuverlässige Rollen mit hoher Übersetzung und stabile, abriebbeständige Schnüre bilden die Grundlage einer Ausrüstung zum Küstenfischen.

Brandungsfischen
Da die meisten Strände recht langsam abfallen, befindet sich das tiefe, fischreiche Wasser gewöhnlich weiter draußen, als das entlang von Felsküsten der Fall ist. Größere Wurfweiten sind hier angebracht. Das Ergebnis ist, daß Brandungsgerät gewöhnlich leichter und zum Erreichen großer Wurfentfernungen geeigneter ist als das beim Küstenfischen ansonsten verwendete. Robust sollte es dennoch sein. Allerdings sind speziell zum Erreichen großer Wurfweiten entworfene Ruten sehr steif und erfordern eine ausgereifte Wurftechnik. Für den Anfang ist weicheres Gerät viel geeigneter, mit dem Sie zunächst auf in seichterem Wasser lebende Fischarten fischen sollten.

Bootsfischen
Um das meiste aus dem Bootsfischen zu holen, brauchen Sie mindestens zwei verschiedene Ruten sowie geeignete Rollen. Die erste Rute sollte 2,1 m lang sein und zur 30 lb.-Klasse (13,6 kg) gehören. Eine solche Rute ist zwar für manche Arten der Bootsfischerei zu schwer und für andere zu leicht, sie kommt jedoch mit den meisten Situationen zurecht. Die zweite Rute sollte auf das Uptide-Fischen ausgelegt sein. Ihre Ideallänge liegt bei 2,7 bis 3 m und sollte Wurfgewichte bis etwa 230 Gramm vertragen. Zusätzlich zu diesen Ruten kann noch eine Rute aus der 12 lbs-Klasse sinnvoll sein, ebenso, wie eine weitere Uptide-Rute (Wurfgewicht 60 bis 120 Gramm) für die leichte küstennahe Fischerei.

Das Big-Game Fischen
Ausfahrten zum Big-Game und spezielles Gerät sind teuer. Auf den meisten Charterbooten wird jedoch Gerät gestellt. Gewöhnliches Boots- oder Uptide-Gerät kann beim Driftfischen auf kleinere Arten verwendet werden. Das Schleppfischen erfordert kurze, steife Ruten, um den Haken sicher einzutreiben und stark belastbare Rollen und großer Schnurkapazität am besten mit Hebelbremse. Stand-up Ruten der 30 bis 50 lbs-Klassen, die mit 30 bis 50 lbs Hebelbremsrollen versehen wurden, kommen mit fast allen Fischen zurecht. Lediglich für große Fische ist 80 bis 130 lbs-Gerät nötig.

KÜSTENGERÄT
Rute: 3,4 m Brandungsrute.
Rolle: Multirolle mit zwei Einholgeschwindigkeiten.
Schnur: 9 bis 18 kg monofile Schnur.
Haken: Mustad-Haken in den Größen 1 - 8/0.
Endmontage: verschiedene Gewichte, Arlesey-Bomben, Gleitbleie; 30 bis 60 lb. Stahlvorfach; robuste Wirbel; Perlen; Seitenarme; Schnurstopper; Gleitposen.
Landegerät: verwenden Sie, wo immer der Zugang es erlaubt, einen Kescher oder ein Gaff. Fischen Sie tief unter sich, dann verwenden Sie ein Senknetz als Landehilfe.
Köder: Krebse, Makrelen, Tintenfische und Würmer.

BRANDUNGSGERÄT
Rute: 3,7 m Brandungsrute.
Rolle: Multirolle oder Stationärrolle mit hohem Schnurfassungsvermögen.
Schnur: 5 bis 8 kg monofile Schnur.
Haken: Aberdeenhaken in den Größen 1 bis 4/0.
Endmontage: Krallenbleie und einfache Bomben von 60 bis 170 Gramm; 70 lbs (31kg) monofile Schlagschnur; 9 bis 18 kg Stahlvorfach; ovale Sprengringe; Köderklammern oder Aufprallschutz; Wirbel; Perlen; Schnurstopper; Seitenarme.
Landegerät: Unterfangkescher oder Gaff.
Köder: Krebse, Makrelen, Tintenfische und Würmer.

DAS BOOTSGERÄT
Ruten: eine Bootsrute der 30 lbs-Klasse mit einer Länge von 2,1 m und eine 2,7 bis 3 m lange Uptide-Rute, die ein Wurfgewicht bis 230 Gramm verträgt.
Rollen: Multirollen.
Schnur: 8 bis 23 kg (18 bis 50 lbs) monofile Schnur.
Haken: Mustad oder Uptide-Haken in den Größen 1 bis 8/0.
Endmontage: eine Auswahl an Gewichten, 40 bis 60 lbs Stahlvorfach, robuste Wirbel, Perlen, verschiedene Seitenarme.
Landegerät: wird auf Charterbooten gewöhnlich gestellt.
Köder: Krebse, Makrelen, Tintenfische, Würmer, Federpaternoster oder Hokkai-Kunstköder.

DAS BIG-GAME GERÄT
Rute: Stand-up Rute der 30 bis 50 lbs-Klasse (13,6 - 22,7 kg).
Rolle: Multirolle mit Hebelbremsmechanismus in der 30 bis 50 lbs-Klasse.
Schnur: 13,6 bis 22,7 kg (30 - 50 lbs) Big-Game Schnur.
Haken: eigens gehärtete Haken, die mit Kunstködern versehen werden; weit geöffnete Lebendköderhaken.
Endmontage: 100 bis 200 lbs (45 bis 90 kg) schweres Vorfachmaterial aus monofiler Schnur oder aus Stahlvorfach; Klemmhülsen; Karabinerwirbel.
Landegerät: wird vom Charterboot gestellt.
Köder: eine Auswahl montierter Schleppköder, die zu der gesuchten Fischart passen; lebende und tote Köderfische.

SÜSSWASSERFISCHEN

Die im Süßwasser lebenden Fischarten werden mit verschiedensten Methoden gefangen. Friedfische fängt man fast ausschließlich mit Naturködern. Diese Köder werden manchmal an freier Schnur angeboten – die natürlichste Köderpräsentation –, meistens jedoch unter einem Schwimmer oder hinter einem Blei. Kunstköder sind überaus fängig und lassen sich leichter als Naturköder anbieten. Einige sollen die Beute einer bestimmten Art imitieren, andere bauen auf die Raublust der Fische. In dieselben Kategorien lassen sich auch die Fliegen der Fliegenfischer unterteilen. Von den Fliegenfischern werden Forellen und Lachse, aber noch viele weitere Süßwasserarten gefangen. Für die Anhänger dieser Technik gehört das Fliegenfischen zu den schönsten Formen der Sportfischerei.

Das Kunstköderfischen

Unter Kunstköderfischen versteht man den Versuch, Raubfische durch das Werfen und Einholen von Kunstködern zum Biß zu verleiten. Zum Biß verleiten lassen sich die Raubfische durch das Spiel des Kunstköders während des Einholens. In den Vereinigten Staaten werden Kunstköder oft mit kleinen Multirollen gefischt, während in Europa in erster Linie Stationärrollen verwendet werden. Diese Angelart wird auch als Spinnfischen bezeichnet. Die Art der Rolle ist letztlich unwichtig, wesentlich ist viel mehr, daß sie über einen hochwertigen Bremsmechanismus verfügt. Ebenso hochwertig sollten die Keramikringe der Rute sein, da so der Abnutzung der Schnur vorgebeugt wird: bei nur einem einzigen Angelausflug kommt es schnell zu vielen hundert Würfen. Unter den Kunstköderruten gibt es einige der kürzesten Angelruten überhaupt und manche ultraleichte Spinnruten sind nur 1,4 m lang. Derart kleine Ruten kommen an dicht zugewachsenen Gewässern zum Einsatz, wo ein Werfen mit langen Ruten nahezu unmöglich ist.

Das Naturköderfischen

Im Süßwasser werden fast alle Naturköder mit Hilfe von Posen oder an Grundbleien angeboten. Posen sind zweifellos die sensibelsten Bißanzeiger überhaupt und fast jeder Süßwasserfisch kann an Posenmontagen gefangen werden. Posen gibt es in zwei Grundtypen: diejenigen, die oben und unten an der Hauptschnur befestigt sind, eignen sich in erster Linie zum Befischen fließender Gewässer; demgegenüber gibt es jene Posen, die nur an ihrem unteren Ende befestigt sind und die sowohl in stillstehenden, als auch in Fließgewässern gefischt werden können. Beim Grundfischen werden die Köder auf dem Fluß- oder Seegrund angeboten, wo sie mit einem oder mehreren Bleien verankert wurden. Auch wenn diese Montage nicht ganz so sensibel wie das Posenfischen ist, stellt das Grundfischen dennoch eine effektive Methode dar, um Fischen, die sich am Grund ernähren, die Köder anzubieten. Oft ist diese Technik auch rentabler als das Posenfischen, beispielsweise an rasch fließenden Bächen oder bei hohen Wurfweiten an großen Gewässern.

Das Stippfischen

Beim Stippfischen fehlt die Rolle: die Schnur wird entweder direkt an der Rutenspitze befestigt oder über ein schockdämpfendes Gummiband. Aufgrund dieser direkten Verbindung ist die Führung und Kontrolle der Endmontage überaus präzise. Das Fischen mit der Stipprute ist eine der ältesten Formen der Fischerei überhaupt. Vor Erfindung der Rolle waren Stippruten bereits seit Jahrhunderten im Einsatz. Noch gibt es die traditionellen Bambusstippen - allerdings wurde die Stipprutentechnologie mit dem Einführen der ersten Fiberglasstippruten in den 60er Jahren revolutioniert. Seitdem wurde Fiberglas von den Kohlefaserstippruten weitgehend verdrängt. Diese Ruten sind entweder teleskopisch oder über Steckverbindungen zerlegbar und ihr geringes Gewicht ermöglichte die Herstellung von bis zu 17 m langen Stippruten. Stippruten werden immer in Verbindung mit Posen gefischt und da mit ihnen in erster Linie kleine Fische gefangen werden, wurde eine Vielzahl kleiner und höchst sensibler Schwimmer entwickelt, die auch kleinste Zupfer anzeigen.

Das Fliegenfischen

Mit der Fliegenrute lassen sich viele Fischarten fangen, im Süßwasser stellt man mit diesen Ruten jedoch in erster Linie den Mitgliedern der großen Familie der Salmoniden nach. In den Vereinigten Staaten wird hiermit auch viel auf den groß- und kleinmäuligen Schwarzbarsch gefischt. Die Hauptkategorien des Fliegenfischens sind das Fischen mit Trockenfliegen, mit Naßfliegen und mit Nymphen. Trockenfliegen werden auf der Wasseroberfläche gefischt, Naßfliegen und Nymphen darunter. Das Trockenfliegenfischen ist eine der spannendsten Angelarten überhaupt. Leider läßt sich seitdem nur zur warmen Jahreszeit fischen, wenn die Fische nach Insekten an oder knapp unter der Oberfläche steigen. Das wichtigste beim Fliegenfischen ist der Umgang mit der Fliegenrute, eine Technik, die man sich am besten über einen Kurs aneignet. Allein schon das Werfen mit einer Fliegenrute ist eine Freude für sich und es lohnt sich, wenn man sich verschiedene Wurftechniken angewöhnt, da man sich so rasch auf die äußeren Umstände (Wasser und Wetter) einstellen kann.

DAS KUNSTKÖDERGERÄT

Rute: 2,1 bis 2,7 m lange Spinnrute mit mittlerer Aktion.
Rolle: Stationärrolle oder kleine Multirolle.
Schnur: 3,6 bis 4,5 kg (8 bis 10 lbs) monofile Schnur.
Haken: befinden sich bereits an den Kunstködern.
Endmontage: Stahlvorfächer; Wirbel; Vorfachglätter; Walker-Bleie, um die Kunstköder über hängerreichem Untergrund von diesem losgelöst zu führen.
Landegerät: Unterfangkescher oder Handschuh, um stark bezahnte Fische aus dem Wasser zu heben.
Köder: Spinner, Löffel und Wobbler.

DAS NATURKÖDERGERÄT

Rute: 3,7 m Posen- oder 3 m Grundrute; oder eine 3,4 m Avon-Rute, für beide Arten.
Rolle: Stationärrolle.
Schnur: 1,4 kg (3 lbs) monofile Schnur zum Posen- und 2,7 kg (6 lbs) zum Grundfischen.
Haken: Größen 12 bis 26 zum Posenfischen und Größen 2 bis 12 zum Grundfischen.
Endmontage: Spaltbleie; Futterkörbchen und Laufbleie; eine Auswahl an Sticks, Wagglers und Loafers.
Landegerät: Kescher.
Köder: Maden, Caster, Brot, Würmer und Hanf (Chènevis).

DAS STIPPGERÄT

Stippe: aus Kohlefaser, etwa 5 bis 7 m lang.
Schnur: monofile Schnur von 0,06 bis 0,12 mm für kleine Fische und proportional dickere Schnur für schwerere Fische.
Haken: dünndrähtige Plättchenhaken in den Größen 16 bis 26 und die Größen 10 bis 16 für größere Fische.
Endmontage: Stipp- und Federkielposen; Spaltbleie; Laufoliven; fertige Stippmontagen.
Landegerät: feinmaschiges Rundnetz mit einem langen, steifen Teleskopgriff.
Köder: Maden, Zuckmückenlarven; Brot, Hanf (Chènevis).

DAS FLIEGENGERÄT

Rute: eine 3 m lange Rute der Schnurklassen 6/7 mit mittlerer Aktion.
Rolle: eine Fliegenrolle, die die Wurfschnur und etwa 50 m Backing faßt.
Wurfschnüre: eine Schwimmschnur, eine Schnur mit sinkender Spitze, eine mittelschnell sinkende und eine schnellsinkende Wurfschnur.
Vorfächer: 0,10 bis 0,18 mm zum Trockenfliegenfischen, 0,22 mm zum Naßfliegenfischen und 0,25 bis 0,30 mm zum Streamerfischen.
Landegerät: Watkescher.
Fliegen: eine Auswahl an Trocken- und Naßfliegen, Nymphen und Streamern.

DIE RUTE

Bis in die Mitte des 19.Jahrhunderts wurden Ruten aus Hölzern wie Hasel, Esche, Hickory (nordam. Walnußbaum) und Greenheart (Grünholz) hergestellt. In den 1840er Jahren begann jedoch sowohl William Blacker in England als auch Samuel Phillippe in Pennsylvania damit, Ruten aus gespließtem Bambus herzustellen. Hierbei werden aus Bambus der Länge nach im Profil dreieckige Streifen geschnitten und anschließend verleimt. Gespließte Ruten stellten sich als leichter, flexibler und haltbarer als

Holzruten heraus und derart verarbeiteter Bambus war für die nächsten hundert Jahre das beliebteste Rutenmaterial. Noch heute werden einige teure, handgefertigte Fliegenruten aus diesem Material hergestellt, seit den 40er Jahren wurde es jedoch fast gänzlich von moderneren Materialien verdrängt. Dabei handelte es sich zunächst um Stahl und Aluminium, bevor sich das Fiberglas durchsetzte. Heute hat Fiberglas mit Konkurrenz aus Boron, Kevlar und Kohlefaser zu kämpfen.

RUTENBESTANDTEILE

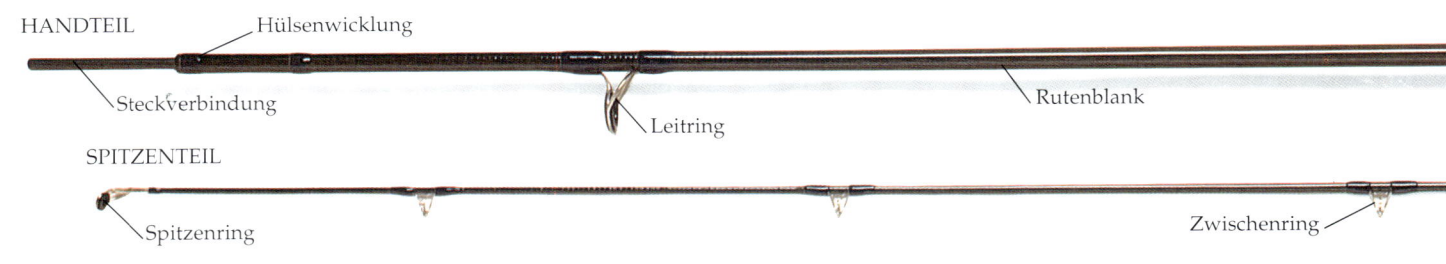

HANDTEIL — Hülsenwicklung

Steckverbindung — Rutenblank

Leitring

SPITZENTEIL

Spitzenring — Zwischenring

RUTENRINGE

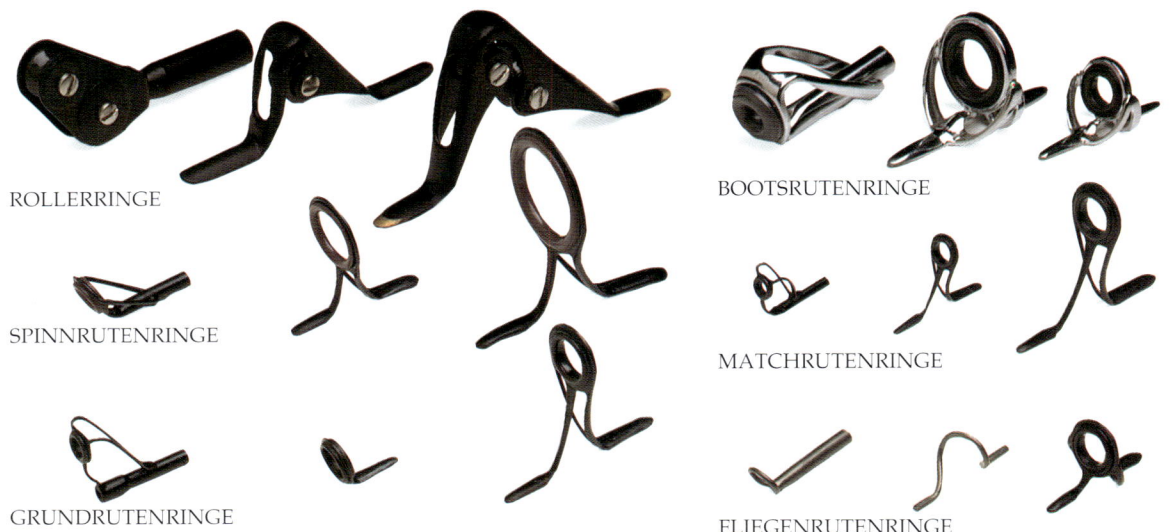

ROLLERRINGE

SPINNRUTENRINGE

GRUNDRUTENRINGE

BOOTSRUTENRINGE

MATCHRUTENRINGE

FLIEGENRUTENRINGE

DIE RINGFORM
Die Palette der Rutenringe reicht von den plumpen, höchst belastbaren Rollerringen, wie sie beim Big-Game Fischen verwendet werden, bis zu den dünnen Ringen an einer Forellenfliegenrute. Die meisten Ringe sind zweifüßig, der Trend geht jedoch eindeutig zu den einfüßigen Rutenringen. Diese beeinflussen die Rutenaktion nur geringfügig und aufgrund besserer Materialien sind diese heute fast genauso stabil, wie die zweifüßigen Ringe.

Die Ringe zum Brandungs-, Spinn- und Grundfischen:
Alle drei dieser Rutentypen werden mit runden Ringen versehen, die meistens darauf ausgelegt sind, Abrieb standzuhalten und die Reibung zu reduzieren. An Grundruten enthält der Spitzenring oft eine Bohrung, um mit einem aufgeschraubten Bißanzeiger (Quivertip) fischen zu können. An echten Quivertipruten tragen die dünnen Spitzen oft viele dicht aneinanderstehende einfüßige Ringe. Einige Bootsruten sind ausschließlich mit Rollerringen versehen, bei anderen sind es nur der Anfangs- und Spitzenring, während die Zwischenringe herkömmliche Bootsringe sind. Rollerringe reduzieren den Reibungswiderstand und damit die Abnutzung der Ringe, insbesondere, wenn mit Stahlschnur gefischt wird.
Matchrutenringe:
Die wichtigste Aufgabe der Matchrutenringe ist es, die Schnur vom Blank entfernt zu halten. Besonders wichtig ist das bei nassem Wetter, wenn die

Schnur allzu leicht am Blank kleben bleibt und dadurch eine gute Köderpräsentation erschwert. Aus diesem Grund werden Matchruten mit weit abstehenden Ringen montiert, die gewöhnlich hart verchromt sind, oder mit abriebbeständigen Materialien, wie Aluminiumoxyd oder Siliciumcarbid überzogen wurden.
Fliegenrutenringe:
Früher wurden Fliegenruten zum Forellenfischen immer mit rostfreien Stahlringen oder mit hartverchromten Ringen ausgestattet. Die Zwischenringe waren sogenannte Schlangenringe - kleine Stücke gebogenen Drahtes, der an beiden Enden ein wenig abgeflacht wurde. Schlangenringe werden noch heute verwendet, immer öfter jedoch einfüßige Ringe mit Keramikeinlagen, während der Anfangsring - wegen der höheren Belastung - zweifüßig ist. Lediglich besonders schwere Fliegenruten werden heute noch ausschließlich mit zweifüßigen Rutenringen versehen.

SPITZENAKTION

MITTENAKTION

PARABOLICAKTION

DIE RUTENAKTION

Unter der Aktion einer Rute versteht man ihre Art, sich zu krümmen. Eine Spitzenaktion hilft bei schnellen Anhieben und weiten Würfen, wogegen auf eine Mittenaktion zurückgegriffen wird, wenn die Fähigkeit große Fische zu drillen überwiegt. Ruten mit durchgehender Aktion (Parabolicaktion) biegen sich von der Spitze bis an das Griffende, was besonders beim Drill großer Fische auf kurze Entfernung wichtig ist.

TERMINOLOGISCHER GLOSSAR:

Die AFTMA-Skala. Hier werden die Fliegenschnüre nach ihrem Gewicht und anderen Kriterien klassifiziert. Diese Klassifizierung erfolgte durch ein Konsortium amerikanischer Angelgerätehersteller, der "American Fishing Tackle Manufacturers Association" (AFTMA). Die Fliegenruten werden nach der AFTMA-Nummer der zu ihnen passenden Wurfschnüre eingeordnet (je höher die AFTMA-Nummer, desto schwerer ist die Wurfschnur).

Der Blank. Hiermit ist der nackte Rutenrohling gemeint, d.h., ohne Griff, Ringe, Wicklungen oder Steckverbindungen.

Butt. Mit Butt ist das Griffteil der Rute gemeint.

Die Schnurklasse. Bootsruten werden nach der Tragfähigkeit der zu ihnen passenden Schnüre eingeordnet.

Der Rollenhalter. Befestigung der Rolle an der Rute.

Das Taper. Mit dem Taper wird der Grad der Verjüngung der Rute beschrieben. Diese wirkt sich direkt auf die Rutenaktion aus.

Die Testkurve. Sie gibt Hinweise auf die Kraftreserven einer Rute. In der Testkurve wird jeweils angegeben, wieviel Gewicht an der horizontal gehaltenen Rute notwendig ist, bis deren Spitze im rechten Winkel zum Griffteil in Richtung Boden weist.

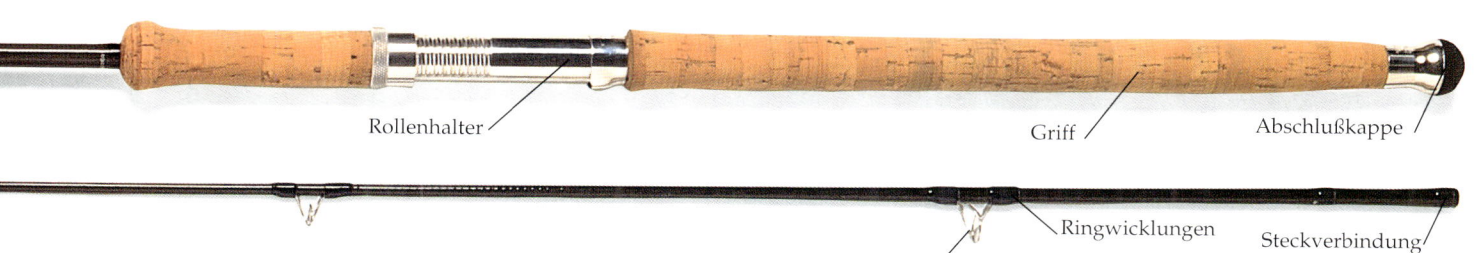

Rollenhalter · Griff · Abschlußkappe

Zwischenring · Ringwicklungen · Steckverbindung

DIE ROLLENHALTER

GLEITRINGE
Diese einfache Art der Rollenbefestigung hat den Vorteil, daß die Höhe der Rolle am Griff frei gewählt werden kann. Der Nachteil dieser Rollenhalterung ist, daß sie sich nicht für Multirollen eignet.

ABSCHLUSSKAPPE/GLEITRING
Diese Befestigung ist entgegen dem ersten Eindruck sehr zuverlässig und wird oft an leichteren Fliegenruten verwendet, da hier jedes Gramm Gewichtsersparnis zählt.

UPLOCK/DOWNLOCK
Bei diesem Schraubrollenhalter wird der Rollenfuß entweder in das Griffteil (Uplocking) oder in die befestigte Abschlußkappe gedrückt (Downlocking).

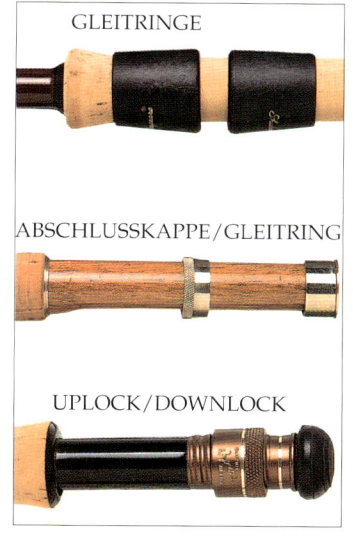

GLEITRINGE

ABSCHLUSSKAPPE/GLEITRING

UPLOCK/DOWNLOCK

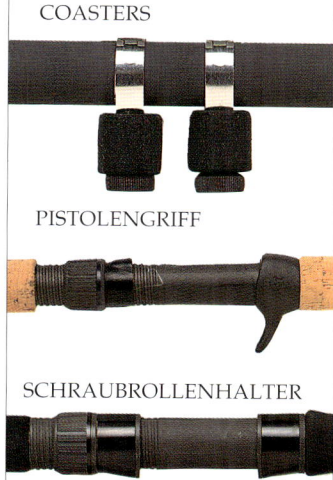

COASTERS

PISTOLENGRIFF

SCHRAUBROLLENHALTER

COASTERS
Coasters bieten dieselben Vorteile wie die Gleitringe, lassen sich jedoch zuverlässig arretieren.

PISTOLENGRIFF
Diese Griffe wurden speziell zum Spinnfischen mit kleinen Multirollen entwickelt, die oben auf dem Griff stehend gefischt werden. Der "Abzug" bietet dem Zeigefinger der Rutenhand komfortablen Halt.

SCHRAUBROLLENHALTER
An diesen Haltern lassen sich die Rollen sehr sicher befestigen, allerdings kann man sich die Höhe der Rolle am Griff nicht frei aussuchen.

DIE STECKVERBINDUNGEN

Über die Steckverbindung werden zwei Rutenteile miteinander verbunden. Bei den meisten handelt es sich um Übersteckverbindungen, bei denen das obere Rutenteil über das Ende des unteren gesteckt wird. Bei einer Zapfenverbindung ragt aus dem unteren Rutenteil ein zylindrischer Kohlefaserzapfen hervor, dessen Durchmesser geringer als das untere Blankende vom nächsten Rutenteil ist. Zweiteilige Messingsteckverbindungen werden an gespließten Ruten verwendet. Der Blank typischer Bootsruten besteht aus nur einem Stück, das mit dem Griffteil über eine Steckverbindung im Rollenhalter verbunden wird.

ZAPFENVERBINDUNG

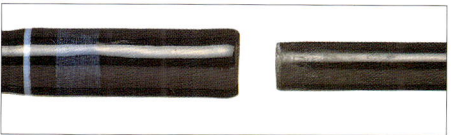

ÜBERSTECKVERBINDUNG

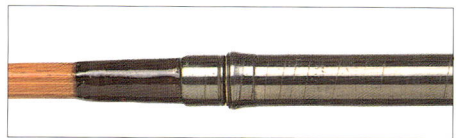

MESSINGSTECKVERBINDUNG

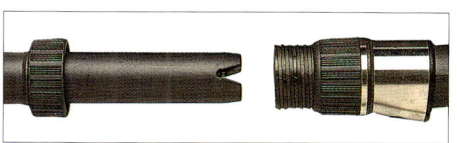

STECKVERBINDUNG IM ROLLENHALTER

SPINNRUTEN

Spinnruten sind dazu gedacht, Kunstköder jeglicher Art zu werfen. Sie müssen so leicht wie möglich sein, da sie über viele Stunden hinweg in Händen gehalten werden. Die Ringe sollten stets von höchster Qualität sein, da es in einer Angelpartie schnell zu mehreren hundert, ja tausend Würfen kommen kann. Für die gewöhnliche Spinnfischerei ist eine Rute mit mittlerer Aktion am ratsamsten. Eine solche Rute biegt sich gleichmäßig von der Spitze bis in ihre Mitte und im Griffteil ist noch genug Kraft gespeichert, um auch bei einem großen Fisch noch ausreichend Reserven freizusetzen. Angler, die sich auf das Fischen mit Oberflächenködern spezialisiert haben, brauchen hierzu steife Ruten mit Spitzenaktion. Nur solche Ruten erlauben es, diesen Kunstködern das Optimum an Leben einzuhauchen. Einteilige Spinnruten, deren Länge meist bei unter 2,1 m liegt, werden auch oft als "Baitcaster" bezeichnet. Derartige Ruten wurden zum Fischen mit kleinen Multirollen entworfen, die oben auf der Rute sitzen.

SHIMANO CANIS CS80D-T

Diese zweiteilige Rute ist 2,4 m lang. Sie verfügt über einen Pistolengriff am Rollenhalter, wodurch sich Rute und Rolle angenehm greifen lassen. Entworfen wurde die Rute, um kleine Wobbler zu fischen und sie ist besonders zum Lachs- und Steelheadfischen geeignet. Das empfohlene Wurfgewicht liegt bei 10 bis 20 Gramm und die Schnurdurchmesser sollten bei 0,28 bis 0,32 mm (8 bis 12 lbs) liegen.

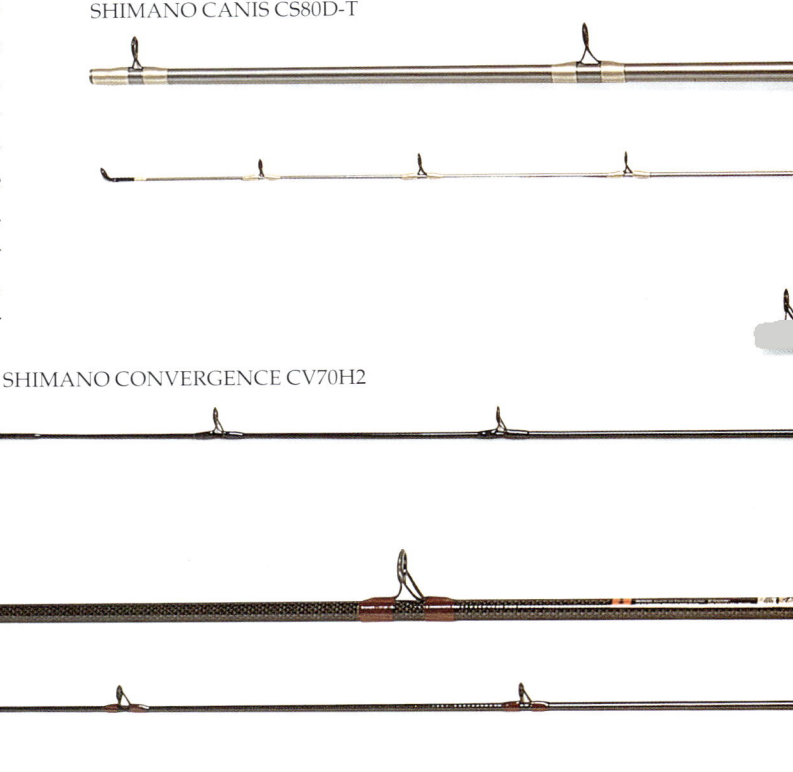

SHIMANO CANIS CS80D-T

SHIMANO CONVERGENCE CV70H2

DAIWA OSPREY AWS10M

SOUTH BEND PROFESSIONAL

HARDY FAVOURITE

Diese 2,6 m lange Rute aus der altbewährten Hardy Favourite Rutenserie ist für mittelschweres Spinnfischen ideal und sie kommt mit einer Stationärrolle ebenso, wie mit einer kleinen Multirolle zurecht. Sie wiegt 198 Gramm und ist für Wurfgewichte bis 35 Gramm und für 0,25 bis 0,32 mm Schnur (6 bis 12 lbs) geeignet.

HARDY FAVOURITE

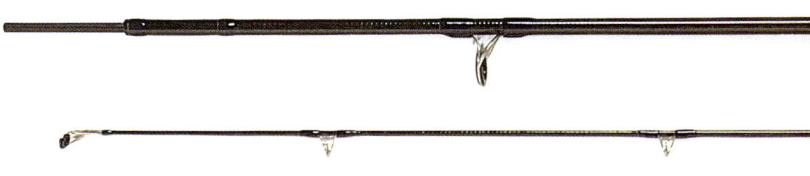

DAIWA OSPREY AWS9S

DAIWA OSPREY AWS9S

Diese 2,7 m lange, zweiteilige Rute wurde mit Fuji SIC-Ringen versehen und sie muß mit einer Stationärrolle gefischt werden. Die zu ihr passenden Wurfgewichte liegen bei 7 bis 30 Gramm.

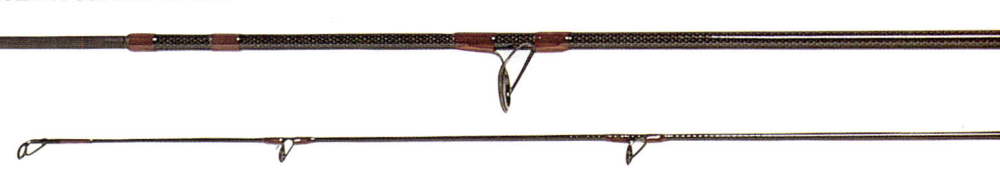

SHIMANO CONVERGENCE CV70H2

Die Convergence CV70H2 ist eine 2,1 m lange Baitcasterrute mit schneller Aktion. Das Blankmaterial hat einen hohen Kohlefaseranteil und die Rute ist ideal zum Werfen von Wobblern, Löffeln und Spinnern geeignet, sofern diese zwischen 20 und 60 Gramm wiegen. Am Rollenhalter befindet sich ein komfortabler Triggergriff und auf ihrer ganzen Länge wurde sie mit robusten, dreifüßigen Fuji-Ringen ausgestattet. Mit ihr können Schnüre von 0,32 bis 0,50 mm (12 bis 25 lbs) gefischt werden.

DAIWA OSPREY AWS10M

Ein Herstellungsverfahren, bei dem Kohlefaser mit einem Geflecht aus 24 Metallfibern verbunden wird, brachte diese äußerst leichte Rute hervor, die nur 238 Gramm wiegt und dennoch voller Kraft steckt. Die Ringe sind aus Siliciumcarbid. Die Rute ist zweiteilig, 3 m lang und mit einem Pistolengriff versehen. Bei dem Rollenhalter handelt es sich um einen Schraubrollenhalter. Die Rute wurde zum Fischen mit kleinen Multirollen entwickelt, ihr Wurfgewicht liegt bei 10 bis 50 Gramm.

SOUTH BEND PROFESSIONAL

Die South Bend Professional ist eine 1,7 m lange, einteilige Baitcasterrute mit mittlerer Aktion und einem kurzen, aber dafür komfortablen Pistolengriff mit Trigger ausgestattet. Ihre besten Leistungen erbringt diese Rute in Verbindung mit einer kleinen Multirolle, die mit 0,30 bis 0,45 mm monofiler Schnur (10 bis 20 lbs) gefüllt wurde und Kunstködern, deren Gewichte zwischen 7 und 20 Gramm liegen.

GRUNDRUTEN

Grundruten lassen sich in zwei Kategorien einteilen. Zur ersten gehören die Standardruten, die gewöhnlich zwischen 2,7 und 3 m lang sind und deren Spitzenring mit einer Bohrung versehen ist, um einen Swing- oder Quivertip aufzunehmen. Gleichzeitig bleiben diese Ruten auch für herkömmliches Grundfischen geeignet. Die Aktion solcher Standardruten reicht von weich bis steif. Einer weichen Aktion sollte beim Swingtipfischen der Vorzug gegeben werden, da sie dazu beiträgt, Verhedderungen an der Rutenspitze zu vermeiden. Zur zweiten Kategorie der Grundruten gehören jene Ruten, in deren Spitze ein Quivertip eingesetzt wurde. Auch wenn diese Ruten meistens an Fließgewässern gefischt werden, lassen sie sich auch an stillstehenden Gewässern erfolgreich einsetzen. Besonders geeignet sind diese Ruten zum Fang schwieriger und schüchterner Fische.

SHIMANO TWIN POWER HEAVY FEEDER

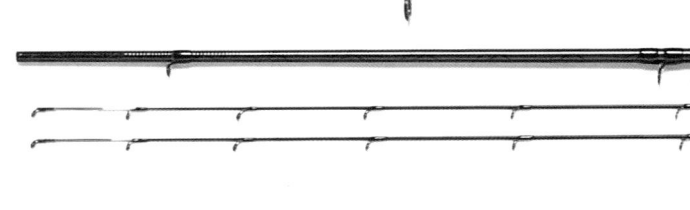

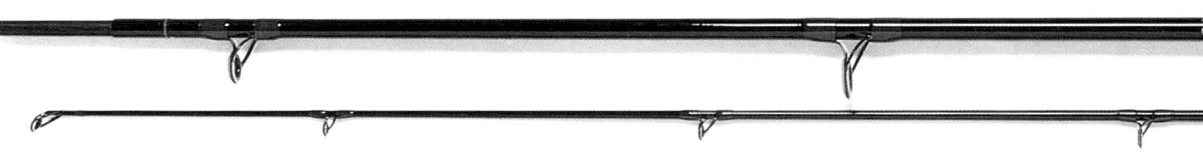

DAIWA AWL9QT CANAL

HARDY RICHARD WALKER CARP NO.1

RYOBI JOHN WILSON AVON/QUIVERTIP

SHAKESPEARE CLUBMASTER TWIN-TIP

SHIMANO TWIN POWER HEAVY FEEDER
Diese kraftvolle, 3,7 m lange Kohlefaserrute wurde zum Fischen an großen Gewässern mit schweren Futterkörbchen entwickelt und sie verträgt Wurfgewichte von 60 bis 100 Gramm. Sie wird mit zwei Spitzen geliefert.

DAIWA AWL11QT MULTI-QUIVER
Diese 3,4 m lange Rute ist für leichte bis mittelschwere Futterkörbchen gedacht und sie wird mit drei aufsteckbaren Quivertips (leicht, mittel schwer) geliefert. Mit ihr lassen sich Futterkörbchen weit auswerfen und auf kurze Distanz schlitzen trotzdem keine Haken aus den Fischmäulern.

DAIWA AWL9QT CANAL
Diese 2,7 m lange Rute wurde zum Befischen von Kanälen und Entwässerungsgräben entwickelt. Sie wird mit zwei aufsteckbaren Quivertips geliefert, wovon die eine weich und die andere extra weich ist, um auch die sachtesten und zögerlichsten Bisse noch anzuzeigen.

HARDY RICHARD WALKER CARP NO.1
Die Richard Walker Carp No.1 ist eine zweigeteilte 3 m lange Fiberglasrute. Ihre Testkurve liegt bei 1 1/2 lb (680 Gramm), wodurch sie für Schnüre mit einem Durchmesser von 0,25 bis 0,30 mm (6 bis 10 lbs) geeignet ist.

RYOBI JOHN WILSON AVON/QUIVERTIP
Avonruten sind klassische Grundruten, die gewöhnlich 3,4 bis 3,7 m lang und auf kraftvolle Fische in schnellen Flüssen ausgelegt sind. Die Ryobi verfügt über zwei Spitzen. Die eine ist eine klassische Avonspitze, die andere besitzt eine eingespließte Quivertip.

SHAKESPEARE CLUBMASTER TWIN-TIP
Diese vielseitige, 3,4 m lange Futterkörbchen- oder Feeder-rute hat zwei Spitzenteile, eines, mit einem einge-spließten Quivertip und ein anderes, dessen Spitzenring eine Bohrung hat, in welche ein Quivertip, Springtip oder Swingtip geschraubt werden kann. Sie hat beschichtete, reibungsarme Ringe.

DAIWA AWL11QT MULTI-QUIVER

19

MATCHRUTEN

Die meisten Matchruten sind Kohlefaserruten. Ganz allgemein geht die Qualität eines Rutenblanks mit seinem Kohlefaseranteil einher. Ruten von 3,7 bis 4 m Länge kommen mit den meisten Situationen beim Posenfischen zurecht, wogegen Ruten von 4,3 bis 4,6 m zum Befischen besonders tiefer Strecken geeigneter sind. Zum sogenannten "Bolognesefischen" (eine Technik, die in Italien ihren Ursprung hat) werden sogar bis zu 6,1 m lange Ruten verwendet. Diese Ruten sind in der Matchfischerszene neu. Mit ihnen soll bessere Posenführung möglich sein, so, wie wir es von der Stipprute her kennen, sie bringen jedoch gleichzeitig die Vorteile einer Schnurreserve mit. Wenn Sie auf kleine Fische aus sind, entscheiden Sie sich am besten für eine Rute mit sensibler Spitze, sind Sie auf größere Fische, wie Schleien und kleine Karpfen aus, sind Sie mit einer durchgehenden Aktion besser bedient. Matchrutengriffe sollten nicht länger als 60 cm sein und ihr Durchmesser 2,2 bis 2,5 cm nicht überschreiten.

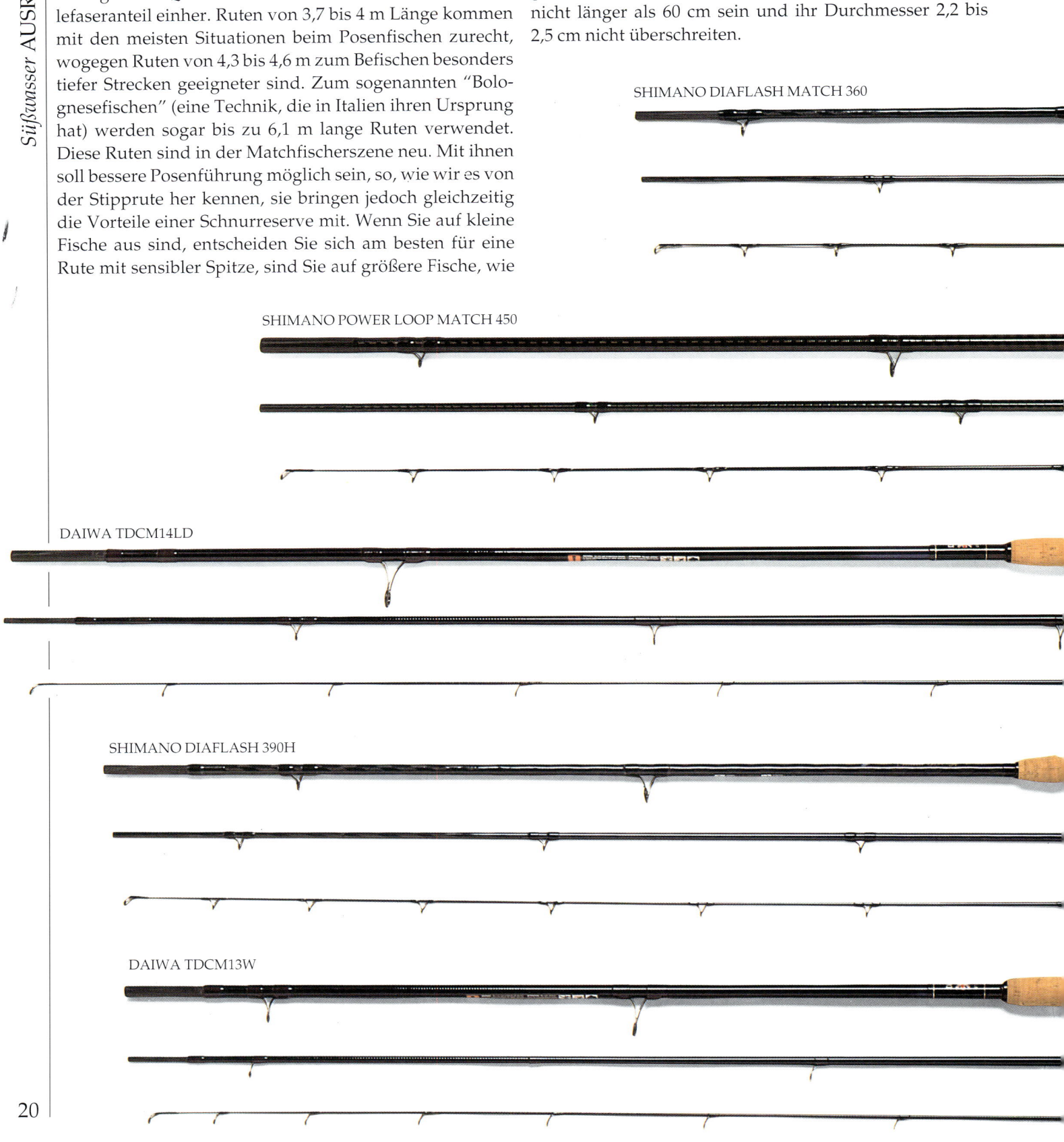

SHIMANO DIAFLASH MATCH 360

SHIMANO POWER LOOP MATCH 450

DAIWA TDCM14LD

SHIMANO DIAFLASH 390H

DAIWA TDCM13W

SHIMANO DIAFLASH MATCH 360

Die Shimano Diaflash Match 360 ist eine gut ausbalancierte Rute von 3,7 m Länge und gilt unter den Serienfabrikaten als eines der besseren Modelle für die allgemeine Posenfischerei. Sie ist aus qualitativ hochwertiger Kohlefaser, äußerst leicht und schlank und sie verfügt über eine schnelle Spitzenaktion. Beringt ist sie mit Fuji SiC-Ringen, ihr Korkgriff ist 60 cm lang und sie eignet sich sowohl zum Stick-, als auch zum Wagglerfischen.

SHIMANO POWER LOOP MATCH 450

Diese 4,6 m lange Rute zielt auf den Posenfischer ab, der gerne eine längere Rute zu einem vernünftigen Preis hätte. Es ist eine vielseitige Rute, die einer Vielzahl von Situationen, wie sie beim Posenfischen auftreten können, gewachsen ist. Besonders nützlich ist sie zum tiefen Fischen auf große Distanz, wo ihre Sonderlänge eine gute Schnurführung ermöglicht. Ihr Korkgriff ist komfortabel, sie ist attraktiv rötlichbraun gefärbt und ihre Ringe sind durch ihr oxydiertes Aluminium abriebfest.

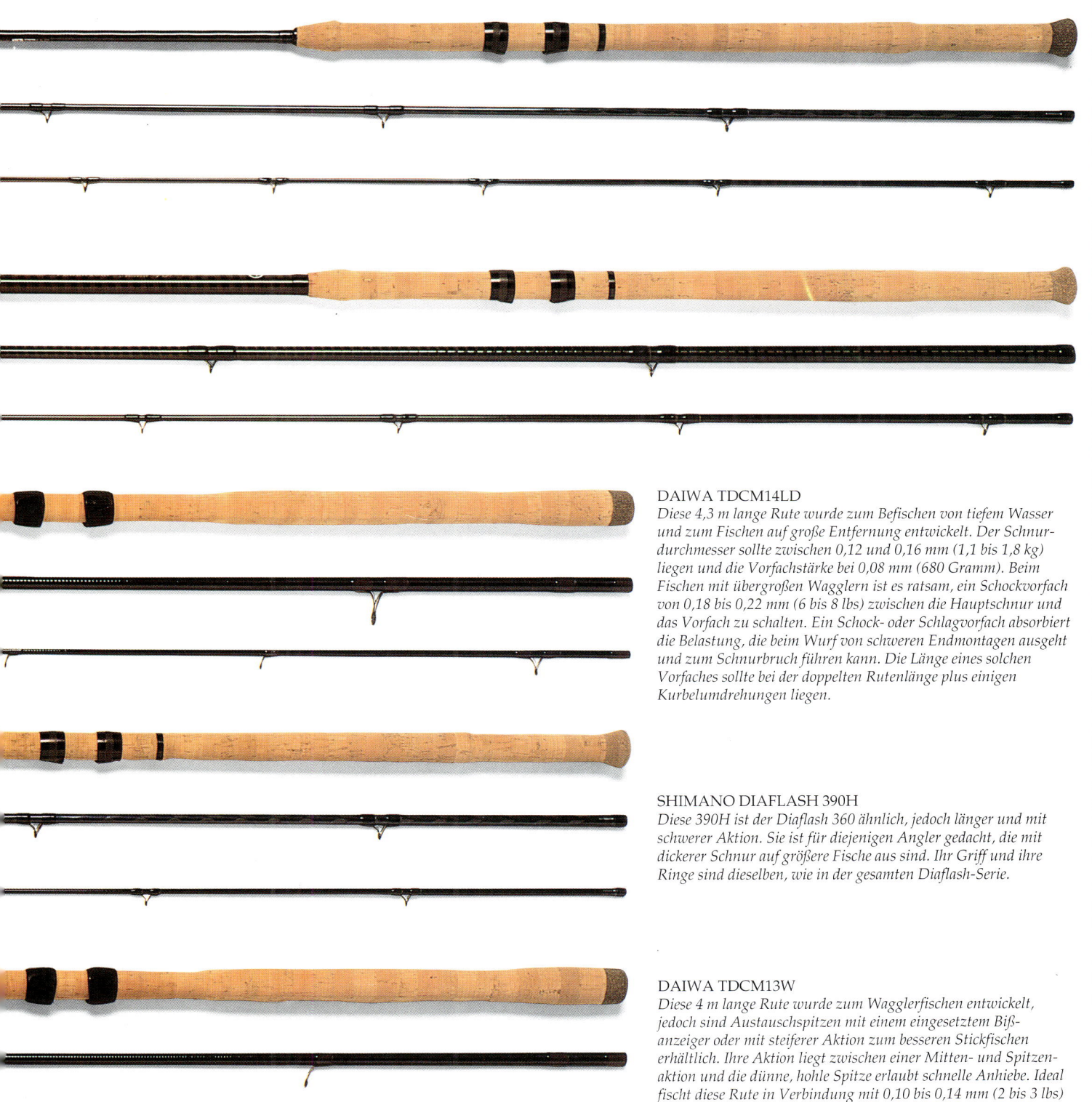

DAIWA TDCM14LD

Diese 4,3 m lange Rute wurde zum Befischen von tiefem Wasser und zum Fischen auf große Entfernung entwickelt. Der Schnurdurchmesser sollte zwischen 0,12 und 0,16 mm (1,1 bis 1,8 kg) liegen und die Vorfachstärke bei 0,08 mm (680 Gramm). Beim Fischen mit übergroßen Wagglern ist es ratsam, ein Schockvorfach von 0,18 bis 0,22 mm (6 bis 8 lbs) zwischen die Hauptschnur und das Vorfach zu schalten. Ein Schock- oder Schlagvorfach absorbiert die Belastung, die beim Wurf von schweren Endmontagen ausgeht und zum Schnurbruch führen kann. Die Länge eines solchen Vorfaches sollte bei der doppelten Rutenlänge plus einigen Kurbelumdrehungen liegen.

SHIMANO DIAFLASH 390H

Diese 390H ist der Diaflash 360 ähnlich, jedoch länger und mit schwerer Aktion. Sie ist für diejenigen Angler gedacht, die mit dickerer Schnur auf größere Fische aus sind. Ihr Griff und ihre Ringe sind dieselben, wie in der gesamten Diaflash-Serie.

DAIWA TDCM13W

Diese 4 m lange Rute wurde zum Wagglerfischen entwickelt, jedoch sind Austauschspitzen mit einem eingesetztem Bißanzeiger oder mit steiferer Aktion zum besseren Stickfischen erhältlich. Ihre Aktion liegt zwischen einer Mitten- und Spitzenaktion und die dünne, hohle Spitze erlaubt schnelle Anhiebe. Ideal fischt diese Rute in Verbindung mit 0,10 bis 0,14 mm (2 bis 3 lbs) Schnüren und 0,08 mm (1 lbs) Vorfächern.

FLIEGENRUTEN 1

PARTRIDGE DUNNERDALE #4

Beim Fliegenfischen ist es unerläßlich, daß Wurfschnur und Rolle mit der Fliegenrute harmonieren. Ebenso muß die Fliegenrute nicht nur zum Wurfstil ihres Eigentümers passen, sondern auch zu den jeweiligen äußeren Bedingungen. So darf man beispielsweise nicht erwarten, daß eine 1,8 m lange Midgerute bei starkem Wind an einem großen See zufriedenstellende Leistung erbringt. Überlegen Sie sich vor dem Kauf einer Fliegenrute genauestens, was Sie von ihr erwarten.

ORVIS ONE WEIGHT #1

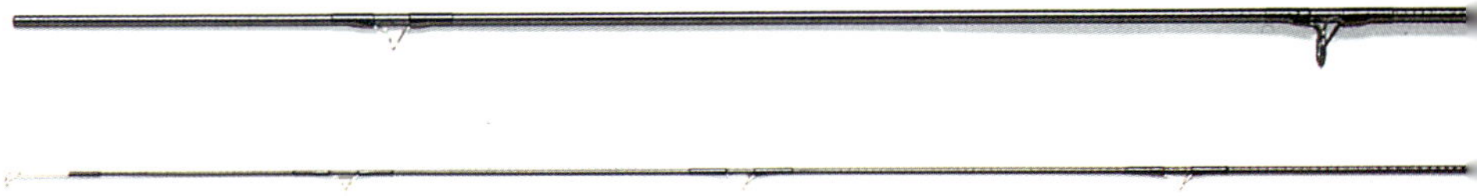

RYOBI CHALLENGE LOCH STYLE #5/7
Diese 3,4 m lange Kohlefaserrute ist auf Wurfschnüre der Klasse 5 bis 7 ausgelegt und zum Fischen vom treibenden Boot aus mit Schwimm- oder Schwebschnüren ideal geeignet. Ihre Länge erlaubt es dem Angler, die Bob Fly anzuheben und sie auf der Oberfläche, weit vom Fische verscheuchenden Boot zu halten.

RYOBI CHALLENGE LOCH STYLE #5/7

SAGE GFL 796 RPL #7
SAGE GFL 796 RPL #7
Eine gelungene Mischung aus Leichtigkeit und Kraft macht aus dieser 2,9 m langen Rute eine gute Universalrute, um vom Ufer aus an Flüssen und großen Seen zu fischen. Es ist eine ideale Rute, um großen Forellen, Sommerlachsen und Steelheads nachzustellen. Ihr Anfangsring verfügt über einen Keramikeinsatz, die Zwischenringe und der Spitzenring sind hart verchromt.

BERKLEY ACCUFLEX SERIES 1 #7/9

BERKLEY ACCUFLEX SERIES 1 #7/9
Die Accuflex Series 1 ist eine 3,2 m lange, zweiteilige Kohlefaserrute, die für Wurfschnüre der Schnurklassen 7 bis 9 geeignet ist. Der Rollenhalter am Korkgriff ist ein Uplock-Schraubrollenhalter, an den sich noch ein Fighting Butt anschließt. Die matte Lackierung vertreibt bei klarem Wetter keine Fische. Diese Rute ist ideal zum Sinkschnurfischen vom treibenden Boot aus, ebenso wie für den Fang von Meerforellen, Sommerlachsen und Steelheads.

HARDY SOVEREIGN #5/6

PARTRIDGE DUNNERDALE #4

Diese 1,8 m lange, gesplißte Rute ist auf Schnüre der Klasse 4 ausgelegt und ideal, um an kleinen Gewässern Trockenfliegen und Nymphen anzubieten. Gesplißte Ruten haben oft eine langsamere Aktion als Kohlefaser-ruten. Sie arbeiten aber besser mit.

ORVIS ONE WEIGHT #1

Bei einer Länge von 2,3 m wiegt diese Rute gerade 50 Gramm. Sie ist zwei-teilig, aus Kohlefaser und auf Wurf-schnüre der Klasse 1 ausgelegt. Gefischt wird sie an kleinen Flüssen und Bächen. Bei dieser Rute handelt es sich um ein Instrument, das Experten vorbehalten sein sollte und für Angler, die eine Universalrute suchen, auf gar keinen Fall in Frage kommt.

HARDY SOVEREIGN #5/6

Diese 2,4 m lange Sovereign #5/6 ist eine zweiteilige Kohlefaserrute mit Mittelaktion, die ideal zum Befischen von Bächen, mittelgroßen Flüssen und zum Trockenfliegenfischen an Weihern geeignet ist. Auch das Maifliegen-fischen fällt mit ihr leicht, ebenso wie der Drill einer größeren Forelle.

FLIEGENRUTEN 2

In dieser Rutenauswahl finden wir die schwereren Fliegenruten. Jede wurde für einen ganz bestimmten Anwendungsbereich entwickelt, der nur selten ein wenig überlappt. Wie dem auch sei, sie wurden alle für schwere Schnüre entworfen und sie sind alle für den Fang von Lachsen, Steelheads und Großforellen an großen Gewässern sowie zum Salzwasserfliegenfischen geeignet.

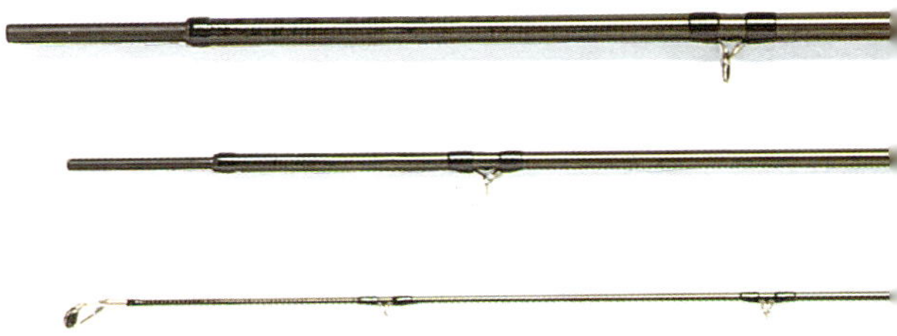

SHIMANO TWIN POWER SALMON FLY #9/11

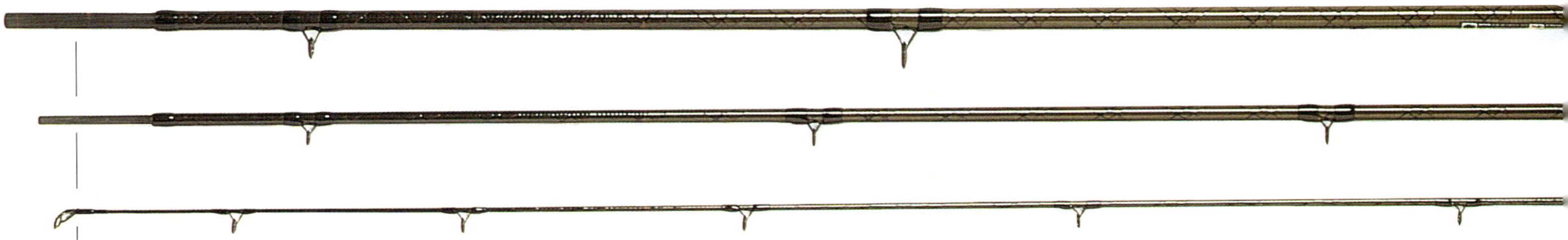

SHIMANO TWIN POWER SALMON FLY #9/11
Mit ihren 4,6 m ist diese Rute die längste aus der Serie der Twin Power Lachsruten. Sie ist optimal für die späte Frühjahrs- und für die Sommerfischerei geeignet, sofern leichte Fliegen an einer 10er Trockenschnur oder Intermediate-Schnur gefischt werden sollen.

DAIWA AUTUMN GOLD CWF17 #11/13

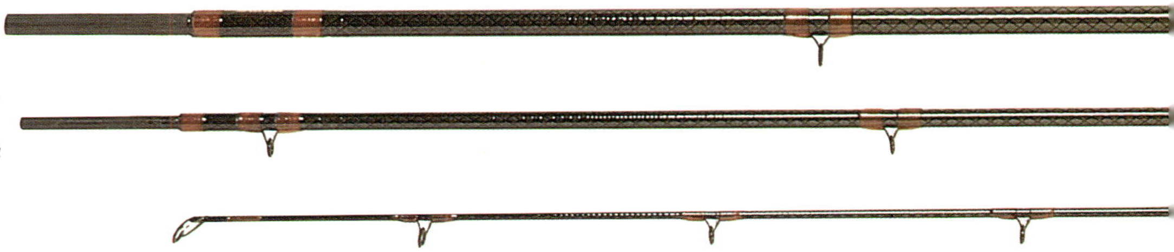

DAIWA AUTUMN GOLD CWF17 #11/13
Die CWF17 ist eine vierteilige, 5,2 m lange Zweihandlachsrute. Die starke Rute eignet sich besonders für die frühe Frühjahrsfischerei und die späte Herbstfischerei, wenn schwere Schnüre und große Tubenfliegen oder Waddingtons verwendet werden.

SAGE GFL 996 RPL #9

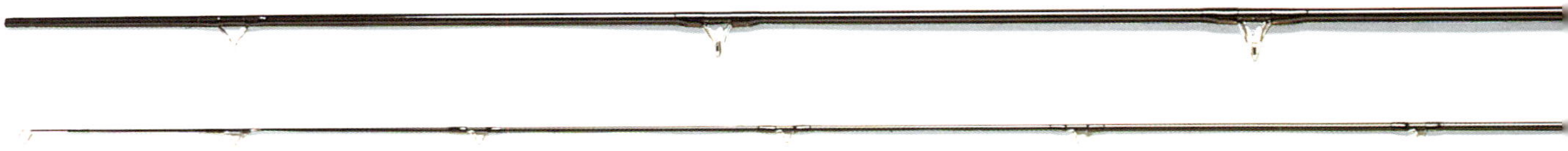

ORVIS RESERVOIR #8

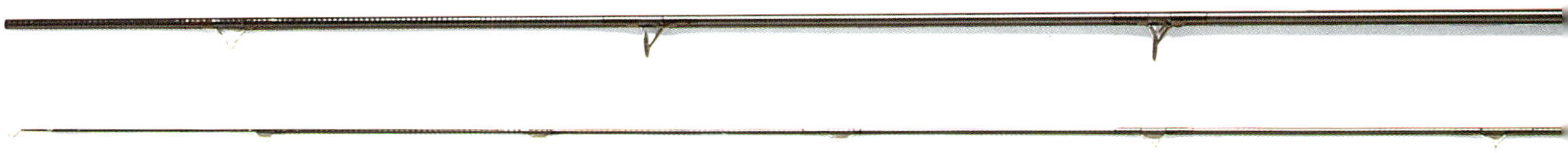

SAGE GFL 7100 RPL #7

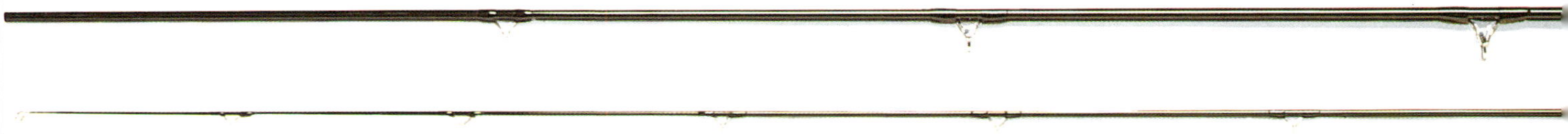

Fliegenfischen AUSRÜSTUNG

HARDY FAVOURITE SALMON #9

Diese leichte, 3,8 m lange Zweihandrute aus Kohlefaser, deren Aktion zwischen einer Mitten- und einer Spitzenaktion liegt, ist eine gute Wahl, um auf Sommerlachse mit Schwimm- oder Intermediate-Schnüren zu fischen. Ihr Anfangs- und Spitzenring wurde mit Aluminium oxydiert und die Zwischenringe hart verchromt. Das lange Griffteil wurde mit einem Uplock-Schraubrollenhalter versehen.

SAGE GFL 996 RPL #9

Diese kraftvolle, 2,9 m lange Rute ist zweiteilig und wiegt lediglich 110 Gramm. Sie verfügt über ausgezeichnete Weitwurfeigenschaften mit WF-Schnüren und Schußköpfen und ist an großen, stillstehenden Gewässern auch zum Fischen vom Ufer aus hervorragend geeignet. Es ist eine gute Steelhead-, Bonefish- und Lachsrute.

ORVIS RESERVOIR #8

Die zweiteilige, 2,9 m lange Orvis Reservoir #8 ist eine gute Wahl für denjenigen Angler, der an großen Seen und Reservoirs vom Ufer aus angelt, wo sowohl Wurfentfernung, als auch Wurfgenauigkeit überaus wichtig sein können. Es ist eine zum Fang von großen Forellen, Meerforellen, Steelheads und Sommerlachsen ideale Rute.

SAGE GFL 7100 RPL #7

Kraft, gute Wurfeigenschaften und eine leichte, schnelle Aktion sind die Hauptmerkmale dieser zweiteiligen und 3 m langen Kohlefaserrute. Hierdurch wird diese Rute zu einer guten Universalrute für die Ufer- und Bootsfischerei an großen Seen und Reservoirs. Gleichzeitig ist es eine hervorragende Rute, um an großen Bächen den Sommersteelheads nachzustellen.

25

STIPPRUTEN

Stippruten erlauben ein ungewöhnlich präzises Kontrollieren der Endmontage und mit ihnen lassen sich die Köder an Stellen herablassen, die ansonsten nur schwer bzw. überhaupt nicht hätten erreicht werden können. Statt mit einer Rolle und Schnurreserve ausgestattet zu sein, wird an den Stippruten die Schnur direkt an der Rutenspitze oder über ein Gummiband am Rutensegment dahinter befestigt. Stippruten können bis 17 m lang sein. Mit ihnen läßt sich in unmittelbarer Ufernähe sowie in größerer Entfernung fischen. Stippruten gibt es in Teleskop- und Steckrutenausführung.

GARBOLINO VECTRA 4,0 M

GARBOLINO COUNTESS 6,9 M

GARBOLINO SPIRIT 9,3 M

WARNUNG
Kohlefaser ist ein hervorragender elektrischer Leiter, verwenden Sie daher eine Kohlefaserrute NIE in der Nähe von Hochspannungsleitungen oder während eines Gewitters. Und vergessen Sie nicht, daß Ihre Rute eine unter Spannung stehende Leitung noch nicht einmal berühren muß, damit es zu einem lebensgefährlichen Stromschlag kommen kann: bei ausreichender Nähe springt Elektrizität über, insbesondere bei feuchtem und nassem Wetter.

GARBOLINO VECTRA 4,0 M

Die teleskopische Vectra-Stipprutenserie. die in 50 cm Längenunterschieden erhältlich ist, wurde aus mit Kevlar verstärkter Kohlefaser hergestellt, wodurch diese Ruten schnell und kraftvoll werden, dabei aber dennoch feinfühlig und leicht bleiben: diese 4 m Rute wiegt lediglich 100 Gramm. Derart kurze Stippruten sind für das ufernahe Fischen auf kleine Fische wie Brassen, Barsche und Rotfedern ideal, insbesondere, wenn es um das Befischen schwieriger Stellen geht, etwa Löcher im Pflanzenteppich oder dicht an überhängenden Bäumen. Auch dauernd gehalten lassen sich diese Stippruten viele Stunden fischen, ohne daß Sie dabei ermüden.

GARBOLINO COUNTESS 6,9 M

Was Stippruten an Fließgewässern wirklich auszeichnet, ist die Tatsache, daß Schwimmer und Köder sanft zurückgehalten werden können. Bei einer Matchrute wird bei diesem Vorgang der Schwimmer immer ein wenig aus seiner Bahn gezogen. Mit einer Stipprute besteht eine solche Gefahr nicht, da sich die Rutenspitze direkt stromauf vom Schwimmer befindet. Die Countess 6,9 m ist eine Stipprute, die speziell für Flüsse entworfen wurde, an denen die Köderpräsentation eine überaus wichtige Rolle spielt. Sie ist teleskopisch, besteht aus sieben Segmenten und ist aus Kohlefaser gefertigt. Sie wiegt etwa 280 Gramm.

GARBOLINO SPIRIT 9,3 M

Zusätzlich zum Vorteil der präzisen Schnurführung im Fließwasser bieten Stippruten den weiteren Vorteil, daß in großen Tiefen weitaus effektiver als mit der Matchrute gefischt werden kann. Das liegt an der ausgezeichneten Kontrolle, die man mit einer Stippe über seine Endmontage behalten kann. Je steifer die Rute ist, desto höher der Grad dieser Kontrolle. Im allgemeinen sind Steckruten steifer als Teleskopruten. Die Steckrute Spirit 9,3 m ist außergewöhnlich steif, schlank und mit 730 Gramm sehr leicht. Ein 11 m langes Modell, das 930 Gramm wiegt, ist ebenfalls erhältlich.

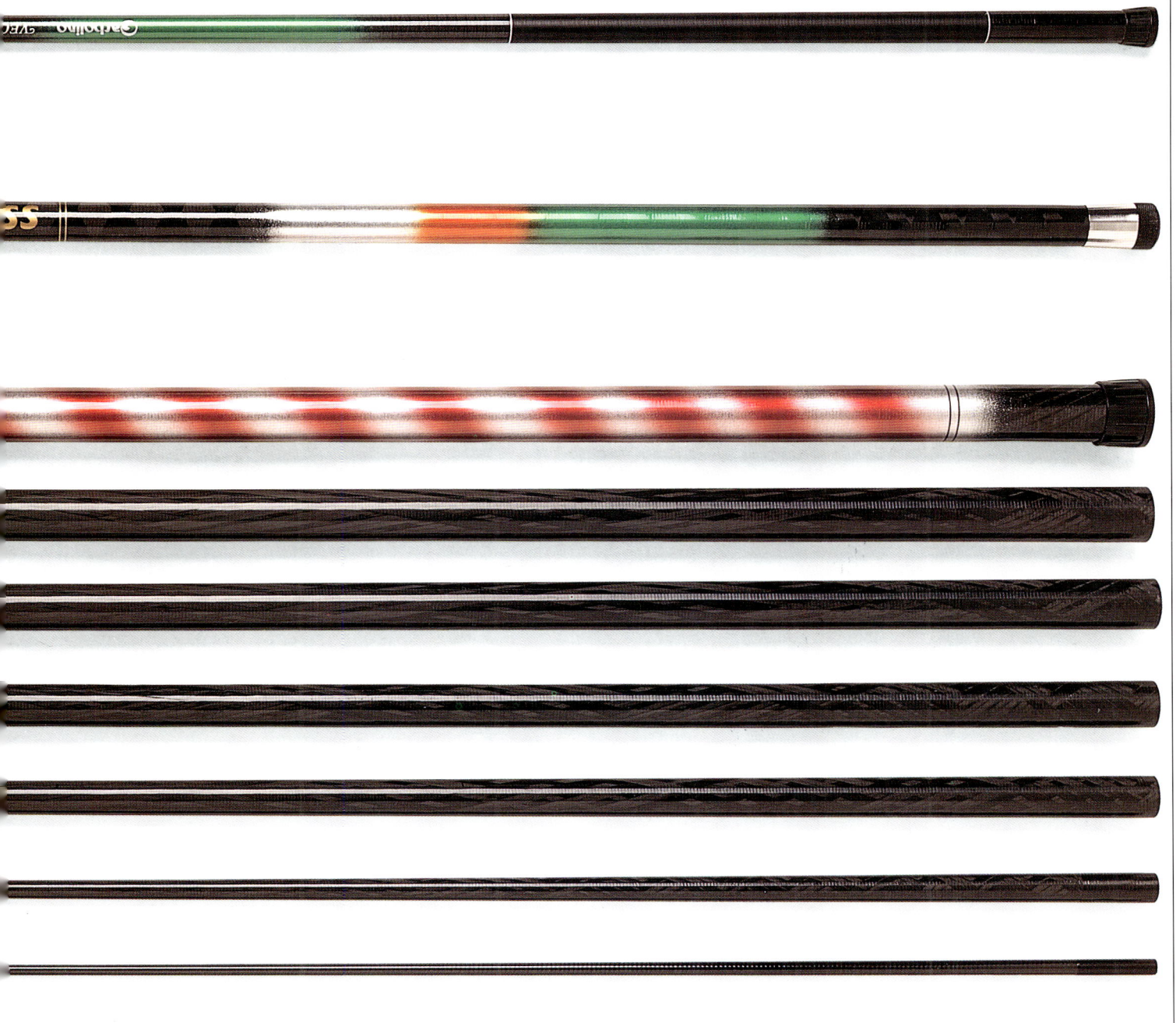

BOOTSRUTEN

Das Bootsfischen kann für den Angler eine ebenso rauhe Angelegenheit sein, wie für sein Gerät. Die Ruten müssen daher robust gefertigt und auf große Belastung ausgelegt sein. Ein Kompromiß zwischen Flexibilität und Kraft ist allerdings ein Muß, da reine Kraft ohne Flexibilität die Spannung aus dem Sport nimmt; kleine bis mittelgroße Fische werden überrumpelt und ohne nachgebende Rutenspitze besteht die Gefahr, große Fische zu verlieren. Nach der IGFA wurden die Bootsruten in Klassen eingeteilt, die sich nach der Schnurstärke richten und von 12 bis 130 lbs reichen. Die beliebtesten Bootsrutenklassen sind die 20 lbs und die 30 lbs Klasse. Des weiteren besteht noch die Möglichkeit, auf eine Uptide-Rute zurückzugreifen, deren Griff zum besseren Werfen länger und deren Spitze verhältnismäßig weich ist, damit im Drill keine Gefahr für die obligatorisch dünne Schnur besteht.

CONOFLEX INTEGRA UPTIDE
Mit Uptide-Ruten werden an Krallenbleien die Köder außerhalb vom Kielwasser angeboten. Ideal sind Längen von 2,7 bis 3 m. Die Integra ist mit drei Spitzen erhältlich, worunter sich eine 85 Gramm Spitze für leichte Strömung befindet. Ihr Griffstück ist ebenfalls teleskopisch, wodurch sich die Transportlänge auf die einer gewöhnlichen Bootsrute reduzieren läßt.

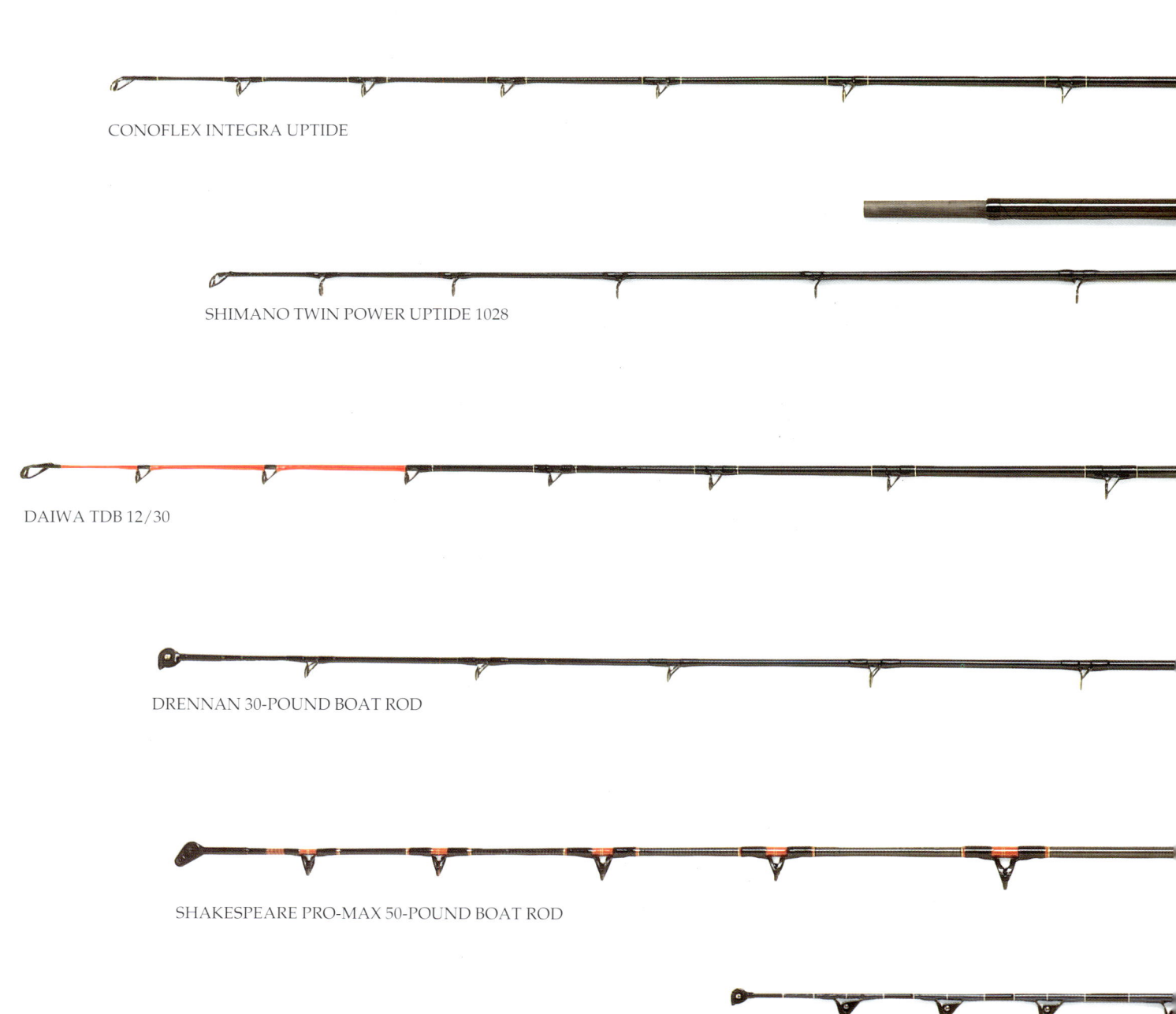

CONOFLEX INTEGRA UPTIDE

SHIMANO TWIN POWER UPTIDE 1028

DAIWA TDB 12/30

DRENNAN 30-POUND BOAT ROD

SHAKESPEARE PRO-MAX 50-POUND BOAT ROD

PULLEN STANDUP ROD

SHIMANO TWIN POWER UPTIDE 1028

Allgemein besteht die Tendenz, Uptide-Ruten mit etwa 3 m Länge herzustellen, die mit einer breiten Palette unterschiedlicher Wurfgewichte zurechtkommen. In dieser Beziehung ist die Shimano Twin Power Uptide 1028 zweifelsfrei ein Marktführer. Sie ist feinfühlig genug, um im Drill die Bewegungen vom kleinsten Dorsch noch genau zu spüren, verfügt aber dennoch über ausreichend Kraft, um kleine Haie zu bezwingen.

DAIWA TDB 12/30

Ruten, die mehrere IGFA-Klassen abdecken, arbeiten nur selten wirklich gut und diese Daiwa TDB 12/30 ist eine dieser Ausnahmen. Mit der entsprechenden Rolle und Schnur ausgestattet, läßt sie sich mit 12 lbs, 20 lbs und 30 lbs Gerät fischen. Einige, auf eine bestimmte Schnurklasse zugeschnittene Ruten mögen zwar noch bessere Leistung erbringen, dennoch ist diese Rute eine ausgezeichnete Kompromißrute.

DRENNAN 30-POUND BOAT ROD

Außer beim Hai- oder schweren Wrackfischen kommt man beim Bootsfischen mit einer 30 lbs-Rute gut zurecht. Unter den Bootsruten ist die 30 lbs-Klasse die vielseitigste. Mit ihren 2,4 m Länge, ihrer weichen Spitze und ihrer Kraftreserve bietet die Drennan 30-Pound Boat Rod alle Freuden, die eine Bootsrute bieten kann.

SHAKESPEARE PRO-MAX 50-POUND

Diese 50 lbs-Rute von Shakespeare gehört zu den schwereren Bootsruten. Entwickelt wurde sie, um der Belastung schwerer Gewichte und großer Fische zu widerstehen. Ihre Aktion wurde durch Kohlefaser im Blank versteift, wodurch sie schnell und kraftvoll wird und ihr Kreuzschlitzende ermöglicht beim Drillen mit Kampfgurt einen günstigeren Hebel.

PULLEN STANDUP ROD

Standup-Fischen ist eine Technik, bei der große Fische stehend gedrillt werden und denen im Drill nicht nur die Armkraft, sondern auch das Körpergewicht entgegengesetzt wird. Standup-Ruten sind kurz, kraftvoll und mit Rollerringen sowie einem sehr langen Griff versehen, an dem die Rolle sehr niedrig angebracht wird, wodurch im Drill ein günstigerer Hebel erreicht wird. Eine 30 bis 50 lbs-Pullen Standup Rute kommt mit den meisten Situationen zurecht.

BRANDUNGSRUTEN

Das Entwickeln von Küstenruten ist wahrscheinlich die komplexeste Domäne auf dem Gebiet der Meeresrutenherstellung. Bei der Vielzahl an Aktionen, Längen, Materialien und Wandstärken die uns Anglern zur Wahl stehen, wird die Suche nach einer ganz bestimmten Aktion eine sehr technische Angelegenheit. Was den Rutenbauern ihre Aufgabe weiterhin erschwert ist die Tatsache, daß es etwas, wie die optimale Aktion, Länge und Kraftreserve überhaupt nicht gibt oder aber nur auf eine ganz bestimmte Person zugeschnitten. Da Angler sich bezüglich ihrer Wurftechnik, ihrer Größe und ihrer Kraft voneinander unterscheiden, wird der Kauf ähnlich kompliziert, wie der eines Anzuges: entweder, man läßt sich einen maßschneidern oder aber man kauft "Stangenware" und nimmt dafür kleine Nachteile in Kauf. Das ganze Geheimnis liegt im Ausprobieren vor dem Kauf. Die hier vorgestellten Ruten sind repräsentativ für eine große Produktpalette, Ihre persönlichen Bedürfnisse können jedoch eine ganz andere Wahl diktieren.

SHAKESPEARE INTERNATIONAL EQUALIZER CARP

Am meisten Spaß hat man beim Fischen mit leichtem Posen- und Grundgerät auf kleine Fische, wie Meerbrassen und Lippfische, mit einer Karpfenrute, wie beispielsweise dieser International Equalizer. Ihre Länge beträgt etwa 3,4 m, das Werfen fällt mit ihr leicht und sie ist mit ihrer Testkurve von 2 bis 2 1/2 lbs gut zum souveränen Drillen kleiner Fische auf kurze Entfernung geeignet.

CENTURY LONG E-ZEE MATCH

SHAKESPEARE HURRICANE BASS MASTER

SHAKESPEARE HURRICANE BASS MASTER

Beim Fischen von der Küste aus werden oft nur 60 Gramm schwere Gewichte verwendet, mit denen nicht allzu weit geworfen wird. Unter solchen Umständen fischt man am besten mit einer Rute mit Spitzenaktion, deren Spitze weich ist und in deren Blankmitte dennoch gute Kraftreserven vorhanden sind. Eine solche Rute ist beispielsweise die 3,5 m lange Hurricane Bass Master. Es ist eine herrliche Rute, mit der Sie jeden Fisch fühlen können und mit der Sie nie die Kontrolle über ihn verlieren.

DAIWA PMB122M

DAIWA PMB122M

Für den Pendelwurf sind steife Ruten notwendig, bei denen der Angler eine unglaubliche Körperkraft aufbringen muß, um sie auf maximale Spannung zu bringen. Nur Angler, die diesen Wurfstil bevorzugen, sollten auf Kraftruten wie diese Daiwa Powermesh Beach (PMB) zurückgreifen. Die PMB122M ist eine herrliche Rute, die zum Werfen mit 110 bis 170 Gramm schweren Gewichten entwickelt wurde und deren Coaster-Rollenhalterringe ein genaues Ausbalancieren ermöglichen.

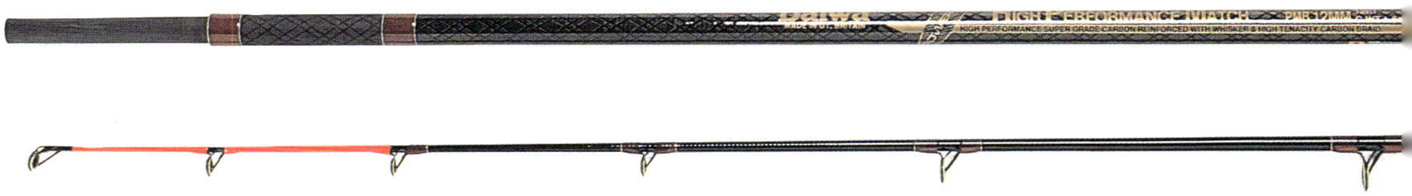

DAIWA AWB129PM

CENTURY FORMULA ONE

Ruten von über 4 m werden gewöhnlich als ideale Weitwurfruten betrachtet und von Century wurde viel in die Herstellung von Ruten aus dieser Marktlücke investiert. Das langsame Taper und die steife Aktion machen aus der Formula One eine gute Pendelwurfrute für das Fischen mit einer großen Rolle.

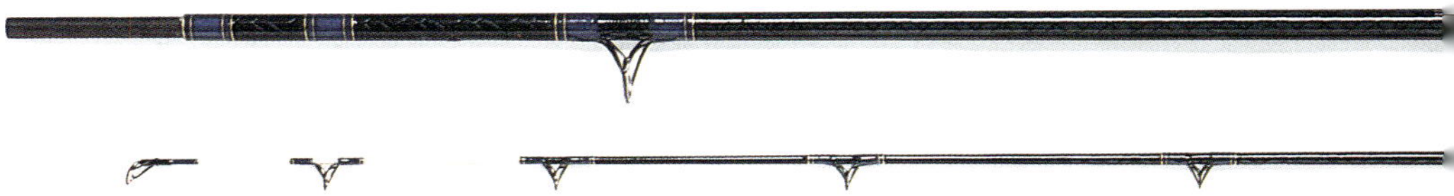

CENTURY FORMULA ONE

SHAKESPEARE INTERNATIONAL EQUALIZER CARP

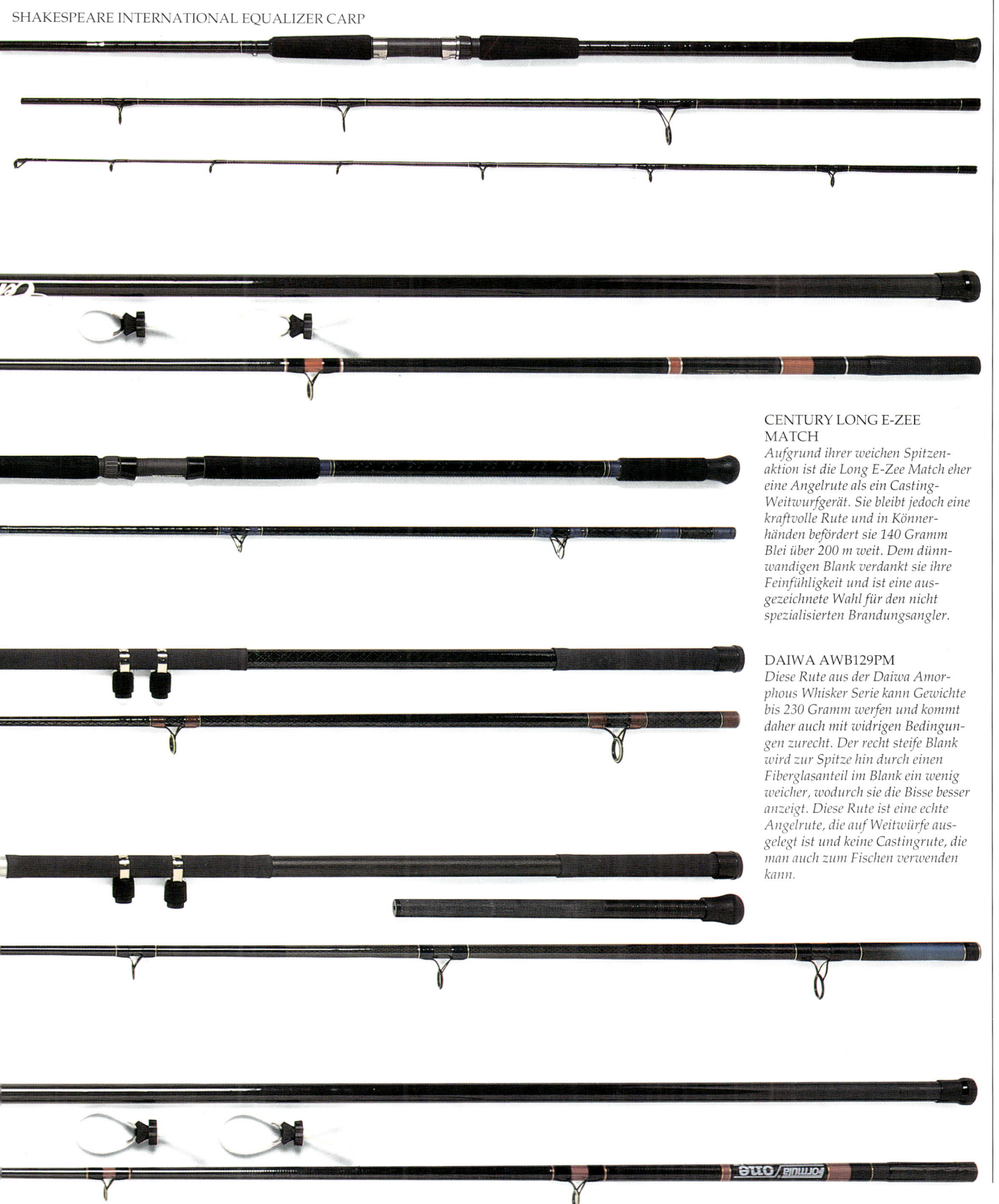

CENTURY LONG E-ZEE MATCH

Aufgrund ihrer weichen Spitzen-aktion ist die Long E-Zee Match eher eine Angelrute als ein Casting-Weitwurfgerät. Sie bleibt jedoch eine kraftvolle Rute und in Könner-händen befördert sie 140 Gramm Blei über 200 m weit. Dem dünn-wandigen Blank verdankt sie ihre Feinfühligkeit und ist eine aus-gezeichnete Wahl für den nicht spezialisierten Brandungsangler.

DAIWA AWB129PM

Diese Rute aus der Daiwa Amor-phous Whisker Serie kann Gewichte bis 230 Gramm werfen und kommt daher auch mit widrigen Bedingun-gen zurecht. Der recht steife Blank wird zur Spitze hin durch einen Fiberglasanteil im Blank ein wenig weicher, wodurch sie die Bisse besser anzeigt. Diese Rute ist eine echte Angelrute, die auf Weitwürfe aus-gelegt ist und keine Castingrute, die man auch zum Fischen verwenden kann.

DIE ROLLE

Die Rolle ist in erster Linie eine Schnurreserve, die es dem Angler ermöglicht, auf größere Distanz zu fischen als das mit einer einfach an der Rutenspitze befestigten Angelschnur möglich ist. Die Rollen haben sich in verschiedene Richtungen weiterentwickelt, wobei zwischen zwei Spulentypen unterschieden wird: die drehende und die festsitzende Spule. Die älteste und einfachste Art der drehenden Spule ist die Centrepin-Rolle, bei welcher die Schnur auf eine einfache Spule gewickelt wird, die um eine Stahlachse dreht; dieser Rollentyp war nahezu ausgestorben, heute scheint er eine zweite Jugend zu erleben. Fliegen- und Multirollen (wozu auch die Baitcaster gehören) sind komplexere Beispiele für Rollen mit drehbaren Spulen. Alle Stationärrollen sind mit einer festsitzenden Spule ausgestattet. Hier dreht sich nicht die Spule, sondern ein rotierender Arm, der Schnurfangbügel genannt wird, legt die Schnur um die Spulenachse.

EINE ADCOCK STANTON CENTREPIN-ROLLE
Die Spule dieser Centrepin-Rolle läuft auf einem Kugellager, was ihr zu außergewöhnlich weicher und sensibler Aktion verhilft.

DER FORTSCHRITT IN DER ROLLENTECHNOLOGIE

Es ist sehr wahrscheinlich, daß im dritten Jahrhundert unserer Zeitrechnung die ersten Rollen von den Chinesen erfunden wurden. In Nordamerika war bereits im 18. Jahrhundert das Fischen mit Centrepin-Rollen üblich. Die erste Multirolle wurde 1810 von einem Uhrmacher aus Kentucky namens George Snyder gefertigt, etwa hundert Jahre bevor die erste Stationärrolle auftauchte. Der Engländer Alfred Holden Illingworth aus Yorkshire ließ die erste Stationärrolle patentieren. Um die Jahrhundertwende wurde er hierzu von den Spulen einer Wollspinnerei aus Lancashire inspiriert. Während der 40er und 50er Jahren waren im Handel immer mehr Stationärrollen erhältlich und in der Süßwasserfischerei fand eine wahre Revolution statt, da es nun jedem Angler möglich war zu werfen und auf viel größere Distanz als je zuvor zu fischen.

EINE ALLCOCK-STANLEY STATIONÄRROLLE
Von der S. Allcock & Company wurde diese frühe Version einer Stationärrolle 1926 hergestellt.

TERMINOLOGISCHER GLOSSAR

Der Fuß. Jener Teil der Rolle, mit dem diese am Rutengriff befestigt wird.

Die Rollenbremse. Die Rollenbremse ist ein Mechanismus, der gehakten Fischen ermöglicht, von einer Rolle entsprechend einem zuvor eingestellten Widerstand Schnur zu ziehen.

Die Rollenübersetzung. Von ihr hängt ab, wie oft bei einer Kurbelumdrehung der Schnurfangbügel um die Spule kreist.

Der Rotor. Auf ihm wird an einer Stationärrolle die Spule befestigt.

Die Rücklaufsperre. Ein Mechanismus, der die Kurbeln von Multi- und Stationärrollen am Rückwärtslaufen hindert und dadurch unbeabsichtigter Schnurfreigabe vorbeugt.

Der Schnurfangbügel. Hierunter ist der Drahtbügel von Stationärrollen zu verstehen, der die Schnur um die Spule legt.

Die Schnurführung. Einige Multirollen wurden mit einem Schnurführungsmechanismus ausgestattet, der die Schnur gleichmäßig über die Spule verteilt.

Die Schnurführung. Sie sorgt an vielen Fliegen- und Centrepin-Rollen dafür, daß sich die Schnur nicht am Rollengriff oder -gehäuse verfängt.

ROLLENTYPEN

Die Fliegenrolle:

Die beiden gängigsten Fliegenrollentypen sind die einfache und die übersetzte Fliegenrolle. Die Spule einer einfachen Fliegenrolle dreht sich bei einer Kurbelumdrehung nur einmal, während sie sich bei einer übersetzten Fliegenrolle mehrfach dreht. Ein dritter Rollentyp, die Automatikrolle, verfügt über einen uhrwerkartigen Mechanismus, der die Spule immer dann dreht, wenn ein bestimmter Hebel bedient wird. Fliegenrollen können mit einer Knarrenbremse oder einem aufwendigeren Bremssystem ausgestattet sein.

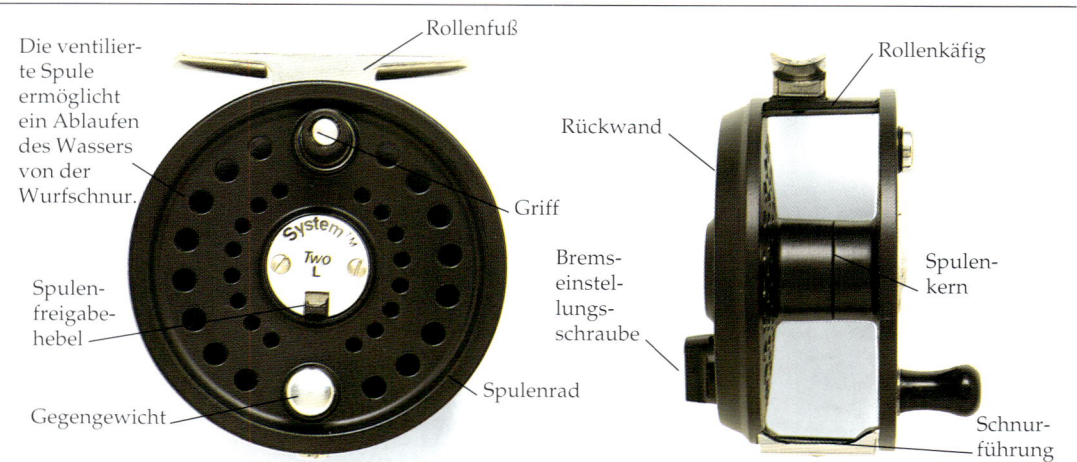

Rollenfuß

Die ventilierte Spule ermöglicht ein Ablaufen des Wassers von der Wurfschnur.

Spulenfreigabehebel

Gegengewicht

Spulenrad

Griff

Rollenkäfig

Rückwand

Bremseinstellungsschraube

Spulenkern

Schnurführung

Multirolle/Baitcaster

Prinzipiell ist eine Multirolle die übersetzte Version einer Centre-pin-Rolle. Multirollen werden in einer Vielzahl von Angeltechniken verwendet, die vom leichten Spinnfischen über das Brandungsfischen bis zum Big-Game Fischen reichen. Die meisten Multirollen verfügen in der Freilaufeinstellung der Spule über eine Hilfe, sei es eine mechanische oder magnetische, die ein Überdrehen der Spule und somit die Perückenbildung zu vermeiden hilft. Ein Schnurführungsmechanismus hilft oft dabei, die Schnur gleichmäßig über den Spulenkern zu verteilen. Multirollen werden oben auf der Rute stehend gefischt.

Die Stationärrolle

Diese Rollen werden so bezeichnet, weil sich hier die Spule beim Schnureinholen nicht dreht: die Schnur wird von einem rotierenden Schnurfangbügel um die Spule gelegt. Erst unter Zug beginnt sich die Spule zu drehen, allerdings nur unter dem Widerstand der zuvor eingestellten Rollenbremse. Die Rücklaufsperre verhindert, daß sich die Kurbel beim Drehen der Rollenspule mitdreht. Dieser Rollentyp ist sehr vielseitig und kommt, außer mit dem Fliegenfischen, mit den meisten Arten der Süßwasserfischerei zurecht.

Die Kapselrolle

Kapselrollen sind Stationärrollen, deren Vorderteil geschlossen wurde. Die Schnur läuft durch ein Loch in der Kapselmitte und wird von einem Schnurfangstift um die Spule gelegt. Dieser Stift klappt zum Wurf durch Fingerdruck auf die Kapsel oder auf einen weiter hinten angebrachten Knopf weg, wodurch die Schnur freigegeben wird. Kapselrollen sind sehr effektive Rollen, um mit dünnen Schnüren zu fischen, insbesondere beim Posenfischen, da die gekapselte Spule bei windigem Wetter eine gute Schnurkontrolle ermöglicht.

Der Spin- oder Baitcaster

Dieser Rollentyp ist die verstärkte Version einer Kapselrolle. Er ist für Schnüre von 0,22 bis 0,35 mm geeignet. Die meisten Spincaster werden auf der Rute gefischt, einige jedoch, wie dieses Modell von Zebco, auch darunter. Die Schnur wird über einen Knopf freigegeben, über Druck auf die Kapsel oder aber über einen Hebel. Die Kapsel vermeidet fast alle Probleme mit Schnurperücken.

STATIONÄRROLLEN 1

Im Gegensatz zu Fliegen- und Multirollen, deren Spulen sich drehen, verfügt die Stationärrolle über eine statische Spule, auf welche die Schnur von einem rotierenden Schnurfangbügel aus Draht gewickelt wird. Damit die Schnur gleichmäßig auf der Spule verteilt wird, bewegt sich die Spule bei den Kurbelumdrehungen durch einen Hubmechanismus auf und ab. Dem Schnurbruch durch große Fische wird durch eine verstellbare Rollenbremse vorgebeugt. Dieser Mechanismus erlaubt es dem flüchten-

den Fisch ab einer bestimmten Zugkraft Schnur von der Rolle zu ziehen. Dieser Widerstand sollte so eingestellt werden, daß von der Bremse erst kurz vor Reißen der Schnur letztere unter Widerstand freigegeben wird, sodaß der gehakte Fisch um jeden Zentimeter kämpfen muß. Die meisten Stationärrollen sind mit einer Rücklaufsperre ausgestattet, welche die Rolle daran hindert, rückwärts zu laufen. An einigen Rollen arbeitet dieser Mechanismus geräuschlos, an vielen wird das Kurbeln jedoch durch ein Klicken begleitet.

VIELZWECKROLLEN

SHIMANO AERO GTM2000 *(unten)*
Diese Hochgeschwindigkeitsrolle verfügt über eine Übersetzung von 6,2 : 1 und sie wird mit drei Ersatzspulen geliefert, einer tiefen, einer flachen und einer extra-seichten Matchspule. Dadurch, daß die Schnur beim Einholen über Keuz aufgewickelt wird und ihre Spule leicht konisch zusammenläuft, erlaubt diese Rolle auch mit leichten Ködern weite Würfe, was besonders dann wichtig ist, wenn ein sanftes Anbieten des Köders erforderlich ist.

RYOBI PROTARGET 2000M *(rechts)*
Die 2000M ist eine Leichtgewichtrolle, deren Größe zum Posen- und leichten Grundfischen ideal ist. Durch die hohe Übersetzung von 6,1 : 1 wird ein schnelles Einholen gewährleistet. Ihr Schnurfassungsvermögen liegt bei 100 m 0,14 mm Monofilament. Durch ihre drei Kugellager arbeitet sie weich und zuverlässig.

MITCHELL EXCELLENCE 60 *(rechts)*
Die Excellence 60 ist die Heckbremsenversion der legendären Mitchell 300. Sie wird mit zwei Wechselspulen geliefert, einer seichten und einer tiefen. Ihr Schnurfassungsvermögen liegt bei 100 m 0,22 mm Monofilament (seichte Spule) und bei 200 m 0,30 mm Monofilament (tiefe Spule).

MATCHROLLEN

DAIWA TD1650DF *(rechts)*
Diese Match/Feederrolle der Spitzenklasse hat einen großen
Spulenhub, durch den die Schnur ausgezeichnet auf die Spule
gewickelt wird und so geschmeidige
Würfe ermöglicht. Ihr Schnur-
fassungsvermögen liegt bei 200 m
0,30 mm Monofilament und ihre
Übersetzung bei 5,2 : 1.

DAIWA HARRIER AUTO 1657DM *(unten)*
Die Serie der Harrier Auto-Rollen sind die einzigen
erhältlichen Matchrollen, deren Schnurfangbügel
durch einfachen Fingerdruck geöffnet werden kann
und auf dieselbe Art oder automatisch durch Betätigen der Rollenkurbel geschlossen werden kann. Ihr
Schnurfassungsvermögen beträgt 100 m 0,14 mm
Schnur und ihre Übersetzung 5,4 : 1.

SHAKESPEARE PRESIDENT DELUXE
2510 / 030 *(oben)*
Diese Rolle wartet mit vielen Trümpfen auf,
worunter sich ein Messinggetriebe, rostfreie
Kugellager, ein Keramikschnurlaufröllchen
und eine lange, leicht verjüngte Spule befinden. Sie ermöglicht auch mit leichten Montagen sanfte Würfe. Ihr Schnurfassungsvermögen liegt bei 150 m 0,25 mm Schnur und ihre
Übersetzung bei 5,2 : 1.

SHAKESPEARE SIGMA SLS 2500 / 030 *(links)*:
Die Sigma ist durch ihr Kohlefasergehäuse ein Leichtgewicht unter den Rollen. Ihre lange Spule verbessert
die Wurfleistung. Ihre Übersetzung beträgt 5,6 : 1 und
sie wird mit zwei Ersatzspulen geliefert, einer tiefen und
einer zum Matchfischen. Auf die tiefe Spule passen
240 m 0,25 mm Schnur und auf die Matchspule 100 m
0,14 mm Schnur.

STATIONÄRROLLEN 2

Die Palette der Stationärrollen bietet eine Vielzahl unterschiedlicher Einholgeschwindigkeiten; einige Rollen bieten sogar zwei Übersetzungen an, eine hohe und eine niedrige. Die meisten Rollenübersetzungen liegen zwischen 3:1 und 4:1, wodurch sich Einholraten von 40 bis 50 cm pro Kurbelumdrehung ergeben. Für Hochgeschwindigkeitsarbeit, wie es beim Matchfischen der Fall ist, sind Rollen mit hohen Übersetzungen und somit hohen Einholgeschwindigkeiten am besten geeignet. Bei einer Überset-

zung von 6:1 gelangen etwa 75 cm Schnur mit jeder Kurbelumdrehung auf die Spule. Eine hohe Einholgeschwindigkeit ist auch dann von Vorteil, wenn es darum geht, einen Kunstköder schnell durch Freiwasser einzuholen. Ganz unabhängig von ihrer Übersetzung holt eine Rolle nur dann wirklich viel Schnur ein, wenn die Spule bis an ihren Rand gefüllt wurde. Halbvolle Spulen erschweren jeden Wurf, da der Schnur großer Reibungswiderstand an der Unterseite des oberen Spulenrandes entgegensteht.

SPEZIALROLLEN

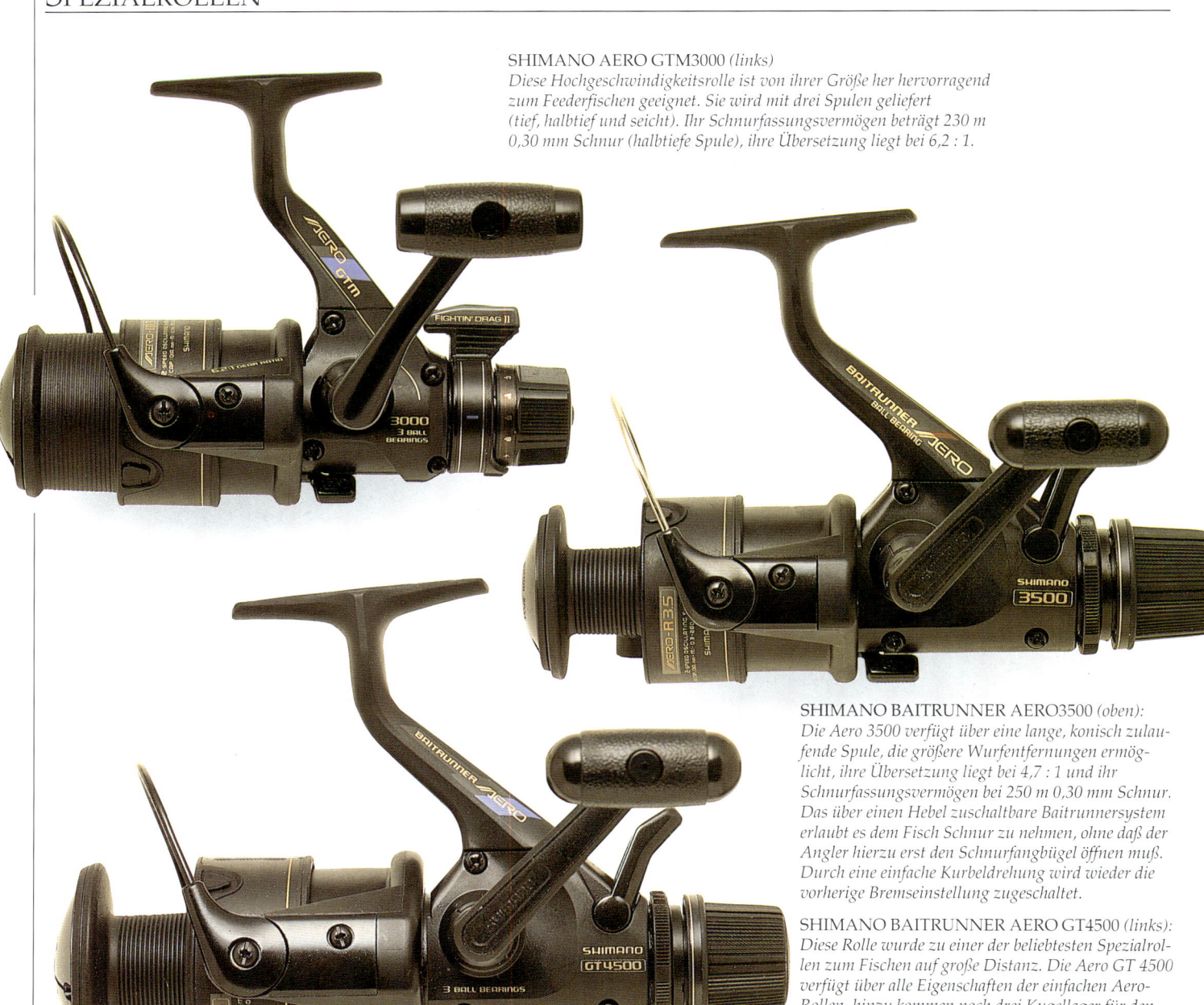

SHIMANO AERO GTM3000 *(links)*
Diese Hochgeschwindigkeitsrolle ist von ihrer Größe her hervorragend zum Feederfischen geeignet. Sie wird mit drei Spulen geliefert (tief, halbtief und seicht). Ihr Schnurfassungsvermögen beträgt 230 m 0,30 mm Schnur (halbtiefe Spule), ihre Übersetzung liegt bei 6,2 : 1.

SHIMANO BAITRUNNER AERO3500 *(oben):*
Die Aero 3500 verfügt über eine lange, konisch zulaufende Spule, die größere Wurfentfernungen ermöglicht, ihre Übersetzung liegt bei 4,7 : 1 und ihr Schnurfassungsvermögen bei 250 m 0,30 mm Schnur. Das über einen Hebel zuschaltbare Baitrunnersystem erlaubt es dem Fisch Schnur zu nehmen, ohne daß der Angler hierzu erst den Schnurfangbügel öffnen muß. Durch eine einfache Kurbeldrehung wird wieder die vorherige Bremseinstellung zugeschaltet.

SHIMANO BAITRUNNER AERO GT4500 *(links):*
Diese Rolle wurde zu einer der beliebtesten Spezialrollen zum Fischen auf große Distanz. Die Aero GT 4500 verfügt über alle Eigenschaften der einfachen Aero-Rollen, hinzu kommen noch drei Kugellager für den sanften Lauf. Ihre Übersetzung liegt bei 4,7 : 1 und ihr Schnurfassungsvermögen bei 300 m 0,32 mm Schnur.

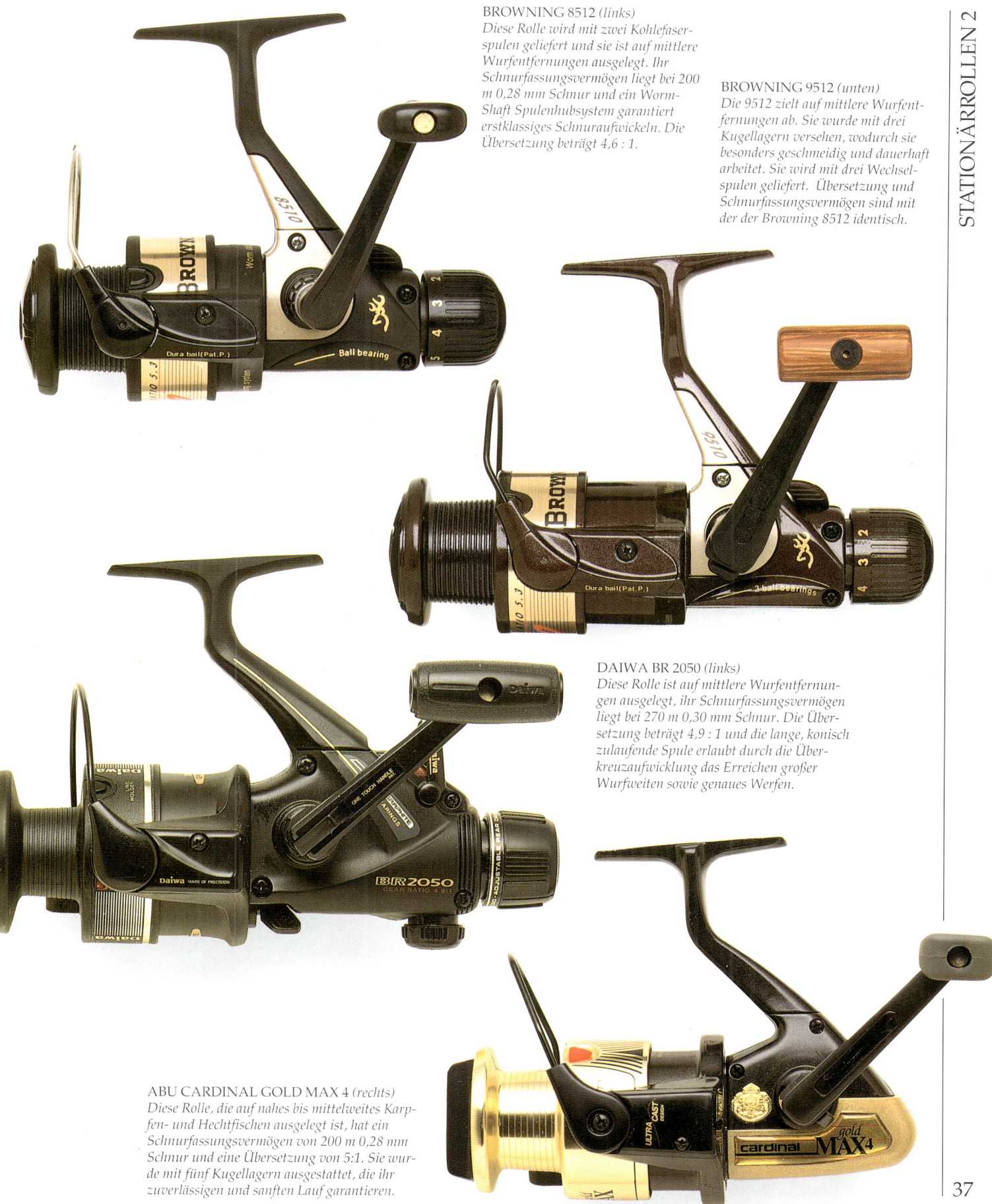

BROWNING 8512 (links)
Diese Rolle wird mit zwei Kohlefaser-
spulen geliefert und sie ist auf mittlere
Wurfentfernungen ausgelegt. Ihr
Schnurfassungsvermögen liegt bei 200
m 0,28 mm Schnur und ein Worm-
Shaft Spulenhubsystem garantiert
erstklassiges Schnuraufwickeln. Die
Übersetzung beträgt 4,6 : 1.

BROWNING 9512 (unten)
Die 9512 zielt auf mittlere Wurfentfernungen ab. Sie wurde mit drei
Kugellagern versehen, wodurch sie
besonders geschmeidig und dauerhaft
arbeitet. Sie wird mit drei Wechselspulen geliefert. Übersetzung und
Schnurfassungsvermögen sind mit
der der Browning 8512 identisch.

DAIWA BR 2050 (links)
Diese Rolle ist auf mittlere Wurfentfernungen ausgelegt, ihr Schnurfassungsvermögen
liegt bei 270 m 0,30 mm Schnur. Die Übersetzung beträgt 4,9 : 1 und die lange, konisch
zulaufende Spule erlaubt durch die Über-
kreuzaufwicklung das Erreichen großer
Wurfweiten sowie genaues Werfen.

ABU CARDINAL GOLD MAX 4 (rechts)
Diese Rolle, die auf nahes bis mittelweites Karp-
fen- und Hechtfischen ausgelegt ist, hat ein
Schnurfassungsvermögen von 200 m 0,28 mm
Schnur und eine Übersetzung von 5:1. Sie wurde mit fünf Kugellagern ausgestattet, die ihr
zuverlässigen und sanften Lauf garantieren.

KAPSELROLLEN

Die Kapselrollen sind auf dem Prinzip der Stationärrollen aufgebaut. Das Vorderteil der Rolle liegt geschützt hinter einer Kapsel, durch die die Schnur läuft. Eingeholt wird die Schnur von einem Schnurfangstift. Durch den Druck auf einen federgelagerten Knopf springt dieser Stift zur Seite und gibt so die Schnur zum Wurf frei. Durch die Kapsel werden viele Probleme, die beim Fischen mit dünnen Schnüren auftreten, ausgeschaltet. An windigen Tagen weht die Schnur nicht mehr um die Rolle oder den Schnurfangbügel. Kapselrollen erbringen ihre Bestleistung, wenn sie mit dünnen Schnüren gefischt und zum leichten Spinn- und Matchfischen verwendet werden.

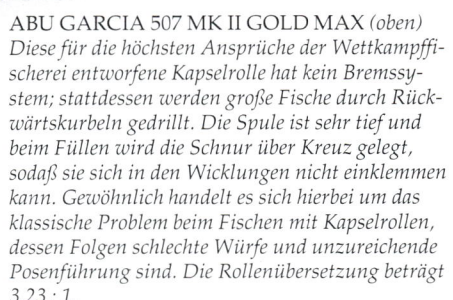

ABU GARCIA 507 MK II GOLD MAX (oben)
Diese für die höchsten Ansprüche der Wettkampffischerei entworfene Kapselrolle hat kein Bremssystem; stattdessen werden große Fische durch Rückwärtskurbeln gedrillt. Die Spule ist sehr tief und beim Füllen wird die Schnur über Kreuz gelegt, sodaß sie sich in den Wicklungen nicht einklemmen kann. Gewöhnlich handelt es sich hierbei um das klassische Problem beim Fischen mit Kapselrollen, dessen Folgen schlechte Würfe und unzureichende Posenführung sind. Die Rollenübersetzung beträgt 3,23 : 1.

DAM QUICK POWER CFP (oben)
Diese Quick Power CFP wurde mit einer Scheibenbremse ausgestattet, die Übersetzung ist mit 3,5 : 1 niedrig, wodurch große Fische gefühlvoll, aber dennoch mit Kraft gedrillt werden können. Für schnelle Schnuraufnahme sorgen zwei hartverchromte Stahlstifte.

DAM QUICK CFM MATCH (rechts)
Diese für das Matchfischen entworfene Rolle verfügt über eine hohe Übersetzung von 4,2 : 1. Die Bremse fehlt an ihr: es wird rückwärtskurbelnd gedrillt. Für schnelle Schnuraufnahme sorgen an ihr zwei hartverchromte Schnuraufnahmestifte. Die Kapsel wurde mit einem Schnellverschluß versehen, der einen raschen Zugang zur Spule ermöglicht.

ABU GARCIA 1044 ABUMATIC *(links)*
Die 1044 ist eine sehr durchdachte Rolle mit Messinggetriebe (die Übersetzung liegt bei 3,9 : 1). Die Bremse sorgt dafür, daß es bei einer plötzlichen Flucht an dünner Schnur nicht gleich zu Schnurbruch kommt: durch eine Viertelumdrehung der Kurbel wird die Bremskraft bis zu 75% reduziert.

DAIWA HARRIER 123M *(oben)*
Durch das Fehlen der Bremse und das Kohlefasergehäuse ist die Harrier 123M ein Leichtgewicht. Sie wird mit zwei Spulen geliefert und zielt mit ihrer hohen Übersetzung (4,1 : 1) auf den Matchfischer ab. Es ist zwar eine einfache Rolle, die aber dennoch alle wichtigen Eigenschaften aufweist, die für das moderne Wettfischen erforderlich sind.

DAIWA HARRIER 125M *(links)*
Diese Rolle ist bei Matchfischern sehr beliebt. Ihre hohe Übersetzung (4,1 : 1) ermöglicht ein schnelles Schnureinholen. Die Schnur wird über Kreuz auf die Spule gelegt, sodaß die Würfe sehr geschmeidig sind. Die Rolle wird mit zwei Spulen geliefert. Mit einer Heckbremse wurde sie für diejenigen ausgestattet, die einen Fisch eher mit der Rollenbremse als durch Rückwärtskurbeln drillen.

39

BAITCASTER

Baitcaster sind kleine Multirollen, die darauf ausgelegt wurden, sich stundenlang komfortabel fischen zu lassen und bedienerfreundlich zu sein. Viele wurden mit einem Schnurführungsmechanismus versehen, der die eingeholte Schnur gleichmäßig auf der Spule verteilt. Stark kämpfenden Fischen steht ein verstellbares Bremssystem entgegen. Das Problem der Schnurperücken durch Überdrehung der Spule wurde durch magnetische Spulenbremssysteme ausgeschaltet, welche die Rotationsgeschwindigkeit reduzieren. Moderne Baitcaster sind zum schnellen Werfen mit einem Daumenbalken versehen. Durch leichten Daumendruck wird die Rolle automatisch auf Freilauf geschaltet.

SHIMANO CALCUTTA 200 (oben)
Das Gehäuse der Calcutta 200 wurde aus einem Stück gefertigt. Gehäuse und Spule sind aus anodisiertem Aluminium. Das Schnurfassungsvermögen beträgt 200 m 0,28 mm Schnur oder 100 m 0,33 mm Schnur. Durch den kurzen Fuß sitzt sie niedrig auf der Rute, für geschmeidigen und dauerhaften Lauf sorgen Kugellager. Sie wurde mit dem "Quickfire" Daumenbalken versehen und ihr Schnurführungsring ist durch die Keramikeinlage sehr abriebfest.

ABU GARCIA AMBASSADEUR 1022 (unten)
Die Übersetzung dieser Rolle beträgt 4,7 : 1, sie verfügt über eine Schnurführung, über zwei Bremssysteme (ein mechanisches und ein magnetisches) und über einen Daumenbalken. Zum Wurf wird die Spule durch Druck auf den Daumenbalken auf Freilauf geschaltet. Das Getriebe wird durch Betätigen der Rollenkurbel oder durch Druck auf den "Flipping Trigger" - wodurch augenblickliches Anschlagen möglich ist - wieder zugeschaltet.

SILSTAR NOVA 20 (oben)
Die Seitenplatten und das Gehäuse der Nova 20 bestehen aus einer sehr leichten Kohlefaser/Titan-Verbindung und die Schnurführung wurde mit einem Aluminiumoxyd-Schnurröllchen ausgestattet, um Reibung an der Schnur weitgehend auszuschalten. Auch die Nova verfügt über einen Daumenbalken, eine Sternbremse und ein magnetisches Bremssystem. Die Übersetzung liegt bei 5 : 1. Das Schnurfassungsvermögen beträgt 250 m 0,30 mm Schnur oder 200 m 0,33 mm Schnur.

RYOBI LX4 (unten)
*Das stromlinienförmige Design und die Leicht-
gewichtkonstruktion machen aus dieser Rolle
eine ausgezeichnete Rolle für viele der modernen,
bleistiftdünnen Baitcasterruten. Ihr Schnurfassungsvermögen beträgt 180 m 0,30 mm Schnur.
Sie ist mit einer Schnurführung, einer Sternbremse, einem Daumenbalken für schnelle Würfe
und einer verstellbaren Magnetbremse ausgestattet. Die Magnetbremse verhindert beim
Wurf ein Überdrehen der Spule.*

SHIMANO BANTAM CITICA 200 (oben)
*Die Citica ist mit einer hohen Getriebeübersetzung
ausgestattet worden, was eine hohe Einholgeschwin-
digkeit ermöglicht. Eine Magnetbremse hilft bei den
Würfen. Das Schnurfassungsvermögen beträgt
190 m 0,30 mm Schnur oder 130 m 0,33 mm
Schnur. Das Rollengewicht wurde durch das
Verwenden eines Kohlefasergehäuses und einer
Aluminiumspule auf ein Minimum reduziert.*

SHIMANO BANTAM CURADO 200
(unten)
*Diese Rolle weist eine hohe Einholgeschwin-
digkeit auf, schließlich liegt ihre Übersetzung
bei 6:1. Vier rostfreie Kugellager und ein
gelagertes Schnurlaufröllchen sorgen für
weichen Lauf und langfristige Zuver-
lässigkeit. Das Schnurfassungsvermögen beträgt 190 m 0,30
mm Schnur oder 130 m
0,33 mm Schnur.*

RYOBI LR-130 (oben)
*Die Übersetzung der LR - 130 liegt bei 4,2 : 1 und ihr
Schnurfassungsvermögen bei 165 m 0,30 mm Schnur. An ihr
läßt sich zum Erreichen größerer Wurfentfernungen auch der
Schnurführungsmechanismus auf Freilauf schalten. Sie ist
ebenfalls mit einem Daumenbalken und einer Griffbremse
ausgestattet, mit welcher die Einstellung der Rollenbremse
schnell und genau verändert werden kann, indem lediglich
mit der Rollenkurbel rückwärts gedreht wird.*

FLIEGENROLLEN 1

Ob Sie nun eine gut gefertigte, preisgünstige Rolle oder das Spitzen-modell einer führenden Marke kaufen, das wichtigste beim Rollen-kauf ist, den genauen Anwendungsbereich der Rolle zu kennen. So reicht beispielsweise eine leichtgewichtige, schmale Rolle mit nied-rigem Spulendurchmesser nicht für den Fang von großen Lachsen, Steelheadforellen oder Wolfsbarschen aus. Die hierzu erforderlichen schweren Wurfschnüre finden noch nicht einmal auf der Spule Platz. Diese Auswahl an kleinen Fliegenrollen, mit oder ohne Übersetzung und Scheibenbremse, ist für den Fang von Forellen, Meerforellen und kleinen Lachsen an leichten Einhandfliegenruten ideal.

ORVIS BATTENKILL
5/6; 7,9 cm Durchmesser (rechts)
Diese Aluminiumrolle faßt 5er und 6er Wurfschnüre sowie 90 m Backing. Die Spule ist mit einem Gegengewicht, Bronze-muffen und einem hervorstehenden Rand als Finger-bremshilfe ver-sehen.

HARDY PERFECT
7,9 cm (unten)
Diese 1891 erstmals vorgestellte Rollenserie (siehe Seite 45) wird mit sehr niedrigen Toleranz-werten gefertigt. Die Spulen lassen sich wechseln und wer-den auf eine gelagerte Rollenachse gesteckt. Diese Rollen sind für Rechts- und Linkshänder erhältlich.

LEEDA/3M SYSTEM TWO 67L *(oben)*
Diese Rolle aus einer Aluminiumlegierung ver-fügt über eine mit einem Gegengewicht ausge-stattete Spule mit hervorstehendem Spulen-rand, über eine Achse aus rostfreiem Stahl und eine stufenlos verstellbare Scheiben-bremse. Sie faßt eine WF7F Wurfschnur sowie 60 m Backing.

LEEDA LC80 *(unten)*
Die LC 80 ist eine leichte Rolle mit einem Kohle-fasergehäuse und einer weiten Wechselspule aus Plastik. Ihr Fassungsvermögen verträgt eine DT6 Wurfschnur mit 70 m Backing. Auf ihrer Rückseite befindet sich ein praktischer Schnurklip, an den das lose Vorfachende gesteckt werden kann.

SHAKESPEARE SPEEDEX
8,9 cm (oben)
Die 2:1 Übersetzung der Speedex erlaubt eine hohe Einholgeschwindigkeit. Die verstellbare Bremse bietet dem flüchtenden Fisch Widerstand. Sie ist mit einer weiten und mit einer schmalen Spule erhältlich; die schmale Spule faßt eine DT6F mit 20 m Backing und die weite Spule faßt eine DT7F mit 70 m Backing.

HARDY LRH LIGHTWEIGHT *(oben)*
Diese Rolle aus einer Aluminiumlegierung ist mit einer Wechselspule und einem Rollenkäfig ausgestattet und läßt sich nach Belieben auf Links- oder Rechtshänder umstellen. Das Schnurfassungsvermögen liegt bei einer DT5F Wurfschnur und 40 m Backing.

HARDY MARQUIS 2/3
6,5 cm (oben)
Diese kleine Aluminiumrolle wurde für den Gebrauch an kleinen Bächen mit Wurfschnüren der Klassen 2 oder 3 entwickelt. Sie läßt sich auf Links- oder Rechtshänder umstellen, ihr Rand steht als Fingerbremshilfe hervor und ihre Spule läßt sich auswechseln.

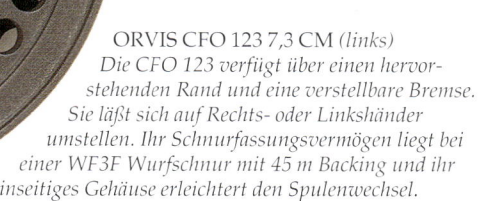

ORVIS CFO III 7,6 CM *(oben)*
Die CFO III ist der CFO 123 ähnlich, jedoch durch ihr größeres Format vielseitiger. Sie ist bei Stillwasser-Bootsanglern, die kurze Ruten verwenden, beliebt. Ihr Schnurfassungsvermögen liegt bei einer WF6F Wurfschnur mit 45 m Backing.

ORVIS CFO 123 7,3 CM *(links)*
Die CFO 123 verfügt über einen hervorstehenden Rand und eine verstellbare Bremse. Sie läßt sich auf Rechts- oder Linkshänder umstellen. Ihr Schnurfassungsvermögen liegt bei einer WF3F Wurfschnur mit 45 m Backing und ihr einseitiges Gehäuse erleichtert den Spulenwechsel.

FLIEGENROLLEN 2

Diese Rollen sind für das schwerere Fliegenfischen, wie etwa für den Fang von Steelheadforellen, Lachsen, Groß- und Meerforellen geeignet. Ihre Spulen fassen die schweren Wurfschnüre mit einer großen Backingreserve, die für den Drill eines großen, flüchtenden Fisches unerläßlich ist. Die meisten sind mit einem hervorstehenden Spulenrand versehen, wodurch im Drill mit dem Finger entsprechend nachgebremst werden kann. Darüber hinaus ermöglichen die großen Spulendurchmesser eine recht hohe Einholgeschwindigkeit und reduzieren gleichzeitig das "Gedächtnis" der Schnur - wird sie von diesen Spulen gezogen, kringelt sie sich deutlich weniger als wenn sie von kleinen Spulen gezogen wird. An kleinen Fliegenrollen kann das Kringeln der Wurfschnur zu einem echten Problem werden.

ORVIS BATTENKILL DISK 8/9 8,6 CM *(rechts)*
Diese Rolle ist der Battenkill 5/6 (siehe Seite 42) sehr ähnlich, sie ist lediglich größer und mit einer Teflon-Scheibenbremse ausgestattet. Die Knarre der Rollenbremse kann zu- oder abgeschaltet werden. Die weite Leichtgewichtspule verfügt in Anbetracht ihrer Größe über ein gutes Schnurfassungsvermögen. Sie kann mit einer WF9F Wurfschnur und zusätzlich mit 150 m Backing gefüllt werden.

HARDY OCEAN PRINCE *(unten)*
Die Ocean Prince ist eine schwere Rolle, die für den Fang von Lachs, Tarpon und Bonefish ideal ist. Sie verfügt über eine mehrscheibige Bremse, eine zuverlässige, verstellbare Rücklaufbremse, Wechselspulen und einen hervorstehenden Spulenrand. Sie ist für Links- und Rechtshänder geeignet. Sie faßt eine DT 10F mit 130 m Backing.

ORVIS CFO VI 10 CM *(oben)*
Diese Rolle ist der CFO 123 ähnlich (siehe Seite 43), jedoch größer und gleichzeitig mit einem Rollenkäfig ausgestattet; ihr Fassungsvermögen liegt bei einer DT 11 F sowie 130 m Backing. Sie ist zum Steelhead- und Lachsfischen ideal, für den Fang von Bonefischen und Meerforellen in Mündungsbereichen ist sie allerdings nicht geeignet, da sie nicht auf Salzwasser ausgelegt ist.

LEEDA MAGNUM 140D *(unten)*
Die 140 D verfügt über eine Scheibenbremse, einen hervorstehenden Spulenrand, Wechselspulen mit Gegengewicht und faßt eine DT 10F mit 130 m Backing. Sie ist zum Fischen mit Schußköpfen und für den Fang von Steelheadforellen und Lachsen bestens geeignet.

SHAKESPEARE PFLUEGER MEDALIST 10 cm *(rechts)*
Diese Rolle mit großem Schnurfassungsvermögen ist zum Fischen mit Schußköpfen und mit schweren Sinkschnüren ideal. Sie wird oft von Anglern verwendet, die an tiefen Seen mit extrem tief abtauchenden Schnüren (mit Bleikern) auf im Freiwasser raubende Bach- und Regenbogenforellen schleppen.

HARDY MARQUIS 8/9 MULTIPLIER 9,2 CM *(unten)*
Diese Rolle ist der Marquis 2/3 (siehe Seite 43) ähnlich, aber größer und mit einer Übersetzung versehen. Ihr Fassungsvermögen liegt bei einer WF8F mit 45 m Backing. Sie ist hervorragend zum Forellen-, Meerforellen-, Steelhead- und Lachsfischen mit Einhandruten geeignet.

LEEDA/3M SYSTEM TWO 1011 *(links)*
Mit ihrer stufenlos verstellbaren Scheibenbremse, ihrem hervorstehenden Rand und ihrem Fassungsvermögen von einer DT 10 Wurfschnur mit 100 m Backing, ist diese Rolle zum Fang von Lachsen, Großforellen, Meer- und Steelheadforellen ideal.

HARDY PERFECT *(rechts)*
Die Perfect wurde von Hardy erstmals 1891 auf den Markt gebracht und ist später wieder aus dem Programm genommen worden. In den 70er Jahren wurde sie wieder in das Hardy-Programm aufgenommen, da durch den Autor Hugh Falkus großes Interesse an ihr geweckt wurde. Er beschrieb sie als die ideale Meerforellenrolle. Die alten Modelle sind mittlerweile begehrte Sammlerobjekte. Diese Rolle ist ausgezeichnet für den Fang von Lachsen, Groß-, Meer- und Steelheadforellen geeignet.

SHAKESPEARE REVOLUTIONARY CASSETTE FLY 10 cm *(oben)*
An dieser ungewöhnlichen Rolle von Shakespeare wird die Wurfschnur erst auf eine Kassette gewickelt, mit der dann die eigentliche Spule geladen wird. Die Spule hat ein hohes Fassungsvermögen und sie wurde mit einem Gegengewicht versehen. Das hohe Fassungsvermögen macht sie zu einer guten Rolle, um schnellflüchtende Fische zu drillen.

BOOTSROLLEN

Um mit den rauhen Bedingungen der Bootsfischerei zurechtzukommen, muß eine Multirolle robust und gut verarbeitet sein und über ein Schnurfassungsvermögen verfügen, das zum jeweiligen Anwendungsbereich paßt. Das Getriebe sollte präzise und zuverlässig arbeiten, ebenso wie der Bremsmechanismus. Die Bremsen von Bootsrollen werden entweder über ein sternförmiges Rad (Star Drag) oder über das Betätigen eines Hebels (Lever Drag) eingestellt - wird der Hebel vorwärts geschoben, verstärkt sich die Bremskraft, wird er zurückgeschoben, reduziert sie sich. Früher wurden Hebelbremssysteme nur in große und teure Big-Game Rollen eingebaut, heute sind auch kleinere Multirollen mit Hebelbremse erhältlich. Der Vorteil der Hebel- gegenüber der Radbremse ist die Tatsache, daß sich die Bremskraft stufenloser und genauer verstellen läßt.

SHIMANO TRITON 100G *(rechts)*
Shimano hat eine wichtige Rolle gespielt, als es darum ging, Hebelbremsrollen auch außerhalb der Big-Game Szene bekannt zu machen. Die Bremse der Triton 100G arbeitet herrlich weich und genau. Das Gehäuse dieser kleinen Multirolle ist aus einem Kohlefaser/Titan Gemisch und ihr Fassungsvermögen liegt bei 230 m 0,40 mm Schnur. Es ist eine ausgezeichnete Rolle für die übliche Bootsfischerei, jedoch nicht für das Uptide-Fischen, da mit Hebelbremsrollen nicht so weit geworfen werden kann.

DAIWA MILLIONAIRE II M37-2B *(oben)*
Die Millionaire-Rollen wurden in erster Linie zum Brandungsfischen entworfen, sie sind jedoch auch ausgezeichnete Rollen für das leichte bis mittelschwere Bootsfischen. Das Fassungsvermögen der M37-2B liegt bei 340 m 0,30 mm Schnur und ihre beiden rostfreien Kugellager garantieren auch unter Zug einen weichen Lauf. Es ist eine ideale Rolle für das leichte Uptide-Fischen, für das leichte Köhlerfischen, für den Fang von Hundshaien in seichtem Wasser, für das Fischen auf schnelle Wolfsbarsche und für den Fang einiger kleinerer, im Freiwasser lebender Sportfischarten, wie den Dolphin.

ABU GARCIA AMBASSADEUR 7000 C SYNCRO *(oben)*
Ihr Fassungsvermögen liegt bei 230 m 0,60 mm Schnur, wodurch diese Rolle für das leichte bis mittelschwere Bootsfischen ideal ist. Ihre Fliehkraftbremse verhindert beim Wurf mit schweren Ködern ein Überdrehen der Spule. Beim Drill starker Fische kann die Bremskraft durch ein einfaches Rückwärtsdrehen der Rollenkurbel um 75 Prozent reduziert werden; sobald die Kurbel wieder vorwärts gedreht wird, schaltet die Rolle wieder auf die ursprüngliche Bremskraft um. Leider sind diese Rollen serienmäßig mit einer Schnurführung versehen, es sind jedoch auch Umbausätze erhältlich.

ABU GARCIA AMBASSADEUR 10000 C *(links)*
Diese qualitativ hochwertige, stark belastbare Rolle wurde für das Fischen vom Strand aus und zum Bootsfischen entworfen, worunter auch das Schleppfischen fällt. Ihre Übersetzung von 4,2 : 1 reduziert sich beim Drill eines großen Fisches automatisch auf 2,5 : 1, wodurch zwar langsamer, dafür aber kraftvoller eingeholt wird.

PENN INTERNATIONAL II 30 SW *(links)*
Rollen mit zwei Einholgeschwindigkeiten helfen den Anglern beim Fang größter Fische an leichtestem Gerät. Die Penn International II 30 SW verfügt über ein 3,8 : 1 Standardgetriebe und über ein niedrig übersetztes Getriebe von 1,8 : 1 für den schweren Drill. Eine Übersetzung von unter 2:1 mag zwar zu niedrig scheinen, in schwierigen Drillsituationen kann eine zu hohe Übersetzung jedoch zum Verlust des Fisches führen. Es geschieht dasselbe, wie beim Bergauffahren mit dem Fahrrad: mit der richtigen Übersetzung kommt man recht problemlos vom Fleck.

SHAKESPEARE FULMAR 400 *(rechts)*
Hebelbremsrollen haben sich zu recht einen hervorragenden Ruf für die schwere Meeresfischerei erworben. Sie gelten als sehr teuer, die Fulmar 400 jedoch, mit ihrer Übersetzung von 3 : 1, ihrer Kohlefaser/Titan-Konstruktion, ihrer Aluminiumspule und ihrem Fassungsvermögen von 460 m 50 lb. (0,75 mm) Schnur ist sowohl zuverlässig, als auch preislich vernünftig. Diese Rolle ist hervorragend für schweres Wrackfischen und zum mittelschweren Big-Game Fischen geeignet.

PENN INTERNATIONAL 50 *(links)*
Für die ganz schweren Aufgaben beim Bootsfischen wird auf Rollen zurückgegriffen, die ihren Ruf schon oft bestätigt haben. In der Welt der Big-Game Fischerei sind das gewöhnlich Penn-Rollen. Von Penn werden auch größere Rollen als die International 50 hergestellt - nämlich bis zur 130 lb.-Klasse - ihr Fassungsvermögen, ihre Kraft und ihre ausgezeichnete Verarbeitung kommen mit fast jedem Riesenfisch zurecht. Ihr Fassungsvermögen liegt bei 550 m 50 lb. Schnur (0,75 mm), die Übersetzung bei 3 : 1 und ihre Hebelbremse ist die gleichmäßigste, die man sich wünschen kann.

BRANDUNGSROLLEN

Brandungsrollen wird, wie auch den Brandungsruten, aufgrund der oft rauhen Uferbeschaffenheit viel abverlangt. Dies führte zu vielen Neuerungen im Bereich von Design und Herstellung, bis jetzt wurde allerdings noch nicht die Superrolle entwickelt, die die Vorteile der gängigen Rollentypen (Sidecaster, Multi- und Stationärrolle) in nur einer Rolle vereinigt. Die Multirolle, die theoretisch robuster ist und größere Wurfweiten erzielt, ist im Umgang komplizierter als eine Stationärrolle, mit der sich wiederum leichte Spinnköder und Posen besser fischen lassen. Die dritte Rollenkategorie ist die Alvey Sidecast-Rolle, eine Kreuzung zwischen Centrepin- und Stationärrolle. Dieser Rollentyp verfügt zweifellos über eine Reihe von Vorteilen, allerdings hat auch er seine Nachteile.

**ABU GARCIA AMBASSADEUR
9000 CL** *(oben)*
Die robuste 9000 Cl mit hohem Fassungsvermögen ist für die schwerere Küstenfischerei ideal, wenn es darum geht, große Fische zu drillen oder in dickem Tang zu angeln. Zu ihren guten Wurfeigenschaften kommen noch zwei Einholgeschwindigkeiten hinzu: eine langsame für den Drill und eine schnelle, um schnell über hängerträchtigem Grund einholen zu können.

**ABU GARCIA AMBASSADEUR
7000** *(rechts)*
Die Fertigungspräzision der Ambassadeur 7000 hat den Castingsport und das Fischen auf große Distanz revolutioniert. An ihrem Design hat sich in den letzten zwei Jahrzehnten nichts geändert, da keine Änderung erforderlich war. Für die allgemeine Küstenfischerei ist sie nach wie vor die beste Rolle.

**ABU GARCIA AMBASSADEUR 6500 C
SPECIAL** *(links)*
In der 6500 wird bewährte ABU Garcia Rollentechnologie in die kompakteste Lösung gesteckt, die es zum mittelschweren bis schweren Küstenfischen gibt. Hierbei handelt es sich um eine Casting-Wettkampfrolle, die gleichzeitig hervorragend zum Angeln geeignet ist.

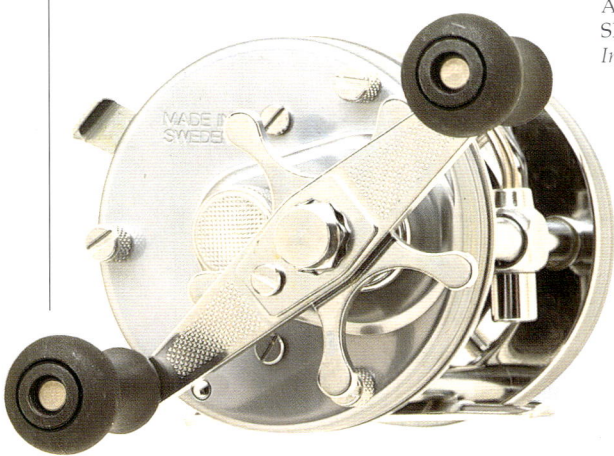

DAIWA MILLIONAIRE TOURNAMENT 7 HT *(rechts)*
Die 7 HT verfügt über eine Übersetzung von 5 : 1, es fehlen die Schnurführung und der obere Querbalken, ihr Fuß ist auf eine Befestigung mit Coaster-Ringen ausgelegt, sodaß diese Rolle eine hervorragende Weitwurfrolle ist. Besonders gut läßt sie sich zum Fischen auf große Distanz einsetzen.

ABU GARCIA CARDINAL CL 5 *(rechts)*
Die Cardinal CL 5 ist mit ihrer überlappenden Spule und Heckbremse typisch für all jene mittelschweren Stationärrollen, die für den Fang von Meeräschen und Wolfsbarschen so praktisch sind. Sie läßt sich ebenfalls zum leichten Grundfischen auf hängerträchtigem Grund sinnvoll einsetzen.

DAIWA PM 9000 H *(unten)*
Eine gute, schwer belastbare Stationärrolle braucht eine überlappende, konisch zulaufende Spule, einen automatischen und mechanischen Schnurfangbügel, eine kraftvolle Heckbremse, eine Rücklaufsperre und eine hohe Einholgeschwindigkeit. All diese Merkmale vereint die PM 9000 H, die für fast alle Arten der Küstenfischerei geeignet ist, auch wenn es um das Spinnfischen auf kleine bis mittlere Fische geht.

ALVEY SIDECAST 60 A-5 *(rechts)*
Die Alvey Sidecast ist eine Art Centrepin-Rolle, deren Spule in zwei Stellungen gebracht werden kann. Zum Werfen wird die Spulenachse parallel zur Rute ausgerichtet, sodaß die Schnur nach vorne frei über den Spulenrand ablaufen kann, ganz wie bei einer Stationärrolle. Zum Einholen wird die Spulenstellung wieder um 90° verstellt und es wird nun die Schnur wie mit einer gewöhnlichen Centrepin-Rolle eingeholt. Mit einer Alvey-Rolle läßt es sich gut werfen und sehr kraftvoll drillen. Durch die niedrige Einholgeschwindigkeit ist sie bestimmten Aufgaben, mit denen andere Rollen problemlos zurechtkommen, jedoch nicht gewachsen.

SCHNÜRE, KLEMMHÜLSEN, PERLEN UND WIRBEL

Auch wenn sie klein und unbedeutend scheinen, sind Vorfachmaterialien, Klemmhülsen, Perlen und Wirbel ebenso wichtig, wie die Ruten und Rollen selbst, da sie zusammen mit den Haken und Kunstködern in direkten Kontakt mit dem Fisch kommen. Sind diese Kleinteile nicht zuverlässig und leistungsfähig, leidet die Köderpräsentation (und hierdurch verliert jeder noch so gute Köder einen Großteil seiner Anziehungskraft) und im Drill sinken die Chancen einer sicheren Landung. Ähnliches trifft auch auf die Hauptschnur zu, wobei es egal ist, ob sie aus Monofilament, geflochtener Schnur (etwa Dacron und Dyneema) oder Stahldraht besteht. Eine Ausrüstung ist stets nur so robust, wie ihre schwächste Stelle. Und oft ist das die Schnur. Überprüfen Sie sie regelmäßig und verwenden Sie stets Schnüre, die von ihrer Tragkraft her zur jeweiligen Technik passen.

MONOFILAMENT

Nach wie vor ist monofile Nylonschnur das zum Angeln mit Natur- und Kunstködern meistverkaufte Schnurmaterial. Nylonschnur wird auch als Backing von Fliegenrollen verwendet, auch wenn hierzu gewöhnlich beschichtetes Dacron eingesetzt wird (siehe Seite 52). Monofilament ist billig, zuverlässig und die einzige, wirklich weitwurftaugliche Schnur und somit ein absolutes Muß für das Süßwasserfischen. Es gibt allerdings auch Nachteile, auf die Rücksicht genommen werden muß. Die Fabrikate der verschiedenen Marken haben unterschiedliche Dehnungsraten. Diese Dehnung kann zum Abfedern der brutalen Schläge eines großen Fisches hilfreich sein, sie kann aber ebenso Bisse und Anhiebe in tieferem Wasser völlig abdämpfen. Weitere Nachteile von monofiler Nylonschnur sind auch ihre recht niedrige Knotenfestigkeit, ihr Tragkraftverlust in nassem Zustand und ihre Empfindlichkeit den ultravioletten Strahlen gegenüber. Im allgemeinen sollte man mindestens einmal jährlich seine monofile Nylonschnur erneuern.

9,1 kg (20 lb) MONO

9,1 kg (20 lb) MONO

GEFLOCHTENE SCHNUR

Das früher so beliebte geflochtene Dacron ist heute in Folge der steten Verbesserung der Monofilamente und durch seine Konkurrenz zur Stahlschnur ein wenig in Vergessenheit geraten. Das ist schade, da sie über nützliche Eigenschaften verfügt, wie beispielsweise zuverlässige Tragkraftwerte für die Registrierung der IGFA-Schnurklassenrekorde, eine ausgezeichnete Knotentragkraft und eine hervorragende Altersbeständigkeit. Andererseits ist sie recht abriebempfindlich, beim Drill starker Fische dämpft sie deren Schläge nicht und ihre Tragkraftwerte sind gering. Ihr großer Pluspunkt ist die fehlende Dehnung, was sich besonders in tiefem Wasser und beim Führen von Ködern an Posenmontagen (siehe Seite 223) bemerkbar macht, da hier monofile Nylonschnur oft den Anhieb völlig abdämpft. Ansonsten wird Dacron in erster Linie zum Schleppfischen, zum Posenfischen auf Haie und zum Fischen in tiefem Wasser ohne viel Gezeitenströmung eingesetzt.

8,2 kg (18 lb) DACRON

11,3 kg (25 lb) DACRON

STAHLSCHNUR

Stahlschnur gibt es in drei Ausführungen: aus einfibrigem, rostfreiem Stahl, aus mehreren Stahlfibern verflochten oder verzwirnt und als einfibrige Monelschnur (eine Legierung aus Nickel und Kupfer). Sie ist hervorragend zum tiefen Fischen in stark strömendem Wasser geeignet, da sie sich nicht dehnt und bei niedrigem Durchmesser über eine hohe Tragkraft verfügt. Das hat zur Folge, daß sich die Bisse ausgezeichnet erkennen und anschlagen lassen und daß man mit viel niedrigeren Gewichten als in Verbindung mit anderen Schnurmaterialien auskommt. Der Nachteil dieser Schnüre ist die Tatsache, daß eine schmale Multirolle ohne Schnurführung und mit tiefer Spule unerläßlich ist, ebenso wie Rollerringe (zumindest der Spitzenring) und eine Sollbruchstelle aus Monofilament an ihrem Ende. Dieses Schnurmaterial läßt sich nicht werfen, die Haken schlitzen aufgrund der fehlenden Dehnung leicht aus und es schneidet leicht in die Hände ein.

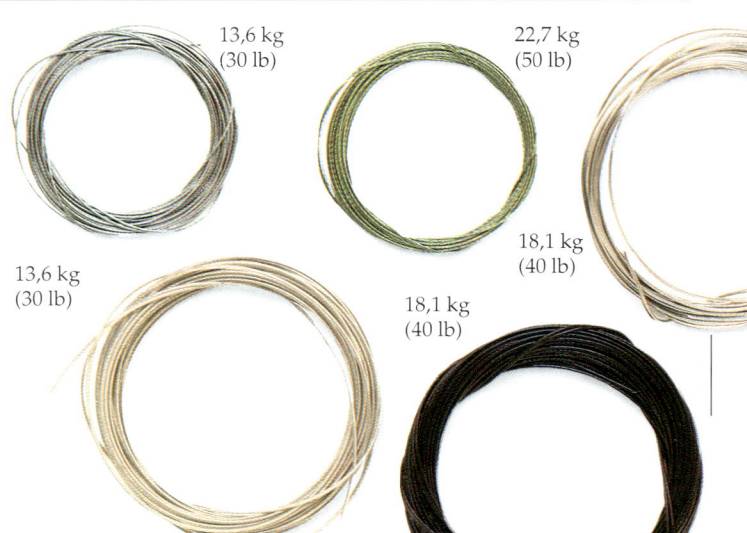

13,6 kg (30 lb)

22,7 kg (50 lb)

18,1 kg (40 lb)

13,6 kg (30 lb)

18,1 kg (40 lb)

VORFACHMATERIALIEN

Wer auf Hecht und andere Fischarten mit scharfen Zähnen und starken Kiefern fischt, der braucht zwischen der Hauptschnur und dem Haken ein robustes Vorfach. Im Süßwasser sollte unbeschichtetes Stahlvorfach oder, zum Schleppen mit toten Köderfischen, einfibrige Stahlschnur verwendet werden. Im Salzwasser reicht für kleine bis mittelgroße, zahnlose Fische einfaches Monofilament aus, für große Fische und jene mit scharfen Zähnen sollte Longliner-Nylon oder ein Stahlvorfach vor den Haken geschaltet werden. Ganz allgemein lassen sich die besten Bootsvorfächer aus einfachem Monofilament von über 0,70 mm Durchmesser anfertigen; an dünneren Schnüren lassen sich die Köder nur viel schlechter anbieten. Verwenden Sie zum schweren Riff- und Wrackfischen Vorfächer aus Nylonschnur mit 150 lbs (68 kg) Tragkraft und mit mindestens 200 lbs (90 kg) Tragkraft, wenn Sie auf Riesenthune und Schwertfische aus sind.

79 kg (175 lb)
STAINLESS STEEL

27,2 kg (60 lb)
MONO

KLEMMHÜLSEN UND PERLEN

Dicke Nylonschnur oder Stahlvorfächer werden mit Wirbeln und anderen Schnüren mit Hilfe von Klemmhülsen verbunden. Um beispielsweise einen Wirbel an einem Stahlvorfach zu befestigen, wird eine Klemmhülse über das Vorfachende gesteckt, worauf durch die Wirbelöhr eine Schlaufe gelegt wird und das Vorfachende erneut durch die Hülse geführt wird. Dann wird die Hülse mit Hilfe einer Zange flach gedrückt. Perlen verwendet man, um die Knoten vor Gleitbooms zu schützen, da sie über den Knoten und Stoppern wie Stoßdämpfer wirken.

KLEMMHÜLSEN

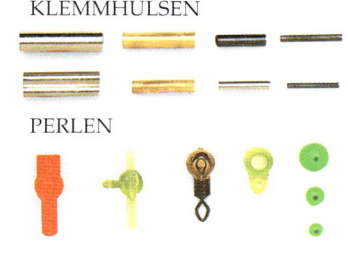

PERLEN

COIL CRIMP *(rechts)*
Coil Crimp ist ein federnder, spiralförmig gebogener, rostfreier Stahldraht. Kurze Stücke werden auf die Schnur gedreht und ersetzen so Stopknoten und Plastikstopper, die mit Sekundenkleber gesichert werden müssen, um den aufschlagenden Booms und Gewichten standzuhalten. Die Stellung der Drahtstücke läßt sich schnell ändern und sie können wieder verwendet werden.

COIL CRIMP

WIRBEL

Jede Endmontage, ganz egal, wie einfach sie ist, sollte nach Möglichkeit mit mindestens einem Wirbel versehen werden. So wird Schnurdrall vermieden und gleichzeitig bietet sich ein Wirbel ideal dazu an, über ihn das Vorfach oder das Blei mit der Hauptschnur zu verbinden. Sogar die besten Marken sind verhältnismäßig günstig, sodaß Sie sich für Fabrikate von Herstellern wie Berkley, Mustad, Drennan und Sampo entscheiden sollten; markenlose Imitationen sind gewöhnlich unzuverlässig und manchmal drehen sie sich unter Belastung nicht.

TONNEN-WIRBEL
Tonnenwirbel sind sehr vielseitige Wirbel. Ihr Design garantiert fast schon Langzeitzuverlässigkeit.

GELAGERTE WIRBEL
Durch diese herrlich leicht drehenden Wirbel wird die Verdrallungsgefahr fast gänzlich ausgeschlossen, was besonders beim Schleppfischen wichtig ist.

DREIWEGWIRBEL
Früher wurden diese Wirbel gerne zum Befestigen von Bleien verwendet, heute werden gewöhnlich jedoch Standoff-Booms mit Tonnenwirbeln an ihrem Ende vorgezogen.

CONGER-WIRBEL-HAKEN
Auf diese Haken sollte man sich nicht verlassen. Der Haken hat die lästige Angewohnheit, aus dem Wirbelkopf zu rutschen, was bereits oft im Drill großer Fische geschehen ist.

KARABINERWIRBEL

KARABINERWIRBEL
Ein Karabinerwirbel ist ein Wirbel mit einer Klammer (dem Karabiner), über die er mit der Endmontage verbunden wird. Es gibt verschiedene Karabinerformen und mit allen läßt sich die Endmontage schnell abändern, indem beispielsweise ein geknicktes Vorfach ersetzt wird.

SAMPO-WIRBEL

BIG-GAME WIRBEL
Zuverlässige, schwer belastbare gelagerte Wirbel, wie die von Sampo und Berkley hergestellten, sind unerläßlich, wenn es darum geht, stundenlangen, materialzehrenden Drills mit außergewöhnlich großen Fischen, wie es beim Big-Game Fischen üblich ist, standzuhalten.

FLIEGENSCHNÜRE UND VORFÄCHER

Die meisten Kunstfliegen sind leicht und wiegen nahezu nichts. Das zum Wurf erforderliche Gewicht erhalten sie von der Wurfschnur. Die Fliege wird über ein geflochtenes oder ein mehrteiliges Monofil-Vorfach mit der Wurfschnur verbunden und letztere wiederum mit einem Backing aus geflochtener Schnur oder Monofilament. Das Backing ist eine Schnurreserve, um große, weitflüchtende Fische drillen zu können. Gleichzeitig füllt das Backing einen Teil der Fliegenrolle, was durch den größeren Durchmesser des Spulenkerns zu einer höheren Einholgeschwindigkeit der Schnur führt. Die Schnur wird in großen Klängen aufgewickelt, die sich beim Abziehen von der Rolle weniger verfangen. Wurfschnüre werden aus Materialien wie geflochtener Nylonschnur, Dacron oder PVC hergestellt und mit verschiedenen Polymeren, wie Polyurethan und PTFE beschichtet.

SCHNURFARBE
Die meisten Schwimmschnüre sind von recht heller Farbe, Sinkschnüre werden gewöhnlich jedoch dunkel eingefärbt.

DAS AFTMA-SYSTEM

Die American Fishing Tackle Manufacturers Association (AFTMA) hat dieses System in die Welt gesetzt. Mit einem Code von Zahlen und Buchstaben werden die verschiedenen Charakteristika der Wurfschnüre beschrieben. Die ersten Buchstaben des Codes klären über das Profil oder die Form der Wurfschnur auf, die nachfolgende Zahl über ihr Gewicht und der letzte (oder die letzten) Buchstabe über ihre Dichte. Die Nummer der Wurfschnur hängt von dem Gewicht der ersten 9,1 Meter ab. Auch die Fliegenruten werden mit den AFTMA-Nummern versehen und die Nummer der gefischten Wurfschnur sollte zur Nummer der Rute passen, mit der sie gefischt wird.

AFTMA-Schnurgewichtsangaben		
AFTMA-Nummer	Gewicht in Grains	Gewichtsklassen
1	60	54–66
2	80	74–86
3	100	94–106
4	120	114–126
5	140	134–146
6	160	152–168
7	185	177–193
8	210	202–218
9	240	230–250
10	280	270–290
11	330	318–342
12	380	368–392
13	430	418–442
14	480	468–492

AFTMA-WURFSCHNURPROFILE

ANATOMIE EINER DOPPELT VERJÜNGTEN WURFSCHNUR (DOUBLE TAPER)

Spitze · vordere Verjüngung · Beschichtung · Schnurkörper · Kern · hintere Verjüngung · Spitze

Die heute üblicherweise verwendeten Profile der Wurfschnüre (Tapers) sind die doppelt verjüngten (Double Taper) Wurfschnüre, die Keulenschnüre (Weight Forward) und die einfach verjüngten Wurfschnüre (Shooting Taper). Level-Schnüre sind auf ihrer gesamten Länge zylindrisch, sie lassen sich nur schwer werfen und werden heute nur noch selten gefischt. Doppelt verjüngte Wurfschnüre werden verwendet, um Fliegen auf kurze bis mittlere Distanz sanft anzubieten. Gleichzeitig lassen sich diese Schnüre leicht werfen. Keulenschnüre werden für mittlere bis große Wurfentfernungen verwendet. Haben erst einmal die Spitze und der Schnurkörper die Rute verlassen, schießt die dünne Restschnur mit Leichtigkeit durch die Rutenringe. Mit einer durchdachten Keulenschnur läßt sich eine Fliege ebenso sanft, wie mit einer doppelt verjüngten Schnur auf die Oberfläche setzen. Schußköpfe sind kurze Wurfschnüre, auf die geflochtene oder monofile Schnur folgt, die beim Zug durch die Rutenringe nur wenig Widerstand bietet. Mit solchen Schnüren lassen sich erstaunliche Wurfweiten erzielen und sie werden deshalb in erster Linie an großen Stillwassern gefischt.

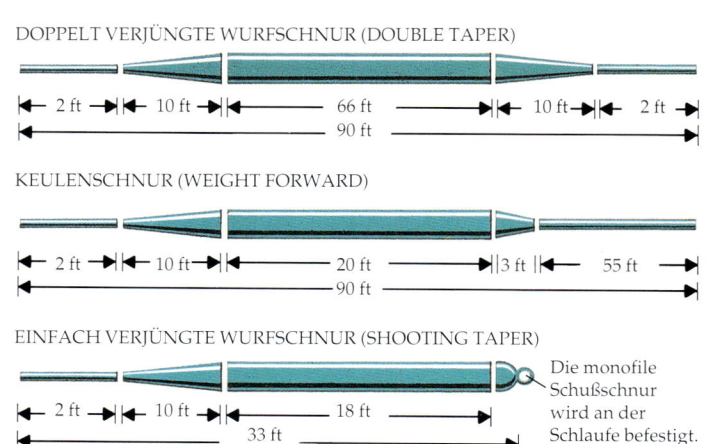

DOPPELT VERJÜNGTE WURFSCHNUR (DOUBLE TAPER)

2 ft — 10 ft — 66 ft — 10 ft — 2 ft
90 ft

KEULENSCHNUR (WEIGHT FORWARD)

2 ft — 10 ft — 20 ft — 3 ft — 55 ft
90 ft

EINFACH VERJÜNGTE WURFSCHNUR (SHOOTING TAPER)

2 ft — 10 ft — 18 ft
33 ft

Die monofile Schußschnur wird an der Schlaufe befestigt.

DIE AFTMA-FLUGSCHNUR KODIERUNG

In der AFTMA-Flugschnur Klassifizierung stehen die Buchstaben vor der Gewichtsangabe der Schnur (DT, WF, ST oder manchmal L) für deren Art der Verjüngung. Der oder die Buchstaben, die auf die Gewichtsnummer folgen (wie beispielsweise F, ND, I, S, FS und VFS), stehen für ihre Dichte bzw. ihre Funktion, da die Tatsache, ob sie schwimmt, sinkt oder schwebt von ihrer spezifischen Dichte abhängt. So ist beispielsweise eine mit DT 9 F umschriebene Schnur eine, die doppelt verjüngt ist, deren Gewichtsnummer bei 9 liegt und die zu den Schwimmschnüren gehört. Demgegenüber wird eine Keulenschnur, die sich im Wasser neutral verhält und deren Gewichtsnummer bei 7 liegt, mit WF 7 ND umschrieben.

FLUGSCHNURSYMBOLE		
DT	(Double Taper)	Doppelt verjüngt
WF	(Weight Forward)	Keulenschnur
ST	(Shooting Taper)	Schußkopf
F	(Floating)	Schwimmschnur
ND	(Neutral Density)	Im Wasser neutral
I	(Intermediate)	Schwebschnur
S	(Sinking)	Sinkschnur
FS	(Fast Sinking)	Schnellsinkende Schnur
VFS	(Very Fast Sinking)	Sehr schnell sinkende Schnur

DIE DICHTE DER FLUGSCHNÜRE

Flug- oder Wurfschnüre werden in verschiedenen spezifischen Dichten hergestellt. Von der spezifischen Dichte der Schnur hängt letztlich ab, ob sie schwimmt oder sinkt. Die Wurfschnüre mit der niedrigsten spezifischen Dichte sind die Schwimmschnüre und die mit der höchsten die am schnellsten sinkenden. Allerdings sind die den einzelnen Wurfschnüren beiliegenden Beschreibungen nicht immer sehr zuverlässig, sodaß die schnellsinkende Schnur des einen Herstellers vielleicht nicht schneller absinkt als die normale Sinkschnur eines anderen Herstellers. Um dem Kunden ein genaueres Bild von der Sinkgeschwindigkeit der Wurfschnüre zu geben, sind viele Hersteller dazu übergegangen, die Sinkgeschwindigkeiten ihrer Produkte zu veröffentlichen. Diese werden in Zentimeter oder Zoll pro Sekunde angegeben oder aber es wird die Tiefe angeführt, die nach einer bestimmten Zeit erreicht wird. Der einzige Haken an der Sache ist, daß verschiedene Abschnitte der Schnur unterschiedlich schnell sinken können und daß diese Sinkgeschwindigkeiten von einer Vielzahl von Faktoren beeinflußt werden können. So wirken sich beispielsweise die Wassertemperatur und die Windgeschwindigkeit (durch die manchmal entstehende Unterströmung) auf die Sinkgeschwindigkeit aus.

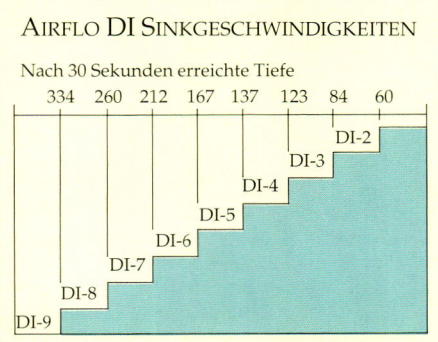

AIRFLO DI SINKGESCHWINDIGKEITEN

Nach 30 Sekunden erreichte Tiefe

| 334 | 260 | 212 | 167 | 137 | 123 | 84 | 60 |

DI-2, DI-3, DI-4, DI-5, DI-6, DI-7, DI-8, DI-9

SINKGESCHWINDIGKEITEN (oben)
Dies ist ein Beispiel für die von den Herstellern angegebenen Sinkgeschwindigkeiten, in diesem Fall das DI-Programm von Airflo. Die Tiefe wurde in Zoll angegeben.

VORFÄCHER

Das Vorfach ist ein Stück Nylonschnur, das die Fliege mit dem Ende der Wurfschnur verbindet. Um beim Wurf mit guten Abrolleigenschaften aufzuwarten, sollte es sich von dem Wurfschnurende zur Fliege hin verjüngen. Der Durchmesser des Vorfaches am Ende der Wurfschnur sollte bei mindestens einem Drittel von deren Durchmesser liegen. Beim Fischen mit Schwimmschnüren sollte zwischen die meist auffällig gefärbte Wurfschnur und die Fliege ein ausreichend langes Vorfach geschaltet werden. Dieser Abstand ist beim Fischen mit Sinkschnüren gewöhnlich weniger wichtig.

Flechtvorfächer
Diese Vorfächer werden aus einem Nylon-Flechtwerk hergestellt, das sich über seine ganze Länge verjüngt und sehr geschmeidig bleibt. Aufgrund ihrer guten Abrolleigenschaften lassen sich Fliegen sehr sauber anbieten. An einigen der Vorfächer wird das Ende der Wurfschnur in das Vorfach geschoben und dann mit einem kleinen Silikonröhrchen arretiert; andere besitzen eine Schlaufenverbindung. Die Fliege wird über ein kurzes Stück Monofilament, der Vorfachspitze, mit dem Flechtvorfach verbunden.

Monofile Vorfächer
Industriell gefertigte monofile Vorfächer bestehen entweder aus einem sich kontinuierlich verjüngenden Stück Nylonschnur oder aus aneinandergeknüpften Nylonschnurstücken, deren Durchmesser zur Vorfachspitze hin progressiv abnimmt. Die knotenlosen Vorfächer sind robuster und in ihnen verfängt sich bei weitem nicht soviel Unrat, wie in den geknoteten. Ihr Nachteil ist, daß sie bei jedem Fliegenwechsel um ein Stück kürzer werden und somit der Durchmesser der Vorfachspitze immer mehr zunimmt. Irgendwann muß dann schließlich das gesamte Vorfach ausgetauscht oder eine dünnere Spitze angebunden werden.

ROMAN MOSER FLECHTVORFÄCHER

VORFÄCHER MIT UNTERSCHIEDLICHER SPEZIFISCHER DICHTE
Heute sind auch Flechtvorfächer mit hoher Dichte erhältlich, die auch ohne Sinkschnur kleine, leichte Fliegen auf Tiefe bringen.

AIRFLO FLECHT-VORFÄCHER

HAKEN 1

Haken sind zwar ein unrühmlicher, jedoch ein unerläßlicher Bestandteil des Angelgerätes. Auch wenn ihre Funktion einfach ist, ihr Design ist oft komplex und subtil und auf dem Gerätemarkt sind unzählige Muster, Größen und Formen erhältlich. Nach und nach sind diese als Antwort auf die Erfordernisse der verschiedenen Angeltechniken und -methoden entstanden, wobei die unterschiedlichen Fischgrößen, Maul-, Lippenformen, Zähne und Köder berücksichtigt wurden. Das Ergebnis ist, daß Sie beim Hakenkauf berücksichtigen müssen, mit was für einer Methode Sie welcher Fischart nachstellen wollen. In diesem Punkt, wie beim sonstigen Gerätekauf auch, erweist sich der Rat eines guten Fachhändlers als überaus wertvoll.

DIE HAKENWAHL
Verwenden Sie stets nur solche Haken, die stark genug sind, um die gewünschte Fischart erfolgreich drillen zu können.

HAKENTYPEN

Es gibt drei Hakengruppen, die Einfach-, die Doppel- oder Zwillingshaken und die Drillinge. Das Hakenangebot ist gewaltig groß, zweifellos die beliebtesten sind die Einfachhaken in den verschiedensten Ausführungen, die von den kleinen, von Matchfischern verwendeten Plättchenhaken bis zu den großen, rostfreien Stahlhaken reichen, wie sie von Big-Game Fischern gefischt werden. Doppel- oder Zwillingshaken trifft man in erster Linie in den Händen von Fliegenfischern an, einige werden jedoch, wie beispielsweise der Whichway, zum Hechtfischen verwendet. Mit seinen drei Hakenspitzen verfügt der Drilling über ausgezeichnete Hakqualitäten. Drillinge werden hauptsächlich beim Spinnfischen (Wobbler und Löffel) sowie beim Hecht- und Lachsfischen (Tubenfliegen u.a.) eingesetzt.

EINFACHHAKEN   DOPPEL- ODER
                ZWILLINGSHAKEN   DRILLING

DIE HAKENBESTANDTEILE

Die Bestandteile eines typischen Hakens sind die Öhr, der Schenkel, die Krümmung, die Spitze, der Widerhaken, seine Tiefe und seine Öffnung. Haken werden aus sehr carbonhaltigem Stahl hergestellt und anschließend gewöhnlich mit einem Korrosionsschutz versehen oder direkt aus rostfreiem Stahl gefertigt.

Öhr

Spitze

Wider-
haken

Öffnung

Schenkel

Tiefe

Bogen

HAKENGRÖSSEN

Die Hakengrößen werden über Nummern definiert, jedoch können die Nummern eines Herstellers von denen eines anderen abweichen. Die kleinste Hakengröße ist 30. Generell kann behauptet werden, daß Haken von Größe 30 bis 1 zum Süßwasserfischen und Haken der Größe 1/0 bis 16/0 zum Salzwasserfischen verwendet werden. Japanische Haken fallen bei gleicher Nummer im allgemeinen ein bißchen kleiner aus als europäische Haken. Die Importgesellschaften kompensieren diese Tatsache, indem sie die Haken um eine Größe heruntersetzen.

EUROPÄISCHE GRÖSSE 8
Dicker, gehärteter Draht, runde Krümmung.

JAPANISCHE GRÖSSE 6
Mitteldicker Draht, runde Krümmung.

JAPANISCHE GRÖSSE 6
Mitteldicker Draht, Sproatkrümmung.

DRAHTSTÄRKEN

Der Durchmesser des Drahtes, aus dem ein Haken gefertigt wird, hängt vom Hakenmuster und seiner Größe ab. Heute bieten einige Hersteller jedoch alle Hakenmuster und -größen in verschiedenen Drahtstärken an. Dünndrähtige Haken werden zum Fischen mit dünner Schnur und Trockenfliegen verwendet, während mitteldicke Haken eher für das Naßfliegenfischen gebraucht werden. Wirklich dickdrähtig sind in erster Linie jene Haken, die beim Fang von Big-Game Fischen und großen Süßwasserfischen zum Einsatz kommen oder zum Binden schwerer Lachs- und Naßfliegen gebraucht werden, wenn eine hohe Sinkgeschwindigkeit erforderlich ist.

DICKDRÄHTIGER HAKEN

MITTELSTARKER HAKEN

DÜNNDRÄHTIGER HAKEN

HAKENÖHRE

Hakenöhre gibt es in vielen verschiedenen Formen und Größen. An den Plättchenhaken fehlen sie sogar ganz. Abgeflachte Hakenschenkel waren einmal überaus beliebt, das arbeitsintensive Hämmern und Lackieren rechnet sich heute jedoch nicht mehr. Ebenso sind Haken mit verjüngtem Öhr in der Herstellung teurer als Haken mit Öhr aus zylindrischem Draht und werden deshalb von immer mehr Herstellern aus dem Programm genommen. Gerade Öhre sind bei Süß- und Salzwasseranglern zum Fischen mit Naturködern sehr beliebt, während abgewinkelt stehende Öhre den Fliegenfischern lieber sind. Prüfen Sie beim Hakenkauf stets, ob das Öhr auch bis zum Schenkel bündig schließt; Haken mit einer kleinen Öffnung in der Öhrkrümmung sollten aussortiert werden. Das Plättchen eines Plättchenhakens darf auf gar keinen Fall irgendwelche scharfe Kanten aufweisen, welche die Angelschnur unter Zug beschädigen könnten.

RINGÖHR
Dieses aus zylindrischem Draht gefertigte Rundöhr ist der gängigste Öhrtyp.

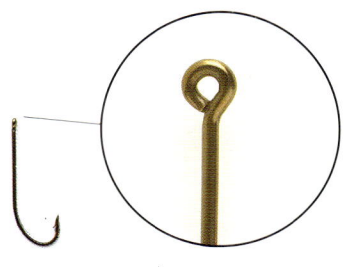

VERJÜNGTES ÖHR
Wo der Hakendraht auf den Schenkel trifft, ist er verjüngt, was eine sauberes Öhr ergibt, das sich nicht so leicht zusetzt.

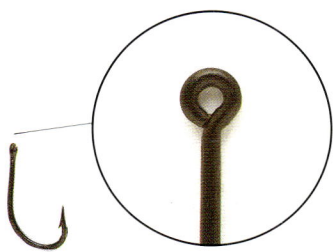

PLÄTTCHENENDE
Das Plättchen wird durch Abflachen des Drahtendes geformt.

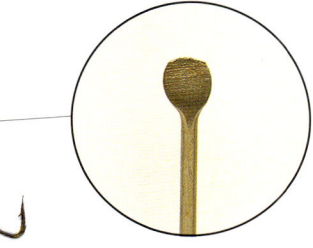

SCHLAUFENÖHR
Diese sehr robuste Öhrform trifft man an klassischen Lachsfliegen an.

NADELÖHR
Drillinge werden mit Nadelöhr versehen, insbesondere, wenn sie an Tubenfliegen gefischt werden.

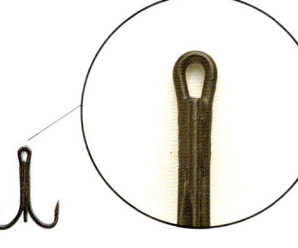

WIRBELÖHR
Dieser Öhrtyp findet auf starken Meeres- und Big-Game Haken Anwendung.

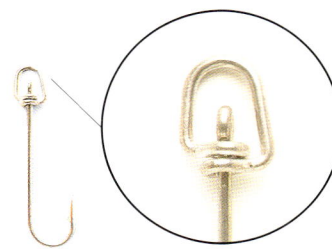

Der Öhrwinkel
Das Öhr steht entweder in der Achse des Hakenschenkels oder aber nach oben oder unten geknickt. Ein aufwärts gerichtetes Öhr steht von der Hakenspitze weg, wodurch zwischen Schenkel und Spitze ein großer Freiraum entsteht. Das abwärts gerichtete Hakenöhr steht zur Hakenspitze, wodurch diese beim Anhieb besser eindringt.

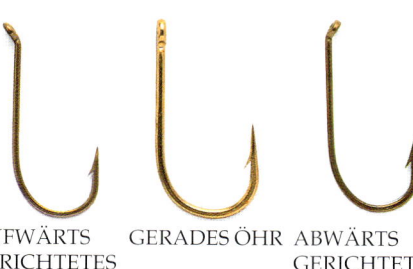

AUFWÄRTS GERICHTETES ÖHR GERADES ÖHR ABWÄRTS GERICHTETES ÖHR

DARMÖHR (GUT-EYE)
Darmöhre, die heute veraltet sind, wurden aus einem Stück (Katzen-) Darm hergestellt, das vor dem Binden der Fliege am Haken befestigt wurde.

HAKENSCHENKEL

Die zum Naturköderfischen entwickelten Haken sind bei weitem nicht so vielseitig in Form- und Schenkellänge, wie das bei den fürs Fliegenfischen entworfenen Haken der Fall ist, die der gewaltigen Menge an unterschiedlichen Fliegenmustern und -größen gerecht werden müssen. Haken mit kurzen oder Standardschenkeln werden im Süßwasser zum Fischen mit Naturködern verwendet. Salzwasserhaken sind gewöhnlich ein wenig langschenkliger, um die größeren Köder besser zu halten und die Vorfächer vor den Zähnen vieler Meeresfischarten zu schützen. Viele große Haken, insbesondere Salzwasserhaken, verfügen über geschmiedete Schenkel und Krümmungen. Hierzu wird der Hakendraht gehämmert, nachdem er in Form gebracht wurde. Sein Durchmesser ist dann ein wenig abgeflacht. Dadurch wird der Haken viel belastbarer als einer derselben Größe, der nicht geschmiedet wurde und dessen Drahtdurchmesser nach wie vor rund ist.

STANDARDSCHENKEL
Die Krümmung eines Standardschenkelhakens steht, ganz unabhängig von seiner Größe, in einem festen Verhältnis zu seiner Schenkellänge.

LANGSCHENKEL
Ein 2X Langschenkelhaken hat eine Schenkellänge, die bei der eines Standardschenkelhakens liegt, der zwei Nummern größer ist.

KURZSCHENKEL
Ein 2X Kurzschenkelhaken hat eine Schenkellänge, die bei der eines Standardschenkelhakens liegt, der zwei Größen kleiner ist.

GEKRÜMMTER SCHENKEL
Dieser Schenkel verleiht dem Körper einer Kunstfliege ein natürliches Aussehen. Solche Haken sind zum Binden von Sedge Pupa, Midges und Larveninitationen ideal.

WIDERHAKENSCHENKEL
Die Widerhaken am Hakenschenkel helfen dabei, weiche und empfindliche Salzwasserköder fest auf dem Haken zu halten.

HAKEN-QUERSCHNITTE

RUNDER DRAHT GESCHMIEDETER DRAHT

HAKEN 2

HAKENKRÜMMUNGEN

Die Form der Hakenkrümmung ist ein wesentlicher Faktor beim Vergleichen verschiedener Hakenmuster und -formen. So wie die anderen wichtigen Hakenmerkmale, wie etwa Schenkellänge und Öhrform, ist es im Laufe der Jahre zur Entwicklung einer ganzen Reihe unterschiedlicher Hakenkrümmungen gekommen. Die Art der Krümmung wird in erster Linie vom Verwendungszweck des Hakens diktiert, gewöhnlich ist jedoch ein sacht gebogener Haken stärker als ein scharf gebogener und gewinkelte Krümmungen erlauben ein besseres Eindringen der Hakenspitze beim Anhieb. Einige Krümmungen sind nur für eine ganz bestimmte Angeltechnik geeignet, wogegen andere sehr vielseitig sind. Der Sproathaken verfügt beispielsweise über die ideale Krümmung für klassische Fliegen, Emerger und Trockenfliegen, wogegen eine runde Krümmung nicht nur für das Naturköderfischen im Süß- und Salzwasser geeignet ist, sondern auch für Trockenfliegen.

CRYSTALHAKEN
Crystalhaken sind besonders in kleinen Größen zum Fischen mit Naturködern im Süßwasser beliebt.

RUNDHAKEN
Rundhaken mit geschränkter Spitze werden zum Naturköderfischen verwendet, mit gerader Spitze zum Fliegenfischen.

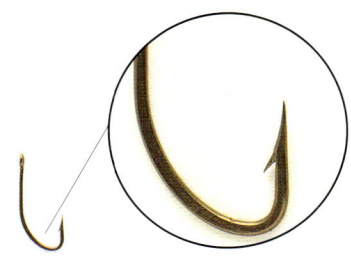
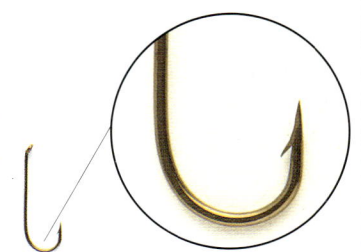

SPROAT
Der Sproathaken hat eine gute Fliegenhakenform. Der erste Knick in der Krümmung ist nicht so stark, wie beim Crystalhaken.

ABERDEEN
Ein dünndrähtiger Rundhaken mit langem Schenkel zum Salzwasserfischen, speziell für Naturköder.

LIMERICK
Limerickhaken finden in vielen Bereichen der Salz- und Süßwasserfischerei Anwendung, u.a. beim Lachsfischen.

KENDAL-RUND
Dieser Haken ist etwas weniger abgerundet und leicht eckiger als der gewöhnliche Rundbogenhaken.

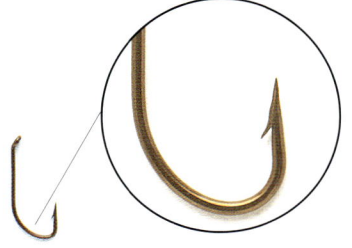
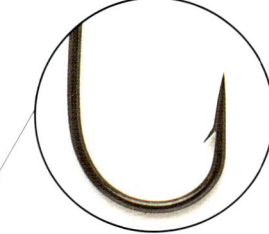

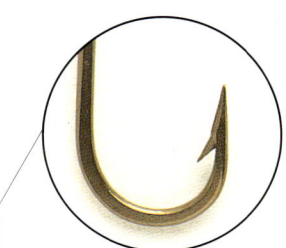

GARNELEN
Die weit geöffnete Hakenkrümmung wurde für hochrückige Fliegen sowie Garnelen- und Käferimitationen entworfen.

TIEMCO
Minimal gekrümmter Schenkel, gerade Spitze. Diese Haken sind zum Binden von Emerger- und Trockenfliegenimitationen ideal.

O'SHAUGHNESSY
Die O'Shaughnessy Krümmung ist ein sehr starker Hakenbogen für große Fische und der für das Big-Game geeignet ist.

SPECIMEN
Eine moderne Bogenform mit geschränkter Spitze für das Naturköderfischen in Süß- und Salzwasser entwickelt.

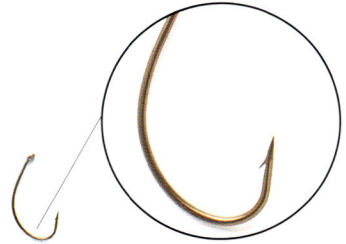

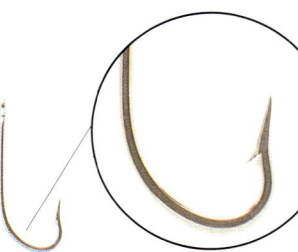
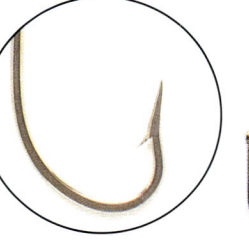
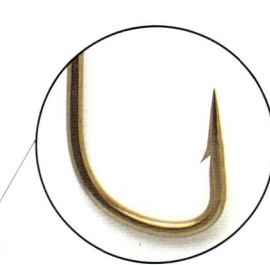

HAKENFORMEN

Mit Hakenform ist die Art seiner Krümmung, seiner Spitze, seines Schenkels und seines Öhrs gemeint. Süßwasserhaken sind meist kurz bis mittellang, entweder mit einem Öhr oder einem Plättchen versehen und oft geschränkt. Krautschutzhaken werden durch ein Stück Federdraht vor Hängergefahr weitgehend geschützt. Haken, die für das Fischen im Meer mit Naturködern bestimmt sind, sind gewöhnlich langschenkliger als Süßwasserhaken. Die sehr beliebten O'Shaughnessy-, Kirby- und Aberdeenhaken sind gute Beispiele für Naturköderhaken zum Meeresfischen. Von Fliegenfischern werden meistens geradschenklige Haken mit geraden Spitzen, verschiedenen Krümmungen und auf- oder abwärts gerichteten Öhren gefischt.

KEVIN MADDOCKS KARPFENHAKEN

NYMPHENHAKEN

KIELHAKEN

LACHS-EINFACH-HAKEN

LANDINSEKTEN-HAKEN

ABERDEENHAKEN

PIGGYBACKHAKEN

KARPFENHAKEN

STREAMERHAKEN

HAKENSPITZEN

Hakenspitzen sind von Muster zu Muster und von Hersteller zu Hersteller unterschiedlich; Hohlspitzen und die sog. "Superior"-Spitzen sind beispielsweise für die Mustad-Haken typisch. Die meisten Haken sind mit solchen Spitzen versehen, da sie sich so als Massenware günstiger herstellen lassen als gekrümmte Schnabelspitzen. Der äußere Rand der Hohlspitzen ist gerade, wogegen die Innenseite von der Spitze zum Widerhaken leicht gekrümmt ist. Bei den "Superior"-Spitzen sieht es genau umgekehrt aus, hier ist die Außenseite leicht gekrümmt, während die Innenseite gerade bleibt. Dublinspitzen, wie sie an vielen Lachshaken gefunden werden, tragen Merkmale von beiden Spitzen und stehen vom Schenkel weg. Schnabelspitzen zählen zu den besten und stabilsten Spitzen überhaupt, ebenso, wie die chemisch geschärften japanischen Nadelspitzenhaken mit winzigem Widerhaken.

WIDERHAKENLOS
Widerhakenlose Hakenspitzen erleichtern das Hakenlösen und sind ideal, wenn Fische zurückgesetzt werden sollen.

HOHLSPITZE
Diese Hakenspitze ziert viele Haken aus der Produktpalette des Hauses Mustad of Norway.

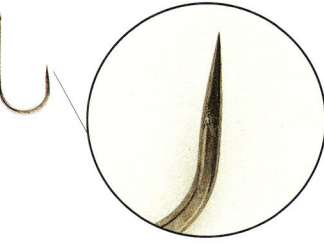

DUBLIN
Ihren Ursprung hat diese Spitze in Dublin. Verwendung findet sie besonders an Lachs- und Friedfischhaken.

PFEILSPITZE
Haken mit Pfeilspitzen dringen nicht so leicht wie widerhakenlose Spitzen ein, dafür halten sie die Fische besser.

SCHNABELSPITZE
Chemisch geschärfte Schnabelspitzen sind robust und dringen gut ein, da ihr Widerhaken nicht tief eingeschnitten ist.

FALKUS OUTBARB
Die Widerhaken an diesem Drilling befinden sich auf der Außenseite der Hakenspitze. Diese Haken halten besonders gut im Körpergewebe.

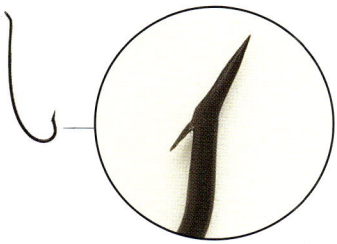
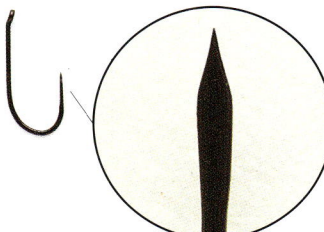
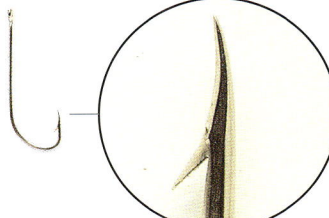
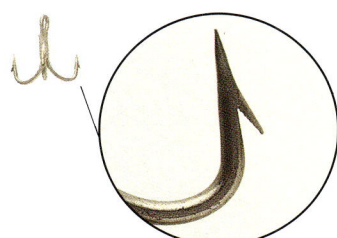

GESCHRÄNKTE SPITZEN

Hakenspitzen unterscheiden sich nicht nur von ihrer Form her, sondern auch darin, daß sie entweder gerade oder aber geschränkt sind. Um festzustellen, ob eine Hakenspitze geschränkt ist, braucht man lediglich zu überprüfen, ob die Hakenspitze in der Achse des Hakenschenkels steht. Eine geschränkte Spitze weist entweder nach rechts (reversed) oder nach links (kirbed). Gerade Spitzen sind zum Fliegenfischen ideal, geschränkte für das Fischen mit Naturködern. Die beliebteste Hakenschränkung ist die nach rechts weisende, da die meisten Angler Rechtshänder sind: das Anködern fällt ihnen dann leichter, da der in der rechten Hand gehaltene Haken mit der Spitze nach oben weist.

NACH LINKS GESCHRÄNKTE SPITZE/KIRBED
NACH RECHTS GESCHRÄNKTE SPITZE/REVERSED

HAKENFEHLER

OFFENES HAKENÖHR   **SCHLECHTE BRÜNIERUNG**

ZU TIEFER SCHNITT   **ÜBERLANGE SPITZE**

Zu den häufigen Fehlern an Haken gehören ein offenes Öhr, schlechte Brünierung, ein zu tief eingeschnittener Widerhaken, eine unzureichende Härtung und eine überlange Spitze. Die meisten dieser Fehler sind offensichtlich, lediglich schlecht gehärtete Haken sind nur schwer zu erkennen. Versuchen Sie, die Hakenspitze mit dem Daumennagel vom Hakenschenkel wegzudrücken. Ein nicht ausreichend gehärteter Haken biegt sich hierbei leicht auf und springt nicht mehr in seine Ausgangsstellung zurück; ein überhärteter Haken bricht.

HAKENFARBEN

Haken werden in einer ganzen Reihe von Farben und mit unterschiedlichen Beschichtungen für verschiedene Angeltechniken angeboten. Traditionell schwarze Haken werden nach wie vor, insbesondere für Lachsfliegen, hergestellt, heute sind jedoch braune Haken mit einer bronzefarbenen Beschichtung am gängigsten. Einige Meereshaken werden aus rostfreiem Stahl hergestellt, der erst gar nicht beschichtet wird, da er auch so schon Salzwasser gegenüber fast unempfindlich ist. Andere Meereshaken werden manchmal silbern gefärbt, um Fische anzulocken.

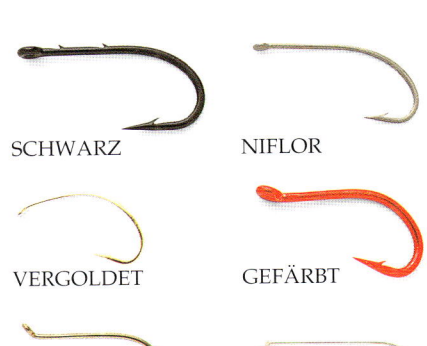

SCHWARZ   **NIFLOR**

VERGOLDET   **GEFÄRBT**

BRÜNIERT   **VERSILBERT**

SENKGEWICHTE FÜR DAS SÜSSWASSER

Die Vielzahl an Bleiformen und -größen wird für die unterschiedlichen Angel-techniken und Gewässerverhältnisse benötigt. So sollen Bleie beispielsweise eine Pose austarieren oder einen Köder auf dem Grund verankern. Früher wur-den fast alle Gewichte zum Angeln aus Blei hergestellt, viele Ländern verboten dieses Material aus Umweltgründen jedoch ganz oder teilweise. So müssen in Großbritannien Grundgewichte bis 28 Gramm und Spaltbleie in den Größen 6 bis SSG aus einem ungiftigen Material hergestellt werden. Die Grundgewichte in den betroffenen Größen sind daher gewöhnlich aus Stahl, Zink oder Messing und Spaltbleie aus Wolfram oder einer schweren Legierung.

KORKSONDE

KLEMMSONDE

SONDEN
Sonden werden beim Posenfischen zum Herausfin-den der genauen Gewässertiefe verwendet. Bei Korksonden wird die Schnur durch die Öse geführt und dann der Haken in den Korkfuß gesteckt; Klemmsonden enthalten eine Feder, mit der sie sich am Haken festklammern.

SSG (SWAN SHOT)   AA

BB   No. 1

No. 4   No. 8

No. 10   No. 12

BLEIDRAHT
Wie Tubenblei ist auch Bleidraht beim Posenfischen eine gute Alternative zu den Spaltbleien. Um eine Pose auszutarieren, kann man den Draht direkt um den Posenfuß wickeln oder ihn um ein Streichholz wickeln und anschließend unter der Pose auf die Schnur schieben, wo er von einem kleinen Spaltblei in Stellung gehalten wird.

KNETBLEI
Dieses schwere, kittartige Material war eine frühe Alternative zu Blei, seitdem jedoch zufriedenstellen-der Bleiersatz entwickelt wurde, verschwand es weitgehend aus den Gerätekästen der Angler. Ledig-lich Karpfenangler verwenden es noch regelmäßig, um Köder mit Auftrieb auszutarieren.

OLIVETTEN
Diese winzigen, strom-linienförmigen Gewichte hatten ihren Ursprung in Frankreich und sie werden heute beim Stippfischen verwendet. Die kleinste Größe, 4/0, wiegt lediglich 0,081 gr.; die größte, Größe 12, wiegt 3 gr.

SPALTBLEI
Spaltbleie sind sehr vielseitige Gewichte, die bei-spielsweise als Stopper eine Gleitpose arretieren, Schwimmer austarieren oder Ledger-Montagen auf die nötige Tiefe bringen. Beim Grundfischen fixieren Spaltbleie größere Gleitbleie oder halten eine Brot-flocke kurz über dem Grund. Spaltbleie gibt es in Größen vom sogenannten "Schwanenschrot" (SSG) - diesen Namen verdankt es der Tatsache, daß zum Schwäneschießen früher Schrotkugeln vergleich-baren Kalibers verwendet wurden - bis zum sogenann-ten "Staubschrot" (Größen 8 bis 12). Eine Faustregel besagt, daß zwei Bleischrote einer bestimmten Größe etwa so schwer sind, wie eines aus der darüberliegen-den Größe (siehe auch Seite 222). Klemmen Sie ein Spaltblei nur mit Daumen und Zeigefinger fest und öffnen Sie es mit dem Daumennagel. Verschieben Sie kein Spaltblei auf der Schnur – es könnte sie beschä-digen.

RÖHRENBLEI
Diese dünnen, flexiblen Röhrchen aus Polymer-Kunststoff und Wolf-ram verfangen sich nicht so leicht im Wurf wie Spaltbleie. Beim Fischen mit Körnerködern verhindern Sie, daß Fische statt am Köder am Spaltblei knabbern. Das Röhr-chen wird geschnitten, aufgefädelt und mit Spaltblei fixiert.

LOCHKUGELN
Durchbohrte Bleikugeln werden verwendet, um bewegliche Köder anzu-bieten. An schnellströ-menden Strecken rollen sie über den Grund und ziehen dabei den Köder mit sich.

HILLMAN
Dieser Gewichts-Typ verringert beim Spinn-fischen den Schnur-drall. Derartige Gewichte werden in den Karabinerhaken eines Wirbels einge-klinkt, der in die Hauptschnur einge-bunden ist.

BLEI-OLIVEN
Blei in Olivenform ist dazu gedacht, langsam über das Flußbett zu rollen und den Köder beweglich anzubieten. Die Schnur läuft durch eine Bohrung.

SARGBLEI

Das Sargblei wurde dazu entworfen, einen Köder in strömendem Wasser an einem Punkt anzubieten. Seine flache, kantige Form verhindert eine Rollbewegung auf dem Gewässerboden, in Kies oder Lehm gräbt es sich sogar ein wenig ein. Die Schnur wird durch ein Loch entlang der Längsachse geführt.

SCHEIBENBLEI

Diese flachen Gewichte halten den Köder auch in schneller Strömung in Position. Durch seine flache Form bietet es auf dem Flußgrund liegend der Strömung wenig Widerstand. Der Wasserdruck drückt das Blei durch dessen große Oberfläche noch zusätzlich auf den Boden. Über einen Wirbel wird das Blei in die Montage eingebunden, wodurch Verwicklungsprobleme beim Wurf weitgehend ausgeschlossen werden.

SPHÄRISCHE BOMBE

Dieses Blei wird an einer Reißleine verwendet. Es wird über ein kurzes Stück dünne Schnur in die Montage gebunden. Flüchtet ein gehakter Fisch in Holz oder dichte Pflanzen, reißt das Blei ab. Ohne diese Reißleine kann es zum Bruch der Hauptschnur kommen, was beim Verheddern der Montage im Hindernis zum Verludern des Fisches führen kann.

ARLESEY BOMBEN

Diese Gewichte wurden von Richard Walker in den 50er Jahren entworfen, um in tiefen Gewässern große Fische auch noch auf große Distanz fangen zu können. Ein Wirbel verhindert Verwicklungen. Es sind wahrscheinlich die am meisten verwendeten Bleie zum Grund- und vor allem zum Quivertipfischen im Fluß.

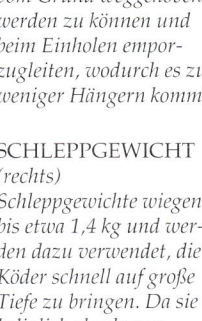

FLASCHENBLEI

Dieses pfiffige Design erlaubt ein rasches Gewichtwechseln direkt auf der Schnur. Über einen Karabinerwirbel wird ein Stück Silikonröhrchen in die Montage eingebunden, in dessen unteres Ende ein flaschenförmiges Gewicht gesteckt wird. So läßt sich das Blei problemlos durch ein leichteres oder schwereres austauschen.

WYE-BLEI

Das Wye-Blei wird wie das Hillmanblei zum Spinnfischen verwendet. Mit ihm läßt sich ein Spinnköder zusätzlich beschweren und verringert bei rotierenden Spinnködern den Schnurdrall. Viele Angler ziehen es dem ebenfalls zum Spinnfischen verwendeten Spiralblei vor, das öfter von der Schnur fällt. Die Form des Wye-Bleies ist allerdings nicht so aerodynamisch.

SPIRALENBLEI

Auch dieses Blei verwendet man beim Spinnfischen, um den Schnurdrall zu reduzieren und um die Montage zu beschweren. Es wird unmittelbar über dem Wirbel auf der Hauptschnur befestigt. Hierzu wird die Schnur sorgfältig und straff um das Blei (in der spiralförmigen Vertiefung) sowie durch die Drahtspiralen an den Enden gewickelt. Die Stromlinienform ermöglicht hohe Wurfweiten.

EINSEITIG ABGE-FLACHTES BLEI

Diese Bleiform wird in erster Linie von Karpfenfischern verwendet. Die abgeflachte Bodenfläche erlaubt es ihm, schnell vom Grund weggehoben werden zu können und beim Einholen emporzugleiten, wodurch es zu weniger Hängern kommt.

SCHLEPPGEWICHT

(rechts)
Schleppgewichte wiegen bis etwa 1,4 kg und werden dazu verwendet, die Köder schnell auf große Tiefe zu bringen. Da sie lediglich abgelassen werden, ist ein stromlinienförmiges Aussehen nicht notwendig.

BUZZ BOMBE

Die Buzz Bombe ist eine Abwandlung der Arlesey Bombe. Die abgeflachten Ränder wirken beim Wurf wie Tragflächen, wodurch das Blei eine geradere Flugbahn erhält. Mit ihm lassen sich verhältnismäßig genaue Würfe von über 90 m Länge durchführen.

59

SALZWASSERGEWICHTE UND SEITENARME (BOOMS)

Zum Meeresangeln gehören starke Gezeitenströmungen, große Tiefen und hohe Wurfentfernungen. Nur ausreichend schwere Gewichte an der Angelleine bringen den Köder in die richtige Tiefe. Seitenarme (Stand-Off Booms) vermeiden Vorfach-Verwicklungen. Zubehör schützt die Köder vor Beschädigung.

GEWICHTE

Ganz allgemein versteht man beim Angeln unter einem Gewicht alles, was Angler an ihrer Schnur befestigen, um sie auf Tiefe zu bekommen. Beispielsweise verwenden Brandungsfischer in hängerträchtigen Gewässern statt teurer Spezialbleie häufig billige Alternativen, wie etwa alte Zündkerzen. Gewöhnlich ist es jedoch ratsam, wann immer die Möglichkeit besteht, eigens für die vorhandenen Bedingungen entworfene Gewichte zu verwenden.

VERLÄNGERTES KRALLENBLEI
(mit Klip)

KRALLENBLEIE
Die Drähte eines Krallenbleies graben sich in den Meeresgrund und verankern so den Köder. Oft halten die Drahtkrallen über einen Klip am Gewichtskörper, der die Krallen bei Zug aufklappen läßt und so ein hängerfreies Einholen ermöglicht. Die vorne und hinten verlängerten Ausführungen erlauben auch auf kurze Entfernungen einen sicheren Halt, wodurch sie besonders für das Uptide-Fischen geeignet sind; der Plastik-Krallenadapter kann im Tandem mit einem herkömmlichen Krallenblei gefischt werden, wodurch dessen Halt verstärkt wird.

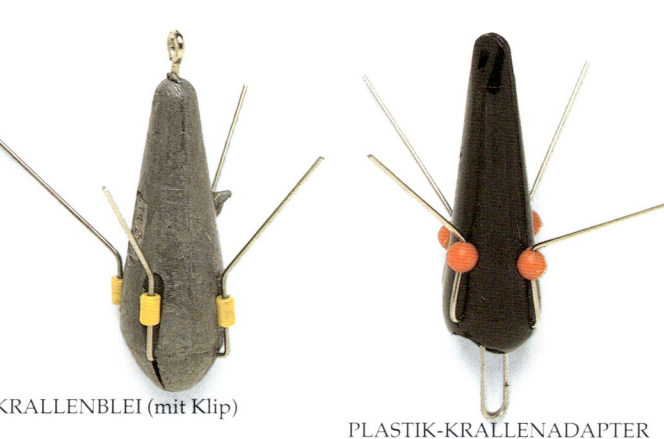

KRALLENBLEI (mit Klip)

PLASTIK-KRALLENADAPTER

FLÜGELKRALLENBLEI
(mit Klip)

SEITENARME ODER BOOMS

Vorfächer aus Nylon haben die lästige Tendenz, sich zu verwickeln und Köder, die von einem Boot herabgelassen werden, kreisen oft spiralförmig hinab, wodurch sich das Vorfach um die Hauptschnur wickelt. Wer die Vorfächer an ausreichend voneinander entfernten Seitenarmen montiert, kann diese Probleme auf ein erträgliches Minimum reduzieren. Droppers (kurze Vorfächer), die an über dem Gewicht angebrachten, ausreichend voneinander entfernten Seitenarmen montiert werden, sind gut zum Brandungsfischen geeignet, wenn der Angler auf große Mengen kleinerer Fische aus ist - denn damit wird so eine Vielzahl von Ködern geradezu ideal präsentiert.

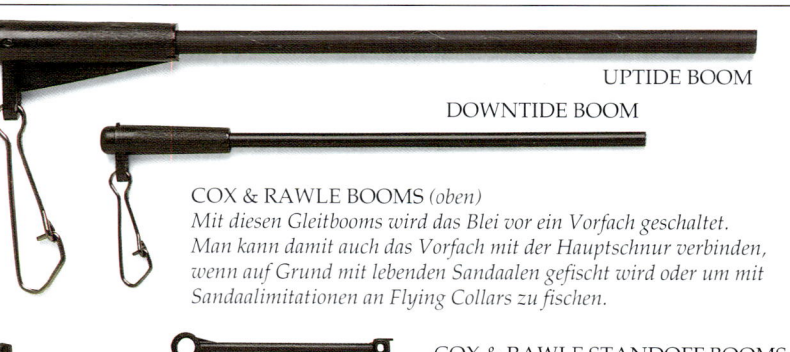

UPTIDE BOOM

DOWNTIDE BOOM

COX & RAWLE BOOMS (*oben*)
Mit diesen Gleitbooms wird das Blei vor ein Vorfach geschaltet. Man kann damit auch das Vorfach mit der Hauptschnur verbinden, wenn auf Grund mit lebenden Sandaalen gefischt wird oder um mit Sandaalimitationen an Flying Collars zu fischen.

RELAY- ODER HAKEN-CLIP
Dieser Klip wird in die Endmontage eingebunden und er sorgt dafür, den Köder beim Wurf in Position zu halten.

STANDOFF BOOM

STANDOFF BOOM
(mit Boom Perle befestigt)

COX & RAWLE STANDOFF BOOMS (*links*)
Diese ausgezeichneten Seitenarme arbeiten kreisförmig. Einige werden über Perlen und Stopper montiert, andere verfügen über integrierte Arretiersysteme. Sie sind beim Brandungsfischen sehr nützlich, ebenso wie zum Bootsfischen.

BREAKAWAY BOOMS (*rechts*)
Diese Seitenarme werden mit Perlen auf der Schnur befestigt. Sie setzen sich jedoch leicht mit Sand zu, wodurch sie manchmal nicht mehr auf der Leine gleiten.

BREAKAWAY QUICK-FIX

BREAKAWAY PIVOT BOOM

PIVOT PERLE

BOOM PERLEN

RUNDBOMBE
Diese Bleiform ist zum langsamen Downriggerschleppen ideal geeignet. Das Blei eignet sich auch zum Grundfischen, wo es allerdings sehr leicht rollt.

WYE-BLEI
Die Stromlinienform diese Gewichtes zum Spinnfischen macht es zum idealen Zusatzgewicht, um Löffel und Sandaalimitationen weit werfen und tief fischen zu können.

TORPEDOBLEI
Aufgrund seiner abgeflachten Seiten rollt dieses Brandungsblei weniger in der Strömung als runde Gewichte.

LOCHKUGELN
Hiermit werden Gleitposen austariert oder große tote Köderfische zusätzlich beschwert, um sie auf die entsprechende Tiefe zu bekommen.

GLEITFLÜGEL
Beim schnellen Einholen mit hoch gehaltener Rute steigen diese Plastikflügel empor. Hierdurch läßt sich die Endmontage an hängerträchtigen Stellen rasch vom Grund weg einholen.

SPIRALBLEI
Dieses Blei wurde zum Spinn- und Schleppfischen entworfen. Da die Schnur lediglich durch die Spiralen gewickelt wird, läßt es sich schnell montieren und seine Position leicht verändern. Spiralbleie werden auch zum langsamen Schleppen von Lebendködern verwendet.

UPTIDE GEWICHT
(links)
Dieser Gewichtstyp wird von Uptide-Fischern vorgezogen, da seine Drahtkrallen auch in starker Strömung noch ausreichenden Halt bieten. Die Drahtkrallen vergraben sich in den Grund und verankern so den Köder recht zuverlässig. Packt jedoch ein Fisch zu, lösen sich die Krallen sehr leicht.

GLOCKENBLEI
Diese Bleiform wird vom verankerten Boot aus gefischt, sie ist jedoch zum treibenden Fischen nicht gerade ideal.

BOMBE
Sie ist die beste Lösung,, gleichzeitig mit Hängern und Gezeitenströmungen zurechtzukommen. Beim Brandungsfischen erlaubt sie, den Köder ständig in Bewegung zu halten.

GLEITRÖHRCHEN ODER LAUFPERLE
Durch ein Gleitröhrchen läßt sich ein Vorfach an der Hauptschnur befestigen, wobei sich das Vorfach frei bewegen kann.

UHRBLEI
Diese Bleiform bietet auch auf kurze Distanz sicheren Halt.

PLASTIK BOOM ODER SEITENARM

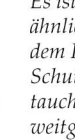

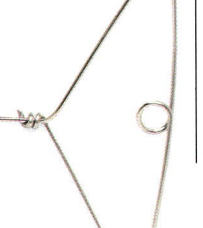

SCHUTZSCHILD
Es ist dem Relay Clip ähnlich, bietet jedoch dem Köder noch mehr Schutz, da beim Eintauchen das Wasser weitgehend von ihm abgehalten wird.

PLASTIK BOOMS ODER SEITENARME
Die Plastikversionen des französischen Seitenarmes. Einige Modelle verfügen über drei oder vier "Zähne", um die die Schnur gelegt wird, um den Seitenarm zu arretieren. Andere sind mit kleinen Ösen für die Schnur versehen.

PLASTIK BOOM ODER SEITENARM

SHAKESPEARE SEA BOOM

FRANZÖSISCHER SEITEN-ARM
Der klassische französische Drahtseitenarm wurde durch die zahlreichen Plastikversionen weitgehend verdrängt. Da die Drahtarme jedoch robuster sind, finden sie beispielsweise beim Wrackfischen noch häufig Anwendung.

SHAKESPEARE SEA BOOM
Dieser Seitenarm eignet sich ausgezeichnet dazu, mit einer Flying Collar Montage auf Köhler zu fischen oder um Steinbutt und Wolfsbarsch lebende Sandaale am Grund anzubieten. Da es nach oben geknickt ist, wird es von Sand nicht so leicht blockiert.

FRANZÖSISCHER DRAHTSEITENARM

POSEN

Posen (Schwimmer) sind äußerst sensible und vielseitige Bißanzeiger. Ihrem Spiel auf dem Wasser zuzusehen macht mehr Spaß als eine Rutenspitze zu beobachten. Auch wenn es Posen in unterschiedlichsten Materialien, Ausführungen, Formen und Farben gibt, wurden alle für ganz bestimmte Aufgaben entworfen.

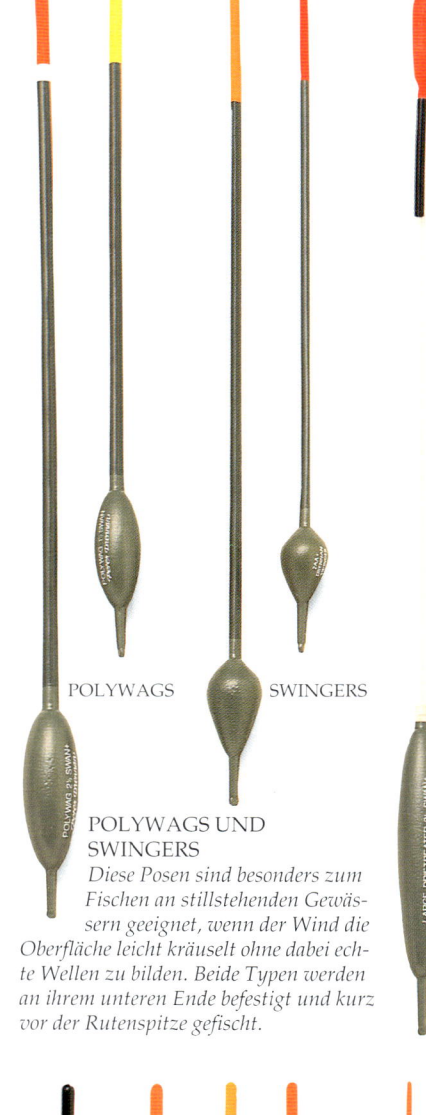

BALSAHOLZ-POSEN
Diese aus Balsaholz gefertigten und verhältnismäßig dicken Schwimmer sind bei Wind und schneller Strömung schlanken Posen überlegen. Wird mit ihnen verzögert gefischt und die Schnur dabei zu sehr gebremst, legen sie sich aufgrund des hohen Auftriebes des Balsaholzes schnell schräg oder gar flach. Befestigt werden sie kurz vor ihrem oberen und an ihrem unteren Ende.

LOAFERS
Diese entweder aus Balsaholz oder hohlem Plastik gefertigten Schwimmer verfügen über einen sehr starken Auftrieb und sind dazu gedacht, raschfließendes, turbulenzreiches Wasser zu befischen. Sie sollten an beiden Enden befestigt werden.

POLYWAGS   SWINGERS

POLYWAGS UND SWINGERS
Diese Posen sind besonders zum Fischen an stillstehenden Gewässern geeignet, wenn der Wind die Oberfläche leicht kräuselt ohne dabei echte Wellen zu bilden. Beide Typen werden an ihrem unteren Ende befestigt und kurz vor der Rutenspitze gefischt.

DRIFT-BEATERS
Diese Schwimmer sind die Ideallösung, um an stillstehenden Gewässern bei starkem Wind zu fischen, wenn große Wellen das Wasser zerfurchen. Sie werden nur unten befestigt.

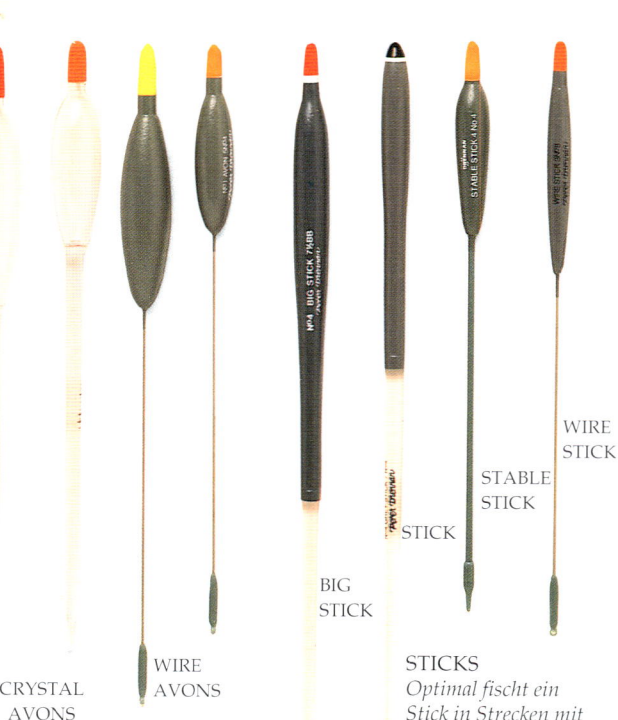

WIRE STICK

STABLE STICK

BIG STICK

WIRE AVONS

CRYSTAL AVONS

AVONS
Diese Posen befestigt man oben und unten. Mit ihnen lassen sich Köder in turbulenten Bächen und Flüssen auf größere Distanz als mit Sticks anbieten.

STICKS
Optimal fischt ein Stick in Strecken mit sanfter Strömung. Er wird oben und unten befestigt und auf recht kurze Distanz gefischt.

ONIONS
Diese Schwimmer wurden für das Fischen in stillstehenden Gewässern entworfen, wenn diese stärksten Winden ausgesetzt sind. Mit ihnen wird nicht auf allzu große Distanz gefischt (höchstens einige Rutenlängen).

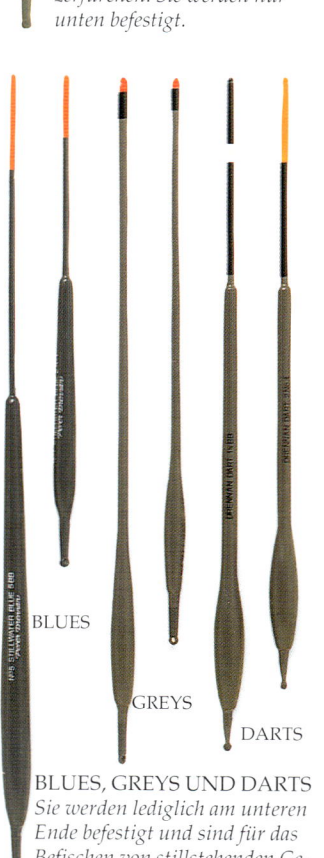

BLUES

GREYS

DARTS

BLUES, GREYS UND DARTS
Sie werden lediglich am unteren Ende befestigt und sind für das Befischen von stillstehenden Gewässern geeignet.

GIANTS

CANAL

INSERT

CRYSTALS

Crystals werden aus durchsichtigem Plastik gefertigt und sie sind für klares, seichtes Wasser gedacht, in welchem scheue Fische das Herbeitreiben eines knallbunten Schwimmers mit größter Skepsis betrachten würden. Dieser Posentyp ist in stillstehenden und langsam fließenden Gewässern gleichermaßen fängig.

MIT KÖRPER

PEACOCKS

Federkiele aus den Schwertfedern von Pfauen sind das Ausgangsmaterial für diese herrlichen Schwimmer. Die Kiele sind lange und gerade, sehr leicht und völlig wasserdicht. Schwimmer, die aus dem dickeren Kielende gefertigt werden, sind in turbulentem Wasser äußerst schwimmfähig und auch noch auf größere Entfernung gut sichtbar. Die aus dem dünneren Kiel-Ende hergestellten Posen sind dagegen sensibler und für zögernde Bisse besser geeignet.

WAGGLERS

Alle Waggler werden lediglich an ihrem unteren Ende befestigt und sind zum Befischen von stillstehenden und langsam bis mittelschnell fließenden Gewässern geeignet. Sie werden aus einer Vielzahl unterschiedlicher Materialien hergestellt, wozu Pfauenfederkiel, Saracandarohr, Plastik und Balsaholz gehören.

BESCHWERTE POSEN

Das untere Ende dieser Posen ist mit einem Blei versehen. Sie lassen sich weiter werfen und ein zusätzliches Ausbleien kann entfallen.

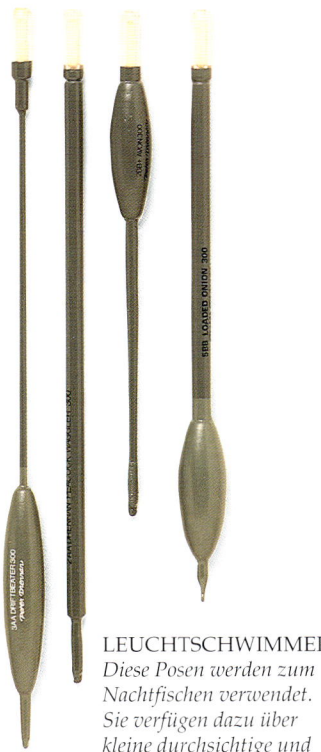

ZOOMERS

Die Zoomer wurden von Matchfischern entwickelt, um auf große Entfernungen scheue Fische in seichtem Wasser zu überlisten. Sie bestehen aus einem Röhrchen mit einem großen Auftriebskörper aus Balsaholz, in den ein Metallgewicht integriert ist. Diese Schwimmer sollten oben und unten befestigt werden. Ihre Bestleistung erbringen sie bei leichtem Wind an weiten Flüssen und stillstehenden Gewässern.

LEUCHTSCHWIMMER

Diese Posen werden zum Nachtfischen verwendet. Sie verfügen dazu über kleine durchsichtige und mit Leuchtgas gefüllte Röhrchen. Die Leuchtkraft dieser Betalights hält 20 bis 30 Jahre an.

STIPP-SCHWIMMER

Die beim Stippfischen verwendeten Posen sind klein und oft mit einer dünnen Antenne ausgestattet, die den kleinsten Biß anzeigen.

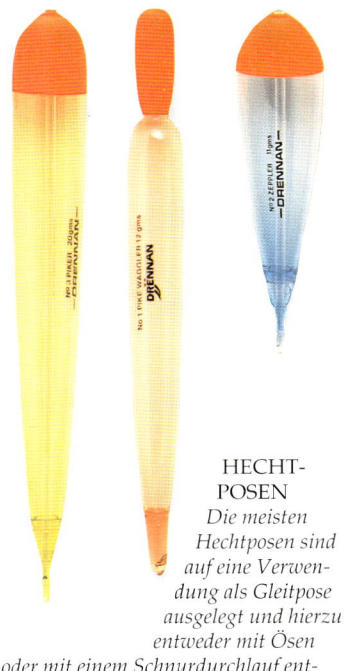

HECHT-POSEN

Die meisten Hechtposen sind auf eine Verwendung als Gleitpose ausgelegt und hierzu entweder mit Ösen oder mit einem Schnurdurchlauf entlang der Längsachse versehen. Einige sind auch mit einem fähnchenartigen Gebilde an ihrer Antenne ausgestattet, wodurch sie vom Wind erfaßt werden können und so den Köder über weite Strecken mit sich ziehen. S

BISSANZEIGER UND RUTENSTÄNDER

Bißanzeiger werden in erster Linie zum Grundfischen verwendet, wo kein Schwimmer den Biß eines Fisches verrät. Bisse können ganz einfach durch eine Bewegung der Rutenspitze angezeigt werden. Diese Anzeige ist jedoch häufig für vorsichtige Bisse zu ungenau, sodaß eine feinere Methode notwendig ist. Diese kann aus einer feinen Verlängerung der Rutenspitze (Swing-, Spring- oder Quivertip) bestehen. Diese Zusatzspitzen werden in einen Spitzenring mit Gewinde gedreht. Andere Hilfsmittel, wie z.B. ein Bobbin oder ein elektronischer Bißanzeiger, reagieren auf Bewegungen der Schnur. Rutenhalter kann man dann verwenden, wenn die Rute nicht die ganze Zeit über gehalten werden muß; beispielsweise bei sehr unregelmäßigen Bissen oder wenn mit zwei Ruten gleichzeitig gefischt wird.

PENDEL-BISSANZEIGER (links)
Dieser Bißanzeiger wurde für das Hechtfischen entworfen. Das Ende mit dem Bällchen wird in die Schnur geklinkt und das andere am Rutenhalter befestigt. Bei einem Biß springt die Schnur frei und das Ende mit dem Bällchen fällt nach unten.

BOBBINS (rechts)
Bobbins werden zwischen Rolle und erstem Rutenring in die Schnur eingehängt. Nimmt ein Fisch den Köder und zieht Schnur ab, steigt der Bobbin in Richtung Rute empor; schwimmt der Fisch zur Rute hin, fällt der Bobbin nach unten.

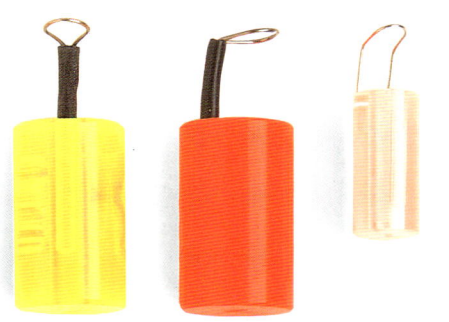

GLÖCKCHEN (rechts)
Ein an die Rutenspitze geklemmtes Glöckchen zeigt die Bisse akustisch an. Die Verwendung von Glöckchen als Bißanzeiger ist stark zurückgegangen, gelegentlich wird sie noch bei Süßwasseranglern angetroffen, öfter jedoch bei Küstenanglern, die von Molen und Stränden aus ihr Glück versuchen.

ELEKTRONISCHE BISSANZEIGER (links)
Elektronische Bißanzeiger geben bei einem Biß gut hörbare akustische Signale von sich. Die Schnur läuft in ihrer Gabel über ein Rädchen, das bei Bewegung den Alarm auslöst. Der hier abgebildete Bißanzeiger ist dazu gedacht, auf einen Erdspieß geschraubt zu werden und gleichzeitig als Rutenhalter zu fungieren.

SWINGTIP, SPRINGTIP UND QUIVERTIP (rechts)
Sie werden in die kleinen Gewinde geschraubt, die fast jede Grundrute an ihrem Ende besitzt. Die Swingtip hängt schräg in der Schnur und zeigt Bisse durch Fallen oder Ansteigen an. Eine Springtip verhält sich ähnlich, ist jedoch mit einer Spirale an seinem Fuß versehen. Hierdurch bleibt diese Spitze wie eine Verlängerung der Rutenspitze stehen. Sie schlägt lediglich bei einem Biß aus. Auch die Quivertip verhält sich wie eine sehr sensible Verlängerung der Rutenspitze.

SPRINGTIP

SWINGTIP

QUIVERTIP

AFFENKLETTERER (rechts)
Dieser Bobbin gleitet entlang eines dünnen Erdspießes frei nach oben und unten. Er wird auf dieselbe Art wie ein gewöhnlicher Bobbin verwendet, er zeigt jedoch Bisse bei Wind viel zuverlässiger an. Beim Anhieb springt die Schnur aus dem Bobbinklip frei.

BISSANZEIGER UND RUTENSTÄNDER

ERDSPIESS *(unten)*
Dieses spitze Metallrohr ist an seinem oberen Ende mit einer Bohrung versehen, die einen Rutenhalter oder elektronischen Bißanzeiger aufnehmen kann. Die meisten dieser Erdspieße sind 60 bis 90 cm lang, einige Teleskopversionen erreichen sogar 1,2 m Länge.

T-BALKEN *(links)*
Mit einem T-Balken kann man die Rutenkapazität eines Erdspießes verdoppeln. Statt nur einen Rutenhalter auf einen Erdspieß zu schrauben, wird der T-Balken aufgeschraubt und mit zwei Rutenhaltern versehen.

RUTENHALTER
Die Rutenhalter werden auf die Erdspieße geschraubt und gewöhnlich paarweise verwendet, wobei der eine das Vorderteil und der andere das Griffstück der Rute abstützt. Für die verschiedenen Angeltechniken sind unterschiedlich geformte Rutenhalter erhältlich.

BRANDUNGSRUTENHALTER *(links)*
Diese Rutenhalter werden deshalb von Brandungsfischern verwendet, weil sie die Brandungsruten in den oft langen Zeitabständen zwischen den Bissen zuverlässig aufrecht halten. Ihr Fassungsvermögen liegt bei einer oder zwei Ruten und durch ihre langgezogene Spitze lassen sie sich tief in den Sand stecken.

TRIPOD *(rechts)*
Dreifüßige Rutenhalter, besonders die mit verstellbaren Teleskopbeinen, sind überaus standfest. Sie sind mit Einfach- oder Doppelrutenhalter erhältlich und finden beim Küstenfischen vor Hafenmauern und Kiesstränden einen weiten Anwendungsbereich.

STIPPRUTENHALTER *(oben)*
Dieser Rutenhaltertyp kann entweder zum Abstützen des vorderen oder des hinteren Rutenteiles dienen. Er ist V-förmig, um vorne die Rute zu halten und ein umgekehrtes "V" verhindert ein Steigen des Griffteiles, wenn er den hinteren Rutenteil abstützen soll.

65

LANDEHILFEN

Nach Anhieb und Drill sollte ein Fisch möglichst schnell gelandet werden. Ist er zu schwer, um direkt aus dem Wasser gehoben zu werden, wird er entweder mit einem Kescher, einem Gaff oder mit einer Schwanzschlinge aufs Ufer oder ins Boot befördert. Kescher gibt es in sehr unterschiedlichen Ausführungen, die von kleinen, feinmaschigen Netzen in Pfannengröße bis zu riesigen Netzen reichen, die einige Spezialisten verwenden, um auch noch den größten Fisch damit sicher zu landen. Schwanzschlingen (Tailer) und Gaff kommen in erster Linie beim Lachs- und Meeresfischen zum Einsatz. Ein Tailer ist eine Schlinge aus geflochtenem Stahldraht, die an einem Griff befestigt ist und auf der Höhe der Schwanzwurzel zugezogen werden soll. Beim Gaff handelt es sich um einen Metallhaken, der in den Fischkörper getrieben wird. Heutzutage ist der Gebrauch eines Gaffs an vielen Gewässern untersagt.

STEADE-FAST TRIANGULAR SPECIMEN NET *(unten)*
Dieser 107 cm lange Kescher verfügt über zwei steife Arme aus solidem Fiberglas, die an einem Verteilerkopf aus Kunststoff befestigt sind und deren Enden von einer Nylonschnur zusammengehalten werden. Das Netzgewebe aus Nylon ist tief, weich und knotenlos und in ihm haben auch große Fische Platz.

HARDY FORELLENKESCHER *(oben)*
Der bogenförmige Rahmen dieses Netzes läßt sich über dem Teleskopstiel zusammenklappen und es ist dennoch mit einem Handgriff einsatzbereit. Über eine Klammer kann es an der Fliegenweste oder am Gürtel befestigt werden und es ist sowohl zum Forellenfischen an stillstehenden, wie auch an fließenden Gewässern geeignet.

ORVIS MADISON FORELLEN-KESCHER *(rechts)*
Dieser Kescher ist bei all jenen Anglern beliebt, die watend oder mit einem Belly Boat fischen und so den Fisch recht mühelos bis in nächste Nähe drillen können. Hergestellt wird es aus laminiertem Holz und einem Netzgewebe aus Dacron.

STEADE-FAST TRIANGULAR PAN NET *(rechts)*
Dieser kleine, seichte Kescher ist für die Matchfischerei gedacht und nur für die Landung kleiner bis mittelgroßer Fische geeignet. Sein Rahmen läßt sich zum Transport zusammenklappen.

HARDY
TELESKOPGAFF IN
VOLLER LÄNGE

HARDY
TELESKOPGAFF
ZUSAMMEN-
GESCHOBEN

HARDY TELESKOPGAFF
(links)
Dieses Gaff von Hardy ist zusammengeschoben nur 50 cm lang und in voller Länge 112 cm. Der Haken selbst ist aus rostfreiem Stahl und seine Spitze mit einem Transport-Schutz versehen. Unter Lachsanglern ist heute das Gaff als Landehilfe aus Tier-schutzgründen weitaus weni-ger beliebt als früher. Wie bei anderen Landegeräten auch, kann es in den Händen eines unerfahrenen Anglers auch zum Freikommen des Fisches beitragen. Im Gegensatz zu beispielsweise einem Kescher kann der Fisch mit dem Haken allerdings schon vorher so schwer verletzt worden sein, daß er verludert.

ORVIS GYE LACHSKESCHER
(oben)
Viele Lachsangler ziehen den Gebrauch eines solchen Keschers dem eines Gaffs oder Tailers vor. Er ist groß und kreisförmig und in ihn passen große Lachse und Meer-forellen. Dennoch läßt er sich leicht transportieren, da der Netzrahmen entlang des Stiels hinuntergezogen werden kann.

HARDY TELESKOPTAILER *(rechts)*
Dieser Tailer ist mit einer Handschlaufe ausgestattet, damit er dem Angler nicht verloren geht, wenn ihm der Griff aus der Hand rutscht. Des weiteren kann durch einen Sicherungsstift die Schlaufe auch nicht seitlich weggedrückt werden. Zusammengeklappt ist die Schwanz-schlinge 81 Zentimeter lang, seine volle Länge beträgt 102 cm.

HARDY
TELESKOP-
TAILER
ZUSAMMEN-
GESCHOBEN

STEADE-FAST SETZ-KESCHER *(rechts)*
Setzkescher sind lange Netze, die am Ufer befe-stigt und ins Wasser ver-senkt werden, sodaß in ihnen gefangene Fische bis zum Ende der Angelpartie lebend gehältert werden können. Danach werden sie gewogen, gemessen und vielleicht fotografiert, und erlangen dann wieder ihre Freiheit. Diesen Setz-kescher gibt es in 2,4 und in 3 Meter Länge bei einem Durchmesser von 45 Zentimeter.

HARDY
TELESKOPTAILER
IN VOLLER LÄNGE

67

GERÄTEKÄSTEN

Die Gerätekästen lassen sich in zwei Kategorien aufteilen: einerseits gibt es die kleinen Behälter, in denen Sie jeweils jene Kleinteile verstauen, die Sie für den anstehenden Angelausflug brauchen, und andererseits gibt es die großen, voluminösen Kästen, in die Sie Ihr gesamtes Zubehör langfristig packen können. Auch wenn viele Angler sich mit den verschiedensten Behältnissen, wie beispielsweise Zigarrenschachteln und Werkzeugkästen helfen, ist gewöhnlich nichts so praktisch wie ein spezieller Angelgerätekasten. Hölzerne Gerätekasten sehen zwar schön aus, sind jedoch pflegebedürftig und schwer, sodaß die Wahl der meisten Angler auf Kästen und Schachteln aus Plastik und Aluminium fällt, die leicht, stabil und wasserbeständig sind.

SITZKIEPEN

Diese geräumigen Gerätekästen erfüllen als Sitzgelegenheit eine doppelte Funktion. Sie werden in erster Linie von Süßwasseranglern verwendet, die das Posen- oder Grundfischen betreiben und an einer Stelle bleiben. Die meisten Kiepen bestehen aus zwei Abschnitten. Unten finden sperrige Gegenstände Platz, die Schubladen fassen Kleinteile, wie Schwimmer, Haken und Bleie.

SHAKESPEARE/SNOWBEE SPECIMEN GERÄTEKASTEN
(rechts)

Dieser klassische Gerätekastentyp bietet ein großes Fassungsvermögen, wobei die verschiedenen Gegenstände sehr leicht erreichbar bleiben. Er ist aus Plastik in zwei verschiedenen Grüntönen hergestellt und mit drei Laden versehen, deren Einzelfächer sich nach belieben neu einteilen lassen, um möglichst jede persönliche Vorstellung zu erfüllen. Dieser Kasten ist auch mit nur einer, zwei oder gar sechs Laden erhältlich.

FOX BOX (unten)

Diese Fliegenschachtel aus Plastik faßt bis zu 66 Trockenfliegen und ihre gummierte Einlage sorgt dafür, daß keine Feuchtigkeit gespeichert wird, die zu Korrosion an den Haken führen könnte. Die Form der Hakenklammern wurde eigens dazu entwickelt, die Fliegen sicher zu halten, ohne dabei ihre Hecheln zu quetschen.

HÖLZERNE POSENSCHACHTEL (unten)

Diese einfache, dreiladige Posenschachtel wurde aus lackiertem Hartholz hergestellt und innen mit Schaumstoffstreifen versehen, in die Sie Schlitze schneiden können, um in ihnen die Posen-Enden festzuklemmen.

RICHARD WHEATLEY FLIEGENSCHACHTEL NR.4607F
(rechts)

Der Deckel dieser robusten Aluminiumschachtel ist mit einem geschlossenporigen Kunststoffschaum versehen, in den Naßfliegen und Nymphen gesteckt werden können, während der untere Teil in 16 Trockenfliegenfächer unterteilt ist. Wheatley versah sie jeweils mit einem eigenen Deckel aus durchsichtigem Plastik.

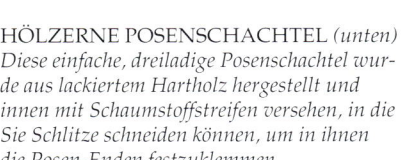

RICHARD WHEATLEY TUBENFLIEGENSCHACHTEL (rechts)

Zur sachgemäßen Lagerung sind für Tubenfliegen spezielle Schachteln erforderlich. Einige Tubenfliegenschachteln verfügen innen über eine Nadelreihe, auf die die Fliegen gesteckt werden. Bei dieser Schachtel übernehmen geschoßförmige Vertiefungen diese Aufgabe. Insgesamt passen 28 Fliegen in die Schachtel, deren lose Drillinge in die Schaumbeschichtung gesteckt werden können.

FLIEGENBINDEKOFFER *(unten)*
Dieser Koffertyp wird von Fliegenfischern verwendet, die direkt am Wasser Fliegen binden, um sich schnellstmöglich auf die jeweilige Forellennahrung einstellen zu können. Der hier abgebildete Koffer hat eine kleine Hartholzplatte, die seitlich ausgeklappt werden kann und so als Befestigungsplatte für den Bindestock dient. In den verschiedenen Fächern lassen sich die Bindematerialien unterbringen.

SHAKESPEARE/SNOWBEE KUNSTKÖDERKASTEN *(rechts)*
Die hochkant angebrachten Trennplatten dieses Kastens sind oben eingekerbt. In diese Kerben werden die Haken von Spinnern, Löffeln und Wobblern eingehängt. Indem man sie an ihren Haken aufhängt, verhängen sie sich nicht ineinander. Die Trennplatten lassen sich in unterschiedlicher Entfernung zueinander befestigen, um Kunstköder unterschiedlicher Größe aufzunehmen.

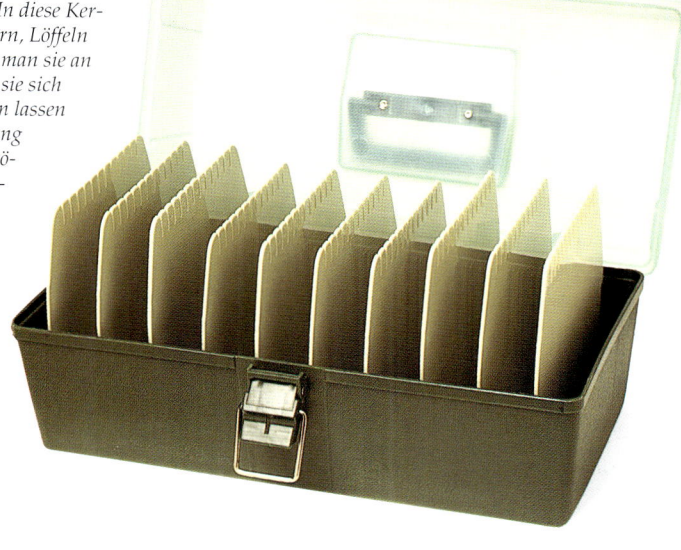

FLAMBEAU TOP FORCE MODEL 7680 *(links)*
Dieser aktenkofferförmige Geräte/Kunstköderkasten besitzt einen Deckel an seiner Oberseite und eine große Schublade in seinem Unterteil. Darüber hinaus ist das Oberteil ein wenig kürzer, sodaß man auch dann Zugriff zu dem Schubladeninhalt hat, wenn man sie nicht herauszieht.

PLANO 757 *(oben)*
Der Plano 757 ist einer der größten erhältlichen Gerätekästen, der am besten als "Basislager" verwendet wird und kleinere Schachteln mit dem am Wasser jeweils Benotwendigten aufgefüllt werden. Solche Kästen sind für Angelreisen ideal, wenn viel verschiedenes Gerät mitgeführt werden muß: man kann ihn im Auto, im Hotelzimmer oder im Zelt zurücklassen. Fischen Sie von einem Boot aus, dann können Sie ihn problemlos mitnehmen.

69

SCHUHWERK

Gutes Schuhwerk ist ein wesentlicher Bestandteil der Angelausrüstung. In jedem Fall sollte es auch auf rutschigen Oberflächen sicheren Halt bieten, komfortabel sein und zu den jeweiligen äußeren Bedingungen passen. So sind beispielsweise leichte Gummistiefel für die Sommerzeit geeignet, im Winter jedoch gefütterte Stiefel mit gut isolierten Sohlen notwendig, um warme Füße zu behalten. Zur warmen Jahreszeit sind Watstiefel mit einem dünnen Oberteil praktisch, das heruntergefaltet werden kann. Wer in kaltem Frühlingswasser jedoch Forellen und Lachsen watend zu Leibe rücken möchte, ist besser mit dicken, gut isolierten Wathosen aus Neopren beraten.

DIE VERSCHIEDENEN SOHLENARTEN

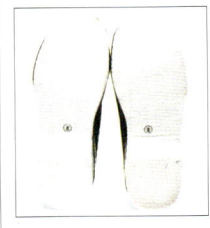  

Filzsohlen
Den besten Halt auf nassen, glitschigen Oberflächen bieten Filzsohlen. Ein weiterer Vorteil liegt darin, daß sie völlig geräuschlos sind und keine Fische vergrämen.

Nagelsohlen
Dieser Sohlentyp eignet sich hervorragend, um durch nasses Gras und über Schlammbänke zu gehen, er ist jedoch laut und bietet auf rutschigen Steinen keinen so guten Halt.

Gummisohlen
Gummisohlen sind gewöhnlich günstiger als Filz- und Nagelsohlen. Auf Gras und Lehm bieten sie zufriedenstellenden Halt, auf Steinen jedoch nicht so sehr.

AIR GRIP KNIESTIEFEL (links)
Diese völlig wasserdichten Stiefel sind 43 cm hoch und aus nylonbeschichtetem Gummi hergestellt. Die gedämpfte Sohle bietet gute Isolierung und komfortablen Halt. Die oben angebrachten Schnallen können zugezogen werden, um das Hineinfallen von Steinen, Blättern und anderem Unrat zu vermeiden.

EDINGTON WELLY-WATSTIEFEL (links)
Das Oberteil dieser Stiefel besteht aus einem leichtgewichtigen Material, das, wenn es nicht benötigt wird, bis unter Kniehöhe zusammengefaltet werden kann. Sie können daher sowohl als Watstiefel als auch als einfache Stiefel verwendet werden. Das Oberteil sollte jedoch vor Stacheldraht und dornigen Ästen geschützt werden.

SKEE-TEX, GEFÜTTERTE KNIE-STIEFEL (oben)
Gefütterte Kniestiefel, wie die hier abgebildeten, werden im Winter von vielen Anglern verwendet, die am Ufer sitzen und den ganzen Tag nur ein und dieselbe Stelle befischen. Die dicken, isolierten Sohlen sorgen dafür, daß die Kälte nicht von unten her emporkriecht. Die restliche Isolierung ist so gut, daß ein gewöhnliches Paar Strümpfe völlig ausreicht, um die Füße warmzuhalten.

ORVIS GREEN MOUNTAIN WATSTIEFEL (oben)
Diese hüfthohen Stiefel verfügen über rutschfeste Filzsohlen, während das Oberteil aus leichtem, laminiertem PVC besteht. Bei warmem Wetter läßt sich das Oberteil herunterfalten und mit Klammern befestigen.

ORVIS LEICHTGEWICHT-WATHOSE (unten)
Diese aus Nylon gefertigte Wathose, deren Nähte allesamt versiegelt sind, wiegt nur 340 gr. und läßt sich auf ein sehr kleines Packmaß zusammenrollen. Sie ist bei warmem Wetter die Ideallösung und gleichzeitig sehr strapazierfähig.

ORVIS GRAVEL GUARDS (oben)
Die Gravel Guards (Kiesschutz) werden über den Oberrand der Watschuhe getragen und sollen verhindern, daß Steinchen in den Schuh gelangen. Steine in den Schuhen sind nicht nur unkomfortabel, sie beschädigen auch leicht die Wathose.

ORVIS LIGHTWEIGHT WATSCHUHE (unten)
Diese bis über die Ferse aus einem Stück gefertigte, filzbeschichtete Sohle bietet beim Waten auf rutschigem Untergrund außergewöhnlich guten Halt. Darüber hinaus sind die Knöchel gepolstert und die Zehen durch eine Kappe geschützt, sodaß dieser Schuh auf widrigem Grund guten Schutz gewährleistet.

ORVIS GRIP STABIL-ICER AM WATSCHUH

ORVIS GUIDEWEIGHT WATHOSE MIT STRUMPF-ABSCHLUß (oben)
Diese aus Neopren und Nylongewebe hergestellte Wathose bietet sogar noch in eisigem Wasser guten Komfort, was besonders Lachsangler, die im zeitigen Frühjahr unterwegs sind, zu schätzen wissen. Die Knie sind verstärkt und alle Nähte versiegelt. Im Gegensatz zur Stiefelwathose, die eine Kombination aus Wathosen und Stiefeln ist, wird die Wathose mit Strumpf-Ende ohne Schuhe geliefert. Über sie müssen spezielle Watschuhe getragen werden.

ORVIS GRIP STABIL-ICERS (oben)
Diese Sohle läßt sich zusätzlich an Stiefeln und Schuhen anbringen und sie bietet auf Eis, nassem Gras oder auf Lehm besseren Halt. Recht nützliche Dienste erweisen diese Sohlen auch auf rutschigen Felsen.

WESTEN UND JACKEN

Der große Vorteil von Fliegenwesten besteht darin, daß in ihren vielen Taschen eine Unmenge von Kleingerät verstaut werden kann. Hierdurch sind sie für jede Art des Angelns, bei der Bewegungsfreiheit wichtig ist, überaus nützlich. So kommt es, daß sie beispielsweise beim Fliegen- und Kunstköderfischen sowie beim Sichtfischen auf Karpfen gerne getragen werden. Die meisten Westen sind kurz, sodaß sie beim Waten nicht im Wasser hängen. Für Uferangler sind allerdings auch längere Versionen erhältlich, die auch die Nieren abdecken und bei kaltem Wetter daher angenehmer zu tragen sind als kurze Ausführungen. Jacken aus traditionellen Materialien, wie etwa Wachstuch, sind nach wie vor erhältlich. Die meisten werden heute jedoch aus leichteren, wasserdichten Kunstfasern hergestellt (siehe auch Seite 74). Diese Jacken sind "atmungsfähig", wodurch in ihrer Innenseite Kondenswasserbildung vermieden wird. Sie müssen auch nicht erneut "abgedichtet" werden, sie sind pflegeleicht und können jederzeit gerollt und in eine Ecke der Gerätetasche gestopft und dort vergessen werden, bis der nächste Regen aufzieht. Einige von ihnen sind mit einem herausnehmbaren Innenfutter versehen, wodurch sie sich das ganze Jahr über komfortabel tragen lassen.

WYCHWOOD FOUR SEASONS (rechts)
Diese Weste mit zahlreichen Taschen ist für den Gebrauch bei schlechtem Wetter gedacht. Das Gewebe ist ein Polyester/Baumwollgemisch und das Innenfutter aus Fleece. Die Weste ist sehr lang geschnitten, um den unteren Rückenabschnitt vor kaltem Wind zu schützen. Ihr Reißverschluß läßt sich in zwei Richtungen öffnen, wodurch Einschnürungen beim Sitzen im Boot vermieden werden. Sie verfügt über eine Vielzahl unterschiedlich großer Taschen sowie ein Scherenfach und zwei Kescherösen.

ORVIS SUPER TAC-L-PAK (unten)
Diese Weste ist regelrecht ein Angelgerätekasten zum Anziehen, der über 35 Taschen verfügt und in den nahezu alles hineinpaßt, was ein Angler so brauchen kann: von einer kleinen Schere bis zu einer faltbaren Wathose. Das Gewebe besteht aus einem robusten Polyester/Baumwollgemisch, der Kragen ist zur besseren Gewichtsverteilung dick gefüttert, die Armöffnungen sind übergroß und insgesamt hat die Weste einen kurzen Schnitt, um tief in das Wasser waten zu können.

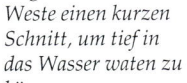

STEADE-FAST STIPPSCHÜRZE (oben)
Diese für das Stipp- und Matchfischen entworfene Schürze ist leicht und wegen der Bewegungsfreiheit weit geschnitten. Durch ein seitlich angebrachtes verstellbares Schnellverschlußsystem läßt sie sich problemlos an- und ausziehen. Sie ist mit zwei Ködertaschen versehen, deren größere durch eine überhängende Lasche vor Regen geschützt ist. In die drei anderen Taschen paßt eine Vielzahl Kleingerät und in die Schlaufe wird der Griff der Futterschleuder eingehängt.

SHAKESPEARE SICHERHEITSWESTE (unten)
Diese leichte und komfortable Fliegenweste erfüllt mit ihrer integrierten Rettungsweste eine doppelte Funktion. In Sekundenbruchteilen wird durch Zug an einem Griff die Weste von einer auswechselbaren CO_2-Kartusche aufgeblasen, was aber ebenfalls mit dem Mund möglich ist. Sie verfügt über zahlreiche Taschen, einen D-Ring für eine Schere und eine Schlaufe, an der ein Kescher befestigt werden kann.

MUSTO HIGHLANDS JACKET (rechts)

Die Highlands-Jacke besitzt unter ihrem äußeren Polyester/Baumwollgewebe eine wasserdichte Gore-Tex Membran. Die Jacke läßt sich in jeder Waschmaschine reinigen. Der Reißverschluß der Jacke öffnet sich in beide Richtungen, um komfortables Sitzen zu ermöglichen. An ihr befinden sich zahlreiche großzügig ausgelegte Taschen und in das Rückenteil ist eine wasserdichte Sitzunterlage integriert. Eine Kapuze und ein Innenfutter sind als Zubehör erhältlich.

HARDY WACHSTUCHJACKE (unten)

Diese Jacke wurde speziell zum Fischen mit brusthohen Wathosen entworfen. Ihre Ärmel sind zum Werfen weit geschnitten und sie besitzt zwei Außen- und zwei Innentaschen. Gefertigt wird sie aus gewachster ägyptischer Baumwolle und ihr Innenfutter ist aus elegantem Tartanstoff. Sie ist völlig wasserdicht, muß jedoch, wie alle Wachskleider, regelmäßig nachgewachst werden.

NOMAD 5/8 RANGER (oben)

Diese 5/8 lange Jacke hat an der Hüfte einen Gummizug, sodaß ihr Gewicht eher von den Beckenknochen als von den Schultern getragen wird. Der Arm-Abschluß dieser Jacke ist großzügig weit geschnitten, um beim Wurf die notwendige Bewegungsfreiheit zu bieten. Sie ist maschinenwaschbar und mit vielen Taschen versehen sowie mit einer festsitzenden Kapuze und einem in beide Richtungen funktionierenden Reißverschluß.

REGENKLEIDUNG

Bis vor wenigen Jahren bestand der große Nachteil der wasserdichten Kleidung darin, daß innen entstehende Feuchtigkeit kondensierte, wodurch der Tragekomfort stark eingeschränkt wurde. Oft war diese Kleidung auch schwer, schwierig zu reinigen, sie mußte regelmäßig neu abgedichtet werden und das oft mit Substanzen, die auf Autositzen Flecken hinterließen. Diese Probleme wurden durch moderne Herstellungsverfahren und neuartige Stoffe beseitigt, sodaß dem Angler jetzt komfortable und pflegeleichte Regenkleidung zur Verfügung steht. Die Entwicklung atmungsaktiver Stoffe, deren mikroskopisch kleine Poren von außen kein Wasser eindringen lassen, sehr wohl aber ein Verdampfen von innen nach außen ermöglichen, haben dem ewigen Kondensationsproblem ein Ende bereitet. Kleidung aus solchen Stoffgeweben ist leicht und waschbar, sie muß nicht wieder imprägniert werden und sie verschmutzt keine Autositze mehr.

ORVIS EASY-ON-AND-OFF ÜBERHOSE *(unten)*
Diese leichtgewichtige und wasserdichte Überhose kann zusammengerollt und platzsparend verstaut werden. Die Reißverschlüsse an den Bein-Enden erlauben das An- und Ausziehen der Hose, ohne die Schuhe ausziehen zu müssen. Diese aus polyurethanbeschichtetem Nylongewebe hergestellte Überhose ist zum Uferfischen an regnerischen Tagen und zum Bootsfischen in rauhem Wasser gut geeignet. Sie ist ebenfalls dornenfest, sodaß auch ihre Hosen geschützt ist, wenn Sie sich Ihren Weg durch Dickicht ans Wasser bahnen.

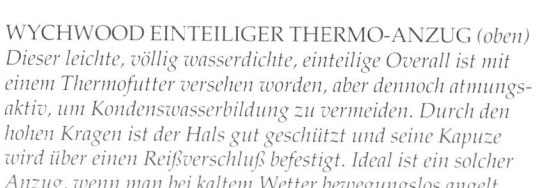

WYCHWOOD EINTEILIGER THERMO-ANZUG *(oben)*
Dieser leichte, völlig wasserdichte, einteilige Overall ist mit einem Thermofutter versehen worden, aber dennoch atmungsaktiv, um Kondenswasserbildung zu vermeiden. Durch den hohen Kragen ist der Hals gut geschützt und seine Kapuze wird über einen Reißverschluß befestigt. Ideal ist ein solcher Anzug, wenn man bei kaltem Wetter bewegungslos angelt.

WYCHWOOD THERMO-ZWEITEILER *(unten)*
In der kalten Jahreszeit kann ein kalter Luftzug in der Nierengegend die Freuden eines ganzen Angeltages zunichte machen. Ein zweiteiliger Thermoanzug verhindert ein solches Problem, da die Kleidung so viel genauer auf die jeweiligen Erfordernisse eingestellt werden kann, als mit einem Einteiler. Der Wychwood Zweiteiler wurde aus einem leichtgewichtigen, mit Thermofutter versehenen Polyester/Baumwollgemisch hergestellt, er ist völlig wasserdicht, aber dennoch atmungsaktiv. Seine Taschen bieten viel Stauraum; durch seine nach zwei Seiten funktionierenden Reißverschlüsse läßt er sich problemlos an- und ausziehen.

MAINSTREAM SURVIVAL OVERALL *(oben)*
Dieser einteilige, isolierte und wasserdichte Overall aus nicht atmungsaktivem Gewebe ist zum Meeresfischen gedacht. Er schützt nicht nur vor Spritzwasser, sondern bietet seinem Träger auch den großen Vorteil, ihn bei einem Sturz ins Wasser durch Auftrieb zu unterstützen (dennoch handelt es sich nicht um eine Alternative zur Rettungsweste). Der Auffälligkeit wegen wird er in feuerrot geliefert. Mit Klettverschlüssen lassen sich die Arm- und Bein-Enden abdichten. Die Kapuze läßt sich im Kragen verstauen.

HÜTE, HANDSCHUHE & SONNENBRILLEN

Passende Kopfbedeckung hält Ihren Kopf im Sommer kühl, bei Regen trocken und (was wahrscheinlich am wichtigsten ist!) im Winter warm: bei kaltem Wetter verliert der Mensch über 30% seiner Körperwärme an Hals und Kopf, sofern diese Körperpartien nicht besonders geschützt werden.

Warme Handschuhe oder Fäustlinge, nach Möglichkeit wasserdicht, sollten bei unwirschem Winterwetter Teil Ihrer Ausrüstung sein. Vor Kälte schmerzende Finger sind sehr unangenehm - nicht zuletzt deshalb, weil sich mit klammen oder gar schon gefühllosen Fingern das Gerät nur noch mit Mühe oder überhaupt nicht mehr montieren läßt. Handschuhe sind auch beim Umgang mit stachelbewehrten und mit scharfen Zähnen ausgestatteten Fischen praktisch. Polaroid-Brillen heben die Oberflächenspiegelung des Wassers zu einem großen Teil auf, wodurch sich in klarem Wasser die Fische besser ausmachen lassen. Brillen sind auch ein guter Augenschutz, der schon so manches Auge vor Haken bewahrt hat - insbesondere beim Fliegenfischen.

SHAKESPEARE OPTI-SHIELDS
Der Rahmen dieser Polaroid-Sonnenbrille wurde dahingehend entworfen, oben Schatten zu bilden, während die breiten Seitenplättchen die Augen vor Seitenlicht und fehlerhaft geworfenen Fliegen schützen sollen.

ASSET NACHT-SICHTGLÄSER
Diese Brillengläser sorgen bei schwachem Licht für stärkeren Kontrast, wodurch sie speziell beim Fliegenfischen in der Dämmerung als Sichthilfe und Augenschutz dienen.

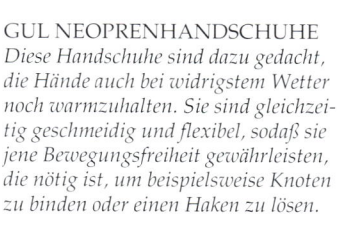

ASSET VERGRÖSSE-RUNGSBRILLEN
Diese in unterschiedlichen Vergrößerungsstärken erhältlichen Brillen sind für denjenigen von Nutzen, der gerne am Wasser seine Fliegen bindet.

ORVIS NEOPRENHANDSCHUHE
Neopren ist ein ausgezeichnetes Handschuhmaterial, das vor Kälte und vor Wasser schützt. Diese Neoprenhandschuhe sind Nylonbeschichtet, sodaß sie sich problemlos an- und ausziehen lassen. Verstellbare Klettverschlüsse an den Handgelenken sorgen für sicheren Halt.

GUL NEOPRENHANDSCHUHE
Diese Handschuhe sind dazu gedacht, die Hände auch bei widrigstem Wetter noch warmzuhalten. Sie sind gleichzeitig geschmeidig und flexibel, sodaß sie jene Bewegungsfreiheit gewährleisten, die nötig ist, um beispielsweise Knoten zu binden oder einen Haken zu lösen.

DAIWA, REGENDICHTE FÄUSTLINGE MIT HANDFLÄCHENSCHLITZ
Der Handflächenschlitz dieser Fäustlinge ermöglicht es, das Fingerende zurückzuklappen und so die Finger bloßzulegen. Besonders beim Montieren des Gerätes ist das praktisch, wie auch zu allen anderen Gelegenheiten, bei denen Fingerspitzengefühl notwendig ist.

DAIWA, FINGERLOSE THERMOFÄUSTLINGE
Solche fingerlosen Fäustlinge halten zwar die Hand warm, lassen jedoch die Finger frei, um beim Wurf genaueste Schnurkontrolle und das Anfertigen komplizierter Montagen zu ermöglichen. Um das Handgelenk haben diese Fäustlinge von Daiwa einen Gummizug, der ihnen sicheren Halt bietet.

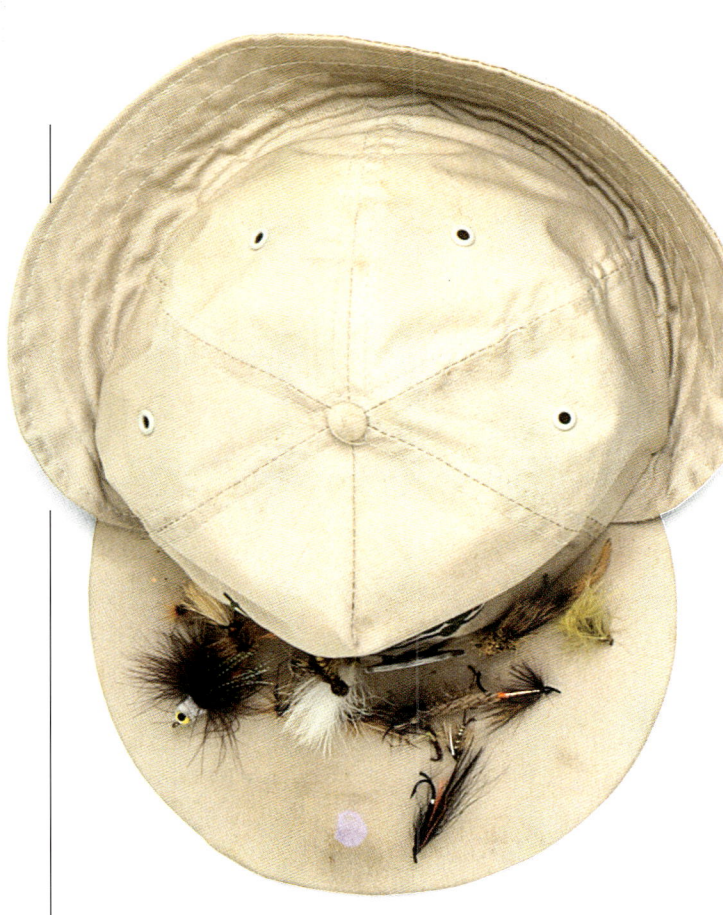

UP-DOWNER (links)

Diese besonders leichte Kopfbedeckung ist der der französischen Fremdenlegion in Nordafrika ähnlich, an welcher ein breiter Sonnenschutz über den Augen für Schatten sorgt und ein herunterklappbarer Nackenteil den hinteren Halsbereich schützt. Diese Kopfbedeckung bietet bei heißem Wetter hervorragenden Schutz und wurde durch amerikanische Angelführer unglaublich beliebt gemacht.

SHAKESPEARE SUN VISOR

Der Shakespeare Sun Visor besteht aus einem getönten Sonnenschutz und einem beschichteten, elastischen Kopfband, das an warmen Tagen die Dienste eines Schweißbandes übernimmt. Der Kopf bleibt einem eventuellen kühlenden Luftzug frei ausgesetzt, jedoch ist bei wirklich heißem Wetter eine Kappe vorzuziehen, die dem Kopf besseren Schutz vor der Sonne bietet.

DAIWA BASEBALL-KAPPE (oben)

Diese Nylonkappe ist entweder ganz aus Stoff oder aus einem Netzgewebe erhältlich, das dem Hinterkopf bessere Luftzufuhr gewährleistet. Der breite Sonnenschutz hält die Sonne aus den Augen, während ein mit Druckknöpfen versehenes Band an ihrer Rückseite für sicheren Sitz sorgt.

DEERSTALKER

Der Deerstalker ist ein sehr traditioneller Tweedhut, der entweder mit einer kreisrunden Krempe oder mit einer vorne und hinten zugespitzten Krempe hergestellt wird. Die "zugespitzten" Versionen sind gewöhnlich auch mit wegklappbaren Seitenlaschen versehen, die die Ohren vor Kälte und Mückenstichen schützen.

77

ZUBEHÖR

Zusätzlich zur Grundausrüstung wie Rute, Rolle, Schnur und Haken gibt es noch eine ganze Reihe von Kleingerät, das ganz grob als Zubehör bezeichnet werden kann und mit dem jeder gut ausgestattete Angler ausgerüstet sein sollte. Hierzu gehören Hakenlösehilfen, Waagen sowie Instrumente zum Auswaiden und Putzen der für den Tisch bestimmten Fische. Zusätzliches Zubehör, das hier nicht beschrieben, aber dennoch sinnvoll ist, sind beispielsweise eine gepolsterte Hakenlösematte, ein Fernglas, um Spuren und Anzeichen aktiver Fische auszumachen, sowie ein Kompaß. Letzterer erweist sich für denjenigen Angler als unerläßlich, der einen abgelegenen Bergsee aufsuchen möchte, sich aber den Luxus eines GPS-Empfängers (Global Positioning System = Satelliten Navigations System) nicht leisten kann.

HARDY PIN-ON FEDERZUG (unten)
In ihm befindet sich eine federgelagerte Spule, die mit Schnur gefüllt ist, an welcher ein Karabinerwirbel hängt. Gegenstände, wie etwa Scheren, lassen sich in den Karabinerhaken einhängen, sodaß sie bei Nichtgebrauch aus dem Weg sind.

SHAKESPEARE KNOTENBINDER (links)
Dieses Instrument ist ganz hilfreich, wenn Ihre Finger nicht mehr ganz so geschickt sind oder wenn kalte Finger das Knotenbinden erschweren.

HARDY TASCHENTHERMOMETER (rechts)
Ein Thermometer hilft Ihnen beim Suchen der Aufenthaltsbereiche der Fische, beispielsweise beim Auffinden kalter Wasserflecken in ansonsten warmem Wasser oder wärmerer Wassermassen in kaltem Wasser. Binden Sie es an Ihre Schnur, lassen Sie es herab und nach einigen Minuten können Sie die genaue Wassertemperatur ablesen.

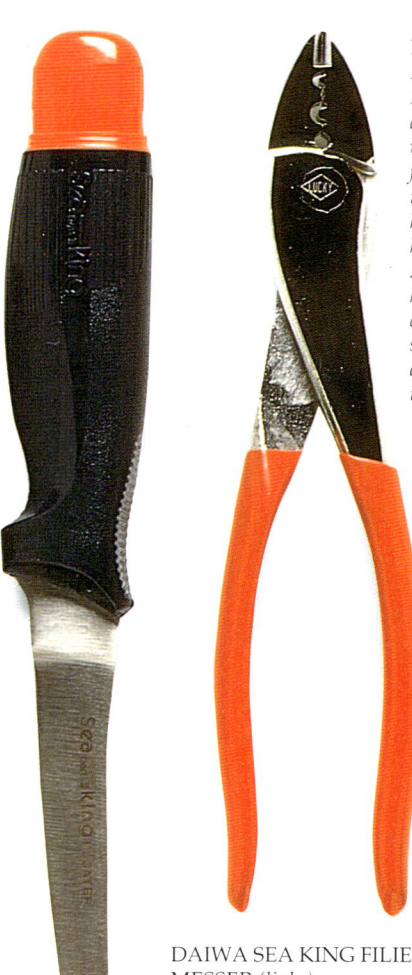

LUCKY TOOLS ANGLERZANGE
Robuste Angelzangen wie diese sind unerläßlich, wenn Sie mit Stahlvorfächern angeln. Ihr Griff ist lang und bietet so eine hohe Hebelkraft.Ihre starken Kiefer machen das Anbringen von Klemmhülsen einfach, während der integrierte Saitenschneider problemlos dicke Stahlvorfächer zertrennt.

DAIWA STIRNLAMPE (rechts)
Nachtangler, wie beispielsweise Brandungsangler finden derartige Lampen überaus praktisch, da sie sich um den Kopf schnallen lassen und so die Bewegungsfreiheit der Hände erhalten bleibt. Das hier abgebildete Modell wird von einer am Gürtel befindlichen Batteriebox gespeist.

DAIWA FLEXI-LIGHT (rechts)
Eine Lampe ist ein ganz nützliches Zubehör, wenn bis in die Dunkelheit hinein gefischt wird. Der Hals dieser Ansteckklampe ist flexibel, sodaß der Lampenkopf in die notwendige Richtung gedreht werden kann.

DAIWA SEA KING FILIERMESSER (links)
Fische, die nicht zurückgesetzt werden und für die Küche bestimmt sind, sollten mit einem scharfen Filiermesser ausgenommen und gereinigt werden.

HARDY ZANGEN-SCHERE (links)
Dieses Instrument ist sehr vielseitig. Mit ihm läßt sich beispielsweise Spaltblei andrücken, ein Widerhaken entfernen oder Monofilament und leichtes Stahlvorfach zerschneiden.

HARDY ARTERIEN-KLEMME (oben)
Dieses Instrument ist hervorragend zum Lösen von Haken der Größe 10 aufwärts geeignet, insbesondere wenn einer in dem zahnbewehrten Maul, wie dem eines Hechtes gefaßt hat. Der dünne Draht kleinerer Haken wird mit der Arterienklemme leicht verbogen, sodaß diese Haken eher mit einem klassischen Hakenlöser befreit werden sollten.

HARDY HAKEN-SCHÄRFER (links)
Hakenschärfer können die Spitzen mechanisch geschärfter Haken deutlich spitzer machen, was bei chemisch geschärften Haken jedoch nicht notwendig ist. Vor dem Fischen sollte man jeden Haken an der Schnur auf seine Schärfe prüfen.

NICAN ENTERPRISES UNI-LOADA (links)
Das aufwendige Füllen der Rollen mit Schnur wird durch so ein Hilfsinstrument viel einfacher. Es ist verstellbar, sodaß es zum Füllen von Stationär- und Multirollen gleichermaßen verwendet werden kann. Sogar mit den sperrigsten Schnurspulen kommt es zurecht.

HUFF FLIEGENRU-TENHALTER (links)
Dieser 50 cm lange Erdspieß aus Aluminium ist dazu gedacht, Ihre Fliegenrute zu halten, während Sie mit dem Vorfach oder den Fliegen beschäftigt sind. So besteht keine Gefahr, daß sie versehentlich zertreten wird. Das Griff-Ende findet in einer Vertiefung Platz und oben hält eine Federklammer die Rute aufwärts gerichtet.

RACHENSPERRER (rechts)
Ein Maulsperrer wird dann verwendet, wenn ein Haken aus dem Maul eines zahnbewehrten Raubfisches gelöst wird. Die Enden der Federarme sind an diesem Modell abgerundet, daß der Fisch nicht verletzt wird.

HARDY PRIEST (links)
Das Verwenden eines Priests oder Fischtöters ist eine humane Art und Weise, einen für den Tisch bestimmten Fisch abzuschlagen. Mindestens zweimal sollte mit dem schweren Ende aus Messing gezielt auf den Hinterkopf des Fisches geschlagen werden.

HARDY FEDER-WAAGE (unten)
Eine Federwaage ist ein geeignetes Instrument, um das Gewicht eines Fisches festzustellen. An dieser Waage befinden sich Gewichtseinteilungen in Kilogramm und englischen Pfund. Durch eine Mikrometereinstellung läßt sie sich genau nullen.

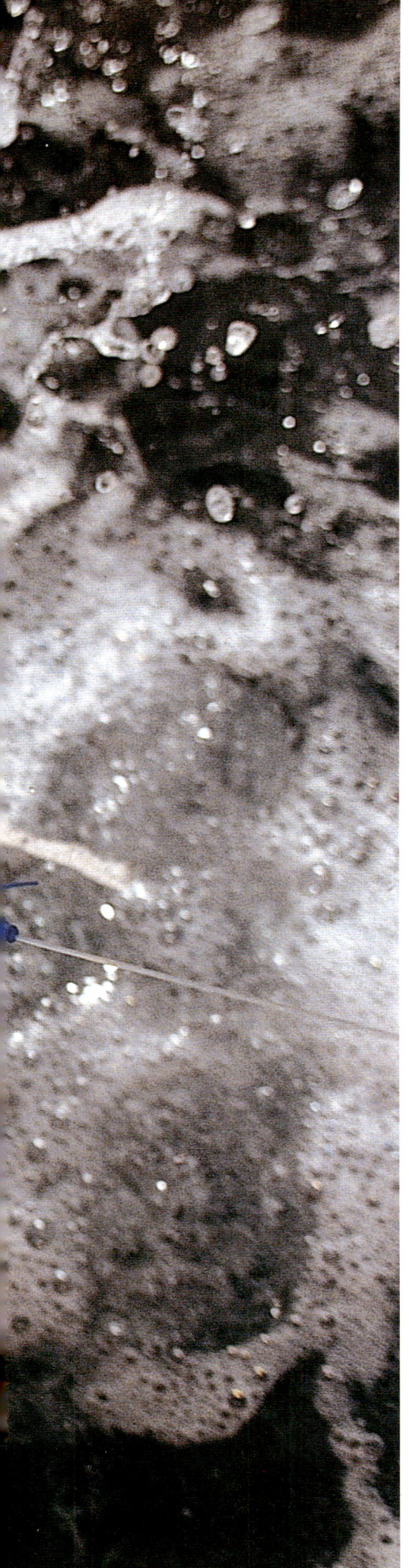

KÖDER

Ganz egal, ob man auf einem tropischen Ozean hinter einem Marlin her ist oder ob man in einem kleinen Teich den Karpfen nachstellt: eines der Geheimnisse des erfolgreichen Angelns ist das Verwenden eines geeigneten Köders. Heute stehen dem Angler jedoch eine Unmenge an Ködern zur Verfügung, sodaß das Herausfinden des richtigen nicht nur gute Kenntnisse der Nahrungsgewohnheiten der gewünschten Beute erfordert, sondern eine ebensolche Kenntnis über die für diese Art in Frage kommenden Köder unerläßlich ist. Es gibt Köder pflanzlichen und tierischen Ursprungs sowie künstliche Köder, ihre Hauptaufgabe besteht jedoch in jedem Fall darin, den Fisch zum Biß auf den Haken zu verleiten. Köder pflanzlichen und tierischen Ursprungs bilden zusammen die Gruppe der Naturköder. Viele von ihnen lassen sich sehr preisgünstig direkt am Wasser sammeln, andere, beispielsweise Maden und Würmer, sind auch in Angelgerätegeschäften erhältlich. Zu den Naturködern gehören auch Köder wie Käse und Brot, auch wenn diese offensichtlich nicht zum natürlichen Nahrungsangebot von wildlebenden Fischen gehören. Die Fische finden an diesen Ködern aufgrund ihres Geruchs und des Geschmacks Gefallen; die Angler haben wegen ihrer vielfach bewiesenen Fängigkeit Vertrauen in sie. Neben dieser Ködergruppe gibt es noch die sogenannten Kunstköder, wie beispielsweise Wobbler und Blinker, die entweder natürliche Nahrung imitieren oder den Jagdtrieb im Raubfisch wecken sollen. Ihre großen Vorzüge liegen in ihrer recht einfachen Anwendung und in der Tatsache, daß sie sich immer wieder aufs neue verwenden lassen. In diesem Kapitel werden die gängigsten und fängigsten Köder zum Süß- und Salzwasserangeln vorgestellt.

DER RICHTIGE KÖDER
Einen zur gesuchten Fischart passenden Köder zu verwenden ist einer der Schlüssel zum Erfolg.

NATURKÖDER TIERISCHEN URSPRUNGS

Die meisten Naturköder kosten nichts und haben oft den Vorteil, auf dem natürlichen Speiseplan der gesuchten Fischart zu stehen. So lassen sich beispielsweise fast alle Süßwasserfische mit Würmern (in erster Linie Tau- und Laubwürmer) überlisten. Weitere hervorragende Köder waren immer schon Süßwassergarnelen und Köcherfliegenlarven. Sammeln Sie von diesen Tieren nie mehr als notwendig und vergessen Sie nicht, die nicht verwendeten zurückzusetzen.

MADEN UND CASTER

Die am meisten verwendete Madenart ist die Larve der blauen Schmeißfliege, die ihre Fängigkeit schon vor allen Fischarten unter Beweis gestellt hat. Maden werden gewöhnlich naturweiß oder bronzefarben gefärbt verkauft, auch wenn sie mit dem geeigneten Farbstoff alle Farben annehmen. Diese gefärbten Maden kommen in erster Linie an all jenen Stellen zum Einsatz, an denen sich die Fische durch schweren Befischungsdruck den weißen und bronzenen Maden gegenüber zögerlich verhalten. Angler, die auf kleinere Fischarten aus sind, greifen gerne auf Squatts (Stubenfliegenlarven) und Pinkies (die Larven der grünen Schmeißfliege) zurück. Diese Larven sind kleiner und leichter als die der blauen Schmeißfliege und oft auch bei sehr zögerlichen Fischen noch erfolgreich. Casters (verpuppte Maden) sind ein für fast alle Arten ausgezeichneter Köder und sie locken oft die größten Fische an den Haken. Sie sind überall dort gut, wo die Fische madenscheu geworden sind und besonders dann fängig, wenn sie über einem Futterteppich aus gequollenem Hanf gefischt werden. Mit zunehmendem Alter werden sie dunkler und leichter und gerade alte, schwimmfähige Caster sind hervorragende Köder für Oberflächenfische, wie Rotfedern.

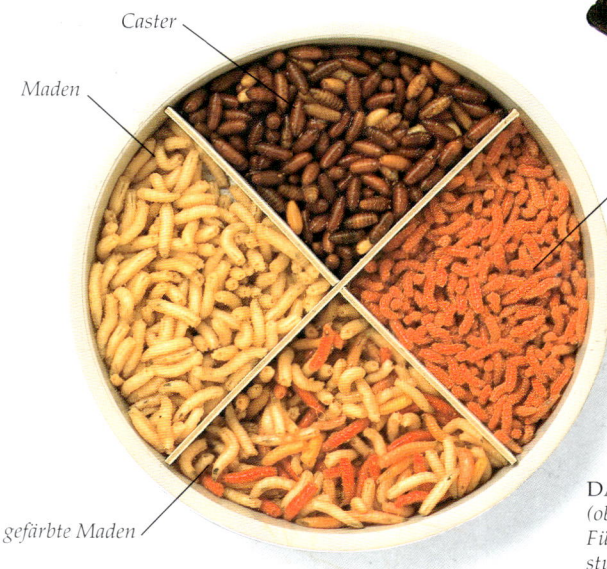

Caster

Maden

Pinkies

gefärbte Maden

MADE

DAS ANKÖDERN VON MADEN
(oben)
Führen Sie die Hakenspitze durch das stumpfe Ende der Made und zwar so schonend wie nur möglich, damit sie möglichst lange am Leben bleibt. Fischen Sie einzelne Maden an Haken der Größe 16 oder 18, in Bündeln an Haken der Größe 12. Stellen sich die Fische als zimperlich heraus, kann es sich lohnen, die Maden auf halber Körperlänge zu haken. Hierdurch sinken sie waagerecht ab, d. h., langsam und natürlich.

DAS ANKÖDERN VON CASTERN
(rechts)
Ein einzelner Caster wird angeködert, indem der Haken durch das dickere Ende ganz in ihm hineingeschoben wird. Verwenden Sie die Hakengrößen 14 bis 18. Einzeln, paarweise oder sogar zu dritt lassen sich Caster fischen, wenn sie durch ihr stumpfes Ende gehakt werden.

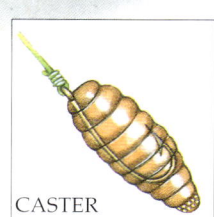

CASTER

WÜRMER & SCHNECKEN

SCHNECKEN

WÜRMER

Karpfen, Schleien und Döbel würgen einen ganzen Tauwurm in Sekunden hinunter, wogegen kleinere Arten eine Tauwurmhälfte oder kleinere Würmer, wie etwa Mistwürmer, mundgerechter finden. Döbel, Karpfen und Rotaugen sind auf Schnecken geradezu versessen. In milden, feuchten Nächten lassen sich Tauwürmer auf Wiesen sammeln, während die Schnecken unter den Steinen hervorkommen und im Komposthaufen sind Mist- und Rotwürmer zuhause.

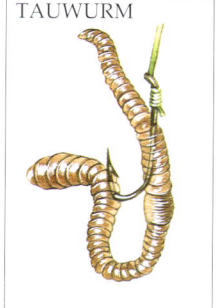

TAUWURM

DAS ANKÖDERN VON WÜRMERN
Beim Fischen mit Tauwürmern sollte entweder der Körper weit über den Haken gezogen oder der Wurm mindestens zweimal gehakt werden, um beim Wurf oder beim Biß nicht gleich vom Haken zu rutschen. Verwenden Sie bei Tauwürmern Haken der Größen 4 bis 8, für Wurmstücke und Mistwürmer eignen sich die Größen 10 bis 14. Nehmen die Fische den Köder nur sehr zurückhaltend, dann macht es sich oft bezahlt, den Wurm ein wenig über Haken und Vorfach zu fädeln.

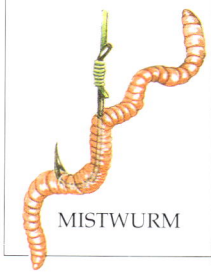

MISTWURM

DAS ANKÖDERN VON NACKT-SCHNECKEN
Verwenden Sie einen großen Haken, Größe 2 oder 4, und führen Sie ihn gefühlvoll durch die Schnecken, die sich durch ihr Eigengewicht ohne Zusatzbeschwerung werfen lassen.

NACKT-SCHNECKE

FISCH

MAKRELE

HERING

SARDINE

Bei vielen Fischarten stehen auch Fische auf dem Speiseplan. Hechte nehmen nahezu jede angebotene Fischart als Köder an, auch wenn es zweifellos bevorzugte Arten gibt: Heringe, Sprotten, Stinte, Sardinen, Makrelen, Forellen und Äschen sind allesamt gute Hechtköder, ebenso Aale. Überall dort, wo sich die Hechte bereits an einen bestimmten Ködertyp gewöhnt haben, kann es sich bezahlt machen, die eigenen Köderfische mit Lebensmittelfarbe einzufärben. Mit Fisch als Köder lassen sich auch noch eine ganze Reihe weiterer Fischarten regelmäßig an den Haken bekommen. Hierzu gehören der Wels, der Barsch, der Zander, der Schwarzbarsch, der Rapfen und die Forelle. Beim Hechtfischen wurden in den letzten Jahren auch immer öfter große Döbel auf tote Köderfische gefangen. Köderfische können am bloßen Haken, an einer Grundmontage oder mit Hilfe eines Schwimmers angeboten werden, ebenso auf entsprechenden Systemen zum Spinnfischen. Durch ihr verhältnismäßig weiches Fleisch sind die Meeresfische zum Spinnfischen nicht so sehr geeignet. Süßwasserfische halten wesentlich besser, wobei aber kaum eine andere Art eine kleine Forelle übertrifft.

DAS ANKÖDERN VON FISCHEN
Tote Köderfische werden an zwei Drillingen der Größen 8 bis 10 gefischt. Der obere Drilling wird in der Schwanzwurzel befestigt, der andere über acht Zentimeter vor ihm, wobei die Hakenspitzen zum Schwanz weisen. Beim Spinnfischen sitzt der obere Haken im Maul, der andere in der Flanke.

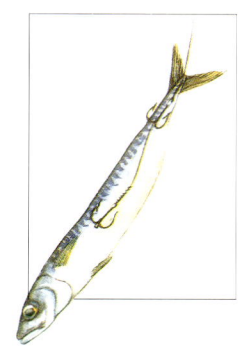

KRABBEN & GARNELEN

Gepuhlt sind diese Arten für fast alle Süßwasserfische ein ausgezeichneter Köder. Ungepuhlt sind sie in den Händen der Lachsfischer am bekanntesten. In diesem Zustand locken sie aber auch Wels, Barsch, Schwarzbarsch, Barbe, Karpfen und Schleie an den Haken. Diese Köder können roh oder gekocht verwendet werden und sie sind in den meisten Supermärkten frisch, gefroren oder in Dosen erhältlich.

GARNELEN

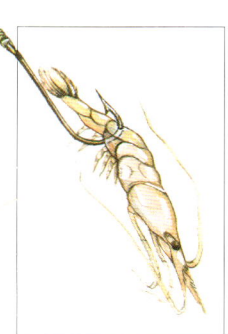

DAS ANKÖDERN VON KRABBEN
Gepuhlte Krabben werden am besten einzeln auf einem Haken der Größe 8 oder 10 angeboten, wobei dessen Spitze durch die Verdickung am Schwanz geführt wird. Ungepuhlte Krabben fädelt man vom Schwanz her auf.

MUSCHELN

MUSCHELN

Süßwassermuscheln sind ein altbekannter Schleienköder, der jedoch auch von Karpfen, Brassen, Aalen und Welsen begierig genommen wird. Sie lassen sich in den Randbereichen schlammiger Weiher und Seen finden und durch sachtes Rechen des Gewässergrundes sammeln. Öffnen Sie die Muscheln mit einem stabilen Messer und durchtrennen Sie dann den Schließmuskel, durch den die Muschel an ihrer Schale befestigt ist.

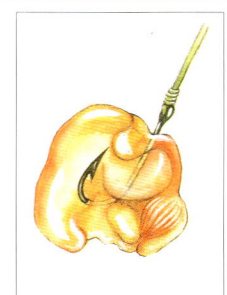

DAS ANKÖDERN VON MUSCHELN
Für kurze Wurfentfernungen ist ein Haken der Größe 2 bis 4 geeignet, der durch den fleischigen "Fuß" der Muschel geführt wird. Für große Entfernungen wird der Muschelkörper festgebunden.

AALE

Aale sind gute Hechtköder, die entweder ganz oder in Stücken verwendet werden können. Ihre Haut ist zäh, sodaß oft mehrere Fische mit nur einem Köder gefangen werden können und große Wurfweiten möglich sind. Aale bis zu 30 Zentimeter (Mindestmaße beachten!) sind gut zum Spinnfischen geeignet, wogegen Aalstücke gewöhnlich am bloßen Haken oder grundfischend angeboten werden.

AALSTÜCKE

DAS ANKÖDERN VON AALEN
Zum Spinn- und Grundfischen wird ein Aal oder Aalstück an einem Spinnsystem aus zwei Drillingen der Größe 8 bis 10 angeboten, vor das ein 50 cm langes Stahlvorfach geschaltet wird. Kleinere Aalstücke können auf große Einfachhaken gefädelt werden, wobei nur ein Teil ihrer Krümmung und die Spitze sichtbar bleiben.

NATURKÖDER PFLANZLICHEN URSPRUNGS & PARTIKELKÖDER

Die meisten Naturköder pflanzlichen Ursprungs und Partikelköder sind gängige Nahrungsmittel wie Brot, Getreide und Gemüse. Auch wenn es bei den meisten dieser Köder sehr unwahrscheinlich ist, daß sie auf dem natürlichen Speiseplan der Fische stehen, werden sie gerne genommen. Eigens und speziell für das Fischen werden die sogenannten "Hochproteinköder" (HP) hergestellt.

KÄSE

SCHMELZ-KÄSE

CHEDDAR-KÄSE

STARK RIECHEN-DER KÄSE

Im Sommer kann Käse in seinem natürlichen Zustand verwendet werden. Bei kaltem Wetter erhärten einige Käsesorten, so daß es sich im Winter bezahlt macht, aus ihnen einen steifen Teig anzurühren, in den noch Brotkrusten, ein wenig Wasser und Tafelöl beigemengt werden.

DAS ANKÖDERN VON KÄSE
Für große Köder sind Haken der Größe 4 ideal; für kleinere die Größe 10. Verstecken Sie die Spitze im Käse.

SÜSSMAIS

DAS ANKÖDERN VON SÜSSMAIS
Verwenden Sie für einzelne Körner einen Haken der Größe 10 bis 12 und bis zu Größe 4 für mehrere Körner.

SÜSSMAIS

Dieser entweder in Dosen oder gefroren erhältliche Mais ist bei vielen Fischarten beliebt. Die Maiskörner sind recht dickwandig, sodaß sie verhältnismäßig gut auf dem Haken halten. Ihre spezifische Dichte ist auch recht hoch, wodurch diese Körner recht schnell auf den Grund sinken, was besonders an Flüssen praktisch ist. An Gewässern, an denen übermäßig viel mit Süßmais gefischt wird, kann es sich auszahlen, die Körner zu färben oder mit ein wenig Geschmacksstoff, wie etwa Nelkenöl, aufzuwerten.

BROT

BROTTEIG-KUGELN

BROT-KRUSTEN

BROTFLOCKEN

BROT-WÜRFEL

Brot läßt sich auf sehr unterschiedliche Weise als Köder verwenden. Es kann am Schwimmer, auf Grund und am bloßen Haken gefischt werden. In Seen ist es ein guter Karpfenköder, im Fluß eignet es sich gut zum Fang von Rotaugen und Döbeln. Das weiche Brotinnere kann als Flockenköder, aber auch als Grundfutter verwendet werden. Am Haken halten die Brotflocken aus einem wirklich frischen Brotlaib am besten. Aus dem weichen Brotinneren läßt sich mit Hilfe eines porösen Tuches und Wasser auch ein guter Angelteig herstellen.

DAS ANKÖDERN EINER BROT-FLOCKE
Verwenden Sie hierzu Haken in den Größen 4 bis 14, je nach Fischart. Die Flocke wird in den Schenkel gedrückt.

FLEISCH & KEKSE

Schinken- und Schweinefleisch aus der Dose, in kleine Würfel geschnitten, ist ein guter Döbel- und Barbenköder. Welse und Karpfen nehmen gerne Katzenfutter aus der Dose: es wird mit Paniermehl vermengt, bis sich kleine Bällchen formen lassen. Hundekekse sind gute Oberflächenköder zum Karpfenfischen und auch aus ihnen läßt sich durch Beimengen von Eiern und Mehl ein fängiger Teig anfertigen.

KATZEN-KEKSE

FRÜHSTÜCKS-FLEISCH

KATZEN-FUTTER

DAS ANKÖDERN VON FLEISCHWÜRFELN
Verwenden Sie hierzu einen Haken der Größe 4 bis 8, der durch das Fleisch gefädelt wird, bis die Spitze hervortritt; als Sicherung dient ein Blatt- oder Grasstück.

KARTOFFELN & KAROTTEN

KARTOFFEL-WÜRFEL

GANZE KARTOFFELN

KAROTTENSCHEIBEN

GANZE KAROTTEN

Kleine Kartoffeln sind traditionelle Karpfen- und Friedfischköder, sofern zuvor angefüttert wurde und sich die Fische an diese neue Nahrung gewöhnt haben (um eine Stelle anzufüttern reicht es meistens aus, in der Woche vor dem Angeln tagtäglich etwa eine Handvoll des Futters ins Wasser zu werfen). Die Kartoffeln sollten mindestens teilweise gekocht werden, da sie dadurch weicher werden. Es können auch gekochte Kartoffeln aus der Dose verwendet werden. Viele Friedfische nehmen gerne Karotten, die gekocht und in Scheiben geschnitten wurden.

DAS ANKÖDERN VON KARTOFFELN
Fädeln Sie die Schnur mit einer Ködernadel durch die Kartoffel und schieben sie auf einen daran angebundenen 4er- oder 8er-Haken.

ERBSEN, BOHNEN & TEIGWAREN

GETROCKNETE ERBSEN   **WEISSE BOHNEN**   **KICHERERBSEN**   **BUTTERBOHNEN**   **TEIGWAREN**

Frische und getrocknete Erbsen, Bohnen und andere Partikelköder werden zum Fang von Karpfen bereits seit den 70er Jahren eingesetzt. Bei entsprechendem Anfüttern mit diesen Ködern stellen sich am Futterplatz jedoch auch schnell Döbel, Schleien, Barben und Rotaugen ein. Alle getrockneten Erbsen und Bohnen müssen vor dem Fischen weich, aber nicht matschig gekocht werden. Teigwaren werden gegart bis sie weich sind. Nach entsprechendem Anfüttern lassen sich hiermit viele Fische fangen: So sind Makkaroni ein altbewährter Döbelköder, der heutzutage erstaunlich wenig verwendet wird.

DAS ANKÖDERN VON ERBSEN UND BOHNEN
Verwenden Sie hierzu Haken in den Größen 8 bis 12. Die Köder werden ganz einfach auf den Haken gefädelt.

KÖRNER & GETREIDE

REIS   **MAIS**   **ROHE GRAUPEN**   **GEQUOLLENER HANF**   **GEKOCHTE GRAUPEN**   **ERDNÜSSE**

Viele Körner- und Getreidearten stellen vorzügliche Partikelköder dar, jedoch müssen sie alle zuvor gekocht werden, da sie von den Fischmägen ansonsten nicht verdaut werden können. Der gängigste Körnerköder ist Hanf, der die Friedfische oft in einen regelrechten Freßrausch versetzt. Oft wird gequollener Hanf als Futter verwendet und darüber mit einer Graupe am Haken gefischt. Gekochte Erdnüsse haben sich beim Karpfenfischen als fängig herausgestellt, während Mais und Weizen (gekocht!) gute Rotaugenköder sind. Gekochter Reis kann im Grundfutter recht erfolgreich sein, wenn nur wenige Maden zum Füttern vorhanden sind.

DAS ANKÖDERN VON KÖRNERN UND GETREIDE
Körner werden auf den Haken geschoben (Größe 6 bis 14). Gekochter Hanf springt auf und wird durch den Spalt gehakt.

HOCHPROTEINHALTIGE (HP) KÖDER

HP-Köder werden aus Milchproteinen, Eiern, tierischen Proteinen, Sojamehl, Farb- und Geschmacksstoffen hergestellt. Die Mischung wird entweder als Teig verwendet oder es werden aus ihr kleine Kugeln geformt, die abgekocht und so zu "Boilies" werden (to boil, engl. = kochen). Ihre Oberfläche ist so hart, daß ihnen kleinere Fische nichts anhaben können. Die meisten Boilies sinken.

BOILIES

DAS ANKÖDERN VON BOILIES
Verwenden Sie hierzu Haken der Größe 2 bis 8, wobei Hakenspitze und -krümmung nicht völlig verdeckt werden. Auch die Haarmontage ist erfolgreich.

85

SÜSSWASSERGRUNDFUTTER

Unter Grundfutter versteht man jenes Futter, das zum Herbeilocken der Fische ins Wasser eingebracht wird. Es soll sie in Freßlaune versetzen und sie lange genug am Futterplatz halten, um den beköderten Haken zu finden. Der Schlüssel zum erfolgreichen Anfüttern ist das Verwenden eines Grundfutters, das die gewünschte Fischart anlockt und die einzelnen Fische möglichst lange in Freßlaune hält, ohne sie dabei zu sättigen.

RICHTIG ANFÜTTERN

Grundfutter läßt sich sowohl in stillstehenden, wie auch in fließenden Gewässern verwenden. In Flüssen mit träger bis schneller Strömung und überall dort, wo Grundfische angelockt werden sollen, ist ein festes, schweres Grundfutter auf Brotbasis empfehlenswert, da so die Futterkugeln rasch zu Boden sinken bevor sie aufbrechen. In stillstehenden oder sehr trägen Gewässern und für oberflächenaktive Fische sollte mit leichterem und feinerem Grundfutter angefüttert werden. Derartiges Futter bildet im Wasser eine Futterwolke. Dieses Futter besteht aus fein gemahlenem Paniermehl, das mit Wasser befeuchtet wird und unmittelbar vor seiner Verwendung zu kleinen Kugeln gepreßt wird. Beim Aufprall auf die Wasseroberfläche platzen diese Kugeln auseinander und es bildet sich eine langsam absinkende Futterwolke aus winzigen Brotpartikeln. Beigemengtes Milchpulver verstärkt die Wirkung.

Das Anrühren von Grundfutter
Beim Anrühren von Grundfutter muß erst einmal die Ausgangsbasis hergestellt werden. Zur Herstellung eines schnellsinkenden Grundfutters muß zunächst trockenes Brot für mindestens eine halbe Stunde eingeweicht werden (Verwenden sie hierbei kein warmes Wasser, das Brot wird dadurch schleimig). Gießen Sie dann das Wasser ab und drücken Sie ein wenig von dem aufgesaugten Wasser aus der Masse - je mehr Sie drücken, desto fester wird die Futtermasse. Rühren Sie das nasse Brot nun zu einem weichen knotenlosen Teig. Mit einfachem Getreidemehl, wie beispielsweise Maismehl versteift das Grundfutter nach Bedarf. Diese Masse läßt sich zu Kugeln formen, in die nach Möglichkeit noch einige Köder, wie etwa Maden oder Wurmstücke eingeknetet werden. Manchmal ist das Beimengen von Aromen und Geschmacksverstärkern ganz sinnvoll. Einige Mitglieder der großen Familie der Karpfenfische sind regelrechte Süßmäuler, die ein mit ein wenig süßlichem Aroma versehenes Grundfutter recht appetitlich finden.

DIE AUSGANGSBASIS VON GRUNDFUTTER
Die einfachste Ausgangsbasis von Grundfutter ist eingeweichtes, geknetetes Trockenbrot sowie im Ofen getrocknetes Brot, das zerstoßen wird. Beides kann im Rohzustand oder mit Ködern und anderen Additiven gemischt verwendet werden. Viele Angler sind der Auffassung, daß dunkles Brot als Grundfutter besser lockt als Weißbrot.

Eingeweichtes Brot — Paniermehl

Kommerzielles Grundfutter und Zusätze
Kommerziell hergestelltes Grundfutter bedarf nur wenig oder überhaupt keiner Vorbereitung. Viele dieser Futtersorten wurden speziell für eine Fisch- oder Angelart entwickelt. Additive, entweder als Pulver oder Flüssigkeit, geben dem Futter zusätzlichen Geruch, Geschmack und Farbe. Besonders an stark befischten Gewässern mit scheuen Fischen kann sich eine solche Mixtur bezahlt machen. Mit diesen Zusätzen sollte sparsam umgegangen werden, da eine zu hohe Konzentration dieser Substanzen die Fische eher vergrämt als anlockt.

FUTTERSCHLEUDERN

Um mit Futterkugeln auf große Entfernung anzufüttern, ist eine speziell hierzu entworfene Futterschleuder praktisch. Damit die Futterkugeln nicht im Flug zerplatzen, muß die Ausgangsmasse recht steif sein und gefühlvoll mit der Schleuder umgegangen werden. Um auch entfernte Angelstellen gezielt anfüttern zu können, lohnt es sich, am gegenüberliegenden Ufer ein Ziel anzuvisieren, etwa einen Baum, und dabei den Gummizug bei jedem Schuß immer bis zu derselben Länge zu spannen. Beim Umgang mit der Futterschleuder sollte diese in gespanntem Zustand immer nur in Brusthöhe gehalten werden. Hierdurch wird vermieden, daß der Gummizug, sofern er reißen sollte, die Augen verletzt.

DIE WAHL DER FUTTERSCHLEUDER
Wählen Sie eine stabile Futterschleuder mit einem qualitativ hochwertigen Gummizug und einer weichen Futtertasche.

DAS GRUNDFUTTER FÜR DIE FUTTERSCHLEUDER
Versteifen Sie ihre Futtermasse mit einem Bindemittel, wie beispielsweise Maisflocken und formen Sie hieraus Kugeln. Maisflocken brauchen ein wenig Zeit, um gut aufzuweichen, sodaß das Futter erst nach etwa einer Stunde die gewünschte Konsistenz erreicht hat.

FUTTERKÖRBCHEN

Futterkörbchen werden oft beim Grundfischen verwendet, um entweder Grundfutter oder Hakenköder in der Nähe des beköderten Hakens anzubieten. Sie werden anstelle des Grundbleies in die Endmontage eingebunden. Die meisten von ihnen sind ganz einfache, mit Löchern versehene Plastikzylinder, die zusätzlich beschwert sind, um den Wurf zu vereinfachen und um auf dem Gewässergrund auch dann noch Halt zu finden, wenn sie sich ihres Inhaltes entleert haben. Die Gewichte sind entweder am unteren Ende des Körbchens oder seiner Länge nach angebracht.

OFFENE FUTTER-KÖRBCHEN
Diese werden mit reiner Futtermasse oder mit mit Hakenködern vermengtem Grundfutter gefüllt. Es lassen sich auch einige Hakenköder zwischen zwei Stopfen aus Grundfutter "einsperren".

Offene Futterkörbchen

Offene Futterkörbchen sind Plastikröhrchen, die an beiden Enden geöffnet und normalerweise mehrfach durchbohrt sind. Dadurch wird der Durchfluß von Wasser gefördert, und der Inhalt verteilt sich schnell. Gewöhnlich sind sie mit Bleistreifen beschwert, deren Enden über die Ränder gefaltet und angepreßt sind. Da sich das Gewicht nicht verändern läßt, werden diese Körbchen in verschiedenen Größen und mit unterschiedlich großen Bleistreifen hergestellt. Offene Futterkörbchen werden gewöhnlich mit Grundfutter gefüllt. Es lassen sich mit ihnen auch Hakenköder anbieten, die allerdings durch Grundfutterstopfen an beiden Enden gesichert werden müssen. Sie sind besonders zum Fang von Brassen und anderen Friedfischarten geeignet, die in großen Schwärmen leben und die nur mit großen Futtermengen an der Angelstelle gehalten werden können.

Geschlossene Futterkörbchen

Diese Körbchen sind an jedem Ende mit einem Deckel geschlossen. An einigen Modellen lassen sich beide Deckel entfernen, während an anderen lediglich der obere Deckel zum Füllen abgehoben werden kann. Gewöhnlich werden diese Körbchen mit Maden, Castern und Hanf gefüllt; die Perforierung der Körbchen reicht aus, damit die Maden herauskrabbeln bzw. damit die Caster oder der Hanf vom Wasser herausgeschwemmt werden. Die Futterfreigabe kann durch das Überkleben einiger Löcher mit Isolierband zusätzlich gehemmt werden. Die Position des Gewichtes kann recht unterschiedlich sein. An einigen befindet es sich am unteren Ende, an anderen in einem der Deckel und schließlich gibt es noch viele, die mit einem Bleistreifen entlang der Längsachse beschwert sind. Die meisten der geschlossenen Futterkörbchen haben einen runden Querschnitt, bei einigen ist er jedoch oval, wodurch in schnellfließendem Wasser besserer Halt geboten wird.

DAS GEWICHT DER FUTTERKÖRBCHEN
Vergewissern Sie sich, daß das Gewicht des gefüllten Futterkörbchens für die verwendete Rute und Schnur nicht zu hoch ist.

SEITEN-ANSICHT

DAIWA FUTTERKÖRB-CHEN "HARRIER"
Die aerodynamische Form dieser Futterkörbchen erlaubt genaue Weitwürfe und beim Einholen unterstützt sie das Aufsteigen des Körbchens. Die Schlitze ermöglichen einen besseren Wasserdurchfluß als die Löcher, wodurch auch das Futter schneller freigesetzt wird.

DRAHTFUTTERKÖRBCHEN
Diese Körbchen werden aus Drahtspiralen hergestellt. Sie lassen sich schnell und einfach durch Eindrücken in die Futtermasse füllen.

DROPPER
Der Deckel des Droppers öffnet sich, sobald das Gewicht den Grund berührt hat, wodurch sein Inhalt freigegeben wird. Manchmal wird der Dropper an einer separaten Rute ausgeworfen und wieder eingeholt.

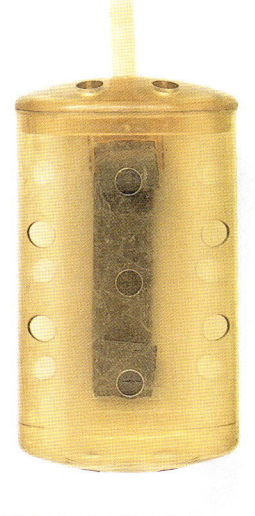

DRENNAN FLACH-KÖRBCHEN
Dieses Futterkörbchen ist seiner Länge nach ein wenig abgeflacht. Zusammen mit seinem Bleistreifen entlang der Längsachse findet es auch in schnellfließendem Wasser noch guten Halt.

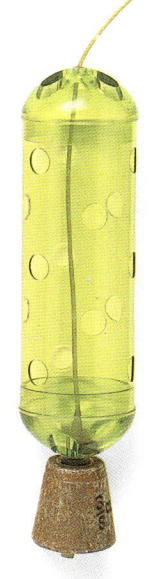

DRENNAN FEEDER-LINK
Der Feederlink verfügt über einen abnehmbaren Deckel und Wechselgewichte, die an sein unteres Ende geklemmt werden.

THAMSLEY FUTTER-KÖRBCHEN, GESCHLOSSEN
Beide Deckel dieses vielseitigen Futterkörbchens sind abnehmbar. Hierdurch läßt sich dieser Futterkorb schnell und einfach von einem geschlossenen in einen offenen verwandeln.

SPINNER & LÖFFEL

Spinner und Löffel sind Kunstköder, die Raubfische durch die von ihnen ausgehenden Signale zum Biß reizen sollen, wobei dieser Biß aus Hunger oder zur Revierverteidigung stattfinden kann. Sie können aus ganz unterschiedlichen Materialien gefertigt sein und werden meist mit Einfach- oder Drillingshaken "bewaffnet" angeboten.

SPINNER

An einem Spinner rotiert ein Blatt oder ein Propeller beim Einholen um die Längsachse. Einige sind mit recht natürlich aussehenden Würmern aus Weichplastik ausgestattet, die etwas unentschlossene Fische noch zum Angriff provozieren können. Andere wiederum, wie beispielsweise die Buzz Baits, tragen Schürzen aus Gummifransen um ihre Haken, wodurch Flußkrebse imitiert werden sollen: angelockt wird der Fisch von dem rotierenden Propeller, zum Biß verleiten ihn jedoch erst die lebhaft spielenden Gummifransen.

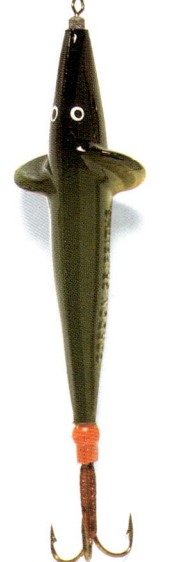

LIL'HUSTLER SPOILER (oben)
Ein Spinnerbait. Da sich diese Köder fast nie mit Pflanzen und Kraut zusetzen, eignen sie sich optimal, um in pflanzenreichen Gewässern zu fischen. Sie sollten seicht gefischt und kontinuierlich eingeholt werden, wobei die Rute angehoben und gesenkt wird.

DEVONSPINNER
Diesen klassischen Lachs- und Forellenköder gibt es in schwimmenden und sinkenden Ausführungen, wodurch er sich in den unterschiedlichsten Gewässern erfolgreich fischen läßt. Er fängt auch viele andere Raubfischarten.

TEASER (oben)
Diese Spinner werden möglichst geradlinig eingeholt und sind gut für mittelschnelles bis schnellfließendes Wasser geeignet. Ihre schlanke, aerodynamische Form sorgt für gute Wurfeigenschaften.

GOLD WING (oben)
Ein Buzz Bait erzielt die besten Ergebnisse, wenn er an der Oberfläche bzw. unmittelbar darunter eingeholt wird. Da sich in ihm so gut wie nie Kraut verfängt, läßt es sich ausgezeichnet zum Fang von Hechten in stark verkrauteten Gewässern verwenden.

SNAGLESS SALLY (links)
Dieser mit einem doppelten Krautschutz versehene Kunstköder kann auch in die dichtesten Krautbänke geworfen werden, ohne daß man vor seinem Verlust Angst haben muß.

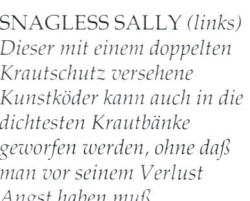

FLYING CONDOM
Dieser einzigartige Köder verursacht beim Einholen besonders starke Schwingungen. Er hat seine Fängigkeit schon durch den Fang vieler Hechte, Lachse, Barsche und Schwarzbarsche unter Beweis gestellt.

MEPPS COMET (links)
Dieser kleine Kunstköder arbeitet auf sehr attraktive Art und Weise und mit ihm läßt es sich erfolgreich auf Forelle, Hecht, Barsch und Döbel fischen. Optimal arbeitet er, wenn er in träge fließenden oder stillstehenden Gewässern gefischt wird.

BIG FISH
Diese Abwandlung des Flying Condom wurde mit einem sehr echt aussehenden Weichplastikfisch hinter dem Spinnerblatt versehen.

LÖFFEL

Blinker (Löffel) wobbeln auf sehr "fischähnliche" Art durch das Wasser und werden deshalb gerne als Spinn- und Schleppköder verwendet. Die meisten dieser Metallköder sind oval und lassen sich aufgrund ihres Gewichts gut werfen. Ihre Aktion hängt von der Art des Einholens ab: ein unregelmäßiges Kurbeln kann den Eindruck eines kranken Fisches vermitteln, während ihnen durch Zupfer mit der Rutenspitze noch zusätzliches Leben eingehaucht werden kann.

ABU ATOM
Die geriffelte Oberfläche des Atom fängt beim Einholen Sonnenstrahlen ein und reflektiert diese. Seine unregelmäßige Aktion scheint in klaren Gewässern besonders den Hechten gut zu gefallen.

ATLANTIC
Dieser Löffel hat schon längst seine Fängigkeit unter Beweis gestellt und nicht nur Hechte, sondern auch viele andere Raubfische gefangen. Am fängigsten ist er in Seen und Kiesgruben, wenn er sehr langsam, unmittelbar über dem Grund eingeholt wird.

CISCO
Dieser Kunstköder hat eine naturgetreue Aktion, die zum Fang von Lachsen, Forellen und Hechten ausgelegt ist. Er arbeitet gut bis Schleppgeschwindigkeiten von 13 Stundenkilometern, läßt sich jedoch auch vom Ufer aus erfolgreich fischen.

HERON
Dieser riesige Löffel ist speziell auf den Fang großer Hechte ausgelegt. Er läßt sich hervorragend werfen, ist aber auch bestens für die verschiedenen Arten der Schleppfischerei geeignet.

ABU TOBY SALMO
Dieser überaus fängige Kunstköder imitiert die Schwimmbewegungen eines kleinen Fisches, der sich zuckend fortbewegt. Der Salmo ist an schnellfließenden Gewässern ein guter Ködertip.

HEDDON BOSS MOSS (links)
Dieser Kunstköder ist auf stark verkrautete Gewässer ausgelegt, an denen sich andere hoffnungslos zusetzen würden. Seine interessante Aktion hilft ihm dabei, über dichte Krautfelder hinwegzugleiten.

ABU LILL-ÖRINGEN (unten)
Dieser kleine, stromlinienförmige und leichtgewichtige Löffel eignet sich gut, um seichtes Wasser abzusuchen oder um nahe an der Oberfläche zu angeln.

ABU GLIMMY
Dieser ausgezeichnete Hecht- und Lachslöffel hat durch sein gekrümmtes Profil eine wellenartige Schwimmbewegung. Bei hoher Einholgeschwindigkeit steigt er schnell in Richtung Oberfläche.

ABU STOR-ÖRINGEN
Dieser Löffel ist der quicklebendige, große Bruder des Lill-Öringen, und ein sehr fängiger Lachs- und Zanderköder. Beim Einholen werden von ihm große Wassermengen bewegt.

KILTY KERRYMAN
Dieser irische Lachslöffel hat sich auch als fängiger Hechtköder erwiesen. Seine flatternde Aktion provoziert oft brutale Bisse.

TOBY FAT
Die elliptische Form und das gekrümmte Profil dieses Löffels verursachen eine sehr lebendige, wellenartige Schwimmbewegung. Dieser Kunstköder ist gut für Weitwürfe geeignet. Die besten Ergebnisse erzielt man mit ihm, wenn man ihn langsam einholt.

WOBBLER

Wobbler werden aus Materialien wie Holz, Plastik und Metall hergestellt. Sie sind derart konzipiert, daß sie beim Einholen entweder schwimmen, sinken oder abtauchen. Schwimmwobbler werden an der Oberfläche gefischt und sie sind oft mit Anhängseln wie Propellern und Gummischürzen ausgestattet, die an der Oberfläche reizvoll wirkende Verwirbelungen verursachen. Schwimmwobbler, die beim Einholen abtauchen, sind sehr vielseitig, da durch die Einholgeschwindigkeit die Abtauchtiefe bestimmt wird. Das Abtauchen wird durch die am Wobblerkopf befindliche Tauchschaufel ermöglicht. Einige Wobbler enthalten im Körper Kügelchen, die beim Einholen zu rasseln beginnen, wodurch der Wobbler Schwingungen aussendet. Sinkende Wobbler werden mit unterschiedlichen spezifischen Dichten hergestellt, um in den verschiedenen Tiefen erfolgreich fischen zu können.

SCHWIMMWOBBLER

SPUTTERBUG (rechts)
Dieser Kunstköder verfügt vor dem Kopf über einen großen Propeller, der beim Einholen für gurgelnde und platschende Geräusche sorgt, während die hinten befindliche Gummischürze pulsiert.

HEDDON TORPEDO (rechts)
Der Propeller furcht durch das Wasser, während der stumpfe Kopf für zusätzliche Schwingungen sorgt.

HULA POPPER (oben)
Diesem Oberflächenköder muß die gesamte Aktion mit der Rutenspitze eingeflößt werden. Mit kurzen Rucken gefischt, verursacht er an der Wasseroberfläche laute "Plop"-Geräusche, die die Fische von weitem orten können.

BILL LEWIS SLAPSTICK (links)
In diesem Wobbler befinden sich Hohlräume, in denen beim Einholen Kügelchen zu rasseln beginnen. Ansonsten wird er wie ein herkömmlicher Wobbler gefischt.

ABTAUCHENDE SCHWIMMWOBBLER

JOINTED BELIEVER (rechts)
Der zweigeteilte Körper verhilft diesem Wobbler zu einer sehr lebensechten Aktion, während die Tauchtiefe davon abhängt, an welcher der beiden Ösen er befestigt wurde.

CORADO CONQUEROR (unten)
Ein abtauchender Schwimmwobbler aus Polen. Je schneller er eingeholt wird, desto übertriebener werden seine wobbelnden Schwimmbewegungen. Die größten Modelle tauchen bei hoher Einholgeschwindigkeit bis zu 3,7 Meter tief.

RIVER RUNNER (oben)
Die Tauchschaufel dieses Wobblers läßt sich in zwei Stellungen bringen. Hiervon hängt ab, wie tief der Wobbler beim Einholen abtaucht.

STINGFISH (links)
Wird er nur langsam gefischt, dann arbeitet dieser bananenförmige Wobbler unmittelbar unter der Oberfläche. Schnelleres Einholen läßt ihn jedoch rasch abtauchen, wobei sehr fängige Schwingungen von ihm ausgehen.

Sinkende Wobbler

SMITHWICK DEVIL'S HORSE (rechts)
Dieser hölzerne Wobbler kann an der Spinnrute gefischt oder geschleppt werden. Seine Zwillingspropeller verwirbeln das Wasser recht stark und locken die Raubfische schon von weitem.

LEROY BROWN (unten)
Dieser sehr lebensecht aussehende Wobbler gibt intensive Schwingungen von sich, die auf Raubfische recht attraktiv wirken.

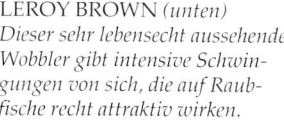

SHIMMY (rechts)
Dieser langsam absinkende Wobbler ist dazu gedacht, sägezahnartig bei abwechslungsreicher Einholgeschwindigkeit geführt zu werden.

CORDELL RATT'L SPOT (oben)
Durch die auffällige Farbgestaltung dieses Kunstköders bleibt er auch bei schwachem Licht noch gut sichtbar. Die von ihm ausgehenden Schwingungen werden durch in den Körper integrierte Kügelchen noch verstärkt.

JOINTED WIGGLER (links)
Dieser schwere, schnellsinkende Wobbler aus Kanada ist hervorragend zum Befischen von großen Seen und tiefen, schnellfließenden Flüssen geeignet.

Tieftauchende Wobbler

BAGLEY DIVING BANG-O-B (rechts)
Dieser große, robuste Wobbler aus Hartholz verfügt über eine große Tauchschaufel, durch die er Tiefen von 6 bis 9 m erreicht. Er kann sowohl im Salzwasser als auch im Süßwasser verwendet werden.

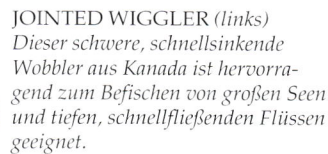

HUNTER (unten)
Dieser Hechtköder wurde dazu konzipiert, unmittelbar über Grund gefischt zu werden, insbesondere im Winter, wenn die Fische oft träge auf dem Gewässergrund liegen.

HEDDON MAGNUM HELLBENDER (oben)
Dieser klassische Kunstköder taucht beim Schleppfischen schnell bis zu 11 Meter ab. Besonders fängig ist er entlang von tiefen Scharkanten und jähen Abbrüchen.

BAGLEY DEEP DIVING 5 (links)
Dieser robuste Kunstköder wird aus mit Hartholz verstärktem Balsaholz hergestellt. Er ist dazu gedacht, die tieferen Abschnitte von Seen, Talsperren und großen Flüssen abzufischen.

SALZWASSER-NATURKÖDER

Neben ganzen Fischen und Fischstücken steht dem Meeresangler noch eine breite Palette Naturköder zur Verfügung. Insgesamt betrachtet gibt es wahrscheinlich mehr Fischarten die keine anderen Fische fressen als Raubfische, sodaß eine breite Naturköderpalette auch die Fangaussichten der Meeresangler vergrößert. Nichts reicht in punkto Fängigkeit an frische Köder heran, sodaß diese stets kühl und feucht gelagert werden müssen. Wann immer möglich, sollte man sich darum bemühen, diese Köder auf möglichst natürliche Art und Weise anzubieten.

KUTTELFISCH

TINTENFISCH

SEERINGELWÜRMER

Angler machen in der großen Familie der Seeringelwürmer (Nereis spp.) Unterschiede nach Größe und Farbe. Nach roten Seeringelwürmern sollte man auf Muschelbänken graben sowie in der Nähe von vereinzelt auf dem Strand liegenden Felsen und Steinen. Lose in Zeitungspapier gewickelt lassen sie sich im Kühlschrank eine Woche lagern. Die größten roten Seeringelwürmer werden ganz oder in Stücken zum Fischen auf Stachelrochen, Pollack und andere Raubfische vergleichbarer Größe verwendet. Die kleineren roten Seeringelwürmer sind beliebte Universalköder, während die winzigen Hafenseeringelwürmer, die in Mündungsschlämmen zuhause sind, von Meeräschen und Plattfischen sehr geschätzt werden. Der beliebteste Köder bei den Wettkampffischern ist der weiße Seeringelwurm, der in sauberem Sand zuhause ist.

RIESENSEERINGELWURM

SEERINGELWURM

DAS ANKÖDERN VON SEERINGEL-WÜRMERN
Ziehen Sie den Wurm ganz über den Hakenschenkel, ja sogar bis auf das Vorfach, sodaß nichts mehr frei überhängt. Achten Sie beim Umgang mit Seeringelwürmern auf die kräftigen Zangen am Kopf!

WATTWÜRMER

Es gibt zwei gängige Wattwurmarten (Arenicola spp.) und beide hinterlassen über ihren Behausungen kringelförmige Sandhaufen. Nach den braunen Wattwürmern sollte man etwa in Strandmitte graben. Sie lassen sich einige Tage aufbewahren, sofern sie lose in feuchtes Zeitungspapier gewickelt und kühl gehältert werden. Der größere schwarze Wattwurm lebt in den unteren Strandabschnitten. Dieser Wurm läßt sich auch gut gefroren konservieren. Viele Fischarten finden ihn unwiderstehlich.

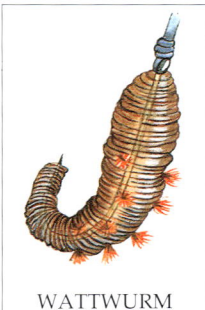

WATTWURM

DAS ANKÖDERN VON WATTWÜRMERN
Fädeln Sie hierzu den Haken durch die Körpermitte und achten Sie darauf, den Wurm hierbei nicht zu zerdrücken. Zwicken Sie ein eventuell überstehendes Ende ab, damit Kleinfische keine Gelegenheit bekommen, den Wurm vom Haken zu ziehen.

BRAUNE WATTWÜRMER

SANDAALE

SANDAALE

Die verschiedenen Arten der großen Familie der Sandaale (Ammodytidae) sind kleine, langgezogene Schwarmfische, die zum besseren Eigenschutz riesige Schwärme bilden und sich bei Gefahr in Sekundenbruchteilen im Sand vergraben können. Sie sind ein wesentlicher Bestandteil der marinen Nahrungskette - die meisten Raubfische ernähren sich von ihnen und einige, wie beispielsweise der Wolfsbarsch und auf Sandbänken lebende Steinbutte haben sich auf diese Fischlein spezialisiert. Sie werden in Gebieten mit starken Gezeitenströmungen mit Netzen gefangen oder an großen Sandstränden ausgegraben. Gehältert werden sie in gut belüfteten Eimern.

AN DER LIPPE

AM SCHWANZ

DIE DREI ARTEN, EINEN SANDAAL ANZUKÖDERN

AM KOPF

DAS ANKÖDERN VON SANDAALEN
Am effektivsten sind lebendig angebotene Sandaale, die treibend gefischt werden. Am natürlichsten verhält sich der Sandaal, wenn er an der Lippe beködert wird, sofern die Hakenspitze noch leicht durch die Haut unter den Kiemendeckeln geführt wird. Kopf- und Schwanzbeköderung wirken weniger natürlich.

TINTENFISCH UND KUTTELFISCH

KUTTELFISCH-KOPF

Tintenfisch und Kuttelfisch gehören zur Familie der Cephalopoden, mit Tentakeln versehene Mollusken mit kleinen, im Körper befindlichen Schalen. Es sind hochintelligente und aktive Raubtiere, die, ganz oder in Streifen geschnitten, hervorragende Köder für eine Vielzahl von Fischarten darstellen. Der einzige Vorwurf, den man ihnen machen kann, ist, daß sie nicht sehr geruchsintensiv sind. Wurden sie jedoch erst einmal von einem Fisch gefunden, werden sie gewöhnlich begierig genommen. Kleine Tintenfische sind beim Fischhändler erhältlich, größere und Kuttelfische erfragen Sie auf küstennah operierenden Fischkuttern.

DAS ANKÖDERN VON TINTENFISCH *(links)*
Öffnen, putzen und dann die Außenhaut entfernen. Nun das Fleisch in Streifen schneiden. Führen Sie die Hakenspitze zweimal hindurch; das Fleisch ist zäh, sodaß es keineswegs stört, wenn ein wenig überhängt.

DAS ANKÖDERN VON KUTTELFISCH
Wie beim Tintenfisch.
An einem großen Haken ist der Kopf ein guter Conger- und Dorschköder. Ebenso kann der ganze Körper verwendet werden, mit oder ohne Tentakel.

TINTEN-FISCHSTREIFEN

KRAKEN

Kraken gibt es in küstennahem Wasser weitaus häufiger, als es die meisten Angler annehmen. In einigen Gegenden werden sie auch immer wieder mit Rute und Rolle gefangen. Wie bei Tinten- und Kuttelfisch handelt es sich auch bei den Kraken um räuberisch lebende Cephalopoden, die auf sehr vergleichbare Weise als Köder verwendet werden; kleine lassen sich auch unzerteilt anbieten. Lange Streifen Krakenfleisch spielen in starker Gezeitenströmung sehr verführerisch und üben auf die Fische einen starken optischen Reiz aus. Wenn Sie mit solchen langen Streifen fischen, müssen Sie dem Fisch vor dem Anhieb genug Zeit zum Schlucken geben.

KRAKEN-TENTAKEL ODER -ARM

KRAKE

DAS ANKÖDERN VON KRAKEN
Streifen werden wie die vom Tintenfisch gehakt; bei ganzen Tentakel wird der Haken etwa in der Mitte eingestochen.

MEERSCHEIDE

Verschiedene Arten der Familie der Meerscheiden (Ensis spp. und Solen spp.) leben im Sand der untersten Strandabschnitte. Meerscheiden sind zum Ausgraben zu flink, sodaß sie aus ihren Löchern gespießt oder mit einer starken Salzlösung aus ihnen hervorgelockt werden müssen. Die Öffnung zu ihrer Behausung sieht wie ein Schlüsselloch aus. Viele Fische mögen diese Muscheln, unter anderem auch all diejenigen, die gewöhnlich mit Fischfetzen gefangen werden. Achten Sie beim Herauslösen aus der Schale darauf, das Fleisch nicht zu beschädigen und entfernen Sie den zähen Muschelfuß, der bei den Fischen recht unbeliebt ist.

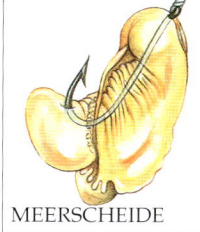

MEERSCHEIDE

DAS ANKÖDERN VON MEER-SCHEIDEN
Schneiden Sie ein passendes Stück möglichst zähes Muschelfleisch zurecht und führen Sie so oft es geht die Hakenspitze hindurch.

FUSS

KREBSE

Im Laufe ihres Wachstums entledigen sich die Krebse in regelmäßigen Abständen ihres Panzers, bevor ihnen ein größerer nachwächst. Nachdem der der alte Panzer abgeworfen wurde, vergrößert sich der Körper durch Aufsaugen von Wasser, bevor sich die Außenhaut nach einigen Tagen zu einem neuen Panzer erhärtet hat. Krebse, die ihren Panzer gerade abgestoßen haben, sind weich und werden als Butterkrebse bezeichnet. Butterkrebse sind für viele Fischarten hervorragende Köder.

KREBSE

DAS ANKÖDERN VON BUTTERKREBSEN
Entfernen Sie eventuell vorhandene Panzerreste und schneiden sie den Krebs in Hälften. Legen Sie diese um den Haken und sichern Sie sie mit Bindfaden. Der Anblick des Köders ist unwesentlich: sein Reiz liegt im Geruch.

BUTTERKREBS

93

SALZWASSERGRUNDFUTTER

Das Anfüttern im Salzwasser, das auch als "Chumming" bezeichnet wird, ist eine sehr wirksame Methode, um Fische in die Nähe des Köders zu locken und sie dort zu halten. Gekonntes Anfüttern kann auch dazu führen, daß sogar völlig apathische Fische nach und nach Interesse am Köder zeigen. Das Geheimnis des richtigen Anfütterns besteht darin, den äußeren Bedingungen und der Fischart entsprechende Mengen an Futter ins Wasser einzubringen, sodaß die Fische zur Nahrungsaufnahme verleitet, jedoch nicht gesättigt werden.

RUBBY DUBBY

Hierbei handelt es sich um ein überaus effektives Grundfutter, dessen Ausgangsbasis sehr fetthaltiger Fisch ist. Im Wasser bildet dieses Futter einen Ölfilm an der Oberfläche, von dem viele Partikel, Blut und Körpersäfte in die Tiefe sinken. Je schneller diese Partikel absinken, desto dreidimensionaler wirkt diese Futtermasse. Die Tiefe, in der die eigentlichen Köder angeboten werden, sollte zu dieser Sinkgeschwindigkeit passen. Für den Fang pelagischer Fische, wie es beispielsweise die Haie sind, wird das Rubby Dubby vom treibenden Boot aus verwendet, es läßt sich mit ihm jedoch auch erfolgreich vom verankerten Boot aus anfüttern. Wenn vom verankerten Boot auf grundnah lebende Fische gefischt wird, befestigen einige Angler einen mit gehackten Makrelen gefüllten Netzsack am Anker. Sie sind der festen Überzeugung, daß nun eine appetitliche Geruchsfahne unter dem Boot hindurchzieht, was aber keineswegs der Fall sein muß. Bei nachlassender Gezeitenströmung und starkem Seitenwind wird das Boot aus dem Driftwasser des Ankers gedrückt, sodaß die Fische auf der Suche nach der Quelle dieser Geruchsfahne keineswegs unter dem Boot hindurchschwimmen. Viel sinnvoller ist es, den Sack an einer kurzen Schnur am Heck zu befestigen.

RUBBY DUBBY *(oben)*
Das fängigste Rubby Dubby wird aus alten Makrelen hergestellt, unter die Kleie und Pilchardöl gemischt wird. Einige Angler zerhacken die Makrelen, wodurch jedoch lediglich einheitlich große Partikel entstehen, die sich alle im Wasser auf vergleichbare Art und Weise verteilen und letztlich nicht das volle Potential dieser Anfütterungstechnik ausschöpfen. Viel besser ist es, die Futtermasse in einem Eimer mit einem Holzpflock zu zerstoßen. So entstehen sehr unterschiedlich große Partikel, die in verschiedene Tiefen sinken, während einige von ihnen überhaupt nicht aus dem Netzsack geschwemmt werden können und so die Fische bis unmittelbar an das Boot locken.

DAS ANFÜTTERN MIT RUBBY DUBBY *(links)*
Die Mischung wird in einen Netzsack gefüllt und über die Bordwand gehängt. Der Sack sollte regelmäßig geschüttelt und neu aufgefüllt werden.

BAIT DROPPERS

Bait Droppers werden an einem Tau oder mit einer Rute und Rolle hinabgelassen. Mit ihrer Hilfe läßt sich auch mit großen Köderstücken unmittelbar auf dem Meeresgrund anfüttern. Hierdurch lassen sich Haie und andere große Räuber anlocken sowie aus ihrer Deckung heraus raubende Raubfische, wie etwa Conger, aus ihrem Unterschlupf hervorlocken. Da die Köderstücke von einer starken Gezeitenströmung zu sehr verteilt werden, ist diese Technik bei Nipptiden am erfolgreichsten. Ein Bait Dropper besteht gewöhnlich aus einem beschwerten Plastikrohr mit einem Deckel, der sich bei Bodenkontakt öffnet. Eine kostengünstige Alternative ist eine Plastiktüte, wo in einer Ecke ein Gewicht befestigt wird. Wird die gefüllte Plastiktüte schnell hinabgelassen, hält der Wasserdruck sie nahezu geschlossen. Der Inhalt wird durch ein wenig Heben und Senken auf dem Grund freigesetzt.

DAS HINABLASSEN EINES DROPPERS *(links)*
Lassen Sie den Dropper gefühlvoll hinab, um ein vorzeitiges Öffnen des Deckels zu vermeiden.

DROPPERKÖDER *(oben)*
Wenn Sie einen Dropper verwenden, sollten Sie darauf achten, nur solche Köder zum Anfüttern zu benutzen, mit denen sich die von ihnen gewünschte Fischart auch wirklich anlocken läßt. Für Dropper geeignete Köder sind große Fisch- und Tintenfischstücke, ganze oder zerkleinerte Würmer, ganze oder zerstoßene Muscheln sowie zerstampfte Krebse.

BIG GAME UND ANFÜTTERN

"CHUMMING" BEIM HAIANGELN
Im Freiwasser kreuzende Haie lassen sich durch "Chumming" in die Nähe der beköderten Haken locken - hierzu werden Fisch- und Tintenfischstücke ins Wasser geworfen. Sehr fetthaltige Fische, wie Makrele und Hering, sind am effektivsten.

Das Anfüttern beim Big Game Fischen kann auf recht unterschiedliche Art und Weise stattfinden, in jedem Fall geht es jedoch darum, die Fische in die Nähe der Haken zu locken bzw. ihren Freßreiz anzustacheln. Rubby Dubby und Bait Dropper sind erfolgreiche Methoden, um Fische in Hakennähe zu locken, sofern mit Naturködern gefischt wird. Eine weitere Methode ist das "Chumming". Hierbei werden kleine Fischstücke ins Wasser geworfen. Um wirklich effektiv zu sein, muß diese Art des Anfütterns sehr regelmäßig erfolgen, sodaß letztlich eine Person ausschließlich mit dem Kleinschneiden und Auswerfen des "Chum" beschäftigt ist. Auch beim Schleppfischen gibt es Möglichkeiten, die Fische aus der Tiefe emporzulocken. Hierzu werden etwa 20 Karabinerwirbel in regelmäßigen Abständen auf mehreren Metern dicker, monofiler Schnur befestigt und in jeden Karabinerhaken eine lebende Sardine eingehängt. Diese Montage wird anschließend am Heck geschleppt, während andere lebende Sardinen lose ins Wasser geworfen werden. Beim Schleppen mit Kunstködern können Sie unter Wasser auch den Eindruck eines kleinen Schwarmes Futterfische erwecken, indem Sie mit einer Vielzahl von Kunstködern schleppen bzw. indem Sie mehrere hakenlose Teaser zum Anlocken ausbringen.

DAS ANFÜTTERN AN DER KÜSTE

Felsen- und Molenangler erreichen gewöhnlich nicht die eigentlichen Jagdgründe der Fische, sie können sie jedoch bis in Wurfweite herbeilocken, indem sie mit "Shirvy" anfüttern. Wird dieser Futterteig in tiefes Wasser gehängt, wie etwa am Fuß großer Felsen, wird er mit der Gezeitenströmung nach und nach weit ins Meer hinaus geschwemmt, wodurch eine lange Geruchsfahne entsteht, die die Fische bis unmittelbar ans Ufer lockt. Meeräschen und Wolfsbarsche gehören zu den Arten, die sich leicht von Shirvy anlocken lassen, aber auch Conger lassen bei Nacht einen an der Hafenmauer hängenden Shirvysack nicht unberührt. Fische versammeln sich auch gerne in der Nähe von Fischkuttern, wo sie auf ins Wasser geschwemmte Futterpartikel warten. Gleiches gilt für die Umgebung von Restaurants und verankerten Booten, sofern von dort aus regelmäßig Abfall ins Wasser geworfen wird.

DAS ANFÜTTERN MIT SHIRVY
Beim Anfüttern mit Shirvy ist es unerläßlich, eine kontinuierliche Duftspur zu legen. Hierzu kann die Futtermasse in einen Netzsack gefüllt werden, der ins Wasser abgelassen wird, oder man wirft mit Hilfe eines Eßlöffels regelmäßig kleine Futtermengen ins Wasser. Das Shirvy bildet an der Oberfläche einen deutlichen Ölfilm, sodaß man stets genau weiß, wohin man den beköderten Haken am besten wirft.

SHIRVY
Shirvy ist ein steifer Teig aus kleingehacktem Fleisch und tierischem Fett, unter das Kleie und Fischblut geknetet werden. Ebenso können gekochte, fetthaltige Fische zerstoßen und dann mit Brot und Pilchardöl vermengt werden. Wie beim Rubby Dubby werden die unterschiedlich großen Partikel mit dem Öl und den Säften von der Gezeitenströmung weit mitgeführt.

SALZWASSERKUNSTKÖDER

Kunstköder, die entweder alleine oder in Verbindung mit einem Naturköder gefischt werden, verleiten nahezu alle Salzwasserarten zum Biß. Wie in der Süßwasserfischerei hängt auch in der Meeresfischerei die Art und Größe des Kunstköders hauptsächlich von der gesuchten Fischart und der dazu benötigten Angeltechnik, entweder dem Spinn- oder Schleppfischen, ab. Auf dem Gerätemarkt sind tausende unterschiedlicher Kunstköder erhältlich, wenn Sie sich jedoch mit einer kleinen Auswahl aus jeder der wichtigsten Ködergruppen ausstatten, dürften Sie alsbald über ein Kunstködersortiment verfügen, das mit fast allen Bedingungen zurechtkommt.

SCHLEPPJIG *(oben)*
Dieser lose Kunstköder wird zuerst auf die Schnur gefädelt, bevor der Haken angebunden wird. Hierdurch können Sie den in Ihren Augen angemessenen Schnurdurchmesser und Haken verwenden. Das Federjig wird entweder an der Oberfläche, im Mittelwasser oder an einem Downrigger geschleppt.

PLASTIKTINTENFISCHE *(unten)*
Ihre Fängigkeit bewiesen diese Kunstköder erstmalig beim Wrackfischen. Gerne werden sie von Dorschen genommen, allerdings auch von anderen Arten, zu denen Leng und Pollack gehören. Besonders fängig sind sie, wenn sie mit Naturködern versehen wurden. Wie die Federn werden auch sie auf Paternostern oder als Springer über einem Blei oder Pilker gefischt, allerdings nur in unmittelbarer Grundnähe. Der Plastiktintenfisch wird durch ein kleines Loch an seinem Kopf auf das Vorfach gefädelt. Eine Perle mit Stopperknoten hindert ihn daran, zusehr über den Haken zu rutschen.

FEDERN *(oben)*
Es gibt nur wenige Fische, die sich dem Reiz eines über einem Gewicht gefischten Federpaternosters entziehen können. Ursprünglich stellte man nur Makrelenpaternoster her. Hierzu wurden einfache Federbüschel, die manchmal eingefärbt wurden, auf die Hakenschenkel gebunden. Auch heute werden noch Federn verwendet, immer öfter jedoch auffällig gefärbte Synthetikmaterialien. Beim Makrelenfischen sollten diese Paternoster hebend und senkend geführt werden.

SALZWASSERFLIEGEN *(oben)*
Kleine Meeresfische, wie Makrelen, Alsen und Wolfsbarsche lassen sich von vielen Süßwassermustern zum Biß verleiten, unter anderem vom Dog Nobbler. Großstreamer bauen entweder auf Süßwassermustern auf, wogegen andere speziell zum Fischen im Meer entworfen wurden. Sie werden zum Fischen auf Hai, Tarpon und Sailfish verwendet.

MARLIN KUNSTKÖDER *(oben)*
Dieser große Plastikkunstköder ist einer der vielen, deren Erscheinung und Aktion der des klassischen Kona Head ähnlich sind. Der Kona Head, der in Hawaii seinen Ursprung hat, ist ein Schleppköder für Großfische, der schon lange einen hervorragenden Ruf genießt. Es ist einer der Standard-Big Game Köder, mit dem sich eine Vielzahl von Arten zum Biß verleiten läßt, zu denen Marlin, Thun, Dolphin und Bonito gehören.

GROSSER TINTENFISCH *(oben)*
Die größten Plastiktintenfische werden oft in Verbindung mit einem toten Köderfisch oder, sofern auf hoher See auf Marlin geschleppt wird, zusammen mit einem anderen Kunstköder gefischt. Alleine und mit einem großen Einfachhaken "bewaffnet", sind große Plastiktintenfische gute Schleppköder für den Fang von Sailfischen.

LÖFFEL *(rechts)*
Löffel mit festsitzendem Haken wurden speziell dazu entworfen, Fische in die unmittelbare Nähe von mit Naturködern bestückten Haken zu locken. Das Metallblatt wobbelt bei seiner Fahrt durchs Wasser, wobei ständig auffällige Lichtreflektierungen von ihm ausgehen, durch die sich Arten wie Dorsch, Grouper und Snapper anlocken lassen.

SPINNER (oben)
Im Salzwasser wird, wie im Süßwasser auch, der Spinner zum Spinnfischen verwendet. Spinner können an leichtem Gerät gefischt werden und sind daher gut zum Fang kleinerer Arten wie Wolfsbarsch und Barrakuda geeignet.

MAKRELENSPINNER (oben)
Das Blatt an diesem Spinner rotiert beim Einholen wie ein Propeller. Dieser Kunstköder ist hervorragend für den Fang von Makrelen und anderen kleinen Raubfischarten geeignet.

DOPPELSCHWANZTWISTER (unten)
Diese Version der Gummisandaale verfügt über zwei Schwänze, die ihr beim Schwimmen zu einer lebendigen, attraktiven Aktion verhelfen. An einer Flying Collar-Montage gefischt (siehe Seite 249) ist er ein guter Pollack-, Wolfsbarsch- und Dorschköder.

KUNSTKÖDER ZUM SCHLEPPEN (oben)
Von dieser Ködergruppe gibt es viele Versionen. Im Prinzip sind diese Kunstköder nichts anderes als ein durchbohrter Kopf, der mit einer Schürze versehen wurde. Die Schürze kann aus Plastik, Marabou- oder anderen Federn bestehen. Ihre Farbe soll entweder einen bestimmten Futterfisch imitieren oder bei Raubfischen den Angriffsreflex auslösen.

REIZLÖFFEL (oben)
Ein kleiner Reizlöffel ist ein fängiger Plattfischköder, sofern das Wasser klar ist und der Köder weit über sauberen Grund gleiten kann. Wird er unmittelbar über den Haken montiert und am Grund gefischt, wirbelt er immer wieder kleine Sandwölkchen auf.

WOBBLER (unten)
In warmem Wasser sind langsam geschleppte Wobbler überaus fängig und mit ihnen lassen sich eine Vielzahl küstennah und auf hoher See lebende Arten überlisten. In kälterem Wasser werden sie in der Nähe von seichten Riffen begierig von Wolfsbarschen genommen.

GUMMISANDAALE (oben)
Seitdem von Alex Ingram der erste mittlerweile legendäre Redgill Gummisandaal angefertigt wurde, kamen unzählige Nachahmungen auf den Markt - der beste Beweis für die Fängigkeit dieser Köder. Das Vorfach erreicht den aus dem Bauch ragenden Haken über ein Loch am Kopfende des Sandaales. Der Schwanz ist dünn, flach und flexibel und sein Ende steht im rechten Winkel zum Körper. Hierdurch entstehen sehr lebensnahe Schwimmbewegungen, denen kaum ein Raubfisch widerstehen kann. Gummisandaale werden an langen Vorfächern angeboten und langsam vom Grund nach oben gefischt, wobei sie auf Freiwasserräuber wie Pollack und Wolfsbarsch überaus fängig sind.

PLASTIKAALE (oben)
Diese einfachen, aber überaus fängigen Kunstköder werden aus gefärbten Plastikröhrchen hergestellt, die an einen Wirbel geklemmt und mit einem langen, geschränkten Haken versehen werden. Sie werden an kurzen Seitenarmen über dem Blei gefischt, das auf den Grund aufschlägt. Plastikaale sind hervorragende Dorsch-, Köhler- und Schwarmpollackköder.

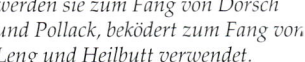

PILKER (oben und rechts)
Diese auf das Heben und Senken ausgelegten Kunstköder wurden von Berufsfischern zum Fang von Dorschen mit der Handleine entwickelt. Ihre Gewichte reichen, je nach Strömung und gesuchter Fischart, von nur 28 Gramm bis zu über einem Kilo. Unbeködert werden sie zum Fang von Dorsch und Pollack, beködert zum Fang von Leng und Heilbutt verwendet.

DAS FLIEGEN-FISCHEN

Der Fang eines wildlebenden Fisches mit Hilfe einer künstlichen Fliege stellt für viele beim Angeln die Herausforderung schlechthin dar. Zwar können andere Methoden, wie etwa das Fischen mit Naturködern effektiver sein, dafür bietet das Fliegenfischen ein erlebnisreiches Fischen, das bereits über mehrere Jahrhunderte das Geschick der Angler auf die Probe gestellt hat.

Heute steht uns eine unglaublich große Auswahl an Kunstfliegen zur Verfügung; aber letztlich sind es rein praktische Gründe, die uns zum Fischen mit dem einen oder anderen Muster bewegen. Die Fliegenwahl wird hauptsächlich von den äußeren Bedingungen bestimmt, ganz egal, ob sie nun auf einen Großstreamer oder auf eine winzige Trockenfliege fällt. Die vielen neuen Materialien, die uns heute als Bindematerial zur Verfügung stehen, sorgen dafür, daß sich das Fliegenbinden schneller als je zuvor weiterentwickelt. In diesem Kapitel werden die verschiedenen Fliegengruppen vorgestellt, von der farbenprächtigsten Reizfliege bis zum detailgenauen Imitat. Es werden Streamer, Haarflügelfliegen, Nymphen, Naßfliegen und Trockenfliegen behandelt und fängige Muster abgebildet. Zu diesen Gruppen gehören auch Fliegen mit einem sehr weiten Anwendungsbereich, die sich gleichermaßen zum Fang von Salmoniden, Hechten, Schwarzbarschen und Äschen eignen. Ebenfalls werden die natürlichen Vorbilder der künstlichen Imitate vorgestellt, wie etwa die für den Fliegenfischer wichtigen Insektengruppen. Das Herstellen der eigentlichen Imitate, das Fliegenbinden, wird in seinen Grundzügen ebenso abgehandelt, wie die hierzu notwendigen Binde-Instrumente und -Materialien.

FLIEGENMUSTER

Die ersten Fliegen wurden zum Fang von Bachforellen gebunden, heute zielt diese Art der Fischerei allerdings auf eine Vielzahl von Süß- und Salzwasserfischen ab.

DIE VORLAGEN 1

Da Fliegenfischer über Imitationen zum Erfolg gelangen wollen, ist gute Kenntnis über die Nahrung der Fische überaus wichtig. Auch für die weniger begeisterten ist eine solide Grundkenntnis dieses Bereiches wesentlich, da sich hierdurch das Verhalten eines Fisches gegenüber einer künstlichen Fliege nachvollziehen läßt. Wichtig für den Fliegenfischer sind prinzipiell sieben Tiergruppen: die Maifliegen (Ephemeroptera); die Köcherfliegen (Trichoptera); die Steinfliegen (Plecoptera); die Chironomen oder Midges (Diptera); die Libellen (Odonata); Krustentiere und Futterfische sowie Landinsekten, die zufällig ins Wasser geraten.

DIE FORELLE UND IHRE NAHRUNG
Bachforellen wissen jede erdenkliche zur Verfügung stehende Nahrungsquelle zu nutzen. Versuchen Sie stets, ein Fliegenmuster zu verwenden, das die von den Forellen jeweils genommenen Insekten aufs genaueste imitiert.

MAIFLIEGEN

Zu der Gattung Ephemeroptera zählen die Fliegen, deren Flügel nach oben gerichtet sind (Up-Wing) sowie die Olives. Zusammen gehören sie zu den für den Fliegenfischer wichtigsten Insekten. Mit "Up-Wing" sind Insekten mit nach oben gerichteten Flügeln gemeint, deren Flügel in Ruhestellung wie die eines Schmetterlinges nach oben weisen. Der Lebenszyklus beginnt mit dem Ausschlüpfen der Nymphe oder Larve aus dem Ei. Nun beginnt der längste Lebensabschnitt dieser Insekten, die sich, je nach Art, von kleineren Organismen, Algen und Unrat ernähren, bis sie sich körperlich voll entwickelt haben. Sind sie schließlich erwachsen, steigen sie zur Wasseroberfläche empor, wo sie als Subimago oder Dun schlüpfen. Sie verfügen nun zwar über Flügel, sind jedoch noch nicht geschlechtsreif. Hierzu müssen sie sich erst noch einmal häuten, um sich schließlich in einen Imago oder Spinner (Bezeichnungen für das vollständig ausgebildete Insekt) zu verwandeln. Die einzige Lebensaufgabe besteht nun in der Vermehrung.

Die größten aller "Up-Wings" sind die Maifliegen. Sie gehören dem Genus Ephemera an, dessen Körperlänge bei etwa 2,5 Zentimeter liegt. Ihre kleineren Verwandten, zu denen die Medium Olive, die Blue-Winged Olive und die Iron Blue gehören, werden aufgrund ihrer längeren Saison öfter von den Fischen genommen. Einige, wie beispielsweise die Caenis sind so klein, daß ihre Imitationen auf winzige Haken der Größe 24 gebunden werden.

WEIBLICHER MAIFLIEGENSPINNER
Der Imago oder Spinner der Maifliege Ephemera danica ist ein hübsches Wesen, dessen schillernde Flügel von dunklen Blutgefäßen durchzogen sind. Nach der Befruchtung kehrt das Weibchen zur Eiablage ans Wasser zurück. Hat sie diese Lebensaufgabe vollbracht, stirbt sie und ihr Körper fällt auf die Wasseroberfläche. Begierig werden dort die Körper von den Forellen erwartet.

WEIBLICHE MAIFLIEGE IM SUBIMAGO-STADIUM
Die Subimagos oder Duns der Maifliegen schlüpfen etwa zur Mittagszeit, wo sie ein massives Steigen der Fische auslösen können.

GREENWELL'S GLORY
Diese vielleicht berühmteste "Up-Wing"-Imitation wurde erstmalig 1854 von Canon Greenwell und James Wright gebunden, um die großen Bachforellen des schottischen Flusses Tweed zum Biß zu verleiten.

BAETIS RHODANI NYMPHE
Diese Nymphe weist die typische Körperform der Familie der Baetiden auf, zu der auch die Medium Olive und die Large Dark Olive gehören. Ihre Grundfarbe ist oliv, sodaß sie sich vor Räubern gut getarnt ist. Aber nicht nur ihre Farbe, sondern auch ihre Gewandtheit schützt diese Tierchen vor ihren Feinden.

OLIVE NYMPH
Diese einfach gebundene Nymphe soll eine Vielzahl von "Up-Wing"-Nymphen imitieren. Der Körper ist aus hellolivem Fell, in das Fibern vom Fasanenstoß eingebunden werden. So läßt sich eine recht naturgetreue Imitation der Nymphen kurz vor ihrem Schlupf herstellen. Diese Nymphen sollten entweder treibend angeboten oder langsam eingeholt werden.

KÖCHERFLIEGEN

Köcherfliegen oder Sedges trifft man an stillstehenden und fließenden Gewässern an. Zu ihrem Lebenszyklus gehört ein Larven-, Puppen- und Erwachsenenstadium. Es sind mottenartige Insekten, die zur Gattung Trichoptera gehören, was so viel wie "haarige Flügel" bedeutet; Köcherfliegen haben mit Haaren besetzte Flügel, wogegen die Flügel von Motten mit winzigen, staubartigen Schuppen überzogen sind.   Der Körper der Larven ist weich und viele Arten bauen sich aus Steinchen, Sand, Kraut, ja sogar aus Schneckenhausresten ein Schutzröhrchen. Einige Köcherfliegenarten verzichten hierauf, u.a. Hydropsyche und Rhyacophila. Die Larven sind sehr aktive Kreaturen, die über ein eigens zum Schwimmen ausgebildetes behaartes Beinpaar verfügen.   Steht das Verpuppen unmittelbar bevor, bauen sich auch die Arten ohne Schutzröhrchen einen Schutzpanzer, der gewöhnlich an einem großen Stein befestigt wird. Hat die Metamorphose stattgefunden, schneidet sich das voll ausgebildete Insekt mit Hilfe seiner starken Kiefer einen Weg in die Freiheit. Es steigt dann zur Oberfläche empor, wo am Thorax eine letzte Schutzhaut aufplatzt, bevor das Insekt aus dem Wasser schlüpft. Die erwachsenen Köcherfliegen besitzen zwei Flügelpaare, die in Ruhestellung entlang des Körpers liegen. Dieser Ruhestellung verdanken die Köcherfliegen ihr typisches Flügeldach.

KÖCHERFLIEGENLARVE MIT SCHUTZ-RÖHRCHEN
Viele Köcherfliegenarten bauen sich mit Hilfe einer stark klebrigen, vom Körper sekretierten Substanz einen solchen Schutzpanzer.

KÖCHERFLIEGENPUPPE
An dieser Imitation einer mittelgroßen Köcherfliegenpuppe wurde versucht, die natürliche Körperkrümmung und die Fühler nachzuahmen.

DIE ERWACHSENE KÖCHERFLIEGE *(Sedge)*
Die erwachsene Köcherfliege verfügt über zwei Flügelpaare und lange Fühler. Die Größe dieser Insekten reicht von 6 bis 38 Millimeter (Rote Köcherfliege oder Phryganae grandis).

FISCHE UND KREBSE

Die Nahrung der Salmoniden beschränkt sich nicht nur auf Insekten; verschiedene Futterfische stehen ebenfalls auf ihrem Speiseplan. Viele von ihnen stellen nicht nur einen nährstoffreichen Happen dar, sondern leben in dichten Schwärmen wie auf einem Präsentierteller. In stillstehenden Gewässern sind Fischarten mit silbrigen Flanken sehr wichtige Futterfische (Brassen, Rotaugen), die Forellen geradezu in einen Freßrausch versetzen können. In Flüssen sind Elritzen und weitere kleine, grundnah lebende Fischarten die bevorzugte Beute. Krebse stehen ebenfalls ganz oben auf dem Speiseplan. Am zahlreichsten ist die große Familie der Flohkrebse (Gammarus) vertreten, am Gewässergrund lebende Kreaturen, deren Länge von 6 bis 18 Millimeter reicht. Ihre Farbe reicht von blassem Oliv bis zu rostigem Braun. Bei den Imitationen sollte hierauf Rücksicht genommen werden. Des weiteren vergreifen sich die Forellen gerne an Wasserläusen (Asellus), die etwa so groß wie die Flohkrebse sind. Diese Krebsart findet man am ehesten in stillstehenden Gewässern, wo sie stellenweise in unglaublichen Mengen vorkommen können. Sie leben im Bodenunrat und ernähren sich auch von diesem.

DIE MÜHLKOPPE
Mühlkoppen sind begehrte Futterfische, denen vor allem große Bachforellen nachstellen.

DER FLOHKREBS
Die Flohkrebse (Gammarus) machen einen wesentlichen Bestandteil der Forellennahrung aus, und zwar sowohl in Fließgewässern, wie in stillstehenden Gewässern. Die Nachahmungen sollten gut beschwert werden und ihre Farbgestaltung dem natürlichen Vorbild entsprechen.

DIE WASSERLAUS
Diese unscheinbar aussehenden Kreaturen leben in vielen Flüssen und Seen in gigantischen Mengen.

DIE WASSERLAUS
Mit Feldhasenfell, braunem Rebhuhn und dunklem Truthahnstoß läßt sich eine sehr fängige Kopie binden.

101

DIE VORLAGEN 2

LIBELLEN

Der Sommer wäre kein echter Sommer ohne den Anblick dieser großen Raubinsekten, die in der Uferböschung herumschwirren. Aus wissenschaftlicher Sicht werden alle Libellen der Gattung Odonata zugeordnet. Unterschieden werden lediglich die Kleinlibellen (Zygopters) von den Großlibellen (Anisoptera).

Beide Unterarten leben zunächst als Nymphen im Wasser. Auch in diesem Stadium sind sie bereits sehr räuberisch veranlagt und fallen begierig über andere Kleinlebewesen her. Kleinlibellen unterscheiden sich von den Großlibellen durch ihre schlankeren Körper und durch die Tatsache, daß sie ihre Flügel entlang des Körpers zusammenfalten, während die Flügel der Großlibellen horizontal in Ruhestellung liegen. Die Nymphen und Imagines der beiden Arten werden von Fischen wie Schwarzbarsch und Forelle genommen, sodaß es sich durchaus bezahlt machen kann, gute Imitationen entlang von Krautbänken und in versunkenem Holz anzubieten.

KLEINLIBELLENNYMPHE (links)
Die Nymphe einer Kleinlibelle unterscheidet sich von der einer Großlibelle durch ihr schlankeres Erscheinungsbild und ihre drei blattartigen Kiemen am Schwanzende. Diese Nymphen gibt es in einer Vielzahl von Braun- und Olivtönen.

DIE BLAUE KLEINLIBELLE (unten)
Die blaue Kleinlibelle bietet in der Umgebung von Seen ein gängiger Anblick. Zum Schlüpfen krabbeln die Nymphen aus dem Wasser, ihre Haut platzt entlang des Rückens auf und das fertig ausgebildete Insekt tritt hervor.

KLEINLIBELLE
Im Sommer kann die Imitation einer Kleinlibelle immer dann recht fängig sein, wenn Forellen und Schwarzbarsche nach diesen Insekten springen.

STEINFLIEGEN

Steinfliegen, die zu den Insekten der Gattung Plecoptera gehören, leben in Flüssen mit einem Bett aus Stein und Kies. In diesen Gewässern stellen sie, insbesondere in ihrem Nymphenstadium, einen wichtigen Bestandteil der Fischnahrung dar. Die meisten Arten sind dunkelbraun oder schwarz, einige jedoch viel heller, wie beispielsweise die Yellow Sally. Die harten, glänzenden und auffällig durch Blutgefäße gezeichneten Flügel finden entlang der Rückenoberseite ihre Ruhestellung. Im Nymphenstadium sind Steinfliegen sehr aktive Kreaturen, die eifrig auf dem Unterwassergestein herumkrabbeln. Beim Schlupf klettert die Steinfliege meist auf einen Uferstein, wo ihre Haut entlang vom Rücken aufplatzt und bald das fertig ausgebildete Insekt zum Vorschein kommt. Auch wenn die zur Eiablage ans Wasser zurückkehrenden Weibchen begierig von den Forellen genommen werden, ist für den Fliegenfischer die Steinfliege in ihrem Nymphenstadium von größerer Bedeutung. Eine ausreichend beschwerte Steinfliegennymphe, die unmittelbar über dem Grund treibend angeboten wird, kann sich vor allem bei hohem Wasserstand als überaus fängig erweisen.

STEINFLIEGENNYMPHE
Die Steinfliegennymphen unterscheiden sich von "Up-Wing"-Insekten dadurch, daß sie zwei statt drei Verlängerungen am Schwanz besitzen.

DIE KÖCHERFLIEGE ALS TROCKENFLIEGE
Wenn die weiblichen Köcherfliegen zur Eiablage ans Wasser zurückkehren, hüpfen sie auf der Wasseroberfläche herum. Forellen lassen sich dann oft von Imitationen der passenden Größe zum Biß verleiten.

DIE ERWACHSENE KÖCHERFLIEGE
Die Länge der verschiedenen Steinfliegen reicht von weniger als sechs Millimeter (Nadelfliegen) bis zu über fünf Millimeter (die Pteronarcys-Arten). Auch wenn diese Insekten flugfähig sind, ziehen sie es vor, in der Deckung der Uferböschung herumzukrabbeln.

CHIRONOMIDEN

Die verschiedenen Chironomidenarten oder Midges, wie sie von den Anglern gerne genannt werden, gehören zur Gattung Chironomus und sind ein wesentlicher Bestandteil der Forellennahrung in stillstehenden Gewässern. Ihr Lebenszyklus beginnt damit, daß aus dem Ei eine kleine, wurmartige Larve schlüpft, die sich schnell im Bodenschlamm vergräbt. Die Färbung der Chironomidenlarven reicht von blassem Oliv bis zum Feuerrot von Chironomus plumosus, die unter dem Namen Zuckmückenlarve bekannt ist. Ihre Farbe verdankt die Zuckmückenlarven dem Blutfarbstoff Hämoglobin, einer Substanz, die Sauerstoff an sich bindet und der Larve ein Leben in sauerstoffarmem Bodenschlamm ermöglicht. Auch das Verpuppen findet im Schlamm statt, ein Vorgang, der stellenweise schon nach 36 Stunden abgeschlossen ist. Dann steigen die Insekten als Emerger zur Oberfläche, wo sie sich in das vollständig ausgebildete Insekt verwandeln. Bei diesem Aufstieg werden sie begierig von Forellen genommen, manchmal in schier unglaublichen Mengen. Diese Insekten werden nicht nur als Emerger, sondern auch beim eigentlichen Schlüpfen an der Oberfläche genommen.

EINE ERWACHSENE CHIRONOMIDE
Im Erwachsenenstadium haben die Chironomiden schlanke Körper und ein Flügelpaar. Ihre Größe reicht von winzig kleinen Mücken bis zu über zwölf Millimeter Länge. Ihre Färbung schwankt zwischen Schwarz, Braun und sattem Grün.

MIDGE PUPA
Imitationen von Cironomidenpuppen sollten die Körpersegmente der natürlichen Vorbilder aufweisen.

CHIRONOMIDENPUPPE
Obwohl sie von unterschiedlicher Größe sein können, haben alle Chironomidenpuppen einen schlanken Hinterleib, der deutlich segmentiert ist. Die weißen Härchen sind die Atemorgane. Die gängigste Farbe dieser Puppen ist schwarz.

LANDINSEKTEN

Nicht alle von Fischen vertilgte Insekten leben im Wasser: viele von ihnen sind Landinsekten, die durch einen Unfall ins Wasser geraten. Viele, wie etwa Spinnen, Käfer, Ameisen und Blattläuse werden vom Wind ins Wasser befördert. An großen Gewässern, die oft von starkem Wind heimgesucht werden, gelangen viele Fluginsekten in das Wasser, wo sie schnell ertrinken.

Die großen, langbeinigen Schnaken sind hierfür ein gutes Beispiel. An feuchten Herbsttagen ertrinken manchmal so große Mengen dieser Insekten, daß hierdurch ein massives Steigen der Fische ausgelöst werden kann. Früher in der Saison gelangen oft Hagedornfliegen und Verwandte von ihr auf das Wasser, wo sie ein ähnliches Phänomen provozieren können. Landinsekten stellen einen bedeutenden Teil der Fischnahrung dar, insbesondere für Forellen, die in von Regenwasser gespeisten Flüssen leben. Das Wasser ist in diesem Flußtyp oft verhältnismäßig nahrungsarm. In solchen Gewässern sind die Forellen den verschiedensten Nahrungsarten gegenüber offen. Sie schnappen dort begierig nach Tausendfüßlern und Käfern sowie nach allen anderen unglücklichen Kreaturen, die von der Uferböschung ins Wasser fallen.

DIE HAGEDORNFLIEGE
Diese große, pechschwarze Fliege schwärmt im späten Frühjahr aus. Die langbeinigen Männchen schwirren in kleinen Schwärmen gerne in der Nähe von Uferböschungen.

DIE SCHNAKE
Um fängig zu sein, muß eine Schnakenimitation ebenfalls die langen Beine des natürlichen Vorbildes aufweisen.

BLACK ANT
Diese Ameisenimitation ist an schwülen Spätsommertagen, an denen sich große Schwärme fliegender Ameisen in die Lüfte begeben, ein fängiges Muster.

GUM KÄFER
Der irisierende australische Gum Käfer wird von Bach- und Regenbogenforellen begierig genommen.

DIE KÜNSTLICHE FLIEGE

Die künstliche Fliege ist das Verbindungsstück zwischen dem Angler und dem Fisch. Das Binden einer solchen Fliege stellt für den Fliegenfischer eine Herausforderung dar, weil er die zart gebauten Insekten oder andere Kleinlebewesen mit einer Handvoll lebloser Materialien imitieren muß. Der Fisch wird nicht nur von der Fliege, sondern auch von der Art, wie sie angeboten wird zum Biß verleitet, einem Biß, der entweder zur Nahrungsaufnahme oder aus Aggressivität erfolgen kann. Durch dieses Spiel zwischen den Fähigkeiten des Anglers und der natürlichen Achtsamkeit der Fische erhält das Fliegenfischen seinen ganz eigenen Reiz.

GOLDEN DRAKE

ORANGE BUSTARD

DIE GESCHICHTE VOM FLIEGENFISCHEN

Auf erste Spuren des modernen Fliegenfischens stößt man 1676 in Charles Cotton's Kapitel in "The Compleat Angler". In ihm werden 65 fängige Fliegenmuster vorgestellt. Um die Jahrhundertwende erreichte die Entwicklung neuer Fliegenmuster ihren Höhepunkt.

REIZFLIEGEN & DECEIVERS (ORIGINALGETREUE KOPIEN)

Kunstfliegen lassen sich in zwei Hauptgruppen unterteilen: in Reizfliegen und in sog. Deceivers. Reizfliegen sind gewöhnlich sehr farbenfroh und auffällig. Sie sind dazu gedacht, den natürlichen Jagdtrieb im Raubfisch zu wecken; sie imitieren nichts und sollen lediglich eine Reaktion des Fisches provozieren. Orange und gelb sind für Reizfliegen beliebte Farben. Deceivers sollen dem Fisch natürliche Nahrung, wie etwa Nymphen, Krebse oder Kleinfische vortäuschen. Zu dieser Fliegengruppe gehören auch alle Trockenfliegen, Nymphen sowie einige Naßfliegenmuster. Die Farbgestaltung der Deceivers ist gewöhnlich unauffällig und den natürlichen Vorbildern nachempfunden.

DECEIVER

REIZFLIEGE

FLIEGENARTEN

NASSFLIEGE MIT FLÜGEL

TROCKENFLIEGE MIT FLÜGEL

NYMPHE

HAARFLÜGELFLIEGE

Naßfliegen
Naßfliegen erzielen an einer Vielzahl von Gewässertypen gute Ergebnisse, an Bächen und Flüssen ebenso wie an großflächigen, dem Wind ausgesetzten Seen. Eines haben jedoch alle gemeinsam: sie werden unter der Wasseroberfläche angeboten. Einige Naßfliegen sind sehr unauffällig gefärbte Imitationen, während andere farbenfroher gestaltet sind und eher als Reizfliegen arbeiten. Zu den Naßfliegen gehören einfache Spinnenimitationen mit nur wenigen Hechelwicklungen an der Öse und viel kompliziertere Muster mit Körper- und Kehlhecheln sowie Flügeln. Viele der Naßfliegen mit Flügeln, die zum Bootsfischen an Seen verwendet werden, gehören zu diesem letzteren Typ. Ein weiterer Naßfliegentyp sind die Palmer. Der gedubbte Körper wird seiner ganzen Länge nach von einer Hechel umwickelt.

Trockenfliegen
Trockenfliegen sind dazu gedacht, auf der Wasseroberfläche zu schwimmen. Um sie am Sinken zu hindern, werden um den Haken Federn gebunden, deren abstehende Fibern (Hecheln) die Fliege durch die Oberflächenspannung des Wassers am Schwimmen halten. Die Hecheln imitieren gleichzeitig die Beine und das Zappeln eines auf dem Wasser gelandeten Insektes. Die meisten Trockenfliegen sind naturgetreue Nachahmungen und viele Muster imitieren lediglich ein ganz bestimmtes Insekt; Beispiele hierfür sind die Blue Winged Olive, die Grannom und die Crane Fly. Andere wiederum, wie die Wickham's Fancy und die Adams sind vielseitiger und sollen nur nach etwas Eßbarem aussehen. Trockenfliegen sind manchmal nur gehechelt oder werden manchmal auch mit Flügeln gebunden, je nachdem, wie genau die Imitation sein soll.

Nymphen
Nymphen sind unreife Larven bestimmter Wasserinsekten, wie beispielsweise Maifliegen und Libellen. Mit Nymphen wird das Larven- und Puppenstadium der Insekten imitiert. Echte Nymphen sind recht dunkel gefärbt, sodaß die Nachahmungen ähnlich gefärbt sein sollten. Braun-, Oliv- und Grüntöne sind besonders fängig.

Emerger
Emerger werden gebunden, um jenes Stadium eines Wasserinsektes zu imitieren, an welchem es mit dem eigentlichen Schlüpfen beschäftigt ist, d.h., wenn es sich an der Oberfläche aus seiner Nymphen- oder Puppenhaut löst. Bei diesem Vorgang werden die schlüpfenden Insekten besonders leicht zur Beute hungriger Fische.

Streamer und Haarflügelfliegen
Die gewöhnlich großen Streamer und Haarflügelfliegen, die auf große, langschenklige Haken gebunden werden, stellen die Mehrzahl der Lachs- und Steelheadmuster dar. Der Unterschied zwischen Streamern und Haarflügelfliegen besteht ganz einfach darin, daß die Flügel von Streamern aus Federn, wie Marabou oder Hahnenfedern gebunden werden und die der Haarflügelfliegen aus Haaren, wie Hirsch- und Eichhörnchenhaare. Wie die Naßfliegen können auch Streamer auffällig gefärbt als Reizfliegen wirken oder als unauffällige Deceivers gefischt werden. Viele haben auch eine rein imitierende Aufgabe, wenn beispielsweise zum Fang von Hechten und Forellen bestimmte Futterfische aufs genaueste nachgebildet werden. In diesen Mustern sind oft weiße und silbrige Materialien enthalten.

DIE BESTANDTEILE EINER FLIEGE

Der Kopf

Der Kopf wird üblicherweise ganz zum Schluß gebunden und besteht gewöhnlich aus jenen Wicklungen mit Bindeseide, die auch die Flügel, die Hechel, die Rippung und die Körpermaterialien in Position halten. Diese Wicklungen stellen gleichzeitig den Schwachpunkt der Fliege dar und so wird deutlich, warum Kopfwicklungen sorgsam ausgeführt werden müssen. Lackschichten, die entweder mit Hilfe einer Nadelspitze oder eines eigens hierzu entwickelten Instrumentes aufgetragen werden, schützen den Kopf. Wird gefärbte Bindeseide verwendet, so erzielt man mit Klarlack die besten Ergebnisse. Zwei oder drei Schichten schwarzer oder roter Lack können an Streamern oder anderen Großfliegen allerdings auch recht interessant aussehen.

Die Flügel

Sowohl an Trocken-, als auch an Naßfliegen sollen die eingebundenen Flügel oft an echte Flügel erinnern, sie können aber auch eingebunden werden, um die Fliege im Wasser lebhafter spielen zu lassen. Insbesondere ist das an jenen Naßfliegen und Streamern der Fall, die mit sehr beweglichen Flügelmaterialien, wie beispielsweise Hahnenhecheln gebunden werden. Hier soll den Fliegen "Leben" verliehen werden. Als Flügelmaterial sind viele Federn und Tierhaare geeignet, besonders beliebt sind hierzu Streifen aus den Schwungfedern von für die Jagd interessanten Vogelarten. Entenfedern sind ganz besonders nützlich. Die rauchfarbenen Farbtöne von Stock- und Krickente eignen sich hervorragend dazu, die Flügelfärbung vieler Maifliegenarten zu imitieren.

Der Schwanz

An Trockenfliegen dient der Schwanz nicht der besseren Imitation, sondern unterstützt vielmehr ihre Schwimmeigenschaften. An Naßfliegen und Streamern übernimmt der Schwanz eher dekorative als funktionale Aufgaben; seine oft auffällige Färbung soll die Fliege für die Fische interessanter gestalten. Fibern von Hahnenhecheln werden oft zum Binden imitierender Schwänze verwendet, während sich mit Wolle, fluoreszierender Rohseide, Haar, Goldfasan-Toppings und -Tippets auffälligere Schwänze binden lassen. Überaus bewegliche Materialien werden ebenfalls sehr gerne verwendet; in einer Vielzahl von Farben gefärbtes Marabou kann Großnymphen und Bleikopffliegen zu einem herrlichen Schwimmverhalten verhelfen.

DER FLÜGEL

DER KOPF

DIE RIPPUNG

DER SCHWANZ

DIE HECHEL

DER KÖRPER

DER HAKEN

Die Haken

Fliegenhaken reichen von winzig kleinen Midgehaken bis zu riesigen, langschenkligen Mustern, die, je nach Verwendungszweck, mit einer, zwei oder drei Spitzen versehen sind. Weltweit sind Einfachhaken die mit Abstand beliebtesten Fliegenhaken.

Die Hechel

Die Hecheln sind in ihren verschiedenen Formen das auffälligste Merkmal der meisten Fliegenmuster. Auch wenn sich hierzu eine Vielzahl von Federn eignen, werden über 90% der Hecheln aus den Nackenfedern oder "Bälgen" von Zuchtgeflügel hergestellt. Die Farbenvielfalt und die unterschiedlichen Steifheitsgrade, die das Gefieder von Hähnen und Hühnern liefert, haben die Geschichte der Naß- und Trockenfliegen von Anfang an begleitet. Zur Herstellung von Trockenfliegen werden die steiferen Hechelfibern vom Hahn wegen ihrer wasserabweisenden Eigenschaft bevorzugt. Demgegenüber werden die weicheren Hühnerhecheln zum Binden von Streamern und Naßfliegen vorgezogen, da es hier in erster Linie um gute Sinkeigenschaften geht. Weiche Hecheln arbeiten im Wasser auch besser und täuschen somit leichter ein Lebewesen vor.

Wo eher Geschmeidigkeit und Beweglichkeit als Schwimmfähigkeit erforderlich sind, können auch andere Federsorten verwendet werden. Federn vom Moorhuhn, von der Schnepfe, vom Rebhuhn und von der Stockente sind sehr fängige Beispiele. Ihre Färbung imitiert auf herrliche Art und Weise diejenige vieler natürlicher Puppen und Nymphen.

Der Körper

Der Fliegenkörper verdeckt den Hakenschenkel. Für ihn kommen viele Bindematerialien in Frage, dunkle Tierhaare ebenso wie glänzendes, dünnes Metallband. An imitierenden Fliegenmustern, sorgen Tierhaare (oder künstlich hergestelltes Ersatzmaterial) für einen herrlich zottigen Eindruck. Einen weicheren Eindruck erzielt man mit Rohseide (Floss), flachem Tinsel oder Lurex. Mylar-Röhrchen eignen sich aufgrund ihres schuppenartigen Erscheinungsbildes hervorragend als Körpermaterial kleiner Fischimitationen. Ganz interessant sehen auch aus Federfibern gebundene Körper aus: Gans, Truthahn und die Stoßfedern männlicher Jagdfasane sind hierfür gute Beispiele.

Abstehende Körper

Die abstehenden Körper sind die einzigen Körper, die nicht um den Haken gebunden werden: sie werden aus Plastik, Rehhaar oder Federn angefertigt und lediglich an einem Ende am Haken befestigt, sodaß sie über dessen Krümmung hinausragen. Der Vorteil dieser Körper liegt in ihrer Leichtigkeit und in der Tatsache, daß sie an viel kleineren Haken gefischt werden können.

Die Rippung

Die Rippung übernimmt dreierlei Funktionen. Zum einen imitiert sie die Körpersegmentierung kleiner Krebse und Insekten. Darüber hinaus sorgt sie, sofern sie aus glänzenden Materialien, wie Tinsel oder Lurex gebunden wird, für zusätzliche Lichtreflektierungen an der Fliege. Ganz gut lassen sich so auch jene Gasblasen nachahmen, die unter der Haut eines aufsteigenden Insektes stecken. Zu guter Letzt sorgt ein robustes Rippungsmaterial (etwa Metalldraht) für die Langlebigkeit der Fliege, da es dem Körpermaterial Halt gibt und es vor den Zähnen zupackender Raubfische schützt. Ursprünglich wurde zum Rippen ausschließlich Metalldraht verwendet. Auch heute ist dieses Rippungsmaterial noch beliebt, das es mittlerweile jedoch in vielen Farben gibt. Zum Binden von Trockenfliegen ist es allerdings von Nachteil, denn hierzu sind leichtere Materialien geeigneter. Monofiles Nylon ist eine sehr robuste Alternative, während das etwas empfindlichere Lurex am Körper von Emergermustern sehr fängig ist. Gefärbte, aber dennoch durchsichtige Plastikstränge sorgen an Nymphen- und Puppenimitationen für eine sehr lebensecht wirkende Körpersegmentierung.

DIE BINDEAUSRÜSTUNG

Bevor Sie mit dem Binden Ihrer eigenen Fliegen beginnen können, müssen Sie sich die hierzu notwendige Grundausrüstung zulegen. Für den Anfang reichen ein Bindestock, eine Schere, eine Hechelklemme und ein Spulenhalter (Bobbin) aus, alle weiteren Werkzeuge können mit zunehmender Erfahrung dazugekauft werden. Viel schwieriger stellt sich bei dem riesigen Angebot an Federn und Tierhaaren die Auswahl der Bindematerialien dar. Die beste Lösung hierzu besteht darin, drei oder vier der eigenen Lieblingsmuster unter die Lupe zu nehmen und diese Materialien als Einkaufsliste zu benutzen.

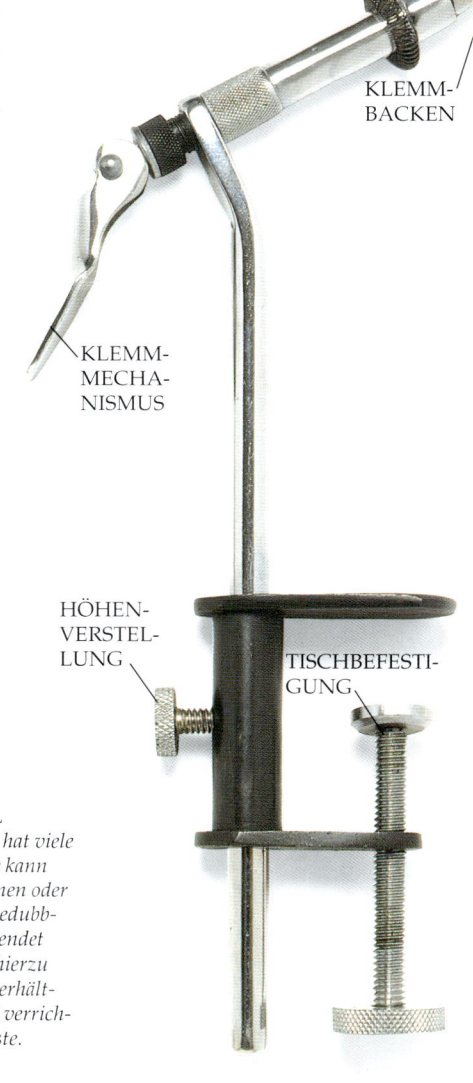

KLEMM-BACKEN

KLEMM-MECHA-NISMUS

HÖHEN-VERSTEL-LUNG

TISCHBEFESTI-GUNG

DIE BOBBINS
Die besten Bobbins sind diejenigen, welche die Schnurspule mit zwei Federarmen halten. Der Faden wird durch ein Röhrchen geführt.

DIE HECHELKLEMMEN
Hechelklemmen werden zum Wickeln von Hecheln, Chenille und anderen Materialien verwendet. Die einfachsten und besten bestehen aus nur einem unter Spannung stehenden Metallstück, dessen Klemmbacken zur Schonung der Hecheln entweder aus abgeflachtem Metall oder mit Gummi überzogen sind.

DIE SCHERE
Eine spitze Schere, deren Klingen entweder gerade oder gekrümmt sind, ist für den Fliegenbinder ein sehr wichtiges Instrument. Der hintere Klingenabschnitt wird zum Durchtrennen fester Materialien verwendet, damit die Spitze zum Zurechtstutzen der Fliegen scharf genug bleibt.

DIE DUBBINGNADEL
Eine dünne, spitze Nadel hat viele Verwendungszwecke. Sie kann zum Teilen von Federfahnen oder zum Herauszupfen von gedubbtem Körpermaterial verwendet werden. Im Handel sind hierzu spezielle Dubbingnadeln erhältlich, eine große Nähnadel verrichtet jedoch dieselben Dienste.

DER HAAR-AUFSTOSSER
Eine Haarflügelfliege so sauber zu binden, daß sich alle Haarspitzen auf einer Höhe befinden, ist nicht einfach. Mit einem Haaraufstoßer lassen sich die Haare problemlos auf dieselbe Höhe bringen.

DER WHIP FINISHER
Dieses Instrument ist sehr praktisch, sofern Ihnen das Binden des Kopfknotens schwer fällt, bzw., wenn die Bindematerialien bis unmittelbar an die Hakenöse reichen. An diesen Standardinstrumenten wird eine Schlaufe aus Bindeseide über die beiden Drahtarme gelegt.

DER BINDESTOCK
Von allen zum Fliegenbinden notwendigen Werkzeugen ist der Bindestock sicherlich das wichtigste. Seine Aufgabe besteht darin, den Haken während des gesamten Bindevorganges festzuhalten. Hierzu wird der Haken zwischen zwei Metallbacken geklemmt, die sich an eine Vielzahl unterschiedlicher Hakengrößen anpassen lassen. Im Handel sind verschiedene Bindestocktypen erhältlich. An einigen klemmt eine Schraubvorrichtung die Backen zusammen, andere wiederum sind federgelagert oder, wie der hier abgebildete, mit einer Hebelklammer versehen. Welchen dieser Bindestocktypen man nun wählt, ist recht unerheblich. Wichtig ist einzig und allein, daß der Haken sicher und bewegungslos gehalten wird.

DER DUBBING TWISTER
Schlaufenbildung im Dubbing kann manchmal recht interessant wirken. An diesem Instrument halten zwei Drahtarme die Schlaufe offen, während Ihnen sein Gewicht dabei hilft, den Faden zu verzwirbeln.

DER EINFÄDLER
Dieses einfache Hilfsinstrument hilft dabei, die Bindeseide durch das dünne Bobbinröhrchen zu fädeln.

GOLD-FASAN-TIPPETS

FASANENFEDERN
Zum Fliegenbinden werden die Federn vieler Fasanenarten verwendet, insbesondere die Stoßfedern der männlichen und weiblichen Jagdfasane. Die farbenfrohsten Fasanenfedern werden zum Binden von Lachsfliegen verwendet.

SEGMENT EINER MÄNNLICHEN JAGDFASAN-STOSSFEDER

HENNENBALG

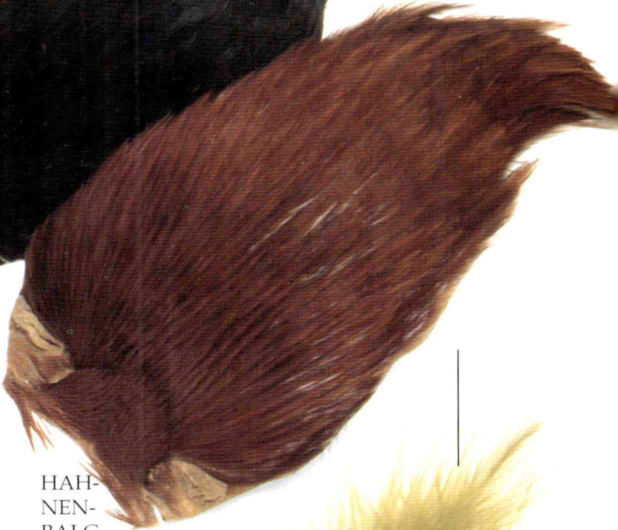

BÄLGE
Hecheln aus Hühner- und Hahnenbälgen sind ein sehr wichtiges Bindematerial. Die weichen Hennenhecheln eignen sich besonders zum Binden von Naßfliegen, wogegen die mehr wasserabweisenden Hahnenhecheln an Trockenfliegen ihren Platz haben.

HAHNENBALG

SCHWANZFEDER EINES WEIBLICHEN FASANS

KRICK-ENTEN-FLÜGEL

KRICK-ENTENFLÜGEL
Die Hauptfedern von einigen Entenarten, also auch Krickenten, bieten blaßgraue dunkle Federn, die sich als Flügel für viele natürlich wirkende Up-wing-Muster eignen.

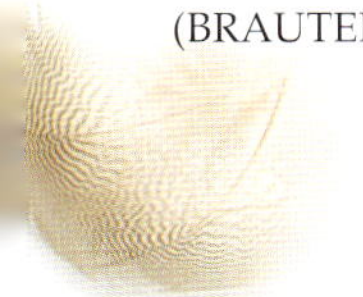

GEFÄRBTES SQUIRREL (EICHHÖRNCHEN)

MARABOU

MARABOU
Dieses Material wurde ursprünglich aus dem Federkleid des Maraboustorches gewonnen, heute stammt es jedoch aus dem Gefieder weißer Zuchttruthähne.

WOOD DUCK (BRAUTENTE)

NATURFARBENES SQUIRREL (EICHHÖRNCHEN)

MALLARD (STOCKENTE)

ENTENFEDERN
Zu den unter den Fliegenbindern beliebtesten Entenfedern gehören die bronzefarbenen und grau gesprenkelten Stockentenfedern sowie die schwarz und weiß quergestreiften Federn der Krick- und Spießente. Die unregelmäßig gestreiften, zitronenfarbenen Federn der amerikanischen Wood Duck finden ebenfalls Verwendung.

EICHHÖRNCHEN-SCHWANZ
Zwar können die grauen, weißen und schwarzen Schwanzhaare des Grauhörnchens in ihrer natürlichen Färbung verwendet werden. Bleicht und färbt man sie jedoch ein, erhöht sich die Vielseitigkeit dieses Bindematerials ungemein.

PFAUENFIBERN
Die Fibern der männlichen Pfauenstoßfedern sind gut zum Binden von schimmernden und voluminösen Körpern geeignet.

PFAUENFIBERN

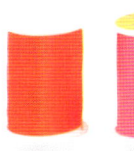

BINDESEIDE
Bindeseide bestand ursprünglich aus echter Seide. Heutzutage wird sie fast ausschließlich durch robustere und verrottungsfreie Kunstfibern, wie etwa Nylon ersetzt. Bindeseide ist in vielen Farben erhältlich, entweder vor- oder ungewachst.

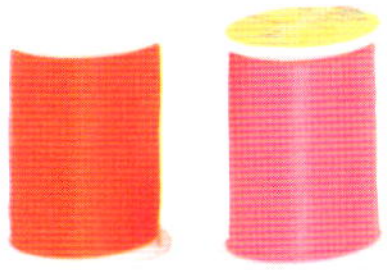

RAYON FLOSS
Wie die Bindeseide wurde auch das Floss ursprünglich aus Seide hergestellt. Heutzutage läßt sich aus Fibern wie Rayon ein mehrfaseriges, verrottungsfreies Floss herstellen, das sich beim Binden gut abflacht, wodurch sich hübsche Körper anfertigen lassen.

TINSEL
Tinsel bringt ein wenig Glitzer in die Fliege und schützt gleichzeitig empfindliche Körpermaterialien.

WOLLE
Echte oder künstlich gefertigte Wolle wird zum Binden von Schwänzen verwendet oder zum Herstellen von Körpern.

LACK
Mit Lack werden die Bindeseidewicklungen an der Hakenöse geschützt. Zelluloselacke können hierzu verwendet werden. Um allerdings Materialien zu fixieren, sind Lacke auf einer Vinylbasis viel besser geeignet.

MYLAR TUBING
Dieses schimmernde, metallisch aussehende Material eignet sich hervorragend dazu, das Schuppenkleid von Futterfischen zu imitieren.

POLYPROPYLENE FLOSS
Dieses leichte, wasserabweisende Material ist hervorragend zum Binden der Körper und Flügel von Trockenfliegen geeignet, die "Spents" (sterbende Eintagsfliegen) imitieren sollen.

DIE GRUNDZÜGE VOM FLIEGENBINDEN 1

Das Fliegenbinden erlaubt dem einzelnen Angler, sich die Fliegen nach eigenen Erfahrungen selbst zu entwerfen oder Muster durch kleine Abänderungen fängiger zu gestalten. Für die Entomologen unter den Anglern handelt es sich um eine unerläßliche Kunst: erst wird beobachtet, wonach genau die Fische steigen und dann eine entsprechende Fliege gebunden. Einen gezielt angeworfenen Fisch mit einer solchen Fliege zu binden, bedeutet für den Angler eine besondere innere Befriedigung.

DAS FLIEGENBINDEN
Die Freuden am Fliegenfischen steigen um ein vielfaches, wenn selbstgebundene Fliegen verwendet werden.

AUSGANGSWICKLUNG & KOPFKNOTEN

Es ist zwecklos, eine Fliege binden zu wollen, wenn man noch nicht einmal weiß, wie man mit der Bindeseide die Ausgangswicklung herstellt. Ebenso wichtig ist es, den Abschlußknoten richtig auszuführen: ohne diesen Knoten zerfällt die Fliege beim Fischen in ihre Bestandteile. Die richtige Ausgangswicklung ermöglicht auch das Herstellen einer sauberen Grundwicklung, auf die die restlichen Materialien gebunden werden. Sauberes und genaues Arbeiten sind das Geheimnis einer schmucken und robusten Fliege. Der Kopfknoten (Whip Finish) ist der sicherste Abschlußknoten beim Fliegenbinden. Hierzu wird eine Schlaufe aus Bindeseide mehrfach über sich selbst gelegt, bevor das lose Ende unter einige Wicklungen eingebettet wird. Eine derartig beendete Fliege verträgt einiges an Belastung.

Die Ausgangswicklung

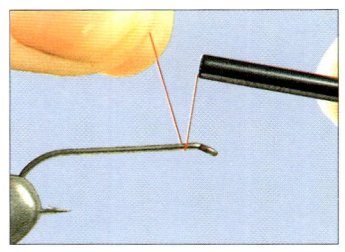

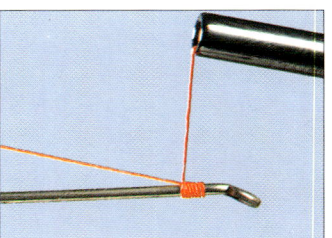

1 Klemmen Sie den Haken gut im Bindestock fest. Bilden Sie als nächstes mit der Bindeseide am Hakenschenkel ein nach oben gerichtetes "V".

2 Halten Sie das lose Ende der Bindeseide straff und umwickeln Sie es mit dem Bobbin, bis es gut festsitzt.

Das Binden des Kopfknotens mit der Hand

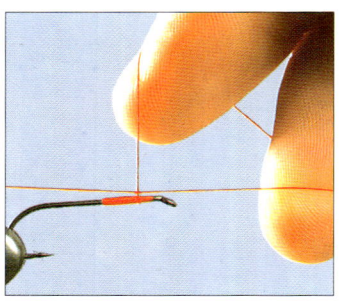

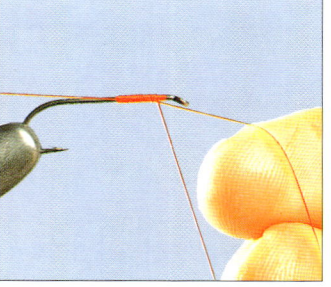

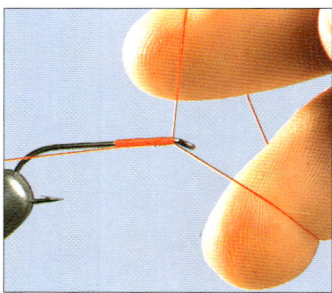

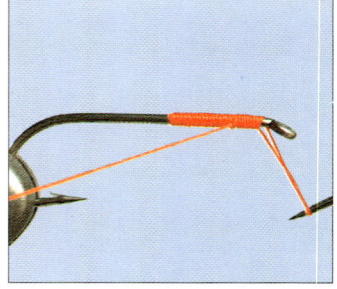

1 Ist die Fliege beendet, dann bilden Sie über den ersten beiden Fingern Ihrer rechten Hand eine Schlaufe, die nach einer "4" aussieht.

2 Führen Sie nun die Finger um den Schenkel bis unter den Haken. Hierbei legt sich der vertikale Schlaufenabschnitt um das lose Ende.

3 Wiederholen Sie diesen Vorgang vier- oder fünfmal und vergewissern Sie sich dabei, daß die Schlaufe sauber über das lose Ende gelegt wird, das in Richtung Hakenende weist.

4 Lassen Sie den Faden von den Fingern rutschen und ziehen Sie die Schlaufe fest, wobei Sie mit einer Dubbingnadel die Spannung erhalten.

Der Kopfknoten mit Hilfe eines "Whip Finishers"

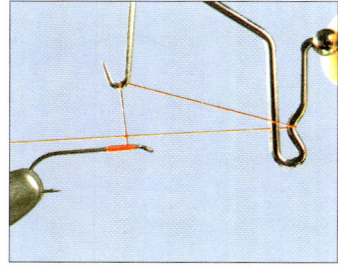

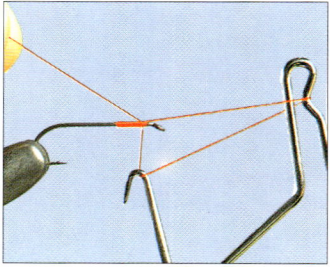

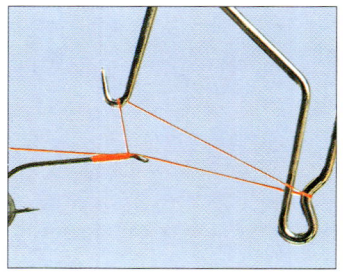

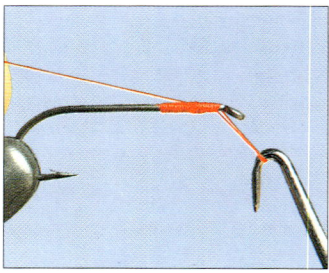

1 Legen Sie um die beiden Arme des Whip Finishers eine Schlaufe. Führen Sie dann den Faden nach hinten, sodaß sich eine "4" bildet.

2 Drehen Sie das Instrument so, daß es unter den Haken kippt und dabei das lose Ende einklemmt. Diese Bewegung stellt die erste Wicklung dar.

3 Wiederholen Sie diesen Vorgang vier- oder fünfmal. Wenn Ihnen die Anzahl an Wicklungen reicht, lassen Sie den Faden von dem längeren Arm rutschen.

4 Erhalten Sie die Spannung, indem Sie die Schlaufe mit dem Hakenende halten. Ziehen Sie die Schlaufe durch gleichmäßigen Zug am losen Ende zu.

SCHWANZ

Der Schwanz kann dazu dienen, ein Insekt zu imitieren, einer Fliege Bewegung zu verleihen oder sie mit einem Farbtupfer auszustatten. Die hierzu verwendeten Materialien reichen von Hahnenhechelfibern bis zu fluoreszierendem Floss und in traditionelle Naßfliegen werden die schwarz-goldenen Fibern der Goldfasantippets eingebunden.

Das Einbinden vom Schwanz

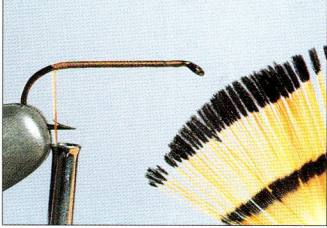 

1 Stellen Sie die Grundwicklung bis auf die Höhe des Widerhakens her. Wählen Sie eine deutlich gezeichnete Goldfasantippetfeder aus.

2 Ziehen Sie fünf oder sechs Fibern von der Feder ab. Legen Sie das Bündel derart auf den Haken, daß es über die Hakenkrümmung hinausragt.

3 Klemmen Sie den Schwanz mit einigen Bindeseidewicklungen fest und vergewissern Sie sich hierbei, daß er nicht verkantet. Der Schwanz sollte etwa halb so lang wie der Haken selbst sein.

KÖRPER

Körper gibt es in vielen Formen und Größen, in schlanken Tinselausführungen ebenso wie als buschige Dubbingkörper. In den meisten Fliegenmustern besteht die Hauptaufgabe des Körpers darin, der Fliege Substanz zu verleihen. Die meisten Fliegenkörper, außer den abstehenden und den Mylarkörpern, werden um den Hakenschenkel gewickelt. Achten Sie darauf, daß die einzelnen Wicklungen möglichst dicht aneinanderliegen.

Das Binden eines Tinselkörpers

  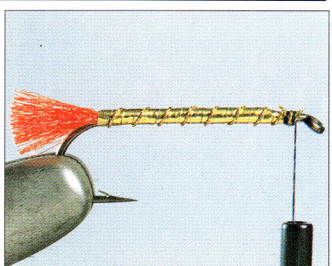

1 Vergewissern Sie sich, daß eine gleichmäßige Grundwicklung zur Verfügung steht und klemmen dann das Ende des aufgerauhten Tinselfadens unter eine Wicklung mit Bindeseide.

2 Bringen Sie den Bobbin nun unter der Öse in Stellung. Legen Sie jetzt das Tinsel in engen und straffen Wicklungen um den Hakenschenkel.

3 Sichern Sie das lose Ende mit einigen Bindeseidewicklungen; schneiden Sie überstehendes Tinsel ab. Rippen Sie den Körper spiralförmig.

Das "Dubben" eines Körpers

  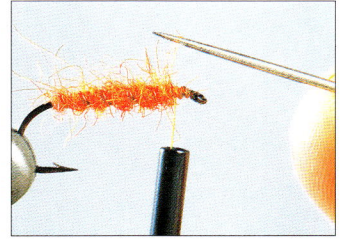

1 Nachdem das Rippungsmaterial befestigt wurde, legt man ein wenig Dubbingmaterial auf die vorgewachste Bindeseide. Vergewissern Sie sich, daß es gleichmäßig auf dem Faden verteilt ist.

2 Zwirbeln Sie das Dubbing gefühlvoll zwischen Zeigefinger und Daumen zu einem gleichmäßigen Strang. Legen Sie diesen in engen Wicklungen um den Hakenschenkel.

3 Beenden Sie den Körper erst unmittelbar vor der Hakenöse. Rippen Sie ihn nun und zupfen Sie einige Dubbinghaare heraus.

RIPPUNG

Die Rippung gibt der Fliege ein wenig Glanz und verstärkt den Körper. Eine perfekte Rippung bildet eine offene Spirale mit gleichmäßigen Abständen, die über die ganze Körperlänge verläuft. Gefärbte Drähte und Tinsel sind die traditionellen Rippungsmaterialien. Allerdings ist auch monofiles Nylon geradezu ideal zum Rippen von Trockenfliegen geeignet. Mit Lurex und Crystal Hair lassen sich herrlich irisierende Rippungseffekte erzielen.

Das Binden der Rippung

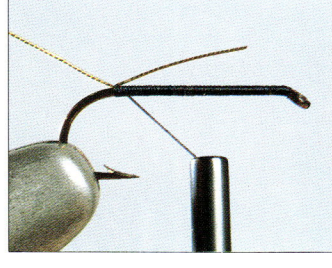 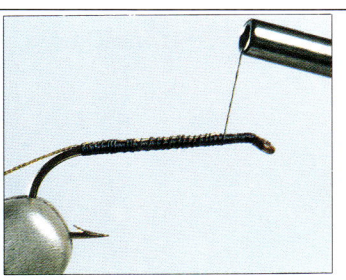 

1 Bringen Sie die Bindeseide bis auf Höhe des Widerhakens. Klemmen Sie dort mit einigen Wicklungen das Rippungsmaterial fest.

2 Binden Sie das Ende des Rippungsmateriales entlang des Hakenschenkels, um einen gleichmäßigen Unterkörper herzustellen.

3 Fügen Sie das Körpermaterial hinzu. Wickeln Sie nun das Rippungsmaterial straff mit Abständen auf der gesamten Körperlänge um den Körper.

DIE GRUNDZÜGE VOM FLIEGENBINDEN 2

HECHELN

Die genaue Funktion der Hechel hängt von dem Fliegenmuster ab, in die sie eingebunden werden soll. An Naßfliegen, Nymphen, Streamern, ja letztlich an allen unter der Oberfläche gefischten Fliegen stellt die Hechel die Beine einer Nymphe oder die winzigen Flossen eines Futterfisches dar. An Trockenfliegen und Emergern braucht man die Hecheln nicht nur, um die Beine zu imitieren, sondern auch, um die Fliege schwimmfähig zu machen. Mit einer Palmerhechel versehene Fliegen sind nicht nur am Kopf, sondern auf ihrer ganzen Körperlänge mit einer Hechel ausgestattet. Die Vielzahl der einzelnen, im Wasser schwingenden Hecheln sorgt bei Naßfliegen für eine verführerische Bewegung. Mit einer Palmerhechel ausgestattete Trockenfliegen sind überaus schwimmfähig. Die meisten Hecheln werden aus Federn hergestellt, allerdings lassen sich auch eine ganze Reihe von Tierhaaren in eine Hechel umfunktionieren: Kaninchen, Feldhase und Eichhörnchen lassen sich an eine Dubbingschlaufe spinnen und zu einer Kehlhechel binden. Diese Technik ist besonders zum Binden von Nymphen- und Puppenimitationen zu empfehlen.

Naßfliegenhechel

1 Sichern Sie den Kiel der Hechelfeder unmittelbar hinter der Öse. Mit Hilfe einer Hechelklammer umwickeln Sie den Haken nun viermal.

2 Streifen Sie die Hechelfibern unter den Haken und befestigen Sie sie dort mit einigen Wicklungen Bindeseide.

3 Entfernen Sie übriggebliebene Fibern über dem Haken oder jene, die nicht nach hinten weisen. Binden Sie nun den Flügel ein, bevor Sie die Fliege beenden.

Dubbingschlaufenhechel

1 Der Körper wird nur um die zwei hinteren Hakendrittel gebunden. Schieben Sie nun ein wenig Hare's Fur (Hasenwolle) in eine Schlaufe aus Bindeseide.

2 Fassen Sie die Schlaufe mit einer Hechelklammer und verdrehen Sie sie, bis sich das Hare's Fur buschig auseinanderdrückt.

3 Wickeln Sie das Dubbing in Richtung der Öse; stutzen Sie Rücken und Seiten, jedoch nicht die Unterseite.

Trockenfliegenhechel

1 Ist der Körper beendet, bereiten Sie eine Hahnenhechel vor, indem Sie die untersten Fibern beidseitig abstreifen.

2 Befestigen Sie den Hechelfuß und fassen Sie die Hechelspitze mit einer Hechelklammer. Drehen Sie die Hechel drei- oder viermal um den Haken.

3 Vergewissern Sie sich, daß die Wicklungen aneinanderliegen. Sichern Sie die Spitze, entfernen Sie das überschüssige Ende und binden Sie einen Kopfknoten.

Palmerhechel

1 Ist der Körper beendet, bereiten Sie eine Hahnenhechel vor, indem Sie ihr unteres Ende beidseitig von den Fibern befreien. Befestigen Sie die Feder am blanken Kiel.

2 Mit Hilfe einer Hechelklemme wickeln Sie die Hechel nun gleichmäßig entlang des Körpers nach hinten bis an die Krümmung.

3 Wickeln Sie das Rippungsmaterial in einer in entgegengesetzte Richtung verlaufenden Spirale durch die Hechel. Hierdurch bleibt die Hechel in Stellung.

4 Schneiden Sie überschüssige Fibern am Hakenbogen und überschüssiges Rippungsmaterial am Öhr ab. Binden Sie eine zweite, langfibrigere Hechel ein.

FLÜGEL

Flügel können einer Fliege Bewegung verleihen oder Insektenflügel imitieren. An Streamern sind Hahnenhecheln das traditionelle Flügelmaterial. Heute wird jedoch gewöhnlich gefärbtes Truthahnmarabou vorgezogen, das unter Wasser für eine herrlich pulsierende Aktion sorgt. An Haarflügelfliegen werden die Flügel aus einer Vielzahl von Haarsorten gebunden. Besonders zum Fischen in schnellem Wasser sollten diese Haare verhältnismäßig steif sein. Die Flügel imitierender Naß- und Trokkenfliegen lassen sich in einer Vielzahl von Stellungen binden. Je nachdem, welches Insektenstadium imitiert werden soll, werden paarige, geschlossene und offene Flügel gebunden. Paarige Streifen aus einer Entenschwungfeder gehören zu den beliebtesten Flügelmaterialien, aber es sind hierzu auch Hechelspitzen, Polypropylene Yarn, Federfibern und gleich lange Haarbüschel geeignet.

Hechelspitzenflügel

1 Nachdem Körper und Schwanz vollständig sind, wählen Sie zwei gut gezeichnete Hechelspitzen mit Fibern aus, deren Länge etwa mit der Hakenöffnung übereinstimmt.

2 Entfernen Sie die Fibern an der Basis der beiden Federn, sodaß lediglich zwei Spitzen übrigbleiben, die etwa so lang wie der Hakenschenkel sind.

3 Befestigen Sie die Federn an ihren abgestreiften Enden und bringen Sie sie mit einigen Wicklungen Bindeseide in vertikale Stellung.

Federflügel

1 Nachdem Körper und Schwanz beendet sind, werden aus zwei gegenüberliegenden Entenschwungfedern zwei etwa gleich große Federfahnen geschnitten.

2 Plazieren Sie die Federn mit ihrer Krümmung nach innen weisend auf dem Haken. Sichern Sie die Flügel mit einigen Wicklungen Bindeseide.

3 Sind die Flügel in Stellung gebracht worden, wird das überstehende Ende angeschnitten und dann ein hübscher Kopf gebunden, der mit einem Kopfknoten beendet wird.

Einfacher Federfahnenflügel

1 Sind der Körper und Schwanz beendet, befestigen Sie im hinteren Brustbereich eine Federfahne.

2 Binden Sie nun den Thorax (hier ist es gedubbte Tierwolle) und legen Sie die Federfahne nach vorne, wo Sie sie unmittelbar hinter der Öse fixieren.

Haarflügel

1 Lassen Sie hinter der Öse ein wenig Platz, nehmen ein kleines Haarbüschel, aus dem Sie gebrochene Haare entfernen, und bringen es auf gleiche Länge.

2 Befestigen Sie das Büschel so, daß es ein wenig hinter die Krümmung ragt. Umwickeln Sie es hierzu straff mit Bindeseide.

KÖPFE

Der Kopf kann lediglich aus dem Abschlußknoten bestehen oder eine Zusatzfunktion erfüllen: er kann zwecks besserer Sinkeigenschaften beschwert oder schwimmfähig gemacht werden, um die Fliege unmittelbar im Oberflächenfilm anzubieten. Die Muddler sind mit ihren schwimmfähigen Rehhaarköpfen bekannte Vertreter dieser "Schwimmfliegen".

EINFACHER KOPF

Muddlerkopf

1 Sind Körper und Flügel beendet, wird ein Büschel Rehhaar auf den Haken gelegt und mit zwei losen Wicklungen Bindeseide gesichert.

2 Straffen Sie nun die Bindeseide. Hierdurch richtet sich das Haar kreisförmig um den Haken auf. Binden Sie, sofern nötig, weitere Büschel ein und geben Sie dem Kopf durch Stutzen seine Form.

3 Mit einer scharfen Schere schneiden Sie das Haar derart zurück, daß ein geschoßförmiger Kopf übrigbleibt. Lassen Sie einige Haarspitzen als eine Art Hechel stehen.

TROCKENFLIEGEN

Der Begriff "Trockenfliege" deckt eine breite Palette an strukturell unterschiedlichen Fliegenmustern ab, die von kleinsten Mückenimitationen bis zu riesigen Köcherfliegen-, Maifliegen- und Libellenimitationen reicht. Wichtigste Eigenschaft aller Trockenfliegen ist, daß sie auf der Oberfläche oder im Oberflächenfilm schwimmen. Hierzu werden sie aus verschiedenen leichten oder wasserabweisenden Materialien gebunden. Hahnenhecheln sind die üblichsten "Schwimmhilfen", aber auch andere Materialien, wie beispielsweise Rehhaar und Polypropylene sind hierzu gut geeignet.

GREY WULF
Diese Fliege stammt aus einer Reihe von großen, hechelreichen Fliegenmustern, die von dem bereits älteren Fliegenfischer Lee Wulff entworfen wurden und die sogar in schnellfließendem Wasser hoch auf der Oberfläche schwimmen. Die hier abgebildete soll die Maifliege Ephemera danica darstellen.

IRON BLUE *(rechts)*
Mit dieser Fliege lassen sich eine ganze Reihe kleiner, dunkler "Up-Wing"-Fliegen der Gattung Baetis, u.a. Baetis muticus imitieren. Das gehechelte Muster ist besonders zur Hauptschlupfzeit dieser Insekten fängig, nämlich im Frühsommer und im Herbst.

LETORT HOPPER
Seinen Namen verdankt diese einfache Heuschreckenimitation dem pennsylvanischen Letort River. Wie auch an vielen weiteren Heuschreckenimitationen wird hier Rehhaar zum Binden von Kopf und Überflügel (Overwing) verwendet, um den notwendigen Auftrieb zu erhalten.

TRAUN WING CADDIS
Die Firma Traun River Products stellt ein sehr lebensecht aussehendes Flügelmaterial her, auf dem deutlich die Flügelgefäße einer Köcherfliege zu erkennen sind. Dieses Material wird in Verbindung mit weicheren Materialien eingebunden. Mit ihm lassen sich genaue Imitationen vieler Köcherfliegenarten anfertigen.

DADDY LONGLEGS
Die Daddy Longlegs oder Schnake ist ein großes Landinsekt, das im Spätsommer und im zeitigen Herbst recht fängig ist. Imitationen werden entweder trocken oder naß gefischt und oft lassen sich mit dieser Fliege überdurchschnittlich große Fische fangen.

GODDARD SEDGE
Diese überaus schwimmfähige Nachahmung einer erwachsenen Köcherfliege wurde von John Goddard entworfen und wird fast ausschließlich aus Rehhaar gebunden. Diese Fliege erzielt sowohl an stillstehenden, wie auch an fließenden Gewässern gute Ergebnisse.

CUT WING GREEN DRAKE
Zum Binden von diesem Muster sind zurechtgestutzte Mallard-Brustfedern notwendig, um die Flügel der großen Eintagsfliegen nachzuahmen. Ihr realistischer Anblick macht diese Fliege auch dann noch zu einem fängigen Köder, wenn sie an einem Gewässer mit erfahrenen Forellen gefischt wird.

POLY-WING SPINNER
Hier kommen die wasserabweisenden Eigenschaften von Polypropylene zum Einsatz, die am Flügel dieser "Spent Spinner"-Imitation für deren Schwimmfähigkeit sorgt.

ADAMS
Die Adams wurde nach und nach zum beliebtesten "Up-Wing" Dun-Muster. Ihr grauer Pelzkörper, ihre gesprenkelten Flügel aus Hechelspitzen sowie ihre gesprenkelten und braunen Hecheln lassen sie einer frisch geschlüpften Olive Dun täuschend ähnlich sehen. Sie kann auf Haken der Größen 10 bis 24 gebunden werden.

HUMPY
Die Humpy verdankt ihre Schwimmfähigkeit dem Körper aus Rehhaar. Sogar auf turbulentem Wasser schwimmt sie noch gut. Dieses Muster läßt sich sehr vielseitig einsetzen: mit ihm läßt sich alles mögliche fangen, Forellen in kleinen Bächen ebenso, wie Lachse in breiten, kraftvollen Flüssen.

IRRESISTIBLE
Die Irresistible wird in vielen Größen gebunden, da es ein sehr vielseitiges Muster ist. Mit ihm lassen sich in kleinen, reißenden Bächen Forellen fangen, aber auch Lachse und Steelheadforellen. Das Geheimnis ihrer Fängigkeit beruht auf ihrem zurechtgestutzten Rehhaarkörper, der dieser Fliege das Sinken nahezu unmöglich macht.

BLACK KLINKHAMMER

Der Niederländer Hans van Klinken hat diese ungewöhnliche Version einer Fliege mit Parachute-Hechel entworfen. Sie wird auf einen Emergerhaken gebunden, der ihr die typische Körperkrümmung eines aufsteigenden Chironomiden verleiht.

COMPARA-DUN

Die leicht zu bindende Compara-Dun, die von den amerikanischen Fliegenbindern Al Caucci und Bob Nastasi entworfen wurde, sieht einer frisch geschlüpften Olive Dun Maifliege täuschend ähnlich.

TROTH CADDIS

Al Troth steht hinter dieser sehr fängigen Imitation einer erwachsenen Köcherfliege. Die richtige Silhouette wird durch einen Flügel aus gebleichtem Elchhaar erreicht, wodurch die Fliege gleichzeitig sehr schwimmfähig wird. Fängig ist sie an stillstehenden und fließenden Gewässern.

DUCK'S DUN

Entenbürzelfedern, die entlang der Bürzeldrüsen von Enten wachsen, sind ein sehr fängiges Flügelmaterial, um "Up-Wing"-Imitationen zu binden. Die Duck's Dun soll an eine Vielzahl von Insekten erinnern, u.a. die Blue Winged Olive, die Medium Olive und die Lake Olive.

EPHEMERELLA SPINNER

Diese Fliege imitiert abgestorbene "Up-Wings" der Gattung Ephemerella, wie beispielsweise die Blue Winged Olive. Ihre Hecheln imitieren die am Wasser klebenden Flügel des Insektes.

HARE'S FACE MIDGE

Charles Jardine hat diese schöne Imitation einer erwachsenen Chironomidenmidge entworfen. Hierzu ist sandfarbene Wolle aus der Hasenmaske notwendig sowie ein Flügel aus Entenbürzelfeder, durch den diese Fliege gut sichtbar wird.

HAWTHORN FLY

Hierbei handelt es sich um eine Imitation der Hagedornfliege Bibio marci, ein Landinsekt, das sich in Frühlingsmitte bis zum Spätfrühling gerne in kleinen Schwärmen entlang der Uferböschung sammelt. Imitationen sollten die Größe, Farbe und die langen Beine der natürlichen Vorlagen nachahmen.

CLARET HOPPER

Die Hopper-Fliegen haben in Windeseile die Stillwasserfischerei erobert. Das Trockenfliegenfischen wurde an Seen und Talsperren nur selten als fängig betrachtet, was allerdings durch die unglaublich fängige Hopper widerlegt wurde.

GINGER QUILL

Dieses klassische Fliegenmuster ahmt die Duns mittelgroßer Olives oder "Up-Wings" nach. Eine Fiber aus einer Pfauenstoßfeder sorgt für die Körpersegmentierung, während Federfahnen aus grauem Mallard in erster Linie dazu dienen, den genauen Farbton der natürlichen Vorlagen zu imitieren. Ähnliche Muster sind u.a. die Olive Quill und die Red Quill.

THORAX MAYFLY

Die gesprenkelten, zitronenfarbenen Federn der amerikanischen Wood Duck (das europäische Gegenstück ist die Brautente) werden hier benutzt, um die Flügelfarbe und -zeichnung der größeren Maifliegenarten zu imitieren, beispielsweise Ephemera danica.

BEACON BEIGE

Diese Fliege wurde durch den Fliegenbinder Peter Deane bekannt. Sie ist eine der besten Olive Dun Imitationen. Ihren lebensechten Eindruck verdankt diese Fliege ihrer Hechel aus gesprenkelten und braunen Fibern, während der Körper aus abgestreiftem Pfauenkiel gebunden wird.

DAVE'S HOPPER

Bei diesem Dave handelt es sich um den amerikanischen Fliegenbinder Dave Whitlock, ein Angler, der vielen fängigen Schwarzbarsch- und Forellenfliegen seinen Namen gegeben hat.
An dieser herrlichen Heuschreckenimitation sorgen verknotete Federfahnen vom Truthahn für das lebensechte Aussehen der großen Sprungbeine.

NASSFLIEGEN

Eine Naßfliege ist dazu bestimmt, unter der Wasseroberfläche zu fischen. Hierzu werden viele Naßfliegen sehr schlank und mit nach hinten gerichteten Flügeln und Hecheln gebunden, damit sie dem Wasser weniger Widerstand bieten. Ausnahmen sind u.a. die Palmerfliegen, die sehr kompakt und mit buschigen Hecheln versehen sind und in erster Linie zum Befischen von großen, natürlichen Gewässern dienen. Sie sind darauf ausgelegt, beim Einholen im Wasser attraktive Verwirbelungen zu verursachen. Andere Naßfliegen werden als Reizfliegen gebunden; manchmal erinnert nur mehr ihr Flügel an ein erwachsenes Insekt.

DARK CAHILL
Diese Fliege ist eines von zwei Mustern, die der amerikanische Fliegenbinder Dan Cahill entworfen hat. Mit ihrem dunkelgrauen Körper und dem zitronenfarbenen Wood Duck Flügel imitiert sie recht gut eine Vielzahl der dunklen, mittelgroßen Ephemeroptera-Arten, worunter auch die Mitglieder der Gattung Stenonema fallen. Sie kann stromauf oder aber klassisch quer stromab gefischt werden.

INVICTA
Die Invicta wurde im späten 19.Jahrhundert von James Ogden entworfen und ist heute noch so beliebt wie früher. Mit ihrem Körper aus gelbem Seal's Fur Ersatz (Seehundwolle-Ersatz) und ihrer braunen Palmerhechel imitiert sie recht gut eine schlüpfende Köcherfliege.

PARTRIDGE AND ORANGE
Diese bekannteste Fliege aus der Partridge-Serie ist vorzüglich zum Fischen auf Äschen und Forellen in schnellfließenden Bächen geeignet. Hier wurde der Körper aus Tierwolle statt, wie vom Originalmuster vorgeschrieben aus Seide gebunden.

OLIVE BUMBLE
Der Doyen der irischen Fliegenbinder, T. Kingsmill Moore, entwarf diese Fliege als einen Teil einer Großfliegenserie, die speziell für die rauhen Bedingungen an den großen irischen Gewässern gedacht war. Hier handelt es sich um die große, buschige Version einer Maifliege.

MALLARD AND CLARET
Dieses klassische Naßfliegenmuster ist das beliebteste und langlebigste aus einer großen Serie mit verschiedenartigen Körper- und Hechelfarben. Der Flügel der Mallard and Claret stammt aus einer Schulterfeder vom Stockentenerpel, während der Körper aus Seehundwollersatz gebunden wird. Diese Fliege ist ein guter Bach- und Meerforellenköder.

BUTCHER
Der Stammbaum dieser Fliege reicht mindestens 150 Jahre zurück, als sie noch als Moon Fly bezeichnet wurde. Im frühen 20.Jahrhundert wurde sie auf den Namen "Butcher" umgetauft. An stillstehenden Gewässern und an Flüssen ist es ein fängiges Muster, an dem auch Meerforellen Gefallen finden.

DUNKELD
Ursprünglich war die Dunkeld ein klassisches Lachsfliegenmuster, dessen Flügel ein sog. "Married Wing" war, d.h., daß er aus mehreren Einzelfibern zusammengesetzt war. Diese stark vereinfachte Version ist eine sehr fängige Reizfliege zum Forellenfang. Gute Ergebnisse erzielt sie auch, wenn sie an der Spitze einer Montage mit drei Fliegen gefischt wird.

DARK WATCHETT
Diese Version der Dark Watchett, die auf T.E.Pritt zurückzuführen ist, bewies als typische Weichhechelfliege ihre Fängigkeit bereits an vielen Forellenbächen.

SOLDIER PALMER
Auch wenn dieses Muster eigentlich unter dem Namen Red Palmer bekannt sein sollte, wird sie von vielen Forellenfischern an stillstehenden Gewässern als Soldier Palmer bezeichnet. Die ganze Saison über lassen sich mit ihr gute Ergebnisse erzielen, besonders fängig ist sie jedoch im Frühsommer. Ein unerläßliches Muster.

OLIVE QUILL
Diese Naßfliege stammt aus der beliebten Quill-Serie, deren segmentierte Körper alle aus abgestreiftem Pfauenfederkiel gebunden werden. Die hier abgebildete Version soll an eine mittelgroße Eintagsfliege, wie etwa eine Lake Olive, erinnern. Sowohl zum Befischen von Flüssen und Seen gut geeignet.

BREADCRUST
Trotz des Namens handelt es sich nicht um eine Brotkrustenimitation, sondern um eine allgemeine Naßfliegen- und Nymphenimitation. Der Körper wird aus Seehundwollersatz oder Wolle gebunden und wird dann mit einem abgestreiften, braunen Hahnenhechelstiel gerippt. Recht gut täuscht diese Fliege eine verpuppte Köcherfliege vor.

TEAL, BLUE AND SILVER

Mit ihrem quergestreiften Flügel und dem silbrigen Körper ahmt dieses Mitglied aus der Teal-Serie recht gut einen Kleinfisch nach. Sie ist gut zum Fang von Forellen an stillstehenden und fließenden Gewässern geeignet und große Versionen dieser Fliege (bis Hakengröße 2) sind hervorragend zum nächtlichen Meerforellenfischen zu empfehlen.

BIBIO

Dieses überaus fängige Muster ahmt recht gut viele Mitglieder der Landinsekten aus der Bibionidenfamilie nach, insbesondere die Erikafliege, deren rote Beine durch den auffälligen Tupfer in der Körpermitte imitiert werden.

MARCH BROWN

Diese fängige Imitation der Märzbraunen (Rhithrogena germanica) ist eine sehr appetitlich aussehende Fliege, die sogar dort gute Ergebnisse erzielt, wo den Forellen die natürliche Vorlage noch nie zu Gesicht gekommen ist.

SOOTY OLIVE

Die Lake Olives (Cloeon simile), die aus den großen Kalkseen Westirlands schlüpfen, sind auffällig dunkel gefärbt. An diesem Muster wird dunkeloliver Seehundwollersatz als Körpermaterial verwendet und brauner Mallard zum Binden des Flügels. In der Frühsaison eine hervorragende Fliege.

GOSLING *(rechts)*

Die Gosling ist die typische irische Stillwasserfliege. Sie soll die Duns der Maifliege Ephemera danica nachahmen, die über ganz Europa verbreitet ist und an Kalkseen in unglaublichen Mengen schlüpfen kann. Über die orange Hahnenhechel wird eine gesprenkelte graue Mallard-Flankenfeder gebunden, welche die Flügel andeuten soll. Auch wenn der allgemeine Farbeindruck nicht mit der natürlichen Vorlage übereinstimmt, erzielt dieses Muster gute Ergebnisse.

GREEN PETER

Die Green Peter (Phryganea varia) ist eine hübsche Köcherfliegenart. Diese Fliege ist sogar dann noch fängig, wenn die echten Insekten ausbleiben.

ROYAL COACHMAN

Dieses amerikanische Muster ist der farbenfrohe Cousin der Coachman. Die Naßfliegenversion ist eine Abwandlung der 1878 von John Haily gebundenen Trockenfliege. Heute gibt es von ihr eine Vielzahl von Abwandlungen, u.a. auch Streamer und Haarflügelfliegen. Auch wenn der Flügel unterschiedlich ausfallen kann, verfügen alle über denselben roten Körper, der an jedem Ende mit Ringen aus Pfauenschwertfiber versehen ist. Mit dieser Fliege lassen sich auch oft dann noch Fische überlisten, wenn alle anderen Muster versagen.

OAKHAM ORANGE

In den warmen Sommermonaten durchleben die Regenbogenforellen in stillstehenden Gewässern regelrecht einen "orangen Wahnsinn". Je wärmer das Wasser wird, desto williger vergreifen sie sich an grellfarbigen Fliegen und kaum eine Farbe ist greller als leuchtendes Orange. Diese Palmerfliege mit einem Tag aus fluoreszierendem orangem Floss ist ein überaus fängiges Muster, das entweder an einer Schwimmschnur oder etwas tiefer gefischt werden kann.

KATE MCLAREN

Dieses dunkle, stark gehechelte Muster wurde nach dem Namen der Ehefrau von Charles McLaren benannt, einem wirklich hervorragenden Meerforellenangler. Dieses Muster ist besonders an großen Seen sehr fängig, wo es Bach- und Meerforellen sowie Lachse zum Biß verleitet.

DOOBRY

Der schottische Angler und Fliegenbinder Stan Headley hat die Doobry zum Befischen von klarem Wasser an bedeckten Tagen und zum Angeln in trübem Wasser an helleren Tagen entworfen. Besonders erfolgreich ist dieses Muster in Torfgewässern, in denen ihre Farben nicht nur schön aussehen, sondern auch sehr fängig sind.

NYMPHEN

Obwohl sich der Begriff "Nymphe" auf das Larvenstadium vieler Wasserinsekten bezieht, ist dieser Ausdruck für den Fliegenfischer viel umfassender. Neben den echten Nymphen zählen für ihn auch verpuppte Insekten, Kleinkrebse und all jene Allgemeinmuster dazu, die lediglich irgendetwas Kleines und Genießbares darstellen sollen. Die Vielzahl von Fliegen, die als Nymphen bezeichnet werden, ist wirklich beeindruckend. Hierzu gehören winzige Midgepuppen ebenso wie jene Riesen, die so unterschiedliche Kreaturen wie Libellen- und Steinfliegenlarven nachahmen.

SUSPENDER BUZZER
Dieses Muster von Brian Leadbetter ahmt eine verpuppte Chironomidenlarve nach, die unmittelbar vor dem Schlüpfen steht. Ein Thorax aus schwimmfähigem, geschlossenporigem Schaumstoff sorgt für den nötigen Auftrieb, um die Fliege im Oberflächenfilm anbieten zu können.

FOX-SQUIRREL NYMPH
Dieses fängige Nymphenmuster wurde von Dave Whitlock entworfen und soll eine Vielzahl verschiedener Insekten darstellen, wie beispielsweise Steinfliegennymphen und Köcherfliegenlarven. Fast zur Gänze wird diese Fliege aus der Wolle des amerikanischen Fox-Squirrel (eine Eichhörnchenart) gebunden.

DISTRESSED DAMSEL
Der lange, bewegliche, olivfarbene Marabouschwanz verhilft dieser übergroßen Libellenlarvenimitation zu einem herrlichen Schwimmverhalten. Diese von Charles Jardine entworfene Fliege wird gerne von den Forellen kleiner, stillstehender Gewässer genommen. Mit ihr wird das Wasser blind abgefischt, es können allerdings auch gezielt Fische angeworfen werden.

GOLDEN STONE
Die Nymphen der vielen Steinfliegenarten sind bezüglich ihrer Größe und Farbe sehr unterschiedlich. Dieses Muster imitiert die mittleren bis großen, etwas goldfarbenen Nymphen. Beim Binden sollten sie gut beschwert werden, um möglichst unmittelbar am Gewässergrund zu fischen.

MARABOU NYMPH
Das bewegliche Truthahnmarabou ist sowohl zum Binden von Flügeln und Schwänzen gut geeignet, es läßt sich aber auch zum Dubben verwenden, wobei es sich besonders gut für Nymphenimitationen eignet. Die Marabou Nymph ist ein solches Muster, das zudem noch durch seinen recht schwimmfähigen Rücken aus Rehhaar sehr langsam sinkt.

GOLD-HEAD DAMSEL
Dieses fängige Muster ähnelt einer Libellenlarve, ihren Kopf ziert eine goldfarbene Perle, während der Schwanz aus gefärbtem Blaufuchs besteht. Der beschwerte Kopf in Verbindung mit dem sehr beweglichen Schwanzmaterial verursacht eine unregelmäßige Schwimmbewegung, die auf Forellen unwiderstehlich wirkt. Diese olivfarbene Ausführung erzielt besonders dann das ganze Jahr über gute Ergebnisse, wenn echte Libellenlarven in großen Mengen vorkommen.

CASUAL DRESS
Die Casual Dress, ein überaus fängiges Nymphenmuster, wurde in den frühen 60er Jahren von E.H.(Polly) Rosborough zum Befischen vom Upper Big Deschutes in Oregon entworfen. Sie wird fast komplett aus Bisamwolle hergestellt, die einzige Ausnahme ist das Büschel aus schwarzer Straußenfiber (black Ostrich Herl) am Kopf. Diese Nymphe erinnert sehr an mittlere bis große Steinfliegennymphen und sie läßt sich ebenfalls beschwert fischen.

DRAGONFLY NYMPH
Große Libellenlarven nehmen im Spätsommer einen wichtigen Platz auf dem Speiseplan der Forellen und Schwarzbarsche ein. In diese Nymphe wurden Bleiaugen eingebunden, um sie in unmittelbarer Grundnähe anbieten zu können. Fischen Sie hiermit in der Nähe von versunkenem Holz und Krautbänken.

GE NYMPH
Dieses Muster von Charles Jardine erinnert an eine Vielzahl von Ephemeriden- oder "Up-Wing" Nymphen (das "GE" steht für General Ephemerid). Es wird in vielen Größen (von 20 bis 10) gebunden und imitiert Baetiden und andere ähnlich aussehende Nymphen.

LONGSHANK PHEASANT TAIL
An Flüssen und Bächen kommt eine viel kleinere Version dieser riesigen, schweren Nymphe zum Einsatz. An stillstehenden Gewässern kann sich dieses Muster als echter Trumpf erweisen. Die besten Ergebnisse erzielt es zwischen Mittelwasser und Grund, sodaß es meistens beschwert wird.

OLIVE FLASHBACK
Diese Nymphe ist Teil einer Musterserie, in der alle Nymphen über einen Lurexstreifen am Rücken verfügen. Das Lurex imitiert jenen Effekt, den die unter dem Hautpanzer befindlichen Gasblasen beim aufsteigenden Insekt verursachen.

WOOLY WORM
Der Wooly Worm ist ein leicht zu bindendes Muster, das einem haarigen Tausendfüßler ähnlich sieht, jedoch meistens in unmittelbarer Grundnähe als Nymphe angeboten wird. Er wird in verschiedenen Farbtönen, u.a. braun und oliv gebunden.

JORGENSEN'S FUR THORAX PUPA
Die Fur Thorax Pupa ist die herrliche Köcherfliegenpuppenimitation von Poul Jorgensen. Das interessante an ihr ist, daß über die Schlaufendubbingtechnik Wolle von Feldhase, Kaninchen oder Eichhörnchen dazu verwendet wird, die lebensecht aussehende Thorax/Hechelkombination zu binden.

WALKER'S MAYFLY NYMPH
Richard Walker war zweifellos einer der größten Erfinder neuer Forellenmuster, auf dessen Konto viele durchdachte Muster gehen. Seine Maifliegennymphe ist eine der besten; durch näheres Beobachten hat er festgestellt, daß die Körperfarbe echter Maifliegen keineswegs wie oft behauptet oliv, sondern blaß elfenbeinfarben ist.

LARGE DARK STONE
Diese Nymphe imitiert viele der größten Steinfliegennymphen, insbesondere die dunklen, wie etwa Pteronarcys californica. Da sie in schnellem Wasser gefischt wird, sollte ihr Unterkörper gut beschwert sein.

TRUE-TO-LIFE MIDGE PUPA
Diese überaus lebensechte Imitation einer Chironomidenlarve in verpupptem Zustand enthält die wichtigsten Merkmale der natürlichen Vorlage, nämlich den auffälligen Thorax, den schlanken Körper und die dünnen Atemorgane.

PHEASANT TAIL NYMPH
All die vielen Versionen und Abwandlungen dieses Musters werden aus den auffällig kastanienfarbenen Fibern vom Stoß des Jagdfasanes gebunden.

FOUR WATER FAVOURITE
Diese Abwandlung der Hare's Ear ist ein Stillwassermuster, das eigens hierzu von Gordon Fraser entworfen wurde. Das kleine Kaninchenhaarbüschel im Schwanz sorgt für zusätzliche Bewegung. Diese Nymphe sollte beschwert werden, entweder in ihrem Unterkörper oder durch einen Goldkopf.

THE GOLDHEAD
Hans van Klinken steht hinter diesem neuartig aussehenden aber sehr fängigen Muster, das grundnah angeboten werden sollte. Es erinnert sehr an eine Köcherfliegenlarve in ihrem Schutzpanzer. Beim Binden wird der Unterkörper beschwert, sodaß diese Nymphe mit ihrem Goldkopf unmittelbar am Grund fischt.

EMERGENT PUPA
Diese Fliege ist Teil einer Serie, die von Gary La Fontaine entwickelt wurde. Sie soll die verschiedenen Stadien der Köcherfliegenpuppen nachahmen. Hierzu wird das künstlich hergestelltes Material Antron verwendet, damit die Oberfläche des gedubbten Körpers ein wenig schimmert. Das Antron wird recht lose eingebunden, sodaß sich in ihm Luftblasen verfangen, welche die Fliege sehr lebendig erscheinen lassen. Dieses Muster wird in vielen Farben gebunden, u.a. amberfarben und braun.

CASED CADDIS
Dieses Muster von Bob Carnill ist hervorragend zum Fischen in der Frühsaison geeignet. Es ahmt eine Köcherfliegenlarve in ihrem Schutzpanzer nach. Durch den beschwerten Unterkörper fischt diese Nymphe langsam und tief.

BACHFLOHKREBS (Shrimp)
Die Nachahmung eines Bachflohkrebses (Gammarus pulex) sollte mitten im Grundgestein und zwischen Pflanzen gefischt werden, da dort die Bachflohkrebse zuhause sind.

BIRD'S STONEFLY NYMPH
Diese hervorragende Imitation einer großen Steinfliegennymphe wurde von Calvert T.Bird entworfen. Sie sieht nicht so lebensecht wie andere aus, was jedoch mit Bird's Philosophie übereinstimmt. Er möchte den Forellen lieber etwas servieren, was ihnen wie etwas Genießbares vorkommt, als eine genaue Kopie irgendeines echten Insektes.

117

LACHS- & STEELHEADFLIEGEN

Bis auf einige Ausnahmen stellen aufsteigende Salmoniden ihre Nahrungsaufnahme ein. Lachs und Steelheadforelle lassen sich von Reizfliegen oder der Erinnerung an etwas, was sie im Meer gefressen haben, dennoch zum Biß verleiten oder provozieren. Garnelen- und Krabbenimitationen sind überaus fängig, erstaunlicherweise gibt es jedoch nur wenige Muster, die Sandaale oder andere Futterfische imitieren. Oft lassen sich Lachse jedoch auch von unscheinbaren kleinen schwarzen Haarflügelfliegen verleiten, nachdem sie eine Vielzahl größerer und farbiger Fliegen ignoriert haben.

SILVER RAT
Die Rat-Serie hat sich überall als besonders fängiger Atlantiklachsköder erwiesen. Die silbrige Version ist mit grauen Fuchshaaren als Flügel und darüber mit einer weichen, gesprenkelten Hechel versehen. Diese Fliege ist eine echte Universalfliege und besonders an kanadischen Flüssen, wie dem Restigouche oder dem Matapedia beliebt.

SILVER DOCTOR (rechts)
Der Silver Doctor ist eines jener klassischen Lachsfliegenmuster, das bei den Anglern des 19. und frühen 20.Jahrhunderts so überaus beliebt war. Das Binden dieser Fliegen ist äußerst kompliziert, da hierzu unterschiedlich gefärbte Schwanfibern erforderlich sind, die miteinander zu einem Flügel verhakt werden (Married Wing). Auch die anderen Materialien, wie Indian Crow, Blue Chatterer und Toucan sind heute kaum mehr erhältlich.

BLACK BRAHAN
Diese Fliege ist eine ideale Frühsommerfliege für den Lachsfang, die besonders in der Morgen- und Abenddämmerung fängig ist. Der einzige Schimmer an ihr stammt von dem roten (manchmal grünen) Lurexkörper.

EGG-SUCKING LEECH
Dieses große, dunkle Muster erinnert an die großen Blutegel, die über die Eier der Pazifiklachse herfallen. Der beschwerte Kopf, der pulsierende Körper und Schwanz aus gefärbtem Kaninchenfell verleihen diesem Muster eine herrliche Aktion, dessen Reize sich die Lachse, Steelhead- und Regenbogenforellen nur schwer entziehen können.

ALLY'S SHRIMP
Alistair Gowans hat dieses Muster entworfen, um die durchsichtige Körperstruktur garnelenartiger Kleinkrebse zu imitieren, die er in den Netzen von Berufsfischern gesehen hat. An großen Flüssen hat sich dieses Muster seitdem als fängige Lachsfliege herausgestellt.

TEENY NYMPH
Jim Teeny zählt zu den allerbesten Lachs- und Steelheadanglern und jedes von ihm stammende Muster ist einen näheren Blick wert. Bei der Teeny Nymph handelt es sich genaugenommen nicht um eine Nymphe, sie ist aber dennoch ein sehr fängiges Muster. Als Körper- und Schwanzmaterial wird naturfarbener oder gefärbter Fasan gebraucht.

SPARKLE SHRIMP
An dieser Garnelenimitation sorgt ein Perllurexstreifen am Rücken für ein bißchen zusätzlichen Schimmer. Sie hat sich beim Fischen auf Pazifiklachse als fängig herausgestellt.

GENERAL PRACTITIONER
Diese Fliege wurde in den frühen 50er Jahren von Esmond Drury entworfen. Sie war als Garnelenimitation gedacht, mit der überall dort gefischt werden konnte, wo diese Naturköder verboten waren. Sie besteht aus Körperfedern vom Goldfasan und oranger Tierwolle. Ihre Fängigkeit hat sie an vielen Gewässern Englands, Kanadas und Islands unter Beweis gestellt.

CHARTREUSE STREAMER

Kartäusergrün ist für den Fang von Steelheadforellen und Pazifiklachsen eine sehr fängige Farbe und das hier vorgestellte Muster erzielt tief gefischt sogar in angetrübtem Wasser gute Ergebnisse. Der äußerst bewegliche Schwanz und die Metallaugen sorgen im Wasser für eine herrliche Aktion.

PURPLE ZONKER

Ein Kaninchenfellstreifen als Flügel verhilft dem Purple Zonker zu viel Bewegung im Wasser, was besonders auf Steelheadforellen und Lachse anziehend wirkt. Zwar hat sich die violette Farbe bei wenig Licht oder niedrigem Wasserstand als sehr fängig herausgestellt, es kann aber auch gut sein, daß sie die Fische schlicht und einfach verscheucht.

COMET

Im kalten Wasser der Frühsaison stehen dem Fliegenfischer mit den Tubenfliegen große Köder zur Verfügung, mit denen sich manchmal sehr zurückhaltende Fische überlisten lassen. Die Comet ist eine dunkle Fliege, deren Flügel aus Bucktail bestehen und die bis zu einer Länge von 8 Zentimeter auf Plastik- oder Messingröhrchen gebunden wird, je nach dem, wie tief gefischt werden muß.

GREEN HIGHLANDER

Abgebildet ist hier die Haarflügelversion des klassischen Green Highlander, an dem verschiedenfarbige Bucktailhaare den Flügel bilden, während in der klassischen Version der Flügel aus Federn angefertigt wird. Heute werden viele klassische Muster auf diese Art und Weise vereinfacht.

WILLIE GUNN *(rechts)*

Die Willie Gunn wurde nach dem Aufseher des Sutherland Estates, das an den Ufern des schottischen Brora liegt, benannt. Der Flügel ist eine Mischung aus gelben, roten und schwarzen Bucktailhaaren. Diese Tubenfliegenversion kann auf ein Plastik- oder Metallröhrchen gebunden werden und sie erzielt in hohem oder kaltem Wasser gute Ergebnisse.

TWO-EGG SPERM FLY *(unten)*

Eifliegen sind fängige Steelhead- und Lachsmuster. Dieselbe Idee wird von diesem Muster aufgegriffen, auf dessen Haken sich gleich zwei Eier befinden. Den Rogen selbst imitiert flureszierend oranges Chenille, während ein wenig weißes Truthahnmarabou die Milch nachahmt.

SPRUCE

Ursprünglich wurde die Spruce für den Fang von ins Meer abgewanderten Cutthroat- und Regenbogenforellen entwickelt, sie hat sich jedoch auch auf Steelheadforellen als sehr fängig herausgestellt. An der amerikanischen Westküste wurde sie zu einem der beliebtesten Streamermuster.

UMPQUA SPECIAL

Dieses klassische Muster wurde von Don Hunter in den 30er Jahren entwickelt, um die Steelheadforellen des Umpqua Rivers in Oregon zum Biß zu verleiten. Diese Fliege ist auffällig gefärbt und ideal für angetrübtes Wasser, wo sich die Rot/Weiß-Kombination im Haarflügel als auf Steelheadforellen überaus fängig herausgestellt hat. Sie wird auf viele Hakengrößen gebunden, am meisten jedoch auf Lachshaken der Größen 2 bis 8, deren Öse aufgerichtet ist.

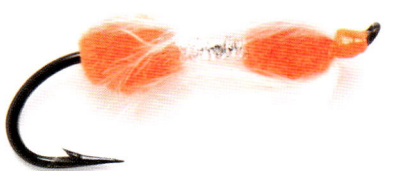

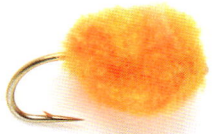

EGG FLY

Diese Fliege ist die einfachste aller Fliegen, an Bindematerial ist lediglich oranger Glo-Bug Faden erforderlich. Es ist eine überaus fängige Steelhead-, Pazifiklachs- und Regenbogenforellen-Fliege, die beschwert werden sollte und die man im Wasser möglichst natürlich abtreiben läßt, geradeso, wie ein wirklich in der Strömung treibendes Ei.

STREAMER & HAARFLÜGELFLIEGEN

Streamer und Haarflügelfliegen unterscheiden sich auf eine ganz offensichtliche Art und Weise: Streamerflügel bestehen aus Federn, während Haarflügel aus Tierhaaren gebunden werden. Die meisten Streamer und Haarflügelfliegen sind groß, und gewöhnlich werden sie auf langschenklige Haken gebunden. Meistens arbeiten sie als Reizfliegen, die den Raubfischen irgendetwas Genießbares vortäuschen. Anders verhält es sich mit den genauen Imitationen von Futterfischen, wie beispielsweise die der verschiedenen Koppenarten oder die aktiverer Schwarmfische, wie Barsch und Rotauge.

ORANGE BOOBY
Diese Fliege ist die Streamerversion von Gordon Fraser's Booby Nymph. Alle Boobies verfügen über schwimmfähige Augen aus geschlossenporigem Schaum. In Verbindung mit dem beweglichen Marabouschwanz sorgen diese Augen für ein herrliches Spiel im Wasser. Fischen Sie diese Fliege an einer besonders schnellsinkenden Schnur und an einem besonders kurzen Vorfach.

GOLDIE
Schwarz, gold und gelb sind eine auf Bachforellen sehr fängige Farbkombination. Dieses Muster wurde von Bob Church zum Fang großer Bachforellen in stillstehenden Gewässern entwickelt. Es kann auf einen Einfachhaken oder als Tandem gebunden werden und ist ebenfalls gut zum Fang von Meerforellen geeignet.

BLACK GHOST
An diesem typischen Streamer bilden zwei Rücken an Rücken liegende weiße Hahnenhecheln den Flügel. Dieses Muster ist sehr vielseitig und gleichermaßen zum Fang von Bach- und Regenbogenforellen in stillstehenden und fließenden Gewässern geeignet.

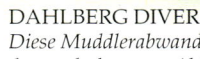

DAHLBERG DIVER
Diese Muddlerabwandlung von Larry Dahlberg aus Minnesota wurde zwecks besseren Abtauchens mit einer Art Tauchschaufel versehen, die man durch Zurückstutzen des Kragens am Kopf erhält. Ihre unglaublich lebhafte Aktion macht diese Fliege zu einem hervorragenden Großforellen- und Schwarzbarschköder.

JAFFA
Dieser orange Kleinstreamer, der aus gefärbtem Truthahnmarabou gebunden wird, ist im Hochsommer auf Stillwasser-Regenbogner überaus fängig. Er wird in Größen gebunden, die unmittelbar über den Mindestgrößen der internationalen Wettkampfregeln des Fliegenfischens liegen.

THUNDER CREEK MINNOW
Dieses Muster wurde von Keith Fulsher als naturgetreue Imitation bestimmter Futterfische entworfen. Ihr schlankes Profil erzielt man, indem man ein wenig weißen und braunen Bucktail nach vorne gerichtet einbindet und dann nach hinten legt, wo es um den Hakenschenkel gesichert wird.

FLOATING FRY
Sterbende Kleinfische werden von Forellen gerne von der Oberfläche gepflückt, sodaß sich eine schwimmfähige Kleinfischimitation als überaus fängig erweisen kann. Rehhaar ist hervorragend als Körpermaterial für diese schwimmfähigen Muster geeignet.

MUDDLER MINNOW
Dieser Muddler wurde genau nach dem Don Gapen Muster gebunden. Schwanz und Flügel sind aus eichenfarbenem Truthahn, während ein Kopf aus Rehhaar den Eindruck einer kleinen Koppe erweckt. Von diesem Muster ausgehend entstanden alle uns heute zur Verfügung stehenden Muddlerversionen.

RABBIT
Dieses fängige Muster aus Australien verfügt über einen Rücken aus einem Kaninchenfellstreifen, der unter Wasser für reichlich Bewegung sorgt. Die Körperfarben können beliebig abgewandelt werden.

WOOLLY BUGGER

Dieser Großstreamer wird in einer Vielzahl von Farben und Größen gebunden und gewöhnlich sehr grundnah gefischt, wo er einen Blutegel und große Nymphen, wie etwa Steinfliegen- und Libellenlarven, imitieren soll.

TIN HEAD

In England wurden Fliegen mit beschwerten Köpfen und langen, beweglichen Schwänzen zum Befischen von stillstehenden Gewässern sehr beliebt. Die Tin Heads gibt es in einer Vielzahl von Kombinationen unterschiedlicher Schwanz-, Körper- und Kopffarben. Hierzu gehören olive Fliegen mit einem silbrigen Kopf sowie schwarze Fliegen mit einer gesprenkelten Hechel und einem entweder roten oder fluoreszierend grünen Kopf.

ZONKER

Kaninchenfell stellt ein sehr robustes Flügelmaterial für die vielen verschiedenen Zonkerabwandlungen dar, insbesondere für jene, die kleine Futterfische imitieren sollen. Der hier abgebildete Zonker wurde mit einem beschwerten Kiel versehen, der den Haken nach oben gerichtet hält, sodaß die Fliege unmittelbar über hängerträchtigen Untergrund gefischt werden kann.

MINKIE

Dieses Muster ist dem Zonker ähnlich, der Kaninchenstreifen wird hier jedoch durch einen weniger mondänen Nerzfellstreifen ersetzt. Dieses Muster wird entweder beschwert oder unbeschwert gebunden und manchmal mit einem Muddlerkopf versehen. Es ist eine ausgezeichnete Futterfischimitation, die entweder mit langsamen Zügen oder mit Achterschlaufen eingeholt wird.

WHITE TANDEM

Manchmal sind die Forellen auf große Futterfische bis etwa 15 Zentimeter Länge geradezu fixiert und lassen sich dann kaum von einem anderen Köder verleiten. In solchen Momenten ist es wichtig, mit einer Fliege zu fischen, die von der Größe her den Futterfischen ähnlich ist. Indem zwei Haken zu einem Tandem verbunden werden, läßt sich problemlos ein großer, aber dennoch leichter Streamer binden, der weit geworfen werden kann.

PINK NASTY

Rosarot ist eine erstaunliche Farbe, die sich stellenweise als überhaupt nicht fängig herausstellt, demgegenüber aber oft Fische zum Biß verleitet, die keine andere Farbe gereizt hätte. Gordon Fraser hat dieses ungewöhnliche Muster entwickelt, in welchem fluoreszierendes Rosa mit einem beweglichen Schwanz vereint wurde.

BADGER MATUKA

Die Idee, einen Hechelflügel auf der Streameroberseite zu befestigen, stammt aus Neuseeland. Derart gebundene Fliegen sind sehr widerstandsfähig. Der Flügel sieht wie eine langgezogene Rückenflosse aus.

SOFT HACKLE STREAMER

Der amerikanische Fliegenbinder Jack Gartside kam plötzlich auf die Idee, eine Maraboufeder als Hechel einzubinden. Derart einfach gebundene Fliegen sind gute Reizfliegen oder Futterfischimitationen.

VIVA

In stillstehenden Gewässern sind Schwarz und Grün eine zum Forellenfischen sehr fängige Farbkombination, insbesondere wenn im zeitigen Frühjahr sehr langsam gefischt wird. Diese Viva ist eine kompakte Haarflügelversion der Victor Furse.

DIE FISCHARTEN

Jede Fischart (und jeder andere Organismus) stellt aus genetischer Sicht eine eigene Gruppe dar, die aus miteinander verwandten Individuen besteht, die sich bezüglich ihres Aussehens und ihres Verhaltens ähnlich sind, sich untereinander vermehren können, aber nicht - bis auf wenige Ausnahmen - mit anderen Arten. Nah verwandte Arten werden zu Gattungen (oder Genera) zusammengefaßt und miteinander verwandte Gattungen zu Familien.   Da die gängigen Fischnamen sich von einer Gegend oder von einem Land zum anderen stark unterscheiden können, werden sie von den Biologen mit ihren wissenschaftlichen Namen bezeichnet, um jegliche Verwechslung auszuschließen. Der wissenschaftliche Name einer Art besteht aus zwei Worten, die gewöhnlich aus dem Lateinischen abgeleitet wurden; das erste definiert die Gattung, das zweite die Art. Die Bachforelle, Salmo trutta, ist somit die Art Trutta, die zur Gattung Salmo gehört. Sie wird ebenfalls als Salmonide bezeichnet, da sie zur Familie der Salmoniden gehört, zu der Lachs, Forelle und Saibling zählen.   Es gibt etwa 22000 Fischarten, von denen nur recht wenige für den Angler von Interesse sind. In diesem Kapitel werden die wichtigsten Sportfischarten kurz vorgestellt, gleichzeitig werden Hinweise zu den für sie in Frage kommenden Techniken, dem Gerät und den Ködern gegeben. Sofern es aus praktischer Sicht sinnvoll war, wurden sie in Salz- und Süßwasserfische unterschieden und innerhalb dieser Gruppen alphabetisch nach ihrem Familiennamen geordnet.

DIE HERAUSFORDERUNG DES ANGLERS
Die Fische, denen die Angler nachstellen, reichen von kleinen, nur Insekten fressenden Arten, bis zu so gefräßigen Räubern wie Hecht und Hai.

ANATOMIE

Fische lassen sich grob in zwei Gruppen einteilen: jene, deren Skelett aus Knochen besteht (die Knochenfische) und jene, deren Skelett aus Knorpel besteht (die Knorpelfische). Neben dem unterschiedlichen Skelettmaterial unterscheiden sich diese Gruppen auch in der Art ihrer Vermehrung. Bis auf wenige Ausnahmen vermehren sich die Knochenfische dadurch, daß von den Weibchen (Rogner) die Eier ins Wasser ausgestoßen werden, während sie mit der Milch der Männchen (Milchner) befruchtet werden. Bei den Knochenfischen werden die Eier wie bei den Säugetieren im Körperinnern der Weibchen befruchtet. (Das Glossar auf den Seiten 280 - 281 enthält eine Kurzerklärung der hier aufgeführten anatomischen Begriffe).

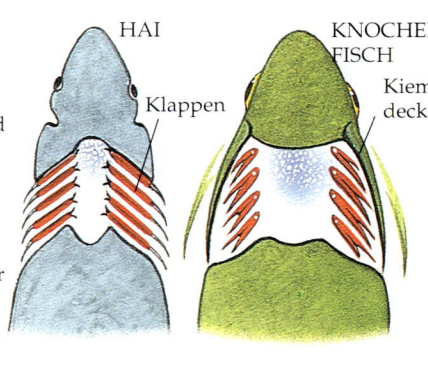

Schwanzflosse oder Schwanz

Haut

DIE KNOCHENFISCHE (OSTEICHTHYES)

Der typische Knochenfisch verfügt über zwei Flossenpaare (Bauch- und Brustflosse) und über vertikale Flossen (Rücken-, After- und Schwanzflosse). Die vier Kiemenreusen an jeder Kopfseite werden von abgeflachten Knochen bedeckt, von denen das Operculum der größte ist. Die meisten Arten haben eine mit Gas gefüllte Schwimmblase. Durch Abändern der in dieser Blase befindlichen Gasmenge (gewöhnlich Sauerstoff) kann ein Knochenfisch seinen Auftrieb justieren und die jeweils gewünschte Tiefe halten, ohne dabei konstant schwimmen zu müssen. Den Knorpelfischen (siehe gegenüber) fehlt diese Schwimmblase, sie müssen permanent schwimmen, um nicht zu Boden zu sinken.

KIEMEN
Ein Fisch "atmet", indem er durch sein Maul Wasser einsaugt, das dann durch die Kiemen gepreßt wird, bevor es aus den Kiemenspalten wieder austritt. An den Kiemenreusen wird der Sauerstoff von empfindlichen Blättchen aus dem Wasser gefiltert und ins Blut übergeleitet, während gleichzeitig die angefallene Kohlensäure vom Blut ins Wasser übergeleitet wird.

HAI

Klappen

KNOCHEN-FISCH

Kiemendeckel

ANATOMIE EINES KNOCHENFISCHES

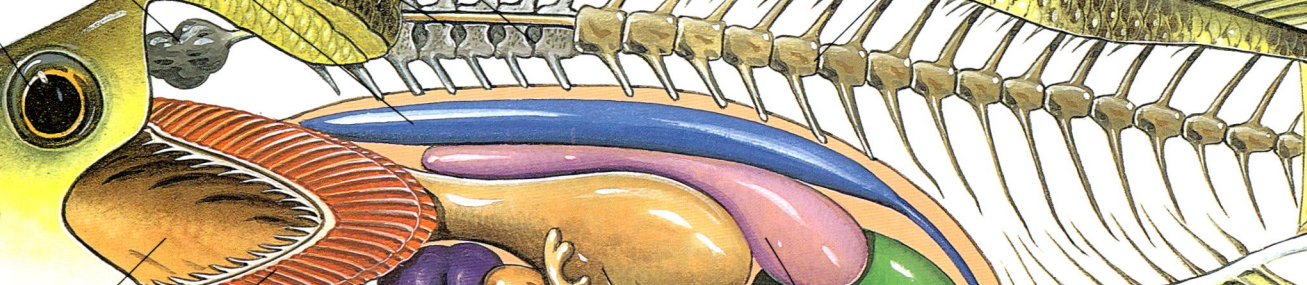

Wirbelsäule (geöffnet)

Rückenmark

Niere

Gehirn

Auge

Erste Rückenflosse (spitze Flossenstrahlen)

Zweite Rückenflosse (weiche Flossenstrahlen)

Erster Flossenstrahl

Wirbel

Mundhöhle

Kiemenreusen

Herz

Leber

Milz

After

Darm

Magen

Gonaden

Schwimmblase

Muskelsegmente

Vorderansicht eines Wirbels
Jedes Segment oder jeder Wirbel der flexiblen Wirbelsäule ist hohl. In seiner Mitte befindet sich eine Steckverbindung aus Knorpel.

Erster Flossenstrahl spitz

Blindsäcke (Pyloric caeca)

Bauchflosse (weiche Flossenstrahlen)

Erster Flossenstrahl spitz

Afterflosse (weiche Flossenstrahlen)

ANATOMIE EINES KNORPELFISCHES

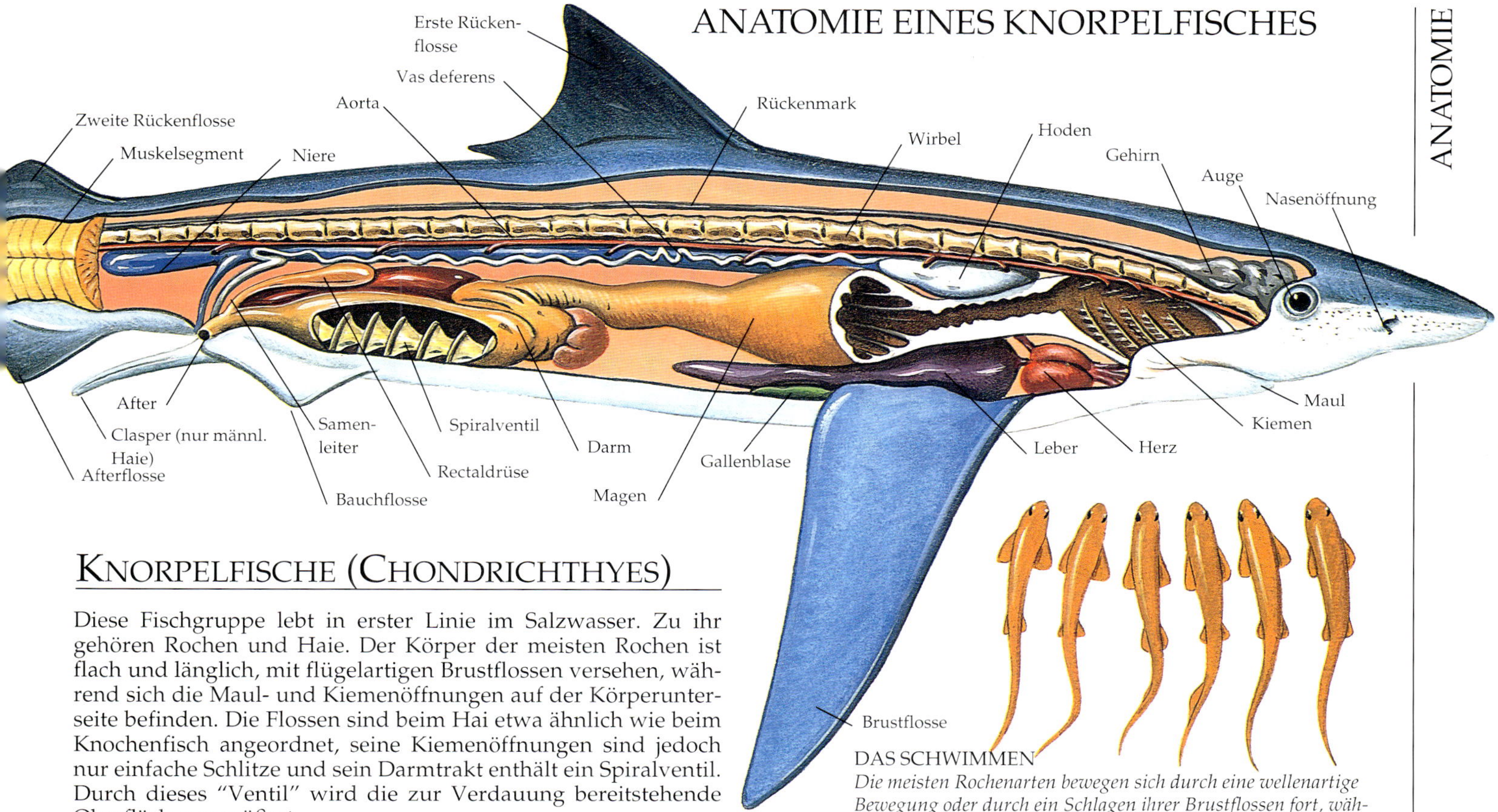

Zweite Rückenflosse

Muskelsegment

Niere

Erste Rücken-
flosse

Vas deferens

Aorta

Rückenmark

Wirbel

Hoden

Gehirn

Auge

Nasenöffnung

After

Clasper (nur männl.
Haie)

Afterflosse

Samen-
leiter

Spiralventil

Rectaldrüse

Bauchflosse

Darm

Magen

Gallenblase

Leber

Herz

Kiemen

Maul

KNORPELFISCHE (CHONDRICHTHYES)

Diese Fischgruppe lebt in erster Linie im Salzwasser. Zu ihr
gehören Rochen und Haie. Der Körper der meisten Rochen ist
flach und länglich, mit flügelartigen Brustflossen versehen, während sich die Maul- und Kiemenöffnungen auf der Körperunterseite befinden. Die Flossen sind beim Hai etwa ähnlich wie beim
Knochenfisch angeordnet, seine Kiemenöffnungen sind jedoch
nur einfache Schlitze und sein Darmtrakt enthält ein Spiralventil.
Durch dieses "Ventil" wird die zur Verdauung bereitstehende
Oberfläche vergrößert.

Brustflosse

DAS SCHWIMMEN
*Die meisten Rochenarten bewegen sich durch eine wellenartige
Bewegung oder durch ein Schlagen ihrer Brustflossen fort, während ein Hai durch seitliche Schwanzbewegungen vorwärts-
kommt.*

DAS SEITENLINIENORGAN
Das Seitenlinienorgan verläuft entlang
jeder Körperseite. Es ist auf seiner
ganzen Länge mit empfindlichen Sinneszellen überzogen. Diese stellen Schwingungen, Temperatur- und Druckverän-
derungen fest und helfen dem Fisch
dabei, das Gleichgewicht zu halten.

Schwanzflosse oder
Schwanz (weiche
Flossenstrahlen)

Schuppen

Brustflosse

Seitenlinienorgan

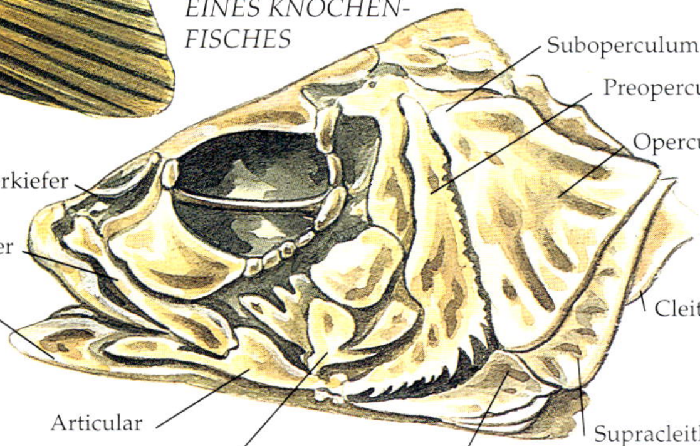

SCHUPPEN
Die Schuppen der meisten Knochenfische sind entweder Rundschuppen
(Cycloidschuppen, deren Hinterrand
glatt ist) oder Kammschuppen (Ctenoidschuppen, deren Hinterrand mit
kleinen Stacheln besetzt ist). Gewöhnlich sind die Schuppen in Reihen
angeordnet, die einander überlappen. Werden im Rahmen einer Verletzung Schuppen verloren, so wachsen diese nach. Oft bilden Sie dabei
nicht dasselbe Muster wie die
ursprünglichen Schuppen aus.

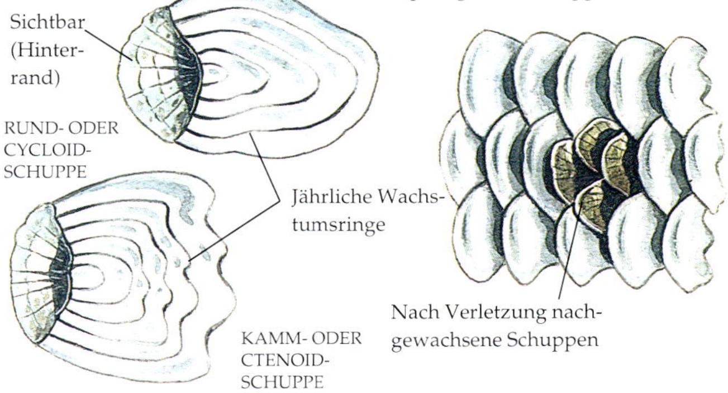

Sichtbar
(Hinter-
rand)

RUND- ODER
CYCLOID-
SCHUPPE

Jährliche Wachs-
tumsringe

KAMM- ODER
CTENOID-
SCHUPPE

Nach Verletzung nach-
gewachsene Schuppen

DER SCHÄDEL
*EINES KNOCHEN-
FISCHES*

Suboperculum

Preoperculum

Operculum

Oberkiefer

Nebenkiefer

Unterkiefer

Cleithrum

Articular

Quadrate

Introperculum

Supracleithrum

HAISCHUPPEN
Haie verfügen über winzig kleine, spitz zulaufende Schuppen, die als Zahn-
schuppen (Placoidschuppen) bezeichnet werden.

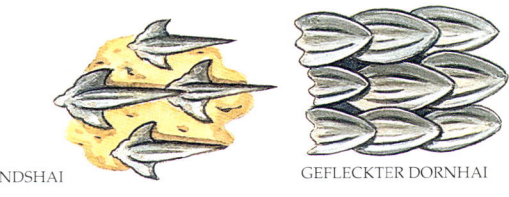

HUNDSHAI

GEFLECKTER DORNHAI

125

DER BLACK BASS ODER SCHWARZBARSCH

Zu den unter dem Namen Schwarzbarsch bekannten Fischen gehören zwei der wichtigsten nordamerikanischen Sportfische: der kleinmäulige und der großmäulige Schwarzbarsch (Smallmouth Bass und Largemouth Bass). Die Schwarzbarsche sind die größten Mitglieder der Centrarchidenfamilie.

SUWANNEE BASS
Micropterus notius

SPOTTED BASS

Dieser Bass verdankt seinen Namen einer Reihe kleiner, dunkler Flecken entlang seiner blassen Flanken und seines Bauches. Hauptsächlich ist er in den Flußbecken des Ohio und Mississippi zuhause. Dazu gibt es zwei örtlich eingegrenzte Unterarten, den Alabama Spotted Bass und den Wichita Spotted Bass (Micropterus punctulatus henshalli und M.p.wichitae). Er erreicht etwa 2,3 kg.

GUADELOUPE BASS

Der Guadalupe Bass ist dem Spotted Bass ähnlich, seine dunkle, balkenartige Zeichnung jedoch deutlicher. Er ist kleiner und erreicht nur selten 450 Gramm. Sein Verbreitungsgebiet reicht nicht über das der zentraltexanischen Flußbecken des Guadeloupe, Colorado, Brazos, San Antonio und Nueces hinaus.

SUWANNEE BASS

Dieser kleine Bass, der nur selten über 350 Gramm wiegt, lebt in den Flußsystemen des Suwannee und des Ochlockonee in Florida und Georgia. Er ist bräunlich gefärbt, sein Rücken und seine Flanken sind schwarz gezeichnet: Wangen, Brust und Bauch des erwachsenen Milchners sind blau.

Wangen, Brust und Bauch der Männchen sind blau.

GUADELOUPE BASS
Micropterus treculi

LARGEMOUTH BASS

Der Largemouth Bass verdankt seinen Namen seinem riesigen Maul, das bis hinter die Augen gespalten ist; das des Smallmouth Bass reicht nicht so weit. Im Norden wird der großmäulige Schwarzbarsch nur selten über 4,5 Kilogramm schwer, wogegen die weiter im Süden lebende Unterart, der Florida Largemouth Bass (Micropterus salmoides floridanus), über 10 Kilo schwer wird.

SPOTTED BASS
Micropterus punctulatus

REDEYE BASS

Durch seine roten Augen und die weißen Schwanzspitzen läßt sich diese Bassart leicht von den anderen unterscheiden; die Rücken- und Afterflosse der Jungfische sind ziegelrot. Der Redeye Bass zählt zu den kleineren Bassarten. Zwar kann er Gewichte von über 3 Kilo erreichen, gewöhnlich wird er jedoch nicht über 450 Gramm schwer.

REDEYE BASS
Micropterus coosae

Weiße Schwanzflossenspitzen

ANGELTIPS

Techniken

Das Spinnfischen mit Kunstködern, das Fliegenfischen und das Schleppfischen mit Lebendködern sind allesamt fängige Techniken.

Gerät

Zum Spinnfischen ist eine Rute von 1,8 bis 2,4 Meter ratsam. Als Rolle kommt eine Stationär- oder eine Multi-Rolle in Frage. Beide werden mit 0,24 bis 0,30 Millimeter starkem Monofil gefüllt. Zum Fliegenfischen sind Ruten von 2,1 bis 2,7 Meter geeignet, deren Aktion schnell sein sollte. An den Rollenhalter kommt eine Fliegenrolle, die mit einer Wurfschnur der Klassen 7 bis 9 gefüllt wurde und deren Vorfachspitze bei 0,24 mm bis 0,28 mm liegt. Zum Schleppen sollten Sie eine 2,7 bis 3 m lange, eher steife Rute verwenden, deren Testkurve bei 2 1/2 lbs. liegt. Als Rolle kommt eine Multirolle an den Griff, die mit 0,30 mm bis 0,40 mm monofilem Nylon gefüllt wurde. Das Vorfach kann aus Nylon oder Dacron sein; Hakengröße 2/0 bis 5/0.

Köder

Black Bass sind aktive Räuber, die sich mit fast jedem Natur- oder Kunstköder zum Biß verleiten lassen. Unter den Kunstködern sind Spinner, Löffel, Wobbler, Oberflächenköder und Weichplastikköder besonders fängig. Beim Fliegenfischen haben Popper, Streamer und Haar- flügelfliegen ihre Fängigkeit schon längst unter Beweis gestellt. Zum Schleppfischen sollten Sie Köder wie Würmer, Flußkrebse, Blutegel und Elritzen ausprobieren.

SMALLMOUTH BASS

Der unglaublich kämpferische Smallmouth ist der am meisten geschätzte Black Bass. Er wird höchstens 5,4 Kilo schwer und hat eine eindeutige Vorliebe für klare Flüsse und Seen, deren Untergrund aus Fels oder Kies besteht. Der Largemouth Bass zieht pflanzenreiche Gewässer mit weichem Grund vor.

SMALLMOUTH BASS
Micropterus dolomieui

VERBREITUNG

Smallmouth: von Norddakota bis Québec, Oklahoma und Alabama; über Besatzmaßnahmen gelangte er auch in europäische Gewässer.
Largemouth: von Minnesota bis Québec und im Süden bis an die Küste; über Besatzmaßnahmen ist er auch in wärmeren Gewässern Europas heimisch geworden.
Spotted: das Mississippi-Becken vom südlichen Ohio bis ans Meer; über Besatzmaßnahmen auch in anderen Gewässern.
Guadeloupe: Zentraltexas.
Suwannee: Florida und Georgia.
Redeye: Alabama, Georgia, South Carolina; über Besatzmaßnahmen auch in anderen Gewässern.

LARGEMOUTH BASS
Micropterus salmoides

Die Nahrungsaufnahme

Alle Bassarten sind aktive Räuber. Als Jungfische ernähren sie sich von winzigen Krebstieren, Insekten und deren Larven sowie Würmern und Kaulquappen. Aber schon bald suchen sie sich größere Opfer, wie Fische, Flußkrebse und Frösche aus. Wirklich große fallen gelegentlich auch über kleine Wasservögel her.

LARGEMOUTH BASS

SMALLMOUTH BASS

Die Rückenflossen

Neben ihren unterschiedlich großen Mäulern unterscheiden sich Smallmouth und Largemouth Bass auch durch ihre Rückenflossen voneinander. Beim Largemouth Bass ist die stachelige erste Rückenflosse in ihrer Mitte am höchsten und von der zweiten Rückenflosse nahezu getrennt. Die erste Rückenflosse des Smallmouth Bass ist ein wenig niedriger und mit der zweiten verbunden. Der untere Rand der zweiten Rückenflosse ist mit einigen Schuppen versehen.

Größenvergleich

Largemouth bass   Smallmouth bass   Spotted bass   Redeye bass   Guadeloupe bass   Suwanee bass

127

BLUEGILL, CRAPPIES, PUMPKINSEED & ANDERE SONNENBARSCHE

Diese kleinen Verwandten der Schwarzbarsche zählen zu den beliebtesten Kleinfischen der amerikanischen Angler (Panfish=Pfannenfisch), da ihr Fang (und Verzehr) beträchtliche Freude bereiten. Ihr Verbreitungsgebiet hat sich als Folge umfangreicher Besatzmaßnahmen stark erweitert.

PUMPKINSEED
Dieser attraktive Kleinfisch lebt in den Krautbänken von Seen und Weihern sowie in ruhigen Flußabschnitten. Sein Maximalgewicht liegt bei 500 Gramm, meistens ist er jedoch deutlich kleiner.

BLUEGILL
Der Bluegill ist der am weitesten verbreitete "Panfish" und sehr wahrscheinlich auch die Fischart, auf die in Nordamerika am meisten gefischt wird. Er zieht ruhige, verkrautete Gewässer vor und sein Durchschnittsgewicht liegt bei 100 Gramm, auch wenn er über 1,8 Kilo schwer werden kann.

Buckelbildung unmittelbar über dem Auge

Dunkler Fleck auf der Rückenflosse

PUMPKINSEED
Lepomis gibbosus

BLUEGILL
Lepomis macrochirus

Die Kiemendeckel
Sonnenbarsche aus der Gattung Lepomis lassen sich anhand ihrer Kiemendeckelform und -zeichnung leicht identifizieren.

REDBREAST SUNFISH

PUMPKINSEED

REDEAR SUNFISCH

REDBREAST SUNFISH
Lepomis auritus

GREEN SUNFISH
Der Green Sunfish hat einen länglicheren Körper als die meisten anderen Sonnenbarsche. Der Oberkiefer seines tief gespaltenen Maules reicht bis unter das Auge. Wie der Redbreast Sunfish lebt auch er bevorzugt in Fließgewässern, ist aber auch in stillstehenden Gewässern anzutreffen. Er kann annähernd ein Kilo schwer werden.

GREEN SUNFISH
Lepomis cyanellus

REDBREAST SUNFISH
Der Redbreast Sunfish, der maximal 450 Gramm schwer wird, lebt hauptsächlich in den Bächen und kleinen bis mittelgroßen Flüssen entlang der nordamerikanischen Atlantikküste. Manchmal trifft man ihn auch in Teichen und im Randbereich größerer Seen an.

REDEAR SUNFISH
Lepomis microlophus

REDEAR SUNFISH
Der plumpe Redear Sunfish wird ebenfalls als "Muschelknacker" bezeichnet, da Muscheln und Schnecken auf seinem Speiseplan stehen, die er mit seinen kraftvollen Kiefern zermalmt. Er kann über zwei Kilo schwer werden.

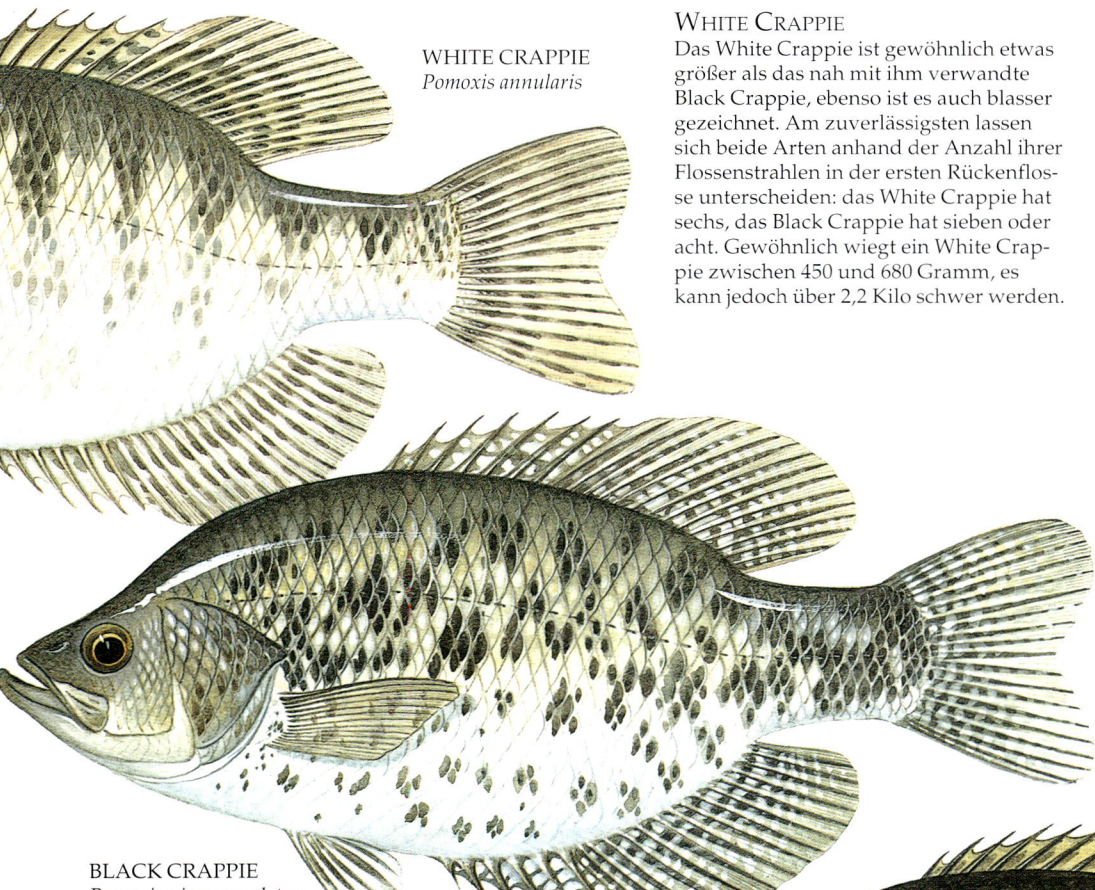

WHITE CRAPPIE
Pomoxis annularis

WHITE CRAPPIE
Das White Crappie ist gewöhnlich etwas größer als das nah mit ihm verwandte Black Crappie, ebenso ist es auch blasser gezeichnet. Am zuverlässigsten lassen sich beide Arten anhand der Anzahl ihrer Flossenstrahlen in der ersten Rückenflosse unterscheiden: das White Crappie hat sechs, das Black Crappie hat sieben oder acht. Gewöhnlich wiegt ein White Crappie zwischen 450 und 680 Gramm, es kann jedoch über 2,2 Kilo schwer werden.

VERBREITUNG
Pumpkinseed: in den Gewässersystemen von Dakota und Iowa bis an den Atlantik.
Bluegill: von den Great Lakes bis an die Karibik und New Mexico; über Besatzmaßnahmen auch in vielen weiteren Gegenden.
Redbreast Sunfish: in den Gewässersystemen entlang des Atlantik.
Green Sunfish: von den Great Lakes bis Texas.
Redear Subfish: von Indiana bis an die Karibik; über Besatzmaßnahmen auch in vielen weiteren Gegenden.
Crappies: östliches Nordamerika, vom südlichen Kanada bis an die Karibik; über Besatzmaßnahmen auch in vielen weiteren Gegenden.
Rock Bass: von Manitoba bis New England und dem nördlichen Alabama.

BLACK CRAPPIE
Pomoxis nigromaculatus

BLACK CRAPPIE
Das Black Crappie lebt oft mit dem White Crappie zusammen und beide Arten sind recht weit verbreitet. Sie sind in Teichen, Seen und Flüssen anzutreffen, wobei das Black Crappie jedoch eine Vorliebe für größere und klarere Gewässer hat. Sein Durchschnittsgewicht liegt zwischen 340 und 680 Gramm, es kann allerdings über 2,2 Kilo schwer werden.

ROCK BASS
Ambloplites rupestris

ROCK BASS
Der gesprenkelte, dunkelolivfarbene Rock Bass hat auffällig rote Augen und ein großes Maul. Der Randbereich des dunklen Fleckes auf seinem Kiemendeckel ist gewöhnlich weiß oder goldfarben. Er ist in klaren, felsigen Bächen sehr gängig, lebt aber auch im Randbereich großer Seen, deren Grund felsig und dichtbewachsen ist. Sein Maximalgewicht liegt bei 1,4 Kilo, meist ist er allerdings nur um 220 Gramm schwer.

ANGELTIPS

Techniken
Posen-, Fliegen- und Spinnfischen, immer mit leichtem Gerät.

Gerät
Zum Posenfischen ist eine 3 bis 4,3 m lange Stipprute ratsam, an die monofile Schnur von 0,24 mm bis 0,32 mm kommt, sowie ein kleiner Jig oder ein Schwimmer mit lebendem Köderfisch. Ebenso geeignet ist eine 1,8 bis 2,1 m lange, ultraleichte Spinnrute, an der eine mit 0,16 mm monofiler Schnur gefüllte Stationärrolle hängt. Die Hakengrößen sollten beim Posenfischen zwischen 10 und 14 liegen. Beschwert wird die Montage mit Spaltblei, und zwar etwa 30 cm über dem Haken. Zum Fliegenfischen ist eine Fliegenrute der Klasse 4 - 5 ratsam, mit dazu passender Schnur und Rolle. Zum Fischen mit einem Baitcaster ist eine 1,4 m bis 1,8 m lange Rute empfehlenswert, auf die eine Baitcasterrolle mit 0,16 bis 0,20 mm Schnur kommt.

Köder
Kleine Elritzen, Würmer, Maden und Jigs zum Posenfischen; winzige Naßfliegen, Nymphen und Trockenfliegen zum Fliegenfischen; Miniaturspinner und -wobbler zum Baitcasting.

Größenvergleich

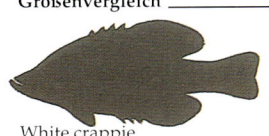

White crappie

Black crappie

Rock bass

Bluegill

Pumpkinseed

Green
sunfish

Redear
sunfish

Redbreast
sunfish

BARBE, SCHLEIE & RAPFEN

Die Schleie ist ein sehr begehrter Sportfisch, der über Besatzmaßnahmen auch in Australien und Nordamerika heimisch wurde. Sie lebt in erster Linie in stillstehenden Gewässern, auch wenn sie in den Unterläufen von Flüssen vorkommt. Rapfen leben in großen Seen und, wie die Barbe, in der Mitte sauberer Flüsse, deren Strömung recht schnell und deren Wasser sauerstoffreich ist. In den Gegenden Europas, an denen sich die Verbreitungsgebiete von Barbe und Rapfen überschneiden, leben diese Fische oft in denselben Gewässern, die Barbe am Grund und der Rapfen im Freiwasser.

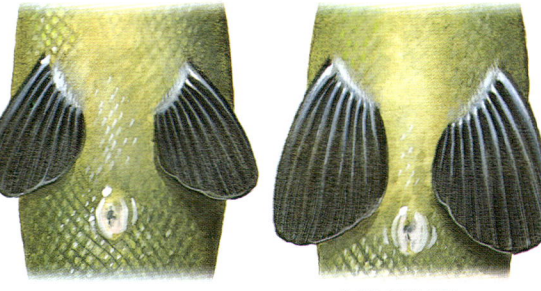

ROGNER   MILCHNER

GESCHLECHTSUNTERSCHIEDE BEI DER SCHLEIE
Das Geschlecht einer Schleie läßt sich anhand ihrer Bauchflossen feststellen. Die der Männchen sind viel länger und breiter als die der Weibchen. Sie ragen bis über die Afteröffnung hinaus.

SCHLEIE
Die winzigen Schleienschuppen werden von einer schützenden Schleimschicht überzogen. Da sie sehr eng am Körper anliegen, sieht es so aus, als würden sie fast gänzlich fehlen. Die Flossen sind weich abgerundet und die Schwanzwurzel der kaum gespaltenen Schwanzflosse ist recht dick. Zwar gibt es Fangberichte von bis zu 17 Pfund schweren Rekordfischen, dennoch sind Schleien langsam abwachsende Fische, die gewöhnlich höchstens 1,8 Kilo schwer werden.

SCHLEIE
Tinca tinca

GOLDSCHLEIE
Tinca tinca

Goldschleie
Orangefarbene Schleien werden in vielen Teichen und Weihern als Zierfische gehalten. Der Körper ist orange, manchmal gelblich und vereinzelt mit dunkler Zeichnung überzogen. Die Flossenränder sind auch weniger abgerundet als die gewöhnlicher Schleien.

Die Nahrung
Schleien und Barben haben einen sehr vielseitigen Speiseplan, der Pflanzen, Insekten, Mollusken und Kleinkrebse enthält. Als Jungfische fressen Rapfen Insekten und Kleinkrebse, sind sie erst einmal erwachsen, ziehen sie Kleinfische, wie etwa Lauben vor.

Männl. Laichrapfen
Zur Laichzeit bilden die männliche Rapfen Laichausschlag aus, der Kopf und Rücken überzieht. Rapfen laichen im Frühjahr über Kiesböden.

RAPFEN
Der schlanke, stromlinienförmige Körper des räuberisch lebenden Rapfen verleiht ihm die zur Nahrungsaufnahme notwendige Agilität und Geschwindigkeit. Hauptsächlich ernährt er sich von oberflächennah lebenden Kleinfischen. Dieser sehr beliebte Sportfisch kämpft unglaublich gut. Er zieht tiefes Wasser vor und ist oft in aufgestauten Flußabschnitten anzutreffen. Rapfen wiegen im Schnitt sieben Pfund, können jedoch bis 12 Kilo schwer werden.

RAPFEN
Aspius aspius

Größenvergleich

Rapfen

Barbe

Schleie

Iberische Barbe

IBERISCHE BARBE

Die iberische Barbe ist in den schnellfließenden Hochlandflüssen und -bächen Südeuropas zuhause. Sie ist viel kleiner als Barbus barbus, ihr Durchschnittsgewicht liegt lediglich bei 250 Gramm.

IBERISCHE BARBE
Barbus meridionalis

BARBE

In dem von ihr bevorzugten, schnellfließenden Wasser hilft der Barbe ihr stromlinienförmiger, flachbauchiger Körper dabei, sich in unmittelbarer Grundnähe aufzuhalten, wo sie sich ernährt. Am Haken setzt die Barbe ihre unglaubliche Kraft unter Beweis, indem sie lang und zäh bis zur völligen Erschöpfung kämpft. Bei gleicher Größe ist ihre Körperkraft mit der eines Lachses vergleichbar. Gewöhnlich wird sie etwas über zwei Kilo schwer, es wurden aber bereits Exemplare von über 7 Kilo gefangen.

BARBE
Barbus barbus

VERBREITUNG

Schleie: in ganz Europa mit Ausnahme vom nördlichen Skandinavien; wurde erfolgreich in Nordamerika und Australien eingeführt.

Barbe: von Südengland und Wales bis nach Südeuropa.

Iberische Barbe: Nordspanien, Südfrankreich, Norditalien und Donaubecken.

Rapfen: von Ostholland ostwärts bis nach Zentraleuropa und an das Kaspische Meer.

Maul und Barteln
Das nach unten gerichtete Barbenmaul ist mit wulstigen Lippen versehen, die sich herrlich zum Absuchen des Grundes eignen. Die vier Barteln sind mit zahlreichen Sinneszellen überzogen, die wie eine externe Zunge arbeiten, da der Fisch mit ihrer Hilfe potentielle Nahrung erkennen kann.

Die Jungbarbe
Bis zu einem Gewicht von etwa 200 bis 350 Gramm und einer Länge von 15 bis 20 cm sind die Seiten der jungen Barben oft gesprenkelt. Ihre Färbung scheint dann auch ein wenig oliv-grüner als die ihrer Eltern zu sein.

Gründling und Schleie haben zwei Barteln.

Bartel

Barben und Karpfen haben vier Barteln

Ein Steinbeißer hat sechs Barteln.

Identifizierung
Über die Anzahl der Barteln können Sie Jungkarpfen und -barben von ähnlichen Fischen unterscheiden.

ANGELTIPS

Techniken
Posen- und Grundfischen für die Schleien; Kunstköder und tote Köderfische für die Rapfen; Posen- und Grundfischen für die Barbe, insbesondere Grundfischen mit Futterkörbchen.

Gerät
Zum Posenfischen auf Schleien sollten Sie eine etwa 3,7 m lange Rute mit mittlerer Aktion nehmen, die mit einer mit 0,30 mm Schnur gefüllten Stationärrolle versehen ist. Die Hakengröße liegt bei 6 bis 8. Zum Grundfischen auf Schleie eignet sich eine 3,7 m lange Avon-Rute, die mit einer mit 0,26 mm gefüllten Stationärrolle versehen ist. Des weiteren sind Haken der Größe 6 bis 12 und ein Futter-

körbchen notwendig. Zum Fang von Rapfen eignet sich eine 2,7 m lange Spinnrute mit mittlerer Aktion, an die eine mit 0,32 mm gefüllte Stationärrolle kommt. Als Köder dient ein kleiner Löffel. Zum Grundfischen auf Barben brauchen wir eine 3,7 m lange Rute mit Quivertip, eine mit 0,28 mm gefüllte Stationärrolle sowie Haken der Größe 8 bis 12 und ein Futterkörbchen.

Köder
Gute Schleienköder sind u.a. Brot, Maden, Mais, Würmer, Fleisch und kleine Boilies. Rapfen lassen sich auf Löffel fangen, insbesondere dann, wenn ein kleines rotes Wollstück an den Haken gebunden wurde. Des weiteren sind laubenartige Kleinfische erfolgreiche Köder. Zum Barbenfischen verwenden Sie am besten Maden, Fleisch, Hanf, Mais, Würmer, Brot und Käse.

BRACHSE, NASE & ZÄHRTE

Diese europäischen Mitglieder aus der Familie der karpfenartigen Fische sind alle in erster Linie Grundfische. Brachsen sind sehr weit verbreitete Fische, die in stillstehenden Gewässern, Kanälen und in tiefen, träge fließenden Flüssen zuhause sind. Die Nase zieht schneller-fließendes Wasser vor und ist daher eher in den mittleren Flußabschnitten anzutreffen. Die Zährte ist in den mittleren und unteren Abschnitten großer, träger Flüsse zuhause. Der am weitesten verbreitete Fisch unter diesen Arten ist die Brachse (Abramis brama).

JUNGBRACHSE

JUNGBRACHSE
Als Jungfische sind Brachsen silbrig und ihre Flossen dunkel.

NASE
Chondrostona nasus

NASE
Der silbrige, schlanke Nasenkörper hat rote Flossen. Der Kopf ist klein und die Nase auffällig groß. Nasen ernähren sich von Algen und Pflanzen, die sie mit ihrer harten, hornigen Unterlippe von den Felsen und Steinen schaben. Maximal werden diese Fische etwa 1,8 Kilo schwer. Der südwesteuropäische Näsling (Chondrostoma toxostoma) sieht der Nase ähnlich, ist jedoch kleiner.

Rotaugen/Brachsenhybriden
Wo große Brachsen- und Rotaugen-schwärme in demselben Gewässer ablaichen, sind Rotaugen/Brachsenhybriden häufig. Um einen solchen Hybriden zu identifizieren, braucht man lediglich die Anzahl der Flossenstrahlen der Afterflosse zu zählen: das Rotauge hat 9 bis 12, die Brachse 23 bis 29 und die Hybriden 14 bis 19.

ZÄHRTE *Vimba vimba*

ROTAUGEN/ BRACHSENHYBRID

Afterflosse einer Brachse

ZÄHRTE
Die meiste Zeit des Jahres hat die Zährte silbrige Flanken und einen blaugrauen Rücken. Zur Laichzeit (im Frühsommer) wird das Männchen auf dem Rücken jedoch sehr dunkel, während sich sein Bauch orangerot verfärbt. In erster Linie ernährt sich die Zährte von Würmern, Mollusken und Krebsen. Ihr Gewicht liegt meist bei einem Pfund, sie kann aber auch sechs Pfund schwer werden.

DIE NAHRUNGSAUFNAHME DER BRACHSE
Zur Nahrungsaufnahme stellt sich die Brachse aufrecht, während ihr Maul nach vorne gestülpt wird, um Würmer, Mollusken, Krebse und Insektenlarven einzusaugen. Ein Schwarm Brachsen bei der Nahrungsaufnahme läßt sich oft anhand von am Grund aufgewirbelten Schlammwölkchen orten.

GÜSTER
Blicca bjoerkna

Größenvergleich

Brachse

Zähre

Nase

Güster

Zobel

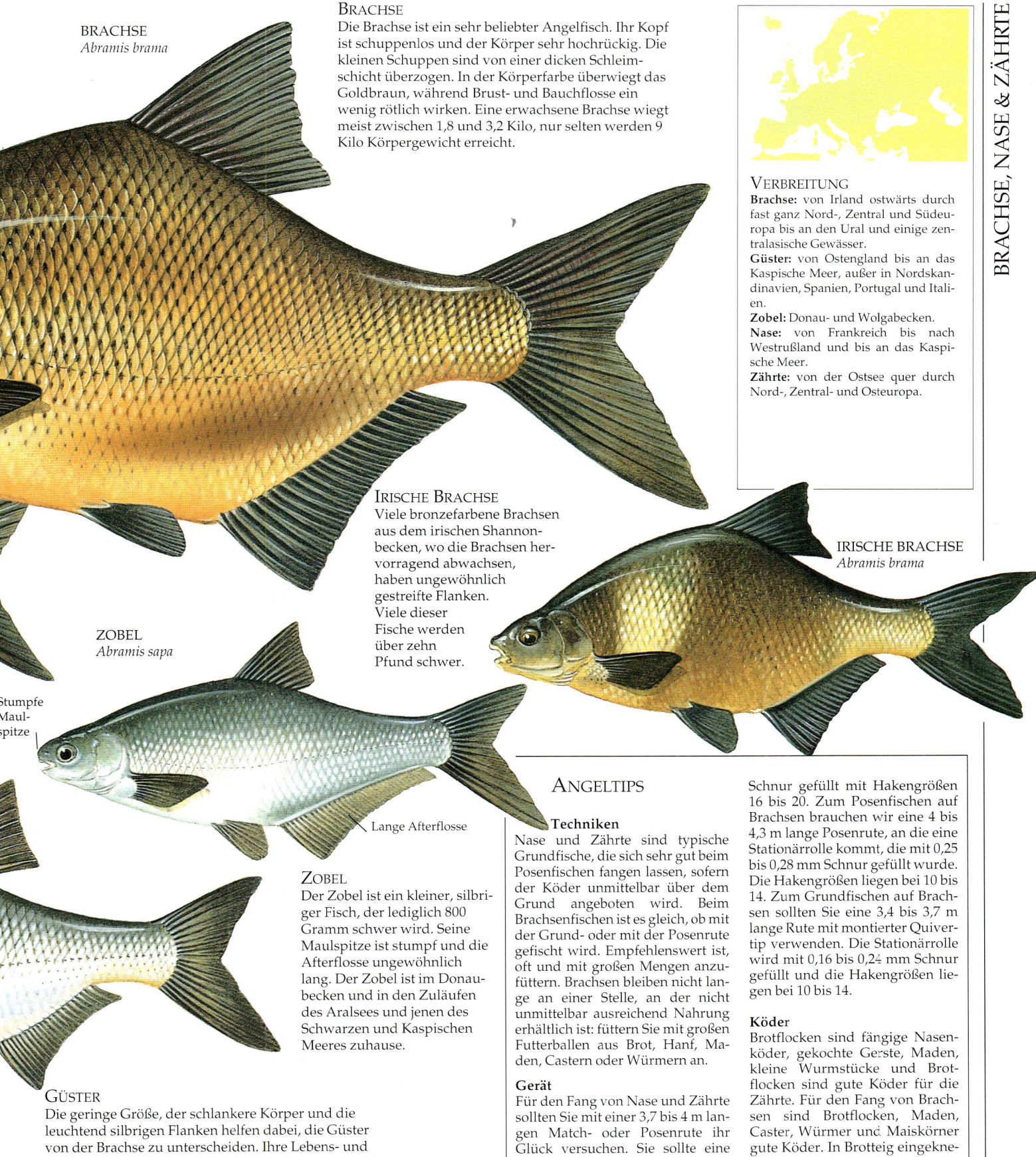

BRACHSE
Abramis brama

BRACHSE

Die Brachse ist ein sehr beliebter Angelfisch. Ihr Kopf ist schuppenlos und der Körper sehr hochrückig. Die kleinen Schuppen sind von einer dicken Schleimschicht überzogen. In der Körperfarbe überwiegt das Goldbraun, während Brust- und Bauchflosse ein wenig rötlich wirken. Eine erwachsene Brachse wiegt meist zwischen 1,8 und 3,2 Kilo, nur selten werden 9 Kilo Körpergewicht erreicht.

IRISCHE BRACHSE

Viele bronzefarbene Brachsen aus dem irischen Shannonbecken, wo die Brachsen hervorragend abwachsen, haben ungewöhnlich gestreifte Flanken. Viele dieser Fische werden über zehn Pfund schwer.

ZOBEL
Abramis sapa

Stumpfe
Maul-
spitze

Lange Afterflosse

ZOBEL

Der Zobel ist ein kleiner, silbriger Fisch, der lediglich 800 Gramm schwer wird. Seine Maulspitze ist stumpf und die Afterflosse ungewöhnlich lang. Der Zobel ist im Donaubecken und in den Zuläufen des Aralsees und jenen des Schwarzen und Kaspischen Meeres zuhause.

GÜSTER

Die geringe Größe, der schlankere Körper und die leuchtend silbrigen Flanken helfen dabei, die Güster von der Brachse zu unterscheiden. Ihre Lebens- und Freßgewohnheiten unterscheiden sich kaum, dafür aber die Größe: die Güster ist viel kleiner und wird maximal ein Pfund schwer.

IRISCHE BRACHSE
Abramis brama

VERBREITUNG

Brachse: von Irland ostwärts durch fast ganz Nord-, Zentral und Südeuropa bis an den Ural und einige zentralasische Gewässer.
Güster: von Ostengland bis an das Kaspische Meer, außer in Nordskandinavien, Spanien, Portugal und Italien.
Zobel: Donau- und Wolgabecken.
Nase: von Frankreich bis nach Westrußland und bis an das Kaspische Meer.
Zährte: von der Ostsee quer durch Nord-, Zentral- und Osteuropa.

ANGELTIPS

Techniken

Nase und Zährte sind typische Grundfische, die sich sehr gut beim Posenfischen fangen lassen, sofern der Köder unmittelbar über dem Grund angeboten wird. Beim Brachsenfischen ist es gleich, ob mit der Grund- oder mit der Posenrute gefischt wird. Empfehlenswert ist, oft und mit großen Mengen anzufüttern. Brachsen bleiben nicht lange an einer Stelle, an der nicht unmittelbar ausreichend Nahrung erhältlich ist: füttern Sie mit großen Futterballen aus Brot, Hanf, Maden, Castern oder Würmern an.

Gerät

Für den Fang von Nase und Zährte sollten Sie mit einer 3,7 bis 4 m langen Match- oder Posenrute ihr Glück versuchen. Sie sollte eine leichte Spitzenaktion haben, die Stationärrolle ist mit 0,12 mm Schnur gefüllt mit Hakengrößen 16 bis 20. Zum Posenfischen auf Brachsen brauchen wir eine 4 bis 4,3 m lange Posenrute, an die eine Stationärrolle kommt, die mit 0,25 bis 0,28 mm Schnur gefüllt wurde. Die Hakengrößen liegen bei 10 bis 14. Zum Grundfischen auf Brachsen sollten Sie eine 3,4 bis 3,7 m lange Rute mit montierter Quivertip verwenden. Die Stationärrolle wird mit 0,16 bis 0,24 mm Schnur gefüllt und die Hakengrößen liegen bei 10 bis 14.

Köder

Brotflocken sind fängige Nasenköder, gekochte Gerste, Maden, kleine Wurmstücke und Brotflocken sind gute Köder für die Zährte. Für den Fang von Brachsen sind Brotflocken, Maden, Caster, Würmer und Maiskörner gute Köder. In Brotteig eingeknetete Maden und Kleinwürmer eignen sich zum Grundfischen.

133

KARPFEN

Wildkarpfen wurden in Asien bereits im vierten Jahrhundert vor unserer Zeitrechnung gezüchtet. Durch Selektieren der Zuchtfische wurde in Osteuropa eine ganze Reihe von Varianten herbeigezüchtet, wie beispielsweise der Schuppen-, der Leder- und der Spiegelkarpfen. Über Besatzmaßnahmen haben sich diese Fische und die ursprüngliche Wildform über ganz Europa verteilt und auch nordamerikanische und australische Gewässer wurden bereits mit Karpfen besetzt.

WILDKARPFEN

Der Wildkarpfen ist ein starker, nur langsam abwachsender Fisch, dessen Kopf schuppenlos ist, während ein geschlossenes Schuppenkleid seinen Körper überzieht. Er ist kleiner und länglicher als der Schuppenkarpfen und wiegt durchschnittlich ein bis zwei Kilo, nur selten wird er über 18 Pfund schwer.

Das Laichgeschäft

Wild- und Schuppenkarpfen laichen im späten Frühling oder im Frühsommer, sobald die Wassertemperatur 18°C übersteigt. Die Eiablage erfolgt in seichtem Wasser, das möglichst pflanzenreich und der Sonne gut ausgesetzt sein soll. Die Eier selbst werden an die Blätter und Stiele der Wasserpflanzen geklebt. Nach 5 bis 8 Tagen schlüpfen die Jungfische, die sich augenblicklich an den Pflanzen festsaugen. Diese Jungfische wachsen sehr schnell ab.

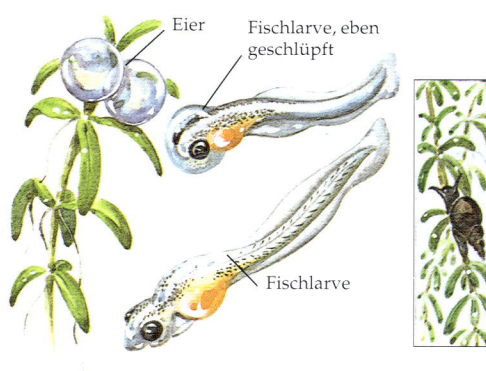

Eier

Fischlarve, eben geschlüpft

Fischlarve

KARAUSCHE

Dieser kleine, sehr hochrückige Fisch ist näher mit dem Goldfisch als mit dem Wildkarpfen verwandt, läßt sich aber mit beiden Arten kreuzen. Sein Durchschnittsgewicht beträgt etwa 250 Gramm, er kann jedoch über 5 Pfund schwer werden. Die Karausche ist gegenüber Temperaturschwankungen, niedrigem Sauerstoffgehalt, saurem Wasser und dichtem Wasserpflanzenwuchs sehr unempfindlich.

WILDKARPFEN
Cyprinus carpio

Die Nahrungsaufnahme

Karpfen gehen an der Oberfläche, im Mittelwasser und in Grundnähe auf Futtersuche, wo sie Pflanzen, Algen, Schnecken, Würmer, Insektenlarven, Krebse, Muscheln und viele weitere Organismen vertilgen. Sie stülpen ihr Maul weit vor und saugen die Nahrung wie mit einem Staubsauger ein. So pflügen sie sich manchmal regelrecht durch den Gewässergrund, wobei Sedimentwolken und verrottende Pflanzen aufgewirbelt werden.

KARAUSCHE
Carassius carassius

Größenvergleich

Graskarpfen Schuppenkarpfen Spiegelkarpfen Lederkarpfen Wildkarpfen Karausche Goldfisch

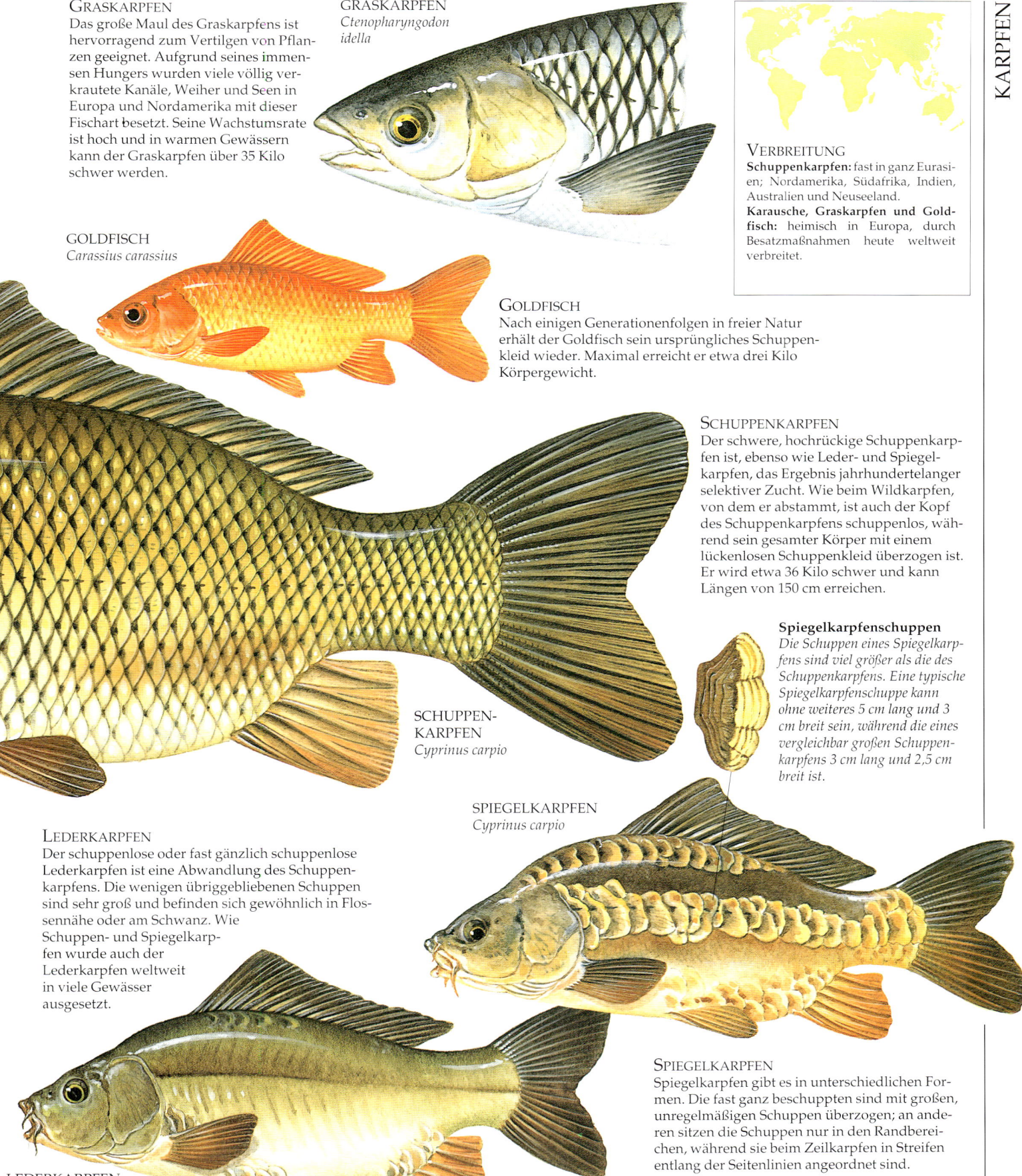

GRASKARPFEN
Das große Maul des Graskarpfens ist hervorragend zum Vertilgen von Pflanzen geeignet. Aufgrund seines immensen Hungers wurden viele völlig verkrautete Kanäle, Weiher und Seen in Europa und Nordamerika mit dieser Fischart besetzt. Seine Wachstumsrate ist hoch und in warmen Gewässern kann der Graskarpfen über 35 Kilo schwer werden.

GRASKARPFEN
*Ctenopharyngodon
idella*

VERBREITUNG
Schuppenkarpfen: fast in ganz Eurasien; Nordamerika, Südafrika, Indien, Australien und Neuseeland.
Karausche, Graskarpfen und Goldfisch: heimisch in Europa, durch Besatzmaßnahmen heute weltweit verbreitet.

GOLDFISCH
Carassius carassius

GOLDFISCH
Nach einigen Generationenfolgen in freier Natur erhält der Goldfisch sein ursprüngliches Schuppenkleid wieder. Maximal erreicht er etwa drei Kilo Körpergewicht.

SCHUPPENKARPFEN
Der schwere, hochrückige Schuppenkarpfen ist, ebenso wie Leder- und Spiegelkarpfen, das Ergebnis jahrhundertelanger selektiver Zucht. Wie beim Wildkarpfen, von dem er abstammt, ist auch der Kopf des Schuppenkarpfens schuppenlos, während sein gesamter Körper mit einem lückenlosen Schuppenkleid überzogen ist. Er wird etwa 36 Kilo schwer und kann Längen von 150 cm erreichen.

Spiegelkarpfenschuppen
Die Schuppen eines Spiegelkarpfens sind viel größer als die des Schuppenkarpfens. Eine typische Spiegelkarpfenschuppe kann ohne weiteres 5 cm lang und 3 cm breit sein, während die eines vergleichbar großen Schuppenkarpfens 3 cm lang und 2,5 cm breit ist.

SCHUPPEN-
KARPFEN
Cyprinus carpio

SPIEGELKARPFEN
Cyprinus carpio

LEDERKARPFEN
Der schuppenlose oder fast gänzlich schuppenlose Lederkarpfen ist eine Abwandlung des Schuppenkarpfens. Die wenigen übriggebliebenen Schuppen sind sehr groß und befinden sich gewöhnlich in Flossennähe oder am Schwanz. Wie Schuppen- und Spiegelkarpfen wurde auch der Lederkarpfen weltweit in viele Gewässer ausgesetzt.

SPIEGELKARPFEN
Spiegelkarpfen gibt es in unterschiedlichen Formen. Die fast ganz beschuppten sind mit großen, unregelmäßigen Schuppen überzogen; an anderen sitzen die Schuppen nur in den Randbereichen, während sie beim Zeilkarpfen in Streifen entlang der Seitenlinien angeordnet sind.

LEDERKARPFEN
Cyprinus carpio

135

DÖBEL, HASEL, ROTAUGE & ROTFEDER

Diese beliebten Angelfische sind in den europäischen Flüssen und Seen weit verbreitet. Döbel und Hasel ziehen gemäßigte Strömung bis schnellfließendes, klares Wasser vor, sind aber auch in trägen Unterläufen und in Seen zuhause. Rotaugen und Rotfedern gedeihen in Kanälen, trägen Flüssen und pflanzenreichen Seen gut. In Australien wurde mit Rotaugen besetzt und heute erhält sich der Bestand von Victoria und New South Wales von selbst. Im Nordosten der Vereinigten Staaten wurden Rotfedern ausgesetzt, die sich mittlerweile in Maine und im unteren Hudson-Becken in New York vermehren.

Döbelnahrung
Jungdöbel fressen in erster Linie Insektenlarven und wirbellose Wasserlebewesen. Erwachsene Döbel sind typische Allesfresser, deren Rundmäuler begierig Kleinfische, Frösche, Flußkrebse, Würmer und von überhängenden Büschen und Bäumen fallende Beeren einsaugen.

Konvexe Rückenflosse

DÖBEL
Leuciscus cephalus

Konkave Rückenflosse

Rosafarbene Bauchflosse

Schlanker Körperbau

HASEL
Leuciscus leuciscus

Die konvexe Afterflosse ist rötlich, wird im Laufe der Jahre allerdings dunkler.

DÖBEL
Der Körper des Döbels ist stämmig, mit abgerundeten Flossen und einem stumpfen Maul versehen. Der dunkle Rand an seinen Schuppen sorgt an Flanken und Rücken für ein attraktives Gittermuster. Ausnahmsweise können diese Fische über 7 Kilo schwer werden.

Konkave Afterflosse

Oberständiges Maul

Große Augen

Lange Afterflosse

HASEL
Die schlanke, silbrige Hasel zählt zu den kleinsten Fischen, die für den Angler von Interesse sind: sie erreicht maximal 600 Gramm und ein Fisch von 170 bis 220 Gramm ist bereits ein guter Fang. Hasel ernähren sich von Insekten, Kleinkrebsen und Pflanzen.

LAUBE
Alburnus alburnus

ANGELTIPS

Techniken
Posen- und Grundfischen sind die zum Fang dieser Arten gebräuchlichsten Techniken. Das Fliegenfischen ist hierzu eine recht unterhaltsame Alternative.

Gerät
Zum Grundfischen auf Döbel sollten Sie eine etwa 3,7 m lange Quivertiprute verwenden, an die eine mit 0,20 mm gefüllte Stationärrolle kommt. Als Haken kommen Hakengrößen von 8 bis 16 in Betracht. Des weiteres brauchen Sie noch ein geschlossenes Futterkörbchen. Zum Posenfischen ist eine 3,7 bis 4 m lange Rute mit Stationärrolle (0,14 mm) geeignet, die Hakengrößen sollten bei 14 bis 20 liegen. Zum Posenfischen auf Hasel wird eine 3,7 m lange Rute mit leichter Spitzenaktion benötigt, eine mit 0,12 mm Schnur gefüllte Stationärrolle und Haken der Größen 16 bis 20. Zum Posenfischen auf Rotaugen oder Rotfedern geht es mit einer 3,7 m langen Rute mit leichter Spitzenaktion, eine mit 0,14 mm gefüllte Stationärrolle und Haken der Größen 14 bis 20. Zum Grundfischen auf Rotauge und Rotfeder brauchen Sie eine 3 bis 3,7 m lange Quivertiprute, eine mit 0,14 bis 0,20 mm gefüllte Stationärrolle und Haken der Größen 10 bis 16.

Köder
Alle diese Arten lieben Maden, Caster, Brotflocken und Würmer. Große Nacktschnecken sind besonders beim Fischen auf Döbel fängig. Döbel lassen sich gut mit der Fliegenrute überlisten, entweder Nymphe oder Trockenfliege.

Döbel, Hasel oder Laube?
Jungdöbel sehen Haseln oder Lauben recht ähnlich, jede dieser Arten hat jedoch eigene Erkennungsmerkmale. Die Rücken- und Afterflosse ist beim Döbel konvex geformt, seine Bauch- und Afterflossen sind rosafarben. Im Vergleich hierzu sind die graue Rückenflosse und die blaßgelbe Afterflosse der Hasel konkav, während die graue, konkave Afterflosse der Laube viel länger als die von Hasel und Döbel ist. Die Laube verfügt auch über ein oberständiges Maul und über verhältnismäßig große Augen.

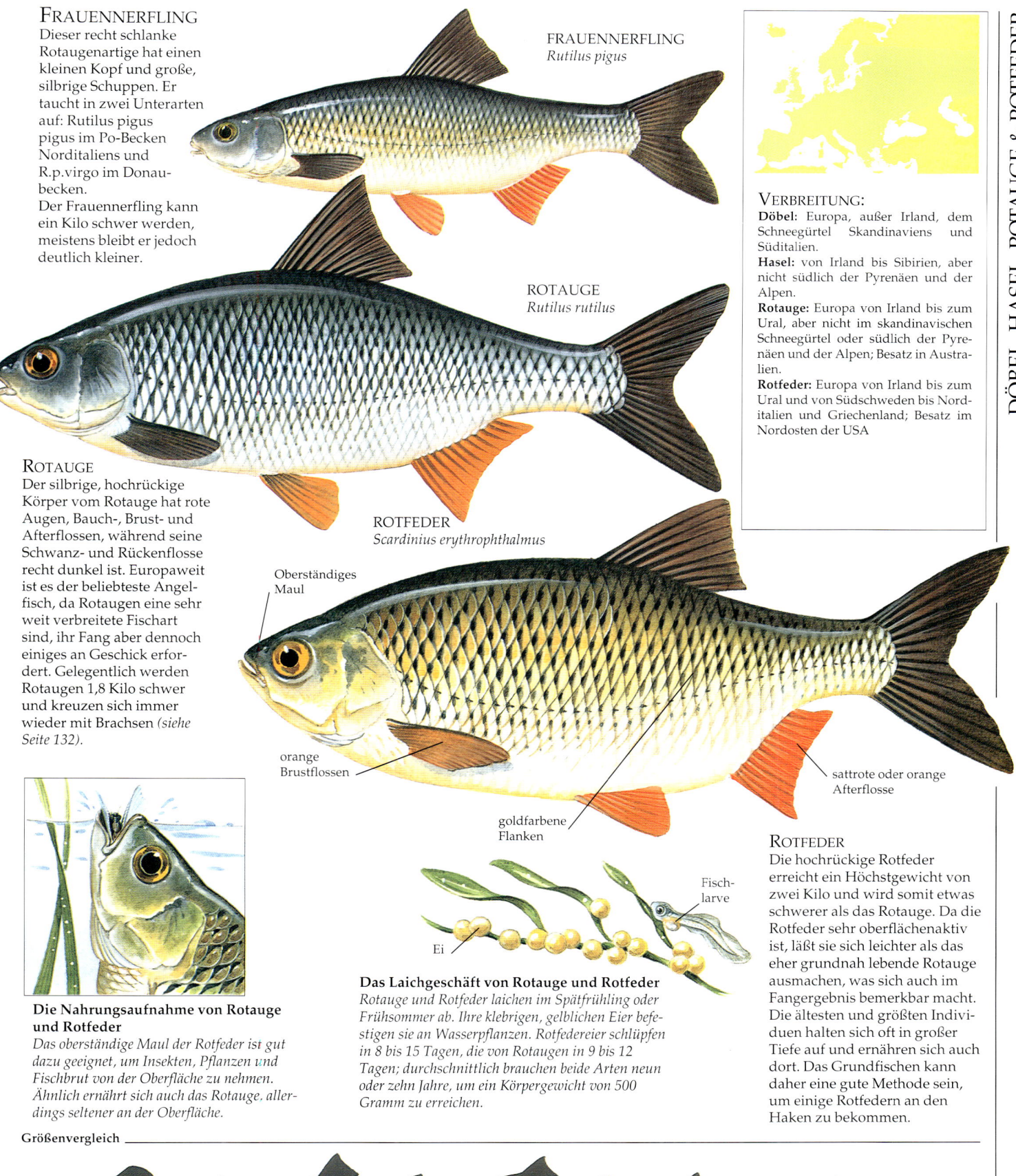

FRAUENNERFLING

Dieser recht schlanke Rotaugenartige hat einen kleinen Kopf und große, silbrige Schuppen. Er taucht in zwei Unterarten auf: Rutilus pigus pigus im Po-Becken Norditaliens und R.p.virgo im Donaubecken.

Der Frauennerfling kann ein Kilo schwer werden, meistens bleibt er jedoch deutlich kleiner.

FRAUENNERFLING
Rutilus pigus

ROTAUGE
Rutilus rutilus

ROTAUGE

Der silbrige, hochrückige Körper vom Rotauge hat rote Augen, Bauch-, Brust- und Afterflossen, während seine Schwanz- und Rückenflosse recht dunkel ist. Europaweit ist es der beliebteste Angelfisch, da Rotaugen eine sehr weit verbreitete Fischart sind, ihr Fang aber dennoch einiges an Geschick erfordert. Gelegentlich werden Rotaugen 1,8 Kilo schwer und kreuzen sich immer wieder mit Brachsen *(siehe Seite 132)*.

ROTFEDER
Scardinius erythrophthalmus

Oberständiges Maul

orange Brustflossen

goldfarbene Flanken

sattrote oder orange Afterflosse

VERBREITUNG:
Döbel: Europa, außer Irland, dem Schneegürtel Skandinaviens und Süditalien.
Hasel: von Irland bis Sibirien, aber nicht südlich der Pyrenäen und der Alpen.
Rotauge: Europa von Irland bis zum Ural, aber nicht im skandinavischen Schneegürtel oder südlich der Pyrenäen und der Alpen; Besatz in Australien.
Rotfeder: Europa von Irland bis zum Ural und von Südschweden bis Norditalien und Griechenland; Besatz im Nordosten der USA

Die Nahrungsaufnahme von Rotauge und Rotfeder
Das oberständige Maul der Rotfeder ist gut dazu geeignet, um Insekten, Pflanzen und Fischbrut von der Oberfläche zu nehmen. Ähnlich ernährt sich auch das Rotauge, allerdings seltener an der Oberfläche.

Fischlarve

Ei

Das Laichgeschäft von Rotauge und Rotfeder
Rotauge und Rotfeder laichen im Spätfrühling oder Frühsommer ab. Ihre klebrigen, gelblichen Eier befestigen sie an Wasserpflanzen. Rotfedereier schlüpfen in 8 bis 15 Tagen, die von Rotaugen in 9 bis 12 Tagen; durchschnittlich brauchen beide Arten neun oder zehn Jahre, um ein Körpergewicht von 500 Gramm zu erreichen.

ROTFEDER

Die hochrückige Rotfeder erreicht ein Höchstgewicht von zwei Kilo und wird somit etwas schwerer als das Rotauge. Da die Rotfeder sehr oberflächenaktiv ist, läßt sie sich leichter als das eher grundnah lebende Rotauge ausmachen, was sich auch im Fangergebnis bemerkbar macht. Die ältesten und größten Individuen halten sich oft in großer Tiefe auf und ernähren sich auch dort. Das Grundfischen kann daher eine gute Methode sein, um einige Rotfedern an den Haken zu bekommen.

Größenvergleich

Döbel

Rotauge

Rotfeder

Frauennerfling

Hasel

Laube

HECHT, PICKEREL & MUSKIE

Die Mitglieder der Hechtfamilie sind gefräßige Räuber, die bei einigen seltsamen Anglern verhaßt sind, ja, manchmal sogar von ihnen gefürchtet werden, während andere diese Fische wegen ihrer Größe und ihres Kampfgeistes bewundern. Sie bewohnen Flüsse, Bäche und stillstehende Gewässer, deren Wasser klar und verkrautet ist. Im Kraut versteckt lauern sie ihrer Beute auf. Der Hecht ist eine der wenigen Süßwasserarten, die gleichermaßen in Nordamerika und in Eurasien heimisch ist. Pickerel und Muskie sind rein nordamerikanische Hechtarten.

REDFIN PICKEREL
Esox americanus
americanus

GRASS PICKEREL
Esox americanus vermiculatus

PICKEREL
Der Chain Pickerel oder Kettenhecht wiegt durchschnittlich nur ein Kilo, auch wenn Exemplare von über 4,2 Kilo bekannt sind. Trotz seiner geringen Größe bietet er an leichtem Spinngerät einen guten Sport, ebenso die noch kleineren Grass und Redfin Pickerels, die noch nicht einmal halb so groß werden. Neben seiner Größe unterscheidet sich der Kettenhecht vom Redfin und Grass Pickerel noch durch seine Zeichnung. Diese Zeichnung erinnert an ein dunkles Kettenmuster auf hellem Untergrund, während Grass und Redfin Pickerel mit dunklen Bändern versehen sind; die Flossen des Redfins sind, wie der Name schon besagt, rot.

CHAIN PICKEREL
ODER KETTENHECHT
Esox niger

MUSKIE
Der mächtige Muskie ist ein kraftvoller, schnell abwachsender Fisch, der in nur vier Monaten eine Länge von 30 cm erreichen und über 1,8 m lang werden kann. Sein nachgewiesenes Höchstgewicht liegt bei 31,75 Kilo, es gibt aber Berichte von über 45 Kilo schweren Fischen. Der auffälligste Unterschied zwischen dem Muskie und dem Hecht ist ihre Zeichnung: die Zeichnung des Muskies ist dunkel auf hellem Untergrund, während die des Hechtes hell auf dunklem Untergrund ist.

MUSKIE
Esox masquinongy

DIE NAHRUNGS-AUFNAHME
Der Hauptbestandteil der Nahrung der Hechtfamilie besteht aus Fisch, u.a. auch aus Jungfischen der eigenen Art. Nichtsdestotrotz sind es große Opportunisten, die über alles "Genießbare" herfallen können. Zu ihrer regelmäßigen Beute gehören auch Frösche, Schlangen, Flußkrebse, Kleinnager und Entenküken. Ihre Körperzeichnung ermöglicht ihnen eine nahezu vollständige Tarnung in den Krautbänken, in denen sie ihrer Beute auflauern. Geschluckt wird diese mit dem Kopf voran.

ANGELTIPS

Techniken
Diese aktiven Räuber werden gewöhnlich beim Spinnfischen oder beim Schleppfischen mit Kunstködern, toten und lebenden Köderfischen überlistet. Man kann ihnen auch vom Ufer aus nachstellen. Krautbänke, die außerhalb der Wurfweite liegen, lassen sich mit dem Boot abfischen.

Gerät
Für den Fang von Pickerels ist eine 1,8 m lange Baitcasterrute mit Multirolle oder eine 1,8 bis 2,1 m lange Spinnrute mit Stationärrolle empfehlenswert. Die Schnurstärke sollte bei 0,25 bis 0,28 mm liegen und am Ende mit einem kurzen Stahlvorfach ausgestattet sein. Zum Spinnfischen vom Ufer oder Boot auf Hecht oder Muskie ist eine Spinnrute von 2,5 bis 3 m ratsam, die mit einer mit 0,30 bis 0,35 mm Schnur gefüllten Stationärrolle versehen ist. Ein Stahlvorfach von etwa 9 oder 10 Kilo Tragkraft ist unerläßlich. Zum Downriggerschleppen auf Hecht oder Muskie braucht man eine 1,8 bis 2,1 m lange Rute mit schneller Aktion, die mit einer mit 0,35 bis 0,40 mm Schnur gefüllten Multirolle versehen ist. Auch hier ist ein Stahlvorfach von 11 Kilo unerläßlich.

Köder
Kleine Spinner und Löffel sind ideale Pickerelköder. Für den Fang von Hecht und Muskie sind große Löffel, Spinner, Wobbler, Fischstücke (vor allem Hering, Makrele und Aal) und ganze Elritzen empfehlenswert.

VERBREITUNG:
Hecht: von Nordeuropa bis an die Pyrenäen, östlich bis nach Sibirien; von Labrador bis nach Alaska, im Süden bis nach Pennsylvania, Missouri und Nebraska.
Muskie: die Gegend der Great Lakes, das Mississippi-Becken, Talsperren entlang der Atlantikküste bis nach Virginia und Georgia.
Kettenhecht: Talsperren entlang der Atlantikküste von Nova Scotia bis nach Florida; im Mississippi-Becken südlich von Missouri.
Redfin Pickerel: Talsperren entlang der Atlantikküste.
Grass Pickerel: Mississippi-Becken und Great Lakes.

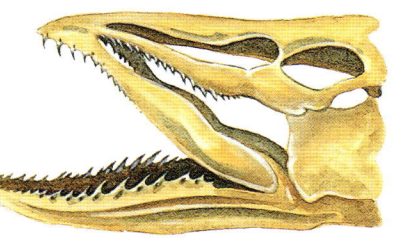

Kiefer
Die Mitglieder der Hechtfamilie verfügen über ein sehr zahnreiches Gebiß mit sehr scharfen Zähnen. Durch diese ist er in der Lage, auch recht große Fische zu fassen und zu schlucken; Hechte haben eine Vorliebe für Beutefische, die 10 bis 25 Prozent ihres Körpergewichtes erreichen.

HECHT
Esox lucius

HECHT
Wie die anderen Mitglieder der Hechtfamilie ist auch der Hecht ein aggressiver Räuber, der als Einzelgänger lebt und dessen torpedoförmiger Körper eher auf plötzliche Beschleunigung als auf lange Verfolgungsjagden ausgelegt ist. Gewöhnlich lebt der Hecht in der Deckung eines Unterstandes, in großen Seen lauert er aber auch gerne im Freiwasser auf unachtsame Lachse, Forellen und andere Fische. Die Wachstumsraten der Hechte unterscheiden sich gewaltig voneinander und hängen direkt vom vorhandenen Nahrungsangebot ab. Eine jährliche Zuwachsrate von etwa 1,4 Kilo scheint jedoch normal. Das Maximalgewicht scheint bei etwa 34 Kilo zu liegen, die große Mehrzahl der Hechte ist allerdings bedeutend kleiner und fast überall stellt ein Hecht von 5 bis 10 Kilo einen guten Fang dar.

Größenvergleich

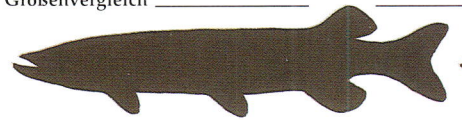

Muskie   Hecht   Kettenhecht   Grass Pickerel   Redfin Pickerel

BULLHEAD

Die nordamerikanischen Bullheads und Katzenwelse (siehe Seite 142) sind Mitglieder der Familie der Ictaluriden, die mit ihren 40 Arten die größte in Nordamerika heimische Familie von Süßwasserfischen ist; mit einigen dieser Fischarten wurden Besatzmaßnahmen in Europa und sonstwo durchgeführt. Bullheads sind Allesfresser, die sich in Grundnähe ernähren und meist in ruhigen und träge fließenden Gewässern zuhause sind. Charakteristisch sind ihr schuppenloser Körper, ihre vier Bartelpaare, ihre Fettflosse und die steifen und spitzen Stacheln an ihren Brust- und Rückenflossen.

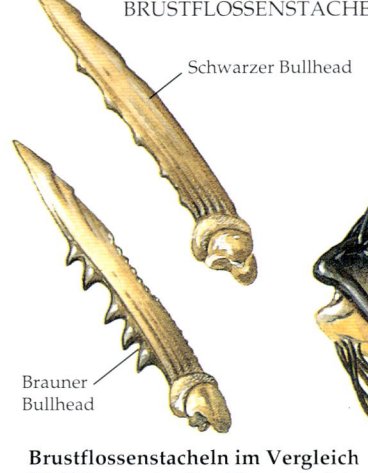

BRUSTFLOSSENSTACHEL

Schwarzer Bullhead

Brauner Bullhead

Brustflossenstacheln im Vergleich
Die Zähne an den Brustflossenstacheln des Schwarzen Bullheads sind viel kleiner als die des Braunen Bullheads.

GELBER BULLHEAD
(Yellow Bullhead, Obenansicht)

YELLOW BULLHEAD
Der Yellow Bullhead hat einen gelblichbraunen Körper und weiße bis gelbliche Barteln. Er lebt in Gewässern mit weichem Grund und frißt nahezu alles, was irgendwie verwertbar ist, u.a. auch Pflanzen, Schnecken, Insektenlarven, Kleinfische und Flußkrebse. Maximal wird er 1,9 Kilo schwer.

Körperform
Von oben betrachtet hat der Bullhead einen massigen, breiten Schädel. Sein Körper verjüngt sich schnell von den Brustflossen bis an die Schwanzflosse.

SNAIL BULLHEAD
Ameirus brunneus

YELLOW BULLHEAD
Ameirus natalis

SPOTTED BULLHEAD
Ameirus serracanthus

SPOTTED BULLHEAD
Anhand seiner blassen Flecken auf dunklem Untergrund läßt sich der Spotted Bullhead leicht identifizieren. Dieser Kleinfisch wird höchstens 450 Gramm schwer.

SNAIL BULLHEAD
Der Snail Bullhead zieht schnellfließende Strömung und harten Untergrund einem trägen und schlammigen Gewässern vor. Meist wird er zwischen 100 und 450 Gramm schwer.

Größenvergleich

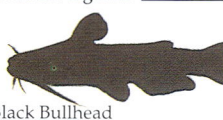
Black Bullhead

Brown Bullhead

Yellow Bullhead

Snail Bullhead

Flat Bullhead

Spotted Bullhead

BLACK BULLHEAD
Ameirus melas

BROWN BULLHEAD
Ameirus nebulosus

Dunkler Flossenrand

BROWN BULLHEAD
Der Brown Bullhead trägt eine
gesprenkelte Zeichnung und
seine Brustflossenstachen
sind mit spitzen Zähnen
besetzt. Sein Maximalgewicht
liegt etwa bei 2,5 Kilo, was unter
dem des Black Bullheads liegt,
allerdings ist mit 1,3 Kilo sein Durchschnittsgewicht deutlich höher. Beide
Arten wurden auch in europäische
Gewässer ausgesetzt und heute
gedeiht der Brown Bullhead in
Holland und Deutschland, während
es in Frankreich große Bestände von
Black Bullheads gibt.

BLACK BULLHEAD
Der auch als Zwerg- oder Katzen-
wels bezeichnete Black Bullhead ist
ein sehr beliebter Angelfisch, der
auch mit recht schlechter Wasserqualität zurechtkommt. Er ist dem
braunen Bullhead sehr ähnlich, ihm
fehlen jedoch dessen gesprenkelte
Zeichnung und dessen spitzen Zähne an den Brustflossenstachen. Der
Black Bullhead ist der größte in der
Bullheadfamilie und obwohl er
über 3,5 Kilo schwer werden kann,
wiegt er nur selten über einem Kilo.

FLAT BULLHEAD
Ameirus platycephalus

VERBREITUNG
Black B.: von Montana östlich bis an
die Great Lakes und südlich bis an die
Karibik; wurde auch nach Europa
gebracht.
Brown B.: von den Great Lakes und
Maine südlich bis nach Mexiko und
Florida; wurde auch nach Europa und
Neuseeland gebracht.
Yellow B.: Talsperren von Dakota bis
an den Atlantik und die Karibik.
Spotted B.: Florida, Georgia und Ala-
bama.
Snail B.: vom südlichen Virginia bis
ins östliche Alabama und ins nördliche
Florida.
Flat B.: Virginia bis nach Georgia.

FLAT BULLHEAD
Seitlich betrachtet hat der Flat Bullhead
einen abgeflachten Kopf mit einem
recht spitz zulaufenden Maul. Seine
Färbung reicht von gesprenkeltem
Gelb bis zu dunklem Braun, wobei der
Bauch jedoch immer hell bleibt. Durchschnittlich wiegt er 450 Gramm, maximal ein Kilo.

Das Laichgeschäft der Bullheads
*Bullheads laichen im Frühjahr oder im Spätsommer
und legen dabei ihre Eier in Bodenvertiefungen, zwischen Steinen oder sonstwo in Deckung. Eines der beiden
Elterntiere bewacht die Eier bis zum Schlupf.*

ANGELTIPS

Techniken
Als echte Allesfresser lassen sich
Zwergwelse mit fast allen Kö-
dern fangen. Posen-, Grund- und
Spinnfischen sind erfolgreiche
Methoden.

Gerät
Zum Posenfischen brauchen Sie
eine 3,7 m lange Rute mit Spitzenaktion, an die eine mit 0,14 mm
Schnur gefüllte Stationärrolle
kommt. Die Hakengröße sollte
zwischen 10 und 16 liegen. Zum
Grundfischen brauchen Sie eine 3
bis 3,7 m lange Quivertiprute, an
die eine mit 0,14 bis 0,18 mm
Schnur gefüllte Stationärrolle
kommt. Auch hier sollte die
Hakengröße zwischen 10 und 16
liegen. Zum Spinnfischen braucht
man eine 1,8 bis 2,1 m lange
Spinn- oder Baitcasterrute mit
mittlerer Aktion, die eine mit 0,14
bis 0,18 mm Schnur gefüllte Bait-
caster- oder Stationärrolle erhält.

Köder
Bullheads sind typische Allesfresser, die sich mit einer Vielzahl von
Ködern zum Biß verleiten lassen.
Zu diesen Ködern gehören Würmer, Fleisch, Brot, Käse, Fischstücke, kleine Fische, Schalentiere,
Schnecken, Garnelen und Süßwassermuscheln. Durch Hinzufügen
von Geruchsstoffen werden
unscheinbare Köder, wie beispielsweise Brot, attraktiver. Zum
Spinnfischen verwendet man am
besten sehr leichte Spinner und
Löffel, Weichplastikköder, winzige Jigs und kleine Naßfliegen.

SÜSSWASSERWELSE

Weltweit gibt es über 30 Familien Süß- und Salzwasserwelse, die insgesamt etwa 2250 Arten umfassen. Zu diesen Familien gehören die nordamerikanischen Ictaluriden (siehe Seite 140), die europäischen Siluriden und die Plotosiden Australasiens. Alle diese Fische haben schuppenlosen Körper, breite Schädel und Barteln um das Maul. Gewöhnlich bewohnen sie stillstehende und träge fließende Gewässer und sind eher bei Nacht als bei Tage aktiv.

Deutliche
Abflachung am Kopf

CHANNEL CATFISH
Der Channel Catfish ist eine der größeren amerikanischen Katzenwelsarten. Es ist die einzige, die gleichzeitig über Tupfen und eine tief gespaltene Schwanzwurzel verfügt; an alten Fischen scheinen die Tupfen allmählich zu verblassen. Maximal werden diese Fische etwa 27 Kilo schwer.

ERWACHSENER
JUNGFISCH

CHANNEL CATFISH
Ictalurus punctatus

WHITE CATFISH
Die Färbung des White Catfish reicht von Weiß bis zu silbrigem Beige oder blau, während der Bauch immer hell bleibt. Er ist ein sehr beliebter Angel- und Speisefisch, der gewöhnlich 1,4 Kilo schwer wird, gelegentlich aber auch Gewichte von über sieben Kilo erreicht.

WELS ODER WALLER
Der Wels ist ein in Zentral- und Osteuropa heimischer Fisch, mit dem auch viele westeuropäische Gewässer besetzt wurden. Der Grund hierfür liegt darin, daß der Wels einer der größten Süßwasserfische überhaupt ist und es sind zuverlässige Fangberichte von über 200 Kilo schweren und 3 m langen Welsen bekannt. Es gibt auch Fangmeldungen von angeblich über 320 Kilo schweren Fischen.

WELS ODER
WALLER
Siluris glanis

WHITE CATFISH
Ameirus catus

TANDAN
Tandanus tandanus

TANDAN
Der Tandan ist ein Mitglied der Plotosidenfamilie, zu der etwa 30 Süß- und Salzwasserarten gehören, die recht weit über Australasien und über den indopazifischen Raum verbreitet sind. Er lebt in stillstehenden Gewässern und in träge fließenden Bächen und wird gewöhnlich 2 Kilo schwer. Sein Höchstgewicht scheint bei etwa 6 Kilo zu liegen.

ANGELTIPS

Techniken
Süßwasserwelse werden gewöhnlich mit Naturködern gefangen, auch wenn sich das Spinnfischen mit Kunstködern ebenfalls als fängig erweisen kann, insbesondere für den Fang vom Channel und vom Blue Catfish.

Gerät
Verwenden Sie eine schwere Spinnrute von etwa 2,7 bis 3 m Länge, an die eine mit 0,25 bis 0,32 mm Schnur gefüllte Stationärrolle kommt. Die Hakengrößen liegen zwischen 6 und 1/0. Für den Fang größerer Arten, wie beispielsweise dem Wels, brauchen Sie eine Rute von 3 bis 3,7 m mit einer sehr kraftvollen, durchgehenden Aktion. Die Stationärrolle füllen Sie mit mindestens 0,35 mm dicker Schnur, als Vorfach brauchen Sie etwa 9 Kilo tragendes Dacron und die Hakengrößen sollten zwischen 4 und 2/0 liegen.

Köder
Süßwasserwelse lassen sich nahezu auf jeden Köder fangen. Jeder Zwergwelsangler hat seinen eigenen Lieblingsköder, allgemein wird jedoch die Auffassung vertreten, daß die besten Ergebnisse mit "stinkenden" Ködern erzielt werden, beispielsweise verdorbene Muscheln und "gereifte" Geflügeldärme, Rinder-, Schweine- und Kaninchenleber, geronnenes Blut, ja, sogar parfümierte Seife.

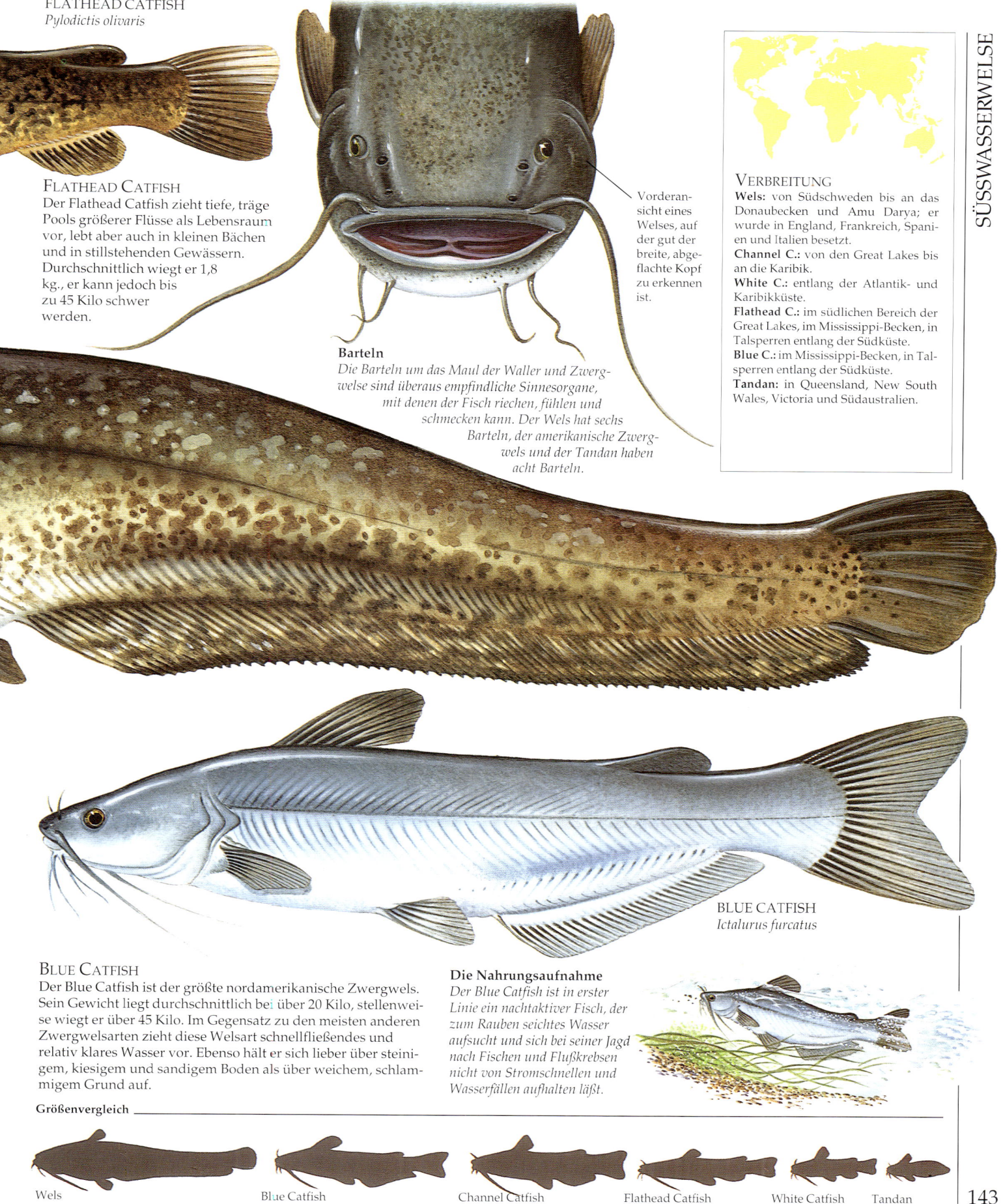

FLATHEAD CATFISH
Pylodictis olivaris

FLATHEAD CATFISH
Der Flathead Catfish zieht tiefe, träge Pools größerer Flüsse als Lebensraum vor, lebt aber auch in kleinen Bächen und in stillstehenden Gewässern. Durchschnittlich wiegt er 1,8 kg., er kann jedoch bis zu 45 Kilo schwer werden.

Vorderansicht eines Welses, auf der gut der breite, abgeflachte Kopf zu erkennen ist.

Barteln
Die Barteln um das Maul der Waller und Zwergwelse sind überaus empfindliche Sinnesorgane, mit denen der Fisch riechen, fühlen und schmecken kann. Der Wels hat sechs Barteln, der amerikanische Zwergwels und der Tandan haben acht Barteln.

VERBREITUNG
Wels: von Südschweden bis an das Donaubecken und Amu Darya; er wurde in England, Frankreich, Spanien und Italien besetzt.
Channel C.: von den Great Lakes bis an die Karibik.
White C.: entlang der Atlantik- und Karibikküste.
Flathead C.: im südlichen Bereich der Great Lakes, im Mississippi-Becken, in Talsperren entlang der Südküste.
Blue C.: im Mississippi-Becken, in Talsperren entlang der Südküste.
Tandan: in Queensland, New South Wales, Victoria und Südaustralien.

BLUE CATFISH
Ictalurus furcatus

BLUE CATFISH
Der Blue Catfish ist der größte nordamerikanische Zwergwels. Sein Gewicht liegt durchschnittlich bei über 20 Kilo, stellenweise wiegt er über 45 Kilo. Im Gegensatz zu den meisten anderen Zwergwelsarten zieht diese Welsart schnellfließendes und relativ klares Wasser vor. Ebenso hält er sich lieber über steinigem, kiesigem und sandigem Boden als über weichem, schlammigem Grund auf.

Die Nahrungsaufnahme
Der Blue Catfish ist in erster Linie ein nachtaktiver Fisch, der zum Rauben seichtes Wasser aufsucht und sich bei seiner Jagd nach Fischen und Flußkrebsen nicht von Stromschnellen und Wasserfällen aufhalten läßt.

Größenvergleich

Wels   Blue Catfish   Channel Catfish   Flathead Catfish   White Catfish   Tandan

Seebarsche & Murray Cod

Bis vor kurzem wurden alle diese barschähnlichen Arten noch in die Familie der Percichthydien eingeordnet, heute werden jedoch die der Gatttung Morone als eine eigenständige Familie betrachtet, die Moroniden. Beide Familien sind in den gemäßigten und warmen Meeren weit verbreitet, einige sind reine Süßwasserfische, andere reine Salzwasserfische und einige ziehen zum Laichen vom Meer ins Süßwasser. Sie ernähren sich hauptsächlich von Kleinfischen, Krebsen, Würmern und Insekten.

AUSTRALIAN BASS

Dieser Fisch ist einer der wichtigsten Sportfische der küstennahen Flüsse, Mündungen und Seen des südöstlichen Australiens. Er wird über ein Kilo schwer und laicht im Winter in Mündungsbereichen. Die Eier schlüpfen innerhalb von drei Tagen und im Alter von drei Monaten sehen die Jungfische wie kleine Erwachsene aus, tragen auf ihren Flanken allerdings eine blasse Bänderung.

AUSTRALIAN BASS
Macquaria novemaculeata

YELLOW BASS
Morone mississippiensis

WHITE PERCH
Morone americana

WHITE PERCH

Der White Perch kann Gewichte von über 2,2 Kilo erreichen, sein Durchschnittsgewicht beträgt jedoch nur 450 Gramm. Er lebt im nordöstlichen Nordamerika und ist dort in erster Linie im brackigen Wasser von Mündungsbereichen anzutreffen. Stellenweise hält er sich auch gerne in ruhigen Pools mittelgroßer bis großer Flüsse auf oder in seichtem Wasser in unmittelbarer Küstennähe.

YELLOW BASS

Dieser kleine Süßwasserbass hat silbriggelbe Flanken, die von Längsstreifen geziert werden. Die untersten dieser Streifen sind unterbrochen und zueinander versetzt. Nur selten wird er über 1 Kilo schwer, gewöhnlich nur 100 bis 350 Gramm. Trotz seiner geringen Größe liefert er an leichtem Gerät einen guten Drill.

WHITE BASS
Morone chrysops

WHITE BASS

Der White Bass ist dem Yellow Bass sehr ähnlich, seine Färbung ist jedoch silbrigweiß und seine Längsstreifen sind nicht unterbrochen. Sein Unterkiefer hat einen deutlichen Vorbiß (oberständiges Maul). Er lebt in erster Linie in großen Gewässern mit relativ klarem Wasser und obwohl er über 3 Kilo schwer werden kann, werden meistens 200 bis 900 Gramm schwere Exemplare gefangen.

Größenvergleich

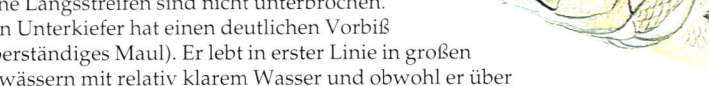

Striped Bass   Murray Cod   Wolfsbarsch   Gefleckter Wolfsbarsch   Australian Bass   Yellow Bass   White Bass   White Perch

MURRAY COD

Mit einer Maximallänge von 1,8 Meter und einem Höchstgewicht von über 110 Kilo ist der Murray Cod der größte Süßwasserfisch Australiens. Er bevorzugt die tiefen Abschnitte schlammiger, träger Flüsse und ihm wird ebenso von Berufs- wie von Sportfischern nachgestellt. Im gesamten Murray-Darling Flußsystem ist er recht verbreitet, aber es wurden auch viele Seen in New South Wales und Victoria mit ihm besetzt.

MURRAY COD
Maccullochella peeli

SPOTTED SEA BASS/
GEFLECKTER WOLFSBARSCH
Dicentrarchus punctatus

SEA BASS/WOLFSBARSCH
Dicentrarchus labrax

STRIPED BASS/STREIFENBARSCH
Morone saxatilis

VERBREITUNG

Australian Bass; Murray Cod: Queensland bis Victoria.
White Perch: von Québec bis South Carolina.
Yellow Bass: von Montana und Wisconsin südwärts bis an den Golf von Mexiko.
White Bass: Manitoba und Québec bis an den Golf von Mexiko.
Geffleckter Wolfsbarsch: Westfrankreich bis Nordafrika.
Wolfsbarsch: Südnorwegen bis an das Schwarze Meer.

SPOTTED SEA BASS/
GEFLECKTER WOLFSBARSCH

Der Gefleckte Wolfsbarsch ist kleiner als der Wolfsbarsch und er unterscheidet sich durch seine mit Tupfen überzogenen Flanken von ihm. Sein Verbreitungsgebiet überlappt mit dem des Wolfsbarsches, es reicht allerdings nicht so weit nördlich.

SEA BASS/WOLFSBARSCH

Der Wolfsbarsch lebt in küstennahen Gewässern und im brackigen Wasser von Mündungsbereichen. Er wird über 10 Kilo schwer. Das Laichgeschäft findet im Frühling oder Frühsommer statt. Die Flanken der Jungfische sind manchmal ähnlich wie die der Gefleckten Wolfsbarsche gesprenkelt; im Laufe der Zeit verblassen diese Tupfen allerdings.

STRIPED BASS/
STREIFENBARSCH

Dieser große Raubfisch kann über zwei Meter lang und über 50 Kilo schwer werden. Er lebt entlang der nordamerikanischen Atlantik- und Golfküste und wurde 1886 auch entlang der Pazifikküste ausgesetzt. Zum Laichen zieht er im Spätfrühling bis Frühsommer ins Süßwasser. In vielen Seen gibt es mittlerweile Binnenformen der Streifenbarsche. Diese Raubfische lassen sich problemlos mit Ködern wie Meeräschen, Sandaalen, Tintenfischen, Krebsen, Muscheln, Würmern und Kunstködern fangen. Es ist ein bei Berufs- und Sportfischern begehrter Fisch.

ANGELTIPS

Techniken

Im Süßwasser lohnt es sich, den Streifenbarschen und Murray Cods mit der Spinnrute oder durch Schleppfischen nachzustellen. Für den Fang der kleineren Arten sind das Spinn- und Fliegenfischen geeignete Techniken. Im Salzwasser sind das Brandungsangeln, das Schleppfischen und das Uptide-Fischen fängige Methoden.

Gerät

Für Süßwasserstreifenbarsche und Murray Cod ist schweres Spinngerät mit 0,40 bis 0,60 mm Schnur geeignet. Für die kleineren Süßwasserfische reicht eine 2,1 bis 2,7 m lange Spinn- oder Fliegenrute aus. Für den Fang von Streifenbarschen im Meer sollten Sie sich zum Schleppfischen mit 30 lb.-Gerät und zum Brandungsfischen mit einer 3,7 m langen Rute ausstatten; zum Fang der kleineren Arten im Meer reicht eine leichte, 3,4 m lange Brandungsrute oder 12 lb. Uptide-Rute aus.

Köder

Alle diese Fische sind aktive Räuber, sodaß sie sich mit fast allen hierzu geeigneten Natur- und Kunstködern fangen lassen.

145

AUSTRALISCHE BARSCHE & GRUNTERS

Macquarie Perch, Golden Perch und Estuary Perch sind allesamt Mitglieder der Percichthydenfamilie (siehe Seite 144), während die Jungle Perch zu den Kuhliiden zählt, eine kleine Fischfamilie, die den Centrarchiden Nordamerikas ähnlich ist (siehe Seiten 126 - 129). Silver Perch und Sooty Hunter sind Mitglieder der Teraponidenfamilie, zu der etwa 45 indopazifische Salz- und Süßwasserarten zählen.

SILVER PERCH
Bidyanus bidyanus

SOOTY GRUNTER
Hephaestus fuliginosus

Dunkler Fleck
auf der After-
flosse

MACQUARIE PERCH
Macquaria australasica

Überlange
Flossen-
strahlen

SILVER PERCH
Der Silver Perch lebt in den Flüssen und Seen Südostaustraliens. Er ist silbergrau gefärbt, sein Bauch ist hell und der dunkle Rand an seinen Flossen sorgt für ein gitterähnliches Muster. Er ernährt sich hauptsächlich von Insekten, Würmern und Mollusken und wird höchstens etwa 1,5 Kilo schwer. Sein Fleisch ist schmackhaft, ihm stellen Berufs- und Sportfischer nach.

MACQUARIE PERCH
Die Färbung des Macquarie Perch reicht von Grünlichbraun bis annähernd Tiefschwarz, während der Bauch blaß, manchmal ein wenig gelblich ist. Er lebt in kühlen Flüssen und tiefen Seen und mit ihm wurden auch erfolgreiche Besatzmaßnahmen an Talsperren durchgeführt. Sein Speiseplan setzt sich in erster Linie aus Insekten, Mollusken und Krebsen zusammen und er erreicht ein Gewicht von etwa 1,5 Kilo. Seine Laichzeit ist im Frühling oder Frühsommer.

SOOTY GRUNTER
Der Sooty Grunter ist recht dunkel gefärbt, manchmal ziert ein goldener Schimmer oder goldfarbene Flecken seine Flanken. Er ist in erster Linie ein Flußfisch, der etwa 4 Kilo schwer wird und dessen Speiseplan recht vielseitig ist: er frißt nicht nur Insekten, Würmer, Garnelen und Frösche, sondern auch Beeren.

ANGELTIPS

Techniken
Spinnfischen mit Kunstködern, Fliegenfischen und Schleppfischen mit Lebendködern macht sich bezahlt.

Gerät
Zum Spinnfischen sollten Sie Ihr Glück mit einer 2,1 m langen Spinnrute versuchen, an die eine mit 0,25 mm Schnur gefüllte Stationärrolle kommt. Zum Fliegenfischen brauchen Sie eine 2,7 m lange Rute mit schneller Aktion, eine Flie-genrolle mit #7 oder #8 Wurfschnur und ein 0,25 mm starkes Vorfach. Zum Schleppfischen paßt eine 2,7 m lange Rute mit steifer Aktion und einer Testkurve von 2 1/2 lb. Als Rolle kommt eine mit 0,30 bis 0,40 mm gefüllte Multi-rolle in Frage, das Vorfach kann aus Nylon oder Dacron sein und als Haken brauchen Sie Haken der Größen 2/0 bis 5/0.

Köder
Diese Fische fallen über eine Vielzahl unter-schiedlicher Kunstköder und Fliegen her, eben-so wie über geschleppte Naturköder (Würmer, Elritzen und Flußkrebse).

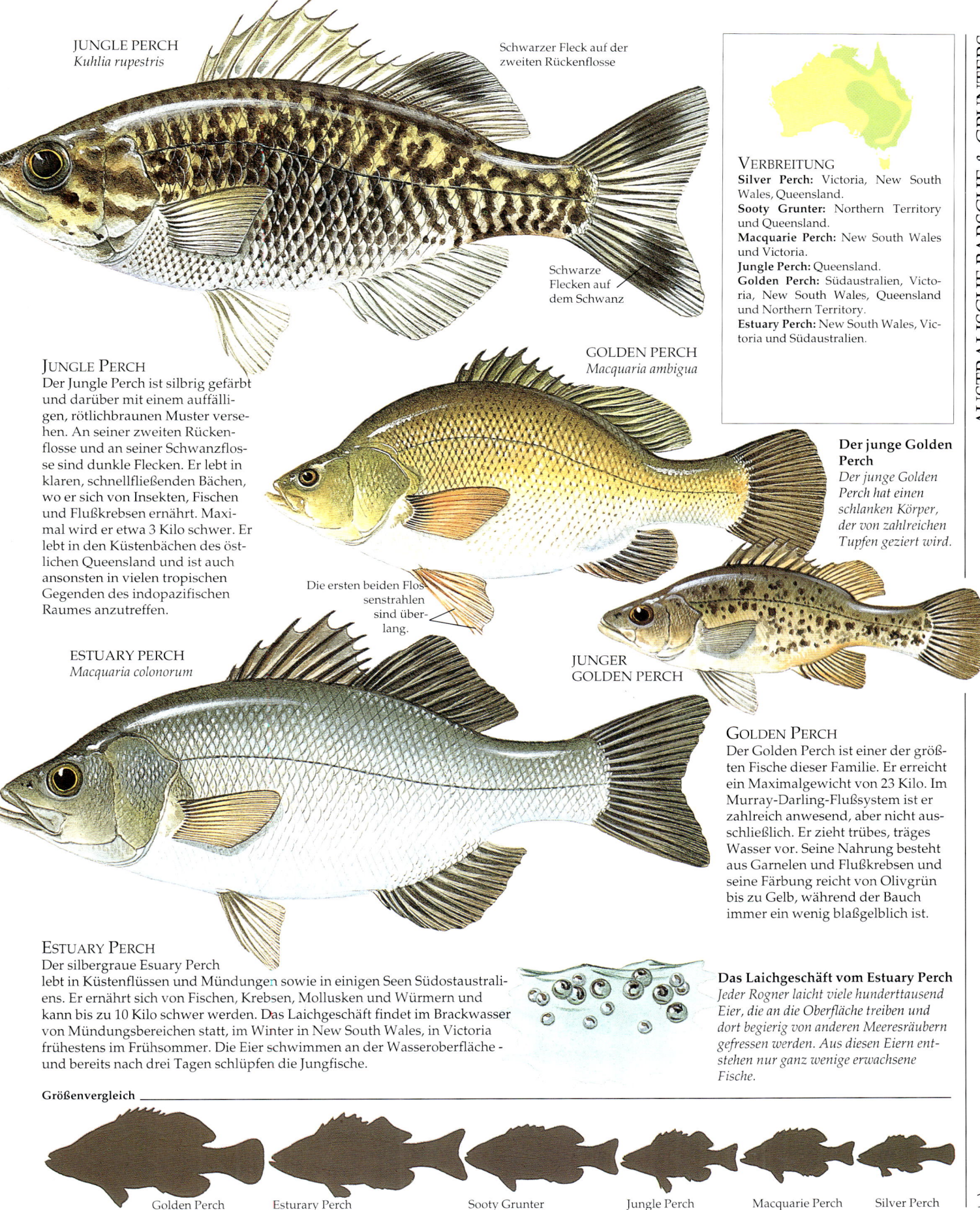

JUNGLE PERCH
Kuhlia rupestris

Schwarzer Fleck auf der
zweiten Rückenflosse

Schwarze
Flecken auf
dem Schwanz

VERBREITUNG
Silver Perch: Victoria, New South
Wales, Queensland.
Sooty Grunter: Northern Territory
und Queensland.
Macquarie Perch: New South Wales
und Victoria.
Jungle Perch: Queensland.
Golden Perch: Südaustralien, Victo-
ria, New South Wales, Queensland
und Northern Territory.
Estuary Perch: New South Wales, Vic-
toria und Südaustralien.

JUNGLE PERCH
Der Jungle Perch ist silbrig gefärbt
und darüber mit einem auffälligen, rötlichbraunen Muster versehen. An seiner zweiten Rückenflosse und an seiner Schwanzflosse sind dunkle Flecken. Er lebt in
klaren, schnellfließenden Bächen,
wo er sich von Insekten, Fischen
und Flußkrebsen ernährt. Maximal wird er etwa 3 Kilo schwer. Er
lebt in den Küstenbächen des östlichen Queensland und ist auch
ansonsten in vielen tropischen
Gegenden des indopazifischen
Raumes anzutreffen.

GOLDEN PERCH
Macquaria ambigua

**Der junge Golden
Perch**
*Der junge Golden
Perch hat einen
schlanken Körper,
der von zahlreichen
Tupfen geziert wird.*

ESTUARY PERCH
Macquaria colonorum

Die ersten beiden Flos-
senstrahlen
sind über-
lang.

JUNGER
GOLDEN PERCH

GOLDEN PERCH
Der Golden Perch ist einer der größten Fische dieser Familie. Er erreicht
ein Maximalgewicht von 23 Kilo. Im
Murray-Darling-Flußsystem ist er
zahlreich anwesend, aber nicht ausschließlich. Er zieht trübes, träges
Wasser vor. Seine Nahrung besteht
aus Garnelen und Flußkrebsen und
seine Färbung reicht von Olivgrün
bis zu Gelb, während der Bauch
immer ein wenig blaßgelblich ist.

ESTUARY PERCH
Der silbergraue Esuary Perch
lebt in Küstenflüssen und Mündungen sowie in einigen Seen Südostaustraliens. Er ernährt sich von Fischen, Krebsen, Mollusken und Würmern und
kann bis zu 10 Kilo schwer werden. Das Laichgeschäft findet im Brackwasser
von Mündungsbereichen statt, im Winter in New South Wales, in Victoria
frühestens im Frühsommer. Die Eier schwimmen an der Wasseroberfläche -
und bereits nach drei Tagen schlüpfen die Jungfische.

Das Laichgeschäft vom Estuary Perch
*Jeder Rogner laicht viele hunderttausend
Eier, die an die Oberfläche treiben und
dort begierig von anderen Meeresräubern
gefressen werden. Aus diesen Eiern entstehen nur ganz wenige erwachsene
Fische.*

Größenvergleich

Golden Perch   Esturary Perch   Sooty Grunter   Jungle Perch   Macquarie Perch   Silver Perch

BARSCH, SAUGER, WALLEYE & ZANDER

Die Familie der Perciden, der Barschartigen, ist eine große, in sich sehr unterschiedliche Familie, zu welcher der Flußbarsch und die mit ihm verwandten Fische gehören. Charakteristisch für diese Fische sind ihre schlanken, länglichen Körper und ihre beiden Rückenflossen, die bei einigen Arten miteinander verbunden und bei anderen voneinander getrennt sind. Die Flossenstrahlen der ersten sind steif, die der zweiten weich. Die Mitglieder der Percidenfamilie sind in stillstehenden und in fließenden Gewässern zuhause. Die kleineren Arten und die Jungfische der größeren ernähren sich von Insektenlarven und anderen Wirbellosen; die erwachsenen Fische der größeren Arten sind Fischfresser.

Barschschuppen

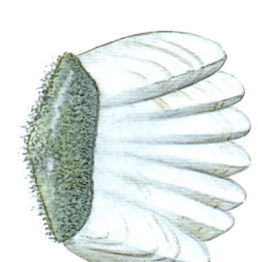

Beim Anfassen fühlen sich Barsche rauh an, was an ihren Kammschuppen liegt, an deren Rand sich spitze Zähnchen befinden. Solche Schuppen werden als Ctenoidschuppen bezeichnet. Glatte, zahnlose Schuppen, wie die der Cypriniden, werden als Cycloid- oder als Rundschuppen bezeichnet.

Barschrogen

Der europäische Flußbarsch und der Gelbbarsch laichen beide im Frühling und stoßen dabei ihre Eier in Form von langen Bändern aus, den Barschbändern. Diese werden in seichtem Wasser auf Steine gelegt oder um Wasserpflanzen gewickelt, wobei ruhige bis strömungsarme Gewässerabschnitte bevorzugt werden.

Miteinander verbunden Rückenflossen

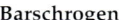
Viele dunkle Flecken auf der ersten Rückenflosse

KAULBARSCH
Gymnocephalus cernuus

SAUGER
Stizostedion canadense

KAULBARSCH

Der kleine Kaulbarsch ist eines der kleinsten Mitglieder der Familie der Barschartigen und somit für den Angler nicht weiter von Interesse. Meistens sind die Kaulbarsche nur 170 Gramm schwer, auch wenn sie 750 Gramm erreichen können.

WALLEYE
Stizostedion vitreum

ZANDER

Der Zander ist ein sehr aktiver Räuber, der Kleinfischen wie Jungbrachsen, Kaulbarschen und Rotaugen das Leben ganz schön schwer macht. Er erreicht Gewichte von über 18 Kilo. Ursprünglich war er ausschließlich im Osten und im Donaubecken zuhause, mittlerweile hat er den Westen und sogar England erobert. Einige Besatzmaßnahmen mit dieser sehr räuberischen Fischart waren recht umstritten, meistens haben sich die Zander jedoch problemlos in die vorhandenen Arten integriert.

SAUGER

Die Gattung Stizostedion umfaßt den Sauger, den Walleye und den Zander, zwischen denen genetisch nur geringfügige Unterschiede liegen. Ihre allgemeine Erscheinung und ihre Lebensgewohnheiten sind recht ähnlich. Wie alle Zander ist auch der Sauger ein Raubfisch; maximal wird er etwa vier Kilo schwer.

WALLEYE

Der Walleye verdankt seinen Namen seinen großen, milchigtrüben Augen, die tagsüber bereits auffällig sind, bei Nacht im Lampenschein sogar zu leuchten beginnen, wie die einer Katze. Es ist der größte nordamerikanische Vertreter der Familie der Barschartigen. Durchschnittlich wird er 1,3 Kilo schwer, maximal etwa 11 Kilo. Er ist ein sehr geschätzter Speisefisch und ein bei den Anglern begehrter Sportfisch.

Größenvergleich

Zander · Walleye · Sauger · Flußbarsch · Wolgazander · Gelbbarsch · Kaulbarsch

GELBBARSCH
Perca flavescens

Verbreitung

Sauger, Walleye: von den Northwest Territories östlich bis nach Québec, südöstlich bis nach Alabama.
Zander: Nord- und Zentraleuropa; nach Besatzmaßnahmen auch Westeuropa und England.
Wolgazander: in Flußsystemen, die in das nördliche Schwarze Meer und in das Kaspische Meer münden.
Kaulbarsch: von Ostengland bis nach Asien; in Schottland und an den Great Lakes fanden Besatzmaßnahmen statt.
Flußbarsch: von Irland bis nach Sibirien; auch australische Gewässer wurden mit ihm besetzt.
Gelbbarsch: von den Northwest Territories bis an den Atlantik und südlich bis nach South Carolina.

Gelbbarsch

Der nordamerikanische Gelbbarsch ist unserem Flußbarsch von seiner Lebensweise und seinem Aussehen her sehr ähnlich. Beide Arten sind eng miteinander verwandt. Wie bei allen größeren Mitgliedern der Familie der Barschartigen handelt es sich auch beim Gelbbarsch um einen hervorragenden Speisefisch.

FLUßBARSCH
Perca fluviatilis

Flussbarsch

Diese Barschart ist in ganz Europa in stillstehenden und träge fließenden Gewässern anzutreffen. Er ist ein Schwarmfisch, der sich von Insekten und Kleinfischen ernährt, u.a. auch von Barschbrut, und in einigen Gewässern des europäischen Festlandes wird er bis zu sieben Pfund schwer.

ZANDER
Stizostedion lucioperca

Eier

Das Laichgeschäft der Zander

Zander laichen im Frühjahr oder im Frühsommer und legen hierbei Klumpen blaßgelber Eier auf Wasserpflanzen oder Geröll. Die Larven schlüpfen bereits nach wenigen Tagen und ernähren sich zunächst von ihrem Dottersack. Ist ihr Gebiß entwickelt, können sie sich von selbst ernähren. Jungzander ernähren sich von recht kleinen Beutetieren, beispielsweise von Insektenlarven und Fischbrut.

WOLGAZANDER
Stizostedion volgensis

Angeltips

Techniken
Grund-, Posen- und Spinnfischen sind allesamt erfolgreiche Techniken.

Gerät
Zum Grund- und Posenfischen sollten Sie eine 3 bis 3,7 m lange Rute mit mittlerer bis langsamer Aktion verwenden, an die eine mit 0,23 mm Schnur gefüllte Stationärrolle kommt. Die Hakengröße sollte bei 4 bis 10 liegen. Zum Spinnfischen auf Barsch ist eine 2,1 bis 2,7 m lange leichte Spinnrute ratsam, an die eine mit 0,23 bis 0,25 mm Schnur gefüllte Stationärrolle

kommt. In das Vorfach muß ein Wirbel eingebunden werden. Für den Fang von Walleye, Sauger und Zander brauchen Sie eine 2,4 m lange Spinnrute mit mittlerer Aktion, an die eine mit 0,25 bis 0,28 mm Schnur gefüllte Stationärrolle kommt.

Köder
Würmer und Maden für die Barsche; Kleinfische für Walleye, Sauger und Zander. Spinnfischen: Spinner, Löffel, Jigs, Wobbler.

Wolgazander

Die Erscheinung des Wolgazanders ist der des Zanders sehr ähnlich, seine dunkle Rücken- und Seitenzeichnung ist allerdings viel deutlicher ausgeprägt. Er bleibt auch deutlich kleiner und es fehlen ihm die zandertypischen Hundszähne. Der Wolgazander lebt in Flüssen, die sich in das Schwarze und in das Kaspische Meer ergießen, u.a. auch in der Wolga und in der Donau bis auf die Höhe von Wien. Er zieht offenes, tiefes Wasser verkrauteten Gewässerabschnitten vor und wird etwa 2 kg. schwer.

SAIBLING

Der offensichtlichste Unterschied zwischen den Saiblingen (Salmoniden der Gattung Salvelinus) und den Forellen und Lachsen (die Gattungen Salmo und Oncorhynchus) liegt in ihrer Färbung: Saiblinge haben eine helle Zeichnung auf dunklem Untergrund, wogegen Forellen eine dunkle Zeichnung auf hellem Untergrund haben. Saiblinge ernähren sich von Wirbellosen und Kleinfischen. Alle haben ihren Ursprung in kalten Gewässern der nördlichen Erdhemisphäre. Saiblinge sind hervorragende Sportfische, sodaß Bach- und Seesaiblinge in viele neue Gewässer eingebracht wurden.

ARKTISCHER SAIBLING
Salvelinus alpinus

MILCHNER IM LAICHGEWAND

Die männlichen Laichfische
Zur Laichzeit verdunkelt sich die Färbung beider Geschlechter. Beim Milchner verfärben sich zusätzlich noch Bauch und Flossen sattorange.

ARKTISCHER SAIBLING
Nördlich des 64. Breitengrades leben alle Arktischen Saiblinge in küstennahem Wasser und ziehen zum Laichen ins Süßwasser auf. Südlich dieser Breite leben sie auch in kalten, tiefen Seen und viele dieser Seebestände haben sich zu einer eigenen Art entwickelt, deren Größe und Färbung sehr unterschiedlich sein kann. Sie werden Seesaiblinge genannt. Ins Meer abgewanderte Saiblinge sind silbrig mit rötlichen Punkten und sie werden etwa 12 kg schwer; die typische Färbung des Seesaiblinges ist grünlich mit roten und weißen Flecken, während der Bauch orange ist. Maximal werden diese Fische etwa 3,6 Kilo schwer.

SAIBLING OHNE LAICHGEWAND

Die Zeichnung der Jungsaiblinge
Im Alter von wenigen Monaten bis zu zwei Jahren sind die Flanken der Jungsaiblinge mit der für Jungsalmoniden typischen Bänderung versehen.

JUNGSAIBLING

Hybriden
Innerhalb der Salmonidenfamilie kommt es in der Natur gelegentlich vor, daß Hybriden entstehen. In Fischzuchten werden solche Hybriden gezielt gezüchtet. Zu den natürlichen Hybriden gehören Kreuzungen zwischen Atlantiklachs und Meerforelle oder zwischen Regenbogen- und Cutthroatforelle; reine Zuchthybriden sind der Splake (Bachsaibling und Seesaibling), die Tigerforelle (Bachsaibling und Bachforelle) und die Cheetah-Forelle (Bachsaibling und Regenbogenforelle).

SPLAKE (HYBRIDE)

ANGELTIPS

Techniken
Fliegen-, Spinn- und Schleppfischen sind auf Arktischen Saibling und Seesaibling erfolgreich; das Fliegen- und Spinnfischen auf Bachsaibling und Dolly Varden.

Gerät
Zum Fliegenfischen brauchen Sie eine 2,4 bis 3,4 m lange Fliegenrute mit Fliegenrolle, je nach Umständen eine Schwimm- oder Sinkschnur, und Fliegen, die auf Haken der Größen 10 bis 14 gebunden wurden. Zum Spinn- und seichten Schleppfischen ist eine 2,7 m lange, mittelschwere Spinnrute geeignet, an die für das Spinnfischen eine mit 0,20 bis 0,25 mm Schnur gefüllte Stationärrolle kommt, während zum Schleppfischen eine 0,30 bis 0,35 mm Schnur empfehlenswert ist. Zum tiefen Schleppen brauchen Sie eine 1,8 m lange Rute mit sehr schneller Aktion, deren Rolle mit geflochtener Stahlschnur gefüllt wird; die Rute sollte mit gehärteten Ringen oder mit Rollerringen ausgestattet sein.

Köder
Arktische Saiblinge beißen gut auf kleine, auffällig gefärbte Spinner oder Löffel, ebenso wie auf Naßfliegenmuster, die viel reflektierendes Bindematerial wie Gold- und Silbertinsel enthalten. Auf tief lebende Seesaiblinge sollte mit großen Löffeln und Lebendködern geschleppt werden. Stehen sie nur recht seicht, kann man sein Glück auch mit Spinnern, Wobblern, Streamern und Kunstfliegen versuchen. Dasselbe gilt für Bachsaibling und Dolly Varde.

AMERIKANISCHER SEESAIBLING
Salvelinus namaycush

AMERIKANISCHER SEESAIBLING
Der schnelle Seesaibling ist ein aggressiver Räuber, der im Norden seines Verbreitungsgebietes in Seen und Füssen (sowohl tief als auch seicht) lebt, im Süden nur mehr in tiefen Seen. Sein Körper ist recht schlank und stromlinienförmig und seine Schwanzflosse eingekerbt. Gewöhnlich wird er 18 Kilo schwer, es wurden aber bereits Exemplare von über 45 Kilo gewogen.

Der männliche Bachsaibling hat im Winter eine weiße Kinnunterseite.

BACHSAIBLING
Salvelinus fontinalis

BACHSAIBLING
Zu den Haupterkennungsmerkmalen des Bachsaiblinges gehören seine hellen Tupfen, seine wellenartige Zeichnung auf dem Rücken, seine rosafarbenen, blauumrandeten Flecken und sein eckiger, etwas eingekerbter Schwanz. Er bewohnt kalte, sauerstoffreiche Bäche und Seen und einige nördliche Bestände wurden zu Wanderfischen. Zwar können diese Fische über 4,5 Kilo schwer werden, gewöhnlich liegt das Maximalgewicht jedoch bei 4,5 Kilo und nur wenige Fische werden über 2,2 Kilo schwer.

DOLLY VARDEN
Im Süßwasser sieht der Dolly Varden einem Arktischen Saibling ähnlich. Er wird 3,6 Kilo schwer. Die Wanderform verfärbt sich im Meer silbrig und stahlgrau, wobei crème- und rosafarbene Tupfen den ganzen Körper überziehen.

BULL TROUT
Salvelinus confluentus

BULL TROUT
Die Bull Trout ist fast identisch mit dem Dolly Varden, lediglich ihr Kopf ist ein wenig länger und etwas flacher. Sie lebt in tiefen, kalten Flüssen und Seen und wandert nur selten ins Meer ab.

DOLLY VARDEN (Wanderform)
Salvelinus malma

Größenvergleich

Seesaibling   Arktischer Saibling   Bull Trout   Splake   Bachsaibling   Dolly Varden

LACHS

Lachse zählen weltweit zu den bedeutendsten Nutz- und Sportfischen. Alle beginnen ihr Leben im Süßwasser und die meisten von ihnen wandern zum Abwachsen ins Meer ab, von wo aus sie zum Laichen ins Süßwasser zurückkehren. Die wichtigsten Ausnahmen hierzu sind die Binnenformen des Atlantik- und Rotlachses sowie der Huchen (Hucho hucho) und der sibirische Huchen (Hucho taimen). Der Huchen, der ursprünglich aus dem Donaubecken stammt, ist heute in vielen Gewässern seiner Heimat eine geschützte Fischart. Erfolgreiche Besatzmaßnahmen mit dieser Fischart fanden in Frankreich, Spanien und Marokko statt. Der sibirische Huchen oder Taimen ist im Wolgabecken und in Sibirien zuhause.

Lebenszyklen

Die Lebenszyklen aller Lachsarten sind sich recht ähnlich. Der Hauptunterschied besteht darin, daß alle Pazifiklachsarten nach dem Laichgeschäft absterben, wogegen viele Atlantiklachse mehrmals ablaichen. Die Binnenformen wandern nicht ins Meer ab, sondern wachsen ausschließlich im Süßwasser ab. Die Eier werden in eine vom Weibchen mit der Schwanzflosse ausgeschlagene Kieskuhle gelegt, wo sie je nach Temperatur in 70 bis 200 Tagen schlüpfen.

COHOLACHS
Oncorhynchus kisutch

MILCHNER IM LAICH-GEWAND

COHOLACHS
Der Coho- oder Silberlachs ist ein wichtiger Sportfisch und zwar nicht nur in den Gewässern, in denen er seit jeher heimisch ist, sondern auch in jenen, in die er über Besatzmaßnahmen gelangte, wie beispielsweise den Great Lakes. Er ist dem Königslachs ähnlich, sein Zahnfleisch ist allerdings heller und sein Schwanz mit weniger Tupfen besetzt. Er ist auch kleiner und wird maximal 15 Kilo schwer.

LEBENSZYKLUS VOM ATLANTIKLACHS

LARVE MIT DOTTER-SACK (12 bis 15 Wochen)

EI

ABLAICHENDER MILCHNER (3 bis 8 Jahre)

ATLANTIKLACHS
Salmo salar

Punkte nur auf der oberen Flossenhälfte

Färbung
Anläßlich des Laichgeschäftes verfärben sich die Lachse. Dem Milchner wächst hierbei ein Laichhaken am Unterkiefer.

KÖNIGS-LACHS-MILCHNER IM LAICHGEWAND

MASULACHS
Der recht kleine und stämmige Masu- oder Kirschlachs ist eine asiatische Fischart, von der es eine Wander- und eine Binnenform gibt. Er wird nach 3 bis 4 Jahren laichreif, etwa 4,5 Kilo schwer und ihm stellen Berufs- und Sportfischer nach.

MASULACHS
Oncorhynchus masou

BUCKELLACHS
Oncorhynchus gorbuscha

BUCKELL MILCHNE LAICHGE

BUCKELLACHS
Aufgrund der stark buckelig ausgebildeten Milchnerrücken werden diese Lachse als Buckellachse bezeichnet. Sie sind die zahlenmäßig am stärksten vertretene Pazifiklachsart und für die Berufsfischerei von größter Bedeutung. Allerdings ist er ein kleiner Fisch, der gewöhnlich zwischen 1,3 und 2,3 Kilo wiegt und nur selten über 5 Kilo schwer wird.

ANGELTIPS

Techniken

Auf Atlantiklachse wird hauptsächlich im Süßwasser gefischt. Am gängigsten ist das Fliegenfischen, aber auch Löffel, Wobbler und Naturköder können erfolgreich sein, sofern diese Techniken überhaupt erlaubt sind. Die für die Sportfischer wichtigsten Pazifiklachse sind der Königs- und Coholachs. Diese Arten fängt man meist unmittelbar vor den Mündungsbereichen beim Schleppfischen, aber sie lassen sich, ebenso wie ihre Binnenformen, beim Laichaufstieg auch mit der Spinn- und Fliegenrute fangen.

Gerät

Die typische Zweihand-Fliegenrute zum Lachsfischen ist zwischen 3,7 und 4,9 m lang. Manche Fischer verwenden aber auch starke Einhandruten zwischen 2,7 und 3,2 Meter Länge. Die Schnurklassen liegen beim Zweihandfischen zwischen 9 und 12 und mit der Einhand-Methode zwischen 7 und 10. Zum Spinnfischen ist eine schwere, drei Meter lange Spinnrute erforderlich, an die eine mit 0,35 bis 0,40 mm Schnur gefüllte Multirolle kommt. Im Meer wird auf Coho- und Königslachs gewöhnlich mit einer mit 0,50 bis 0,65 mm Schnur gefüllten Multirolle gefischt.

Köder

Im Süßwasser sind Fliegen, Kunstköder, Würmer und Garnelen fängig. im Salzwasser Streamer, Kunstköder oder Köderfische.

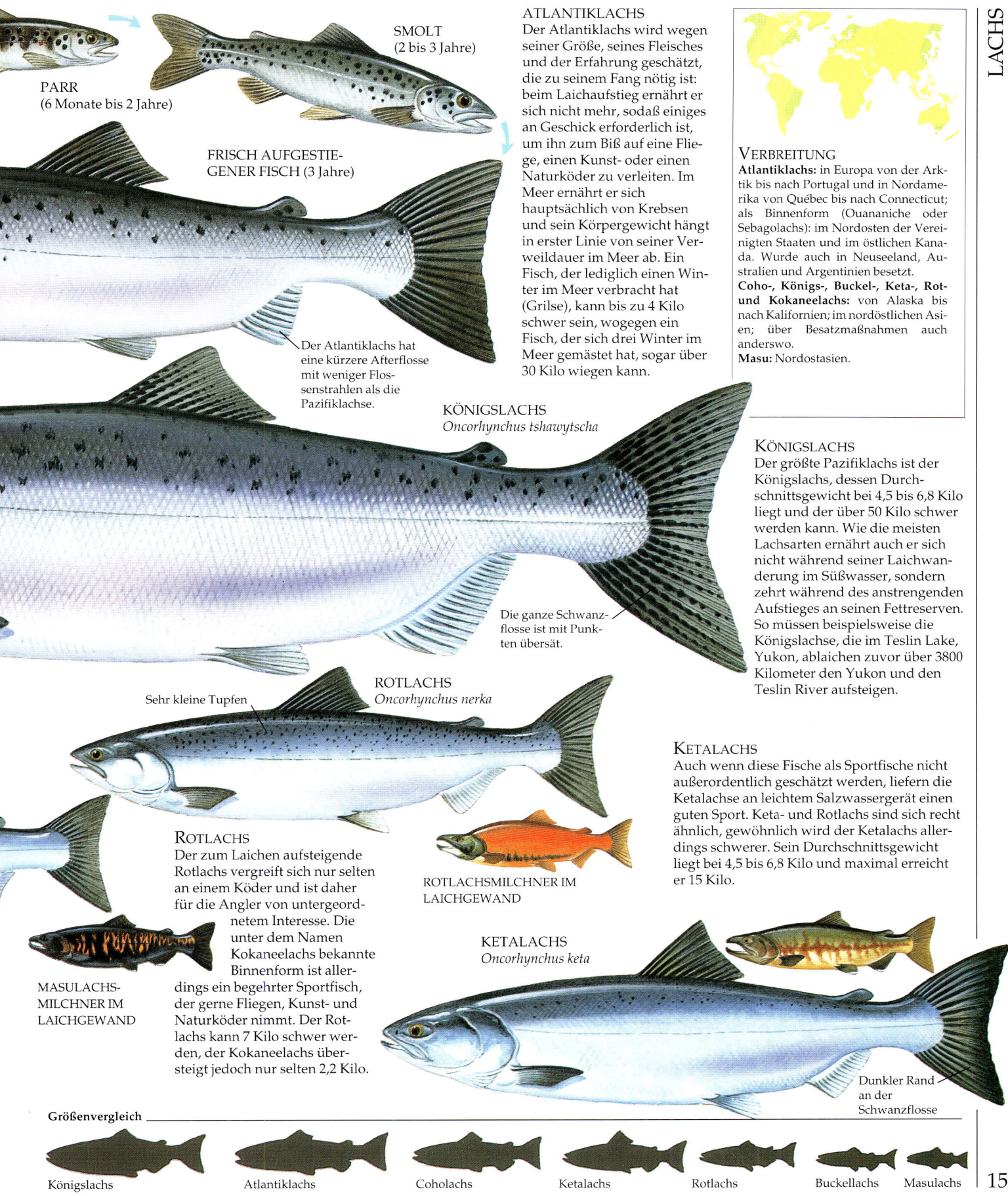

PARR
(6 Monate bis 2 Jahre)

SMOLT
(2 bis 3 Jahre)

**FRISCH AUFGESTIE-
GENER FISCH (3 Jahre)**

Der Atlantiklachs hat
eine kürzere Afterflosse
mit weniger Flos-
senstrahlen als die
Pazifiklachse.

ATLANTIKLACHS

Der Atlantiklachs wird wegen
seiner Größe, seines Fleisches
und der Erfahrung geschätzt,
die zu seinem Fang nötig ist:
beim Laichaufstieg ernährt er
sich nicht mehr, sodaß einiges
an Geschick erforderlich ist,
um ihn zum Biß auf eine Fliege, einen Kunst- oder einen
Naturköder zu verleiten. Im
Meer ernährt er sich
hauptsächlich von Krebsen
und sein Körpergewicht hängt
in erster Linie von seiner Ver-
weildauer im Meer ab. Ein
Fisch, der lediglich einen Winter im Meer verbracht hat
(Grilse), kann bis zu 4 Kilo
schwer sein, wogegen ein
Fisch, der sich drei Winter im
Meer gemästet hat, sogar über
30 Kilo wiegen kann.

VERBREITUNG

Atlantiklachs: in Europa von der Ark-
tik bis nach Portugal und in Nordamerika von Québec bis nach Connecticut;
als Binnenform (Ouananiche oder
Sebagolachs): im Nordosten der Vereinigten Staaten und im östlichen Kanada. Wurde auch in Neuseeland, Australien und Argentinien besetzt.
**Coho-, Königs-, Buckel-, Keta-, Rot-
und Kokaneelachs:** von Alaska bis
nach Kalifornien; im nordöstlichen Asi-
en; über Besatzmaßnahmen auch
anderswo.
Masu: Nordostasien.

KÖNIGSLACHS
Oncorhynchus tshawytscha

Die ganze Schwanz-
flosse ist mit Punk-
ten übersät.

KÖNIGSLACHS

Der größte Pazifiklachs ist der
Königslachs, dessen Durch-
schnittsgewicht bei 4,5 bis 6,8 Kilo
liegt und der über 50 Kilo schwer
werden kann. Wie die meisten
Lachsarten ernährt auch er sich
nicht während seiner Laichwan-
derung im Süßwasser, sondern
zehrt während des anstrengenden
Aufstieges an seinen Fettreserven.
So müssen beispielsweise die
Königslachse, die im Teslin Lake,
Yukon, ablaichen zuvor über 3800
Kilometer den Yukon und den
Teslin River aufsteigen.

Sehr kleine Tupfen

ROTLACHS
Oncorhynchus nerka

ROTLACHS

Der zum Laichen aufsteigende
Rotlachs vergreift sich nur selten
an einem Köder und ist daher
für die Angler von untergeordnetem Interesse. Die
unter dem Namen
Kokaneelachs bekannte
Binnenform ist aller-
dings ein begehrter Sportfisch,
der gerne Fliegen, Kunst- und
Naturköder nimmt. Der Rotlachs kann 7 Kilo schwer werden, der Kokaneelachs übersteigt jedoch nur selten 2,2 Kilo.

**ROTLACHSMILCHNER IM
LAICHGEWAND**

**MASULACHS-
MILCHNER IM
LAICHGEWAND**

KETALACHS

Auch wenn diese Fische als Sportfische nicht
außerordentlich geschätzt werden, liefern die
Ketalachse an leichtem Salzwassergerät einen
guten Sport. Keta- und Rotlachs sind sich recht
ähnlich, gewöhnlich wird der Ketalachs allerdings schwerer. Sein Durchschnittsgewicht
liegt bei 4,5 bis 6,8 Kilo und maximal erreicht
er 15 Kilo.

KETALACHS
Oncorhynchus keta

Dunkler Rand
an der
Schwanzflosse

Größenvergleich

Königslachs   Atlantiklachs   Coholachs   Ketalachs   Rotlachs   Buckellachs   Masulachs

FORELLE

Bach- und Regenbogenforelle sind zwei der weltweit wichtigsten Sportfischarten und weil sie dem Angler einen so herausragenden Sport liefern, wurde ihr ursprüngliches Verbreitungsgebiet durch Besatzmaßnahmen beträchtlich erweitert. Die Cutthroatforelle, die etwa vergleichbar gute Qualitäten als Sportfisch aufweist, kam bislang nicht deutlich über ihr ursprüngliches Verbreitungsgebiet hinaus, weil bei ihr u.a. die Gefahr der Hybridbildung mit der Regenbogenforelle besteht. Forellen gedeihen in kalten, klaren Flüssen und Seen, wo sie sich hauptsächlich von Insekten, Insektenlarven, Krebsen und Fischen ernähren. Im Meer vertilgen die Wanderformen Fische und Krebse.

REGENBOGENFORELLE

Aussehen und Größe können je nach Art und Unterart erstaunlich unterschiedlich sein. So gibt es beispielsweise die Kamloops-, die Shasta- und die Kern River Regenbogenforelle. Allen gemeinsam ist der metallischrosafarbene Streifen entlang des Seitenlinienorganes sowie die vielen kleinen, schwarzen Punkte an den Flanken, am Rücken, an den oberen Flossen und am Schwanz. In Nordamerika wurden schon Regenbogenforellen von über 20 Kilo gewogen, in Europa werden sie gewöhnlich nur etwa 11 Kilo schwer.

STEELHEADFORELLE

Steelheadforellen sind Regenbogenforellen, die zum Abwachsen ins Meer oder in große Seen abwandern, bevor sie zum Ablaichen wieder in Flüsse und Bäche aufsteigen. Frischaufgestiegene Steelheadforellen sind silbrig, bald ändert sich ihre Färbung jedoch und sie sehen dann den nicht abwandernden Regenbogenforellen ähnlich.

MEERFORELLE
Wanderform der Bachforelle

Sehr eckiger Schwanz

BACHFORELLE
Salmo trutta

MEERFORELLE

Die Meerforelle ist die silbrigweiße Wanderform der Bachforelle, die etwa im Alter von zwei Jahren ins Meer abwandert, aber wieder zum Laichen in den Fluß zurückkehrt. Eine große Meerforelle sieht einem Atlantiklachs sehr ähnlich (siehe Seite 152), ihre Schwanzwurzel ist allerdings dicker und die Schwanzflosse eckiger.

BACHFORELLE

Das Aussehen und die Größe der Bachforellen ist sehr verschieden und hängt stark von dem Erbmaterial und von Umwelteinflüssen ab. Gewöhnlich ist der Körper bräunlich und mit roten und schwarzen Tupfen gesprenkelt. Ihr Gewicht reicht von 500 Gramm in einem kleinen Bach bis zu über 15 Kilo in großen, offenen Gewässern.

ANGELTIPS

Techniken
Forellen werden auf Natur- und Kunstköder gefangen, wobei das Fliegenfischen jedoch die eleganteste Angeltechnik darstellt.

Gerät
Zum Fliegenfischen brauchen Sie eine 1,8 bis 3,3 m lange Fliegenrute, eine Fliegenrolle und eine passende Sink- oder Schwimmschnur. Um Forellen mit Naturködern, wie etwa Würmern zu fangen, brauchen Sie eine 2,1 bis 3 m lange Rute

mit mittlerer Aktion, an die eine mit 0,18 bis 0,28 mm Schnur gefüllte Stationärrolle kommt. Die Hakengröße liegt zwischen 6 und 14. Zum Spinnfischen mit Kunstködern eignet sich eine 2,1 bis 2,7 m lange Spinnrute mit einer mit 0,18 bis 0,28 mm Schnur gefüllten Stationärrolle.

Köder
Beim Fliegenfischen müssen Sie das zum Wasser und zu den äußeren Umständen passende Muster auswählen. Zum Spinnfischen eignen sich kleine Spinner, Löffel und Wobbler. Gute Naturköder sind u.a. Larven und Würmer.

Haken am Unterkiefer

Raubforelle
Alle Bachforellen sind Raubfische und größeren kann es schon passieren, daß sie einen Jungfisch der eigenen Art verspeisen. Diese Raubforellen verfügen über ein sehr ausgeprägtes Gebiß, sie lauern ihrer Beute in tiefem Wasser auf und stoßen blitzschnell zu.

REGENBOGENFORELLE
Oncorhynchus mykiss

VERBREITUNG

Bachforelle: von Norwegen bis Nordafrika und von Irland bis Rußland; über Besatzmaßnahmen gelangte sie nach Nord- und Südamerika, nach Australien, nach Neuseeland, nach Afrika und nach Indien.

Regenbogenforelle: von Alaska bis nach Kalifornien und Nordostasien; über Besatzmaßnahmen gelangte sie auch in andere Gegenden Nordamerikas sowie nach Europa, Südamerika, Australien, Neuseeland, Afrika und Indien.

Cutthroatforelle: von Alaska bis nach New Mexico; anderswo durch Besatzmaßnahmen.

Goldforelle: Kalifornien; wurde des weiteren in 300 Bergseen Nordamerikas ausgesetzt.

STEELHEADFORELLE
Wanderform der Regenbogenforelle

CUTTHROATFORELLE
Oncorhynchus clarki

CUTTHROATFORELLE

Die schlanke Cutthroatforelle ist mit schwarzen Tupfen gesprenkelt und obwohl ihre Färbung sehr unterschiedlich ausfallen kann, tragen alle Forellen dieser Art einen roten Fleck unter dem Unterkiefer und manchmal ist entlang des Seitenlinienorganes ein blasser kupferfarbener Streifen zu sehen. Die Wanderform der Cutthroatforelle hat einen grünen Rücken und silbrig oder olivfarbene Seiten. Obwohl es schon Cutthroatforellen von über 18 Kilo gegeben hat, werden diese Fische meistens nur 2,2 Kilo schwer.

GOLDFORELLE
Oncorhynchus aguabonita

GOLDFORELLE

Die herrliche Goldforelle hat in den hochgelegenen Quellwassern des Kern River in den kalifornischen Sierra Nevada Mountains ihren Ursprung. Sie behält ihre Parr-Zeichnung bei (siehe Seite 150) und wird maximal zwischen 500 Gramm und 5 Kilo schwer.

YELLOWSTONE CUTTHROAT-FORELLE

Viele Lokalformen der verschiedenen Forellenarten, wie beispielsweise diese Yellowstoneart der Cutthroatforelle, sind eigen genug, um als eine eigene Unterart klassifiziert zu werden. Die Yellowstone ist nicht so stark gesprenkelt, ihre Kiemendeckel sind rötlich gefärbt.

YELLOWSTONE CUTTHROATFORELLE
Oncorhynchus clarki lewisi

Größenvergleich

Meerforelle · Steelheadforelle · Cutthroatforelle · Regenbogenforelle · Goldforelle · Bachforelle aus Kleingewässer

RENKE & ÄSCHE

Renken und Äschen sind in den kalten Flüssen und Seen der nördlichen Erdhemisphäre weit verbreitete Fische. Äschen sind beliebte Sportfische, ebenso einige Renken, viele Renkenarten stehen jedoch kurz vor dem Aussterben (siehe Seite 279). In vielen Ländern und an vielen Gewässern steht ihr Fang unter Strafe. Äschen ernähren sich in erster Linie von grundnah lebenden Kleinlebewesen, wie beispielsweise Insektenlarven, Kleinkrebsen und Würmern, sie steigen allerdings auch nach an der Oberfläche treibenden Insekten. Der Speiseplan der verschiedenen Renkenarten reicht von Plankton bis zu Kleinfischen.

SHEEFISH

Der große, kraftvolle Sheefish ist die einzige räuberisch lebende Renkenart Nordamerikas. Sein Durchschnittsgewicht liegt bei 2,2 Kilo, er kann jedoch über 20 Jahre alt werden und Gewichte bis zu 25 Kilo erreichen. Die meisten Sheefische leben in den Mündungsbereichen und in den Unterläufen größerer Flüsse, von wo aus sie zum Laichen stromauf wandern. Es gibt auch Sheefische, die in Seen leben und keine Laichwanderung unternehmen. Die Jungfische ernähren sich zunächst von Plankton, dann von kleinen, grundnah lebenden Kreaturen, bevor sie in ihrem zweiten Lebensjahr zu echten Raubfischen werden.

SHEEFISH
Stenodus leucichthys

Oberständiges Maul

RENKE
Coregonus sp.

RENKE

Die vielen verschiedenen Arten und Unterarten der Renken müssen noch immer definitiv klassifiziert werden. Die meisten dieser Arten sind für die Angler von untergeordnetem Interesse, vielen von ihnen wird jedoch von Berufsfischern aufgrund ihres schmackhaften Fleisches nachgestellt. Je nach Gegend werden die Renken auch als Felchen, Märänen oder Reinanken bezeichnet; es sind schlanke, silbrige Fische, deren Gewicht von etwa 500 Gramm (Coregonus albula) bis um die 5 Kilo (Coregonus pallasi) reicht.

CISCO

Aufgrund seines heringartigen Aussehens wird der Cisco in den Vereinigten Staaten auch als Lake Herring (Seehering) bezeichnet. Obwohl er ein recht kleiner Fisch ist, der nur selten über ein Kilo schwer wird, ist er bei den Anglern beliebt, weil er sich mit einer Vielzahl von Ködern, u.a. mit Fliegen recht problemlos fangen läßt.

CISCO
Coregonus artedi

Größenvergleich

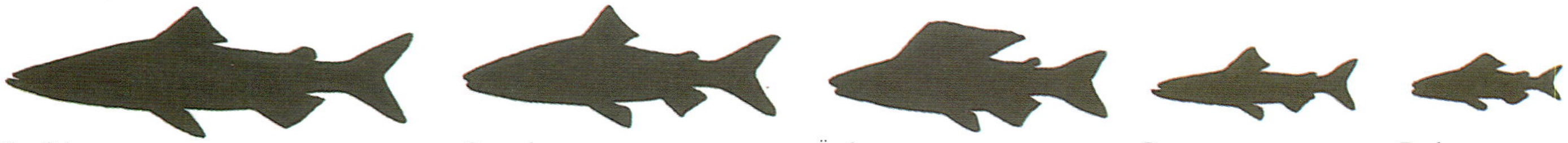

Sheefish   Seerenke   Äsche   Cisco   Renke

SEERENKE
Coregonus clupeaformis

SEERENKE
Obwohl es sich in erster Linie um eine in Seen lebende Fischart handelt, zieht die Seerenke gelegentlich auch in Flüsse. Sie ernährt sich hauptsächlich von Insekten und Kleinkrebsen und wiegt durchschnittlich etwa 1,4 Kilo; größere Exemplare von über 9 Kilo sind heute selten. Die Seerenke ist, zusammen mit dem Cisco, dem Round Whitefish (Prosopium cylindraceum) und dem Mountain Whitefish (P.williamsoni) bei den Berufsfischern ebenso wie bei den Anglern beliebt.

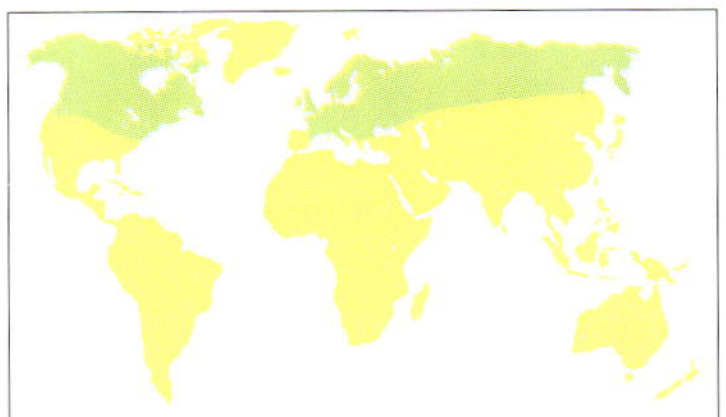

VERBREITUNG
Seerenke: in ganz Alaska, Kanada und im Norden der Vereinigten Staaten.
Sheefish: Alaska, Nordwestkanada, Nordostasien.
Cisco: von Nordkanada bis an die Great Lakes und dem oberen Mississippibecken.
Renke: einige Seen in England und Irland; kalte Seen, Flüsse und Küstengewässer des europäischen Festlandes und Nordasiens.
Europäische Äsche: Von England und Wales bis an das Schwarze Meer.
Amerikanische Äsche: von Alaska bis an die Hudson Bay; Montana; Nordostasien.

ÄSCHE
Thymallus thymallus (europäische Äsche)
Thymallus arcticus (amerikanische Äsche)

ÄSCHE
Die europäische Äsche und die amerikanische oder arktische Äsche sind sich sehr ähnlich und werden heute nicht mehr zu den Salmoniden gezählt, sondern zu einer eigenen Familie, den Thymalliden. Wie die Bachforelle lebt die Äsche in kalten, sauberen und sauerstoffreichen Fließgewässern, gelegentlich auch, vor allem in Nordamerika, in Seen. Äschen sind verhältnismäßig kleine Fische, die maximal etwa 2,7 Kilo schwer werden.

Die Äschenfahne
Die riesige, farbenprächtige, segelartige Rückenflosse der Äsche verfärbt sich zur Laichzeit noch auffälliger. Während des Laichaktes legt der Milchner seine Fahne über den Rücken des Rogners.

Kümmeräsche
In überbesetzten Äschengewässern kommt es aufgrund der unzureichenden Nahrung zur Bildung dieser Kümmerform, die sehr kurz, aber auch sehr hochrückig ist.

Das Laichgeschäft der Äschen
Äschen laichen im Frühjahr oder im Frühsommer auf seichten Kiesbänken. In Seen lebende Äschen verlassen diese und suchen zum Laichen Fließgewässer auf. Bis der Dottersack restlos aufgebraucht ist, lungern die Schlüpflinge im Kiesgrund.

ANGELTIPS

Techniken
Renken und Äschen lassen sich mit der Fliegenrute überlisten, aber auch beim Spinn-, Posen- und Grundfischen.

Gerät
Zum Fliegenfischen brauchen Sie eine 2,4 bis 2,7 m lange Fliegenrute mit mittlerer Aktion. Auf die Fliegenrolle kommt je nach Gewässer eine Wurfschnur der Klassen 4 bis 7. Zum Posen- und Grundfischen braucht man eine 3,4 bis 4 m lange Rute, an die eine mit 0,14 bis 0,18 mm Schnur gefüllte Stationärrolle kommt. Die Hakengröße liegt zwischen 10 und 16. Zum Spinnfischen ist eine ultraleichte Spinnrute für den Fang von Äsche und Cisco angebracht, während für den Fang von Sheefish und Seerenke eine mittelschwere Spinnrute ratsam ist.

Köder
Trockenfliegen, Naßfliegen und Nymphen für Äschen, Streamer für Sheefische und Trockenfliegen für Cisco und Seerenke. Zum Spinnfischen eignen sich kleine, auffällig gefärbte Spinner und Löffel. Maden und Kleinwürmer sind gute Naturköder für den Äschenfang; Seerenken lassen sich auch auf Fischstücke fangen.

BONEFISH, BLUEFISH & TARPON

Diese Fische sind in den seichten Küstengewässern der tropischen und gemäßigten Gegenden unseres Planeten zuhause. Sie zählen zu den aufregendsten und beliebtesten Meeressportfischen. Die Nahrung der Bonefische (Albuliden) und der Tarpone (Elopiden) besteht in erster Linie aus Krebsen und Kleinfischen, während der Bluefish (ein Mitglied der Familie der Pomatomiden) ein wilder Räuber ist, der sprichwörtlich alles Freßbare vertilgt, das seinen Weg kreuzt.

BONEFISH

Der Bonefish ist ein Grundfisch, der den Lehm oder Sand nach Krabben und Krebsen durchsucht. In besonders seichtem Wasser durchbricht oft der Schwanz der wühlenden Bonefische die Oberfläche, wodurch sie sich dem im seichten Wasser pirschenden Angler verraten. Ausgewachsene Bonefische können 5 Kilo schwer werden, gelegentlich sogar über 8,5 Kilo.

Die vertikalen Bänder verblassen mit zunehmendem Alter

BONEFISH
Albula vulpes

TARPON
Megalops atlanticus

BLUEFISH
Pomatomus saltatrix

Bluefish

Dieser sehr weit umherwandernde Fisch kann über 23 Kilo schwer werden. Er lebt in großen Schwärmen, die regelmäßig in einen wahren Freßrausch verfallen, wenn sie auf einen Sardinen- oder Heringsschwarm stoßen. Es gibt zahlreiche Berichte von in unmittelbarer Küstennähe angegriffenen Badenden, denen die scharfen, dreieckigen Zähne schmerzhafte Wunden zufügten. Nach der Landung sollte man mit diesen Fischen sehr vorsichtig umgehen, insbesondere beim Hakenlösen.

TARPON

Der große, silbrige Tarpon wird gewöhnlich in von der Gezeitenströmung verursachten Bächen, in Mündungen, in Mangrovensümpfen und in Lagunen gefangen, manchmal auch auf hoher See. Seine Schuppen sind groß und dick und ihr metallischer Schimmer kann fast schon blenden. Der letzte Flossenstrahl der Rückenflosse ist überlang. Die meisten von Anglern gefangenen Tarpone wiegen zwischen 10 und 40 Kilo, das Maximalgewicht liegt allerdings weitaus höher und es wurde bereits von über 130 Kilo schweren Fischen berichtet.

ANGELTIPS

Techniken
Gewöhnlich wird auf Bluefish geschleppt, während den Tarponen und Bonefischen mit der Fliegen- und Spinnrute nachgestellt wird.

Gerät
Zum Fang von Bluefischen brauchen Sie eine Bootsrute der 20 lbs-Klasse, an die eine mit 0,40 mm Schnur gefüllte Multirolle der Größe 4/0 kommt, des weiteren ein Schleppgewicht, ein Stahlvorfach und Haken der Größen 4/0 bis 6/0. Zum Spinnfischen auf Tarpon und Bonefish brauchen Sie eine schwere, etwa 2 Meter lange Spinnrute mit mittlerer Aktion und eine Stationärrolle. Für Bonefish sollten Sie eine 0,28 mm Schnur, für Tarpon eine 0,35 mm Schnur verwenden. Zum Tarponfischen ist auch ein kurzes Stahlvorfach erforderlich. Geeignetes Fliegengerät für den Fang von Tarpon und Bonefish sind eine 2,7 bis 3 m lange Salzwasserfliegenrute mit einer Rolle mit 10 cm Durchmesser. Zum Fang von Bonefischen sollte das Backing 8 lbs tragen, zum Fang von Tarponen 27 lbs; für Bonefish sind Hakengrößen von 6 bis 1/0 geeignet, für Tarpon Hakengrößen 2 bis 5/0.

Köder
Bluefische werden gewöhnlich auf Wobbler und Köderfische gefangen. Zum Spinnfischen auf Bonefische eignen sich kleine Bleijigs und zum Fliegenfischen Krebsimitationen jeglicher Art. Zum Spinnfischen auf Tarpon sind mittelgroße Wobbler geeignet, zum Fliegenfischen gelbe oder orange Flügelstreamer.

Harter Kämpfer
Der überaus kämpferische Tarpon wird zu recht als einer der wichtigsten Sportfische überhaupt betrachtet. Sobald er das Eindringen der Hakenspitze spürt, steigt er in die Lüfte und beginnt eine Reihe spektakulärer Sprünge, bei denen er sich vom Haken freizuschütteln versucht, was ihm auch oft genug gelingt.

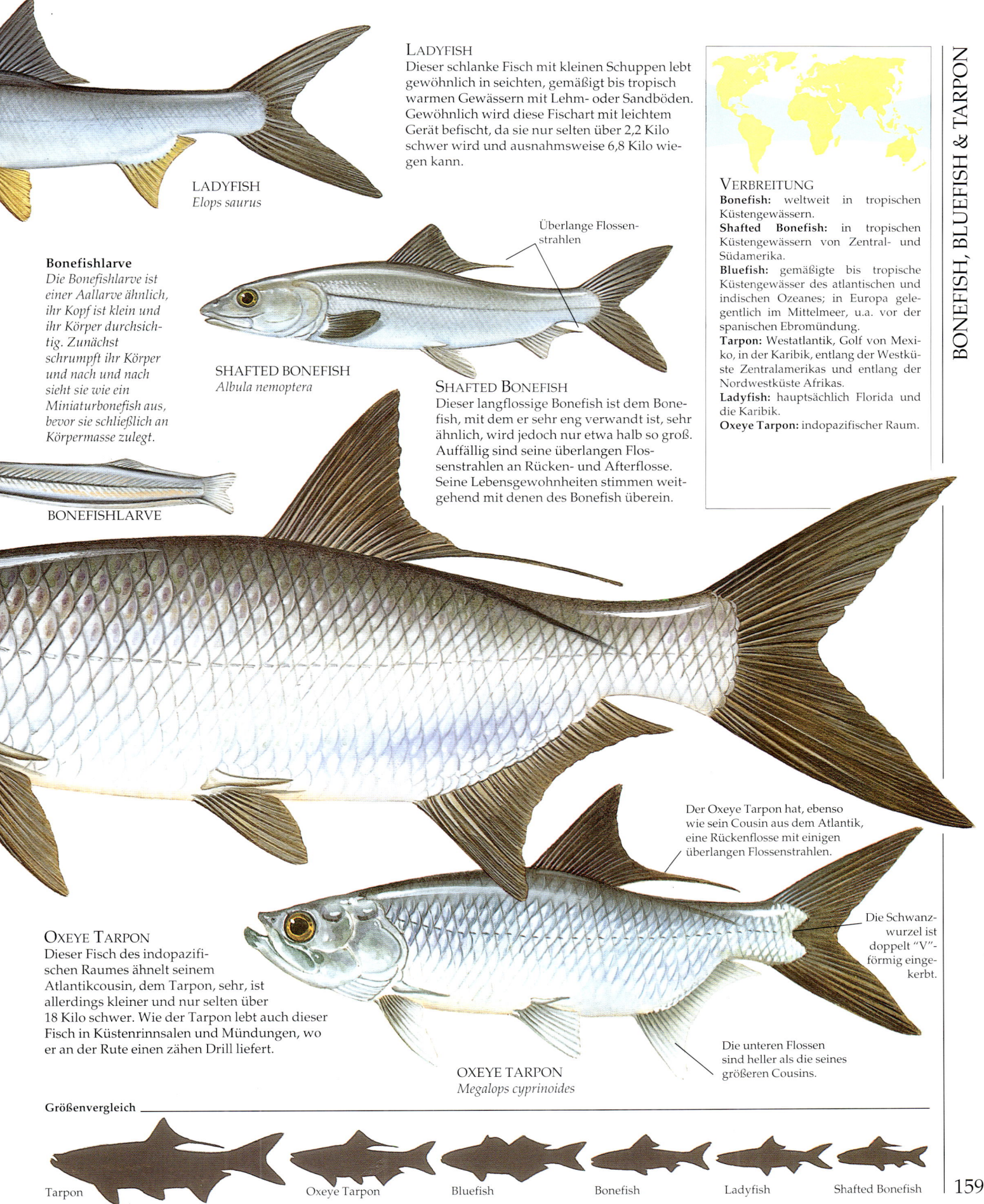

LADYFISH

Dieser schlanke Fisch mit kleinen Schuppen lebt gewöhnlich in seichten, gemäßigt bis tropisch warmen Gewässern mit Lehm- oder Sandböden. Gewöhnlich wird diese Fischart mit leichtem Gerät befischt, da sie nur selten über 2,2 Kilo schwer wird und ausnahmsweise 6,8 Kilo wiegen kann.

LADYFISH
Elops saurus

Bonefishlarve

Die Bonefishlarve ist einer Aallarve ähnlich, ihr Kopf ist klein und ihr Körper durchsichtig. Zunächst schrumpft ihr Körper und nach und nach sieht sie wie ein Miniaturbonefish aus, bevor sie schließlich an Körpermasse zulegt.

BONEFISHLARVE

Überlange Flossenstrahlen

SHAFTED BONEFISH
Albula nemoptera

SHAFTED BONEFISH

Dieser langflossige Bonefish ist dem Bonefish, mit dem er sehr eng verwandt ist, sehr ähnlich, wird jedoch nur etwa halb so groß. Auffällig sind seine überlangen Flossenstrahlen an Rücken- und Afterflosse. Seine Lebensgewohnheiten stimmen weitgehend mit denen des Bonefish überein.

VERBREITUNG

Bonefish: weltweit in tropischen Küstengewässern.
Shafted Bonefish: in tropischen Küstengewässern von Zentral- und Südamerika.
Bluefish: gemäßigte bis tropische Küstengewässer des atlantischen und indischen Ozeanes; in Europa gelegentlich im Mittelmeer, u.a. vor der spanischen Ebromündung.
Tarpon: Westatlantik, Golf von Mexiko, in der Karibik, entlang der Westküste Zentralamerikas und entlang der Nordwestküste Afrikas.
Ladyfish: hauptsächlich Florida und die Karibik.
Oxeye Tarpon: indopazifischer Raum.

Der Oxeye Tarpon hat, ebenso wie sein Cousin aus dem Atlantik, eine Rückenflosse mit einigen überlangen Flossenstrahlen.

Die Schwanzwurzel ist doppelt "V"-förmig eingekerbt.

OXEYE TARPON

Dieser Fisch des indopazifischen Raumes ähnelt seinem Atlantikcousin, dem Tarpon, sehr, ist allerdings kleiner und nur selten über 18 Kilo schwer. Wie der Tarpon lebt auch dieser Fisch in Küstenrinnsalen und Mündungen, wo er an der Rute einen zähen Drill liefert.

OXEYE TARPON
Megalops cyprinoides

Die unteren Flossen sind heller als die seines größeren Cousins.

Größenvergleich

Tarpon · Oxeye Tarpon · Bluefish · Bonefish · Ladyfish · Shafted Bonefish

AALE

Es gibt über zwanzig verschiedene Aalfamilien, zu denen die Mureniden (Muränen) und Congriden (Conger) gehören, aber all diese Familien enthalten ausschließlich Salzwasserfische. Die einzige Ausnahme ist die Familie der Anguilliden, zu denen der amerikanische und der europäische Aal sowie die Langflossenaale gehören. All diese Arten wachsen im Süßwasser heran und laichen im Meer. Der europäische und der amerikanische Aal wandern hierzu ins Saragasso-Meer, einem zwischen Karibik und Bahamas gelegenen Abschnitt des Atlantik. Die Langflossenaale und weitere australasische Anguillidenarten ziehen zum Laichen in den Indischen Ozean.

CONGER
Conger conger

MURÄNE
Die europäische Muräne Muraena helena lebt im Westatlantik und im Mittelmeer und ist eine von über 80 Muränenarten. Alle diese Arten sind recht ungeduldig und gehen bei drohender Gefahr schnell zum Angriff über. Nur selten werden diese Fische gezielt befischt, sie geraten aber oft als Beifang an den Haken. Muraena helena kann 1,3 m lang werden, bleibt gewöhnlich aber deutlich kleiner.

MURÄNE
Muraena helena

KALIFORNISCHE MURÄNE
Diese Muräne lebt in seichtem Wasser entlang der kalifornischen Küste und entlang von Baja California. Maximal wird sie etwa 1,5 m lang.

KALIFORNISCHE MURÄNE
(California Moray)
Gymnothorax mordax

AMERIKANISCHER AAL
(American Eel) *Anguilla rostrata*

EUROPÄISCHER AAL
Anguilla anguilla

AMERIKANISCHER AAL
Ausgewachsene amerikanische Aale verbringen gewöhnlich einige Jahre im Süßwasser, wobei sich die Männchen im Einzugsgebiet von Flußmündungen aufhalten, während die Weibchen weit stromauf ziehen. Die Weibchen werden etwa einen Meter lang und erreichen über 5 Kilo Körpergewicht. Die Männchen bleiben deutlich kleiner, gewöhnlich werden sie nicht über 30 cm lang.

EUROPÄISCHER AAL
Der europäische Aal ist seinem amerikanischen Gegenstück sehr ähnlich und vielleicht handelt es sich nur um eine Fischart. Nach dem Ablaichen sterben die Elterntiere; die Wanderung bis an das Süßwasser dauert bei den amerikanischen Aalen etwa ein Jahr, bei den europäischen Aalen drei bis vier Jahre.

**LANG-
FLOSSENAAL**
(Longfinned Eel)
Anguilla reinhardtii

LANGFLOSSENAAL
Dieser Aal ist im Süßwasser des australasischen Raumes zuhause. Wie auch der europäische und der amerikanische Aal wandern diese Fische zum Laichen ins Meer, wahrscheinlich in das Coral-Meer. Er wird über 14 Kilo schwer.

Aallarve
In ihrem frühen Entwicklungsstadium sind Aallarven durchsichtige und blattähnlich aussehende Kreaturen, die Leptocephali oder Glasaale genannt werden. Später verdunkelt sich ihre Farbe und schon bald sehen sie wie Miniaturausgaben ihrer Elterntiere aus. Jetzt beginnen sie den Aufstieg ins Süßwasser.

FRÜHES ENTWICK-
LUNGSSTADIUM

SPÄTERES ENTWICK-
LUNGSSTADIUM

Größenvergleich

Conger   Kalifornische Muräne   Muräne   Langflossenaal   Amerikanischer Aal   Europäischer Aal

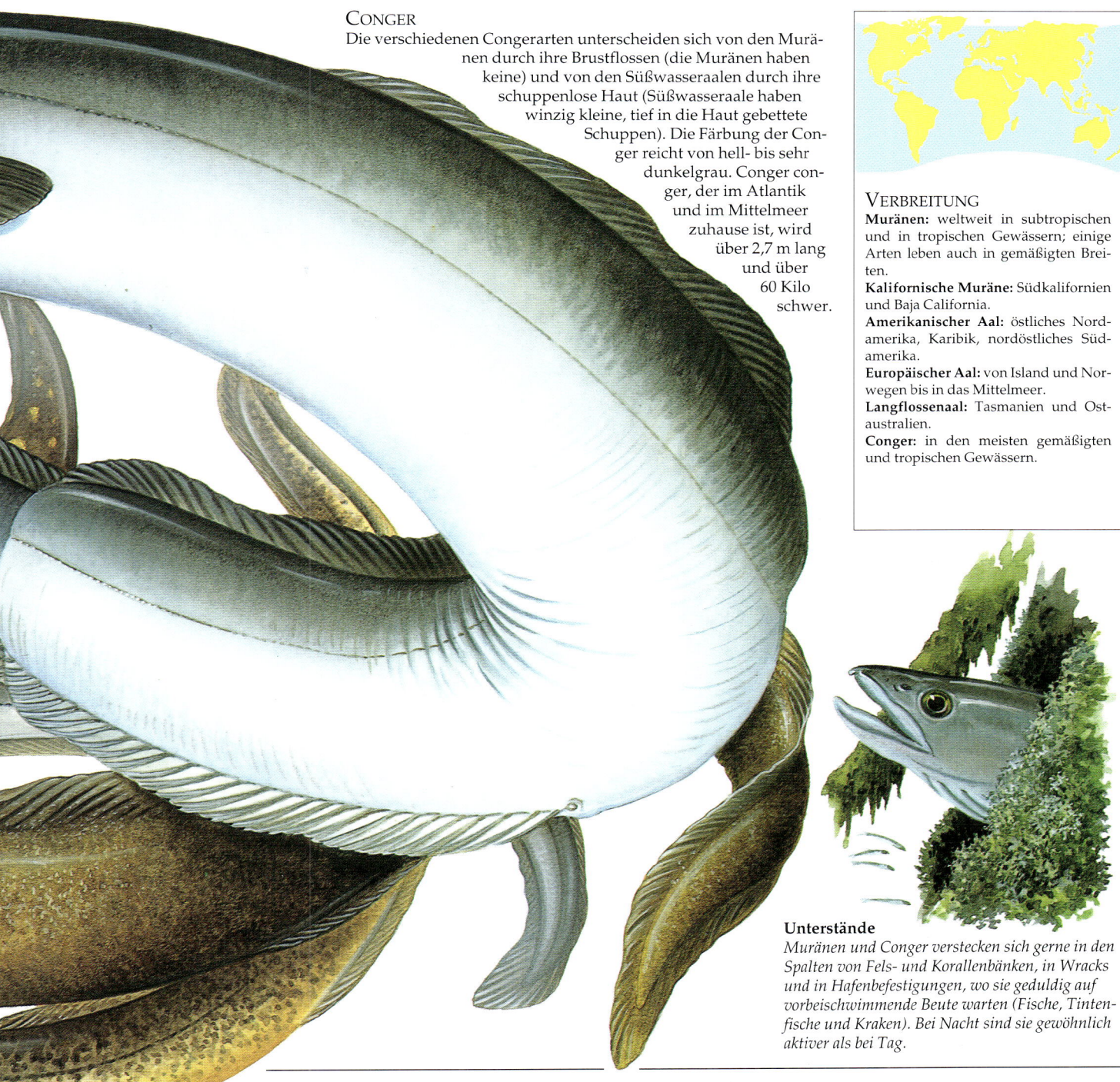

CONGER

Die verschiedenen Congerarten unterscheiden sich von den Muränen durch ihre Brustflossen (die Muränen haben keine) und von den Süßwasseraalen durch ihre schuppenlose Haut (Süßwasseraale haben winzig kleine, tief in die Haut gebettete Schuppen). Die Färbung der Conger reicht von hell- bis sehr dunkelgrau. Conger conger, der im Atlantik und im Mittelmeer zuhause ist, wird über 2,7 m lang und über 60 Kilo schwer.

VERBREITUNG

Muränen: weltweit in subtropischen und in tropischen Gewässern; einige Arten leben auch in gemäßigten Breiten.

Kalifornische Muräne: Südkalifornien und Baja California.

Amerikanischer Aal: östliches Nordamerika, Karibik, nordöstliches Südamerika.

Europäischer Aal: von Island und Norwegen bis in das Mittelmeer.

Langflossenaal: Tasmanien und Ostaustralien.

Conger: in den meisten gemäßigten und tropischen Gewässern.

Unterstände

Muränen und Conger verstecken sich gerne in den Spalten von Fels- und Korallenbänken, in Wracks und in Hafenbefestigungen, wo sie geduldig auf vorbeischwimmende Beute warten (Fische, Tintenfische und Kraken). Bei Nacht sind sie gewöhnlich aktiver als bei Tag.

ANGELTIPS

Techniken

Den Aalen wird gewöhnlich im Süßwasser nachgestellt, meist mit der Grundrute. Conger und Muränen werden beim Grundfischen mit Naturködern entlang felsiger Küstenstreifen, Molen und Befestigungsanlagen gefangen und beim Bootsfischen in Wracks und auf felsigem Untergrund.

Gerät

Für den Fang von Aalen eignet sich eine 3 bis 3,7 m lange Rute mit einer Testkurve von 2 lbs, beispielsweise eine Hecht- oder Karpfenrute, an die eine mit 0,23 mm Schnur gefüllte Stationärrolle kommt. Als Endmontage ist eine Montage mit Laufblei geeignet. An das Vorfach wird ein Haken der Größe 4 bis 8 gebunden. Beim Küstenfischen auf Conger und Muränen sollten Sie eine Brandungsrute der 20 bis 50 lbs-Klasse verwenden, an die eine mit 30 bis 35 lbs tragender Schnur gefüllte Multirolle kommt, ebenso wie eine Laufbleimontage mit Stahlvorfach, ein birnen- oder pyramidenförmiges Blei sowie ein 6/0 Einfachhaken. Zum Bootsfischen auf Conger und Muränen braucht man eine Bootsrute der 50 lbs-Klasse, eine 8/0 Multirolle und 50 bis 60 lbs tragende Schnur. Verwenden Sie auf jeden Fall ein Stahlvorfach. Des weiteren brauchen sie noch 8/0 Einfachhaken und birnen- oder pyramidenförmige Gewichte.

Köder

Würmer sind gute Aalköder, ebenso wie tote Kleinfische. Fische sind ein sehr fängiger Großaalköder, sie sollten etwa 13 Zentimeter lang sein und ganz angeboten werden. Geruchsintensive Köder, wie beispielsweise Fischleber oder Räucherfisch sind ebenfalls geeignet. In jedem Fall macht sich ein öliges, geruchsintensives, sinkendes Grundfutter bezahlt, mit dem sich die Aale an die Angelstelle locken lassen. Conger und Muränen werden auf große Naturköder gefangen, beispielsweise auf ganze Fische oder auf Fischstücke, bzw. auf Tinten- und Kuttelfisch. In jedem Fall sollten diese Köder in unmittelbarer Grundnähe angeboten werden.

SALZWASSERWELSE UND BARRAKUDAS

Die Salzwasserwelsfamilie der Ariiden besteht aus etwa 80 Arten, die weltweit in warmen Küstengewässern und Mündungen leben, in den Tropen auch im Süßwasser. Salzwasserwelse müssen vorsichtig angefaßt werden, da die Brustflossen und die Rückenflosse mit einem spitzen Stachel bewaffnet sind, der schmerzhafte Wunden verursachen kann. Die Barrakudas gehören zur Familie der Sphyraeniden, die etwa 20 Arten zählt. Alle sind echte Raubfische, die gefräßig über kleine Schwarmfische herfallen. Da sie eher auf Sicht als nach Geruch auf Raubzug gehen, konzentrieren sie sich auf auffällig silbrig gefärbte Beutefische.

GUAGUANCHE

Wie die anderen Barrakudas hat auch der Guaguanche einen schlanken, zigarrenförmigen Körper mit zwei weit auseinanderstehenden Rückenflossen und einem vorragenden Unterkiefer; erkennen läßt er sich durch seinen gelben Streifen entlang des Seitenlinienorganes. Er lebt auf beiden Seiten des Atlantiks und wird etwa 60 cm lang.

Maulbrüter
Bei den meisten Salzwasserwelsen führt das Männchen die murmelgroßen, befruchteten Eier in seinem Maul bis zum Schlupf der Jungfische mit sich, was bis zu einem Monat dauern kann.

HARDHEAD CATFISH

Der Hardhead Catfish kommt im Küsten- und Brackwasser von Massachusetts bis nach Mexiko recht häufig vor. Am Kinn hat er vier Barteln, am Oberkiefer zwei. Er kann zwar über 5 Kilo schwer werden; gewöhnlich erreicht er aber nur ein knappes Kilo. Er hat noch einige Verwandte, die in küstennahem Wasser, in Flüssen und in Seen Nordaustraliens leben, u.a. der Blue oder Salmon Catfish (Arius graeffei).

HARDHEAD CATFISH
Arius felis

GUAGUANCHE
Sphyraena guachancho

NORTHERN SENNET
Sphyraena borealis

SENNETS

Der Northern und der Southern Sennet sind äußerlich fast identisch und vielleicht handelt es sich auch um ein und dieselbe Art. Diese kleinen Barrakudas werden etwa 45 cm lang, dem Southern Sennet fehlen jedoch einige Schuppen entlang der Seitenlinie (107 bis 116 im Gegensatz zu 118 bis 135) und seine Augen sind größer. Den Northern Sennet trifft man von New England bis nach Florida und dem Golf von Mexiko an; den Southern Sennet von Florida bis nach Uruguay. Im Ostatlantik und im Mittelmeer wird die Familie der Barrakudas vom europäischen Barrakuda (Sphyraena shpyraena) vertreten.

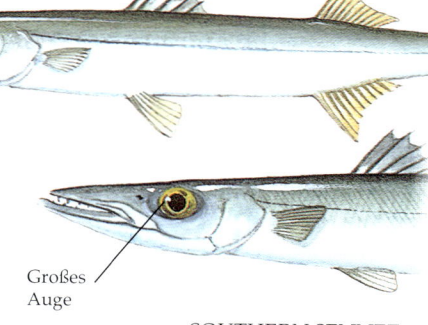

Großes Auge

SOUTHERN SENNET
Sphyraena picudilla

GROSSER BARRAKUDA
Sphyraena barracuda

PAZIFIKBARRAKUDA
Sphyraena argentea

ANGELTIPS

Techniken
Die Welse werden beim Grundfischen von der Küste oder von Hafenmolen aus gefangen. Barrakudas lassen sich beim Schlepp- und Spinnfischen fangen, wobei das Spinnfischen auch vom Ufer aus erfolgreich sein kann.

Gerät
Zum Fang der Welse braucht man eine 3,4 bis 3,7 m lange Rute mit mittlerer Aktion, an die eine mit 0,26 bis 0,35 mm Schnur gefüllte Stationärrolle kommt. Des weiteren sind Haken in den Größen 4 bis 6/0 und ein Grundblei von etwa 30 g notwendig. Zum Schleppfischen auf Barrakuda sollten Sie eine Bootsrute der

Schnurklassen 12 bis 30 lb. verwenden, an die eine mit 0,33 bis 0,50 mm Schnur gefüllte Multirolle kommt, ein Stahlvorfach, Haken der Größen 4/0 bis 8/0 und ein bananenförmiges Schleppgewicht. Zum Spinnfischen ist eine mittelschwere Spinnrute erforderlich, eine mit 0,33 bis 0,50 mm Schnur gefüllte Stationärrolle sowie ein Stahlvorfach und Haken der Größen 4/0 bis 8/0.

Köder
Fischstücke und Lebendköder, wie beispielsweise Sandwürmer, sind ideale Welsköder, wobei sich diese Welse auch mit Jigs und Wobblern fangen lassen. Für den Fang von Barrakudas brauchen Sie auffällig gefärbte, stark reflektierende Spinner, Holzwobbler, Fischfetzen und ganze Köderfische.

Barrakudas in seichtem Wasser
Barrakudas halten sich gerne in seichtem Wasser auf, wo sie durch ihre natürliche Neugier von Badenden angelockt werden, die sie gelegentlich auch anfallen.

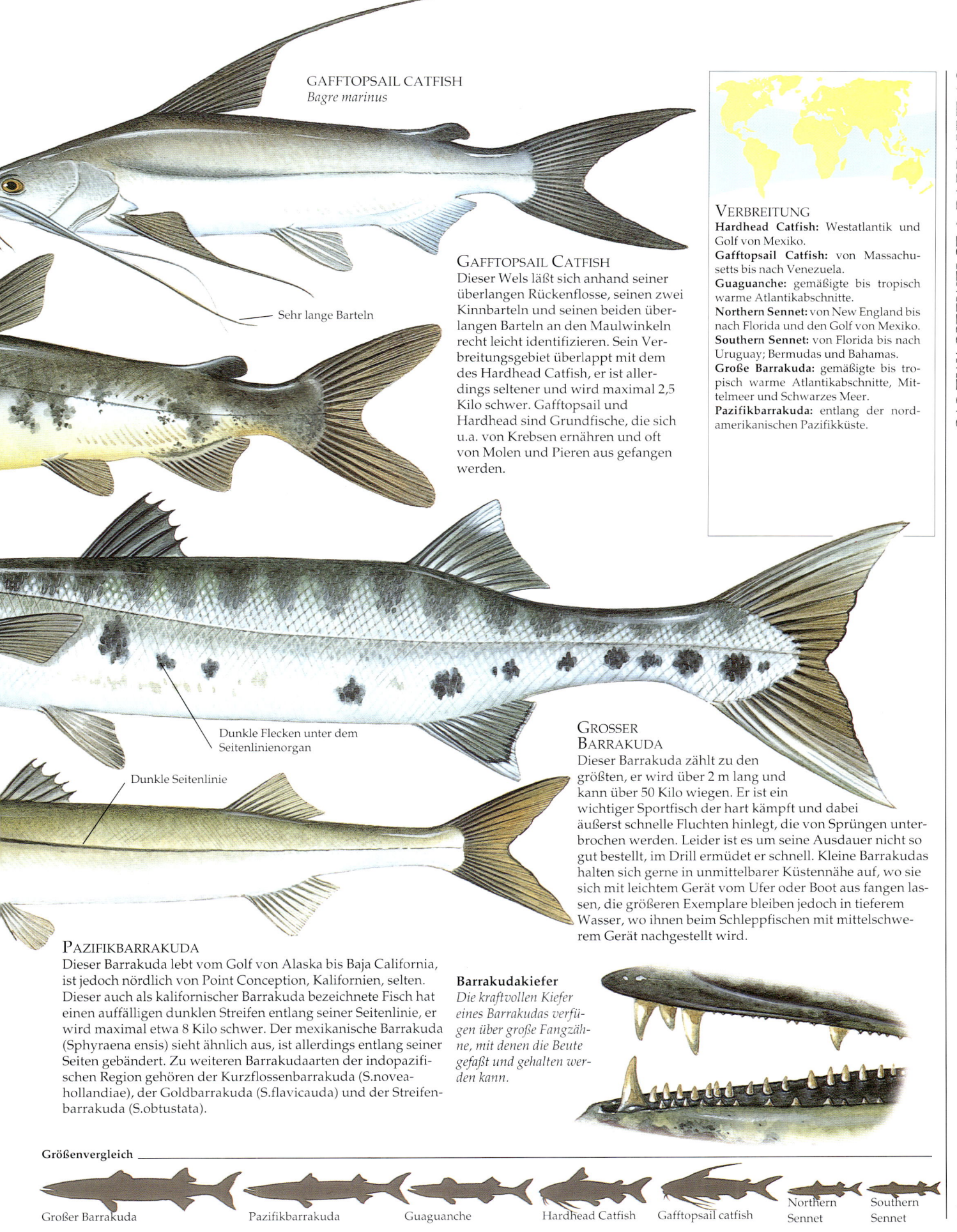

GAFFTOPSAIL CATFISH
Bagre marinus

Sehr lange Barteln

GAFFTOPSAIL CATFISH
Dieser Wels läßt sich anhand seiner überlangen Rückenflosse, seinen zwei Kinnbarteln und seinen beiden überlangen Barteln an den Maulwinkeln recht leicht identifizieren. Sein Verbreitungsgebiet überlappt mit dem des Hardhead Catfish, er ist allerdings seltener und wird maximal 2,5 Kilo schwer. Gafftopsail und Hardhead sind Grundfische, die sich u.a. von Krebsen ernähren und oft von Molen und Pieren aus gefangen werden.

VERBREITUNG
Hardhead Catfish: Westatlantik und Golf von Mexiko.
Gafftopsail Catfish: von Massachusetts bis nach Venezuela.
Guaguanche: gemäßigte bis tropisch warme Atlantikabschnitte.
Northern Sennet: von New England bis nach Florida und den Golf von Mexiko.
Southern Sennet: von Florida bis nach Uruguay; Bermudas und Bahamas.
Große Barrakuda: gemäßigte bis tropisch warme Atlantikabschnitte, Mittelmeer und Schwarzes Meer.
Pazifikbarrakuda: entlang der nordamerikanischen Pazifikküste.

Dunkle Flecken unter dem Seitenlinienorgan

Dunkle Seitenlinie

GROSSER BARRAKUDA
Dieser Barrakuda zählt zu den größten, er wird über 2 m lang und kann über 50 Kilo wiegen. Er ist ein wichtiger Sportfisch der hart kämpft und dabei äußerst schnelle Fluchten hinlegt, die von Sprüngen unterbrochen werden. Leider ist es um seine Ausdauer nicht so gut bestellt, im Drill ermüdet er schnell. Kleine Barrakudas halten sich gerne in unmittelbarer Küstennähe auf, wo sie sich mit leichtem Gerät vom Ufer oder Boot aus fangen lassen, die größeren Exemplare bleiben jedoch in tieferem Wasser, wo ihnen beim Schleppfischen mit mittelschwerem Gerät nachgestellt wird.

PAZIFIKBARRAKUDA
Dieser Barrakuda lebt vom Golf von Alaska bis Baja California, ist jedoch nördlich von Point Conception, Kalifornien, selten. Dieser auch als kalifornischer Barrakuda bezeichnete Fisch hat einen auffälligen dunklen Streifen entlang seiner Seitenlinie, er wird maximal etwa 8 Kilo schwer. Der mexikanische Barrakuda (Sphyraena ensis) sieht ähnlich aus, ist allerdings entlang seiner Seiten gebändert. Zu weiteren Barrakudaarten der indopazifischen Region gehören der Kurzflossenbarrakuda (S.noveahollandiae), der Goldbarrakuda (S.flavicauda) und der Streifenbarrakuda (S.obtustata).

Barrakudakiefer
Die kraftvollen Kiefer eines Barrakudas verfügen über große Fangzähne, mit denen die Beute gefaßt und gehalten werden kann.

Größenvergleich

Großer Barrakuda Pazifikbarrakuda Guaguanche Hardhead Catfish Gafftopsail catfish Northern Sennet Southern Sennet

163

AMBERJACK & JACK

Die Carangiden sind eine große Familie von Meeresraubfischen, die über 200 Mitglieder zählt und Arten wie den Amberjack, Jack und Pompano (siehe Seite 166) umfaßt. Ihre Körper sind stromlinienförmig und mit tief eingekerbten Schwanzflossen versehen. Der stachelige und der weiche Abschnitt ihrer Rückenflosse sind voneinander getrennt. Alle Arten ernähren sich von Fisch und Wirbellosen, wie beispielsweise Tintenfisch. Ihr Fleisch ist schmackhaft. Dennoch sollte man sich jeweils vor Ort erkundigen, inwiefern Verdacht auf Ciguatera besteht, eine Fischvergiftung, die für den Menschen tödliche Folgen haben kann.

Dunkler Streifen

ALMACO JACK
Der Almaca Jack lebt weltweit in den warmen Meeren und wird über 55 Kilo schwer. Er ist dem Großen Amberjack und dem Yellowtail ähnlich. Der dunkle Streifen entlang seiner Augen ist allerdings deutlicher und die ersten Strahlen seiner weichen Rückenflosse sind länger und sichelförmig. Der Almaco Jack des Ostpazifiks wird manchmal als eine eigene Art geführt, und zwar als Pazifikamberjack (Seriola colburni).

Der dunkle Streifen ist deutlicher als beim Amberjack

ALMACO JACK
Seriola rivoliana

Schwarmfische
Jungfische aus der Carangidenfamilie bilden unter Treibgut gerne kleine Schwärme. Manchmal halten sich diese Schwärme auch unter größeren Quallenansammlungen auf. Ältere Carangiden ziehen in großen, schnellschwimmenden Schwärmen durchs Meer, die ganz großen Altfische scheinen aber eher als Einzelgänger zu leben. Die Carangiden sind in den gemäßigten und tropischen Breiten unserer Weltmeere weit verbreitet.

BLUE RUNNER
Caranx crysos

Große Brustflosse

BLUE RUNNER
Der Blue Runner ist ein kleiner Atlantikjack, der sehr nah mit dem Pacific Green Jack (Caranx caballus) verwandt ist. Er wird über 3,5 Kilo schwer, wiegt durchschnittlich jedoch nur ein Pfund; wie das der meisten Carangiden ist auch sein Fleisch schmackhaft, wodurch er zu einer begehrten Beute der Berufsfischer wird. Er ist auch ein beliebter Sportfisch, der sich besonders gut als Köder beim Big-Game Fischen eignet.

Größenvergleich

Großer Amberjack   Almaco Jack   California Yellowtail   Crevalle Jack   Blue Runner   Kleiner Amberjack

GROSSER AMBERJACK
Seriola dumerili

KLEINER AMBERJACK
Seriola fasciata

JUNGFISCH

GROSSER AMBERJACK

Dieser Fisch ist in den warmen Abschnitten der Weltmeere stark verbreitet und er ist gleichzeitig der größte Amberjack im Atlantik. Sein Durchschnittsgewicht liegt bei 7 Kilo, er kann jedoch über 80 Kilo schwer werden. Sein Schuppenkleid ist silbrig und oft läuft ein breiter, gelber oder kupferfarbener Streifen entlang seiner Seiten. Die dunklen Streifen, die vom Unterkiefer aus durch die Augen laufen, treffen am Ansatz der Rückenflosse aufeinander, wo sie ein umgekehrt liegendes "V" bilden.

KLEINER AMBERJACK

Der ausgewachsene Kleine Amberjack ist dem Großen Amberjack recht ähnlich. Allerdings treffen die dunklen Kopfstreifen deutlich vor der Rückenflosse zusammen. Der Kleine Amberjack ist ein verhältnismäßig kleiner Fisch, der maximal etwa 4,5 Kilo schwer wird. Er lebt in warmen Abschnitten des Westatlantik.

VERBREITUNG

Almaco Jack: in den meisten tropischen und gemäßigt-warmen Meeren.
Blue Runner: tropische und gemäßigt-warme Meere.
Großer Amberjack: in den meisten tropischen und gemäßigt-warmen Meeren.
Kleiner Amberjack: im Westatlantik von Massachusetts bis nach Brasilien.
Crevalle Jack: in den meisten tropischen und gemäßigt-warmen Meeren.
California Yellowtail: im Ostpazifik von British Columbia südwärts bis nach Chile.

Junger Kleiner Amberjack
Die Jungfische des Kleinen Amberjacks sind mit einer breiten, dunklen Bänderung deutlich gezeichnet. Mit zunehmendem Alter verblaßt diese Bänderung.

CREVALLE JACK

Der besonders zäh kämpfende Crevalle Jack ist in den warmen Meeren ein weit verbreiteter Fisch, der sowohl in unmittelbarer Küstennähe, als auch auf hoher See lebt. Durchschnittlich wiegt er unter einem Kilo, kann jedoch auch 50 Pfund erreichen. Der Crevalle Jack des Pazifik wird oft als eine eigene Art betrachtet, Caranx caninus; weitere pazifische und indopazifische Mitglieder der Gattung Caranx sind u.a. der Trevally (Caranx georgianus), der Ulua (C.stellatus) und der Pauu'u (C.ignobilis).

Stark abgerundeter Kopf

Dunkle Flecken

Blasser, gelber Streifen

CREVALLE JACK
Caranx hippos

CALIFORNIA YELLOWTAIL
Seriola lalandi dorsalis

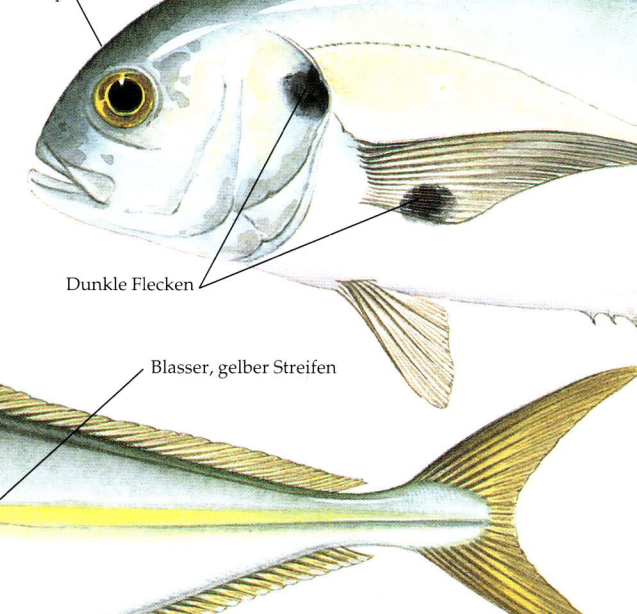

CALIFORNIA YELLOWTAIL

Diese Unterart des Yellowtail (Seriola lalandi) erreicht ein Maximalgewicht von etwa 36 Kilo und ist einer der begehrtesten Sportfische entlang der nordamerikanischen Pazifikküste. Der nah mit ihr verwandte Southern Yellowtail (S.grandis), der um Australien und Neuseeland zuhause ist, kann über 50 Kilo schwer werden.

ANGELTIPS

Techniken
Schlepp-, Drift- und Spinnfischen sind die für den Fang von Amberjack und Jack gebräuchlisten Techniken.

Gerät
Zum Schlepp- und Driftfischen brauchen Sie eine 30-lb.Bootsrute, an die eine mit 0,55 mm Schnur gefüllte Multirolle der Größe 4/0 kommt. Des weiteren sind ein Vorfach aus dickem Nylon oder aus Stahl notwendig sowie Einfachhaken der Größen 6/0 bis 8/0. Zum Spinnfischen eignet sich eine schwere Spinnrute, mit einer mit 0,35 bis 0,40 mm Schnur gefüllten großen Stationärrolle. Des weiteren sind ein Stahlvorfach und Haken der Größen 4/0 bis 6/0 erforderlich.

Köder
Durch Anfüttern lassen sich Schwärme bis an das Boot locken und dort halten. Zum Schlepp- und Driftfischen eignen sich Kunstköder, wie etwa Spinner und Wobbler, oder Naturköder, wie etwa Tintenfisch, Fischstücke und ganze Fische. Gute Köderfischarten sind Meeräschen, Sardinen und Anchovis. Zum Spinnfischen nehmen Sie Wobbler, Spinner und Löffel.

POMPANO, JACKMACKEREL & ROOSTERFISH

Der Jackmackerel und die vier hier abgebildeten Pompanoarten (u.a. auch der Permit) sind alle Mitglieder der Familie der Carangiden, zu der ebenfalls Amberjack und Jack zählen (siehe Seite 164). Der Roosterfish wird gelegentlich als Mitglied der Carangidenfamilie geführt. Gewöhnlich wird er jedoch in eine eigene Familie, die Nematistiiden, eingeordnet. Pompanos sind sehr hochrückig, wogegen Jackmackerel und Roosterfish länglicher und stromlinienförmiger sind. Bis auf den African Pompano trauen sich all diese Arten bis in unmittelbare Küstennähe, wo sie im seichten Wasser problemlos in Reichweite der Küstenangler kommen, denen sie an leichtem Gerät einen guten Drill liefern.

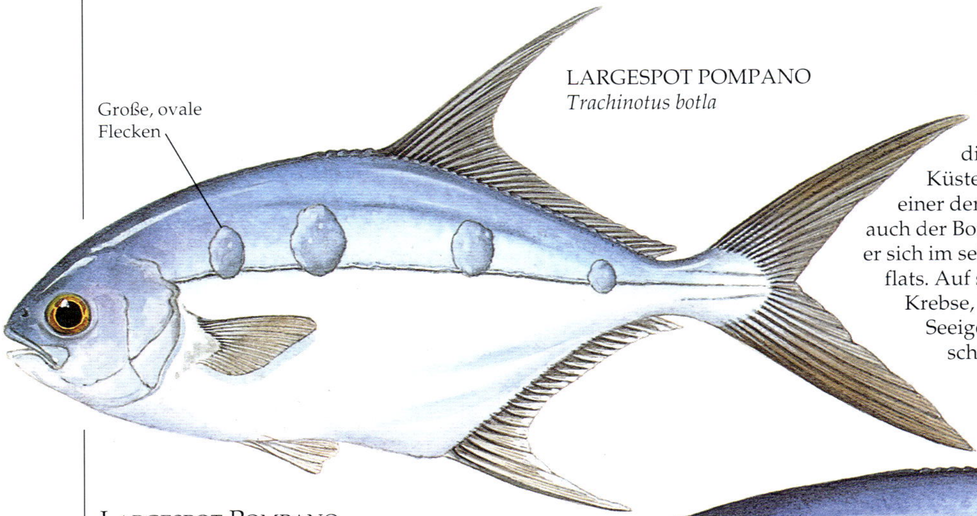

Große, ovale
Flecken

LARGESPOT POMPANO
Trachinotus botla

PERMIT
Der Permit lebt zahlreich um die Bahamas und entlang der Küste von Südflorida. Er gilt als einer der Sportfische schlechthin. Wie auch der Bonefish (siehe Seite 158) ernährt er sich im seichten Wasser der Korallenflats. Auf seinem Speiseplan stehen Krebse, Mollusken, Garnelen und Seeigel. Er kann über 23 Kilo schwer werden.

JUNGER
PERMIT

LARGESPOT POMPANO
Der Largespot Pompano ist in den Küstengewässern des Indischen Ozeanes von Afrika bis nach Australien weit verbreitet. Er lebt in dem der Brandung ausgesetzten Abschnitt von Sandstränden. Beim Rauben in sehr seichtem Wasser schrecken diese Fische nicht davor zurück, sich auf ihre Seiten zu legen. Der Largespot Pompano wird über zwei Kilo schwer.

PERMIT
Trachinotus falcatus

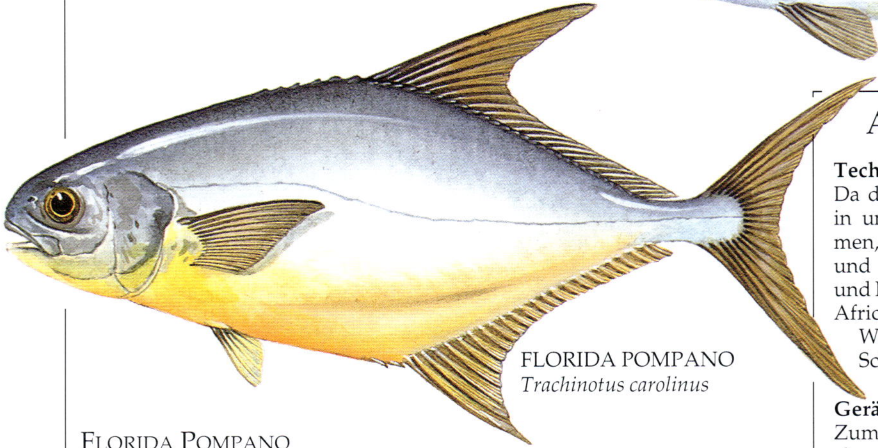

ANGELTIPS

Techniken
Da die meisten dieser Arten bis in unmittelbare Ufernähe kommen, lassen sie sich vom Ufer und vom Boot aus mit Kunst- und Naturködern überlisten. Der African Pompano zieht tieferes Wasser vor und wird beim Schleppfischen gefangen.

Gerät
Zum Brandungsfischen brauchen Sie eine 3,7 m lange Rute, die Wurfgewichte von 80 bis 150 gr. verträgt. Zum Spinn- und Schleppfischen kommt eine 2 bis

2,4 m lange mittelschwere Spinnrute zum Einsatz, wobei der Schnurdurchmesser etwa 0,25 bis 0,33 mm betragen sollte. Außerdem benötigen Sie noch ein kurzes, etwa 10 Kilo tragendes Vorfach und Haken der Größen 2 bis 2/0.

Köder
Üblicherweise wird mit Krebsen, Muscheln, Sandflöhen, kleinen Bucktails und mit Jigs gefischt; Anchovis sind ausgezeichnete Köder für den Fang von Jackmackerels.

FLORIDA POMPANO
Trachinotus carolinus

FLORIDA POMPANO
Dieser Pompano liefert an leichtem Gerät einen guten Drill. Wegen seines schmackhaften Fleisches wird er ebenfalls sehr geschätzt. Wie auch der Permit zieht er zur Nahrungsaufnahme in sehr seichtes Wasser. Durchschnittlich wiegt er ein knappes Kilo, maximal 3,6 Kilo.

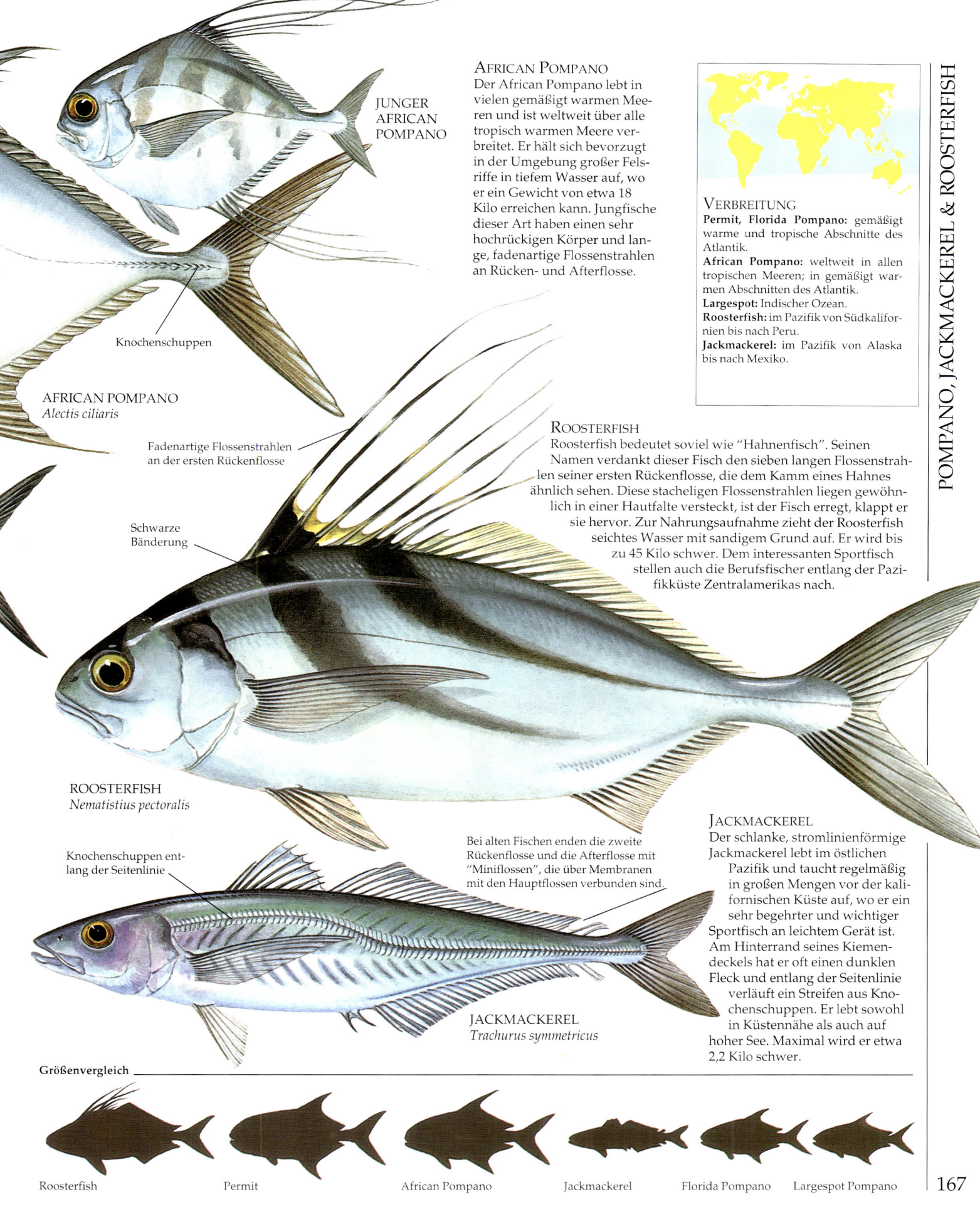

JUNGER
AFRICAN
POMPANO

Knochenschuppen

AFRICAN POMPANO
Alectis ciliaris

Fadenartige Flossenstrahlen
an der ersten Rückenflosse

Schwarze
Bänderung

ROOSTERFISH
Nematistius pectoralis

Knochenschuppen ent-
lang der Seitenlinie

AFRICAN POMPANO
Der African Pompano lebt in
vielen gemäßigt warmen Meeren und ist weltweit über alle
tropisch warmen Meere verbreitet. Er hält sich bevorzugt
in der Umgebung großer Fels-
riffe in tiefem Wasser auf, wo
er ein Gewicht von etwa 18
Kilo erreichen kann. Jungfische
dieser Art haben einen sehr
hochrückigen Körper und lange, fadenartige Flossenstrahlen
an Rücken- und Afterflosse.

VERBREITUNG
Permit, Florida Pompano: gemäßigt
warme und tropische Abschnitte des
Atlantik.
African Pompano: weltweit in allen
tropischen Meeren; in gemäßigt war-
men Abschnitten des Atlantik.
Largespot: Indischer Ozean.
Roosterfish: im Pazifik von Südkalifor-
nien bis nach Peru.
Jackmackerel: im Pazifik von Alaska
bis nach Mexiko.

ROOSTERFISH
Roosterfish bedeutet soviel wie "Hahnenfisch". Seinen
Namen verdankt dieser Fisch den sieben langen Flossenstrahlen seiner ersten Rückenflosse, die dem Kamm eines Hahnes
ähnlich sehen. Diese stacheligen Flossenstrahlen liegen gewöhnlich in einer Hautfalte versteckt, ist der Fisch erregt, klappt er
sie hervor. Zur Nahrungsaufnahme zieht der Roosterfish
seichtes Wasser mit sandigem Grund auf. Er wird bis
zu 45 Kilo schwer. Dem interessanten Sportfisch
stellen auch die Berufsfischer entlang der Pazifikküste Zentralamerikas nach.

Bei alten Fischen enden die zweite
Rückenflosse und die Afterflosse mit
"Miniflossen", die über Membranen
mit den Hauptflossen verbunden sind.

JACKMACKEREL
Der schlanke, stromlinienförmige
Jackmackerel lebt im östlichen
Pazifik und taucht regelmäßig
in großen Mengen vor der kalifornischen Küste auf, wo er ein
sehr begehrter und wichtiger
Sportfisch an leichtem Gerät ist.
Am Hinterrand seines Kiemen-
deckels hat er oft einen dunklen
Fleck und entlang der Seitenlinie
verläuft ein Streifen aus Knochenschuppen. Er lebt sowohl
in Küstennähe als auch auf
hoher See. Maximal wird er etwa
2,2 Kilo schwer.

JACKMACKEREL
Trachurus symmetricus

Größenvergleich

Roosterfish   Permit   African Pompano   Jackmackerel   Florida Pompano   Largespot Pompano

COBIA, SNOOK UND BARRAMUNDI

Der Cobia ist das einzige Mitglied der Familie der Rachycentriden und gleichzeitig ein sehr geschätzter Sportfisch. Bei den Berufsfischern ist er wegen seines schmackhaften Fleisches, das oft geräuchert wird, ebenfalls sehr begehrt. Snook und Barramundi gehören zur Familie der Centropomiden, die etwa 30 Mitglieder zählt. Einige Centropomiden sind reine Meeresfische, andere ziehen gelegentlich in Brackwasser oder steigen sogar in Flüsse auf; einige leben in Flüssen und laichen in den brackigen Mündungsbereichen, während andere wiederum reine Süßwasserfische sind.

TARPON SNOOK
Centropomus pectinatus

Dunkles Bauch-
flossenende

FAT SNOOK
Centropomus parallelus

COBIA
Dieser lange, schlanke Fisch lebt in fast allen warmen Meeren, wo er im Küstenbereich und auf hoher See anzutreffen ist. Lediglich entlang der Pazifikküste Nordamerikas fehlt er. Er hat einen abgeflachten Kopf, ein großes Maul mit einem leichten Vorbiß und eine erste Rückenflosse, die lediglich aus acht voneinander getrennten Stacheln besteht. In erster Linie ernährt sich der Cobia von Fischen und Krebsen. Er kann bis zu 70 Kilo schwer werden. Gewöhnlich ist er ein Einzelgänger, der stellenweise auch in kleinen Trupps anzutreffen ist.

FAT SNOOK
Der Fat Snook ist ein kleiner, eher hochrückiger Fisch, der selten über 1,4 Kilo schwer wird. Am zuverlässigsten läßt er sich von anderen kleinen Snooks durch Zählen seiner Schuppen entlang des Seitenlinienorganes unterscheiden: der Fat Snook hat dort 80 bis 90 Schuppen, der Tarpon Snook 65 bis 70 und der Black Snook etwa 60.

Die erste Rückenflosse ist zu acht Stacheln verkümmert.

COBIA
Rachycentron canadum

ANGELTIPS

Techniken
Cobias werden gewöhnlich beim Spinnfischen oder beim Grundangeln mit Naturködern gefangen. Das Fischen mit Kunstködern ist eine auf Barramundi und Snook sehr fängige Technik. Letztere lassen sich auch mit der Fliegenrute fangen.

Gerät
Zum Fang von Cobias brauchen Sie eine schwere Spinnrute, 0,35 bis 0,40 mm monofile Schnur, ein 90 cm langes Stahlvorfach (oder 60 bis 80 lb. monofile Schnur) und Haken der Größen 2/0 bis 4/0. Zum Spinnfischen auf Snook ist eine 1,8 m lange Spinnrute mit 0,30 bis 0,33 mm Schnur notwendig, zum Fliegen-

fischen eine schnelle, 2,7 m lange Fliegenrute mit Spitzenaktion. Für den Fang von Barramundis sollten Sie eine 2,7 bis 3 m lange Spinnrute verwenden, an die 0,40 bis 0,50 mm monofile Schnur kommt.

Köder
Gute Naturköder für den Fang von Cobias sind Fische, Krebse und Garnelen. Als Kunstköder eignen sich große sattblaue oder silbrige Wobbler sowie 40 bis 85 Gramm schwere Jigs mit gelben oder weißen Schürzen. Wobbler, Löffel, Jigs, Garnelen, Streamer und Fisch (vor allem Meeräschen) sind gute Snookköder und zweigeteilte, 15 cm lange, nur wenig abtauchende Wobbler sind gute Barramundiköder.

Cobia Unterstände
Cobias lungern gerne im Schutz von Brückenpfeilern und von Wracks sowie unter Bojen und anderem Treibgut. Oft findet man sie auch in der Nähe umherziehender Haie.

BLACK SNOOK
Centropomus nigrescens

TARPON SNOOK

Das Maul dieses kleinen Fisches ist deutlich nach oben gerichtet, ein wenig wie das des Tarpons (siehe Seite 158). Seine Bauchflossen sind orange oder gelborange und haben dunkle Enden. Er hält sich vorzugsweise in brackigen Seen und Lagunen mit zahlreichen Unterschlüpfen auf. Gewöhnlich wiegt dieser Fisch weniger als ein Kilo.

BLACK SNOOK

Der Black Snook, der entlang der Pazifikküste des tropischen Amerikas lebt, wird über 1,4 Kilo schwer. In seichten Küstengewässern kommt er, ebenso wie in brackigen Mündungen und Flußunterläufen oder in küstennahen Kanälen, häufig vor.

VERBREITUNG

Cobia: in den meisten warmen Meeren, fehlt allerdings entlang der nordamerikanischen Pazifikküste.
Fat Snook, Tarpon Snook: Südflorida und von den Westindischen Inseln bis nach Brasilien.
Black Snook: im Ostpazifik von Baja California bis nach Peru.
Snook: im Westatlantik von South Carolina bis nach Brasilien.
Barramundi: in asiatischen Küstenregionen und auf Inseln im Persischen Golf bis nach China und um die Nordhälfte des australischen Kontinentes.

SNOOK

Dieser große, hechtartige Fisch hat ein oberständiges Maul und entlang seiner Seitenlinien einen auffälligen, schwarzen Streifen, der bis an den Schwanz reicht. Er ist ein sehr aktiver Raubfisch, der sich von Fischen, Krebsen und Garnelen ernährt, durchschnittlich 2,2 bis 3,6 Kilo wiegt und maximal 24 Kilo schwer wird. Obwohl er gewöhnlich in seichtem Küstenwasser anzutreffen ist, zieht er auch gerne in Mündungen, in Mangrovensümpfe, in Bäche und wandert manchmal in Kanälen und Flüssen weit ins Landesinnere. Nach der Landung sollte man ihn mit Vorsicht anfassen, da die Ränder seiner Kiemendeckel sehr scharf sind.

SNOOK
Centropomus undecimalis

BARRAMUNDI
Lates calcarifer

Große Bauchflosse

BARRAMUNDI

Der Barramundi lebt in Flüssen, Bächen und Mangrovensümpfen und er laicht in Flußmündungen bzw. im Küstenwasser. Er ernährt sich von Fischen, Flußkrebsen, Krebsen, Garnelen und Insekten und wird über 60 Kilo schwer; der nah mit ihm verwandte Nilbarsch (Lates niloticus), ein afrikanischer Süßwasserfisch, kann über 90 Kilo schwer werden.

Größenvergleich

Barramundi   Cobia   Snook   Black Snook   Fat Snook   Tarpon Snook

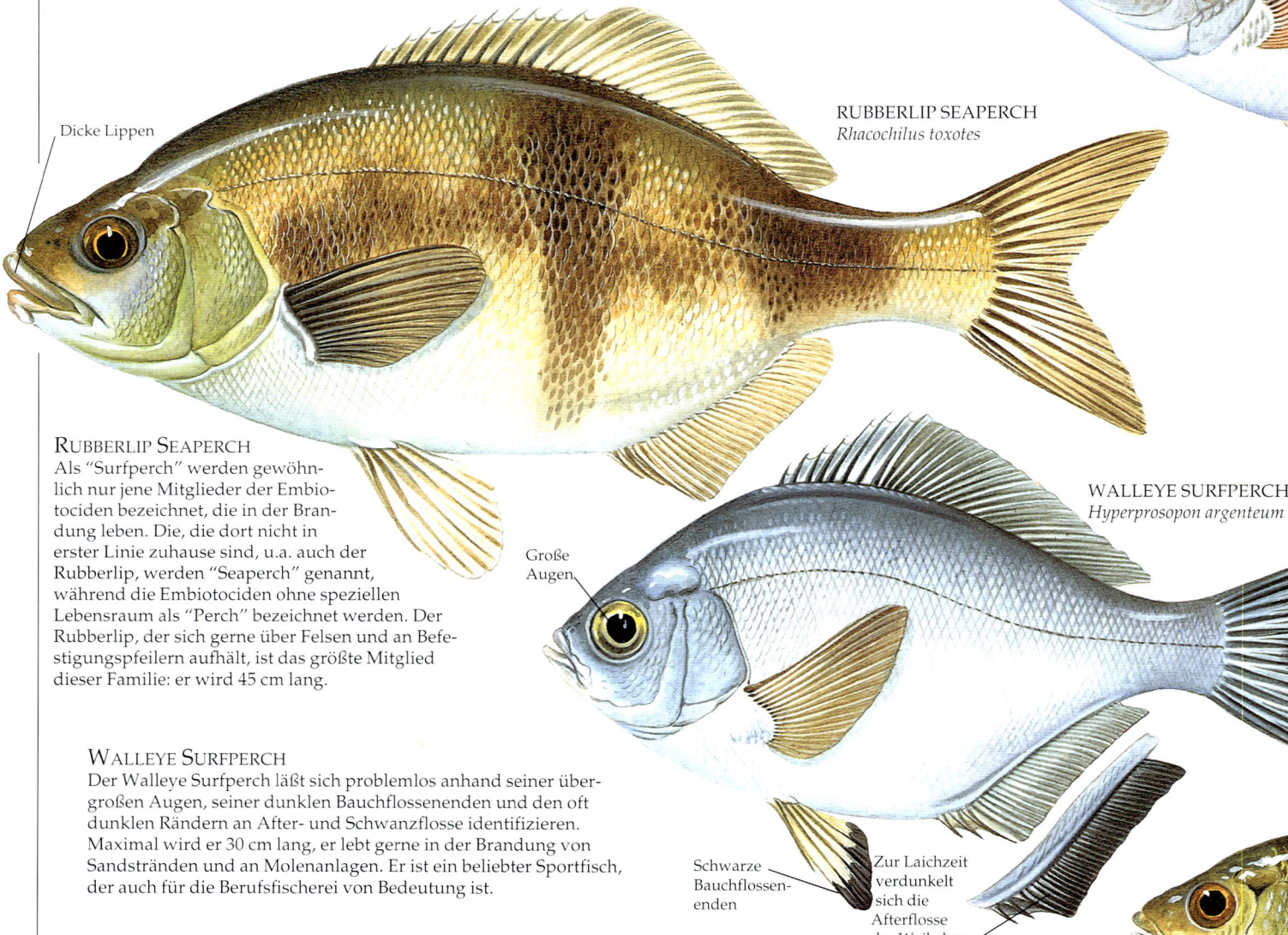

SURFPERCH

Die Familie der Embiotociden besteht aus 21 Arten, von denen zwei in Japan und Korea auftauchen; der Rest lebt entlang der nordamerikanischen Pazifikküste und bis auf eine Ausnahme sind es reine Meeresfische. Diese Ausnahme ist der Tule Perch (Hysterocarpus traski),
dessen Verbreitungsgebiet auf Zentrakalifornien begrenzt ist. Die Surfperchmännchen benutzen ihre Afterflossen, um ihr Sperma zu den Weibchen zu befördern, die lebende Jungfische
gebären. Auf ihrem Speiseplan stehen Algen, Wirbellose und Fische. Sie werden 10 bis 45 cm
lang.

Dicke Lippen

RUBBERLIP SEAPERCH
Rhacochilus toxotes

RUBBERLIP SEAPERCH
Als "Surfperch" werden gewöhnlich nur jene Mitglieder der Embiotociden bezeichnet, die in der Brandung leben. Die, die dort nicht in
erster Linie zuhause sind, u.a. auch der
Rubberlip, werden "Seaperch" genannt,
während die Embiotociden ohne speziellen
Lebensraum als "Perch" bezeichnet werden. Der
Rubberlip, der sich gerne über Felsen und an Befestigungspfeilern aufhält, ist das größte Mitglied
dieser Familie: er wird 45 cm lang.

Große
Augen

WALLEYE SURFPERCH
Hyperprosopon argenteum

WALLEYE SURFPERCH
Der Walleye Surfperch läßt sich problemlos anhand seiner übergroßen Augen, seiner dunklen Bauchflossenenden und den oft
dunklen Rändern an After- und Schwanzflosse identifizieren.
Maximal wird er 30 cm lang, und lebt gerne in der Brandung von
Sandstränden und an Molenanlagen. Er ist ein beliebter Sportfisch,
der auch für die Berufsfischerei von Bedeutung ist.

Schwarze
Bauchflossen-
enden

Zur Laichzeit
verdunkelt
sich die
Afterflosse
der Weibchen.

ANGELTIPS

Techniken
Surfperchs werden gewöhnlich beim leichten
Brandungs- oder beim Grundfischen gefan-
gen.

Gerät
Zum Brandungsfischen brauchen Sie eine
leichte Brandungsrute, an die eine mit 0,30
bis 0,35 mm Schnur gefüllte Multirolle
kommt. Je nach gesuchter Art sind Haken um

Größe 1/0 ratsam. Als Blei kommt ein Krallenblei oder ein tropfenförmiges Blei in Frage.
Zum Grundfischen nehmen Sie eine Spinnrute
oder eine Bootsrute der 12 lb.-Klasse, an die
eine mit 0,30 bis 0,35 mm Schnur gefüllte Sta-
tionär- oder Multirolle kommt, ein Haken der
Größe 1/0 (oder kleiner) sowie ein tropfenförmiges Blei.

Köder
Gute Surfperchköder sind Fischstücke und
Krebse, Garnelen und Muscheln.

SHINER PERCH
Dieser kleine Surfperch, der nur etwa 18 cm
lang wird, tritt recht zahlreich auf und läßt sich
von Molenanlagen aus recht problemlos fangen,
weshalb er gerade bei jungen Anglern sehr
beliebt ist. Er sucht gerne seichtes Wasser auf,
wo er in der Nähe von Krautbänken, Pfeilern
und Molen anzutreffen ist. Gelegentlich steht er
aber auch in über 150 Meter Tiefe. Ebenso zieht
er manchmal in Brackwasser und ausnahmsweise auch ins Süßwasser. Oft hat er über seiner
Oberlippe einen schwarzen Fleck.

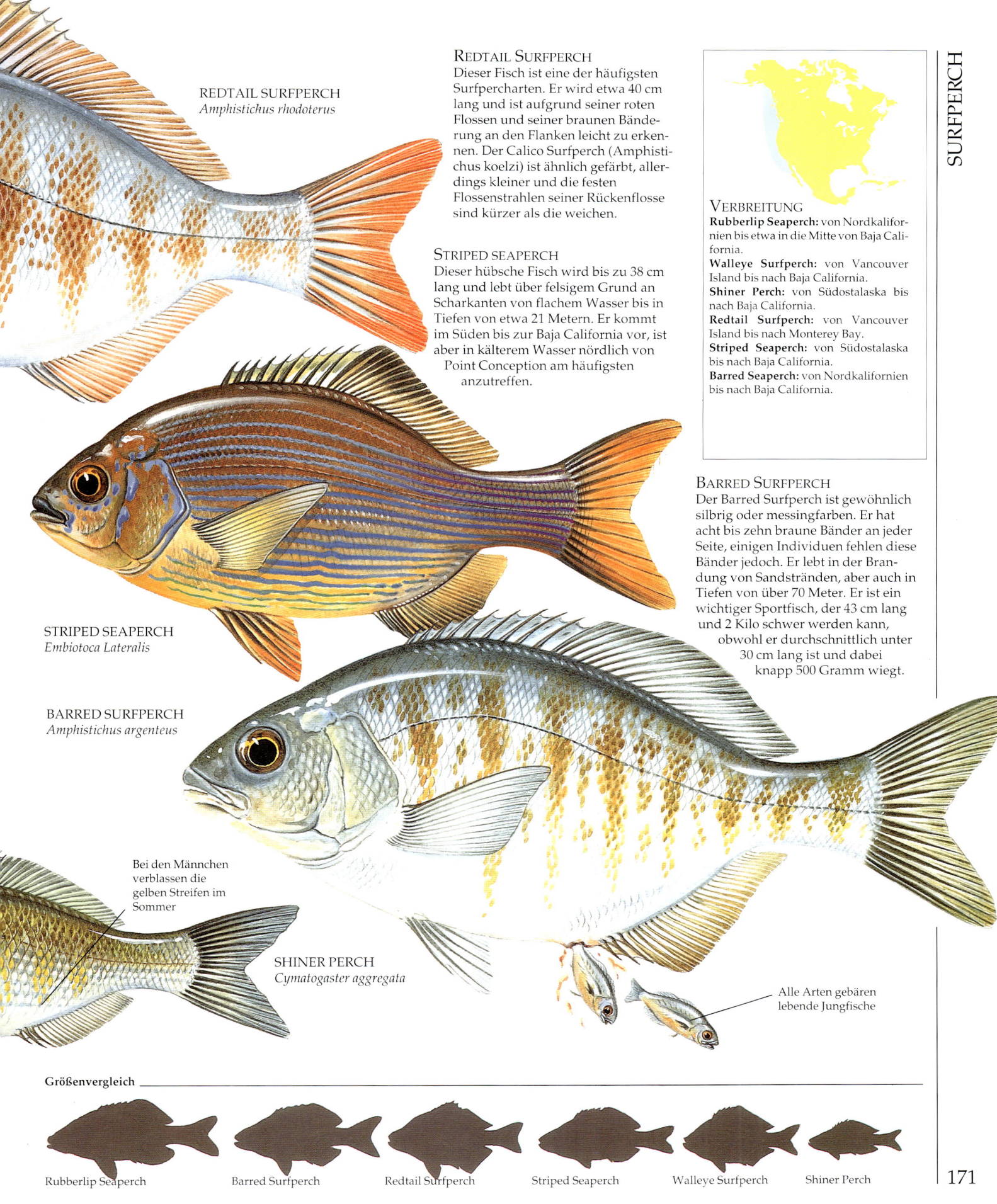

REDTAIL SURFPERCH
Amphistichus rhodoterus

REDTAIL SURFPERCH
Dieser Fisch ist eine der häufigsten Surfperscharten. Er wird etwa 40 cm lang und ist aufgrund seiner roten Flossen und seiner braunen Bänderung an den Flanken leicht zu erkennen. Der Calico Surfperch (Amphistichus koelzi) ist ähnlich gefärbt, allerdings kleiner und die festen Flossenstrahlen seiner Rückenflosse sind kürzer als die weichen.

STRIPED SEAPERCH
Dieser hübsche Fisch wird bis zu 38 cm lang und lebt über felsigem Grund an Scharkanten von flachem Wasser bis in Tiefen von etwa 21 Metern. Er kommt im Süden bis zur Baja California vor, ist aber in kälterem Wasser nördlich von Point Conception am häufigsten anzutreffen.

VERBREITUNG
Rubberlip Seaperch: von Nordkalifornien bis etwa in die Mitte von Baja California.
Walleye Surfperch: von Vancouver Island bis nach Baja California.
Shiner Perch: von Südostalaska bis nach Baja California.
Redtail Surfperch: von Vancouver Island bis nach Monterey Bay.
Striped Seaperch: von Südostalaska bis nach Baja California.
Barred Seaperch: von Nordkalifornien bis nach Baja California.

BARRED SURFPERCH
Der Barred Surfperch ist gewöhnlich silbrig oder messingfarben. Er hat acht bis zehn braune Bänder an jeder Seite, einigen Individuen fehlen diese Bänder jedoch. Er lebt in der Brandung von Sandstränden, aber auch in Tiefen von über 70 Meter. Er ist ein wichtiger Sportfisch, der 43 cm lang und 2 Kilo schwer werden kann, obwohl er durchschnittlich unter 30 cm lang ist und dabei knapp 500 Gramm wiegt.

STRIPED SEAPERCH
Embiotoca Lateralis

BARRED SURFPERCH
Amphistichus argenteus

Bei den Männchen verblassen die gelben Streifen im Sommer

SHINER PERCH
Cymatogaster aggregata

Alle Arten gebären lebende Jungfische

Größenvergleich

Rubberlip Seaperch   Barred Surfperch   Redtail Surfperch   Striped Seaperch   Walleye Surfperch   Shiner Perch

DORSCH, SEEHECHT, LENG & RUTTE

Die Mitglieder der Gadiden, der Dorschartigen, sind weltweit verbreitet, insbesondere in den kühlen Gewässern der nördlichen Erdhemisphäre. Die meisten von ihnen sind Grundfische, die sich von Fischen und von Wirbellosen ernähren. Viele sind für die Berufsfischerei ebenso bedeutend, wie für die Sportangler. Unglücklicherweise hat der Wert vieler dieser Arten in einigen Gegenden zu einem Überfischen der Bestände geführt, vor allem im Nordatlantik. Das Ergebnis ist, daß Fangmenge und Größe dieser Arten beträchtlich geschrumpft sind.

Dunkler Fleck hinter den Kiemendeckeln

Stark bezahnte Kiefer

POLLACK
Wie viele andere Arten aus der Familie der Dorschartigen hat der Pollack drei Rücken- und zwei Afterflossen. Am leichtesten läßt sich dieser Fisch an seinem oberständigen Maul und an seiner eigenartig gekrümmten Seitenlinie erkennen. Kleine Pollacks leben über sandigem Untergrund, die größeren, die bis zu 13 Kilo schwer werden können, ziehen felsigen Untergrund vor.

POLLACK
Pollachius pollachius

Oberständiges Maul

Gekrümmte Seitenlinie

KÖHLER
Der Köhler ist dem Pollack ähnlich, allerdings sind sein Ober- und Unterkiefer etwa gleich lang und seine Seitenlinie ist nur geringfügig gekrümmt. Maximal wird er etwa 32 Kilo schwer. Derart kapitale Fische werden fast immer in der Nähe von Riffen gefangen.

KÖHLER
Pollachius virens

RUTTE (Aalrutte, Trüsche)
Dieser Fisch ist das einzige Mitglied der Familie der Dorschartigen, das ausschließlich im Süßwasser lebt. In den kalten Gewässern der nördlichen Erdhemisphäre ist die Rutte weit verbreitet. Obwohl sie über 30 Kilo schwer werden kann, liegt der Durchschnitt unter vier Pfund. Auf den britischen Inseln ist diese Fischart heute wahrscheinlich ausgestorben.

RUTTE (Aalrutte, Trüsche)
Lota lota

ANGELTIPS

Techniken
Die im Meer lebenden Dorschartigen lassen sich von der Küste beim Brandungsangeln oder beim Fischen von Felsen, Pieren und Molen aus fangen. Beim Bootsfischen sind Naturköder erfolgreich, aber auch Kunstköder, wie etwa Federpaternoster und Pilker. Ein vor den Naturköder geschalteter Reizlöffel kann eine sehr lohnenswerte Montage sein. Die Rutte, der einzige Vertreter der Dorschartigen im Süßwasser, ist ein recht träger Fisch, der in erster Linie nachtaktiv ist und sich beim statischen Grundfischen in seichtem Wasser fangen läßt.

Gerät
Von der Küste aus eignet sich eine 3,7 m lange Brandungsrute, an die eine mit 0,50 mm Schnur gefüllte Multirolle kommt. Die Hakengröße sollte zwischen 2/0 und 8/0 liegen. Krallen- oder tropfenförmiges Blei ist geeignet. Vom Boot aus sollte eine 30 lb.-Bootsrute verwendet werden, an die eine mit 30 lb. tragender Nylon- oder Stahlschnur gefüllte Multirolle der Größen 4/0 bis 6/0 kommt; Hakengröße 2/0 bis 8/0. Zum Fischen mit Naturködern oder mit Federpaternostern nimmt man tropfenförmiges Blei. Rutten lassen sich mit einer 3 bis 3,7 m langen Grundrute und einer Stationärrolle mit 25er Schnur sowie den Hakengrößen 10–14 fangen.

Köder
Zu den vielen fängigen Naturködern gehören zahlreiche Wirbellose, Seeringel- und Wattwürmer, Muscheln und Tintenfische. Fisch, in Stücken oder ganz, ist ebenfalls einen Versuch wert, insbesondere mit öligen Köderfischen, wie beispielsweise Hering, Makrele, Sprotte und Sardine. Unter den Kunstködern sind die Bleikopfjigs, die Metallpilker und die Plastiksandaale am erfolgreichsten. Ausgezeichnete Federpaternoster lassen sich problemlos durch Befestigen von orangen oder gelben Federbüscheln an Haken der Größe 5/0 herstellen. Rutten gehen gerne auf große Wurmbündel oder kleine Köderfische.

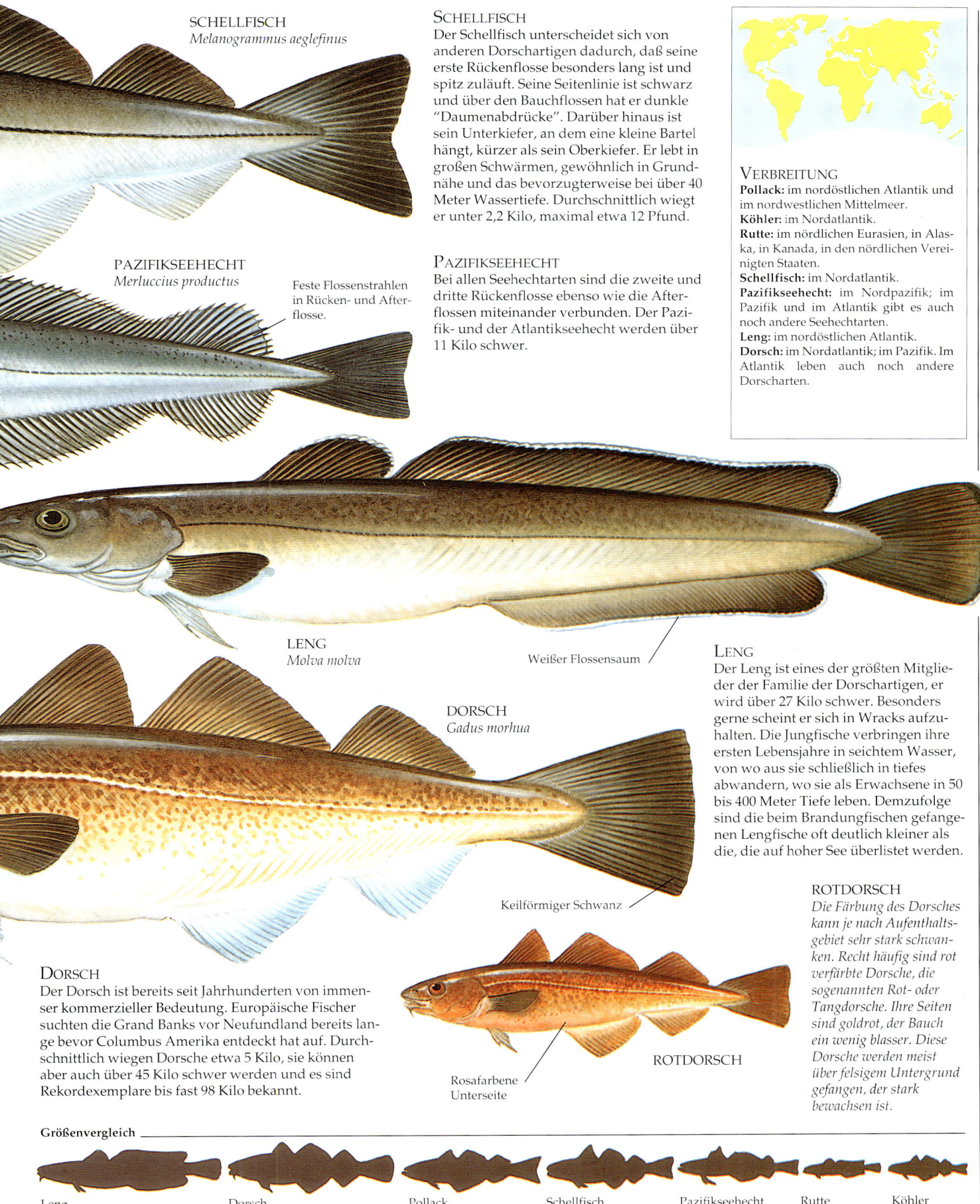

SCHELLFISH
Melanogrammus aeglefinus

PAZIFIKSEEHECHT
Merluccius productus

Feste Flossenstrahlen in Rücken- und Afterflosse.

SCHELLFISH
Der Schellfisch unterscheidet sich von anderen Dorschartigen dadurch, daß seine erste Rückenflosse besonders lang ist und spitz zuläuft. Seine Seitenlinie ist schwarz und über den Bauchflossen hat er dunkle "Daumenabdrücke". Darüber hinaus ist sein Unterkiefer, an dem eine kleine Bartel hängt, kürzer als sein Oberkiefer. Er lebt in großen Schwärmen, gewöhnlich in Grundnähe und das bevorzugterweise bei über 40 Meter Wassertiefe. Durchschnittlich wiegt er unter 2,2 Kilo, maximal etwa 12 Pfund.

PAZIFIKSEEHECHT
Bei allen Seehechtarten sind die zweite und dritte Rückenflosse ebenso wie die Afterflossen miteinander verbunden. Der Pazifik- und der Atlantikseehecht werden über 11 Kilo schwer.

VERBREITUNG
Pollack: im nordöstlichen Atlantik und im nordwestlichen Mittelmeer.
Köhler: im Nordatlantik.
Rutte: im nördlichen Eurasien, in Alaska, in Kanada, in den nördlichen Vereinigten Staaten.
Schellfisch: im Nordatlantik.
Pazifikseehecht: im Nordpazifik; im Pazifik und im Atlantik gibt es auch noch andere Seehechtarten.
Leng: im nordöstlichen Atlantik.
Dorsch: im Nordatlantik; im Pazifik. Im Atlantik leben auch noch andere Dorscharten.

DORSCH, SEEHECHT, LENG & RUTTE

LENG
Molva molva

Weißer Flossensaum

LENG
Der Leng ist eines der größten Mitglieder der Familie der Dorschartigen, er wird über 27 Kilo schwer. Besonders gerne scheint er sich in Wracks aufzuhalten. Die Jungfische verbringen ihre ersten Lebensjahre in seichtem Wasser, von wo aus sie schließlich in tiefes abwandern, wo sie als Erwachsene in 50 bis 400 Meter Tiefe leben. Demzufolge sind die beim Brandungfischen gefangenen Lengfische oft deutlich kleiner als die, die auf hoher See überlistet werden.

DORSCH
Gadus morhua

Keilförmiger Schwanz

DORSCH
Der Dorsch ist bereits seit Jahrhunderten von immenser kommerzieller Bedeutung. Europäische Fischer suchten die Grand Banks vor Neufundland bereits lange bevor Columbus Amerika entdeckt hat auf. Durchschnittlich wiegen Dorsche etwa 5 Kilo, sie können aber auch über 45 Kilo schwer werden und es sind Rekordexemplare bis fast 98 Kilo bekannt.

Rosafarbene Unterseite

ROTDORSCH

ROTDORSCH
Die Färbung des Dorsches kann je nach Aufenthaltsgebiet sehr stark schwanken. Recht häufig sind rot verfärbte Dorsche, die sogenannten Rot- oder Tangdorsche. Ihre Seiten sind goldrot, der Bauch ein wenig blasser. Diese Dorsche werden meist über felsigem Untergrund gefangen, der stark bewachsen ist.

Größenvergleich

| Leng | Dorsch | Pollack | Schellfisch | Pazifikseehecht | Rutte | Köhler |

MARLINE UND ANDERE SCHWERTTRAGENDE FISCHE

Diese von den Big-Game Anglern so hochgeschätzten und so spektakulär kämpfenden Fische sind weltweit in den tropischen und gemäßigt warmen Meeren zuhause, von wo sie im Sommer gelegentlich in nördlichere und südlichere Breiten abwandern. An all diesen riesigen und schnellschwimmenden Fischen - Marlin, Speerfisch, Sailfish und Schwertfisch - hat sich der Oberkiefer in einen Spieß oder in eine speerartige Verlängerung umgewandelt.

SPEERFISCHE

Die Speerfische sind die kleinsten dieser Gruppe, sie werden 2,1 bis 2,4 m lang und erreichen dabei Gewichte von 40 bis 52 Kilo. Der Oberkiefer des Shortbill Spearfish (er lebt im Pazifik) ist etwa 50 Prozent länger als sein Unterkiefer. Der Unterkiefer des Longbill Spearfish (er lebt im Atlantik) ist demgegenüber mindestens doppelt so lang wie sein Unterkiefer. Eine dritte Speerfischart, Tetrapturus belone, lebt im Mittelmeer. Speerfische tauchen nur gelegentlich in küstennahen Gewässern auf, es sei denn, unter Wasser gibt es steile und jähe Abbrüche.

SHORTBILL SPEARFISH
(Speerfisch mit kurzem Speer)
Tetrapturus angustirostris

LONGBILL SPEARFISH
(Speerfisch mit langem Speer)
Tetrapturus pfluegeri

SAILFISH
Istiophorus platypterus

SAILFISH

Der Atlantik- und Pazifiksailfish werden als ein und dieselbe Art betrachtet, obwohl die im Pazifik lebenden Fische viel schwerer werden und etwa 110 Kilo Gewicht und 3,3 m Länge erreichen. Im Gegensatz hierzu werden die Sailfische des Atlantik nur 58 Kilo schwer und nur 2,4 m lang. Sailfische lassen sich aufgrund ihrer riesigen, segelartigen Rückenflosse und durch das lange Schwert problemlos erkennen; die Länge seines längsten Flossenstrahles beträgt etwa 150 Prozent oder mehr der maximalen Körperhöhe.

GESTREIFTER MARLIN
Tetrapturus audax

SCHWERTFISCH
Xiphias gladius

SCHWERTFISCH

Der Schwertfisch ist das einzige Mitglied aus der Xiphiidenfamilie. Auch sein Oberkiefer ist außergewöhnlich lang, allerdings ist er im Querschnitt eher flach und nicht, wie bei den anderen Schwertträgern, rund. Des weiteren unterscheidet sich der Schwertfisch auch durch seinen Körperbau und durch seine Schuppen. Bei anderen Schwertträgern ist der Körper seitlich ein wenig zusammengepreßt, die Schuppen sind schmal und laufen spitz zu; der Körper des Schwertfisches ist im Querschnitt annähernd rund und den ausgewachsenen Fischen fehlen die Schuppen komplett. Von seiner Größe her ist der Schwertfisch durchaus mit anderen Schwertträgern vergleichbar: er kann 4,6 Meter lang werden und dabei 590 Kilo wiegen.

Die Nahrung
Die schwerttragenden Fische ernähren sich von Fisch (vor allem von Thunen und Heringen), Krebsen und Tintenfisch. Wird das Opfer erst einmal verfolgt, hat es kaum mehr Aussichten auf Flucht vor diesen kraftvollen, schnellschwimmenden Raubfischen.

ANGELTIPS

Techniken

Gewöhnlich wird auf diese Arten knapp unter oder an der Oberfläche geschleppt. Schwertfisch und Blauer Marlin lassen sich allerdings beim Driftfischen in großen Tiefen mit lebenden und toten Köderfischen fangen. Einen besonders aufregenden Sport liefert der Sailfish dem Salzwasserfliegenfischer. Alle schwerttragenden Fische müssen bei der Landung vorsichtig behandelt werden, da die Schwerter häßliche Wunden verursachen können.

Gerät

Für die kleineren Arten reicht eine Bootsausrüstung der 20 bis 50 lbs-Klasse, die Rolle ist entweder eine Hebelbremsrolle oder eine Sternbremsrolle der Klassen 6/0 oder 7/0. Für größere Fische ist eine Ausrüstung der 80 bis 130 lb.-Klasse notwendig, entweder mit Hebelbremsrolle oder mit einer Sternbremsrolle der Klassen 12/0 oder 14/0. Die Schnur sollte je nach gesuchter Art zwischen 20 und 130 lb. tragen. Als Schnurmaterial kommen Dacron oder Nylon in Frage, in jedem Fall ist ein kräftiges Stahlvorfach unerläßlich. Die Haken sollten flach geschmiedet sein, als Größen sind 8/0 bis 14/0 ratsam. Zum Fliegenfischen auf Sailfish brauchen Sie eine schwere Fliegenrute mit einer Anti-Reverse Rolle, die Salzwasser verträgt. Die AFT-MA-Klasse der Keulenschnur liegt zwischen Klasse 10 und 13, an die ein 20 lb. Vorfach mit einem auf einen Haken der Größe Nr. 2/0 bis 5/0 gebundenen Streamer kommt.

Köder

Lebende oder tote Köderfische, beispielsweise Meeräsche, oder Tintenfisch, sowie Kunstköder, wie etwa Kona Heads.

VERBREITUNG

Blauer Marlin, Sailfish und Schwertfisch: weltweit.
Schwarzer und Gestreifter Marlin: Pazifik und Indischer Ozean.
Shortbill Spearfish: Pazifik.
Weißer Marlin, Longbill Spearfish: Atlantik.

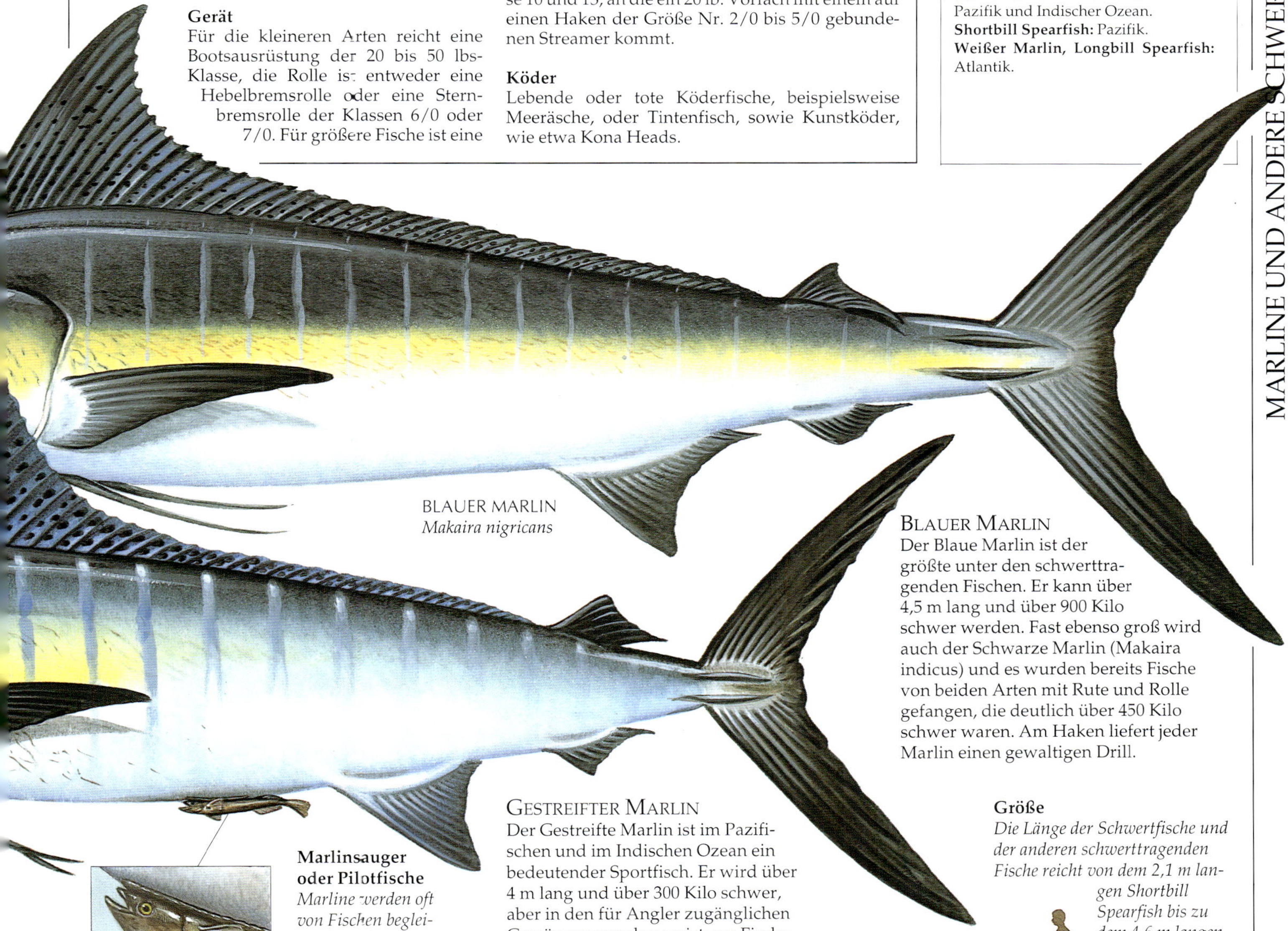

BLAUER MARLIN
Makaira nigricans

BLAUER MARLIN

Der Blaue Marlin ist der größte unter den schwerttragenden Fischen. Er kann über 4,5 m lang und über 900 Kilo schwer werden. Fast ebenso groß wird auch der Schwarze Marlin (Makaira indicus) und es wurden bereits Fische von beiden Arten mit Rute und Rolle gefangen, die deutlich über 450 Kilo schwer waren. Am Haken liefert jeder Marlin einen gewaltigen Drill.

Marlinsauger oder Pilotfische

Marline werden oft von Fischen begleitet, die sich mit ihrer Saugfläche auf dem Kopf an ihm festsaugen und die sich von seinen Nahrungsresten ernähren

GESTREIFTER MARLIN

Der Gestreifte Marlin ist im Pazifischen und im Indischen Ozean ein bedeutender Sportfisch. Er wird über 4 m lang und über 300 Kilo schwer, aber in den für Angler zugänglichen Gewässern werden meist nur Fische von 90 bis 120 Kilo gefangen. Einige der besten Fanggründe für Gestreifte Marline liegen vor Chile und vor Neuseeland, wo bereits Fische von 180 bis 230 Kilo gefangen wurden.

Größe

Die Länge der Schwertfische und der anderen schwerttragenden Fische reicht von dem 2,1 m langen Shortbill Spearfish bis zu dem 4,6 m langen Blauen Marlin.

0   Blauer Marlin   5 m

Größenvergleich

Blauer Marlin   Schwertfisch   Gestreifter Marlin   Sailfish   Longbill Spearfish   Shortbill Spearfish

175

LIPPFISCHE & DOLPHIN

Die Lippfische gehören zur Familie der Labriden, die über 400 Mitglieder zählt. Diese Fische leben weltweit verteilt in den tropischen und gemäßigt warmen Küstengewässern. Ein typischer Lippfisch hat dicke Lippen und starke Zähne, mit denen er Muscheln zermalmt. Zum Schwimmen benutzt er eher seine fächerartigen Brustflossen als seine Schwanzflosse. Die Größe der Lippfische ist sehr unterschiedlich, sie reicht von 10 cm bis zu den gewaltigen 2,3 m der Maori Wrasse (Cheilinus undulatus), die im indopazifischen Raum lebt. Der Dolphin ist einer der beiden Mitglieder der Familie der Coryphaeniden.

CALIFORNIA SHEEPHEAD

Die Färbung des California Sheephead hängt von seinem Alter und seinem Geschlecht ab. Erwachsene Milchner sind auffällig rot und schwarz, während die Rogner rosa gefärbt sind; beide Geschlechter haben am Kinn einen hellen Fleck. Die Jungfische sind rot und haben auf jeder Flosse einen dunklen Fleck. Dieser Lippfisch lebt entlang der südkalifornischen Küste in Tiefen von 3 bis 55 m, gewöhnlich über felsigem Untergrund oder über Riementangfeldern. Er wird maximal 90 cm lang und über 16 Kilo schwer.

SENORITA
Oxyjulis californica

ROGNER

MILCHNER

CALIFORNIA SHEEPHEAD
Semicossyphus pulcher

SENORITA

Dieser kleine, zigarrenförmige Fisch lebt in Riementangwäldern und über felsigem Untergrund vor der südkalifornischen Küste. Den Anglern ist er als erfahrener Köderdieb bekannt. Er ernährt sich von kleinen Wirbellosen und größere Fische lassen sich von ihm oft von Parasiten befreien. Maximal wird er etwa 25 cm lang und wie viele andere kleine Lippfischarten gräbt er sich die Nacht über in Sand ein.

MILCHNER

DOLPHIN
Coryphaena hippurus

DOLPHIN

Der Dolphin, der in vielen spanischsprechenden Gegenden auch als Dorado bezeichnet wird, erreicht etwa 40 Kilo. Auf seinem Speiseplan stehen in erster Linie Fische (insbesondere Fliegende Fische) sowie Krebse und Tintenfisch. Am Haken liefert der Dolphin einen gewaltigen Drill, in dem sich schnelle Fluchten mit spektakulären Sprüngen abwechseln. Das Fleisch des Dolphin schmeckt hervorragend und ist im Handel oft unter seinem hawaiianischen Namen Mahi Mahi erhältlich. Der viel kleinere Pompano Dolphin (Coryphaena equisetis), der dem weiblichen Dolphin ähnlich sieht, erreicht Gewichte von etwa 2,2 Kilo.

ANGELTIPS

Techniken
Die meisten Lippfische werden beim Grundfischen an Felsen und Klippen überlistet. Dolphine werden gewöhnlich beim Drift-, Schlepp- und Spinnfischen gefangen.

Gerät
Zum Fang von Lippfischen brauchen Sie eine 3 bis 3,7 m lange leichte Brandungsrute oder eine schwere Spinnrute, an die eine mit 0,33 bis 0,35 mm Schnur gefüllte Rolle kommt. Die Endmontage besteht aus einem Einfachhaken der Größe 1/0 oder 2/0, der an ein Paternoster oder an eine Laufbleimontage gebunden wird. Das Blei wird bewußt mit einer schwächeren Schnur an der Montage befestigt (Sollbruchstelle). Für Dolphine brauchen Sie eine schwere Spinnrute oder Bootsrute der 20 lbs-Klasse, an die 20 lbs tragende monofile Schnur und ein Haken der Größe 4/0 kommen.

Köder
Lippfische lassen sich mit einer Vielzahl von Naturködern fangen, u.a. mit Würmern und Krebsen. Dolphine nehmen Fische, Wobbler und Löffel.

ROGNER

Kopfform
Der Kopf der weiblichen Dolphine und der der Jungfische beider Geschlechter ist abgerundeter als der der Milchner.

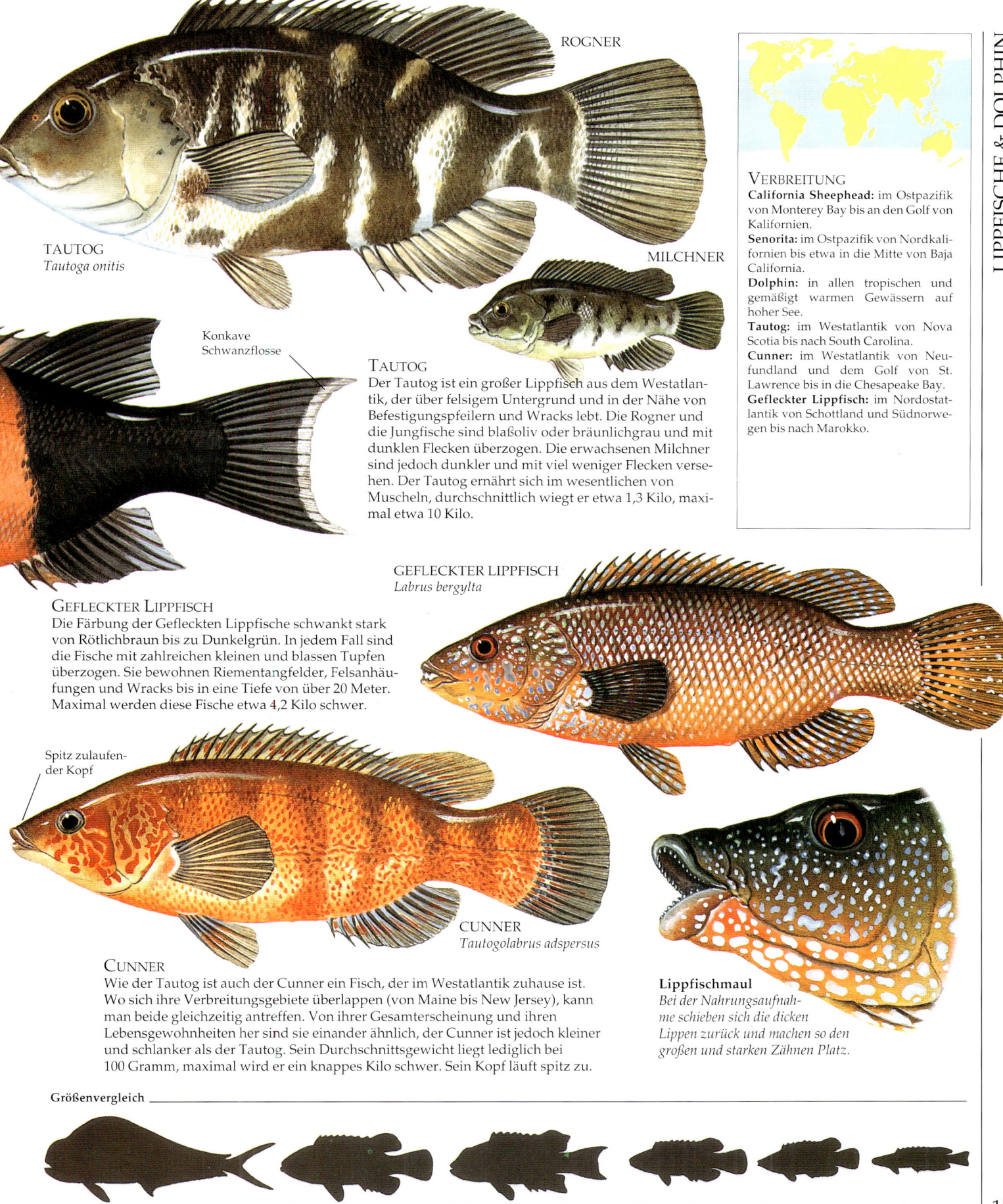

ROGNER

TAUTOG
Tautoga onitis

MILCHNER

Konkave
Schwanzflosse

VERBREITUNG
California Sheephead: im Ostpazifik von Monterey Bay bis an den Golf von Kalifornien.
Senorita: im Ostpazifik von Nordkalifornien bis etwa in die Mitte von Baja California.
Dolphin: in allen tropischen und gemäßigt warmen Gewässern auf hoher See.
Tautog: im Westatlantik von Nova Scotia bis nach South Carolina.
Cunner: im Westatlantik von Neufundland und dem Golf von St. Lawrence bis in die Chesapeake Bay.
Gefleckter Lippfisch: im Nordostatlantik von Schottland und Südnorwegen bis nach Marokko.

TAUTOG
Der Tautog ist ein großer Lippfisch aus dem Westatlantik, der über felsigem Untergrund und in der Nähe von Befestigungspfeilern und Wracks lebt. Die Rogner und die Jungfische sind blaßoliv oder bräunlichgrau und mit dunklen Flecken überzogen. Die erwachsenen Milchner sind jedoch dunkler und mit viel weniger Flecken versehen. Der Tautog ernährt sich im wesentlichen von Muscheln, durchschnittlich wiegt er etwa 1,3 Kilo, maximal etwa 10 Kilo.

GEFLECKTER LIPPFISCH
Labrus bergylta

GEFLECKTER LIPPFISCH
Die Färbung der Gefleckten Lippfische schwankt stark von Rötlichbraun bis zu Dunkelgrün. In jedem Fall sind die Fische mit zahlreichen kleinen und blassen Tupfen überzogen. Sie bewohnen Riementangfelder, Felsanhäufungen und Wracks bis in eine Tiefe von über 20 Meter. Maximal werden diese Fische etwa 4,2 Kilo schwer.

Spitz zulaufender Kopf

CUNNER
Tautogolabrus adspersus

CUNNER
Wie der Tautog ist auch der Cunner ein Fisch, der im Westatlantik zuhause ist. Wo sich ihre Verbreitungsgebiete überlappen (von Maine bis New Jersey), kann man beide gleichzeitig antreffen. Von ihrer Gesamterscheinung und ihren Lebensgewohnheiten her sind sie einander ähnlich, der Cunner ist jedoch kleiner und schlanker als der Tautog. Sein Durchschnittsgewicht liegt lediglich bei 100 Gramm, maximal wird er ein knappes Kilo schwer. Sein Kopf läuft spitz zu.

Lippfischmaul
Bei der Nahrungsaufnahme schieben sich die dicken Lippen zurück und machen so den großen und starken Zähnen Platz.

Größenvergleich

Dolphin   Tautog   California Sheephead   Gefleckter Lippfisch   Cunner   Senorita

177

SNAPPER

Die meisten der etwa 230 Snapperarten, aus denen die Familie der Lutjaniden besteht, leben in tropischen Meeren, einige allerdings auch in gemäßigt warmen Meeren. Alle diese Fische sind Raubfische, deren Gebiß voller scharfer, konisch zulaufender Zähne ist. Die Kieferenden bilden jeweils zwei große Fangzähne. Durch diese Fang- oder Hundszähne lassen sich die Snapper von den Groupern (siehe Seite 200) unterscheiden, welchen sie von ihrer Gesamterscheinung her recht ähnlich sind. Jedes Jahr werden in vielen seichten Küstengewässern und über Riffen zahlreiche Snappers von Anglern gefangen und von Unterwasserjägern geschossen. Einige Arten sind auch für die Berufsfischerei von Interesse.

Lange Hundszähne

MUTTON SNAPPER
Dieser Fisch ist einer der gängigsten Snapper in der Karibik und vor Südflorida. Er lebt in der Nähe von Korallenbänken, in seichten Gräben und in Gezeitenbächen, auf Korallenflats und in "blauen Löchern" - tiefe, kreisförmige Löcher im Meeresboden. Seine Färbung ist recht unterschiedlich, unter jedem Auge hat er allerdings immer einen blauen Streifen und auf den Flanken immer einen dunklen Fleck. Ausgewachsene Mutton Snapper wiegen gewöhnlich 2,2 bis 4,6 Kilo, maximal werden diese Fische etwa elf Kilo schwer.

Blauer Streifen

MUTTON SNAPPER
Lutjanus analis

GRAY SNAPPER
Der Gray Snapper lebt in denselben Gewässern wie der Mutton Snapper, ist aber darüberhinaus noch entlang der tropischen Westküste Afrikas anzutreffen. Am häufigsten kommt er an Mangrovenküsten vor, ist aber auch über Riffen anzutreffen. Er wird etwa 4,5 Kilo schwer. Insgesamt ist er eher grau gefärbt, manchmal kommt noch ein wenig Rot oder Kupfer dazu und oft läuft vom Maul aus ein dunkler Streifen über das Auge.

GRAY SNAPPER
Lutjanus griseus

LANE SNAPPER
Dieser kleine Snapper läßt sich aufgrund seiner rosafarbenen und gelben Streifen, seinem schwarzen Schwanzflossenrand und dem zwischen Rückenflosse und Seitenlinie befindlichen schwarzen Fleck problemlos identifizieren. Er lebt in den seichten Gewässern im gesamten tropischen Westatlantik. Obwohl er durchschnittlich noch nicht einmal 500 Gramm wiegt, ist er ein beliebter Sportfisch, der sich leicht vom Ufer aus fangen läßt und der noch dazu gut schmeckt.

LANE SNAPPER
Lutjanus synagris

ANGELTIPS

Techniken
Cubera, Mutton und Red Snapper werden beim langsamen, grundnahen Schleppen gefangen. Cubera und Mutton Snapper lassen sich durch entsprechendes Anfüttern auch an die Oberfläche locken, wo sie dann kleinen Kunstködern zum Opfer fallen. Spinnfischen, mit Natur- oder Kunstködern ist auf Gray Snapper, Lane Snapper und Mangrove Jack erfolgreich.

Gerät
Zum Schleppfischen brauchen Sie eine mittelschwere Spinnrute, an die eine mit 0,35 bis 0,40 mm Schnur gefüllte Stationärrolle kommt sowie ein 30 cm langes Vorfach aus dickem Monofilament oder aus Stahl und ein 2/0 Haken. Zum Spinnfischen reicht eine leichte bis mittelschwere Spinnrute sowie eine mit 0,35 bis 0,40 mm Schnur gefüllte Multirolle. Ein 30 cm-Vorfach aus dickem Monofilament oder aus Stahl (beim Fischen auf Gray Snapper ist ein durchsichtiges Vorfach nötig) und einen 2/0 Drilling komplettieren das Gerät.

Köder
Gute Köder für Cubera, Mutton, Red und Lane Snapper sind u.a. Garnelen und Fischstücke (vor allem von Meeräschen). Kunstköder werden für den Fang von Cubera Snapper, Mutton Snapper und Mangrove Jack verwendet. Hierbei kommen Bucktails, Streamer, Jigs und silbrige Wobbler zum Einsatz. Die besten Ergebnisse erzielt man, indem man diese Kunstköder ruckartig führt. Der beste Köder für Gray Snapper sind lebende Garnelen.

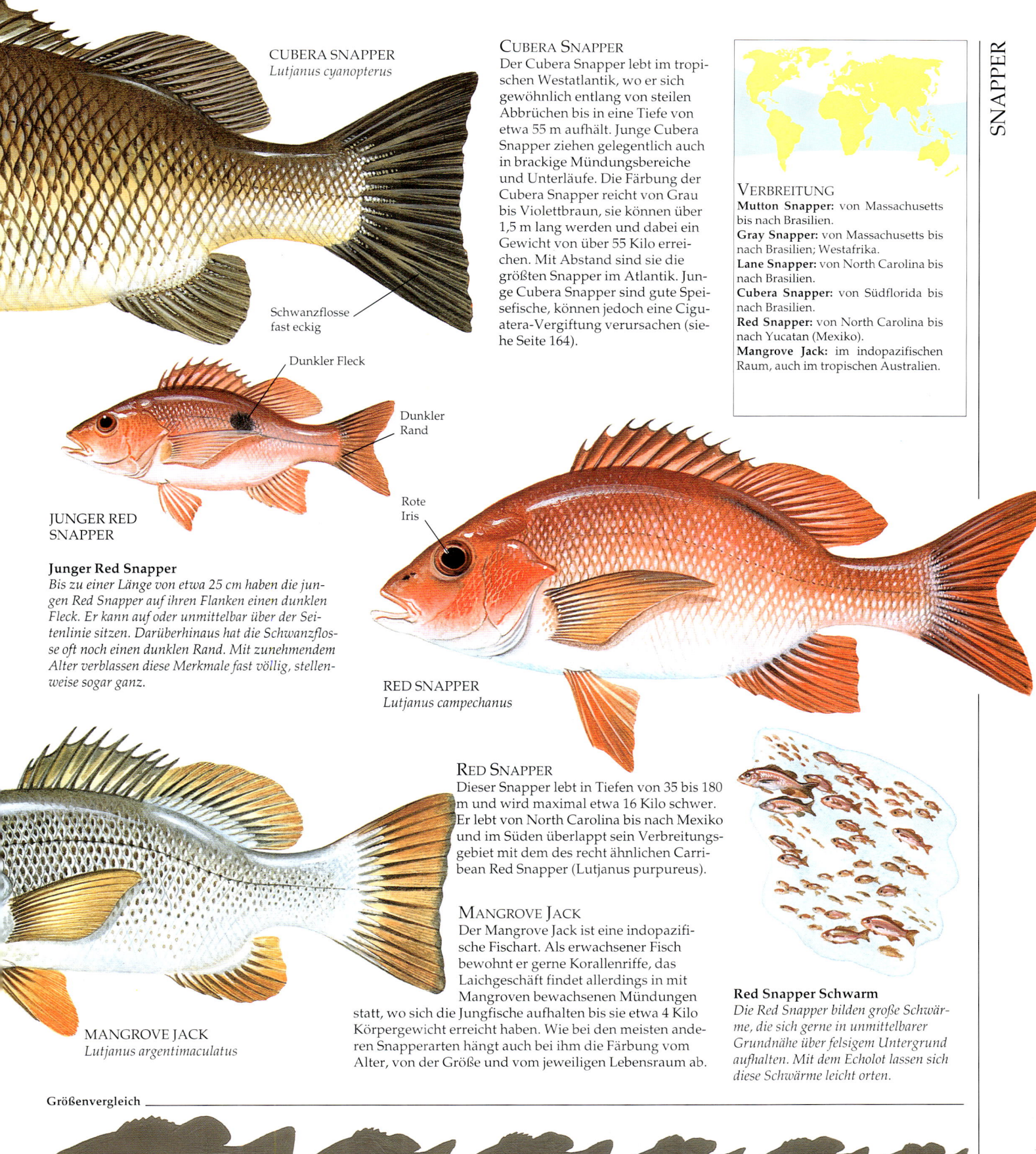

CUBERA SNAPPER
Lutjanus cyanopterus

Schwanzflosse
fast eckig

Dunkler Fleck

Dunkler
Rand

Rote
Iris

**JUNGER RED
SNAPPER**

Junger Red Snapper
Bis zu einer Länge von etwa 25 cm haben die jungen Red Snapper auf ihren Flanken einen dunklen Fleck. Er kann auf oder unmittelbar über der Seitenlinie sitzen. Darüberhinaus hat die Schwanzflosse oft noch einen dunklen Rand. Mit zunehmendem Alter verblassen diese Merkmale fast völlig, stellenweise sogar ganz.

RED SNAPPER
Lutjanus campechanus

MANGROVE JACK
Lutjanus argentimaculatus

CUBERA SNAPPER

Der Cubera Snapper lebt im tropischen Westatlantik, wo er sich gewöhnlich entlang von steilen Abbrüchen bis in eine Tiefe von etwa 55 m aufhält. Junge Cubera Snapper ziehen gelegentlich auch in brackige Mündungsbereiche und Unterläufe. Die Färbung der Cubera Snapper reicht von Grau bis Violettbraun, sie können über 1,5 m lang werden und dabei ein Gewicht von über 55 Kilo erreichen. Mit Abstand sind sie die größten Snapper im Atlantik. Junge Cubera Snapper sind gute Speisefische, können jedoch eine Ciguatera-Vergiftung verursachen (siehe Seite 164).

VERBREITUNG

Mutton Snapper: von Massachusetts bis nach Brasilien.
Gray Snapper: von Massachusetts bis nach Brasilien; Westafrika.
Lane Snapper: von North Carolina bis nach Brasilien.
Cubera Snapper: von Südflorida bis nach Brasilien.
Red Snapper: von North Carolina bis nach Yucatan (Mexiko).
Mangrove Jack: im indopazifischen Raum, auch im tropischen Australien.

RED SNAPPER

Dieser Snapper lebt in Tiefen von 35 bis 180 m und wird maximal etwa 16 Kilo schwer. Er lebt von North Carolina bis nach Mexiko und im Süden überlappt sein Verbreitungsgebiet mit dem des recht ähnlichen Carribean Red Snapper (Lutjanus purpureus).

MANGROVE JACK

Der Mangrove Jack ist eine indopazifische Fischart. Als erwachsener Fisch bewohnt er gerne Korallenriffe, das Laichgeschäft findet allerdings in mit Mangroven bewachsenen Mündungen statt, wo sich die Jungfische aufhalten bis sie etwa 4 Kilo Körpergewicht erreicht haben. Wie bei den meisten anderen Snapperarten hängt auch bei ihm die Färbung vom Alter, von der Größe und vom jeweiligen Lebensraum ab.

Red Snapper Schwarm
Die Red Snapper bilden große Schwärme, die sich gerne in unmittelbarer Grundnähe über felsigem Untergrund aufhalten. Mit dem Echolot lassen sich diese Schwärme leicht orten.

Größenvergleich

Cubera Snapper · Red Snapper · Mangrove Jack · Mutton Snapper · Gray Snapper · Lane Snapper

MEERÄSCHEN

Die Familie der Mugiliden umfaßt etwa 70 Arten, die weltweit verbreitet in den tropischen und gemäßigt warmen Meeren leben. Die meisten halten sich recht nah an der Küste auf und wandern oft in Mündungen und Flüsse. Einige, wie beispielsweise die australische Meeräsche, leben auch im Süßwasser. Es sind in erster Linie Grundfische, die sich von Algen, organischem Unrat und von kleinen, im Schlamm lebenden Organismen ernähren. Den Meeräschen stellen nicht nur Angler, sondern auch Berufsfischer nach. Die Streifenbarbe gehört zur Familie der Mulliden, die etwa 50 Arten umfaßt und in den warmen Meeren weit verbreitet ist.

GESTREIFTE MEERÄSCHE

Dieser Fisch ist einer der größten und einer der am weitesten verbreiteten aus der Meeräschenfamilie. Er wird bis zu 6,8 Kilo schwer und lebt in den meisten warmen Meeren. Es ist die einzige Meeräschenart, die entlang der nordamerikanischen Pazifikküste lebt. Der Eindruck von Streifen entsteht durch waagerecht entlang seiner Seiten verlaufende Reihen kleiner, dunkler Punkte. Am Ansatz jeder Brustflosse befindet sich ein dunkler Fleck. Der Ansatz der zweiten Rückenflosse liegt auf derselben Höhe, wie der der Afterflosse.

GESTREIFTE MEERÄSCHE
Mugil cephalus

SÜSSWASSERMEERÄSCHE

Die Süßwassermeeräsche lebt in den küstennah verlaufenden Flüssen Südostaustraliens, deren Mündungen sie zum Laichen aufsucht. Gewöhnlich wird sie etwa 40 cm lang, kann jedoch auch doppelt so lang werden und dabei ein Gewicht von 7,5 Kilo erreichen. Sie ernährt sich wie ihre Verwandten aus dem Meer von Algen und Unrat.

SÜSSWASSERMEERÄSCHE
Myxus petardi

Dunkle Flossen

WEISSE MEERÄSCHE
Mugil curema

Kinn-
barteln

STREIFENBARBE
Mullus surmuletus

FÄRBUNG BEI TAG

FÄRBUNG
BEI NACHT

STREIFENBARBE

Die Streifenbarbe ist ein überaus geschätzter Speisefisch und eine der Zutaten der "Bouillabaisse", der klassischen französischen Fischsuppe. Mit ihren langen Barteln sucht die Streifenbarbe den Grund nach Nahrung ab, die in erster Linie aus Würmern, Mollusken und Krebsen besteht. Bei Nacht ändert sich ihre Färbung, sie ist nicht mehr gestreift, sondern gesprenkelt. Maximal wird sie etwa 1,7 Kilo schwer.

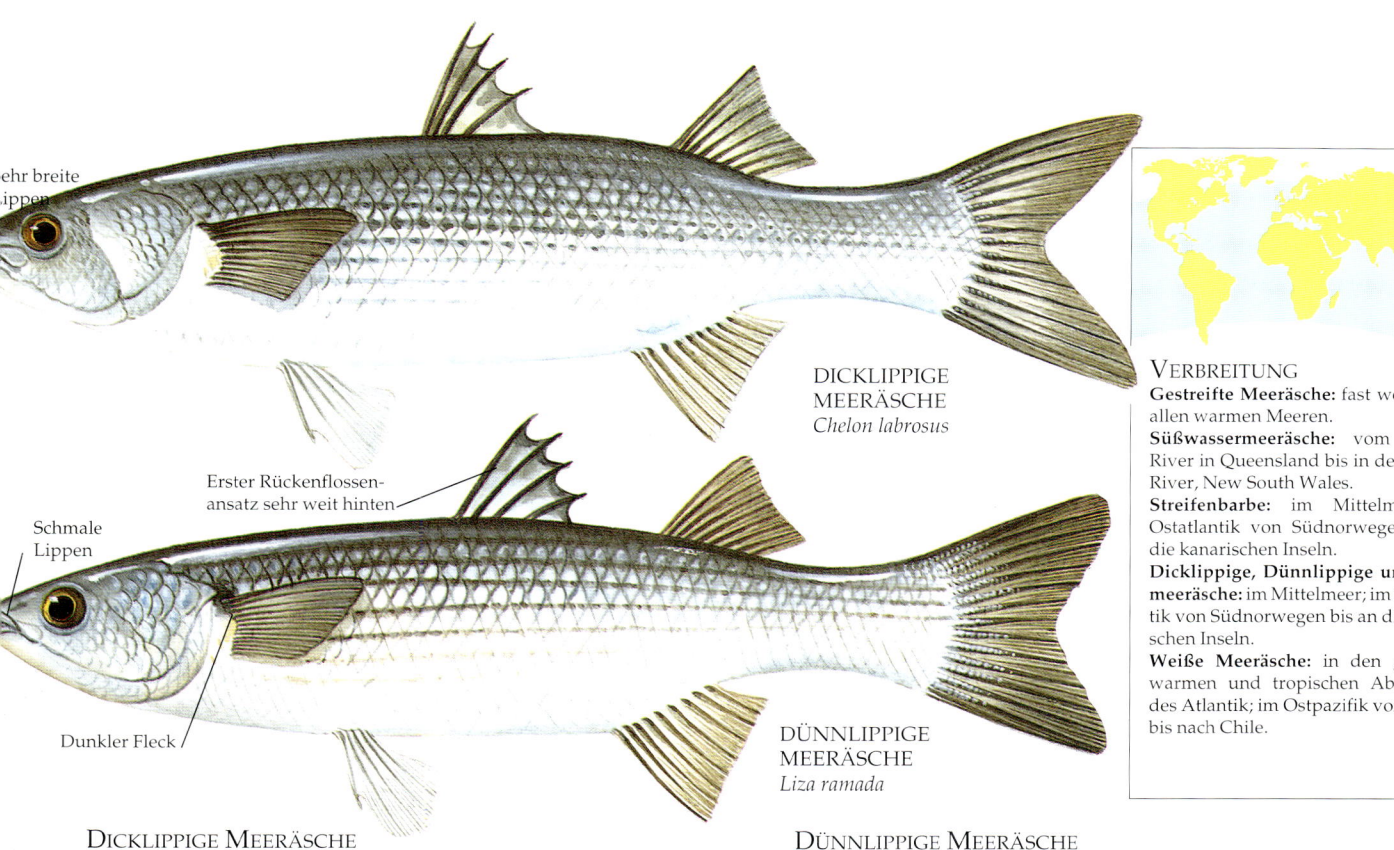

sehr breite
Lippen

DICKLIPPIGE
MEERÄSCHE
Chelon labrosus

Erster Rückenflossen-
ansatz sehr weit hinten

Schmale
Lippen

Dunkler Fleck

DÜNNLIPPIGE
MEERÄSCHE
Liza ramada

VERBREITUNG

Gestreifte Meeräsche: fast weltweit in allen warmen Meeren.
Süßwassermeeräsche: vom Burnett River in Queensland bis in den George River, New South Wales.
Streifenbarbe: im Mittelmeer; im Ostatlantik von Südnorwegen bis an die kanarischen Inseln.
Dicklippige, Dünnlippige und Goldmeeräsche: im Mittelmeer; im Ostatlantik von Südnorwegen bis an die kanarischen Inseln.
Weiße Meeräsche: in den gemäßigt warmen und tropischen Abschnitten des Atlantik; im Ostpazifik von Mexiko bis nach Chile.

DICKLIPPIGE MEERÄSCHE

Die großen Lippen dieser europäischen Meeräschenart erleichtern es, sie von der recht ähnlich aussehenden Dünnlippigen Meeräsche, deren Verbreitungsgebiet oft mit dem ihren überlappt, zu unterscheiden. Die Dicklippige Meeräsche bildet kleine Schwärme, die in der Nähe der Oberfläche kreuzen und gerne in Häfen und Mündungen ziehen. Maximal werden diese Fische etwa 6,4 Kilo schwer.

DÜNNLIPPIGE MEERÄSCHE

Die Lippen dieser Art sind schmaler als die der Dicklippigen Meeräschen und darüber hinaus haben diese Fische an ihren Brustflossenansätzen jeweils noch einen dunklen Fleck. Der Ansatz ihrer ersten Rückenflosse steht auch deutlich weiter hinten. Die Lebensgewohnheiten dieser Fische sind denen der Dicklippigen Meeräschen sehr ähnlich, sie steigen jedoch noch lieber ins Süßwasser auf und sind die zahlenstärkste Meeräschenart in europäischen Mündungsbereichen. Maximal werden diese Fische 3,2 Kilo schwer.

GOLDMEERÄSCHE
Liza aurata

GOLDMEERÄSCHE

Die Goldmeeräsche sieht der Dünnlippigen Meeräsche ähnlich, ist jedoch insgesamt bronzefarben gefärbt und an den Wangen jeweils mit einem goldenen Fleck versehen. Es ist eine der kleineren Meeräschenarten, die lediglich 1,3 Kilo schwer wird.

WEISSE MEERÄSCHE

Diese Meeräsche ist in den warmen Abschnitten des Atlantik zuhause, ebenso, wie im tropischen Ostpazifik. Am Ansatz der Brustflossen hat sie einen dunklen Fleck und am Kopf oft auf jeder Seite ein oder zwei goldene Flecken. Maximal werden diese Fische etwa 1,3 Kilo schwer.

ANGELTIPS

Techniken

Posen-, Spinn- und Spürfischen. Die Mäuler dieser Fische sind recht weich und relativ klein. Des weiteren sind es auch sehr scheue Fische, die leicht vergrämt sind und für deren Fang leichtes Gerät, sorgfältige Köderpräsentation und ein vorsichtiges Anpirschen an die Fische unerläßlich sind.

Gerät

Verwenden Sie eine 3 bis 3,7 m lange Rute zum Posen- und Spürfischen, an die eine mit 0,22 mm Schnur gefüllte Stationärrolle kommt, sowie einen Haken der Größen 6 bis 16. Zum Posenfischen brauchen Sie eine Pfauenfeder-

kielpose, eine Avonpose oder eine Gleitpose und Spaltbleie. Zum Spinnfischen benötigen Sie eine 2,1 bis 3 m lange, leichte Spinnrute, an die eine mit 0,22 mm Schnur gefüllte Stationärrolle kommt, sowie ein Drilling der Größe 10.

Köder

Meeräschen lassen sich mit einer Vielzahl von Ködern überlisten: Kleinwürmer und Wurmstücke, Maden, Banane, Mais, Fischstücke, Brot, Käse, Erbsen, Hackfleisch und Teig. Zum Spinnfischen eignen sich winzig kleine Löffel und Spinner, an die kleine Seeringelwürmer oder Seeringelwurmstücke befestigt werden.

Größenvergleich

Gestreifte Meeräsche   Süßwassermeeräsche   Dicklippige Meeräsche   Dünnlippige Meeräsche   Goldmeeräsche   Streifenbarbe   Weiße Meeräsche

PLATTFISCHE

In den ersten Tagen nach dem Schlüpfen sehen die Plattfischlarven wie die Larven gewöhnlicher Fische aus, aber schon bald beginnen sie damit, ihre typische flachgepreßte, asymmetrische Form anzunehmen, wodurch die Plattfische hervorragend für ein Leben als Grundfische gerüstet sind. Es gibt über 500 Arten, von denen die wichtigsten die Pleuronectiden (ihre Augen stehen auf der rechten Körperhälfte), die Bothiden (ihre Augen stehen auf der linken Körperhälfte) und die Soleiden (die Familie der Seezunge, hauptsächlich Arten mit rechts sitzenden Augen) sind.

PAZIFIKHEILBUTT

Dieser gewaltige Plattfisch, dessen Augen rechts sitzen, und sein Gegenstück aus dem Atlantik (Hippoglossus Hippoglossus) gehören zu den gößten Meeresfischen, da sie sehr wahrscheinlich über 360 Kilo schwer werden können. Die meistens von den Anglern gefangenen Heilbutte sind Jungfische von weniger als 4,5 Kilo. Die größten leben in sehr tiefem Wasser.

SOMMERFLUNDER
(Summer Flounder)
Paralichthys dentatus

Fünf auffällige Flecken in Schwanzwurzelnähe.

Schwarze und gelbe Bänder an den Flossen

SOMMERFLUNDER
Dieser Plattfisch mit linksständigen Augen kann 12 Kilo schwer werden. Seinen Rücken zieren eine Reihe von Tupfen, von denen fünf in Schwanzwurzelnähe umrandet und besonders auffällig gezeichnet sind. Er lebt entlang der Atlantikküste der Vereinigten Staaten und südlich von Carolina überlappt sein Verbreitungsgebiet mit dem der Southern Flounder (Paralichthys lethostigma), deren Rücken auch mit Tupfen überzogen ist, denen allerdings die Umrandung fehlt.

SEEZUNGE
Die Seezunge, ein im Ostatlantik und Mittelmeer recht gängiger Plattfisch, hat eine braune Ober- und eine crèmeweiße Unterseite. Tagsüber liegt sie im Sand vergraben, auf Futtersuche geht sie bei Nacht, wo sie sich bis ins Mittelwasser emportraut. Maximal wird eine Seezunge 3 Kilo schwer.

STARRY FLOUNDER
Platichthys stellatus

STARRY FLOUNDER
Dieser Plattfisch, dessen Augen links- oder rechtsständig sein können, ist entlang der nordamerikanischen Pazifikküste recht häufig. Seine Flossen sind schwarz und gelb gezeichnet. Auf seiner Oberseite befinden sich Flecken aus schillernden, sternförmigen Schuppen. Er wird bis zu 9 Kilo schwer. Mit der Englichen Seezunge (Parophrys vetulus) kann es zur Hybridbildung kommen.

SCHOLLE
Pleuronectes platessa

SCHOLLE
Die Augen der Schollen sind rechtsständig. Diese Fische leben im Ostatlantik in unmittelbarer Ufernähe und in Tiefen von über 200 m. Auf ihrer Oberseite ist sie mit sattroten oder orangen Tupfen gezeichnet und sie wird über 4,5 Kilo schwer. Die Amerikanische Scholle (Hippoglossoides platessoides) ist ihr ähnlich, allerdings fehlen die roten Tupfen, dafür erreicht sie ein Körpergewicht von 6,4 Kilo.

SEEZUNGE
Solea solea

Eier und Larven
Weibliche Plattfische legen bis zu 500 000 Eier. Diese Eier treiben freischwebend im Wasser, ebenso, wie die frischgeschlüpften, noch symmetrisch geformten Jungfische.

Größenvergleich
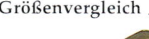

Pazifikheilbutt   Steinbutt   Sommerflunder   Starry Flounder   Winterflunder   Scholle   Seezunge

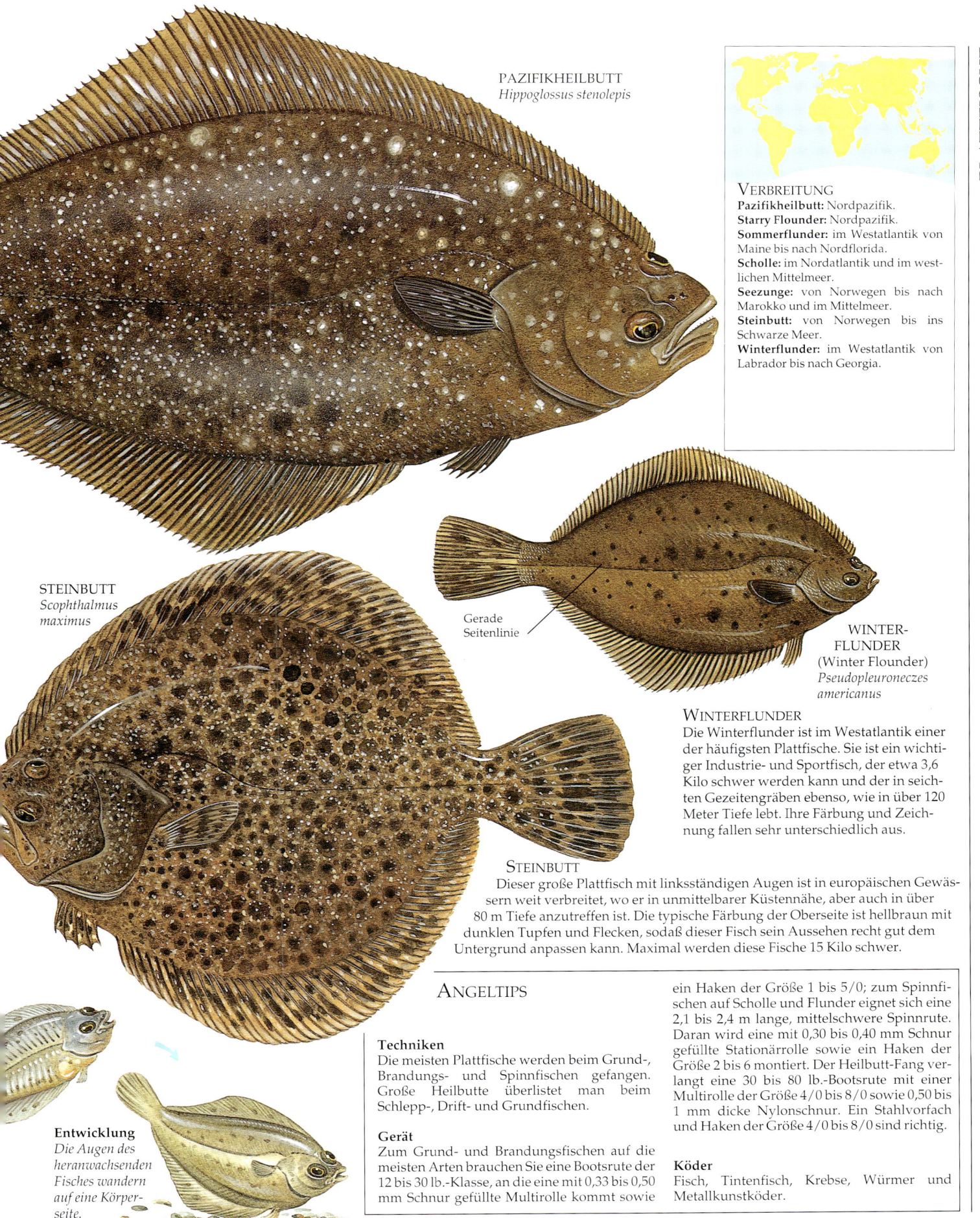

PAZIFIKHEILBUTT
Hippoglossus stenolepis

VERBREITUNG
Pazifikheilbutt: Nordpazifik.
Starry Flounder: Nordpazifik.
Sommerflunder: im Westatlantik von Maine bis nach Nordflorida.
Scholle: im Nordatlantik und im westlichen Mittelmeer.
Seezunge: von Norwegen bis nach Marokko und im Mittelmeer.
Steinbutt: von Norwegen bis ins Schwarze Meer.
Winterflunder: im Westatlantik von Labrador bis nach Georgia.

STEINBUTT
Scophthalmus maximus

Gerade Seitenlinie

WINTER-FLUNDER
(Winter Flounder)
Pseudopleuroneczes americanus

WINTERFLUNDER
Die Winterflunder ist im Westatlantik einer der häufigsten Plattfische. Sie ist ein wichtiger Industrie- und Sportfisch, der etwa 3,6 Kilo schwer werden kann und der in seichten Gezeitengräben ebenso, wie in über 120 Meter Tiefe lebt. Ihre Färbung und Zeichnung fallen sehr unterschiedlich aus.

STEINBUTT
Dieser große Plattfisch mit linksständigen Augen ist in europäischen Gewässern weit verbreitet, wo er in unmittelbarer Küstennähe, aber auch in über 80 m Tiefe anzutreffen ist. Die typische Färbung der Oberseite ist hellbraun mit dunklen Tupfen und Flecken, sodaß dieser Fisch sein Aussehen recht gut dem Untergrund anpassen kann. Maximal werden diese Fische 15 Kilo schwer.

Entwicklung
Die Augen des heranwachsenden Fisches wandern auf eine Körperseite.

ANGELTIPS

Techniken
Die meisten Plattfische werden beim Grund-, Brandungs- und Spinnfischen gefangen. Große Heilbutte überlistet man beim Schlepp-, Drift- und Grundfischen.

Gerät
Zum Grund- und Brandungsfischen auf die meisten Arten brauchen Sie eine Bootsrute der 12 bis 30 lb.-Klasse, an die eine mit 0,33 bis 0,50 mm Schnur gefüllte Multirolle kommt sowie ein Haken der Größe 1 bis 5/0; zum Spinnfischen auf Scholle und Flunder eignet sich eine 2,1 bis 2,4 m lange, mittelschwere Spinnrute. Daran wird eine mit 0,30 bis 0,40 mm Schnur gefüllte Stationärrolle sowie ein Haken der Größe 2 bis 6 montiert. Der Heilbutt-Fang verlangt eine 30 bis 80 lb.-Bootsrute mit einer Multirolle der Größe 4/0 bis 8/0 sowie 0,50 bis 1 mm dicke Nylonschnur. Ein Stahlvorfach und Haken der Größe 4/0 bis 8/0 sind richtig.

Köder
Fisch, Tintenfisch, Krebse, Würmer und Metallkunstköder.

ROCHEN 1

Die Gruppe der Rochenartigen umfaßt acht Familien von Knorpelfischen, zu denen die Rochen, Mantas und Sägefische gehören. Charakteristisch für diese Fische sind ihr abgeflachter Körper und ihre großen, oft flügelartigen Brustflossen; ihre Maul- und Kiemenöffnungen liegen auf der Körperunterseite, die Augen auf der Oberseite. Bei den meisten Familien werden die Eier im Körper der Weibchen befruchtet, wo auch die Jungfische schlüpfen; die einzige Ausnahme hierzu sind die Rochen, die die im Körperinnern befruchteten Eier noch vor dem Schlüpfen der Jungfische ausstoßen.

NAGELROCHEN

Der Nagelrochen ist der häufigste europäische Rochen. Dieses Mitglied der Familie der Rajiden lebt auf dem Grund in Tiefen, die von 10 bis 60 m reichen. Seinen Namen verdankt er den zahlreichen Stacheln, die auf seinem Schwanz, Rücken und auf seinen Brustflossen sitzen. Junge Nagelrochen leben in seichtem Wasser, wo sie sich von Kleinkrebsen ernähren. Mit zunehmendem Alter ziehen sie in tieferes Wasser, wo sie über größere Beute, u.a. Krebse und Fische, herfallen. Nagelrochen werden etwa 18 Kilo schwer.

FLECKENROCHEN
Raja montagui

MANTA

Die Mantas oder Teufelsrochen gehören zur Familie der Mobuliden, die etwa 12 Arten zählt. Die Größe dieser Fische reicht von dem 60 cm langen Australischen Mobula bis zu dem riesigen Manta, dessen Spannweite 6,7 m betragen kann und der bei dieser Größe über 1800 Kilo wiegt. Trotz dieser gewaltigen Größe sind die Mantas eher harmlose Fische, die sich von Kleinfischen und Krebsen ernähren, die sie mit ihren hörnerartigen Flossen am Kopf in ihr Maul fächeln. Mantas kreuzen zwischen Mittelwasser und Oberfläche. Oft springen sie auch hoch aus dem Wasser, vielleicht um sich von Parasiten zu befreien oder weil es einfach Spaß macht.

NAGELROCHEN
Raja clavata

Verfärbungen
Die Färbung der Nagelrochen ist sehr unterschiedlich, die meisten sind jedoch braun gesprenkelt.

FLECKENROCHEN

Wie der Nagelrochen, ist auch der Fleckenrochen ein europäisches Mitglied der Familie der Rajiden. Er lebt in tieferem Wasser als der Nagelrochen, meist in 60 bis 120 m Tiefe, er ist kleiner und wird maximal 3,8 Kilo schwer. Sein Speiseplan besteht hauptsächlich aus Krebsen; er frißt aber auch Kleinfische.

Stacheln
Die festen Stacheln der Nagelrochen und vieler anderer Arten haben eine robuste, knopfartige Basis.

Ei mit Schutzhülle
Die von den Rajiden abgelegten Eier sind alle in eine robuste Schutzhülle verpackt.

MANTA
Manta binostris

Größenvergleich

Manta   Sägefisch   Fledermausrochen   Nagelrochen   Runder Stachelrochen   Fleckenrochen

RUNDER STACHELROCHEN

Die Stachelrochen sind Mitglieder der Familie der Dasyatiden und auf ihrem peitschenartigen Schwanz haben diese Fische einen oder mehrere Giftstachel. Alle von diesen Stacheln verursachten Wunden müssen so schnell wie möglich von einem Arzt behandelt werden, da sie tödliche Folgen mit sich ziehen können. Der Runde Stachelrochen, der eine Spannweite von etwa 56 cm erreicht, zählt zu den kleineren Arten; der Atlantic Roughtail Stingray (Dasyatis centroura) kann eine Spannweite von über 2 Meter erreichen.

Spitzer Stachel, der schmerzhafte Wunden verursachen kann.

RUNDER STACHELROCHEN
(Round Stingray)
Urolophus halleri

VERBREITUNG

Manta: weltweit in den gemäßigt warmen und tropischen Meeren.
Nagelrochen: von Island bis in das Schwarze Meer.
Fleckenrochen: von Schottland bis ins westliche Mittelmeer.
Round Stingray: von Nordkalifornien bis nach Panama.
Sägefisch: im Mittelmeer und in gemäßigt warmen und tropischen Abschnitten des Atlantik.
Fledermausrochen: von Oregon bis in den Golf von Kalifornien.

LANGZAHNSÄGEFISCH

20 oder weniger Zähne

24 oder mehr Zähne

KURZZAHNSÄGEFISCH

SÄGEFISCH

Die Sägefische sind haiartige Rochen, die eine abgeflachte und langgezogene Schnauze haben, deren Ränder auf jeder Seite mit einer Reihe scharfer Zähne versehen sind. Der Sägefisch mit langen Zähnen (Pristis pristis) und der Sägefisch mit kurzen Zähnen (Pristis pectinata) sind Fischarten des Atlantik, die über 360 Kilo schwer werden können. Sägefische können auch im Süßwasser leben und immer wieder werden stromauf im Amazonas Sägefische mit langen Zähnen in bis zu 750 km Entfernung zum Meer gefangen.

SÄGEFISCH
Pristis pectinata

FLEDERMAUSROCHEN

Der Fledermausrochen ist ein Mitglied der Familie der Myliobatiden. Diese Familie besteht aus etwa 30 Arten. Es sind große, gerne im Freiwasser umherschwimmende Rochen, deren Köpfe auffällig und deren Schwänze überaus lang sind. Sie ernähren sich am Grund von Muscheln und Krebsen. Die Fledermausrochen erreichen eine Spannweite von 1,8 Meter.

FLEDERMAUS-ROCHEN (Bat Ray)
Myliobatis californica

ANGELTIPS

Techniken

Die meisten Rochen leben bzw. ernähren sich in unmittelbarer Grundnähe, sodaß das Grundfischen die fängigste Technik ist. Mantas fressen gewöhnlich im Mittelwasser oder dicht unter der Oberfläche, wo sie gelegentlich beim Schleppen an den Haken gehen; im Drill können diese Fische sehr gefährlich werden.

Gerät

Für Nagel- und Fleckenrochen sowie für den Runden Stachelrochen sollten Sie sich mit

einer Bootsrute der 20 lb.-Klasse, mit einer Multirolle 4/0 bis 6/0, 0,50 mm Monofilament als Hauptschnur, 0,55 mm Monofilament als Vorfach, Haken der Größen 2/0 bis 4/0 und einem tropfenförmigen Gewicht ausrüsten. Für Sägefische und Mantas brauchen Sie eine Bootsrute der 80 bis 130 lb.-Klasse, an die ebenso starke Schnur und ein dickes Nylon- oder Stahlvorfach kommt. Die Hakengröße liegt zwischen 8/0 und 14/0.

Köder

Butterkrebse, Seeringelwürmer und Fischfetzen, beispielsweise von einer Makrele.

ROCHEN 2

Innerhalb der Ordnung der Rochenartigen stellt die Familie der Rajiden mit über hundert Arten die größte dar. Die meisten hiervon sind
auf der Oberseite braun gesprenkelt und auf ihrer Unterseite weißlich gefärbt. Ihre Schwänze sind verhältnismäßig dick und nicht peit-
schenartig. Tagsüber ruhen diese Fische gewöhnlich auf dem Gewässergrund, in den sie auch teilweise vergraben sein können. Es
sind nachtaktive Fische, die mit Einbruch der Dunkelheit auf Futtersuche ausschwärmen und dabei Muscheln, Krebsen und gelegentlich Kleinfischen nachstellen. Sie bewegen sich durch ruhige, wellenartige Bewegungen ihrer Brustflossen fort.

BIG SKATE
Raja binoculata

BARNDOOR SKATE
Raja laevis

BARNDOOR SKATE

Dieser große, aggressive Rochen
des nordwestlichen Atlantik
erreicht eine Länge von etwa 1,5 m
und ein Gewicht von 18 Kilo. Er
lebt ebenso in seichtem Gezeiten-
wasser, wie in über 400 m Tiefe
und zieht gelegentlich auch in
Brackwasserzonen. Sein Kopf läuft
auffällig spitz zu, an seiner Unterseite sitzen große, schwarze Poren
auf einer weichen Haut. Seine Flügel (Brustflossen) sind am Vorderrand ein wenig konkav und an
ihrem äußeren Ende jäh abgewinkelt. Er ernährt sich hauptsächlich
von Großkrebsen, Mollusken und
Fischen, wie beispielsweise
Hering. Er scheut nicht vor
Hakenködern.

Augenfleck

BIG SKATE

Der Big Skate ist, wie der
Name schon besagt, ein
großer Fisch, der 2,4 m lang und
über 90 Kilo schwer werden kann. Sein
Kopf läuft dreieckig zu und auf seiner Oberseite ziert ein Augenfleck jeden Flügel. Diese
Riesenrochen leben von 3 bis 110 m Tiefe
entlang der nordamerikanischen Pazifikküste und der südliche Rand ihres Verbreitungsgebietes überschneidet sich mit dem
des California Skate (Raja inornata). Diese
Rochenart ist viel kleiner, sie wird nur 75
cm lang, ihr Kopf läuft sehr spitz zu und
auf den Flügeln fehlen die beiden
Augenflecke.

Dunkle Bänder
und Streifen

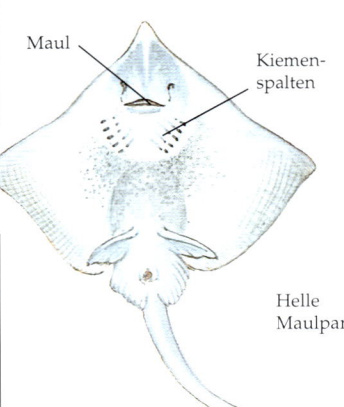

Maul

Kiemen-
spalten

Helle
Maulpartie

Jäh abgewinkelter
Flügelrand

**CLEARNOSE
SKATE**
Raja eglanteria

CLEARNOSE SKATE

Der Clearnose Skate, der etwa 90 cm lang
wird, verdankt seinen Namen der hellen
Maulpartie. Die Oberseite ist hellbraun bis rötlichbraun gefärbt und mit Bändern, Streifen und Flecken
versehen. Im Frühjahr wandert er zum Laichen in unmittelbare
Küstennähe und zur Sommerzeit ist er im Westatlantik von
Long Island bis South Carolina der häufigste Rochen.

Rochenunterseite

*Die Rochenunterseiten sind gewöhnlich
weißlich. Das Maul liegt hinter dem vorderen Kopfende und unmittelbar vor den
Kiemenspalten.*

Größenvergleich

Glattrochen

Big Skate

Barndoor
Skate

Winter Skate

Cleamose Skate

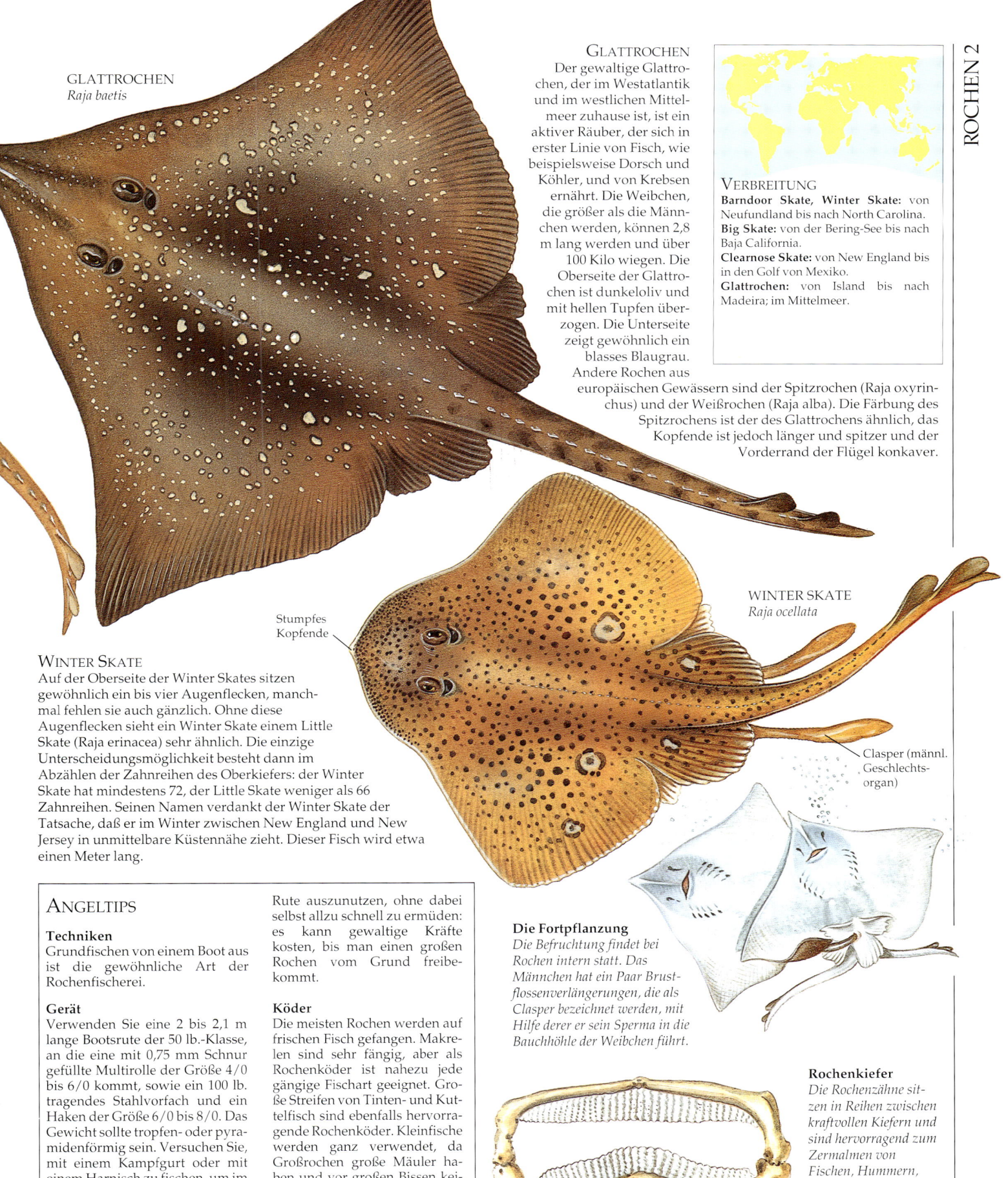

GLATTROCHEN
Raja baetis

GLATTROCHEN

Der gewaltige Glattro-
chen, der im Westatlantik
und im westlichen Mittel-
meer zuhause ist, ist ein
aktiver Räuber, der sich in
erster Linie von Fisch, wie
beispielsweise Dorsch und
Köhler, und von Krebsen
ernährt. Die Weibchen,
die größer als die Män-
chen werden, können 2,8
m lang werden und über
100 Kilo wiegen. Die
Oberseite der Glattro-
chen ist dunkeloliv und
mit hellen Tupfen über-
zogen. Die Unterseite
zeigt gewöhnlich ein
blasses Blaugrau.
Andere Rochen aus
europäischen Gewässern sind der Spitzrochen (Raja oxyrinchus) und der Weißrochen (Raja alba). Die Färbung des
Spitzrochens ist der des Glattrochens ähnlich, das
Kopfende ist jedoch länger und spitzer und der
Vorderrand der Flügel konkaver.

VERBREITUNG

Barndoor Skate, Winter Skate: von
Neufundland bis nach North Carolina.
Big Skate: von der Bering-See bis nach
Baja California.
Clearnose Skate: von New England bis
in den Golf von Mexiko.
Glattrochen: von Island bis nach
Madeira; im Mittelmeer.

Stumpfes
Kopfende

WINTER SKATE
Raja ocellata

WINTER SKATE

Auf der Oberseite der Winter Skates sitzen
gewöhnlich ein bis vier Augenflecken, manch-
mal fehlen sie auch gänzlich. Ohne diese
Augenflecken sieht ein Winter Skate einem Little
Skate (Raja erinacea) sehr ähnlich. Die einzige
Unterscheidungsmöglichkeit besteht dann im
Abzählen der Zahnreihen des Oberkiefers: der Winter
Skate hat mindestens 72, der Little Skate weniger als 66
Zahnreihen. Seinen Namen verdankt der Winter Skate der
Tatsache, daß er im Winter zwischen New England und New
Jersey in unmittelbare Küstennähe zieht. Dieser Fisch wird etwa
einen Meter lang.

Clasper (männl.
Geschlechts-
organ)

ANGELTIPS

Techniken

Grundfischen von einem Boot aus
ist die gewöhnliche Art der
Rochenfischerei.

Gerät

Verwenden Sie eine 2 bis 2,1 m
lange Bootsrute der 50 lb.-Klasse,
an die eine mit 0,75 mm Schnur
gefüllte Multirolle der Größe 4/0
bis 6/0 kommt, sowie ein 100 lb.
tragendes Stahlvorfach und ein
Haken der Größe 6/0 bis 8/0. Das
Gewicht sollte tropfen- oder pyra-
midenförmig sein. Versuchen Sie,
mit einem Kampfgurt oder mit
einem Harnisch zu fischen, um im
Drill die maximale Hebelkraft der

Rute auszunutzen, ohne dabei
selbst allzu schnell zu ermüden:
es kann gewaltige Kräfte
kosten, bis man einen großen
Rochen vom Grund freibe-
kommt.

Köder

Die meisten Rochen werden auf
frischen Fisch gefangen. Makrelen sind sehr fängig, aber als
Rochenköder ist nahezu jede
gängige Fischart geeignet. Große Streifen von Tinten- und Kuttelfisch sind ebenfalls hervorragende Rochenköder. Kleinfische
werden ganz verwendet, da
Großrochen große Mäuler haben und vor großen Bissen keineswegs zurückschrecken.

Die Fortpflanzung
*Die Befruchtung findet bei
Rochen intern statt. Das
Männchen hat ein Paar Brust-
flossenverlängerungen, die als
Clasper bezeichnet werden, mit
Hilfe derer er sein Sperma in die
Bauchhöhle der Weibchen führt.*

Rochenkiefer
*Die Rochenzähne sit-
zen in Reihen zwischen
kraftvollen Kiefern und
sind hervorragend zum
Zermalmen von
Fischen, Hummern,
Krebsen und Muscheln
geeignet.*

DRUM & KAHAWAI

Die weit verbreitete Familie der Sciaeniden (Drum) besteht aus über 200 Fischarten, die in den tropischen und gemäßigt warmen Meeren zuhause sind - u.a. Drum, Croaker, Seatrout, Seabass und Weakfish sowie der in Nordamerika im Süßwasser lebende Freshwater Drum (Aplodinotus grunniens). Viele dieser Arten sind durch Zusammenpressen der Muskel um ihre Schwimmblase dazu in der Lage, Knurrgeräusche zu erzeugen. Der Kahawai, einer der beiden Mitglieder der Familie der Arripiden, wird auch als Australischer Lachs bezeichnet, da die Jungfische dieser Art dem Atlantiklachs ein wenig ähnlich sehen.

BLACK DRUM

Der Black Drum wird über 50 Kilo schwer und seinen hochrückigen Körper zieren auf jeder Seite vier oder fünf dunkle Streifen. Es ist ein Grundfisch, dem seine Kinnbarteln beim Orten von Krebsen und Muscheln, dem Hauptbestandteil seiner Nahrung, helfen. Er ist ein wichtiger Sportfisch, der oft von der Küste und von Pieren aus gefangen wird.

Lange Kinnbarteln

RED DRUM

Dieser große Drum ist insgesamt rötlich gefärbt und an seiner Schwanzwurzel hat er einen oder mehrere dunkle Flecken. Sein Körper ist nicht so hochrückig wie der des Black Drum, des weiteren fehlen ihm die Kinnbarteln. Er ist ein Grundfisch, der sich von Krebsen und Schalentieren ernährt, gelegentlich aber auch über Kleinfische herfällt, insbesondere über Meeräschen. Meist wiegen die erwachsenen Fische unter 18 Kilo; sie können allerdings über 40 Kilo schwer werden.

RED DRUM
Sciaenops ocellatus

WHITE SEABASS
Atractoscion nobilis

WHITE SEABASS

Der White Seabass ist einer von einer ganzen Reihe wichtiger Sportfische, die es in der Familie der Drums entlang der nordamerikanischen Pazifikküste gibt. Zu den anderen gehören der White Croaker (siehe nächste Seite), die California Corbina (Menticirrhus undulatus), der Spotfin Croaker (Roncador stearnsii) und der Yellowfin Croaker (Umbrina roncador). Der White Seabass lebt über Felsen, in der Nähe von Krautbänken und im Brandungsbereich, wo er sich von Fischen und Tintenfischen ernährt. Er wird über 40 Kilo schwer.

Schwarze Streifen

JUNGER
WHITE SEABASS

KAHAWAI

Die beiden Mitglieder der Familie der Arripiden, Kahawai und Ruff (Arripis georgianus) sind mit den Sciaeniden verwandt und ihnen auch von ihrer allgemeinen Erscheinung her ähnlich. Im Sommer bilden die Kahawai riesige Schwärme, die in unmittelbarer Küstennähe an der Oberfläche kreuzen und sich dabei von Fisch und Krill ernähren. Durchschnittlich wiegt er 1,3 bis 4,5 Kilo, maximal wird dieser Fisch 7,3 Kilo schwer.

KAHAWAI
Arripis trutta

Größenvergleich

| Black Drum | White Seabass | Red Drum | Spotted Seatrout | Kahawai | Weakfish | White Croaker |

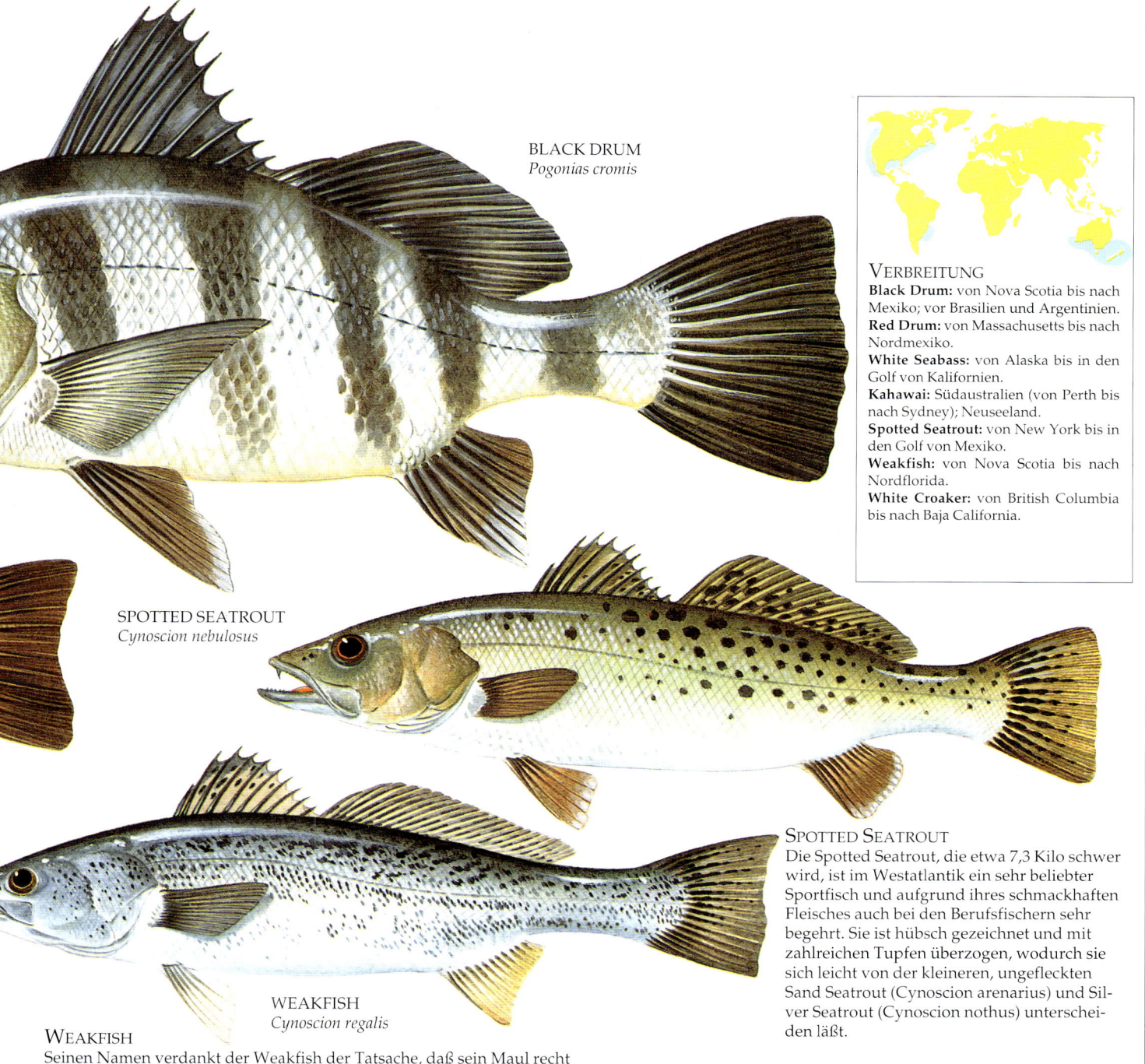

BLACK DRUM
Pogonias cromis

Black Drum: von Nova Scotia bis nach Mexiko; vor Brasilien und Argentinien.
Red Drum: von Massachusetts bis nach Nordmexiko.
White Seabass: von Alaska bis in den Golf von Kalifornien.
Kahawai: Südaustralien (von Perth bis nach Sydney); Neuseeland.
Spotted Seatrout: von New York bis in den Golf von Mexiko.
Weakfish: von Nova Scotia bis nach Nordflorida.
White Croaker: von British Columbia bis nach Baja California.

SPOTTED SEATROUT
Cynoscion nebulosus

SPOTTED SEATROUT

Die Spotted Seatrout, die etwa 7,3 Kilo schwer wird, ist im Westatlantik ein sehr beliebter Sportfisch und aufgrund ihres schmackhaften Fleisches auch bei den Berufsfischern sehr begehrt. Sie ist hübsch gezeichnet und mit zahlreichen Tupfen überzogen, wodurch sie sich leicht von der kleineren, ungefleckten Sand Seatrout (Cynoscion arenarius) und Silver Seatrout (Cynoscion nothus) unterscheiden läßt.

WEAKFISH
Cynoscion regalis

WEAKFISH

Seinen Namen verdankt der Weakfish der Tatsache, daß sein Maul recht weich ist und der Haken im Drill leicht ausschlitzt (weak = schwach/weich). Er lebt in kleinen Schwärmen in seichtem Wasser über sandigem Untergrund, wo er sich von Würmern, Krebsen und Schalentieren ernährt. Im Mittelwasser und an der Oberfläche macht er gelegentlich auf Kleinfische Jagd. Weakfish von über 8 Kilo wurden zwar bereits gefangen, ihre Durchschnittsgröße nimmt jedoch ab, weshalb heute Fische von über 2,7 Kilo selten sind.

WHITE CROAKER
Genyonemus lineatus

ANGELTIPS

Techniken
Diese Fische lassen sich mit einer ganzen Reihe von Techniken fangen, am gängigsten sind das Grund-, das Brandungs- und das Spinnfischen.

Gerät
Zum Grundfischen brauchen Sie eine Bootsrute der 30 lb.-Klasse, an die eine mit 0,50 mm Schnur gefüllte Multirolle der Größe 4/0 kommt, ein Haken der Größe 4/0 sowie ein tropfenförmiges Gewicht. Zum Brandungsfischen brauchen Sie eine 3,7 m lange Brandungsrute, an die eine mit 0,40 mm Schnur gefüllte Stationär- oder Multirolle kommt, ein Haken der Größe 4/0 sowie ein Krallenblei. Zum Spinnfischen reicht eine 2,4 bis 2,7 m lange Spinnrute, an die eine mit 0,35 bis 0,40 mm Schnur gefüllte Stationärrolle kommt, sowie Haken der Größen 1/0 bis 4/0.

Köder
Als Köder kommen Garnelen, Fische, Krebse, Muscheln, Würmer und die meisten Kunstködertypen in Frage.

WHITE CROAKER

Das zuverlässigste Unterscheidungsmerkmal zwischen dem White Croaker und den anderen Drumarten ist die Anzahl seiner Flossenstrahlen in der ersten Rückenflosse: der White Croaker hat 12 bis 18, die anderen 11 oder weniger. Er lebt in unmittelbarer Küstennähe, aber auch in über 180 m Tiefe. Sein Höchstgewicht liegt noch unter einem Pfund.

MAKRELEN

Die Familie der Scombriden besteht etwa aus 45 Arten, zu denen neben den vielen Makrelenarten auch die Thunfische, Bonitos und Wahoos gehören. Der typische Scombride ist ein schnellschwimmender Raubfisch, dessen spindelförmiger Körper herrlich stromlinienförmig und dessen Schwanzflosse tief gespalten ist. Viele Scombriden können einige ihrer Flossen bei Nichtbedarf zusammengelegt in Hautspalten stecken, wodurch sie noch stromlinienförmiger werden und noch schneller schwimmen können. Der Blauflossenthun (siehe Seite 193) versteckt so beispielsweise seine Brust- und Bauchflossen, sowie seine erste Rückenflosse, wenn er sich schnellschwimmend fortbewegt.

MITTELMEERMAKRELE

Die Mittelmeermakrele kann annähernd drei Kilo schwer werden, wiegt aber nur selten über ein Kilo. Sie lebt in gemäßigten und subtropischen Meeren und obwohl sie weltweit vorkommt, sind ihre Bestände unregelmäßig verteilt. Des weiteren gibt es zwischen den im Atlantik und den im Pazifik lebenden Fischen geringfügige Unterschiede. In jedem Fall stehen die beiden Rückenflossen recht weit auseinander, während etwa 30 wellenartige, dunkle Streifen den Rücken zieren. Diese Fischart ist vor allem für die Berufsfischerei im Pazifik von großer Bedeutung. Sie hält sich oft in großen Schwärmen in Küstennähe auf.

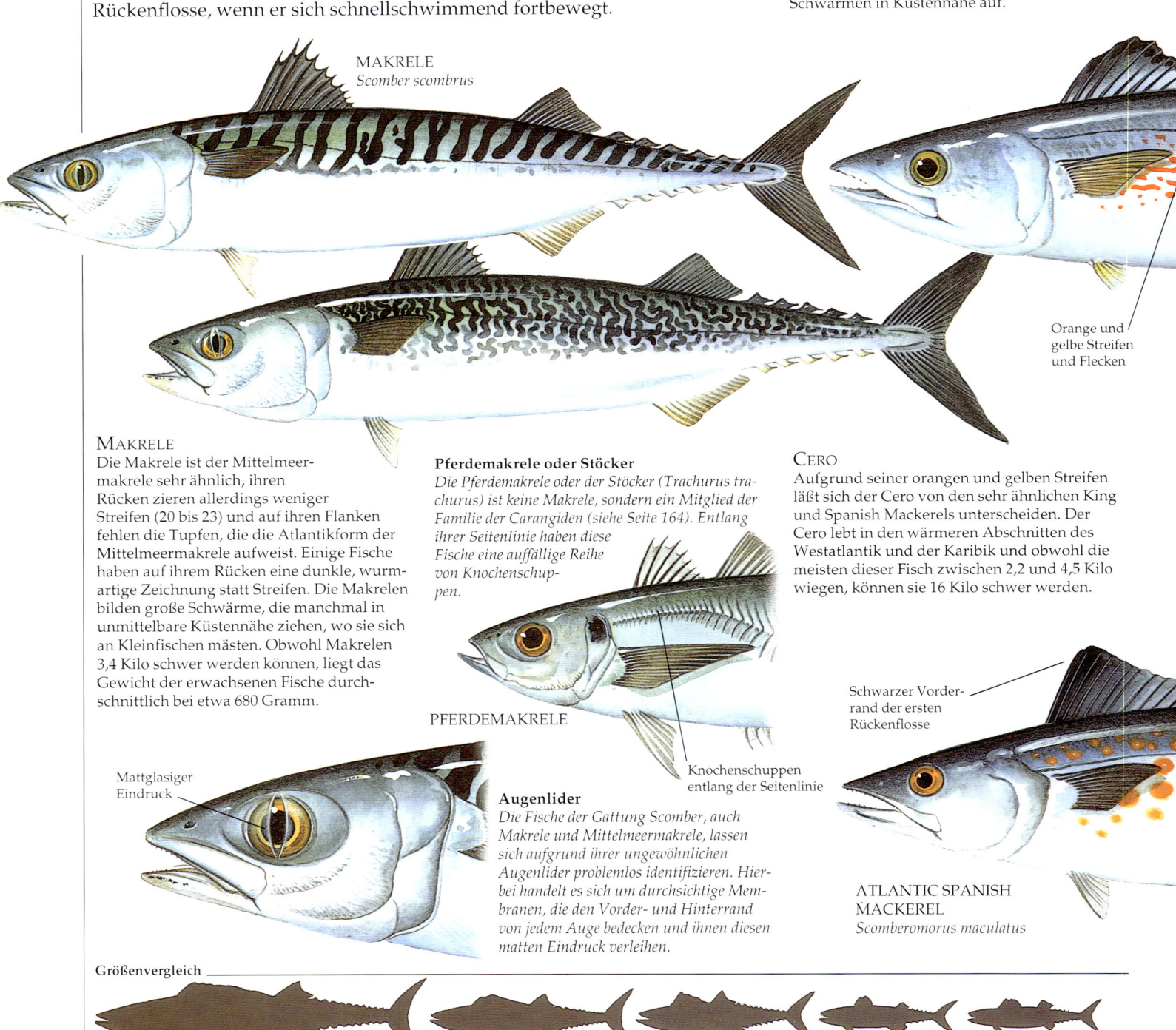

MAKRELE
Scomber scombrus

Orange und gelbe Streifen und Flecken

MAKRELE

Die Makrele ist der Mittelmeermakrele sehr ähnlich, ihren Rücken zieren allerdings weniger Streifen (20 bis 23) und auf ihren Flanken fehlen die Tupfen, die die Atlantikform der Mittelmeermakrele aufweist. Einige Fische haben auf ihrem Rücken eine dunkle, wurmartige Zeichnung statt Streifen. Die Makrelen bilden große Schwärme, die manchmal in unmittelbare Küstennähe ziehen, wo sie sich an Kleinfischen mästen. Obwohl Makrelen 3,4 Kilo schwer werden können, liegt das Gewicht der erwachsenen Fische durchschnittlich bei etwa 680 Gramm.

Pferdemakrele oder Stöcker
Die Pferdemakrele oder der Stöcker (Trachurus trachurus) ist keine Makrele, sondern ein Mitglied der Familie der Carangiden (siehe Seite 164). Entlang ihrer Seitenlinie haben diese Fische eine auffällige Reihe von Knochenschuppen.

PFERDEMAKRELE

Knochenschuppen entlang der Seitenlinie

Augenlider
Die Fische der Gattung Scomber, auch Makrele und Mittelmeermakrele, lassen sich aufgrund ihrer ungewöhnlichen Augenlider problemlos identifizieren. Hierbei handelt es sich um durchsichtige Membranen, die den Vorder- und Hinterrand von jedem Auge bedecken und ihnen diesen matten Eindruck verleihen.

Mattglasiger Eindruck

CERO

Aufgrund seiner orangen und gelben Streifen läßt sich der Cero von den sehr ähnlichen King und Spanish Mackerels unterscheiden. Der Cero lebt in den wärmeren Abschnitten des Westatlantik und der Karibik und obwohl die meisten dieser Fisch zwischen 2,2 und 4,5 Kilo wiegen, können sie 16 Kilo schwer werden.

Schwarzer Vorderrand der ersten Rückenflosse

ATLANTIC SPANISH MACKEREL
Scomberomorus maculatus

Größenvergleich

King Mackerel   Cero   Spanish Mackerel   Makrele   Mittelmeermakrele

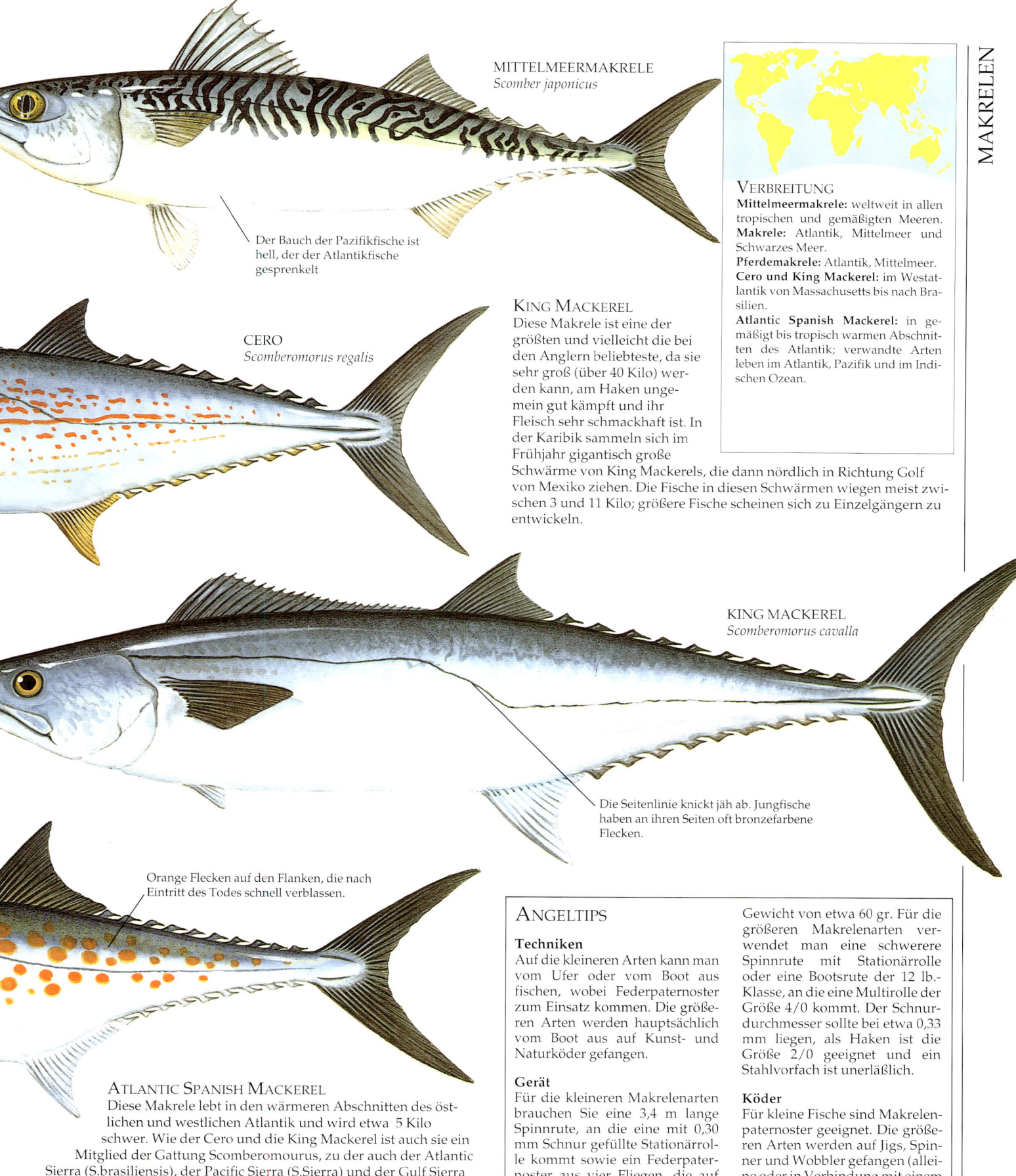

MITTELMEERMAKRELE
Scomber japonicus

Der Bauch der Pazifikfische ist hell, der der Atlantikfische gesprenkelt

VERBREITUNG

Mittelmeermakrele: weltweit in allen tropischen und gemäßigten Meeren.
Makrele: Atlantik, Mittelmeer und Schwarzes Meer.
Pferdemakrele: Atlantik, Mittelmeer.
Cero und King Mackerel: im Westatlantik von Massachusetts bis nach Brasilien.
Atlantic Spanish Mackerel: in gemäßigt bis tropisch warmen Abschnitten des Atlantik; verwandte Arten leben im Atlantik, Pazifik und im Indischen Ozean.

KING MACKEREL

Diese Makrele ist eine der größten und vielleicht die bei den Anglern beliebteste, da sie sehr groß (über 40 Kilo) werden kann, am Haken ungemein gut kämpft und ihr Fleisch sehr schmackhaft ist. In der Karibik sammeln sich im Frühjahr gigantisch große Schwärme von King Mackerels, die dann nördlich in Richtung Golf von Mexiko ziehen. Die Fische in diesen Schwärmen wiegen meist zwischen 3 und 11 Kilo; größere Fische scheinen sich zu Einzelgängern zu entwickeln.

CERO
Scomberomorus regalis

KING MACKEREL
Scomberomorus cavalla

Die Seitenlinie knickt jäh ab. Jungfische haben an ihren Seiten oft bronzefarbene Flecken.

Orange Flecken auf den Flanken, die nach Eintritt des Todes schnell verblassen.

ATLANTIC SPANISH MACKEREL

Diese Makrele lebt in den wärmeren Abschnitten des östlichen und westlichen Atlantik und wird etwa 5 Kilo schwer. Wie der Cero und die King Mackerel ist auch sie ein Mitglied der Gattung Scomberomourus, zu der auch der Atlantic Sierra (S.brasiliensis), der Pacific Sierra (S.Sierra) und der Gulf Sierra (S.concolor) gehören - letztere beiden Arten sind im Pazifik zuhause - sowie die indopazifischen Makrelenarten S.commerson und S.guttatus, die vor Australien überaus häufig sind.

ANGELTIPS

Techniken
Auf die kleineren Arten kann man vom Ufer oder vom Boot aus fischen, wobei Federpaternoster zum Einsatz kommen. Die größeren Arten werden hauptsächlich vom Boot aus auf Kunst- und Naturköder gefangen.

Gerät
Für die kleineren Makrelenarten brauchen Sie eine 3,4 m lange Spinnrute, an die eine mit 0,30 mm Schnur gefüllte Stationärrolle kommt sowie ein Federpaternoster aus vier Fliegen, die auf Haken der Größe 1/0 gebunden wurden. Darunter kommt ein Gewicht von etwa 60 gr. Für die größeren Makrelenarten verwendet man eine schwerere Spinnrute mit Stationärrolle oder eine Bootsrute der 12 lb.-Klasse, an die eine Multirolle der Größe 4/0 kommt. Der Schnurdurchmesser sollte bei etwa 0,33 mm liegen, als Haken ist die Größe 2/0 geeignet und ein Stahlvorfach ist unerläßlich.

Köder
Für kleine Fische sind Makrelenpaternoster geeignet. Die größeren Arten werden auf Jigs, Spinner und Wobbler gefangen (alleine oder in Verbindung mit einem Fischfetzen), sowie auf Fischstücke und Köderfische.

THUNE UND WAHOO

Diese Mitglieder der Scombridenfamilie leben in den gemäßigt warmen und tropischen Meeren. Sie sind von beträchtlichem kommerziellen Wert und ebenso bedeutende Sportfische. Der hohe Preis ihres Fleisches hat dazu geführt, daß diesen Fischen vor allem im Pazifik mit gigantischen Treibnetzen nachgestellt wird. Mittlerweile wurde der Einsatz solcher Netze in internationalen Abkommen eingeschränkt, da in ihnen nicht nur Unmengen an Thunen, sondern auch Unmengen von anderen Arten wie Delphine und schwerttragende Fische verenden.

ALBACORE
Wegen seiner überlangen Brustflossen, die bis hinter den Afterflossenansatz reichen, wird der Albacore auch oft als Langflossenthun bezeichnet. Diese Flossen erlauben ein rasches Unterscheiden zwischen ihm und anderen Thunfischarten. Früher wurden der Atlantikalbacore und der Pazifikalbacore als zwei verschiedene Arten betrachtet, heute steht jedoch fest, daß es sich um ein und dieselbe Art handelt. Sie wird über 40 Kilo schwer.

BLACKFIN TUNA
Der Blackfin Tuna aus dem Westatlantik ist ein kleinerer Thun, der durchschnittlich weniger als 4,5 Kilo wiegt und maximal 19 Kilo erreicht. Er wird eher wegen seines Fleisches als wegen seiner kämpferischen Qualitäten geschätzt. Jährlich werden zahlreiche Fische dieser Art das Opfer von Blauen Marlinen und Berufsfischern.

BLACKFIN TUNA
Thunnus atlanticus

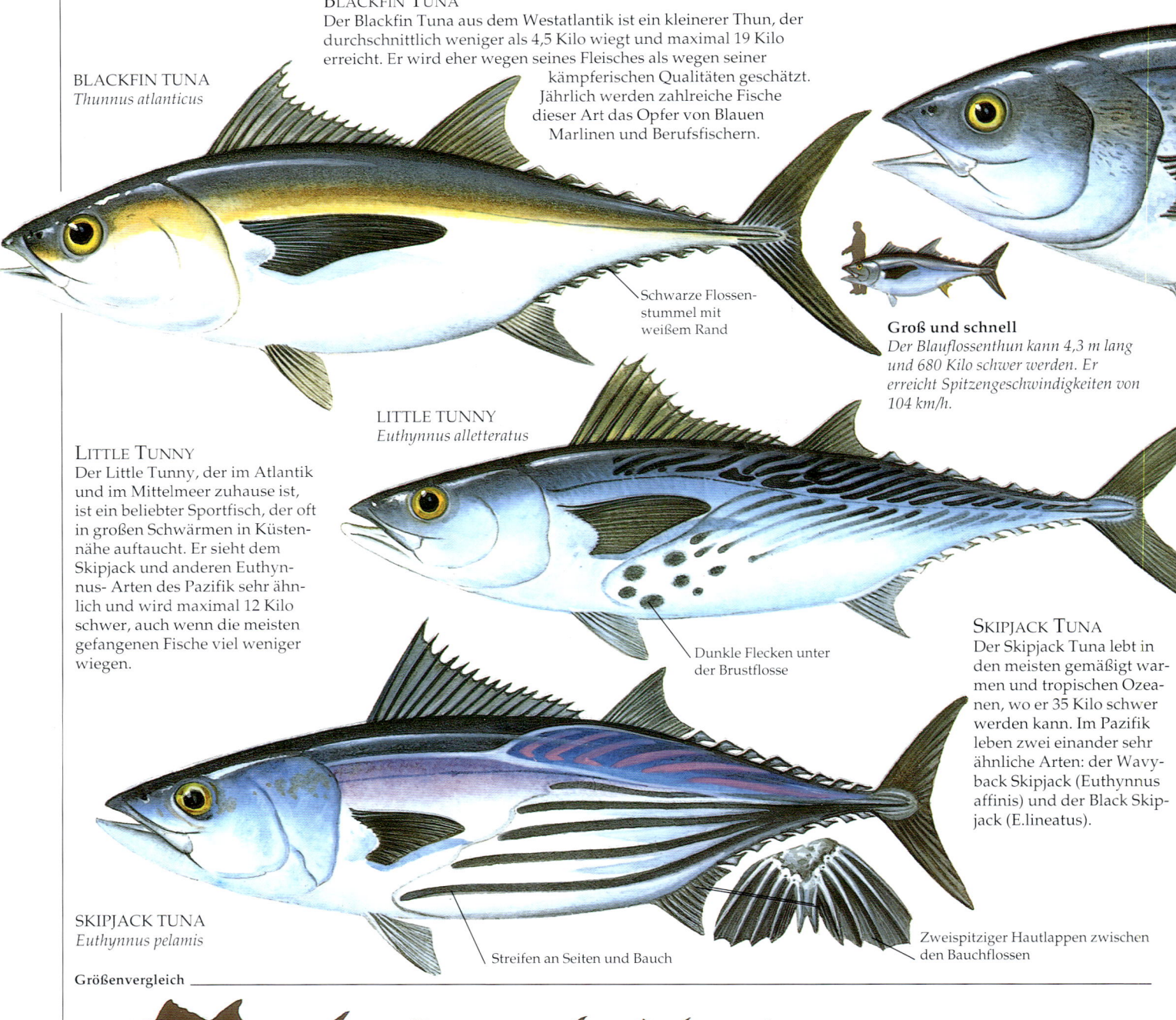

Schwarze Flossenstummel mit weißem Rand

Groß und schnell
Der Blauflossenthun kann 4,3 m lang und 680 Kilo schwer werden. Er erreicht Spitzengeschwindigkeiten von 104 km/h.

LITTLE TUNNY
Euthynnus alletteratus

LITTLE TUNNY
Der Little Tunny, der im Atlantik und im Mittelmeer zuhause ist, ist ein beliebter Sportfisch, der oft in großen Schwärmen in Küstennähe auftaucht. Er sieht dem Skipjack und anderen Euthynnus- Arten des Pazifik sehr ähnlich und wird maximal 12 Kilo schwer, auch wenn die meisten gefangenen Fische viel weniger wiegen.

Dunkle Flecken unter der Brustflosse

SKIPJACK TUNA
Der Skipjack Tuna lebt in den meisten gemäßigt warmen und tropischen Ozeanen, wo er 35 Kilo schwer werden kann. Im Pazifik leben zwei einander sehr ähnliche Arten: der Wavyback Skipjack (Euthynnus affinis) und der Black Skipjack (E.lineatus).

SKIPJACK TUNA
Euthynnus pelamis

Größenvergleich

Streifen an Seiten und Bauch

Zweispitziger Hautlappen zwischen den Bauchflossen

Blau-flossenthun

Wahoo

Albacore

Skipjack Tuna

Little Tunny

Blackfin Tuna

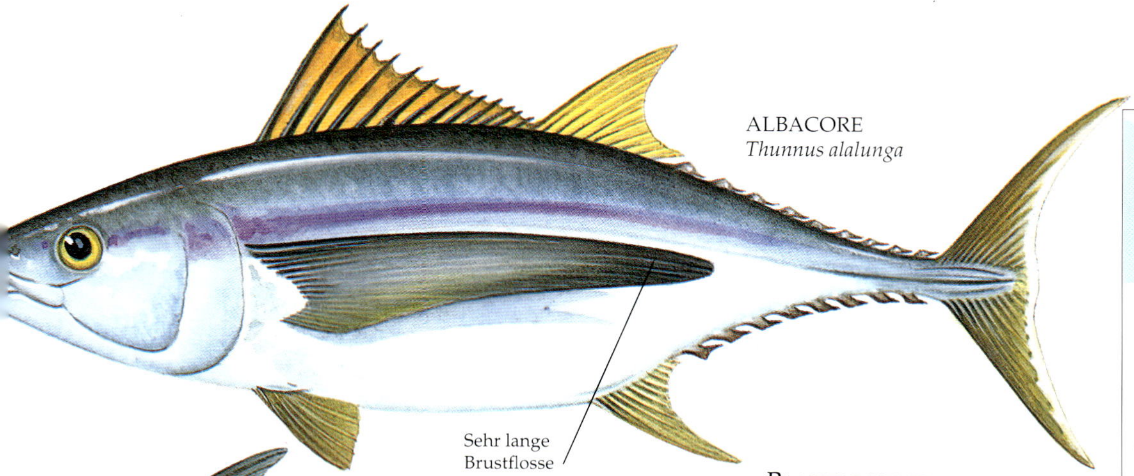

ALBACORE
Thunnus alalunga

Sehr lange
Brustflosse

BLAUFLOSSENTHUN
Thunnus thynnus

BLAUFLOSSENTHUN

Der Blauflossenthun ist ein echter Zugfisch, der sich den Winter über in subtropischen Meeren aufhält und im Sommer in kühlere Gewässer vorstößt. Bis zu einem Körpergewicht von etwa 45 Kilo wandern die Blauflossenthune in gewaltigen Schwärmen, größere Fische reisen in kleineren Gruppen und die ganz großen scheinen oft Einzelgänger zu sein. Der Blauflossenthun des Nordatlantik und jene, die im Pazifik und im Indischen Ozean leben, werden manchmal in verschiedene Arten oder Unterarten eingeteilt, obwohl die Unterschiede zwischen ihnen minimal sind.

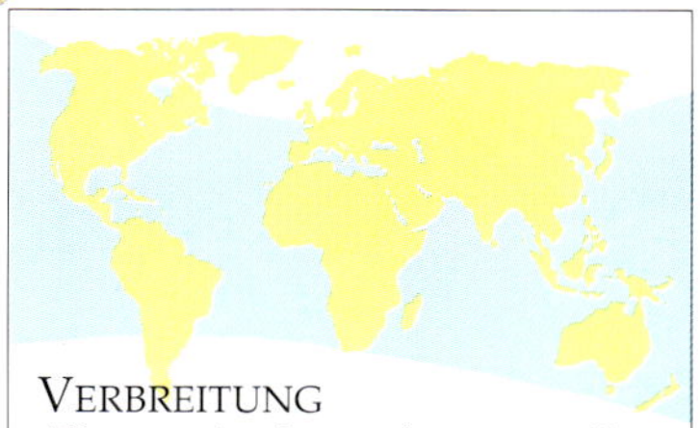

VERBREITUNG

Albacore: in den meisten gemäßigt warmen und tropischen Meeren; größere Bestände im Pazifik als im Atlantik.
Blackfin Tuna: im Atlantik von Massachusetts bis nach Brasilien.
Little Tunny: in den gemäßigt warmen und tropischen Abschnitten des Atlantik und im Mittelmeer.
Skipjack Tuna, Bluefin Tuna: weltweit in gemäßigt warmen und tropischen Gewässern.
Wahoo: in den meisten warmen und tropischen Meeren.

Flossenstummel
Eines der Hauptmerkmale der Scombriden und des Wahoos sind die kleinen Flossenstummel zwischen Schwanz-, Rücken- und Afterflosse.

Lange Rückenflosse

Langer, torpedoförmiger Körper

WAHOO
Acanthocybium solanderi

WAHOO

Der lange, schlanke Wahoo macht am Haken gewaltige Fluchten mit plötzlichen Richtungswechseln, manchmal katapultiert er sich dabei noch aus dem Wasser, kurzum, es ist einer der für den Angler aufregendsten Fische. Seine langen, stark bezahnten Kiefer bilden ein schnabelartiges Maul, seine erste Rückenflosse ist lang und hat feste, spitz zulaufende Flossenstrahlen. Sein Durchschnittsgewicht liegt bei 7 bis 9 Kilo, er kann jedoch über 80 Kilo schwer und über 2,1 m lang werden.

ANGELTIPS

Techniken

Auf Thune wird meistens mit Kunstködern geschleppt oder mit Naturködern vom treibenden Boot aus gefischt. Zum Fang von Wahoos sollten Sie dieselben Köder näher am Boot, beim Schleppen auch unmittelbar im Kielwasser anbieten. Unmittelbar am Boot werden mehr Wahoos als an Outriggern gefangen.

Gerät

Für den Fang von Thunfischen brauchen Sie eine Rute der 80 bis 130 lbs-Klasse mit Rollerringen, eine Hebelbremsmultirolle und Nylonschnur, die 80 bis 130 lbs trägt. Das Vorfach sollte aus 400 bis 600 lbs Nylonschnur angefertigt werden. Verwenden Sie Haken der Größen 10/0 bis 12/0, geschränkte zum Driftfischen und gerade zum Schleppen. Für den Fang von Wahoos genügt eine Bootsrute der 30 - 50 lbs-Klasse, an die eine mit 0,50 bis 0,75 mm Schnur gefüllte Multirolle, ein schweres Stahlvorfach sowie ein gerader Haken der Größen 5/0 bis 10/0 montiert wird.

Köder

Verwenden Sie einen Kona Head zum Schleppfischen auf Thune und lebende Makrelen oder tote Heringe beim Driftfischen. Zum Schleppfischen auf Wahoo brauchen Sie große Kunstköder, aber auch geschleppte Naturköder, wie ganze Meeräschen oder Ballyhoos sind erfolgreich. Beim Driftfischen sollten die Lebendköder an Haken der Größe 5/0 bis 8/0 angeboten werden.

WAHOOKOPF

Wahookiefer
Der Wahoo ist, wie auch die Thunfische, ein Raubfisch und seine mit rasiermesserscharfen Zähnen bewaffneten Kiefer erleichtern ihm die Jagd auf Futter- und Tintenfische. Ungewöhnlich an diesem Fisch ist allerdings die Eigenart, daß seine Kiefer unabhängig voneinander bewegt werden können.

BONITOS & MAIFISCHE

Bonitos sind, wie auch Makrele und Thun (siehe Seiten 192 - 193), Mitglieder der Scombridenfamilie. Es sind sehr schnellschwimmende Raubfische, die sich von Tintenfisch und kleinen Schwarmfischen, u.a. auch Makrelen, unmittelbar unter der Oberfläche ernähren. Maifische, die zur Gattung Alosa gehören, sind Mitglieder der Heringsfamilie, der Clupeiden. Es sind Meeresfische, die im Süßwasser ablaichen (einige Arten haben auch Binnenformen) und die sich dadurch von den meisten anderen Heringsarten unterscheiden, daß sie einen "Kiel" haben, d.h., eine Reihe messerscharfer Schuppen entlang des Bauches.

PAZIFIC BONITO
Der Pacific Bonito ist ein mittelgroßer Fisch, der durchschnittlich weniger als 5,5 Kilo wiegt, gelegentlich aber auch 11 Kilo schwer werden kann. Die Bestände im Norden und die im Süden des Ostpazifik werden als zwei verschiedene Unterarten betrachtet. Bei der nördlich von Baja California lebenden Unterart handelt es sich um Sarda chiliensis lineolata, bei der vor Peru und Chile lebenden handelt es sich um S.c.chiliensis. Der Striped Bonito, Scarda orientalis, lebt von Baja California bis vor Peru und im Westpazifik.

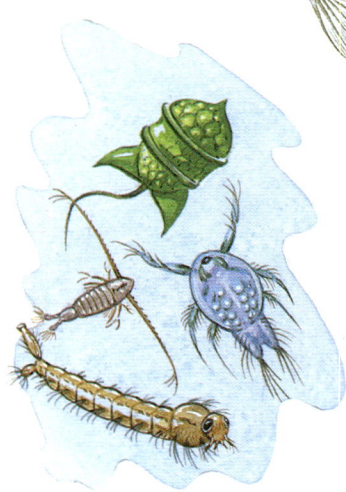

FINTE
Alosa fallax

FINTE
Dieser Maifisch unterscheidet sich vom Atlantikhering (Clupea harengus) dadurch, daß er im Oberkiefer eine Spalte hat, in der der Unterkiefer Platz findet. Des weiteren hat er entlang des Bauches eine Reihe messerscharfer Schuppen und auf seinen Seiten befinden sich oft eine Reihe dunkler Flecken. Maximal werden diese Fische etwa 1,4 Kilo schwer.

ALSE
Alosa alosa

ALSE
Die Alse oder der Maifisch ist der Finte ähnlich, der Kiel jedoch weniger ausgeprägt und auf den Flanken sitzt nur ein dunkler Fleck, und zwar unmittelbar hinter dem Kiemendeckel. Der Maifisch wird auch größer, manchmal annähernd drei Kilo schwer. Die Bestände beider Arten wurden durch Umweltverschmutzung und Versperrung der Zugänge zu den Laichgründen stark in Mitleidenschaft gezogen.

AMERICAN SHAD
Der American Shad, der Gewichte von über 5,5 Kilo erreichen kann, hat hinter jedem Kiemendeckel einen großen, dunklen Punkt und dahinter gewöhnlich noch zwei Reihen kleinerer Flecken. Er ernährt sich fast ausschließlich von Plankton und seine Kiefer sind zahnlos.

Zwei Fleckenreihen

AMERICAN SHAD
Alosa sapidissima

Maifischnahrung
Maifische ernähren sich hauptsächlich von Plankton, und zwar sowohl tierisches als auch pflanzlichem Plankton, sowie von Insektenlarven und von Kleinkrebsen. Skipjack Hering, Finte, Alse und Hickory Shad fressen auch Fische.

SKIPJACK HERING
Alosa chrysochloris

ANGELTIPS

Techniken
Schlepp- und Spinnfischen auf Bonito, Spinn- und Fliegenfischen auf die Maifische.

Gerät
Zum Schleppfischen auf Bonito brauchen Sie eine Bootsrute der 12 lbs-Klasse, an die eine mit 0,33 mm Schnur gefüllte Multirolle der Größe 2/0 und ein 2/0 Haken kommen. Eine leichte Spinnrute paßt zum Spinnfischen auf Bonito. Auf diese montieren Sie eine mit 0,33 mm Schnur gefüllte Stationärrolle und nehmen 2/0 Haken. Zum Spinnfischen auf Mai-

fische benötigen Sie eine leichte Spinnrute, an die eine mit 0,26 mm Schnur gefüllte Stationärrolle sowie ein kleiner Spinner mit Drillingshaken kommt. Zum Fliegenfischen kommt eine Forellenrute der Klasse 5 bis 7 mit einer schwimmenden Keulenschnur in Frage. Die Haken der Fliegen sollten die Größe 6 bis 8 besitzen.

Köder
Gute Bonitoköder sind Wobbler, Plastiktintenfische, Löffel und ganze oder zerschnittene Fische und Tintenfische. Für den Fang von Maifischen eignen sich kleine Spinner und Löffel sowie kleine, weißliche Fliegen.

SKIPJACK HERING
Der Skipjack Hering zieht bei seinem Süßwasseraufenthalt das Freiwasser mittlerer bis großer Flüsse und Seen vor. Er ist dem Hickory Shad sehr ähnlich, seine Flanken jedoch leicht kupferfarben und ohne dunkle Flecken. Maximal werden diese Fische etwa 1,6 Kilo schwer.

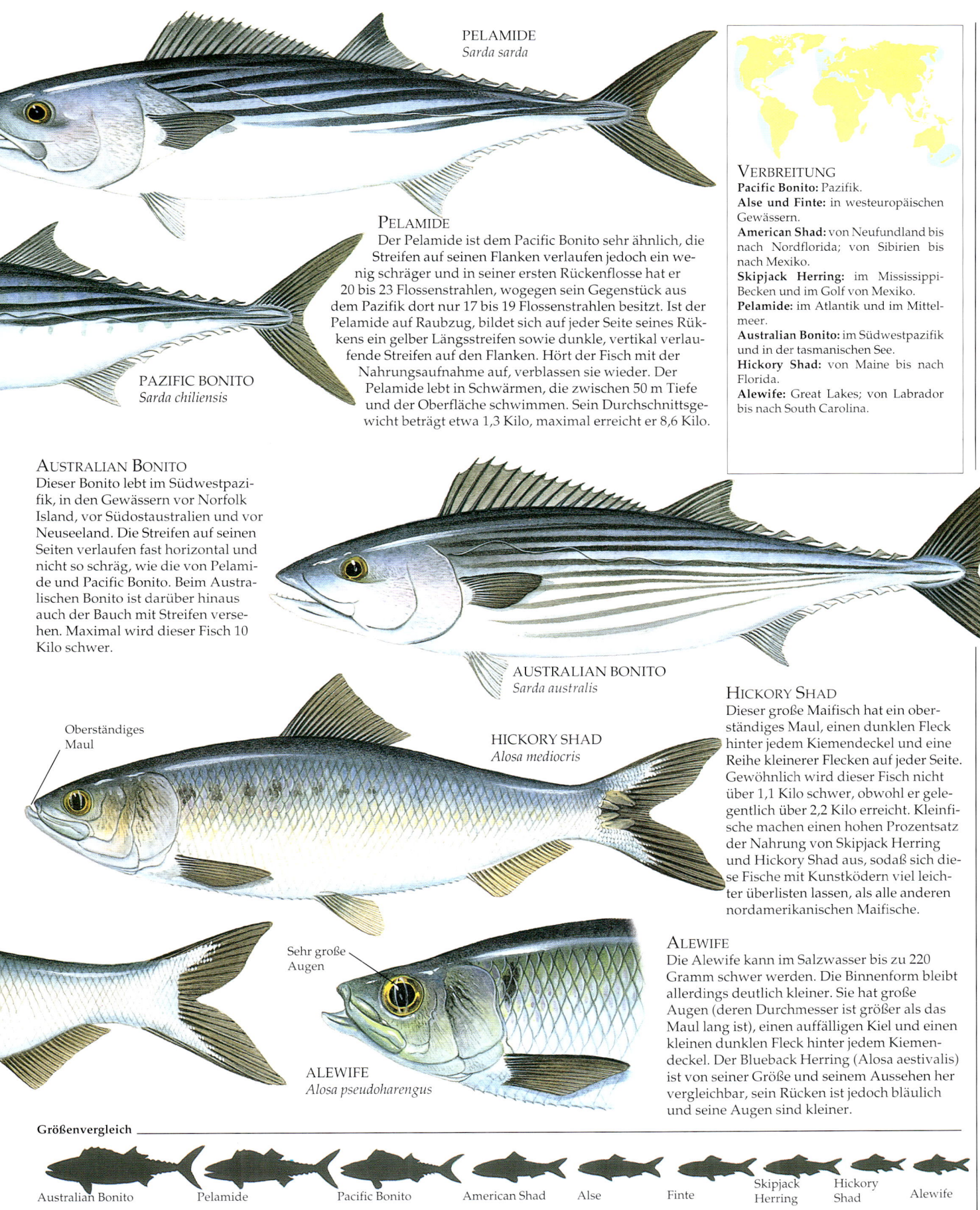

PELAMIDE
Sarda sarda

PAZIFIC BONITO
Sarda chiliensis

PELAMIDE
Der Pelamide ist dem Pacific Bonito sehr ähnlich, die Streifen auf seinen Flanken verlaufen jedoch ein wenig schräger und in seiner ersten Rückenflosse hat er 20 bis 23 Flossenstrahlen, wogegen sein Gegenstück aus dem Pazifik dort nur 17 bis 19 Flossenstrahlen besitzt. Ist der Pelamide auf Raubzug, bildet sich auf jeder Seite seines Rückens ein gelber Längsstreifen sowie dunkle, vertikal verlaufende Streifen auf den Flanken. Hört der Fisch mit der Nahrungsaufnahme auf, verblassen sie wieder. Der Pelamide lebt in Schwärmen, die zwischen 50 m Tiefe und der Oberfläche schwimmen. Sein Durchschnittsgewicht beträgt etwa 1,3 Kilo, maximal erreicht er 8,6 Kilo.

VERBREITUNG
Pacific Bonito: Pazifik.
Alse und Finte: in westeuropäischen Gewässern.
American Shad: von Neufundland bis nach Nordflorida; von Sibirien bis nach Mexiko.
Skipjack Herring: im Mississippi-Becken und im Golf von Mexiko.
Pelamide: im Atlantik und im Mittelmeer.
Australian Bonito: im Südwestpazifik und in der tasmanischen See.
Hickory Shad: von Maine bis nach Florida.
Alewife: Great Lakes; von Labrador bis nach South Carolina.

AUSTRALIAN BONITO
Dieser Bonito lebt im Südwestpazifik, in den Gewässern vor Norfolk Island, vor Südostaustralien und vor Neuseeland. Die Streifen auf seinen Seiten verlaufen fast horizontal und nicht so schräg, wie die von Pelamide und Pacific Bonito. Beim Australischen Bonito ist darüber hinaus auch der Bauch mit Streifen versehen. Maximal wird dieser Fisch 10 Kilo schwer.

AUSTRALIAN BONITO
Sarda australis

Oberständiges Maul

HICKORY SHAD
Alosa mediocris

HICKORY SHAD
Dieser große Maifisch hat ein oberständiges Maul, einen dunklen Fleck hinter jedem Kiemendeckel und eine Reihe kleinerer Flecken auf jeder Seite. Gewöhnlich wird dieser Fisch nicht über 1,1 Kilo schwer, obwohl er gelegentlich über 2,2 Kilo erreicht. Kleinfische machen einen hohen Prozentsatz der Nahrung von Skipjack Herring und Hickory Shad aus, sodaß sich diese Fische mit Kunstködern viel leichter überlisten lassen, als alle anderen nordamerikanischen Maifische.

Sehr große Augen

ALEWIFE
Alosa pseudoharengus

ALEWIFE
Die Alewife kann im Salzwasser bis zu 220 Gramm schwer werden. Die Binnenform bleibt allerdings deutlich kleiner. Sie hat große Augen (deren Durchmesser ist größer als das Maul lang ist), einen auffälligen Kiel und einen kleinen dunklen Fleck hinter jedem Kiemendeckel. Der Blueback Herring (Alosa aestivalis) ist von seiner Größe und seinem Aussehen her vergleichbar, sein Rücken ist jedoch bläulich und seine Augen sind kleiner.

Größenvergleich

| Australian Bonito | Pelamide | Pacific Bonito | American Shad | Alse | Finte | Skipjack Herring | Hickory Shad | Alewife |

HAIE 1

Haie sind eine sehr alte Gruppe von Fischen, für die ihr Knorpelskelett, die mit rauhen Schuppen (Placoidschuppen) überzogene Haut, die fünf bis sieben Kiemenspalten und die mit stabilen und scharfen Zähnen versehenen kraftvollen Kiefer charakteristisch sind. Weltweit verteilt leben etwa 300 Arten, von denen sich die meisten in tropisch warmen Meeren tummeln. Obwohl die meisten dieser Fische reine Salzwasserfische sind, ziehen einige von ihnen in brackige Flußmündungen, manche sogar in den Fluß selbst. Ihre Größe reicht von 60 cm bis zu 18 m; die hier abgebildeten zählen zu den kleineren Arten und sie werden bis zu 3,5 m lang.

HERINGSHAI
Lamna nasus

LEOPARDENHAI
Dieser auffällig gezeichnete Hai lebt in unmittelbarer Küstennähe entlang der Pazifikküste der Vereinigten Staaten. Besonders häufig ist er in den seichten Buchten Kaliforniens. Gewöhnlich hält er sich über sandigem Untergrund in flachem, weniger als 4 m tiefem Wasser auf. Die Männchen werden 1,5 m lang, die Weibchen können 2,1 m lang und über 30 Kilo schwer werden.

Auffällige Schnauze

LEOPARDENHAI (Leopard Shark)
Triakis semifasciata

HUNDSHAI
Der Hundshai ist Mitglied der größten Haifamilie, der Carcharhiniden oder Requiemhaien. Sein schlanker Körper hat eine weit vorragende Nase, lange Brustflossen und einen kraftvollen Schwanz. Er lebt küstennah in einer Tiefe von etwa 3 m, er kann über 1,6 m lang und 34 Kilo schwer werden. In erster Linie ernährt er sich von Fischen, beispielsweise Dorsch, nimmt aber auch Tintenfisch.

Große zweite Rückenflosse

GLATTHAI
Mustelus canis

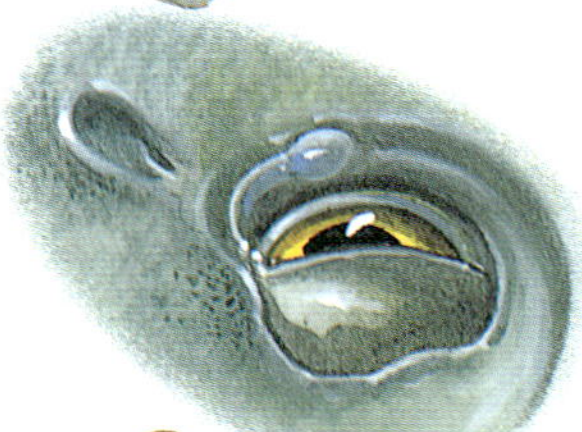

GLATTHAI
Diese sehr verbreitete, grundnah lebende Haiart des Westatlantik lebt gewöhnlich in Tiefen von 9 bis 350 Meter und zieht gelegentlich auch in Süßwasser auf. Ihre Brustflossen sind lang und ihre zweite Rückenflosse ist fast so groß wie die erste. Hinter den Augen hat er ein kleines Atemloch, ein Überbleibsel seiner ersten Kiemenspalte. Der Glatthai wird etwa 1,5 m lang.

Hundshaiaugen
Die Augen des Hundshaies und die der meisten weiteren Requiemhaie sind mit durchsichtigen Membranen versehen, die zum Schutz über das Auge gezogen werden können.

Atemloch

Rückenstacheln

HUNDSHAI
Galeorhinus galeus

DORNHAI
Dieser schlanke Hai, der etwa 1,2 m lang und 9,5 Kilo schwer wird, fällt durch seine ungewöhnlichen Stacheln an den beiden Rückenflossen auf. Wie auch der Hundshai hat der Dornhai einen großen, kräftigen Schwanz, ihm fehlt jedoch die Afterflosse. Er lebt in unmittelbarer Grundnähe in Tiefen von 10 bis 200 m und er hat einen sehr vielseitigen Speiseplan, auf dem Schwarmfische, beispielsweise Heringe, stehen, aber auch Wirbellose, wie etwa Tintenfisch, Quallen und Würmer.

DORNHAI
Aqualus acanthias

Größenvergleich

Bull Shark   Sand Tiger   Heringshai   Spinner Shark   Blacktip Shark   Leopardenhai   Glatthai   Hundshai   Dornhai

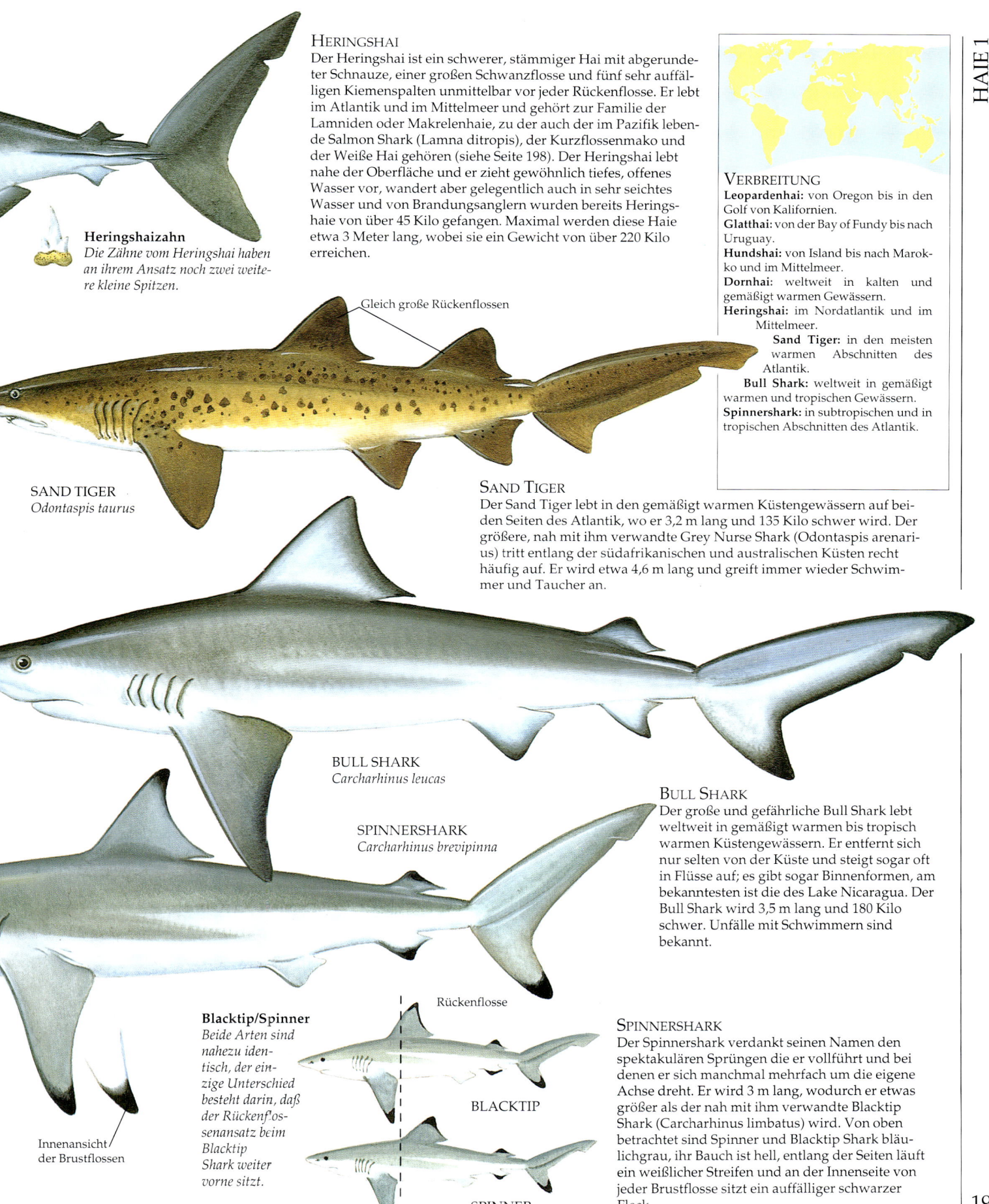

HERINGSHAI

Der Heringshai ist ein schwerer, stämmiger Hai mit abgerundeter Schnauze, einer großen Schwanzflosse und fünf sehr auffälligen Kiemenspalten unmittelbar vor jeder Rückenflosse. Er lebt im Atlantik und im Mittelmeer und gehört zur Familie der Lamniden oder Makrelenhaie, zu der auch der im Pazifik lebende Salmon Shark (Lamna ditropis), der Kurzflossenmako und der Weiße Hai gehören (siehe Seite 198). Der Heringshai lebt nahe der Oberfläche und er zieht gewöhnlich tiefes, offenes Wasser vor, wandert aber gelegentlich auch in sehr seichtes Wasser und von Brandungsanglern wurden bereits Heringshaie von über 45 Kilo gefangen. Maximal werden diese Haie etwa 3 Meter lang, wobei sie ein Gewicht von über 220 Kilo erreichen.

Heringshaizahn
Die Zähne vom Heringshai haben an ihrem Ansatz noch zwei weitere kleine Spitzen.

Gleich große Rückenflossen

VERBREITUNG

Leopardenhai: von Oregon bis in den Golf von Kalifornien.
Glatthai: von der Bay of Fundy bis nach Uruguay.
Hundshai: von Island bis nach Marokko und im Mittelmeer.
Dornhai: weltweit in kalten und gemäßigt warmen Gewässern.
Heringshai: im Nordatlantik und im Mittelmeer.
Sand Tiger: in den meisten warmen Abschnitten des Atlantik.
Bull Shark: weltweit in gemäßigt warmen und tropischen Gewässern.
Spinnershark: in subtropischen und in tropischen Abschnitten des Atlantik.

SAND TIGER
Odontaspis taurus

SAND TIGER

Der Sand Tiger lebt in den gemäßigt warmen Küstengewässern auf beiden Seiten des Atlantik, wo er 3,2 m lang und 135 Kilo schwer wird. Der größere, nah mit ihm verwandte Grey Nurse Shark (Odontaspis arenarius) tritt entlang der südafrikanischen und australischen Küsten recht häufig auf. Er wird etwa 4,6 m lang und greift immer wieder Schwimmer und Taucher an.

BULL SHARK
Carcharhinus leucas

SPINNERSHARK
Carcharhinus brevipinna

BULL SHARK

Der große und gefährliche Bull Shark lebt weltweit in gemäßigt warmen bis tropisch warmen Küstengewässern. Er entfernt sich nur selten von der Küste und steigt sogar oft in Flüsse auf; es gibt sogar Binnenformen, am bekanntesten ist die des Lake Nicaragua. Der Bull Shark wird 3,5 m lang und 180 Kilo schwer. Unfälle mit Schwimmern sind bekannt.

Blacktip/Spinner
Beide Arten sind nahezu identisch, der einzige Unterschied besteht darin, daß der Rückenflossenansatz beim Blacktip Shark weiter vorne sitzt.

Innenansicht der Brustflossen

Rückenflosse

BLACKTIP

SPINNER

SPINNERSHARK

Der Spinnershark verdankt seinen Namen den spektakulären Sprüngen die er vollführt und bei denen er sich manchmal mehrfach um die eigene Achse dreht. Er wird 3 m lang, wodurch er etwas größer als der nah mit ihm verwandte Blacktip Shark (Carcharhinus limbatus) wird. Von oben betrachtet sind Spinner und Blacktip Shark bläulichgrau, ihr Bauch ist hell, entlang der Seiten läuft ein weißlicher Streifen und an der Innenseite von jeder Brustflosse sitzt ein auffälliger schwarzer Fleck.

HAIE 2

Die hier vorgestellten Haie gehören zu den größeren Arten, deren Längen über vier, neun und mehr Meter liegen. Nicht abgebildet wurden der Riesenhai (Cetorhinus maximus) und der Walhai (Rhincodon typus), da beide Arten als friedliche Planktonfresser für den Angler uninteressant sind. Der Riesenhai ist in den kälteren Meeren mit 14 m Körperlänge und 20 Tonnen Gewicht die größte Haiart; der Walhai, der in tropischen Meeren zuhause ist, ist der größte Fisch der Welt: er kann über 15 m lang und über 35 Tonnen schwer werden. Die größten Fische dieser Arten, die je wissenschaftlich vermessen wurden, waren ein Riesenhai von 12,27 und ein Walhai von 12,65 m Länge.

Auge

Stumpfe, kurze Nase

Sehr langer Schwanz

FUCHSHAI
Dieser Warmwasserhai läßt sich problemlos an seiner überlangen, oberen Schwanzhälfte identifizieren, die länger als der gesamte Körper sein kann. Fuchshaie sind auf offener See zuhause, wo sie zwischen der Oberfläche und 100 m Tiefe leben. Sie werden 6,1 m lang und 450 Kilo schwer. Oft rauben sie in Rudeln und verwenden in Futterfischschwärmen ihre langen Schwänze wie Peitschen.

FUCHSHAI
Alopias vulpinus

KURZFLOSSENMAKO
(Shortfin Mako)
Isurus oxyrinchus

KURZFLOSSENMAKO
Der Kurzflossenmako, der besser unter dem Namen Mako bekannt ist, ist der wahrscheinlich schnellste Hai, da er zu Spitzengeschwindigkeiten von 74 km/h in der Lage ist. Maximal werden diese Fische 3,8 m lang und 506 Kilo schwer. Im Drill vollführen sie spektakuläre Sprünge.

Der Biß eines Weißen Haies
Beißt ein Weißer Hai zu, dann öffnet er die mächtigen Kiefer weit, wodurch seine rasiermesserscharfen, reihenförmig angeordneten Zähne zum Vorschein kommen.

ANGELTIPS

Techniken
Das Schlepp- und Driftfischen sind die gewöhnlichen Haitechniken, allerdings werden kleine Haie, die sich in seichtes Küstenwasser vorwagen, auch von Brandungsanglern und gelegentlich sogar von Fliegenfischern gefangen. Achten Sie stets darauf, sich beim Umgang mit Haien keine Verletzungen zuzuziehen.

Gerät
Zum Brandungsfischen auf Hai brauchen Sie eine 3,4 bis 3,7 m lange Rute mit einer Multirolle, die mit 0,40 mm Schnur gefüllt wird. An das Ende der Hauptschnur kommen ein Stahlvorfach, ein Blei von 110 bis 170 Gramm und

ein Haken der Größe 4/0 bis 6/0. Zum Fliegenfischen ist eine mittelschwere bis schwere Salzwasserausrüstung erforderlich, an deren Vorfachende ein 30 cm langes Stahlvorfach kommt, sowie Fliegen, die auf Haken der Größen 5/0 bis 6/0 gebunden wurden. Beim Schlepp- und Driftfischen hängt das Gerät von der Größe der Haie ab. So reicht beispielsweise eine Ausrüstung der 20 lbs-Klasse für den Fang von Dornhaien und anderen kleinen Haiarten aus, für größere Arten, wie etwa Blauhai, Heringshai und Mako, ist eine Ausrüstung der 50 bis 80 lbs-Klasse unerläßlich.

Köder
Fischfetzen für die kleineren Arten, ganze Fische für die größeren. Zum Fliegenfischen eignen sich weiße Streamer.

SIXGILL SHARK
Dieser große, stämmige Hai läßt sich aufgrund seiner einzelnen, sehr weit hinten sitzenden Rückenflosse problemlos identifizieren. Ebenso charakteristisch sind seine sechs Kiemenspalten vor jeder Brustflosse. Der Sixgill Shark lebt in gemäßigt warmen Meeren in Grundnähe, die jüngeren in seichtem Wasser, während die erwachsenen Fische Tiefen von über 75 m vorziehen. Diese Haie werden mindestens 4,9 Meter lang und 590 Kilo schwer.

198

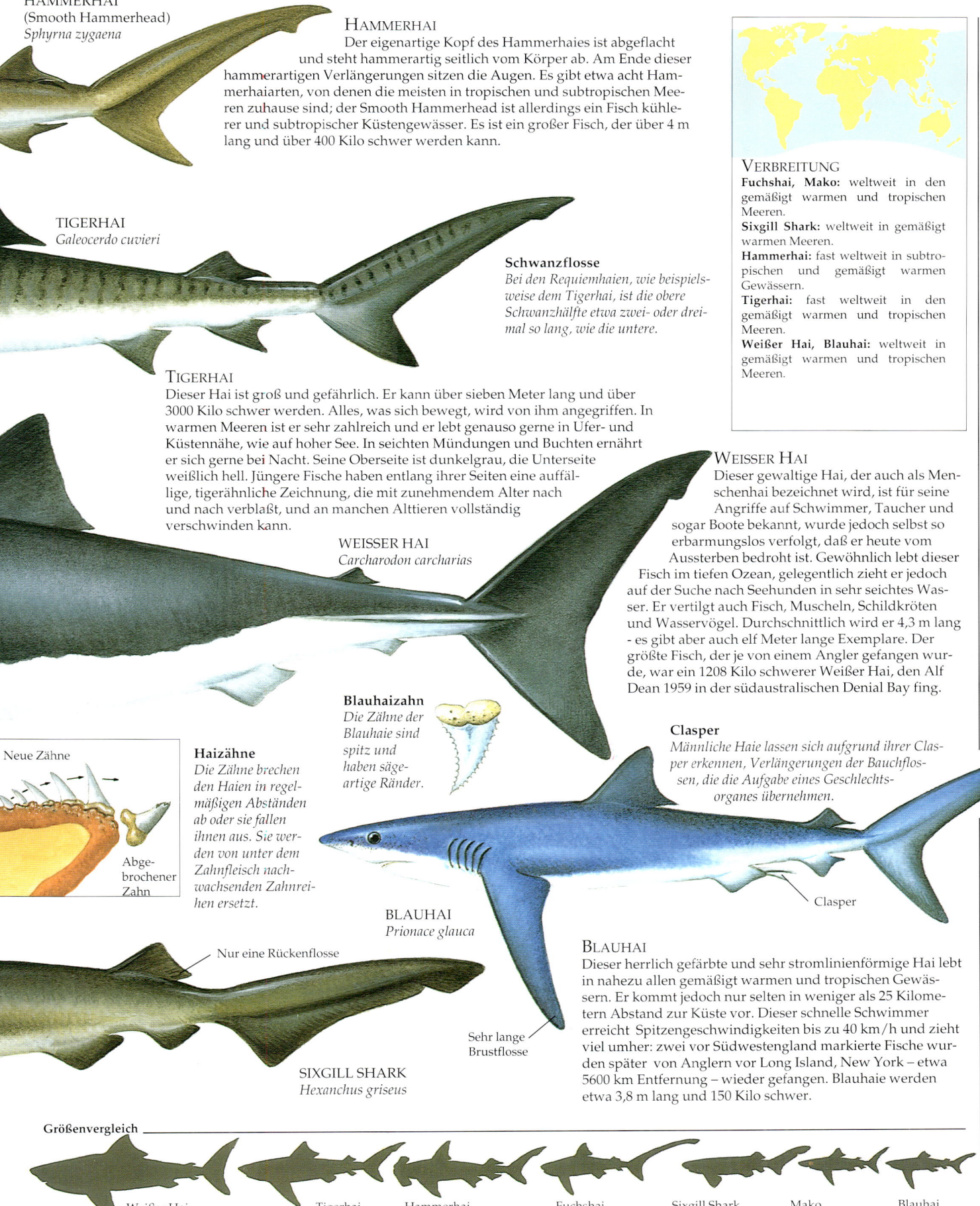

HAMMERHAI
(Smooth Hammerhead)
Sphyrna zygaena

TIGERHAI
Galeocerdo cuvieri

HAMMERHAI
Der eigenartige Kopf des Hammerhaies ist abgeflacht und steht hammerartig seitlich vom Körper ab. Am Ende dieser hammerartigen Verlängerungen sitzen die Augen. Es gibt etwa acht Hammerhaiarten, von denen die meisten in tropischen und subtropischen Meeren zuhause sind; der Smooth Hammerhead ist allerdings ein Fisch kühlerer und subtropischer Küstengewässer. Es ist ein großer Fisch, der über 4 m lang und über 400 Kilo schwer werden kann.

VERBREITUNG
Fuchshai, Mako: weltweit in den gemäßigt warmen und tropischen Meeren.
Sixgill Shark: weltweit in gemäßigt warmen Meeren.
Hammerhai: fast weltweit in subtropischen und gemäßigt warmen Gewässern.
Tigerhai: fast weltweit in den gemäßigt warmen und tropischen Meeren.
Weißer Hai, Blauhai: weltweit in gemäßigt warmen und tropischen Meeren.

Schwanzflosse
Bei den Requiemhaien, wie beispielsweise dem Tigerhai, ist die obere Schwanzhälfte etwa zwei- oder dreimal so lang, wie die untere.

TIGERHAI
Dieser Hai ist groß und gefährlich. Er kann über sieben Meter lang und über 3000 Kilo schwer werden. Alles, was sich bewegt, wird von ihm angegriffen. In warmen Meeren ist er sehr zahlreich und er lebt genauso gerne in Ufer- und Küstennähe, wie auf hoher See. In seichten Mündungen und Buchten ernährt er sich gerne bei Nacht. Seine Oberseite ist dunkelgrau, die Unterseite weißlich hell. Jüngere Fische haben entlang ihrer Seiten eine auffällige, tigerähnliche Zeichnung, die mit zunehmendem Alter nach und nach verblaßt, und an manchen Alttieren vollständig verschwinden kann.

WEISSER HAI
Carcharodon carcharias

WEISSER HAI
Dieser gewaltige Hai, der auch als Menschenhai bezeichnet wird, ist für seine Angriffe auf Schwimmer, Taucher und sogar Boote bekannt, wurde jedoch selbst so erbarmungslos verfolgt, daß er heute vom Aussterben bedroht ist. Gewöhnlich lebt dieser Fisch im tiefen Ozean, gelegentlich zieht er jedoch auf der Suche nach Seehunden in sehr seichtes Wasser. Er vertilgt auch Fisch, Muscheln, Schildkröten und Wasservögel. Durchschnittlich wird er 4,3 m lang - es gibt aber auch elf Meter lange Exemplare. Der größte Fisch, der je von einem Angler gefangen wurde, war ein 1208 Kilo schwerer Weißer Hai, den Alf Dean 1959 in der südaustralischen Denial Bay fing.

Neue Zähne
Haizähne
Die Zähne brechen den Haien in regelmäßigen Abständen ab oder sie fallen ihnen aus. Sie werden von unter dem Zahnfleisch nachwachsenden Zahnreihen ersetzt.

Abgebrochener Zahn

Blauhaizahn
Die Zähne der Blauhaie sind spitz und haben sägeartige Ränder.

Clasper
Männliche Haie lassen sich aufgrund ihrer Clasper erkennen, Verlängerungen der Bauchflossen, die die Aufgabe eines Geschlechtsorganes übernehmen.

Clasper

BLAUHAI
Prionace glauca

BLAUHAI
Dieser herrlich gefärbte und sehr stromlinienförmige Hai lebt in nahezu allen gemäßigt warmen und tropischen Gewässern. Er kommt jedoch nur selten in weniger als 25 Kilometern Abstand zur Küste vor. Dieser schnelle Schwimmer erreicht Spitzengeschwindigkeiten bis zu 40 km/h und zieht viel umher: zwei vor Südwestengland markierte Fische wurden später von Anglern vor Long Island, New York – etwa 5600 km Entfernung – wieder gefangen. Blauhaie werden etwa 3,8 m lang und 150 Kilo schwer.

Nur eine Rückenflosse

Sehr lange Brustflosse

SIXGILL SHARK
Hexanchus griseus

Größenvergleich

Weißer Hai   Tigerhai   Hammerhai   Fuchshai   Sixgill Shark   Mako   Blauhai

ZACKENBARSCHE (GROUPER)

Die Serraniden sind eine große und bedeutende Fischfamilie, die aus über 375 Arten besteht. Die meisten hiervon leben in gemäßigt warmen und in tropischen Meeren und ihre Größe reicht von weniger als 30 cm bis zu über 3,7 m Länge. Am liebsten halten sich diese Fische in Küstennähe in der Umgebung von Felsen, Riffen, Wracks und Pieren auf. Die größeren Familienmitglieder sind zählebige, barschartige Fische mit scharfen Zähnen, die in Grundnähe leben und sich hauptsächlich von Fischen, Krebsen und Muscheln ernähren. Insgesamt betrachtet sind sie eher Einzelgänger als Schwarmfische, lediglich zur Laichzeit sieht die Sache ein wenig anders aus. Bei vielen Arten ändert sich mit zunehmendem Alter das Geschlecht: sie wachsen als Rogner heran und laichen auch als solche, mit zunehmendem Alter werden sie jedoch zu Milchnern.

NASSAU GROUPER
Epinephelus striatus

YELLOWFIN GROUPER
Dieser Grouper hat auffällig gelbe Brustflossenspitzen, dunkle, ovale Flecken an Kopf und Körper und ist ansonsten mit kleinen schwarzen Tupfen gesprenkelt. Seine Färbung ist höchst unterschiedlich, die, die in seichtem Wasser leben scheinen eher gelblich bis grün zu sein (gelbe Phase), während die, die in tiefem Wasser zuhause sind, oft rot sind (rote Phase). Maximal werden diese Fische etwa 9 Kilo schwer.

ROTE PHASE

NASSAU GROUPER
Der Nassau Grouper lebt entlang von Felsen, Korallenriffen und in Krautbänken bis in Tiefen von etwa 30 Meter. Maximal wird er etwa 25 Kilo schwer und ist einer der attraktivsten Grouper, dessen helle Färbung von dunklen Streifen und Flecken überzogen ist. Wie auch Red Grouper, Black Grouper und Black Seabass ist es eine für die Berufsfischerei sehr wichtige Art, die am Haken sehr gut kämpft.

YELLOWFIN GROUPER
Mycteroperca venenosa

ROGNER

GELBE PHASE

BLACK SEABASS
Das Durchschnittsgewicht vom Black Seabass liegt bei etwa 700 Gramm, maximal werden diese Fische 3,6 Kilo schwer. Trotz dieser vergleichsweise geringen Größe ist er entlang der nordamerikanischen Pazifikküste einer der beliebtesten Sportfische. Er überwintert fernab der Küste, die er allerdings im Frühling und Sommer aufsucht. In Buchten mit hartem Untergrund sucht er nach Muscheln. Gefangen werden diese Fische beim Grundfischen von verankerten Booten und von Pieren und Molen aus.

MILCHNER

Schwanzflosse mit drei Enden

BLACK SEABASS
Centropristis striata

Größenvergleich

Judenfisch   Black Grouper   Red Grouper   Yellowfin Grouper   Nassau Grouper   Black Seabass

RED GROUPER
Epinephelus morio

RED GROUPER
Der Red Grouper lebt in Tiefen von 25 bis 120 m entlang von und in Felsriffen, Jungfische können gelegentlich auch in seichtem Küstenwasser auftauchen. Typisch für diesen Grouper sind seine gefleckte, rötliche Färbung, seine kantige Schwanzflosse und der gleichmäßige Oberrand seiner ersten Rückenflosse; das Maulinnere ist orange bis dunkelrot. Er kann über 23 Kilo schwer werden und liefert an leichtem Gerät einen guten Drill.

VERBREITUNG
Yellowfin Grouper: von den Bermuda-Inseln und Florida bis Brasilien.
Nassau Grouper: von den Bermuda-Inseln und North Carolina bis nach Brasilien.
Black Seabass: von Maine bis nach Nordostflorida; im östlichen Golf von Mexiko.
Red Grouper: von den Bermuda-Inseln und Massachusetts bis nach Brasilien.
Black Grouper: von den Bermuda-Inseln und Massachusetts bis nach Brasilien.
Judenfisch: Bermuda-Inseln; von Florida bis nach Brasilien; im Pazifik vom Golf von Kalifornien bis nach Panama.

BLACK GROUPER
Mycteroperca bonaci

BLACK GROUPER
Der Black Grouper, der über 80 Kilo schwer werden kann, hat eine recht unterschiedliche Färbung, die immer mit sehr unregelmäßigen, eckigen Flecken durchsetzt ist. Der Name "Black Grouper" wird auch oft für den Warsaw Grouper (Epinephelus nigritus) verwendet, der einheitlich dunkelbraun gefärbt ist und über 260 Kilo schwer wird.

Abgerundete Schwanzflosse

JUDENFISCH
(Jewfish)
Epinephelus itajara

JUDENFISCH
Dieser gewaltige Zackenbarsch (Grouper) wird über 2,4 m lang und über 300 Kilo schwer und wahrscheinlich lebt auch das ein oder andere über 500 Kilo schwere Prachtexemplar. Trotz ihrer Größe leben diese Fische in seichtem Wasser - nur selten sind sie in über 30 m Tiefe anzutreffen - und sie halten sich gerne in der Nähe von Abbrüchen, Wracks und Befestigungspfeilern auf. Es sind keine besonders guten Kämpfer, aber aufgrund ihrer Größe und ihrer Eigenart, sich in einem Felsloch festzusetzen, sind sie doch nicht so leicht zu drillen. Der Queensland Grouper (Promicrops lanceolatus), eine indopazifische Art, wird sogar noch größer: bei 3,7 m Länge wiegen diese Fische über 500 Kilo.

ANGELTIPS

Techniken
Diese Arten lassen sich beim Grund- und Schleppfischen an den Haken bekommen. Der Black Seabass läßt sich von Pieren, Molen, Strömungsbrechern und Hafenbefestigungsanlagen aus mit Spinngerät und anderem leichtem Vielzweckgerät fangen.

Gerät
Zum Grundfischen brauchen Sie eine Bootsrute der 30 bis 50 lbs-Klasse, an die eine mit 0,50 bis 0,75 mm Schnur gefüllte Multirolle der Größe 4/0 bis 6/0 kommt; als Endmontage ist eine Laufbleimontage mit einem 85 bis 220 Gramm schweren, pyramiden- oder tropfenförmigen Blei und einem Haken der Größe 2/0 bis 6/0 geeignet. Zum Schleppfischen eignet sich eine Rute der 80 lbs-Klasse, eine 9/0 Multirolle, 0,80 mm monofile Schnur, ein schweres Stahlvorfach und ein Haken der Größe 10/0.

Köder
Fisch, Tintenfisch, Würmer, Garnelen, Muscheln und Krebse sind gut zum Grundfischen geeignet. Diese Naturköder können auch zum Schleppfischen verwendet werden, ebenso wie Wobbler, Spinner, Löffel und Federpaternoster.

PORGY & MEERBRASSEN

Porgy und Meerbrassen gehören zu den 120 Arten, aus denen sich die Familie der Spariden zusammensetzt. Die Spariden leben weltweit verbreitet in den gemäßigten und tropischen Meeren, sind jedoch in warmem Küstenwasser am häufigsten. Die meisten von ihnen sind kleine bis mittelgroße Fische, allerdings werden einige auch recht groß; in afrikanischen Gewässern leben einige Muschelknacker, wie etwa Pagrus nasutus und Petrus repuestris, die deutlich über 50 Kilo schwer werden können.

GRAUBARSCH

Der Graubarsch hat rote Flossen und sein silbriger Körper ist mit einem rötlichen Schleier überzogen. Hinter jedem Kiemendeckel hat er auf den Flanken jeweils einen dunklen Fleck. Er lebt in Tiefen von 50 bis 300 m, inbesondere in der Nähe von Riffen und Wracks, wo er sich von Garnelen, Krebsen und Tintenfischen ernährt. Maximal wird der Graubarsch etwa 4,5 Kilo schwer.

STREIFENBRASSEN

Diese Meerbrasse ist insgesamt grau gefärbt, ihr Rücken ist dunkel und entlang ihrer Seiten verlaufen gewöhnlich sechs oder sieben Längsstreifen. Maximal werden diese Fische 3,2 Kilo schwer. Die Goldbrasse (Sparus aurata) sieht recht ähnlich aus, hat jedoch über den Augen einen goldenen Streifen.

STREIFENBRASSEN
Spondyliosoma cantharus

Dunkler Fleck

GRAUBARSCH
Pagellus bogaraveo

SCUP

Dieser kleine Porgy, der etwa 1,8 Kilo schwer wird, ist silbriggrau gefärbt und seine Seiten zieren blasse, senkrechte Streifen und manchmal auch ein blauer Streifen, der am Ansatz der Rückenflosse beginnt. Die Zähne dieser Fische sind sehr scharf. Der nah verwandte Longspine Porgy (Stenotomus caprinus) lebt von North Carolina bis nach Florida sowie im Golf von Mexiko.

Die natürliche Nahrung
Der Graubarsch frißt in erster Linie andere Fische, während der Streifen- und Goldbrassen sowie die restlichen Porgyarten sich in erster Linie von Muscheln und Krebsen ernähren.

SCUP
Stenotomus chrysops

Größenvergleich

Sheepshead   Jolthead Porgy   Graubarsch   Streifenbrassen   Whitebon Porgy   Scup

Blaue Linien
über und unter
dem Auge

WHITEBONE PORGY
Calamus leucosteus

JOLTHEAD PORGY
Calamus bajonado

WHITEBONE PORGY

Insgesamt ist der Whitebone Porgy recht fleckig
und silbrigblau gefärbt. Über und unter jedem
Auge hat er kleine blaue Streifen. Maximal werden diese Fische 1,8 Kilo schwer. Wie der Jolthead
Porgy ist auch der Whitebone Porgy einer von
mehreren Fischen der Gattung Calamus, die im
Westatlantik und in der Karibik leben. Zu dieser
Gattung gehören des weiteren der Sheepshead
Porgy (C.penna), der Grass Porgy (C.arc-
tifrons) und der Saucereye Porgy (C.cala-
mus). Der Pacific Porgy (C.brachyso-
mus) lebt von Baja California bis nach
Peru und taucht gelegentlich auch vor
der Südkalifornischen Küste auf.

Blauer Streifen
unter dem Auge

SHEEPSHEAD

Diese große Porgyart ist silbrig bis gelblichweiß gefärbt, ihr Rücken ist
olivbraun und von ihm gehen fünf oder sechs dunkle leicht diagonal
verlaufende Streifen aus. Sie lebt oft in unmittelbarer Küstennähe und
zieht gerne in die brackigen Unterläufe von Flüssen. Ihr mächti-
ges Gebiß verwenden diese Fische, um Krebse und
Muscheln von Felsen und Befestigungspfeilern zu
schaben. Maximal werden sie 9 Kilo schwer. Der
Red Porgy (Pagrus pagrus) wird etwa vergleichbar groß, lebt allerdings in
deutlich tieferem Wasser von
New York bis nach
Argentinien.

JOLTHEAD PORGY

Der Jolthead Porgy stößt mit seinem wuchtigen Kopf
Muscheln von den Felsen, die er dann zwischen seinen
starken Kiefern zermalmt. Sein Körper ist metallisch-sil-
briggelb und mit einem bläulichen Schleier überzogen;
unter jedem Auge hat er einen blauen Streifen sowie einen
kleinen orangen Fleck an jedem Maulwinkel. Maximal
wird der Jolthead Porgy 3,6 Kilo schwer, sein Fleisch ist
sehr schmackhaft, allerdings kann es auch eine Ciguatera-
Vergiftung hervorrufen (siehe Seite 164).

ANGELTIPS

Techniken
Alle diese Arten werden
beim Grund- und Wrackfi-
schen gefangen.

Gerät
Sie brauchen eine Bootsrute der 12 bis 20 lbs-Klasse,
an die eine mit 0,33 bis 0,40
mm Schnur gefüllte Multi-
rolle kommt, sowie ein 2,4
m langes Vorfach mit Ein-
fachhaken oder ein Pater-
noster mit zwei Haken. Die
Hakengrößen sollten zwi-
schen 6 und 2/0 liegen.

Köder
Gewöhnlich nehmen die
Porgys nur sehr ungern
Kunstköder. Zwar lassen
sich Graubarsch und Streifenbrassen gelegentlich
auch mit grundnah
gezupften Federpaterno-
stern fangen, aber auch
diesen Fischen stellt man
am besten mit Naturkö-
dern nach. Hierzu gehören
beispielsweise Krebse,
Garnelen, Muscheln, Wür-
mer, Sandaale und Fetzen
von Makrele, Kraken, Kut-
tel- und Tintenfisch.

SHEEPSHEAD
Archosargus probatocephalus

DIE TECHNIKEN

DIE GRUNDTECHNIKEN DES ANGELNS lassen sich
leicht erlernen; um alle Subtilitäten eine
bestimmten Art der Fischerei zu beherrschen,
reicht allerdings oft ein Menschenleben nicht aus.
Das Ergebnis ist, daß sich viele erfahrene Angler
auf eine bestimmte Art der Fischerei, beispielsweise auf das Fliegenfischen oder auf bestimmte
Arten, wie etwa Karpfen oder Schwarzbarsche,
konzentrieren. Zweifellos ziehen sie aus ihrer
Spezialisierung große Freuden, allerdings
entgehen diesen Anglern die vielen schönen
Momente, die das Ausüben anderer Techniken mit
sich bringt. Die in einer bestimmten Gegend
überwiegend zum Einsatz kommenden Techniken
hängen in hohem Maße von den gesuchten
Fischarten, aber auch von der vorherrschenden
Tradition ab. Sind die meisten Sportfische etwa
Raubfische, wie es in weiten Teilen Nordamerikas
der Fall ist, wird überwiegend mit Kunstködern
gefischt. Wo allerdings die Friedfische die
Mehrzahl der Sportfische stellen, etwa in Europa,
wird viel mehr mit Naturködern gefischt. In
diesem Kapitel werden die Grundtechniken der
Süß- und Salzwasserfischerei abgehandelt, vom
Stipp- und Grundfischen zum Spinn- und
Fliegenfischen, vom Brandungs- und küstennahen
Fischen bis zum Hochseefischen. Es werden
ebenfalls Ratschläge zum Montieren des Gerätes
gegeben und es wird Ihnen gezeigt, wie Sie
Schnüre am Spulenkern befestigen, Haken und
Wirbel anbinden und Vorfächer mit Flugschnüren
verbinden.

ÜBUNG MACHT DEN MEISTER
Um vom unerfahrenen Anfänger zum geschickten, zuver-
sichtlichen und erfolgreichen Angler zu werden, ist viel
Übung und Willen erforderlich.

DAS FÜLLEN DER ROLLEN

Damit eine Rolle optimal arbeitet, muß die Spule richtig gefüllt werden. Sie darf weder zu viel, noch zu wenig gefüllt werden. Bevor Sie Ihre Rolle mit Schnur füllen, sollten Sie sich auch einige Gedanken darüber machen, wie und wo Sie die Rolle letztlich verwenden werden. So sind beispielsweise viele Stationärrollenspulen sehr tief und haben ein hohes Schnurfassungsvermögen. Bei der von Ihnen praktizierten Technik brauchen Sie vielleicht nur wenige Meter Schnur auf der Rolle. Statt Ihre Rolle mit vielen hundert Metern teurer Schnur zu füllen, wovon womöglich noch nicht einmal ein Drittel verwendet wird, können Sie die Spule zur Hälfte mit Billignylon oder gar Wolle füllen und erst danach die eigentliche "Gebrauchsschnur" aufwickeln.

STATIONÄR- UND MULTIROLLEN

Beim Füllen müssen Sie darauf achten, daß die Schnur bis auf die richtige Höhe aufgewickelt und die Spule mit dem richtigen Schnurprofil (die Form der aufgewickelten Schnur auf der Spule) versehen wird. Durch unsauberes Aufwickeln verdrallt die Schnur und verringert damit die Wurfweite. Eine Stationärrolle füllt man am besten, indem man sie in einem Angelfachgeschäft maschinell mit der richtigen Menge der gewünschten Leine bespulen läßt. Dabei sollten die Quelle der neuen Schnur und die Rollenspule direkt gegenüber liegen, damit die Schnur direkt von einer Spule auf die andere gelangt. Die Schnurklänge müssen die Schnurspule in der entgegengesetzten Richtung verlassen, wie sich der Schnurfangbügel dreht. Auch bei der Multirolle muß auf die korrekte Spulrichtung geachtet werden.

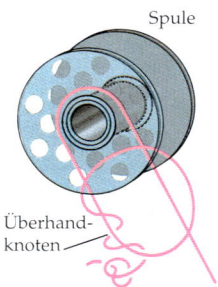

Spule

Überhandknoten

ROLLENKNOTEN
Befeuchten Sie beide Knoten vor dem Straffen, um Überhitzen und damit einem Tragkraftverlust vorzubeugen.

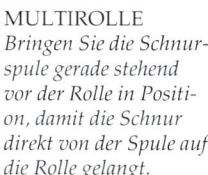

Das Füllen einer Multirolle
Generell sollte eine Multirollenspule bis etwa 2 mm an den Flansch gefüllt werden. Einige Multirollen laufen jedoch besser, wenn sie etwas weniger gefüllt werden. Die optimale Schnurfüllung einer bestimmten Rolle läßt sich leider nur durch Versuche herausfinden. Eine gleichmäßig über den Spulenkern verteilte Schnur ist zum Erreichen guter Wurfweiten unerläßlich, da hierdurch eine Unwucht im Wurf weitgehend ausgeschlossen wird. Zwar gibt es Schnurführungsmechanismen, die die Schnur gleichmäßig über den Spulenkern verteilen, allerdings wird die Schnur dabei eher über Kreuz gelegt als in enge Wicklungen.
Beim Fischen auf große Distanz kann das von Nachteil sein, da das Fassungsvermögen der Spule abnimmt.

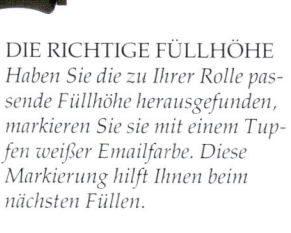

GLEICHMÄSSIGE WICKLUNGEN
Eine gleichmäßig auf dem Spulenkern verteilte Schnur gewährleistet den ruhigen Lauf der Spule. Ist das Schnurprofil konvex, konkav oder unregelmäßig, kann beim Wurf eine Unwucht entstehen.

DIE RICHTIGE FÜLLHÖHE
Haben Sie die zu Ihrer Rolle passende Füllhöhe herausgefunden, markieren Sie sie mit einem Tupfen weißer Emailfarbe. Diese Markierung hilft Ihnen beim nächsten Füllen.

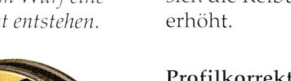

Das Füllen einer Stationärrolle
Das Schnurprofil einer korrekt gefüllten Stationärrolle läuft nach oben hin leicht keilförmig zu. Gefüllt ist die Spule, wenn ihr oberer Rand etwa 2 mm über die Schnur ragt. Hierdurch wird gewährleistet, daß die Schnur beim Wurf frei von der Spule gleiten kann und nicht in Klängen von ihr herunterfällt.

Schlechtes Schnurprofil
Durch Überfüllen der Spule erhält man ein konvexes Schnurprofil, das beim Wurf große Probleme verursacht, weil die Schnurklänge von selbst von der Spule fallen und zu schwerwiegenden Verwicklungen führen können. Durch zu wenig Schnur auf der Spule wird die Wurfweite in Mitleidenschaft gezogen, da sich die Reibung am Spulenrand erhöht.

Profilkorrektur
Ein schlechtes Schnurprofil, wie etwa ein konkaves, kann nachkorrigiert werden, indem man die Unregelmäßigkeiten durch mit der Hand ausgeführte Schnurwicklungen ausgleicht. Wurde die Spule zu einem Drittel auf diese Art und Weise gefüllt, kann der Rest der Schnur durch einfache Kurbelumdrehungen aufgewickelt werden.

STATIONÄRROLLE
Bringen Sie Rolle und Schnurspule wie abgebildet in Position, sodaß die Schnurklänge in derselben Richtung auf die Rollenspule gelangen, wie sie von der Schnurspule gezogen werden, d.h., ohne zu verdrallen.

MULTIROLLE
Bringen Sie die Schnurspule gerade stehend vor der Rolle in Position, damit die Schnur direkt von der Spule auf die Rolle gelangt.

RICHTIGES PROFIL

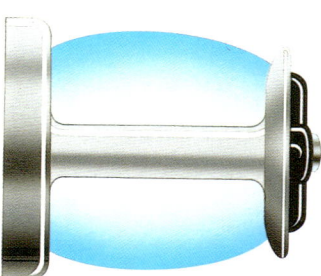

KONVEXES PROFIL

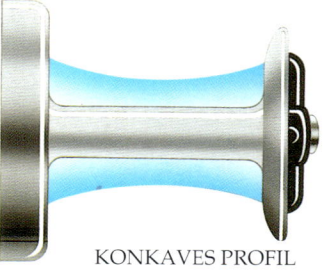

KONKAVES PROFIL

DAS FÜLLEN EINER FLIEGENROLLE

Am einfachsten läßt sich eine Fliegenrolle mit Hilfe eines Schnuraufwicklers füllen. Haben Sie keinen, können Sie auch eine zweite, vergleichbar große Fliegenrolle verwenden. Wickeln Sie die Flugschnur auf die zweite Rolle, befestigen Sie das Backing an ihr, wickeln Sie das Backing auf, bis die Spule voll ist und schneiden Sie es durch. Nehmen Sie nun die erste Rolle, befestigen Sie das lose Backing-Ende an ihrem Spulenkern und wickeln Sie das Backing und die Flugschnur auf.

1 Wenn Sie einen Schnuraufwickler verwenden, müssen Sie zunächst die Flugschnur auf die leere Rolle wickeln.

2 Als nächstes wickeln Sie so viel Backing auf, bis die Spule voll ist. Schneiden Sie das Backing durch und wickeln Sie es nun auf eine Seite des Schnuraufwicklers und die Flugschnur auf die andere.

3 Befestigen Sie das Ende vom Backing am Spulenkern, wickeln Sie es auf und verknüpfen Sie es mit der Flugschnur. Wickeln Sie nun die Flugschnur über das Backing.

4 Füllen Sie die Rolle nicht allzu sehr: beim Fischen wird die Schnur nicht so sauber aufgewickelt, wie das zuhause oder im Laden beim Schnurfüllen geschieht.

DIE VERBINDUNG ZWISCHEN BACKING UND FLUGSCHNUR

Backing besteht meistens aus geflochtenem Dacron, geflochtenem monofilem Nylon oder aus monofilem Nylon (mit rundem und flachem Querschnitt). Backing aus geflochtenem Nylon mit der Flugschnur zu verbinden ist recht einfach, da es hohl ist und die Flugschnur hineingeschoben werden kann, wo es von einem Arretierungsröhrchen in Position gehalten wird. Backing aus monofilem Nylon sollte über einen Knoten mit der Flugschnur verbunden werden, beispielsweise mit dem hier abgebildeten Nadelknoten. Nylonschnur mit abgeflachtem Durchmesser muß zuvor ein wenig zugespitzt werden, damit sie durch das Nadelöhr paßt.

Geflochtene, monofile Nylonschnur/Flugschnur

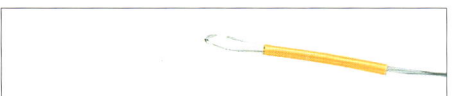

1 Mit einer Schlaufe aus monofilem Nylon wird die geflochtene Schnur durch ein etwa 12 mm langes Arretierungsröhrchen gezogen.

2 Öffnen Sie die hohle Mitte der geflochtenen Schnur mit Hilfe einer Nadel. Ausfransen verhindert man durch Ansengen der Schnur.

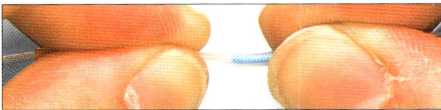

3 Schieben Sie das Ende der Flugschnur in die hohle Flechtschnur, wobei die Flugschnur Stück für Stück geschoben wird.

4 Sind etwa 5 cm Flugschnur in der Flechtschnur, wird das Röhrchen über die Flugschnur geschoben und verklebt.

Monofiles Nylon/Flugschnur

1 Stecken Sie eine Nadel in das Ende der Flugschnur und lassen Sie sie etwa 6 mm weiter vorne hervortreten. Erhitzen Sie die Nadel, bis sich die Flugschnur ein wenig krümmt.

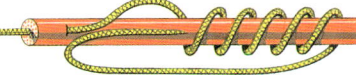

2 Entfernen Sie die Nadel. Fädeln Sie die Nylonschnur durch das Loch und umwickeln Sie die Flugschnur fünf- oder sechsmal. Halten Sie das Ende an der Flugschnur.

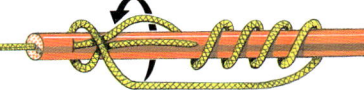

3 Lösen Sie die Wicklungen, indem Sie lange Schlaufen in die abgebildete Richtung legen, wodurch neue, straffe Wicklungen entstehen, die das lose Ende arretieren.

4 Halten Sie den Knoten unter Spannung. Straffen Sie ihn gefühlvoll, indem Sie abwechselnd an A und B ziehen.

DIE VERBINDUNG ZWISCHEN VORFACH UND FLUGSCHNUR

An einigen Flugschnüren befinden sich geflochtene Schlaufen an den Enden, in welche die Vorfächer über eine einfache Schlaufenverbindung schnell und problemlos eingehängt werden. Im Handel sind auch gebrauchsfertige Schlaufen erhältlich.

Das Herstellen einer Flechtschnurschlaufe

1 Schieben Sie eine Nadel mit großer Öse in die Flechtschnur. Fädeln Sie sie durch die Öse.

2 Ziehen Sie die Nadel durch das Flechtwerk, bis das lose Ende sichtbar wird. Ein Streichholz verhindert ein Zuziehen der Schlaufe.

3 Bestimmen Sie die Größe der Schlaufe und stutzen das überstehende Ende. Ziehen Sie es anschließend in die Flechtschnur.

4 Sichern Sie die Schlaufe mit einigen Tropfen Sekundenkleber, beispielsweise mit Permabond 102 oder Loctite.

UNIVERSALKNOTEN

Alle Angler sollten das Binden von zuverlässigen Knoten lernen. Wichtig ist das, weil beim Angeln immer mindestens zwei Knoten zum Einsatz kommen (der eine verbindet die Schnur mit der Rolle oder mit der Stipprute, der andere die Schnur mit dem Haken oder dem Kunstköder) und weil jeder Knoten eine potentielle Schwachstelle ist. Bevor ein Knoten straffgezogen wird, sollte er, um die Reibung zu reduzieren, befeuchtet werden. Beim Anbinden von Haken, Kunstködern und Fliegen muß man stets darauf achten, sich nicht in die Finger zu stechen. Stutzen Sie alle Knoten-Enden gut zurück, damit sie sich nicht unnötig in Hindernissen, wie etwa in den Rutenringen, verfangen.

KNOTEN, UM SCHNUR MIT GERÄT ZU VERBINDEN

Bloodknoten

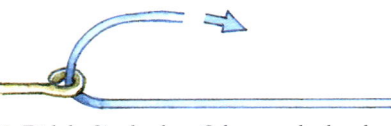

1 Fädeln Sie das lose Schnurende durch die Hakenöse.

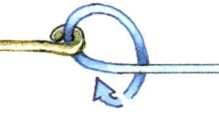

2 Führen Sie das lose Ende unter der Schnur durch.

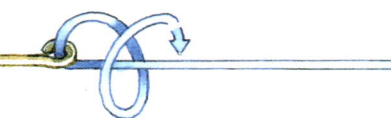

3 Führen Sie das lose Ende über die Schnur, damit eine Schlaufe entsteht.

4 Fahren Sie damit fort, bis vier Wicklungen entstanden sind.

5 Führen Sie das lose Ende wieder nach hinten und führen Sie es zwischen Öse und erster Schlaufe durch die Wicklung.

6 Straffen und stutzen.

Plättchenhakenknoten

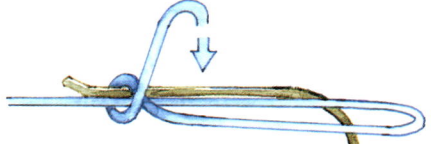

1 Nehmen Sie das Ende der Schnur doppelt und legen Sie es entlang vom Hakenschenkel. Wickeln Sie das lose Ende um Schnur und Haken.

2 Nach sechs Wicklungen führen Sie das lose Ende durch die Doppelschnurschlaufe.

3 Straffen Sie den Knoten vorsichtig und stutzen Sie das Ende.

Uniknoten

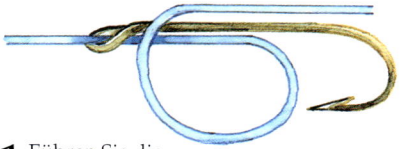

1 Führen Sie die Schnur durch die Hakenöse und bilden Sie entlang vom Hakenschenkel eine große Schlaufe.

2 Wickeln Sie das lose Schnurende mehrmals um den Hakenschenkel und führen Sie es dabei durch die Schlaufe. Legen Sie dann das Ende durch die Schlaufe und straffen Sie. Stutzen.

Spulenkernknoten

Dieser einfache Knoten ist die effektivste Art und Weise, die Schnur mit dem Spulenkern zu verbinden.

Palomarknoten

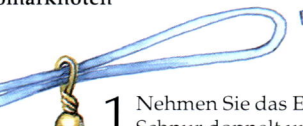

1 Nehmen Sie das Ende der Schnur doppelt und führen sie die so entstandene Schlaufe durch die Öse.

2 Binden Sie in die gedoppelte Schnur einen einfachen Überhandknoten.

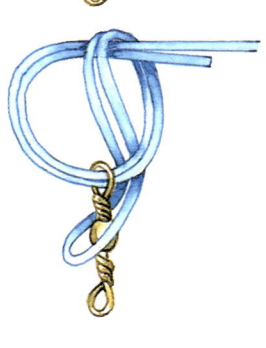

3 Legen Sie die freistehende Schlaufe um den Haken oder den Wirbel.

4 Straffen Sie den Knoten und stutzen Sie das überstehende Ende.

KNOTEN ZUR SCHLAUFENBILDUNG

Doppelter Überhandknoten

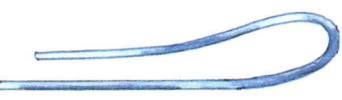

1 Nehmen Sie das Ende der Schnur doppelt.

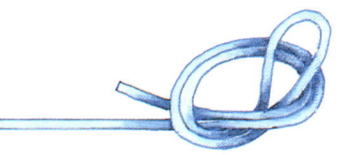

2 Binden Sie mit der gedoppelten Schnur einen Überhandknoten.

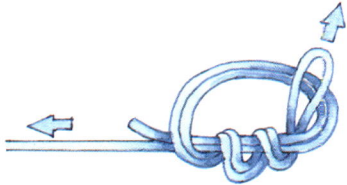

3 Führen Sie die gedoppelte Schnur nochmals durch die Schlaufe.

4 Straffen Sie den Knoten und stutzen Sie das überstehende Ende.

Buchtknoten

1 Nehmen Sie das Ende der Schnur doppelt.

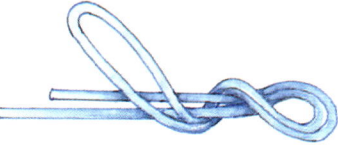

2 Legen Sie das gedoppelte Ende einmal um die Schnur.

3 Führen Sie das Schlaufenende durch die Wicklung.

4 Straffen Sie den Knoten und stutzen Sie das überstehende Ende.

KNOTEN, UM SCHNÜRE MITEINANDER ZU VERBINDEN

Wasserknoten

1 Legen Sie die Enden der Schnüre nebeneinander, wobei sie etwa 15 cm überlappen sollten.

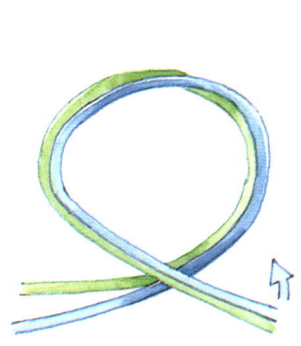 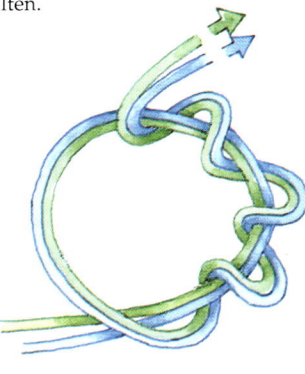

2 Halten Sie beide Schnüre aneinander und formen Sie eine weite Schlaufe.

3 Halten Sie die beiden Schnüre aneinander und führen Sie die Enden viermal durch die weite Schlaufe.

4 Straffen Sie die Schlaufe zu einem Knoten und stutzen Sie die Enden.

Doppelter Bloodknoten

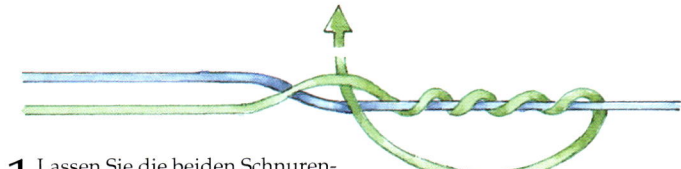

1 Lassen Sie die beiden Schnurenden überlappen. Nehmen Sie eines und legen Sie es viermal um die andere Schnur. Legen Sie es dann wieder nach hinten und führen Sie es nun zwischen den beiden Schnüren hindurch.

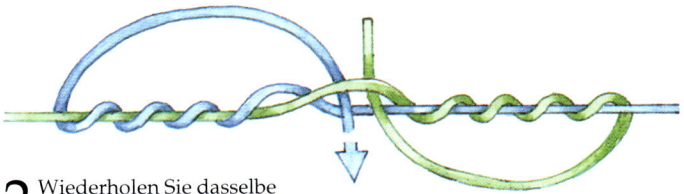

2 Wiederholen Sie dasselbe mit dem anderen Schnurende und achten Sie darauf, daß die zuvor durchgeführten Wicklungen nicht durcheinandergeraten.

3 Befeuchten Sie den Knoten, straffen Sie ihn und stutzen Sie die überstehenden Enden.

DRILL UND LANDUNG

Einen gehakten Fisch erfolgreich zu drillen erfordert Gerätekenntnis und eine gute Feinabstimmung. Bevor Sie zu Fischen beginnen, müssen Sie ihre Rollenbremse so einstellen, daß sie, sobald die Rute "Drillstellung" einnimmt, unter Widerstand Schnur freigibt. Im Laufe des Tages sollte diese Einstellung mehrmals nachgeprüft werden, da sie sich beim Fischen und durch Temperaturschwankungen von selbst verstellen kann. Die hier vorgestellten Techniken gelten ohne Einschränkung auch für das Boot- und für das Küstenfischen, zum Fliegenfischen ist allerdings eine andere Art der Schnurführung erforderlich. Wird an der Fliegenrute gedrillt, wird die Schnur entweder mit der Hand freigegeben und eingeholt, wobei sie in losen Klängen auf den Boden fällt, oder es wird direkt von der Rolle mit Hilfe der Rollenbremse oder mit Daumendruck auf den Spulenrand gedrillt.

BREMSHILFEN
Bei einer Stationärrolle kann man die Spule bei eingeschalteter Rücklaufsperre zusätzlich mit dem Finger bremsen; an einigen Rollen kann man durch Fingerdruck bremsen und so ohne Rücklaufsperre rückwärtskurbelnd Schnur freigeben. An einer Multirolle wird die Spule durch Daumendruck unter Kontrolle gehalten.

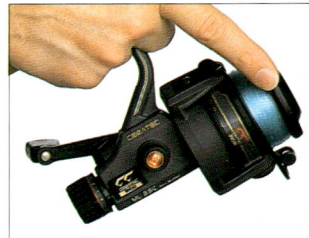

Rückwärtskurbeln

Fingerbremse mit eingeschalteter Rücklaufsperre

Daumendruck

DER DRILL

Flüchtet ein Fisch, müssen Sie auf ihn hohen Gegendruck ausüben, indem Sie die Rute möglichst im 90-Grad-Winkel zur Schnur halten und die Bremskraft der Rolle nutzen. Weist die Rute nach oben, kann sie alle Schläge des Fisches abfangen. Halten Sie im Drill die Rute nie in Richtung Schnur, ein Schnurbruch wäre die fast sichere Folge. Lassen Sie den Fisch im Drill wenn möglich flüchten, schließlich wird er hierdurch müde.

Halten Sie die Rute möglichst nach oben gerichtet, da nur so maximaler Druck auf den Fisch ausgeübt wird.

Erhöhen Sie den Druck, indem Sie die Spule zusätzlich mit dem Finger bremsen.

DEN FISCH ERMÜDEN
Wenn Sie den Fisch bis zur völligen Erschöpfung drillen, sinkt die Gefahr, ihn bei der Landung zu verlieren.

Seitlichen Zug ausüben
Um einen Fisch von Hindernissen fernzuhalten, kann es notwendig sein, die Rute niedrig zu halten (aber nicht in Richtung Fisch!), um auf den Fisch seitlichen Zug auszuüben. Hierzu wird die Rute unter Spannung zur Seite geführt. Der Fisch verliert das Gleichgewicht und muß sich in Zugrichtung drehen. Wiederholen Sie diesen Vorgang, bis Sie ihn unter Kontrolle haben.

WIEDERHOLT SEITLICH ZIEHEN *(links)*
Seitlicher Druck muß mehrmals ausgeübt werden, weil ein größerer Fisch mehrere Fluchten macht.

Halten Sie die Rute seitlich, um den Fisch zur Richtungsänderung zu veranlassen.

Bremsen Sie die Spule zusätzlich mit dem Finger.

Der Fisch kommt aus dem Gleichgewicht und dreht vor Hindernissen ab.

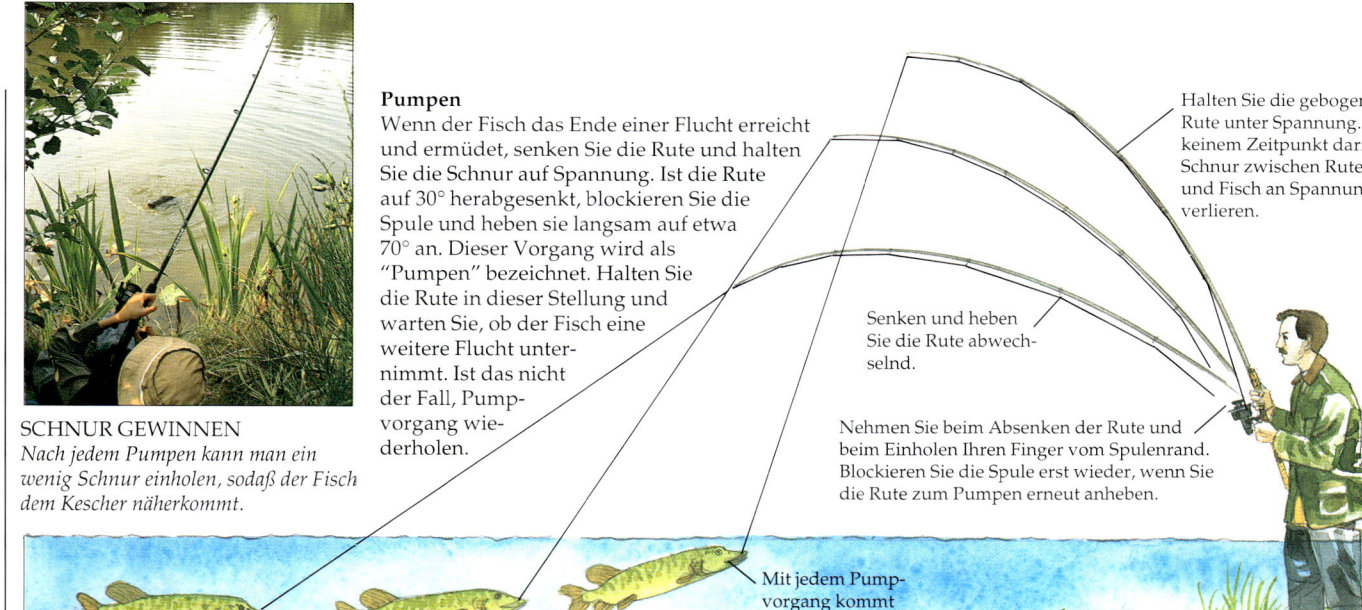

Pumpen
Wenn der Fisch das Ende einer Flucht erreicht und ermüdet, senken Sie die Rute und halten Sie die Schnur auf Spannung. Ist die Rute auf 30° herabgesenkt, blockieren Sie die Spule und heben sie langsam auf etwa 70° an. Dieser Vorgang wird als "Pumpen" bezeichnet. Halten Sie die Rute in dieser Stellung und warten Sie, ob der Fisch eine weitere Flucht unternimmt. Ist das nicht der Fall, Pumpvorgang wiederholen.

SCHNUR GEWINNEN
Nach jedem Pumpen kann man ein wenig Schnur einholen, sodaß der Fisch dem Kescher näherkommt.

Halten Sie die gebogene Rute unter Spannung. Zu keinem Zeitpunkt darf die Schnur zwischen Rute und Fisch an Spannung verlieren.

Senken und heben Sie die Rute abwechselnd.

Nehmen Sie beim Absenken der Rute und beim Einholen Ihren Finger vom Spulenrand. Blockieren Sie die Spule erst wieder, wenn Sie die Rute zum Pumpen erneut anheben.

Mit jedem Pumpvorgang kommt der Fisch näher.

Das Landen

Stranden, Keschern, Gaffen und Schwanzwurzelgriff sind verschiedene Methoden, um einen Fisch zu landen, allerdings sind sie nicht alle gleichermaßen geeignet. Mit dem Schwanzwurzelgriff lassen sich Atlantiklachse hervorragend landen, bei Meerforellen endet dieser Griff in einer Katastrophe. Beim Stranden wird der Schleim von den Schuppen gerieben, sodaß beim Fisch die Infektionsgefahr steigt und sich diese Landemethode nicht für Fische eignet, die zurückgesetzt werden sollen. Das Gaffen ist vielerorts verboten, weil ein fehlgeschlagener Gaffversuch zum Verlust des Fisches führen kann, der dann schwer verletzt verludert.

Der Lippengriff
Ein ausgedrillter Fisch kann zum Hakenlösen aus dem Wasser gehoben werden oder beim Hakenlösen an seinem Unterkiefer, zwischen Daumen und Zeigefinger, im Wasser gehalten werden. Ungeeignet ist dieser Griff für Fische mit scharfen Zähnen, wie beispielsweise den Hecht. Diese Fische lassen sich, am besten mit einem Handschuh geschützt, an den Kiemendeckeln greifen und so aus dem Wasser heben.

DER LIPPENGRIFF
Fassen Sie den Unterkiefer gefühlvoll zwischen Daumen und Zeigefinger.

DAS KESCHERN VOM UFER AUS
Halten Sie das Netz tief im Wasser, sodaß der Fisch nicht gegen seinen Rahmen gezogen wird. Ist der Fisch schwer, sollte der Kescherstiel beim Herausheben senkrecht gestellt werden; wird er am Griff angehoben, kann sich der Rahmen oder der Stiel verbiegen.

Führen Sie die Rute nicht zu weit nach hinten, da ihre Schnur ansonsten an Spannung verliert.

Blockieren Sie die Spule beim Anheben der Rute mit dem Finger; lockern Sie den Fingerdruck, sobald der Fisch Anzeichen zu einer neuen Flucht macht.

KESCHERN
Vermeiden Sie möglichst, einen noch munteren Fisch zu keschern. Erst wenn er ausgedrillt ist, sollte er gefühlvoll mit der Rute über den Rahmen des unter Wasser befindlichen Keschers gezogen werden.

Der Kescher versetzt den Fisch in Panik.

FALSCH

Ein ausgedrillter Fisch liegt auf der Seite, er "zeigt weiß".

RICHTIG

Der Kescherrahmen ist unter Wasser.

Ziehen Sie den gut ausgedrillten Fisch zum Kescher.

GRUNDZÜGE DES WERFENS

Im Laufe der Jahre hat der technische Fortschritt uns Anglern immer ausgereiftere Stationär- und Multirollen zur Verfügung gestellt, die jedem das Werfen erleichtert haben. Nichtsdestotrotz erzielen Sie erst dann Bestleistungen mit Ihrer Rolle, wenn Sie sich eine richtige Wurftechnik angewöhnt haben, wozu einiges an Übung erforderlich ist. Geschick ist dabei wichtiger als Kraft und wenn Sie erst einmal über das notwendige Geschick verfügen, befördern Sie Ihre Köder mit gleichbleibender Präzision ins Ziel. Hier

wurde das Werfen eines Kunstköders mit Hilfe einer Stationärrolle abgebildet; dieselbe Wurftechnik trifft aber auch für das Werfen von Posen- und Grundmontagen zu. Auch mit Multi- und Kapselrollen findet der Wurf auf diese Art und Weise statt, lediglich im Umgang mit der Rolle selbst gibt es einige Unterschiede. Beim Fliegen- und beim Brandungsfischen sehen die Wurftechniken anders aus, auf den Seiten 232-235 und 250-251 befinden sich hierzu nähere Einzelheiten.

DIE ROLLE BEIM WURF

STATIONÄRROLLE

Öffnen Sie zunächst den Schnurfangbügel. Hängen Sie dann die Schnur auf die Mitte der Kuppe des Zeigefingers Ihrer Rutenhand, damit das Gewicht der Endmontage sie nicht von der Spule zieht. Zusätzlichen Halt gewinnt man, wenn man die Schnur mit dem Finger an die Rute klemmt.

MULTIROLLE/BAITCASTER

Beim Wurf wird der Daumen fest gegen die Schnurspule gedrückt und dann die Rolle auf Freilauf geschaltet. Bei den meisten Baitcasterrollen wird die Rolle durch den Daumendruck auf die Spule automatisch auf Freilauf geschaltet.

KAPSELROLLE

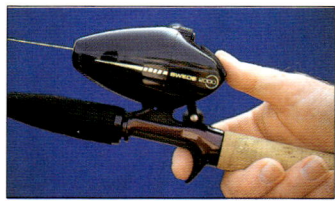

Bei diesen Rollen läuft die Schnur durch eine Öffnung am Vorderrand der Kapsel. Die Aufgabe des Schnurfangbügels übernimmt ein Stahlstift, der sich durch Druck auf den Knopf zurückzieht.

DER ÜBERKOPFWURF

A) Öffnen Sie den Schnurfangbügel und legen Sie die Schnur so über den Zeigefinger, daß der Kunstköder etwa 30 bis 45 cm unter der Rutenspitze baumelt. Halten Sie die Rute auf 2.00 Uhr und gerade zur anvisierten Stelle (A).

B) Heben Sie die Rute zügig in Richtung 12.00 Uhr, indem Sie Ihren Vorderarm anheben und das Handgelenk nach hinten legen (B). Beim Anheben biegt sich die Rutenspitze aufgrund ihrer eigenen Trägheit und des Köders ein wenig nach unten.

C) Stoppen Sie die Rute in der 12.00 Uhr Stellung (C). Die Rutenspitze ist kurzfristig gestreckt, biegt sich aber schon bald wieder nach hinten, weil sie von dem schwingenden Köder nach hinten gezogen wird. In der Rutenspitze fühlen Sie deutlich, wann der Kunstköder seine Fahrt nach hinten beendet.

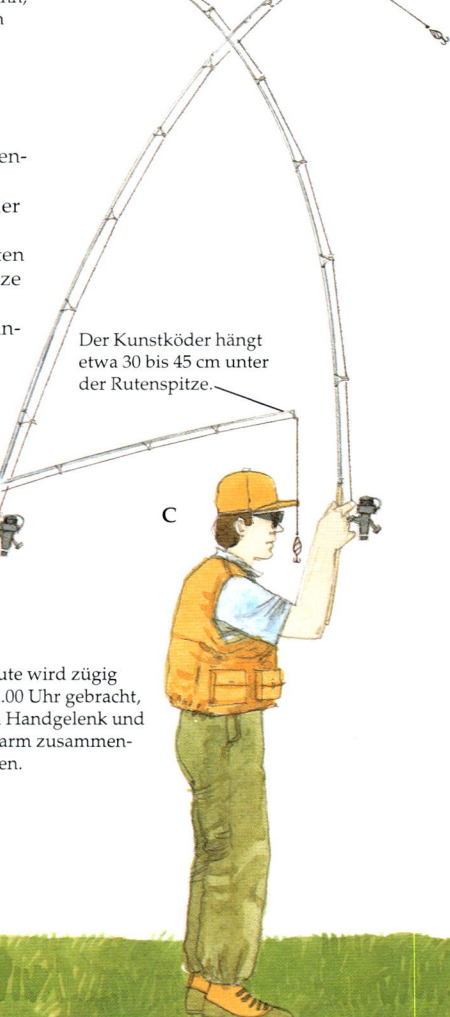

Die Rutenspitze krümmt sich aufgrund ihrer eigenen Trägheit und des Gewichtes des Kunstköders.

Die Rute wird bei 12.00 Uhr gestoppt und dann, ohne zu zögern, nach vorne beschleunigt.

Der Kunstköder hängt etwa 30 bis 45 cm unter der Rutenspitze.

A

Halten Sie die Rute auf etwa 2.00 Uhr und in Richtung ihres Zieles.

Der Schnurfangbügel der Rolle ist offen, die Schnur wird zwischen den ersten beiden Gliedern oder auf der Kuppe des Zeigefingers gehalten.

B

Die Rute wird zügig auf 12.00 Uhr gebracht, wobei Handgelenk und Unterarm zusammenarbeiten.

C

DIE FLUGBAHN DES KUNSTKÖDERS

Suchen Sie sich beim Spinnfischen immer einen Zielpunkt, den Ihr Köder erreichen soll. Nachdem Sie die Schnur freigegeben haben, müssen Sie die Flugbahn des Kunstköders mit der Rutenspitze begleiten, damit die Schnur möglichst reibungslos durch die Ringe läuft. Die Flugbahn des Kunstköders sollte wie ein großzügiger Bogen aussehen.

HÄUFIGE WURFFEHLER

Der Köder fliegt zu weit:
• der Wurf war zu kraftvoll
• die Schnur wurde nicht zusätzlich mit dem Finger am Spulenrand gebremst.

Der Köder fliegt nicht weit genug:
• der Köder ist zu leicht.
• die Schnur wurde beim Wurf zu früh freigegeben.
• nach dem Freigeben der Schnur wurde die Rute zu hoch gehalten.

Der Köder prallt zu hart auf:
• beim Wurf wurde die Schnur zu spät freigegeben, die Rute war bereits zu niedrig und der Köder konnte nicht bogenförmig durch die Luft fliegen.

Der Wurf ist ungenau:
• der Köder hat die geplante Wurfrichtung nicht eingehalten, weil die Rute beim Vorwärtsbeschleunigen seitlich bewegt wurde.

SCHNURKONTROLLE

STATIONÄRROLLE

Damit der Köder nicht über das Ziel hinausschießt und sanft landet, kann man die Schnur am Spulenrand mit dem Zeigefinger gefühlvoll abbremsen.

MULTIROLLE/BAITCASTER

Bei Baitcaster und Multirolle bremst der Daumen die rotierende Spule durch Druck (achten Sie auf die Verbrennungsgefahr durch die Reibung). Heute ist ein Überdrehen der Rollen selten geworden, weil moderne Rollen fast immer mit Magnetbremsen ausgestattet sind.

KAPSELROLLEN

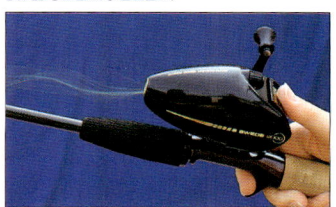

Die Schnurkontrolle ist bei diesen Rollen ein wenig kniffelig, da die Spule geschützt ist und auf den Spulenrand deshalb kein Druck ausgeübt werden kann. Bremsen können Sie die Schnur zwischen Zeigefinger und Daumen.

DAS ZIFFERBLATT EINER UHR

Das Zifferblatt einer Uhr hilft dabei, die Rutenbewegungen beim Wurf zu beschreiben. Gleichzeitig prägen sich so die verschiedenen Rutenstellungen der einzelnen Wurfphasen gut ein.

Die Rute befindet sich unter maximaler Spannung.

D) Wenn Sie diesen Zug in der Rutenspitze wahrnehmen, ist letztere unter maximaler Spannung **(D)**. Beschleunigen Sie die Rute augenblicklich nach vorne. Diese Beschleunigung, in Verbindung mit der vom Rutenblank freiwerdenden Energie, schleudert den Kunstköder kraftvoll nach vorne.

E) Stoppen Sie die Vorwärtsbewegung der Rute bei etwa 2.00 Uhr und lassen Sie gleichzeitig die Schnur vom Zeigefinger rutschen **(E)**. Der beschleunigte Kunstköder fliegt bogenförmig nach vorne und zieht dabei Schnur von der offenen Rolle.

F) Verliert der Kunstköder an Flughöhe, dann begleiten Sie sein Sinken mit der Rutenspitze **(F)**. Beim Aufprall stoppen Sie am Spulenrand mit Hilfe Ihres Zeigefingers die Schnur und schließen den Schnurfangbügel mit einer Kurbelumdrehung, um die Schnur zwischen Kunstköder und Rute zu straffen.

Halten Sie die Rute etwa bei 2.00 Uhr an.

Beim Aufprall des Kunstköders auf das Wasser wird die Rute gesenkt.

Während der Vorwärtsbeschleunigung wird die Schnur vom Zeigefinger gehalten.

Der Zeigefinger gibt beim Stoppen der Rutenbeschleunigung gleichzeitig die Schnur frei.

Schließen Sie den Schnurfangbügel durch eine Kurbelumdrehung.

Mit dem Zeigefinger kann die Schnur auch gebremst werden.

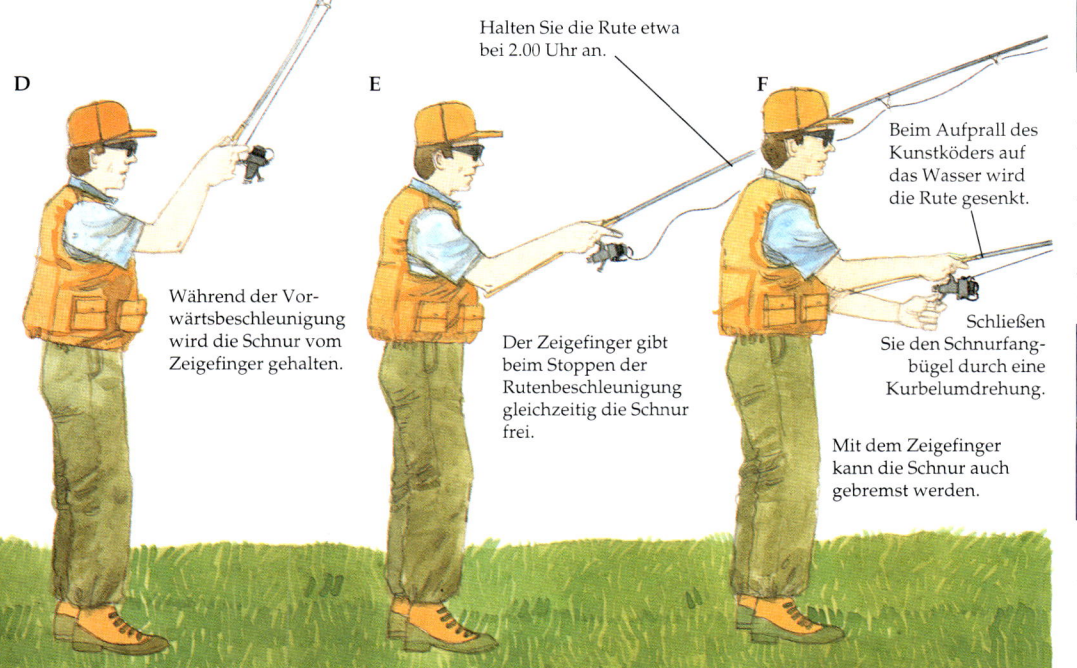

SPINNFISCHEN - SPINNER

Der recht unkomplizierte Umgang mit Spinngerät hat dazu beigetragen, daß aus dem Spinnfischen eine der weltweit beliebtesten Angeltechniken geworden ist. Ist Ihre Spule ordentlich gefüllt worden, lassen sich problemlos weite Würfe ausführen und oft läßt sich der Kunstköder schon durch einfaches Drehen der Rollenkurbel attraktiv führen. Natürlich wird auch hier der erfahrene Angler dem Neuling gegenüber viele Vorteile haben, aber auch für die Anfänger ist das Spinnfischen eine dankbare Angelegenheit. Unter einem Spinner sind Kunstköder zu verstehen, wo ein Teil beim Einholen zu rotieren beginnt. Gewöhnlich handelt es sich hierbei um ein Spinnerblatt, das vom Spinnerkörper losgelöst ist (Spinner, Spinnerbaits und Buzzbaits). Manchmal rotiert allerdings auch der ganze Spinner, wie es beispielsweise bei den Devonspinnern und ähnlichen Kunstködern der Fall ist. Spinner reizen die Fische durch ihre Optik und durch die von ihnen ausgehenden Schwingungen, die über das Seitenlinienorgan der Fische geortet werden; korrekt gefischt können sie jeden Raubfisch zum Biß verleiten.

SCHNURDRALL

Ein kleines Plastikplättchen oder ein Gewicht zwischen Hauptschnur und Vorfach hilft, den Schnurdrall zu verringern. Die Anti-Drall Bleie sollten unmittelbar oberhalb vom Wirbel montiert werden, allerdings nur dann, wenn sie in keiner Weise die Aktion des Kunstköders beeinträchtigen.

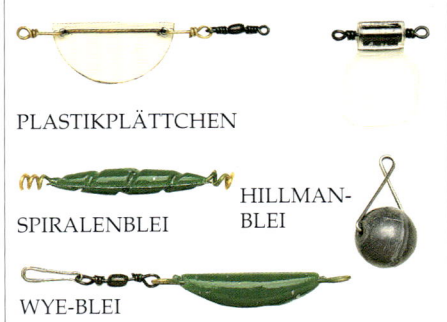

PLASTIKPLÄTTCHEN

SPIRALENBLEI

HILLMAN-BLEI

WYE-BLEI

STANDARDSPINNER

Am gängigsten sind die Spinner, deren Spinnerblatt über ein Zwischenstück mit dem restlichen Spinner verbunden ist (Clevis-Spinner). Bei anderen Modellen läuft die Längsachse durch das Spinnerblatt (Sonic-Spinner). In stillstehenden Gewässern müssen die Spinner eingeholt werden, damit sie zu arbeiten beginnen, im Fließwasser übernimmt die Strömung diese Aufgabe. In schnellem Wasser sollten Sie eher stromauf oder querüber fischen, weil Ihr Spinner ansonsten viel zu seicht läuft. In trägem Wasser wird dagegen viel stromab gefischt, weil der Spinner ansonsten zu schnell sinkt.

CLEVIS-SPINNER

SONIC-SPINNER

Blattformen und Aktionen
Form und Dicke eines Spinnerblattes beeinflussen die Aktion des Kunstköders. Der große Wasserwiderstand eines breiten Blattes macht dieses zu einer Ideallösung an trägen und stillstehenden Gewässern, in schnellem Wasser steigt es jedoch zu schnell an die Oberfläche. Ein dünnes Blatt hat weniger Wasserwiderstand und kann auch in schnellem Wasser noch gefischt werden, ohne daß es dabei über die Oberfläche schlittert.

Die verschiedenen Blattformen
1 Indiana; 2 französisches Blatt;
3 Colorado; 4 geriffeltes Blatt;
5 durchbohrtes Blatt; 6 Weidenblatt;
7 gewelltes Blatt; 8 June Bug

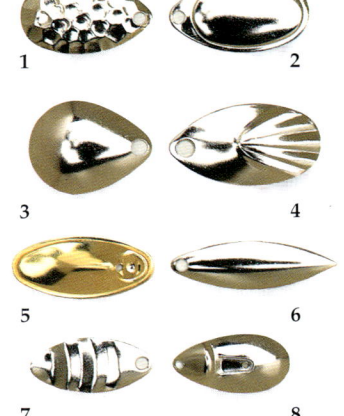

SPINNFISCHEN STROMAUF

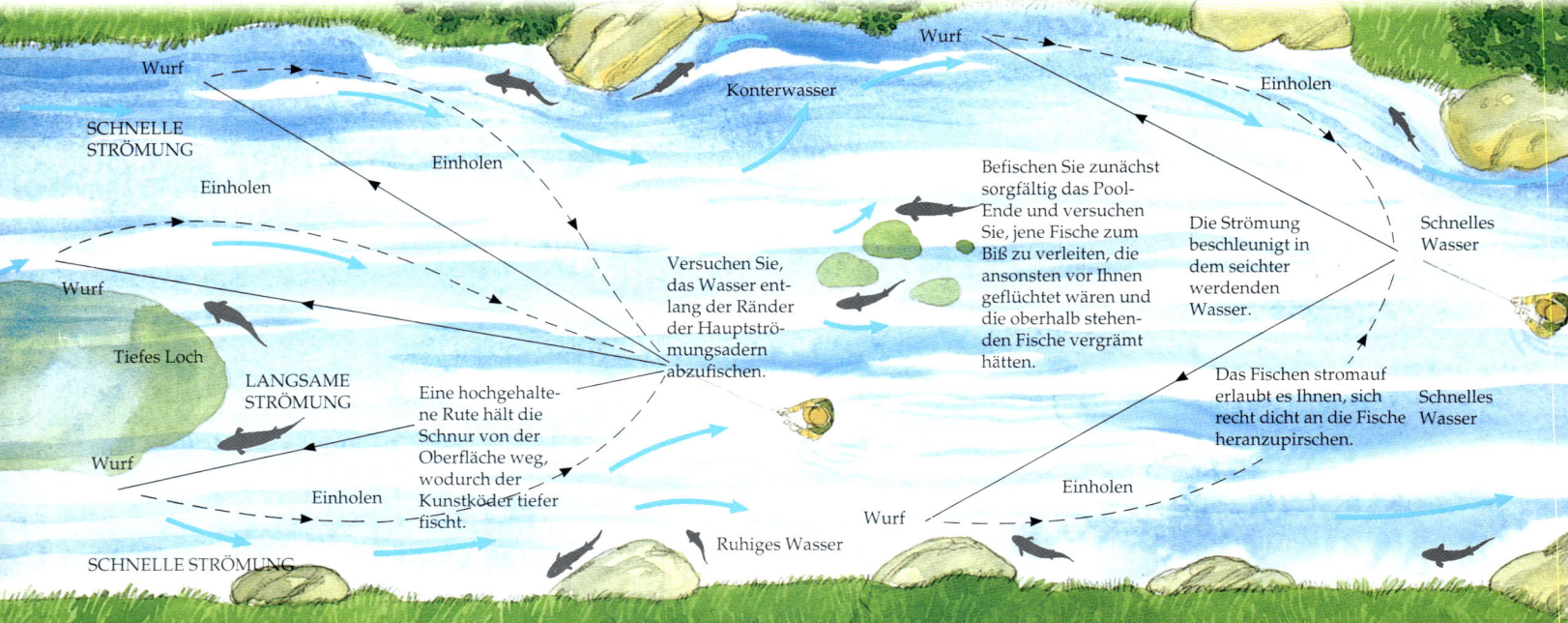

Wurf

Konterwasser

Wurf

Einholen

SCHNELLE STRÖMUNG

Einholen

Einholen

Befischen Sie zunächst sorgfältig das Pool-Ende und versuchen Sie, jene Fische zum Biß zu verleiten, die ansonsten vor Ihnen geflüchtet wären und die oberhalb stehenden Fische vergrämt hätten.

Die Strömung beschleunigt in dem seichter werdenden Wasser.

Schnelles Wasser

Wurf

Tiefes Loch

LANGSAME STRÖMUNG

Versuchen Sie, das Wasser entlang der Ränder der Hauptströmungsadern abzufischen.

Eine hochgehaltene Rute hält die Schnur von der Oberfläche weg, wodurch der Kunstköder tiefer fischt.

Das Fischen stromauf erlaubt es Ihnen, sich recht dicht an die Fische heranzupirschen.

Schnelles Wasser

Wurf

Einholen

Einholen

Wurf

Ruhiges Wasser

SCHNELLE STRÖMUNG

Schwimmfähige Spinner

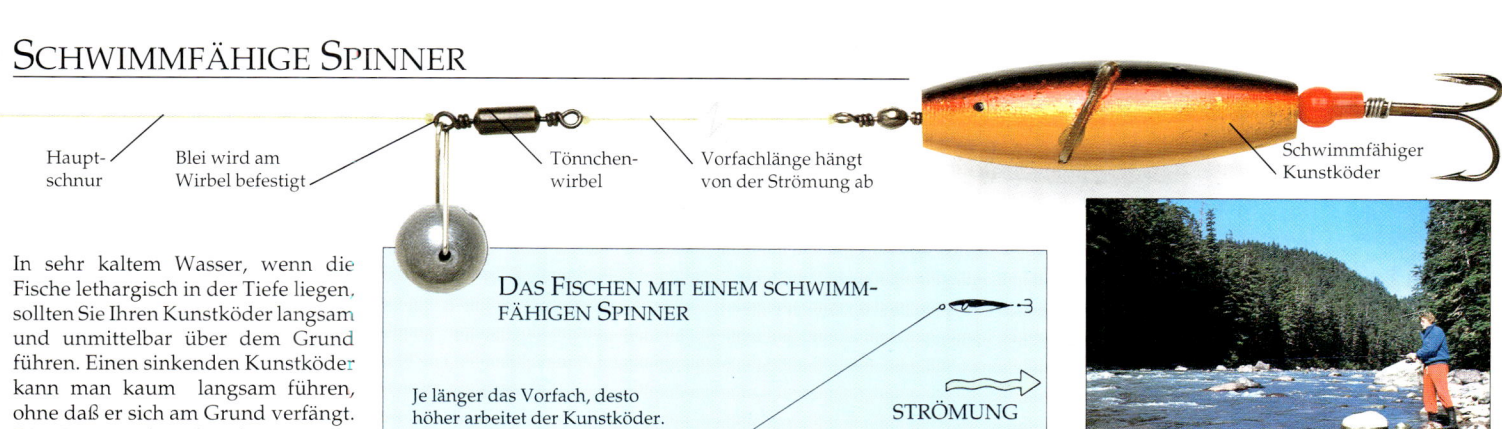

Haupt-schnur

Blei wird am Wirbel befestigt

Tönnchen-wirbel

Vorfachlänge hängt von der Strömung ab

Schwimmfähiger Kunstköder

In sehr kaltem Wasser, wenn die Fische lethargisch in der Tiefe liegen, sollten Sie Ihren Kunstköder langsam und unmittelbar über dem Grund führen. Einen sinkenden Kunstköder kann man kaum langsam führen, ohne daß er sich am Grund verfängt. Die Lösung besteht darin, einen schwimmfähigen Kunstköder zu verwenden, der durch ein entsprechendes Blei auf Tiefe gebracht wird. Paßt man jetzt noch die Vorfachlänge der vorherrschenden Strömung an, kann man den Kunstköder in Augenhöhe der Fische führen.

DAS FISCHEN MIT EINEM SCHWIMM-FÄHIGEN SPINNER

Je länger das Vorfach, desto höher arbeitet der Kunstköder.

STRÖMUNG

Auf hängerträchtigem Untergrund bleibt ein "Tiroler Hölzl" weniger oft hängen.

DAS SPINNFISCHEN IN KALTEM WASSER
In kaltem Wasser ist es wichtig, den Kunstköder langsam zu führen. Ein schwimmender Kunstköder fischt fast ohne Hänger.

Spinnerbaits & Buzzbaits

Der offensichtlichste Unterschied zwischen einem Spinnerbait und einem Buzzbait liegt im Spinnerblatt. Spinnerbaits sind mit einem lose flatternden Blatt versehen - beispielsweise mit einem breiten, tropfenförmigen Colorado- oder Indianablatt oder einem schmalen, langgezogenen Weidenblatt - wogegen ein Buzzbait ein oder zwei propellerartige Spinnblätter auf seiner Achse hat. Der Buzzbait wurde ausschließlich zum Oberflächenfischen entworfen, durch die er sich mit seinem rotierenden Blatt recht lautstark arbeitet. Hierdurch wird er in stark verkrauteten und in trüben Gewässern zu einem ausgezeichneten Köder; variieren Sie die Einholgeschwindigkeiten, bis sich der Erfolg einstellt. Ein Buzzbait mit zwei Spinnblättern verursacht sogar noch mehr Turbulenzen an der Oberfläche und ist besonders zum langsamen Einholen geeignet. Spinnerbaits sind vielseitiger, sie lassen sich mit verschiedenen Geschwindigkeiten einholen, tief und seicht fischen und sogar wie ein Jig senkrecht zupfen. Den Haken eines Indiana- oder Weidenblattspinners zusätzlich mit Würmern, Elritzen oder Schweineschwarte zu versehen, kann deren Fängigkeit noch steigern.

SOMMERLICHES SPINNFISCHEN
In heißem, sonnigem Sommerwetter suchen die Fische die Deckung von Krautbänken auf. Buzzbaits sind hervorragend dazu geeignet, sie aus dieser Art der Deckung zu locken.

Spinnfischen Stromab

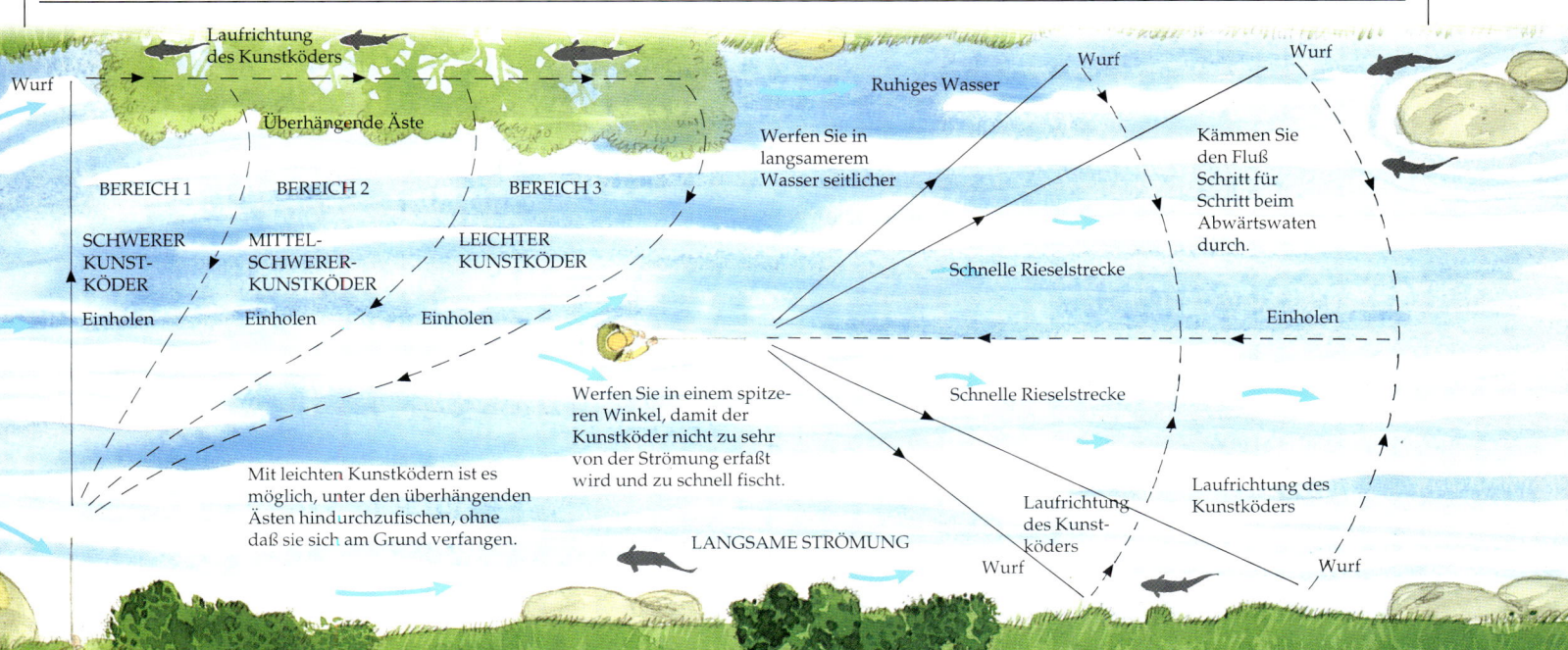

Laufrichtung des Kunstköders

Wurf

Überhängende Äste

Ruhiges Wasser

Wurf

Wurf

BEREICH 1

BEREICH 2

BEREICH 3

Werfen Sie in langsamerem Wasser seitlicher

Kämmen Sie den Fluß Schritt für Schritt beim Abwärtswaten durch.

SCHWERER KUNST-KÖDER

MITTEL-SCHWERER-KUNSTKÖDER

LEICHTER KUNSTKÖDER

Schnelle Rieselstrecke

Einholen

Einholen

Einholen

Einholen

Werfen Sie in einem spitzeren Winkel, damit der Kunstköder nicht zu sehr von der Strömung erfaßt wird und zu schnell fischt.

Schnelle Rieselstrecke

Mit leichten Kunstködern ist es möglich, unter den überhängenden Ästen hindurchzufischen, ohne daß sie sich am Grund verfangen.

LANGSAME STRÖMUNG

Laufrichtung des Kunst-köders

Laufrichtung des Kunstköders

Wurf

Wurf

SPINNFISCHEN - BLINKER (LÖFFEL)

Blinker lassen sich grob in Schlepp- und Spinnlöffel einteilen. Die Schlepplöffel sind gewöhnlich zu dünn, um weit geworfen zu werden, ihr Hauptanwendungsbereich ist in der Schleppfischerei. Spinnlöffel sind mit oder ohne Krautschutz erhältlich. Die Haken der ersteren sind mit einer kleinen Metall- oder Plastikvorrichtung versehen, die verhindert, daß sich beim Einholen die Hakenspitzen in Kraut, Holz oder anderen Hindernissen verfangen. Die Aktion eines Blinkers hängt von seiner Form, seinem Gewicht und von der Einholgeschwindigkeit ab. Sehr konkave Löffel wobbeln mehr als flache, während leichte Löffel heftiger wobbeln als schwere derselben Größe. Verwenden Sie zum Befischen von seichtem Wasser und zum Befischen der Oberflächenschichten eines Sees leichte, dünnwandige Löffel und in tieferem Wasser schwere, dickwandige Modelle. Für jeden Blinker gibt es eine optimale Einholgeschwindigkeit, die sich durch einige Versuche problemlos herausfinden läßt.

DAS GERÄT ZUM BLINKERN

Ideal zum Fischen mit Löffeln ist eine leichte Spinnrute mit Stationärrolle oder eine mittelschwere Baitcasterrute mit Multirolle sowie monofile Nylonschnur und gegebenenfalls ein Stahlvorfach. Man braucht noch nicht einmal eine besonders sensible Rute, weil das Wahrnehmen der Bisse beim Spinnfischen ohnehin nie ein Problem ist. Befestigen Sie den Löffel an Nylon- oder Stahlvorfach immer über einen guten Wirbel, da ein direktes Anbinden seine Aktion oft hemmt, was auch bei einer zusätzlichen Beschwerung der Fall sein kann. Darüber hinaus können einige Löffeltypen ganz böse die Schnur verdrallen. Montieren Sie an der Befestigungsöse einen Wirbel mit großem Karabinerhaken und befestigen Sie daran Ihre Schnur.

ABU TOBY BUNKER

Der Haken wird von Kupferdraht in Stellung gehalten, nach dem Anhieb hängt er frei.

Zusätzlicher Splitring, um die Hebelwirkung zu verringern

HÖHERE BISSAUSBEUTE
ABU Toby Blinker sind hervorragende Köder, allerdings haken sie die Fische nicht immer gut. Wahrscheinlich liegt das an der Hebelwirkung, die von diesen langen Löffeln ausgeht. Hier abgebildet sind zwei mögliche Lösungen zu diesem Problem.

Der Haken ist über ein Stück Stahldraht oder monofiles Nylon mit dem vorderen Splitring verbunden.

TANDEMWIRBEL
Zwei gelagerte Wirbel, die über einen Splitring miteinander verbunden und etwa 45 cm vor dem Kunstköder montiert werden, reduzieren den Schnurdrall nahezu auf Null.

TANDEMWIRBEL

Gelagerte Wirbel

Splitringverbindung

Die Wirbel befinden sich etwa 45 cm vor dem Kunstköder

WURFSCHEMATA

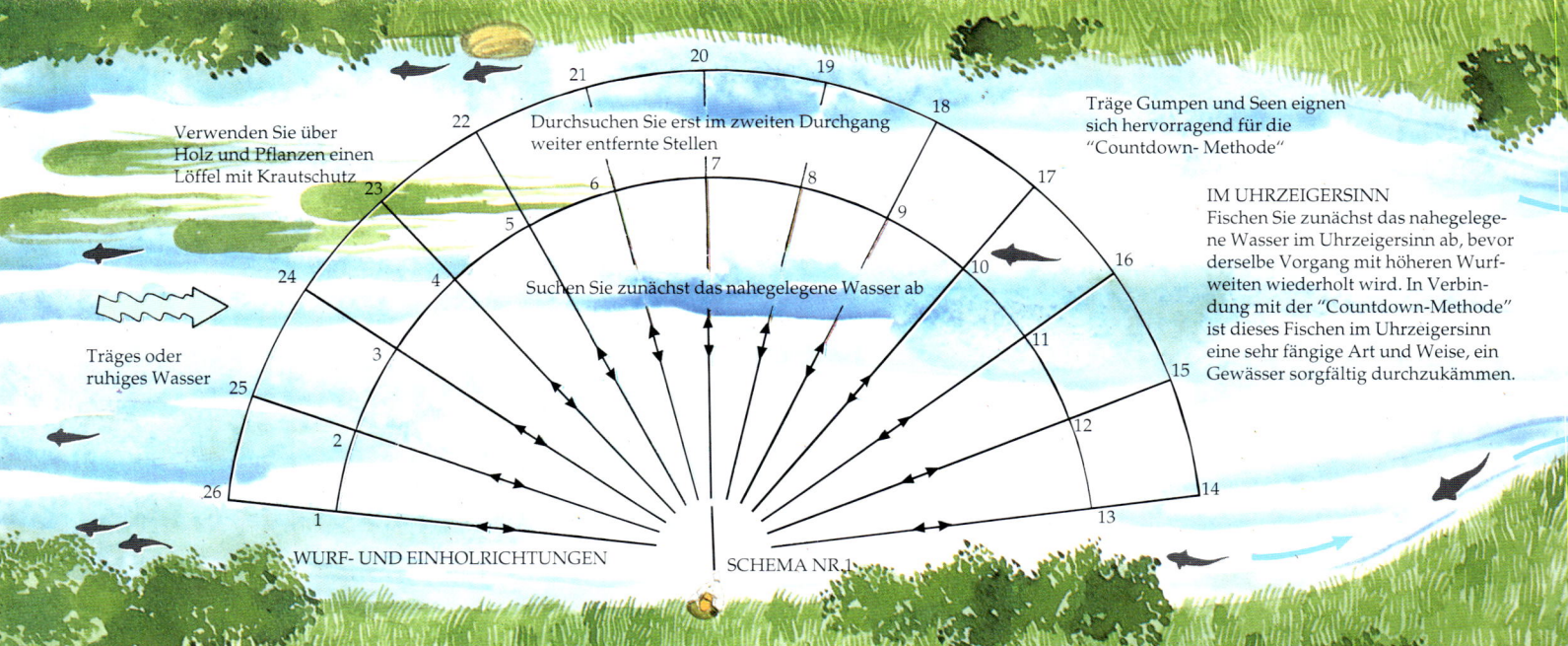

Verwenden Sie über **Holz und Pflanzen** einen Löffel mit Krautschutz

Träges oder ruhiges Wasser

Durchsuchen Sie erst im zweiten Durchgang weiter entfernte Stellen

Suchen Sie zunächst das nahegelegene Wasser ab

WURF- UND EINHOLRICHTUNGEN

SCHEMA NR. 1

Träge Gumpen und Seen eignen sich hervorragend für die "Countdown-Methode"

IM UHRZEIGERSINN
Fischen Sie zunächst das nahegelene Wasser im Uhrzeigersinn ab, bevor derselbe Vorgang mit höheren Wurfweiten wiederholt wird. In Verbindung mit der "Countdown-Methode" ist dieses Fischen im Uhrzeigersinn eine sehr fängige Art und Weise, ein Gewässer sorgfältig durchzukämmen.

BLINKERTECHNIKEN

In Seen lassen sich über die "Countdown-Methode" die verschiedenen Wasserschichten sehr genau absuchen. In Flüssen wird die Lauftiefe der Löffel auch von der Strömung beeinflußt. Holen Sie einen stromauf geworfenen Löffel schneller ein, als einen, der stromab gefischt wird, weil er von der Strömung tiefer gedrückt wird. Verwenden Sie zum Spinnfischen stromauf und zum Befischen von seichtem Wasser oder zum sehr langsamen Einholen leichte Löffel. Schwere Löffel sind in schnellem Wasser gut zum Stromabfischen und in trägem Wasser gut zum Stromauffischen geeignet.

Die "Countdown-Methode"

Diese Methode erlaubt es Ihnen, die richtige Tiefe herauszufinden und sie zu befischen. Werfen Sie den Löffel aus, lassen Sie ihn sinken und zählen Sie die Sekunden, bis er den Grund erreicht hat. Holen Sie dann gleichmäßig ein. Hat er beispielsweise bei 10 den Grund erreicht und ist beim Einholen kein Biß erfolgt, dann wird beim nächsten Wurf schon bei 8 eingeholt. Kürzen Sie die Sinkzeit bei den folgenden Würfen jeweils um zwei Sekunden. Haben Sie in einer bestimmten Tiefe einen Biß bekommen, dann zählen Sie beim nächsten Wurf wieder bis zu derselben Sekundenzahl.

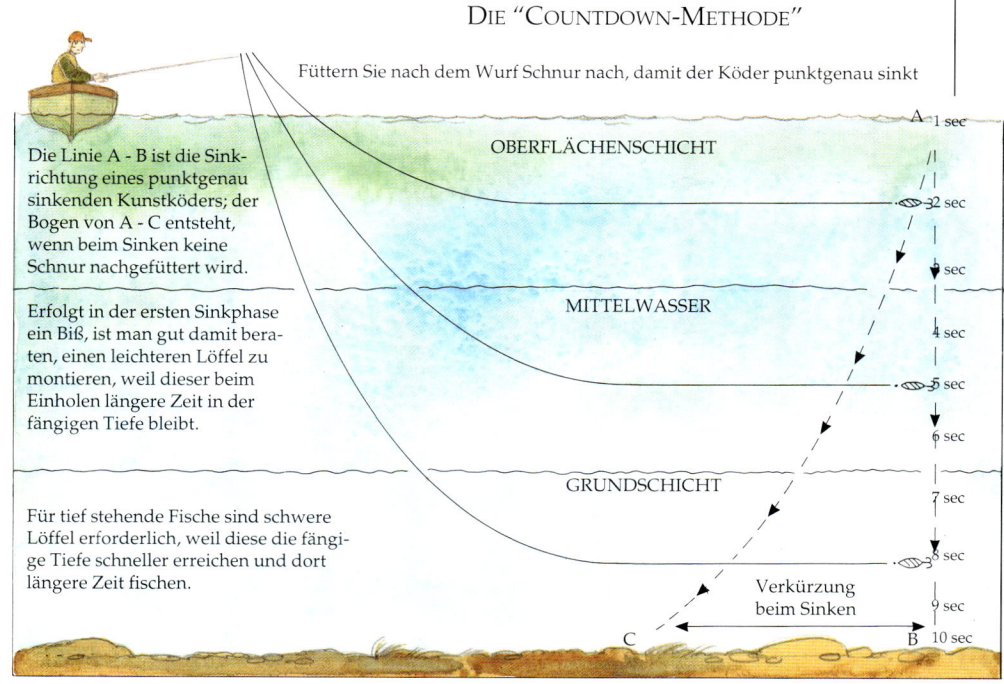

Füttern Sie nach dem Wurf Schnur nach, damit der Köder punktgenau sinkt

Die Linie A - B ist die Sinkrichtung eines punktgenau sinkenden Kunstköders; der Bogen von A - C entsteht, wenn beim Sinken keine Schnur nachgefüttert wird.

Erfolgt in der ersten Sinkphase ein Biß, ist man gut damit beraten, einen leichteren Löffel zu montieren, weil dieser beim Einholen längere Zeit in der fängigen Tiefe bleibt.

Für tief stehende Fische sind schwere Löffel erforderlich, weil diese die fängige Tiefe schneller erreichen und dort längere Zeit fischen.

OBERFLÄCHENSCHICHT
MITTELWASSER
GRUNDSCHICHT

Verkürzung beim Sinken

Schnurkontrolle

Wird stromauf gefischt, dann hält eine hochgehaltene Rutenspitze den Löffel im Wasser hoch, während eine niedrige Spitze ihn tiefer sinken läßt. Besonders offensichtlich ist das bei geringen Wurfweiten. Wird allerdings quer zur Strömung geworfen, dann hält der Zug der Strömung den Löffel hoch, wogegen eine hochgehaltene Rute ihm beim Sinken hilft. Je mehr Sie stromab werfen, desto mehr läßt dieser Effekt nach, bis es sich schließlich wieder wie beim Fischen stromauf verhält.

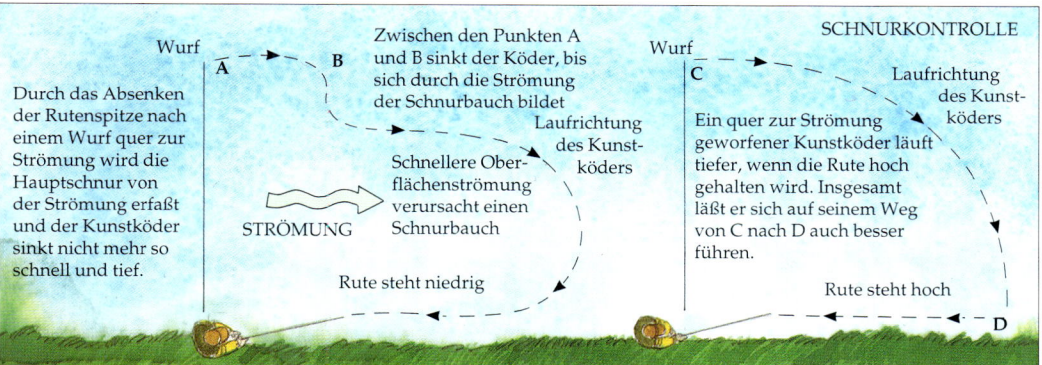

SCHNURKONTROLLE

Wurf

Durch das Absenken der Rutenspitze nach einem Wurf quer zur Strömung wird die Hauptschnur von der Strömung erfaßt und der Kunstköder sinkt nicht mehr so schnell und tief.

Zwischen den Punkten A und B sinkt der Köder, bis sich durch die Strömung der Schnurbauch bildet

Laufrichtung des Kunstköders

Schnellere Oberflächenströmung verursacht einen Schnurbauch

STRÖMUNG

Rute steht niedrig

Wurf

Ein quer zur Strömung geworfener Kunstköder läuft tiefer, wenn die Rute hoch gehalten wird. Insgesamt läßt er sich auf seinem Weg von C nach D auch besser führen.

Laufrichtung des Kunstköders

Rute steht hoch

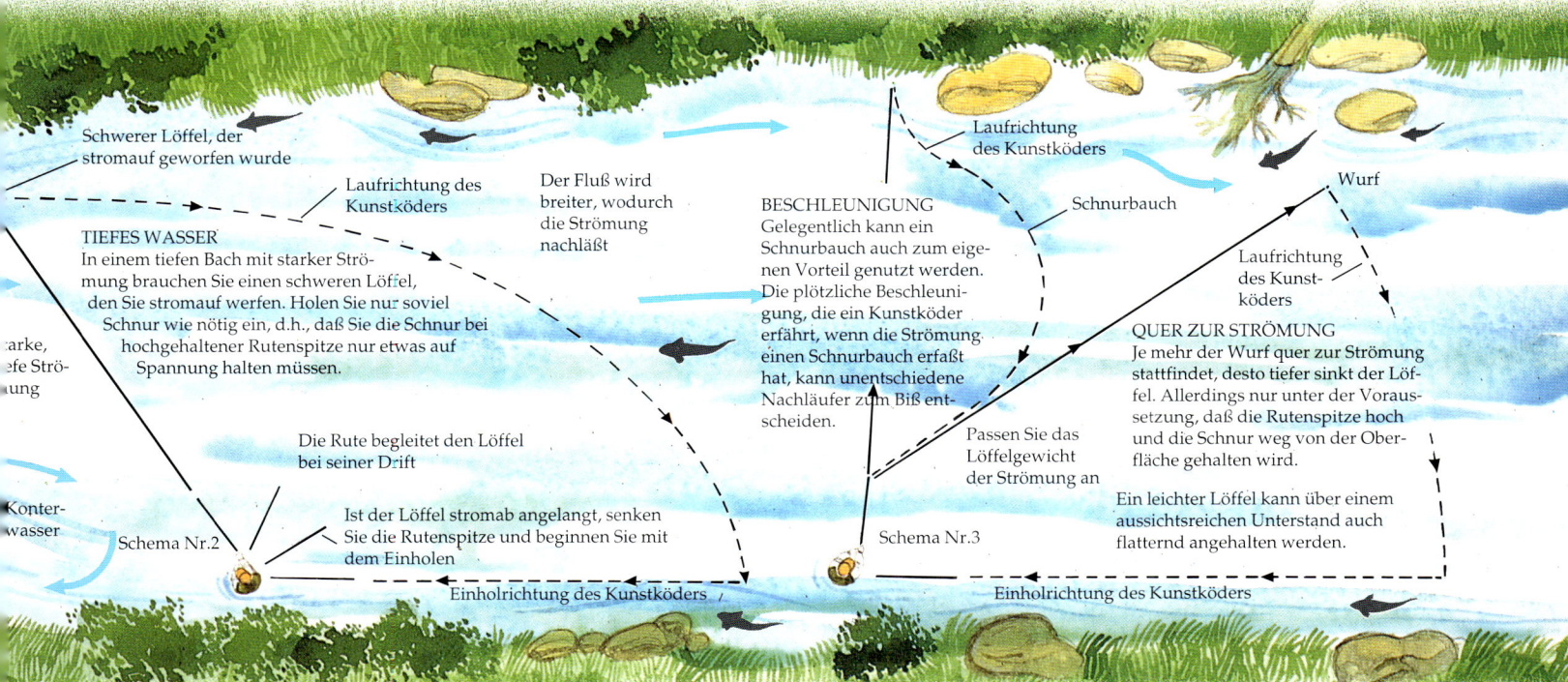

Schwerer Löffel, der stromauf geworfen wurde

Laufrichtung des Kunstköders

TIEFES WASSER
In einem tiefen Bach mit starker Strömung brauchen Sie einen schweren Löffel, den Sie stromauf werfen. Holen Sie nur soviel Schnur wie nötig ein, d.h., daß Sie die Schnur bei hochgehaltener Rutenspitze nur etwas auf Spannung halten müssen.

starke, tiefe Strömung

Konterwasser

Die Rute begleitet den Löffel bei seiner Drift

Schema Nr.2

Ist der Löffel stromab angelangt, senken Sie die Rutenspitze und beginnen Sie mit dem Einholen

Einholrichtung des Kunstköders

Der Fluß wird breiter, wodurch die Strömung nachläßt

BESCHLEUNIGUNG
Gelegentlich kann ein Schnurbauch auch zum eigenen Vorteil genutzt werden. Die plötzliche Beschleunigung, die ein Kunstköder erfährt, wenn die Strömung einen Schnurbauch erfaßt hat, kann unentschiedene Nachläufer zum Biß entscheiden.

Laufrichtung des Kunstköders

Schnurbauch

Wurf

Passen Sie das Löffelgewicht der Strömung an

Schema Nr.3

Einholrichtung des Kunstköders

Laufrichtung des Kunstköders

QUER ZUR STRÖMUNG
Je mehr der Wurf quer zur Strömung stattfindet, desto tiefer sinkt der Löffel. Allerdings nur unter der Voraussetzung, daß die Rutenspitze hoch und die Schnur weg von der Oberfläche gehalten wird.

Ein leichter Löffel kann über einem aussichtsreichen Unterstand auch flatternd angehalten werden.

SPINNFISCHEN - WOBBLER

In der von uns als "Wobbler" bezeichneten Kunstködergruppe gibt es Modelle, mit denen alle Tiefen befischt werden können und das mit allen erdenklichen Einholgeschwindigkeiten. Wie in der ganzen Spinnfischerei, sollte auch hier der Kunstköder den gesuchten Fischen und den vorherrschenden Bedingungen angepaßt werden. Je kleiner die gesuchten Fische sind, desto kleiner sollte der Kunstköder sein: ein 30 cm langer Wobbler mag für einen Hecht durchaus mundgerecht sein, zum Forellenfischen ist er allerdings völlig ungeeignet. In kaltem und trübem Wasser muß der Kunstköder in Augenhöhe der tief stehenden Fische geführt werden und hierzu sind tieftauchende oder stark vibrierende Wobbler gut geeignet. In warmem Wasser sind die Fische viel wendiger und aufmerksamer, sodaß ein schnell geführter, wenig abtauchender Wobbler oder Oberflächenkunstköder erforderlich ist.

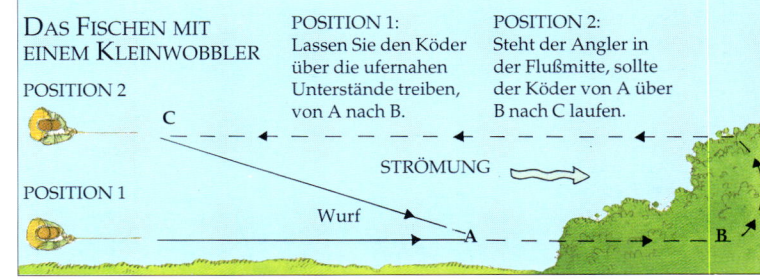

DER SCHLAUFENKNOTEN

Offene Schlaufe

Ein Splitring, ein Wirbel oder ein zu straffer Knoten kann die Aktion eines Kunstköders negativ beeinflussen. Kein Knoten läßt dem Wobbler soviel Freiheit wie der Schlaufenknoten.

OBERFLÄCHENKUNSTKÖDER

Oberflächenkunstköder sind nirgendwo so fängig wie in seichtem Wasser, wo die Fische zwar unmittelbar über Grund lauern, aber doch nicht zu weit von der Oberfläche entfernt sind. Die Oberfläche sollte dabei ruhig sein, da unruhiges Wasser sich auf das Führen dieser Köder negativ auswirken kann. Mit Propeller versehene Oberflächenwobbler können in kleine Löcher und Öffnungen von Krautbänken geworfen und dann regelmäßig oder unregelmäßig eingeholt werden. Besonders beim regelmäßigen Einholen verursachen diese Wobbler an der Oberfläche ein lauteres Plätschern wie kaum ein anderer Oberflächenwobbler. Damit der Kopf nicht gelegentlich ein wenig abtaucht und dadurch die Aktion unterbrochen wird, sollten Sie ihn direkt, d.h., ohne Wirbel anknüpfen. Kunstköder vom Typ der Crawler sollten auch über seichtem Wasser gefischt werden. Variieren Sie die Einholgeschwindigkeit, bis Sie die optimale Aktion herausgefunden haben. Popper sind ebenfalls Oberflächenkunstköder. Ihr Kopfende ist konkav gewölbt, wodurch bei kurzem, ruckartigem Einholen ploppende Geräusche entstehen. Oft werden diese Köder in den Pausen zwischen den kurzen, trockenen Rucken angegriffen. Die "Stickbaits" genannten Wobbler sind die besten Oberflächenköder wenn es darum geht, die Fische aus größerer Tiefe hervorzulocken. Meist läßt man diese Köder an der Oberfläche im Zick-Zack laufen, was von den Amerikanern als "Walking the Dog" (den Hund ausführen) bezeichnet wird.

Kleinwobbler

Wenn Sie einen schwimmfähigen Kleinwobbler mit der Strömung abwärts treiben lassen, erreichen Sie viel größere Entfernung als durch das Werfen. Ufernahe Unterstände befischen Sie, indem Sie den Wobbler weiter stromab vom Fisch treiben lassen. Wenn Sie die Drift stoppen, taucht er etwa auf 30 cm ab, je nach dem, wie schnell die Strömung in unmittelbarer Ufernähe ist. Sie können ihn nun durch den Unterstand stromauf fischen. Von der Flußmitte aus können Sie diesen Unterstand dann befischen, wenn Sie die Rute beim Einholen seitlich halten.

DAS FISCHEN MIT EINEM KLEINWOBBLER

POSITION 1: Lassen Sie den Köder über die ufernahen Unterstände treiben, von A nach B.

POSITION 2: Steht der Angler in der Flußmitte, sollte der Köder von A über B nach C laufen.

POSITION 2

POSITION 1

C

STRÖMUNG

Wurf

A

B

Stickbaits

Werfen Sie einen Stickbait aus, lassen die Rute nach dem Aufprall rucken und schon schießt der Kunstköder auf eine Seite. Wiederholen Sie den Ruck und er schießt zur anderen Seite. Von den Amerikanern wird diese Art der Köderführung als "Walking the Dog" (den Hund ausführen) bezeichnet. Jähe Rucke ohne Pausen lassen den Köder nur in eine Richtung gehen. Eine schnelle Rute mit Spitzenaktion ist hierzu am besten geeignet. Da die Stickbaits schwimmen fischen sie gut über versunkenem Gehölz und Wasserpflanzen.

STICKBAITS
Fast alle Raubfischarten lassen sich von diesen Ködern zum Biß verleiten.

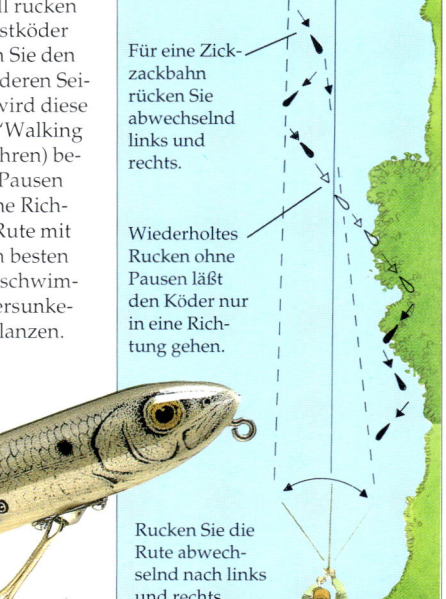

WALKING THE DOG

Wurf

Für eine Zick-zackbahn rücken Sie abwechselnd links und rechts.

Wiederholtes Rucken ohne Pausen läßt den Köder nur in eine Richtung gehen.

Rucken Sie die Rute abwechselnd nach links und rechts.

WOBBLERTECHNIKEN

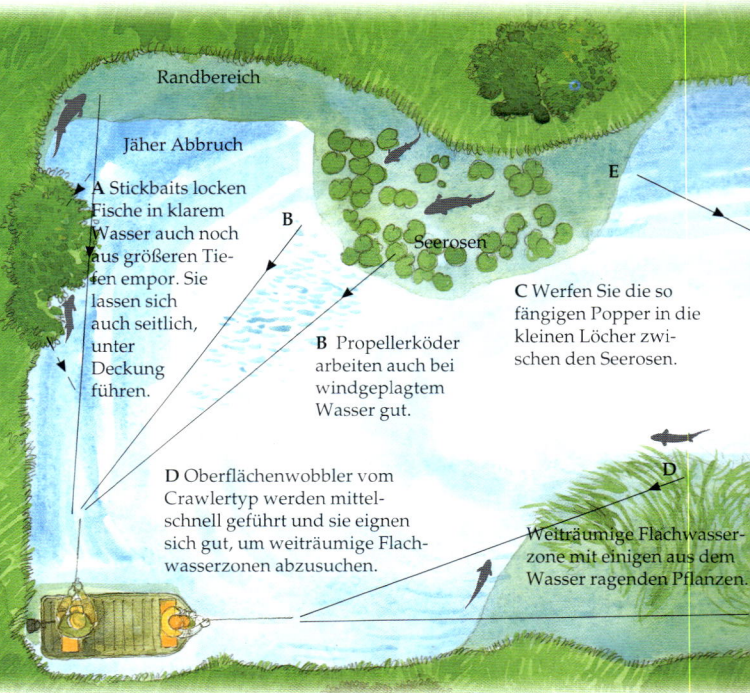

Randbereich

Jäher Abbruch

A Stickbaits locken Fische in klarem Wasser auch noch aus größeren Tiefen empor. Sie lassen sich auch seitlich, unter Deckung führen.

B

Seerosen

E

B Propellerköder arbeiten auch bei windgeplagtem Wasser gut.

C Werfen Sie die so fängigen Popper in die kleinen Löcher zwischen den Seerosen.

D Oberflächenwobbler vom Crawlertyp werden mittelschnell geführt und sie eignen sich gut, um weiträumige Flachwasserzonen abzusuchen.

D

Weiträumige Flachwasserzone mit einigen aus dem Wasser ragenden Pflanzen.

WOBBLERTECHNIKEN

Wobbler mit Tauchschaufeln (Crankbaits) tauchen unter Zug auf unterschiedliche Tiefen ab und sind eine sehr praktische Kunstködergruppe. Einige sinken und ihre Körper werden hierzu in unterschiedlichen spezifischen Dichten hergestellt, damit mit ihnen die verschiedenen Tiefen abgefischt werden können. Andere wiederum sind schwimmfähig und tauchen erst unter Zug ab. Testen Sie Ihre Wobbler zuerst in tiefem, klarem Wasser um in etwa ihre maximalen Lauftiefen herauszufinden, die Sie dann mit einem nicht wasserlöslichen Filzschreiber auf dem Wobbler festhalten. Beim Fischen müssen Sie stets darauf achten, daß der Kunstköder zum jeweiligen Gewässer paßt. In seichten Gewässern kommen flach laufende Wobbler zum Einsatz, zum Befischen von tiefen Gräben greift man allerdings auf tief abtauchende Wobbler

zurück. Die Maximaltiefe erreicht man, indem man sehr weit wirft und beim Einholen die Rutenspitze niedrig hält. Hebt man die Rutenspitze an, steigt gleichzeitig der Wobbler. Zu dicke Schnur führt zu demselben Ergebnis. Gewöhnlich sind Raubfische in über 16°C warmem Wasser aktiver und aggressiver, während sie in kaltem und trübem Wasser träger und lethargischer sind und sich eher von einem langsam geführten Wobbler verleiten lassen. In kaltem Wasser macht es sich gelegentlich auch bezahlt, den Wobbler "auf dem Grund" zu führen. Ein Wobbler mit Tauchschaufel läuft ohnehin mit dem Kopf leicht nach vorne gekippt, sodaß fast immer die Tauchschaufel den Grund zuerst berührt und dadurch die Haken über das Hindernis hinwegkippen, wodurch viele Hänger vermieden werden.

TAUCHSCHAUFELN
Eine kurze, jäh nach unten weisende Tauchschaufel bedeutet, daß dieser Wobbler recht flach läuft. Ein tieftauchender Wobbler hat dagegen eine verhältnismäßig lange, fast gerade aus dem Kopf stehende Tauchschaufel.

FLACH LAUFENDER WOBBLER

TIEFTAUCHENDER WOBBLER

Die schwimmfähigen Tauchwobbler
Ideal sind hierunter all jene Modelle, die bei hoher Einholgeschwindigkeit auf 3,5 m Tiefe abtauchen. Diese Wobbler kann man recht genau entlang der Bodenkonturen führen, indem man die Einholgeschwindigkeit und damit die Tauchtiefe variiert. Um effektiv an der Oberfläche zu fischen oder um einen tiefen Graben sorgfältig abzusuchen, sollten Sie speziell hierzu entworfene Kunstköder verwenden. Der fängigste Abschnitt eines Unterstandes ist immer seine schattige Seite und genau dort sollten Sie ihren Kunstköder führen, nach Möglichkeit parallel zum Unterstand.

DER VIELSEITIGE, SCHWIMMFÄHIGE TAUCHWOBBLER

Um maximale Tiefe zu erreichen, müssen Sie so weit wie nur möglich auswerfen und beim Einholen die Rutenspitze niedrig halten.

Ist die Schnur locker, kann sich ein leicht hängender Wobbler durch den eigenen Auftrieb selbst befreien.

Hören Sie mit dem Einholen auf, dann steigt der Wobbler über die Hindernisse.

Hören Sie mit dem Einholen auf, steigt der Wobbler langsam zur Oberfläche empor.

Holen Sie den Wobbler langsam durch die Uferpflanzen ein.

Durch gleichmäßiges Einholen bleibt der Wobbler auf einer Ebene.

Beschleunigen Sie die Einholgeschwindigkeit, taucht der Wobbler steil auf größere Tiefen ab.

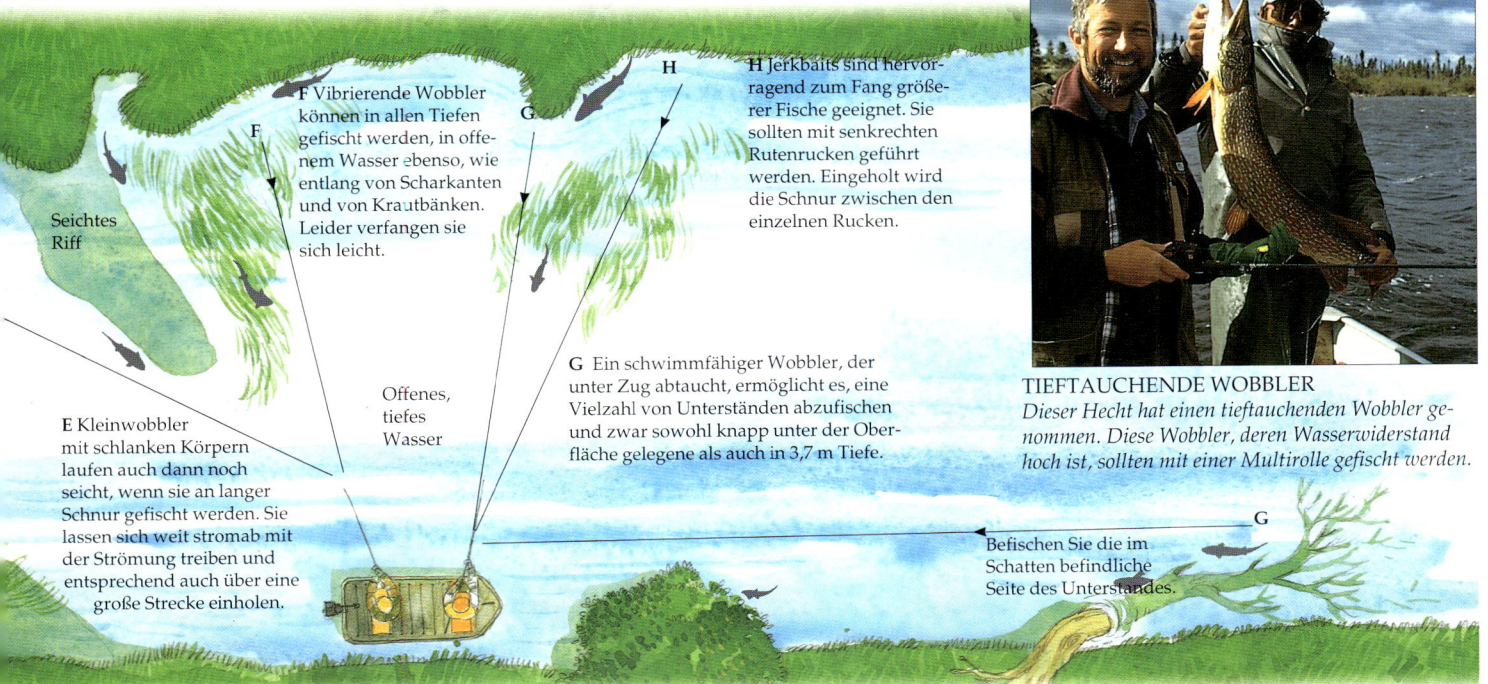

F Vibrierende Wobbler können in allen Tiefen gefischt werden, in offenem Wasser ebenso, wie entlang von Scharkanten und von Krautbänken. Leider verfangen sie sich leicht.

H Jerkbaits sind hervorragend zum Fang größerer Fische geeignet. Sie sollten mit senkrechten Rutenrucken geführt werden. Eingeholt wird die Schnur zwischen den einzelnen Rucken.

Seichtes Riff

Offenes, tiefes Wasser

G Ein schwimmfähiger Wobbler, der unter Zug abtaucht, ermöglicht es, eine Vielzahl von Unterständen abzufischen und zwar sowohl knapp unter der Oberfläche gelegene als auch in 3,7 m Tiefe.

E Kleinwobbler mit schlanken Körpern laufen auch dann noch seicht, wenn sie an langer Schnur gefischt werden. Sie lassen sich weit stromab mit der Strömung treiben und entsprechend auch über eine große Strecke einholen.

Befischen Sie die im Schatten befindliche Seite des Unterstandes.

TIEFTAUCHENDE WOBBLER
Dieser Hecht hat einen tieftauchenden Wobbler genommen. Diese Wobbler, deren Wasserwiderstand hoch ist, sollten mit einer Multirolle gefischt werden.

GRUNDFISCHEN

Das Grundfischen ist eine vielseitige Angeltechnik, die weite Würfe erlaubt und mit welcher der Köder auf dem Grund oder in Grundnähe angeboten wird. Obwohl ihr die Feinheiten vom Posenfischen fehlen, lassen sich mit ihr Köder auch dann noch auf fängige Art und Weise anbieten, wenn die Grenzen der Posenfischerei schon erreicht sind. Das trifft beispielsweise für das Fischen auf große Distanz zu, aber auch in schnellströmenden Flüssen, unter Treibgut und in tiefem Wasser oder bei starkem Wind in Bagger- und Kiesseen. Außer beim Fischen mit einer Selbsthakmontage ist man beim Grundfischen stets darauf bedacht, nur so wenig Blei wie nötig zu verwenden. Der schluckende Fisch soll nur mit dem geringstmöglichen Widerstand konfrontiert werden. Den überhaupt geringsten Widerstand erhält man, wenn man ganz auf das Blei verzichtet und lediglich mit Hilfe des Eigengewichtes vom Köder die Schnur auf Spannung hält.

RUTENHALTER
Beim Grundfischen kann man die Ruten durchaus auf Rutenhalter legen. Bißanzeiger helfen dabei, zum richtigen Zeitpunkt anzuschlagen.

BISSANZEIGER

An einer Grundmontage fehlt der Schwimmer, die Bisse fühlt man entweder im Finger oder man erkennt sie an einem Bißanzeiger. Der einfachste Bißanzeiger überhaupt ist die Rutenspitze, ihr fehlt allerdings meistens die notwendige Sensibilität. Quiver-, Spring- und Swingtips, die im Spitzenring befestigt werden, zeigen noch Zupfer an, die man an der Rutenspitze übersehen hätte, während ein zwischen Rolle und erstem Ring eingehängter Einhängebißanzeiger (Bobbin) noch ein wenig Schnur freigibt, bevor man den Anhieb setzt. Affenkletterer (Monkey-Climbers) werden entweder alleine oder in Verbindung mit elektronischen Bißanzeigern verwendet. Letztere geben bei Zug auf der Schnur akustische und optische Signale von sich.

SWINGTIP (Schwingspitze)
Eine Swingtip ist sehr sensibel, reduziert aber die Wurfweite. Bei Unterströmung oder Wind können Sie sie mit Bleidraht beschweren.

QUIVERTIP (Bibberspitze)
Eine Quivertip federt starke Zupfer ab, ist aber trotzdem sensibel genug, um den Verlauf eines Bisses darzustellen.

AFFENKLETTERER (Monkey-Climbers)
Dieser Bißanzeiger wird in die Schnur eingehängt und zeigt auch den leichtesten Zupfer an.

SPÜRFISCHEN
Rutenspitze in Richtung Köder. Krümmen Sie einen Finger um die Schnur oder halten Sie sie zwischen Daumen und Zeigefinger.

DIE LAUF- ODER GLEITBLEIMONTAGE

Hauptschnur / der geeigneten Stärke

Wirbel

Schlaufe aus dickem Nylon

An die Schnur gedrückte Bleischrote

Spaltblei als Bleistopper etwa 30 cm oberhalb vom Haken

Vorfachstärke entspricht den gesuchten Fischen

Hakengröße und Köder passen zu den Zielfischen

Diese einfache Montage ist, sofern in geringer Entfernung gefischt wird, äußerst effektiv. Werden Spaltbleie zur Beschwerung verwendet und hierzu auf eine Nylonschlaufe geklemmt, dann verfängt sich die Montage viel weniger und wenn, dann rutschen unter Zug die Spaltbleie von der Nylonschlaufe. Werden die Bleie aneinandergeschoben, kann man die Montage auf dem Grund rollen und so den Köder eine große Fläche absuchen lassen. Besonders anfällig auf derart geführte Köder sind Barben und Döbel. Bringt man die Spaltbleie auf einer langen Nylonschlaufe verteilt an, bleibt die Montage auch in schnellem Wasser zuverlässig auf Grund liegen. Der Seitenarm mit dem Blei sollte etwa 30 cm oberhalb vom Haken durch ein Spaltblei oder einen Stopper mit Perle arretiert werden. Achten Sie darauf, daß die Nylonschlaufe aus dickem Nylon ist, damit sie auch sicher an der Hauptschnur hängenbleibt.

EINE LAUFBLEIMONTAGE IN AKTION

DAS FESTSTEHENDE PATERNOSTER

Hakengröße ent-
spricht den
gesuchten Fischen

15 - 90 cm langes
Vorfach

Futterkörbchen

Wirbel

Hauptschnur der
geeigneten Stärke

Karabinerhaken

Diese Montage eignet sich hervorragend für schnellfließende Gewässer.
Für stillstehende eignet sie sich dann, wenn es darum geht, den Köder
über einem dichten Pflanzenteppich anzubieten, in dem sich jede Laufbleimontage verfangen würde. Knüpfen Sie die Hauptschnur und das
Vorfach an eine Öse des Wirbels. An die andere Öse binden Sie den Seitenarm mit dem Futterkörbchen. Eine Vorfachlänge von 45 cm reicht
gewöhnlich aus. Fischen Sie unter der Rutenspitze, können Sie sie auf 60
- 90 cm verlängern, rechnen Sie mit zögernden Bissen, sollten Sie sie auf
15 cm verkürzen. Die Tragkraft des Seitenarmes mit dem Futterkörbchen
sollte unter der der Hauptschnur liegen, damit im Falle eines Hängers nur
das Futterkörbchen verlorengeht.

FESTSTEHENDES PATERNOSTER IN AKTION

DIE LAUFBLEIMONTAGE MIT SEITENARM

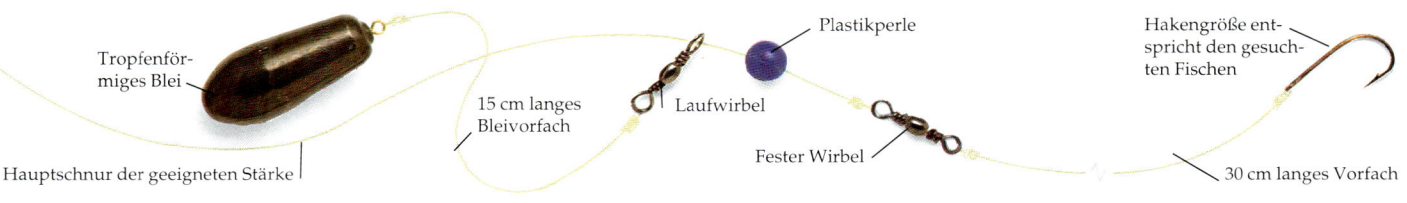

Tropfenför-
miges Blei

Plastikperle

Hakengröße ent-
spricht den gesuch-
ten Fischen

Hauptschnur der geeigneten Stärke

15 cm langes
Bleivorfach

Laufwirbel

Fester Wirbel

30 cm langes Vorfach

Manchmal ist es wünschenswert, dem beißenden Fisch ein wenig Schnur
zu geben. Raubfische spielen beispielsweise oft längere Zeit mit dem
Köder herum, bevor sie ihn schlucken. Unter solchen Umständen ist eine
Laufbleimontage mit Seitenarm einem feststehenden Paternoster vorzu-
ziehen, da sie dem Fisch beim Biß weniger Widerstand entgegensetzt.
Fädeln Sie zunächst einen Wirbel und dann eine Plastikperle auf die
Hauptschnur und knoten Sie an ihr Ende einen weiteren Wirbel. Binden
Sie das Vorfach an die andere Öse von diesem Wirbel und einen Seitenarm mit Blei an den frei auf der Schnur laufenden Wirbel. Verwenden Sie
zur Herstellung des Seitenarmes dünnere Schnur als die Hauptschnur,
damit er abreißt, wenn sich das Blei in einem Hindernis verfangen hat.
Die Perle hindert die beiden Wirbel daran, sich miteinander zu verwickeln.

LAUFBLEIMONTAGE MIT SEITENARM IN AKTION

DIE SELBSTHAKMONTAGE

Hakengröße
entspricht den
gesuchten
Fischen

Vorfachstärke ent-
spricht den vorherr-
schenden Bedingungen

Wirbel

Perle

Tropfenför-
miges
Blei

Bleistopper
etwa 15 cm
oberhalb
vom Wirbel

Hauptschnur
der geeigneten
Stärke

An dieser Montage kommen verhältnismäßig schwere Gewichte zum
Einsatz, die auf der Hauptschnur frei zwischen Wirbel und Bleistopper
gleiten können. Entwickelt wurde diese Montage von Karpfenfischern,
die an überfischten Gewässern immer wieder feststellen mußten, daß die
Fische an herkömmlichen Montagen bei zunehmendem Widerstand den
Köder fallen lassen. Eine Montage ganz ohne Blei wäre eine logische Antwort auf das Problem, mit den Selbsthakmontagen lassen sich jedoch bessere Ergebnisse erzielen. Beim ersten Kontakt zwischen einem Karpfen
und einer Selbsthakmontage spürt dieser das schwere Blei wegen dem
kurzen Stück lockerer Schnur nicht. Sobald er aber mit dem Köder davonschwimmt, wird die Schnur vom Bleistopper blockiert und schon ruckt
der Fisch an dem schweren Blei. Dieser Ruck reicht aus, um die Hakenspitze ausreichend tief in das Karpfenmaul einzutreiben.

SELBSTHAKMONTAGE IN AKTION

POSENFISCHEN - IN FLIESSGEWÄSSERN

Posen, die lediglich an ihrem unteren Ende befestigt sind, wie beispielsweise die Waggler, sind in trägen Flüssen und bei starkem Wind in ihrem Element. Weil sie nur an ihrem unteren Ende befestigt sind, befindet sich die Schnur zwischen ihnen und der Rute unter Wasser, wodurch sie vor Turbulenzen an der Oberfläche geschützt ist. In schnellfließenden Gewässern sind an beiden Enden befestigte Schwimmer angesagt. Loafers, Sticks und Avons gehören alle zu dieser Schwimmerkategorie.

EINEN WAGGLER AUSWERFEN
Um große Distanzen zu erreichen, müssen Sie den Schwimmer gefühlvoll hinter sich schwingen lassen, um ihn dann mit der Rute kraftvoll nach vorne zu schleudern. Mit einem weniger weit ausholenden Wurf erreicht man zwar nur eine geringere Entfernung, dafür sinkt auch das Risiko, mit dem Haken in der Uferböschung hängenzubleiben.

SPALTBLEI

Spaltbleie übernehmen mehr Aufgaben, als nur die Schnur zu beschweren. Je nachdem, wie sie auf der Schnur verteilt werden, läßt sich ein Köder durch Spaltbleie auf unterschiedliche Art und Weise anbieten. Hierdurch kann auch die Sensibilität des Schwimmers erhöht und die Verwicklungsgefahr beim Wurf reduziert werden. Spaltbleie sind in verschiedenen Größen erhältlich, wovon die größten SSG genannt oder als Schwanenblei bezeichnet werden. Die kleinsten Spaltbleie werden auf das Vorfach geklemmt, damit der Köder möglichst langsam absinkt.

Blei-größe	Gewicht (in Gramm)
SSG	1.89
AAA	0.81
BB	0.4
Nr. 1	0.28
Nr. 4	0.17
Nr. 6	0.105
Nr. 8	0.063
Nr. 10	0.034
Nr. 12	0.02
Nr. 13	0.012

DAS AUSLOTEN DER TIEFE

Beim Posenfischen ist es wichtig, die genaue Tiefe der Angelstelle zu kennen. Mit Hilfe einer Sonde oder eines Lotbleies können Sie sie problemlos herausfinden. Hängen Sie die Sonde an den Haken und lassen Sie sie auf den Grund sinken. Verschieben Sie nun Ihren Schwimmer oder Ihren Stopknoten so, daß die Posenspitze knapp aus dem Wasser ragt. Die Entfernung zwischen Haken und Pose entspricht nun in etwa der Wassertiefe. Loten Sie Ihre Angelstelle möglichst weitflächig aus, bis Sie sich eine Vorstellung von der Bodenbeschaffenheit machen können.

DIE SONDE
Die Sonde, ein kleines Blei, wird an den Haken gehängt oder geklemmt.

WAGGLERMONTAGEN

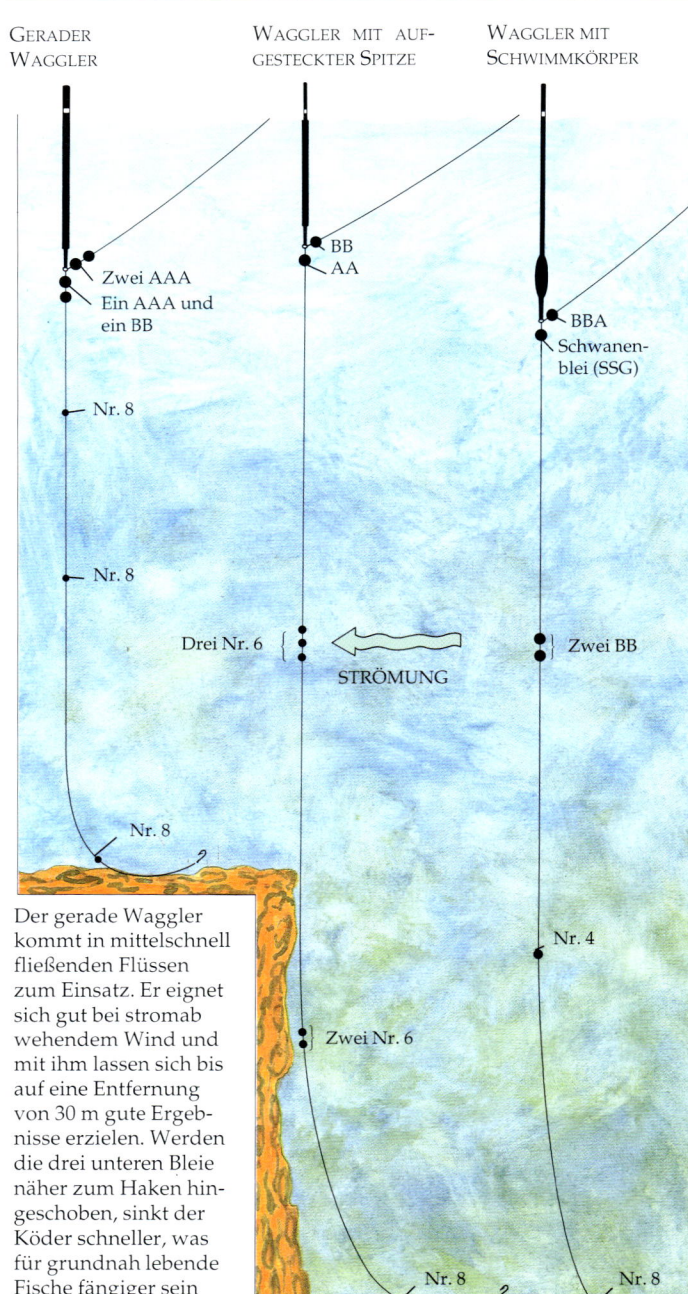

GERADER WAGGLER — Zwei AAA / Ein AAA und ein BB / Nr. 8 / Nr. 8 / Nr. 8

WAGGLER MIT AUFGESTECKTER SPITZE — BB / AA / Drei Nr. 6 / Zwei Nr. 6 / Nr. 8

WAGGLER MIT SCHWIMMKÖRPER — BBA / Schwanenblei (SSG) / Zwei BB / Nr. 4 / Nr. 8

STRÖMUNG

Der gerade Waggler kommt in mittelschnell fließenden Flüssen zum Einsatz. Er eignet sich gut bei stromab wehendem Wind und mit ihm lassen sich bis auf eine Entfernung von 30 m gute Ergebnisse erzielen. Werden die drei unteren Bleie näher zum Haken hingeschoben, sinkt der Köder schneller, was für grundnah lebende Fische fängiger sein kann.

STOPBLEI

Hiermit lassen sich an ihrem unteren Ende befestigte Schwimmer arretieren.

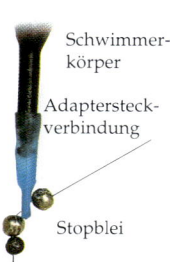

Schwimmerkörper

Adaptersteckverbindung

Stopblei

Der Waggler mit aufgesteckter Spitze (Insert-Waggler) eignet sich ideal zum Befischen von träge fließenden Flüssen, wenn die Fische den Köder beim Absinken nehmen. Mit diesem Waggler lassen sich auch tiefe Stellen befischen, allerdings kann mit ihnen aufgrund ihrer Sensibilität nicht verzögert gefischt werden, man muß sie treiben lassen.

Verwenden Sie Waggler mit Schwimmkörpern (Bodied Waggler), wenn Sie in trägen Flüssen in großer Entfernung fischen. Wegen des hohen Auftriebes muß die Montage stark bebleit werden, sodaß sich hohe Wurfweiten erzielen lassen. Die Verteilung der Spaltbleie auf der Schnur kann den Köder schnell oder langsam sinken lassen.

STICKMONTAGEN

SOMMERMONTAGE
FÜR FLACHWASSER

MONTAGE FÜR MITTEL-
TIEFES WASSER

MONTAGE FÜR
TIEFES WASSER

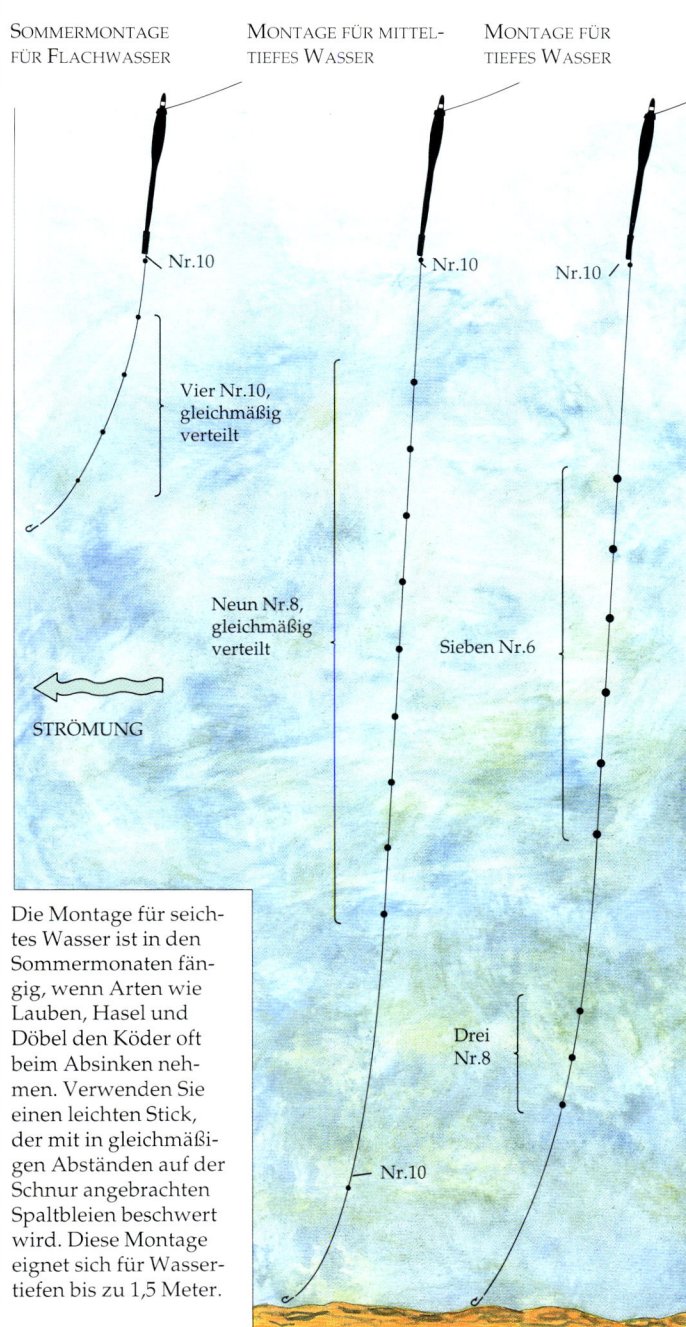

Nr.10

Vier Nr.10,
gleichmäßig
verteilt

STRÖMUNG

Nr.10

Neun Nr.8,
gleichmäßig
verteilt

Sieben Nr.6

Nr.10

Drei
Nr.8

Nr.10

Die Montage für seichtes Wasser ist in den Sommermonaten fängig, wenn Arten wie Lauben, Hasel und Döbel den Köder oft beim Absinken nehmen. Verwenden Sie einen leichten Stick, der mit in gleichmäßigen Abständen auf der Schnur angebrachten Spaltbleien beschwert wird. Diese Montage eignet sich für Wassertiefen bis zu 1,5 Meter.

MINDESTTIEFE

Mit Hilfe eines auf die Schnur geklemmten Spaltbleies können Sie die Mindesttiefe markieren, die Sie befischen wollen.

Schwimmer-
körper

10 mm Sili-
kongummi

Nr.6 Spaltblei

Diese Montage ist für mittlere Tiefen und gemäßigte Strömung geeignet. Verwenden Sie in Tiefen von 1 bis 1,5 m einen an seinem unteren Ende beschwerten Stick und in seichterem Wasser einen unbeschwerten, leichteren Stick. In schnellem Wasser befestigen Sie direkt über dem Vorfach einige Nr.8 Spaltbleie unmittelbar aneinander.

Diese Montage erzielt bis in drei Meter Wassertiefe gute Ergebnisse. Verwenden Sie einen Schwimmer, dessen unteres Ende beschwert ist, damit der Köder schnell auf Höhe der Fische gelangt. Diese Montage ist gut zum Fang von Fischen geeignet, die sich am oder über dem Grund ernähren.

DAS FÜHREN EINES STICKS

Mit einem Stick als Schwimmer läßt man den Köder mit der Strömung stromab treiben, wobei man die Montage gelegentlich abbremst, sodaß der Köder von der Strömung etwas emporgedrückt wird, wodurch sich viele Fische zum Biß verleiten lassen. Stellen Sie die Tiefe ein wenig zu tief ein, d.h., daß die Entfernung zwischen Ihrem Schwimmer und dem Haken etwas länger als die eigentliche Wassertiefe ist. Werfen Sie nun ein wenig stromab von sich und lassen Sie den Schwimmer bei geöffnetem Schnurfangbügel mit der Strömung treiben. Bremsen Sie mit dem Finger am Spulenrand die Schnur minimal und halten Sie so die vom Schwimmer und der Strömung abgezogene Schnur unter Spannung. Diese Spannung reicht aus, um den Köder unmittelbar über dem Grund treiben zu lassen; wird mehr blockiert, steigt er mehr zur Oberfläche.

Schwimmer wird
stark gebremst

Köder schwingt
nach oben (stark
verzögert)

Schwimmer
wird nur
geringfügig
gebremst

Köder treibt unmittel-
bar über dem Grund
(leicht verzögert)

Ungebremster
Schwimmer

STRÖMUNG

SCHNURFÜHRUNG

Wird verzögert gefischt, dann behält man stehend oft eine bessere Kontrolle über die Endmontage als sitzend.

WIND

Klemmen Sie etwa 15 cm vor den Schwimmer ein Spaltblei Nr.8.

STRÖMUNG

Um den Windeinfluß auf die Sticks zu reduzieren, kann man die Schnur vor dem Schwimmer ein wenig zusätzlich beschweren und dadurch versenken. Meist reicht schon ein Nr.8 Spaltblei aus, das etwa 15 cm oberhalb von dem Schwimmer auf die Hauptschnur geklemmt wird.

ANFÜTTERN

Um Fische anzulocken und zum Fressen zu verleiten, kann man an seiner Angelstelle mit Hilfe einer Futterschleuder anfüttern. Lose Hakenköder werden unmittelbar vor dem Wurf an die Angelstelle geschossen. Diese losen Köder sinken langsam herab und haben sich erst einmal die Fische an sie gewöhnt, schrecken sie auch vor dem am Haken sitzenden Köder nicht so sehr zurück.

POSENFISCHEN – IN FLIESSGEWÄSSERN

223

POSENFISCHEN - IN STILLSTEHENDEN GEWÄSSERN

Zum Fischen in stillstehenden Gewässern werden die Schwimmer gewöhnlich nur an ihrem unteren Ende befestigt. Die Schnur läuft durch eine Öse am unteren Schwimmerende und der Schwimmer wird von zwei Stopbleien in Stellung gehalten. In den Sommermonaten stehen in stillstehenden Gewässern die Fische oft in den oberen Wasserschichten. Sie lassen sich dann gut beim Absinken des Köders fangen. Hierzu wird der Großteil der Beschwerung unmittelbar am Schwimmer angebracht, während darunter nur noch wenige, winzig kleine Spaltbleie kommen. Rechnet man beim Absinken nicht mit Bissen, wird der Hauptteil der Beschwerung etwa auf halber Höhe angebracht, damit der Köder schnell durch die oberen Schichten sinkt. Bleiben die Bisse aus, dann kann es sich lohnen, das unterste Spaltblei etwa 10 bis 45 cm über dem Haken anzubringen.

DAS WERFEN

Um an großen Gewässern hohe Wurfweiten zu erzielen, ist man mit dem Überkopfwurf am besten bedient. Holen Sie den Schwimmer bis etwa einen Meter unter die Rutenspitze ein. Öffnen Sie nun den Schnurfangbügel (oder drücken Sie den Freigabeknopf Ihrer Kapselrolle) und klemmen Sie dabei die Schnur zwischen Zeigefinger und Spulenrand ein. Mit der so eingeklemmten Schnur führen Sie die Rute gefühlvoll über die Schulter Ihres Rutenarmes nach hinten. Beschleunigen Sie die Rute über Ihren Kopf nach vorne und geben Sie gegen Ende dieser Beschleunigung die eingeklemmte Schnur frei. Begleiten Sie den Bogen in der Flugbahn Ihres Schwimmers mit der Rutenspitze, bis die Rute horizontal nach vorne weist. Hat der Schwimmer das Wasser fast erreicht, bremsen Sie seinen Flug mit dem Zeigefinger am Spulenrand gefühlvoll ab und lassen Sie dadurch die Montage möglichst sanft eintauchen.

Das Abbremsen
Das Abbremsen der Schnur, damit die Montage sanft auf dem Wasser aufsetzt, sollte jeder Angler beherrschen. Hierdurch wird auch die Verwicklungsgefahr der Endmontage deutlich reduziert. Das liegt daran, daß durch das Bremsen der Schnur die ganze Endmontage gestreckt wird und in gestrecktem Zustand auf das Wasser fällt.

KONTROLLIERTE LANDUNGEN
Wird der Wurf gekonnt abgebremst, landet die Montage sanfter auf dem Wasser. Schließen Sie nach dem Auftreffen den Schnurfangbügel.

GRUNDTECHNIKEN

Die zwei Grundtechniken an stillstehenden Gewässern sind das Anbieten des Köders auf dem Grund, wobei im Falle eines Bisses der Schwimmer angehoben wird (Liftmethode), und das Fischen mit einem langsam absinkenden Köder. Mit der Liftmethode ist man dann erfolgreich, wenn man die Tiefe so einstellt, daß das erste Blei aufliegt und nur die Posenspitze aus dem Wasser ragt.

Beim Fischen mit langsam absinkendem Köder muß man die Sekunden abzählen, die nach dem Wurf notwendig sind, um den Schwimmer aufzurichten. Richtet sich der Schwimmer nicht in derselben Zeit auf, hat ein Fisch den Köder genommen.

DIE LIFTMETHODE

Stellen Sie den Schwimmer ein wenig zu tief ein, sodaß der Köder und das Spaltblei auf dem Grund aufliegen.

Der Schwimmer steigt, ein Fisch hat den Köder genommen.

Großes Spaltblei

MONTAGEN FÜR STILLSTEHENDE GEWÄSSER

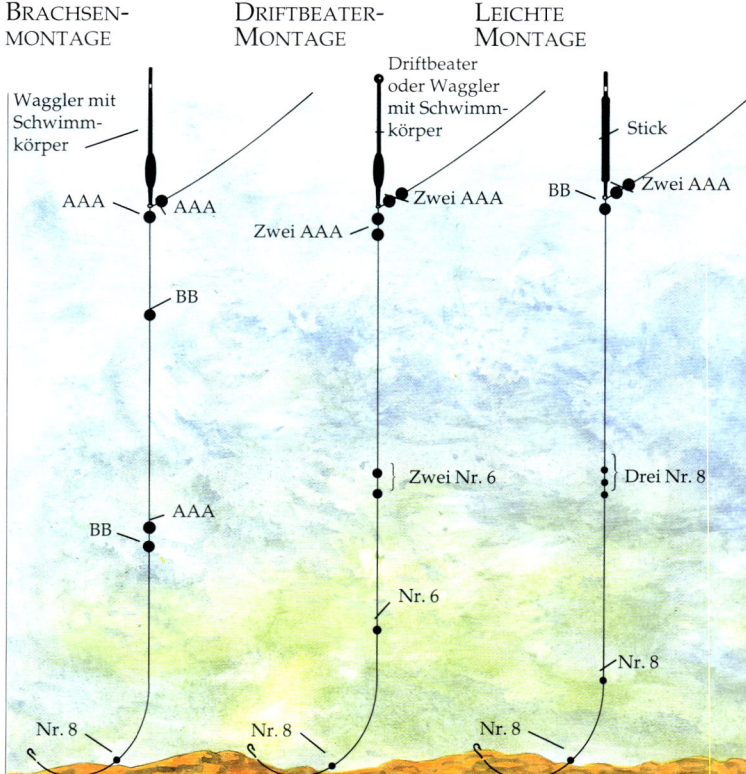

BRACHSEN-MONTAGE

Waggler mit Schwimmkörper

AAA — AAA

BB

BB — AAA

Nr. 8

DRIFTBEATER-MONTAGE

Driftbeater oder Waggler mit Schwimmkörper

Zwei AAA

Zwei AAA

} Zwei Nr. 6

Nr. 6

Nr. 8

LEICHTE MONTAGE

Stick

BB — Zwei AAA

} Drei Nr. 8

Nr. 8

Nr. 8

Die Idealmontage für den Brachsenfang. Der hohe Auftrieb des Schwimmkörpers ermöglicht es, die Montage stark zu beschweren, wodurch Verwicklungen beim Wurf vermieden und große Reichweiten ermöglicht werden. Die über dem Haken gebündelten Bleie bringen den Köder schnell auf Tiefe.

Mit Driftbeatern kann man bei starkem Wind noch fischen. Die besten Ergebnisse erzielt man, wenn die Tiefe etwas zu tief eingestellt wird. Stabilen Stand erhält er durch das hohe Gewicht an seinem unteren Ende, während darunter die Bleie progressiv leichter werden und den Köder nur langsam herunterziehen.

Diese Montage ist für Entfernungen bis zu 14 m ideal, kann allerdings auch bis in etwa 23 m Entfernung gefischt werden. Optimal arbeitet sie bei leichtem Wind und etwas Oberflächenströmung. Bremsen Sie die Schnur immer unmittelbar vor dem Aufprall ab, da so viele Verwicklungen vermieden werden.

DAS FISCHEN MIT GLEITPOSEN

Gleitposen sind dann in ihrem Element, wenn die Angelstelle tiefer ist als die Rute lang. Waggler mit Schwimmkörper, vorzugsweise mit Eigenbeschwerung, sind hierzu am besten geeignet. Diese Beschwerung verhindert, daß der Schwimmer im Wurf auf der Schnur nach oben rutscht, während der hohe Auftrieb des Schwimmkörpers zahlreiche Spaltbleie erlaubt, die den Köder schnell auf Tiefe bringen. Oberhalb vom Schwimmer wird auf die Hauptschnur ein Stopperknoten gebunden, der solange hin- und hergeschoben wird, bis die gewünschte Tiefe (die Tiefe der Angelstelle) herausgefunden wurde. Die Pose gleitet frei auf der Schnur, bis sie den Stopperknoten erreicht, der wegen der Perle nicht durch ihre Befestigungsöse paßt.

POSENFISCHEN MIT LANGSAM ABSINKENDEM KÖDER

Die gebündelt angebrachten Spaltbleie reichen zum Austarieren des Schwimmers fast schon aus und auf der übrigen Schnur befinden sich noch einige kleine Spaltbleie, die den Köder langsam auf Tiefe bringen. Nr.4

Nr.1

Sobald der Schwimmer auch noch die Last der weiter unten angebrachten Spaltbleie trägt, sinkt er tiefer.

Der Schwimmer ist nun völlig austariert: erfolgt von nun an ein Biß, taucht der Schwimmer ab.

Jede Verzögerung, die beim Aufrichten des Schwimmers eintritt, bedeutet, daß der Köder bereits beim Absinken genommen wurde.

Waggler mit Schwimmkörper (Pfauenkiel oder Sarcanda-Rohr)

Stopperknoten

Perle

Drei AAA

Nr.8

DER STOPPERKNOTEN

Mit dünner monofiler Schnur läßt sich problemlos ein Stopperknoten binden. Damit er beim Wurf nicht in den Rutenringen hängenbleibt, müssen die Schnurenden entweder 10 mm lang bleiben oder ganz zurückgestutzt werden.

Dünnes Mono-filament

Hauptschnur

UFERPFLANZEN

Unter einem Gleitschwimmer hängt beim Wurf nur eine kurze Schnurlänge. Besonders praktisch ist das, wenn durch dichten Pflanzenwuchs der zum Wurf erforderliche Freiraum stark eingegrenzt wird.

OBERFLÄCHENMONTAGE MIT GLEITPOSE

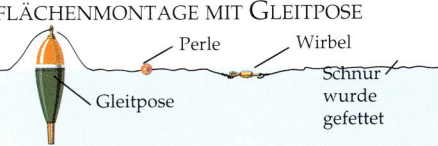

Perle   Wirbel

Schnur wurde gefettet

Gleitpose

Bestimmte Gleitposen (Controller Floats) sind hervorragend dazu geeignet, um Oberflächenköder, wie Brot oder mit Luft gefüllte Tauwürmer für Karpfen und Döbel oder schwimmfähige Caster für Rotaugen und Rotfedern anzubieten. Der Schwimmer übernimmt hauptsächlich die Aufgabe des Wurfgewichtes, beim Biß wird er nicht unter Wasser gezogen. Stattdessen läuft die Schnur frei durch eine Öse am oberen Schwimmerende. Die Schnur zwischen Wirbel und Haken sollte gut gefettet werden, damit dem abziehenden Fisch so wenig möglich entgegengesetzt wird. Diese Gleitposen können auch als Bißanzeiger dienen: setzen Sie Ihren Anhieb, sobald er quer über die Oberfläche gezogen wird.

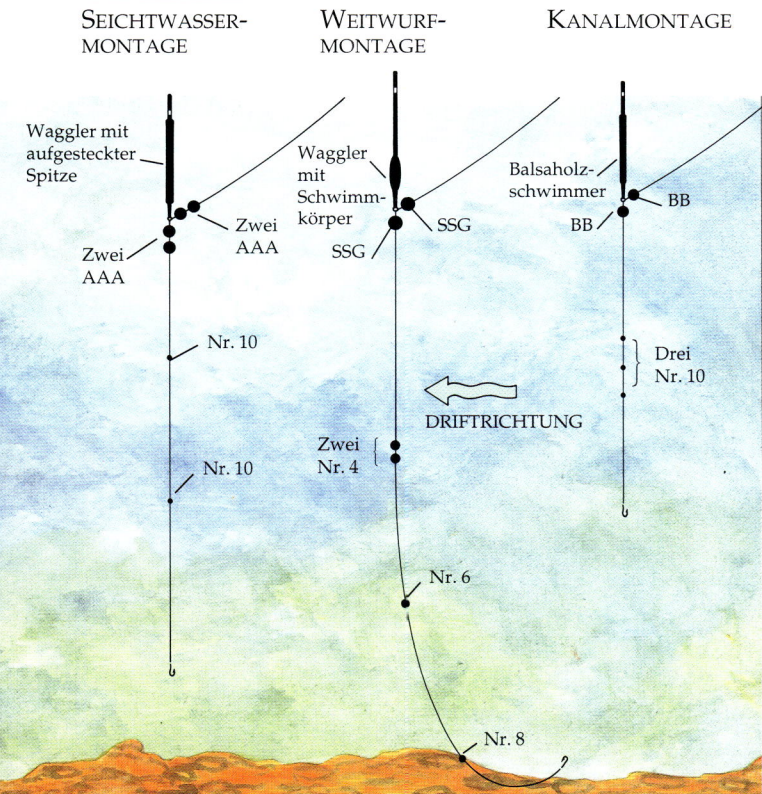

SEICHTWASSER-MONTAGE

Waggler mit aufgesteckter Spitze

Zwei AAA

Zwei AAA

Nr. 10

Nr. 10

WEITWURF-MONTAGE

Waggler mit Schwimmkörper

SSG

SSG

DRIFTRICHTUNG

Zwei Nr. 4

Nr. 6

Nr. 8

KANALMONTAGE

Balsaholz-schwimmer

BB

BB

Drei Nr. 10

Montagen mit Insert Wagglern wie die hier abgebildete sind am erfolgreichsten, wenn zwischen Schwimmer und Haken einige kleine Bleie geklemmt werden. Diese Schwimmer sind nicht dazu gedacht, mit stark gebündelten Bleien gefischt zu werden. An seichten Stellen brauchen sie nicht größer als Nr.10 zu sein.

Diese Montage eignet sich für große Seen und Kiesgruben. Die hier abgebildete Bebleiung kann auch dahingehend geändert werden, daß der Köder nur mehr langsam in Richtung Grund sinkt. Hierzu reicht es aus, einige Spaltbleie Nr.8 in großen Abständen zueinander auf die Schnur zu klemmen.

Der kleine Balsaholzschwimmer gewährleistet eine sanfte Landung auf dem Wasser und das meiste zum Austarieren nötige Gewicht befindet sich am unteren Schwimmerende. Ansonsten klemmen nur einige kleine Spaltbleie auf der Schnur, die den Köder langsam und recht natürlich in die Tiefe ziehen.

STIPPFISCHEN - STEHEN- DE GEWÄSSER/KANÄLE

Beim Befischen von stillstehenden Gewässern gilt der erste Handgriff des Anglers der Sonde (siehe Seite 222), mit deren Hilfe er die Scharkante oder den Abbruch ausfindig macht und ortet, an der die Fische sehr wahrscheinlich stehen. Beim Kanalfischen sollten Sie vor Ihren Füßen mit dem Fischen beginnen und erst, wenn die Bisse ausbleiben, weiter draußen fischen: ist der Kanal schmal, zunächst in der Kanalmitte und dann entlang vom gegenüberliegenden Ufer. An den meisten Kanälen reicht eine zehn Meter lange Stipprute aus.

STIPPRUTENSPITZEN

An Gewässern, an denen mit großen Fischen gerechnet werden muß, ist es unerläßlich, mit einer Stipprute mit Gummizug zu fischen. Der Gummizug (siehe Seite 228) verhält sich bei Anhieb und Drill wie ein Schockdämpfer und er hilft dabei, ein Ausschlitzen des Hakens zu vermeiden. Normale Stipprutenspitzen können Sie mit Hilfe eines der vielen Umbausätze, die in den Angelgerätegeschäften erhältlich sind, umrüsten. Im Handel sind auch die einzelnen Bestandteile dieser Umbausätze erhältlich.

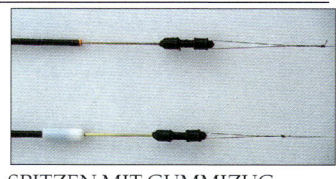

SPITZEN MIT GUMMIZUG

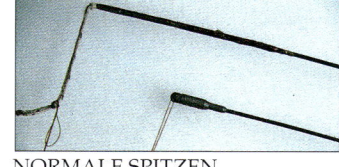

NORMALE SPITZEN

DAS AUSWERFEN

Stecken Sie die obersten drei Rutenelemente zusammen, befestigen Sie die fertige Montage an ihrem Ende und werfen Sie sie mit einem Über- oder Unterhandwurf aus. Fügen Sie nun weitere Rutenelemente hinzu (oder ziehen Sie die Rute weiter auseinander, sofern es sich um eine Teleskoprute handelt), bis die gewünschte Länge erreicht ist. Halten Sie sich beim Fischen mit der Stipprute stets von Hochspannungsleitungen fern, vor allem dann, wenn Ihre Stipprute aus Kohlefaser ist. Stellen Sie während eines Gewitters das Fischen ein.

UNTERHANDWURF
Halten Sie die Stippe in einer Hand, die Endmontage in der anderen. Schwingen Sie die Stippe nach vorne und lassen die Montage los.

ÜBERHANDWURF
Dieser Wurf ist dem Unterhandwurf ähnlich, die Stippe wird jedoch senkrecht gehalten und geworfen, und nicht annähernd horizontal gehalten.

MONTAGEN FÜR STEHENDE GEWÄSSER

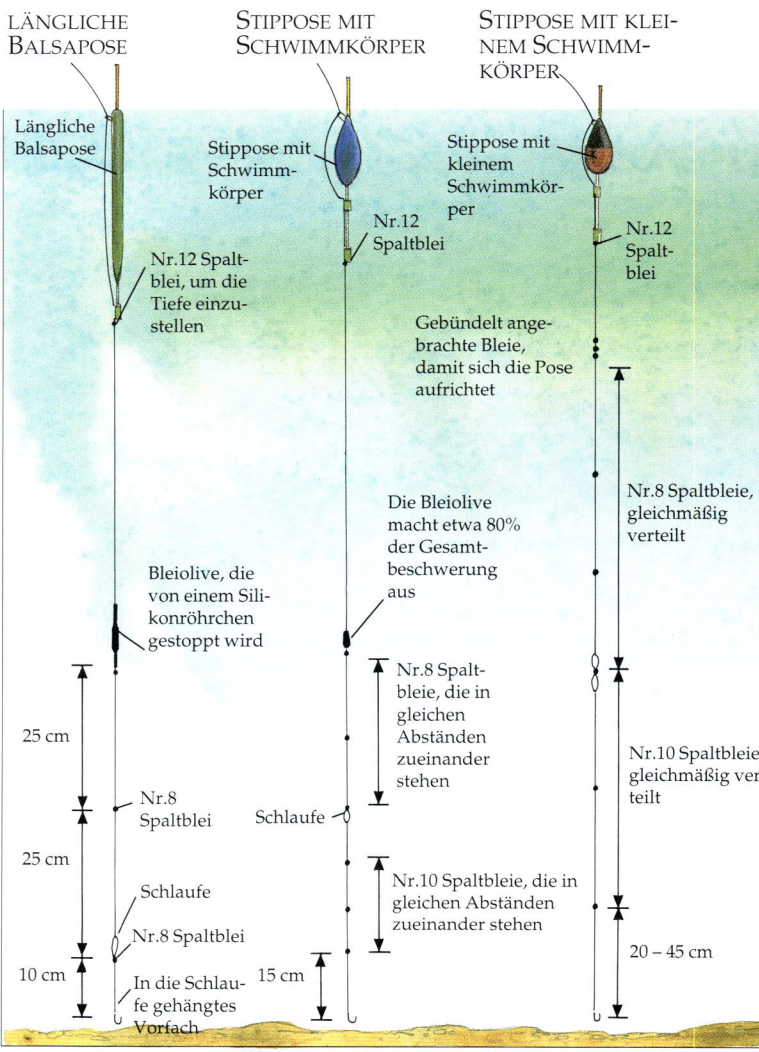

Diese Pose ist dazu gedacht, den Köder bei fehlendem oder geringem Wind unmittelbar über Grund oder auf dem Grund anzubieten. An diesem Schwimmer lassen sich die Bisse von Rotaugen und Kleinbrassen gut ablesen und richtig abgeleit nur mehr die dünne Antenne aus dem Wasser ragen. Die Bleiverteilung bringt die gesamte Montage schnell ins Mittelwasser, von wo aus der Köder nur mehr langsam sinkt. Die Chancen auf einen Biß sind in dieser langsamen Sinkphase ebenso groß, wie auf dem Grund.

Diese Pose kommt zum Einsatz, wenn es beim Absinken des Köders zu Bissen kommt. Sie kann bei ruhigem Wetter, aber auch bei stärkerem Wind noch gefischt werden. Zur Bißanzeige sollte lediglich die dünne Antenne aus dem Wasser ragen. Die Bebleiung dieser Montage wurde gleichmäßig verteilt, damit der Köder ebenso gleichmäßig sinkt. Wollen Sie den Köder schneller in Grundnähe haben, dann brauchen Sie die Bebleiung lediglich ein wenig weiter unten zu bündeln. Oberflächennahes Angeln ist auch möglich, hierzu braucht die Bebleiung nur unmittelbar unter dem Schwimmer angebracht zu werden.

Diese Montage ist gut für tiefes Wasser geeignet und wird gewöhnlich 15 bis 30 cm zu tief gefischt. Sie ist besonders für grundnah lebende Fischarten, wie etwa Brachsen geeignet, weil sie den Köder schnell auf die Höhe dieser Fische bringt. Die Tiefe wird mit einem Nr.12 Spaltblei festgesetzt und die Pose von drei dicht aneinander angebrachten Nr.8 Spaltbleien aufgerichtet. Darunter befinden sich drei gleichmäßig zueinander entfernte Nr.8 und Nr.10 Spaltbleie. Das unterste Spaltblei sitzt etwa 20 bis 45 cm über dem Haken.

STIPPMONTAGEN FÜR KANÄLE

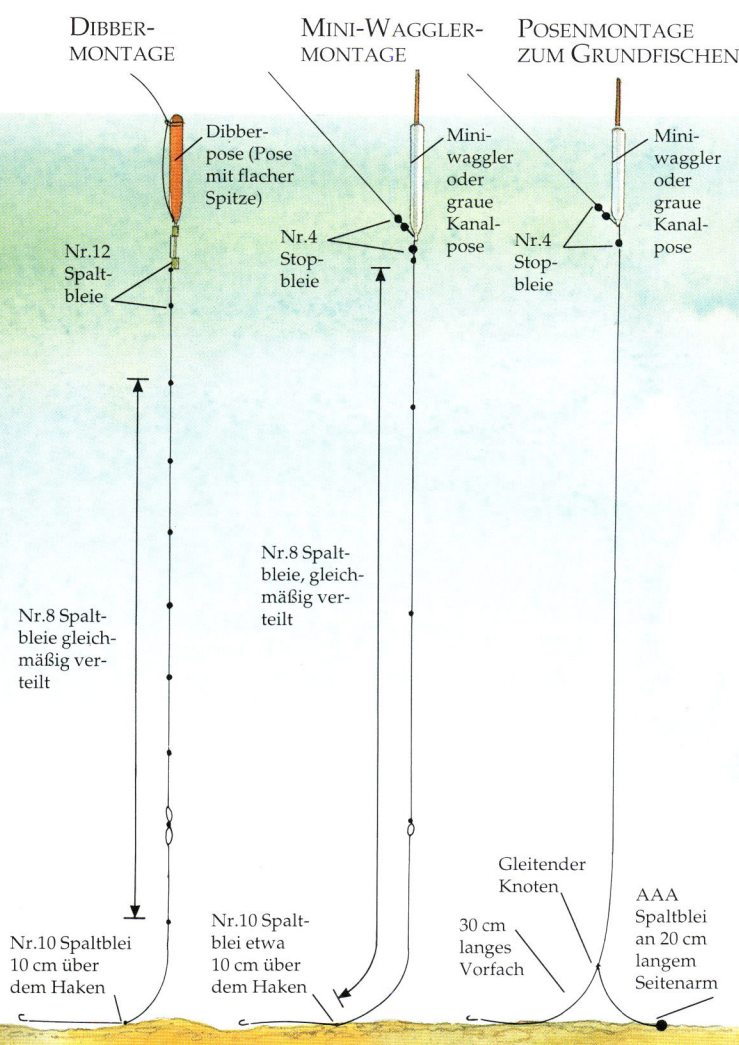

DIBBER-MONTAGE

Dibberpose (Pose mit flacher Spitze)

Nr.12 Spaltbleie

Nr.8 Spaltbleie gleichmäßig verteilt

Nr.10 Spaltblei 10 cm über dem Haken

MINI-WAGGLER-MONTAGE

Miniwaggler oder graue Kanalpose

Nr.4 Stopbleie

Nr.8 Spaltbleie, gleichmäßig verteilt

Nr.10 Spaltblei etwa 10 cm über dem Haken

POSENMONTAGE ZUM GRUNDFISCHEN

Miniwaggler oder graue Kanalpose

Nr.4 Stopbleie

Gleitender Knoten

30 cm langes Vorfach

AAA Spaltblei an 20 cm langem Seitenarm

Die Dibbermontage eignet sich dazu, um in Kanälen einen weit entfernten Abbruch der Fahrrinne bei starkem Wind zu befischen. An Seen kann diese Montage bei Unterströmung recht hilfreich sein. Sie ist dazu gedacht, beim Absinken Bisse zu provozieren und eignet sich gut für den Fang von Brachsen. Die Bebleiung besteht aus einem Nr.12 Spaltblei, unter das acht gleichmäßig zueinander entfernte Nr.8 Spaltbleie kommen. Etwa zehn Zentimeter über den Haken kommt ein Nr.10 Spaltblei. Die Posenspitze sollte nur ganz minimal aus dem wasser hervorragen.

Diese Montage kommt in Seen und Kanälen zum Einsatz und ist für den Fang von Brachsen und Rotaugen geeignet. Die Pose wird an ihrem unteren Ende befestigt, indem auf jede Seite der Befestigungsöse Stopbleie geklemmt werden. Die Rutenspitze wird gewöhnlich ein wenig getaucht, damit die Schnur unter Wasser bleibt. Hierdurch wird ein Abtreiben der Schnur vermieden. Gelegentlich kann es auch erforderlich sein, die Schnur mit einem Nr.8 Spaltblei etwa 20 cm über dem Schwimmer zusätzlich zu beschweren, damit die Schnur wirklich sinkt.

Diese Version der Miniwagglermontage ist für besonders widrige Bedingungen gedacht, wenn nichts anderes als das Verankern des Köders auf Grund übrigbleibt. Hierzu kommt ein tropfenförmiges Blei oder ein AAA Spaltblei an einen etwa 20 cm langen Seitenarm, der über einen auf der Hauptschnur gleitenden Knoten etwa 30 cm über dem Haken an dieser befestigt wird. Verkürzen Sie diesen Abstand, wenn die Bisse nicht ausreichend deutlich angezeigt werden. Herrscht Unterströmung oder sehr starker Wind vor, muß er verlängert werden.

UMGANG MIT STIPPRUTE ODER STIPPE

Steckruten werden verlängert, indem weitere Rutensegmente an sie gesteckt werden und verkürzt, indem Rutensegmente entfernt werden. Teleskopruten werden verlängert, indem weitere Rutensegmente aus ihrem Inneren gezogen werden. Durch den umgekehrten Vorgang werden sie verkürzt. Achten Sie darauf, daß die Rutensegmente stets sauber sind. Hierdurch vermeiden Sie unnötige Abnutzung und ermöglichen ein problemloses Verlängern und Verkürzen.

DAS HALTEN EINER STIPPE
Fischen Sie sitzend. Halten Sie die Rute quer über einen Schenkel oder drücken Sie das Rutenende an Ihr Becken und halten Sie sie mit einer oder mit beiden Händen.

STIPPRUTENHALTER
Stipprutenhalter halten die Stippe über dem Boden, während Sie die Montage ändern, einen Fisch vom Haken lösen oder anfüttern.

VERKÜRZEN
Um einen an einer langen Stipprute gehakten Fisch zu landen, müssen Sie die Stipprute so lange verkürzen, bis der Fisch in Reichweite der Hand oder des Keschers gelangt ist.

ZUR HAND SCHWINGEN
Ist die Rute nur mehr zwei oder drei Rutensegmente lang, können kleine bis mittelgroße Fische zur Hand geschwungen werden.

ANGELENTFERNUNG
Mit einer langen Stipprute lassen sich Köder punktgenau auch auf große Entfernung fischen. Auch sonst unzugängliche Stellen werden erreicht.

STIPPFISCHEN - IN FLIESSGEWÄSSERN

Das Stippfischen in schnellfließenden Gewässern erfordert kleine Rundkörperposen, die mit der Fließgeschwindigkeit treiben können, aber auch gebremst und verzögert werden können. Für träge Flüsse eignen sich Schwimmer mit dünnen Antennen und Schwimmkörpern. Zum Stippfischen in Fließgewässern gibt es zwei Grundtechniken. Die erste besteht darin, mit Hilfe einer langen Stippe und kurzer Schnur die Köderdrift zu bremsen und zu verzögern. Für die andere braucht man eine lange Stippe mit langer Schnur - beispielsweise eine zehn Meter lange Stippe und eine neun Meter lange Schnur - , denn nur so läßt sich der Köder in der Fließgeschwindigkeit über längere Strecken fischen.

ANFÜTTERUNGSTECHNIKEN

Um die Fische an eine Stelle zu locken, an der Sie den Köder auf Grund anbieten, müssen Sie einige Futterkugeln auf Brotbasis, in die auch einige Hakenköder gemischt wurden, an die Angelstelle werfen. Wollen Sie Fische anfüttern, die den Köder beim Absinken nehmen, sollten Sie mit der Futterschleuder loses Futter, beispielsweise Maden, an der Angelstelle einbringen.

FUTTER-SCHLEUDER
Mit Hilfe einer Futterschleuder lassen sich Futtermasse oder lose Hakenköder recht punktgenau an die Angelstelle befördern. Beim Anfüttern mit der Schleuder sollten Sie die Rute auf das Ufer, in den Rutenhalter oder quer über Ihre Beine legen.

GUMMIZUG

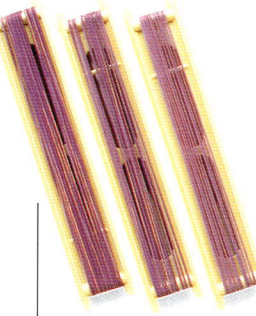

GUMMIZÜGE
Drei Größen (Nr.4, Nr.5 und Nr.6) auf Schnuraufwicklern.

Die Gummizüge für die Gummizugspitzen (siehe Seite 226) sind in acht verschiedenen Größen (Nr.1 bis 8) erhältlich, wovon jede eine andere Tragkraft hat. Sie werden auf Schnuraufwicklern geliefert, die auch zum Aufwickeln von fertigen Stippmontagen geeignet sind. Diese Gummizüge sind gewöhnlich mit einem Gleitfilm überzogen, der ihnen dabei hilft, mit recht geringer Reibung durch das hohle Rutensegment zu gleiten. Gelegentliches Nachfetten ist erforderlich, damit der Gummizug nicht zu schnell spröde wird. Viele Angler führen verschiedene Stipprutenspitzen mit sich, deren Tragkraftwerte unterschiedlich sind und sich deshalb für unterschiedlich große Fische eignen.

MONTAGEN FÜR FLIESSGEWÄSSER

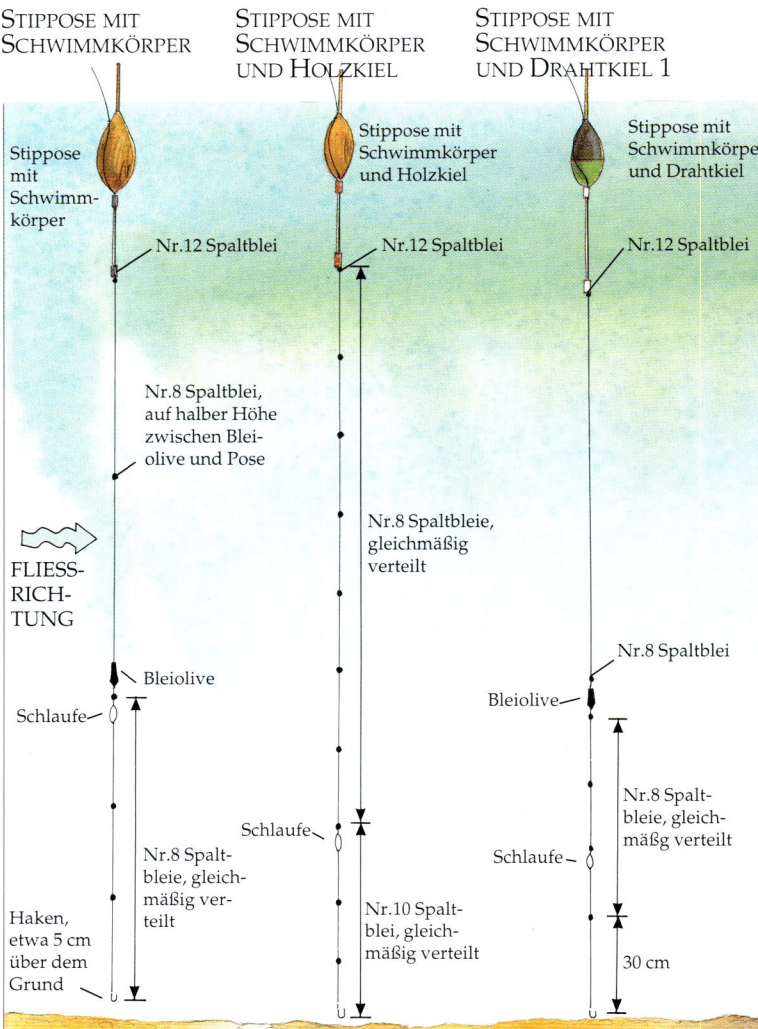

STIPPOSE MIT SCHWIMMKÖRPER

Stippose mit Schwimmkörper

Nr.12 Spaltblei

Nr.8 Spaltblei, auf halber Höhe zwischen Bleiolive und Pose

FLIESS-RICH-TUNG

Schlaufe

Bleiolive

Nr.8 Spaltbleie, gleichmäßig verteilt

Haken, etwa 5 cm über dem Grund

STIPPOSE MIT SCHWIMMKÖRPER UND HOLZKIEL

Stippose mit Schwimmkörper und Holzkiel

Nr.12 Spaltblei

Nr.8 Spaltbleie, gleichmäßig verteilt

Schlaufe

Nr.10 Spaltblei, gleichmäßig verteilt

STIPPOSE MIT SCHWIMMKÖRPER UND DRAHTKIEL 1

Stippose mit Schwimmkörper und Drahtkiel

Nr.12 Spaltblei

Nr.8 Spaltblei

Bleiolive

Nr.8 Spaltbleie, gleichmäßg verteilt

Schlaufe

30 cm

Mit dieser Montage wird in Grundnähe in trägem bis mittelschnellem Wasser gefischt, das 1,5 bis 2,1 m tief ist. Die Angelstelle muß zuvor angefüttert werden und durch sie treibt mit der Fließgeschwindigkeit die an beiden Enden befestigte Pose. Beschwert wird diese Montage mit einer Bleiolive, über die ein Nr.8 Spaltblei und unter die drei Nr.8 Spaltbleie kommen. Der beköderte Haken sollte unmittelbar über dem Grund geführt werden und dabei darf vom Schwimmer nur die Antenne aus dem Wasser ragen.

In mittelschnellem Wasser eignet sich eine kurze Version dieser Montage gut dazu, oberflächen- und freiwasseraktive Fische in Tiefen von 60 cm bis 90 cm zu fangen. Soll die gesamte Flußtiefe befischt werden, kann sie, wie abgebildet, problemlos verlängert werden. Sie sollte mit der Fließgeschwindigkeit treiben und vom Schwimmer dabei lediglich die Antenne aus dem Wasser ragen. Die Beschwerung besteht aus acht gleichmäßig voneinander entfernten Nr.8 Spaltbleien, die sich über zwei gleichmäßig voneinander entfernten Nr.10 Spaltbleien befinden.

Mit dieser vielseitigen Montage können Sie den Köder unter der Rutenspitze auf dem Grund anbieten, ihn in tiefem und schnellem Wasser verzögert über der Futtermasse halten oder ihn mit der Fließgeschwindigkeit des Wassers durch die Angelstelle treiben lassen. Befestigen Sie die gebündelte Spaltbleie oder eine Bleiolive etwa 75 cm über dem Haken und verteilen Sie darunter gleichmäßig drei Nr.8 Spaltbleie. Befestigen Sie den Schwimmer an beiden Enden; aus dem Wasser ragt lediglich seine Antenne. Diese Montage erlaubt sogar in schnellfließendem Wasser noch eine gute Köderführung.

STIPPOSE MIT SCHWIMM-KÖRPER UND DRAHTKIEL 2

KLEIN-FISCHMONTAGE

POSENMONTAGE ZUM GRUND-FISCHEN

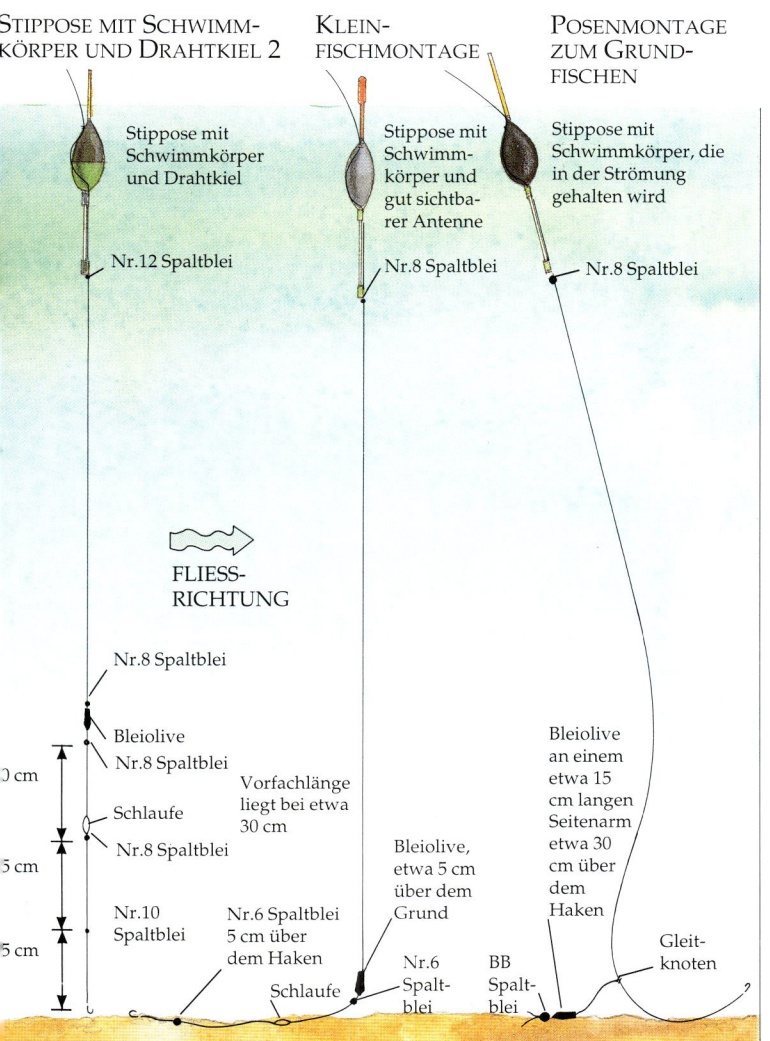

Stippose mit Schwimmkörper und Drahtkiel

Nr.12 Spaltblei

FLIESS-RICHTUNG

Nr.8 Spaltblei

Bleiolive
Nr.8 Spaltblei

Schlaufe
Nr.8 Spaltblei

Nr.10 Spaltblei

0 cm

5 cm

5 cm

Stippose mit Schwimmkörper und gut sichtbarer Antenne

Nr.8 Spaltblei

Vorfachlänge liegt bei etwa 30 cm

Bleiolive, etwa 5 cm über dem Grund

Nr.6 Spaltblei 5 cm über dem Haken

Schlaufe

Nr.6 Spaltblei

Stippose mit Schwimmkörper, die in der Strömung gehalten wird

Nr.8 Spaltblei

Bleiolive an einem etwa 15 cm langen Seitenarm etwa 30 cm über dem Haken

BB Spaltblei

Gleitknoten

Verwenden Sie diese Montage, um den Köder in Fließgeschwindigkeit unmittelbar über Grund für Fische, die sich im unteren Drittel der Wassertiefe aufhalten, anzubieten. Bringen Sie gebündelte Spaltbleie oder eine Bleiolive etwa 60 cm über dem Haken an oder in etwa einem Drittel der Entfernung zwischen Haken und Schwimmer. Befestigen Sie unmittelbar über dem gebündelten Blei oder der Olive ein Nr.8 Spaltblei und darunter ein Nr.10 Spaltblei. Tarieren Sie den Schwimmer so aus, daß lediglich seine Antenne aus dem Wasser ragt.

Diese Montage ist zum Fischen auf kurze Entfernung und zum Fang von bis zu 250 Gramm schweren Fischen gedacht. Stellen Sie den Schwimmer so ein, daß nur die Antenne aus dem Wasser ragt und fischen Sie die Montage leicht verzögert im Randbereich, d.h., nicht mehr als etwa 3 m vom Ufer. Beschwert wird sie mit gebündelt angebrachten Spaltbleien oder einer Bleiolive, die 30 cm oberhalb vom Haken befestigt wird. Darunter kommt ein Nr.6 Spaltblei und etwas über den Haken noch ein weiteres derselben Größe. Die Bleiolive bringt den Köder schnell auf Tiefe.

Mit dieser Montage kann ein Köder statisch auf dem Grund angeboten werden. Mit ihr läßt sich der Köder auch stark verzögern und langsam über den Grund rollen. Der Schwimmer ist deutlich überbeschwert. Das Blei befindet sich auf einem 15 cm langen Seitenarm etwa 30 cm oberhalb vom Haken. Der Schwimmer wird an beiden Enden befestigt und so eingestellt, daß nur die Antenne aus dem Wasser ragt.

BLEIE ZUM STIPPFISCHEN

Beim Stippfischen werden meistens Spaltbleie und Bleioliven verwendet sowie kleine, tropfenförmige Bleie für die Grundmontagen. Die Bleioliven werden auf die Schnur gefädelt und anstelle von eng aneinander angebrachten Spaltbleien verwendet; Tönnchenbleie können hierzu auch Verwendung finden, allerdings sind sie gelegentlich Ursache von Verwicklungen. Wird mit Getreidekörnern gefischt, erzielt man mit Bleidraht bessere Ergebnisse.

FERTIGMONTAGEN
Durch im Vorhinein gefertigte Fertigmontagen können Sie je nach Bedarf schnell umrüsten.

TÖNNCHENBLEI

BLEIOLIVEN

SPALTBLEI

BLEIDRAHT

DIE GRÖSSEN VON BLEIOLIVEN UND SPALTBLEIEN

Bleiolivengröße (Paquita)	Gewicht (Gramm)	Bleiolivengröße (Torpillo)	Gewicht (Gramm)	Spaltbleigröße	Gewicht (Gramm)
12	3.0				
11	2.45	11	2.5		
10	2.1	10	2.0		
				SSG	1.89
9	1.85	9	1.5		
8	1.56	8	1.2		
7	1.36	7	1.0		
6	1.16				
5	0.82				
				AAA	0.81
		6	0.8		
4	0.67				
		5	0.6		
		4	0.5		
3	0.44				
		3	0.4	BB	0.4
2	0.37	2	0.3		
				Nr. 1	0.28
				Nr. 2	0.24
1	0.25			Nr. 3	0.20
		1	0.2	Nr. 4	0.17
0	0.17			Nr. 5	0.13
2/0	0.13	0	0.13	Nr. 6	0.105
3/0	0.105			Nr. 7	0.083
4/0	0.081			Nr. 8	0.063
				Nr. 9	0.049
				Nr. 10	0.034
				Nr. 11	0.026
				Nr. 12	0.020
				Nr. 13	0.012

SCHLEPPFISCHEN

Beim Schleppfischen wird hinter dem fahrenden Boot ein Natur- oder Kunstköder gezogen. Diese Technik kommt in stillstehenden und fließenden Gewässern für den Fang von Fischarten wie Forelle und Zander zum Einsatz, allerdings auch im Salzwasser, beispielsweise in der Big-Game Fischerei (siehe Seite 258). Bewegt wird das Boot mit Rudern oder mit Hilfe eines Motors. Der geschleppte Köder, der nahezu in jeder Tiefe angeboten werden kann, soll den Raubfischen dabei einen Futterfisch vortäuschen. Löffel, Wobbler, ja, sogar Fliegen lassen sich durch das Hinzufügen von Schleppgewichten oder das Verwenden von Lead-Core Schnur (Schnur mit Bleikern) auf große Tiefen bringen. Naturköder werden oft unter einer übertief eingestellten Gleitpose geschleppt, sodaß ein Biß recht frühzeitig angezeigt wird.

EINEN SEE LESEN

Tiefe Seen lassen sich in verschiedene Schichten einteilen: das Epilimnion, die Sprungschicht (Thermocline) und das Hypolimnion. Im Sommer und im Herbst ist das Epilimnion wärmer als das Hypolimnion, im Winter sieht es umgekehrt aus. Innerhalb dieser Schichten sind die Wassertemperaturen recht einheitlich, lediglich in der Sprungschicht kommt es zu einem jähen Temperaturunterschied. Bei starkem Wind werden diese Schichten verschoben, das Epilimnion wird an der dem Wind ausgesetzten Seite (Leeseite) dicker. Fische, die kaltes Wasser vorziehen, wie es beispielsweise bei den Seesaiblingen der Fall ist, ziehen im Sommer tiefer. Am einfachsten lassen sich diese tief schwimmenden Fische mit einem Echolot orten.

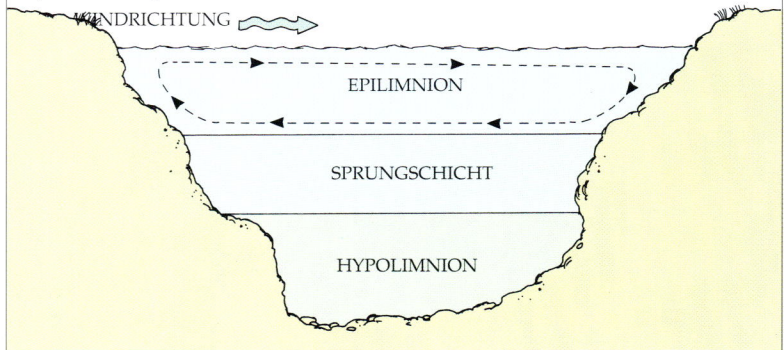

WINDRICHTUNG

EPILIMNION

SPRUNGSCHICHT

HYPOLIMNION

IN DEN VERSCHIEDENEN SCHICHTEN SCHLEPPEN

Mit Hilfe einer mittelschweren Sinkschnur und eines gewöhnlichen Vorfaches läßt sich eine Naßfliege unmittelbar unter der Oberfläche schleppen. Tiefer kommt man, wenn man die Sinkschnur durch eine Lead-Core Schnur (Schnur mit Bleikern) ersetzt oder indem man mit einer schwereren Tubenfliege fischt. An einer Lead-Core Schnur lassen sich auch Kleinwobbler recht tief anbieten, ebenso an einer dünnen Schnur aus Stahlseide. Noch tiefer kommt man mit Hilfe eines speziellen Schleppgewichtes, das weit vor dem Köder an der Schnur befestigt wird. Zum Erreichen großer Tiefen kann man alternativ hierzu einen Downrigger verwenden, dessen großer Vorteil es ist, daß der Köder konstant in einer bestimmten, zuvor eingestellten Tiefe gehalten wird.

BOOTE
Das Schleppfischen ist von einem motorbetriebenen Boot aus am erfolgreichsten, es kann aber auch mit Rudern angetrieben werden.

Das Schleppen mit mehreren Ruten
Drei Angler können problemlos gemeinsam fischen, es ist unwahrscheinlich, daß sich ihre Schnüre ineinander verfangen, sofern sie in verschiedenen Entfernungen und Tiefen fischen. Der Angler am Heck sollte seinen Köder flach und dicht hinter dem Boot fischen. Erfolgt nun ein Biß auf eine der anderen Ruten, dann kann er schnell seinen Köder einholen und sich um den Motor kümmern.

DAS SCHLEPPEN MIT MEHREREN RUTEN

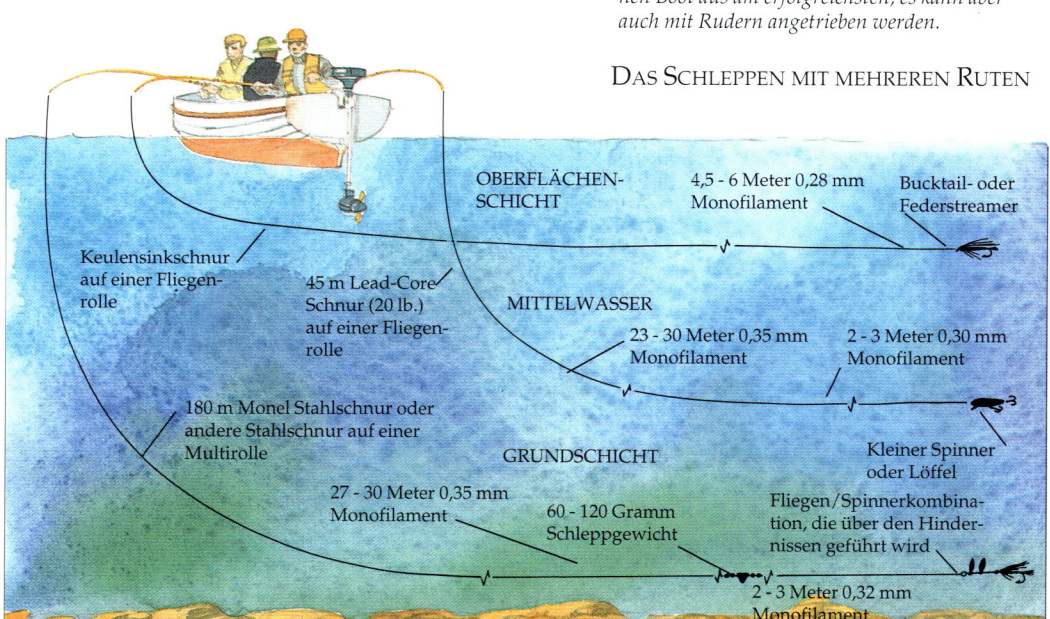

OBERFLÄCHEN-SCHICHT

4,5 - 6 Meter 0,28 mm Monofilament

Bucktail- oder Federstreamer

Keulensinkschnur auf einer Fliegenrolle

45 m Lead-Core Schnur (20 lb.) auf einer Fliegenrolle

MITTELWASSER

23 - 30 Meter 0,35 mm Monofilament

2 - 3 Meter 0,30 mm Monofilament

180 m Monel Stahlschnur oder andere Stahlschnur auf einer Multirolle

Kleiner Spinner oder Löffel

GRUNDSCHICHT

27 - 30 Meter 0,35 mm Monofilament

60 - 120 Gramm Schleppgewicht

Fliegen/Spinnerkombination, die über den Hindernissen geführt wird

2 - 3 Meter 0,32 mm Monofilament

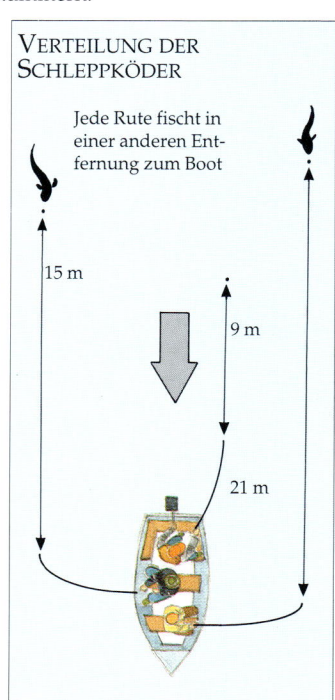

VERTEILUNG DER SCHLEPPKÖDER

Jede Rute fischt in einer anderen Entfernung zum Boot

15 m

9 m

21 m

DAS DOWNRIGGERFISCHEN

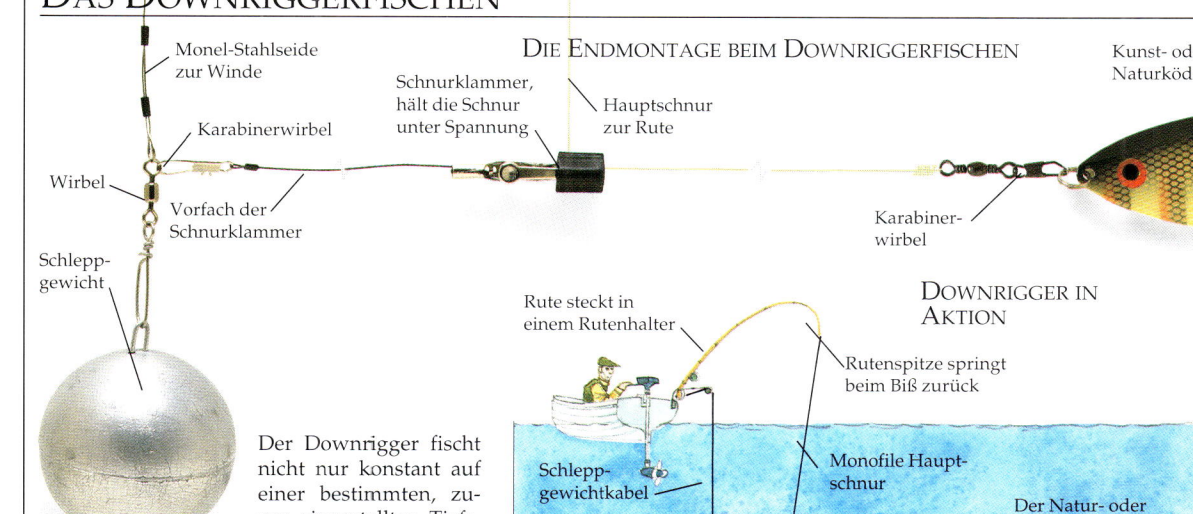

DIE ENDMONTAGE BEIM DOWNRIGGERFISCHEN

Monel-Stahlseide zur Winde

Schnurklammer, hält die Schnur unter Spannung

Hauptschnur zur Rute

Kunst- oder Naturköder

Karabinerwirbel

Wirbel

Vorfach der Schnurklammer

Karabinerwirbel

Schleppgewicht

Vorfachlänge
Das Vorfach vor dem Köder kann nur einen oder Dutzende Meter lang eingestellt werden. Beim Herablassen von Köder und Schleppgewicht sollte die Rolle auf Freilauf geschaltet und gegebenenfalls die Knarre zugeschaltet werden. Erst wenn die Montage in Stellung gebracht wurde, erfolgt die Feinabstimmung der Rolle.

DOWNRIGGER IN AKTION

Rute steckt in einem Rutenhalter

Rutenspitze springt beim Biß zurück

Schleppgewichtkabel

Monofile Hauptschnur

Der Natur- oder Kunstköder wurde der gesuchten Fischart entsprechend ausgewählt

Das Schleppgewicht hält den Köder in der gewünschten Tiefe

Die Schnur wird von einer Schnurklammer gehalten

Der Downrigger fischt nicht nur konstant auf einer bestimmten, zuvor eingestellten Tiefe, er ermöglicht es auch, einen gehakten Fisch völlig ohne zusätzliche Beschwerung auf der Schnur zu drillen. Möglich wird das deshalb, weil das schwere Schleppgewicht (1,5 Kilo und mehr), das notwendig ist, um den Köder in die richtige Tiefe zu bringen, an einer separaten, robusten Schnur befestigt ist. Sie ist nur über eine Schnurklammer, die beim Biß die Schnur freigibt, mit der Angelschnur verbunden. Der Downrigger wird am Bootsheck angebracht. Das Kabel, an dem das Schleppgewicht hängt, läuft über eine kurbelbetriebene Winde. Es wurde mit einem nicht wasserlöslichen Farbstift mit den verschiedenen Tiefen markiert, sodaß sich problemlos die genaue Angeltiefe herausfinden läßt (wer mit einem Echolot fischt, kann sich diese Markierungen sparen). Nachdem die Montage in die gewünschte Tiefe herabgelassen wurde, wird die Angelschnur mit der Rolle so stark gestrafft, daß die im Rutenhalter sitzende Rute gut gebogen wird. Vergreift sich nun ein Fisch am Kunstköder, gibt die Schnurklammer augenblicklich Schnur frei und gleichzeitig springt die Rute in ihre Ausgangsstellung zurück, wodurch der Biß deutlich angezeigt und oft schon der Anhieb gesetzt wird.

DOWNRIGGERWINDE
Das Kabel, welches das Schleppgewicht trägt, läuft über eine sicher am Heck befestigte Winde.

TIEF SCHLEPPEN
Mit Hilfe eines Downriggers lassen sich Schlepptiefen von über 150 Meter erreichen.

DAS FISCHEN MIT "BOTTOM-BOUNCERS" ODER "BAITWALKERS"

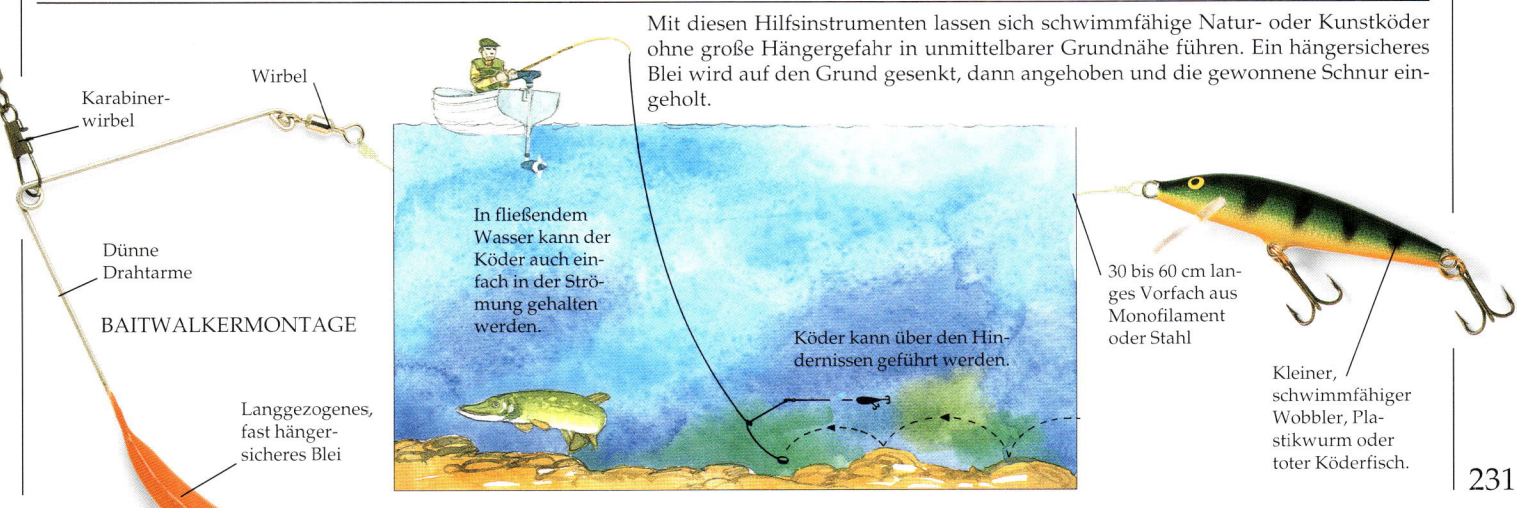

Mit diesen Hilfsinstrumenten lassen sich schwimmfähige Natur- oder Kunstköder ohne große Hängergefahr in unmittelbarer Grundnähe führen. Ein hängersicheres Blei wird auf den Grund gesenkt, dann angehoben und die gewonnene Schnur eingeholt.

Karabinerwirbel

Wirbel

Dünne Drahtarme

BAITWALKERMONTAGE

In fließendem Wasser kann der Köder auch einfach in der Strömung gehalten werden.

Köder kann über den Hindernissen geführt werden.

30 bis 60 cm langes Vorfach aus Monofilament oder Stahl

Langgezogenes, fast hängersicheres Blei

Kleiner, schwimmfähiger Wobbler, Plastikwurm oder toter Köderfisch.

231

DER ÜBERKOPFWURF

Den Überkopfwurf zu beherrschen ist für jede Art der Fliegenfischerei überaus wichtig. Jeder, der zum Fliegenfischer werden möchte, muß diesen Wurf meistern können und je sauberer der Wurfstil ist, desto erfolgreicher wird der Angler sein. Die wesentlichen Elemente des Überkopfwurfes sind der Vor- und der Rückwurf sowie die Leerwürfe. Alle diese Würfe werden hier vorgestellt und beschrieben. Darüberhinaus gibt es einige zusätzliche Tips, wie man einige gängige Wurffehler ausmerzt. Wie der einzelne Angler die Rute beim Werfen hält, ist ebenfalls wichtig, allerdings muß hier jeder den für sich selbst optimalen Griff herausfinden. Welcher Griff in Betracht kommt, hängt auch von den zu erzielenden Wurfweiten ab. Versuchen Sie die hier abgebildeten Griffe und entscheiden Sie dann, welcher von ihnen am besten zu Ihrer Wurftechnik paßt.

DER GRIFF

Kontinentalgriff

Ein sicherer, aber dennoch entspannter Griff, der ideal zum Erzielen großer Wurfweiten mit Hilfe von Keulenschnüren und schweren Schußköpfen geeignet ist. Ihm fehlt jedoch die für kurze und präzise Würfe erforderliche Sensibilität.

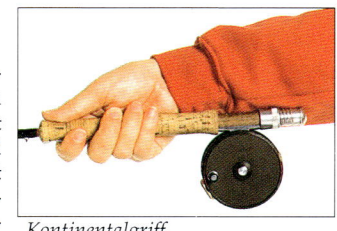

Kontinentalgriff

Standardgriff

Diesen Griff ziehen viele Allroundangler vor, die mit verschiedenen Techniken fischen. Er eignet sich gut für kurze, genaue Würfe, aber auch für Weitwürfe an breiten Flüssen und Seen. Durch den entlang der Griffoberseite liegenden Daumen ist die Belastung des Handgelenkes nicht so groß, wenn es darum geht, viel Wurfschnur in der Luft zu halten.

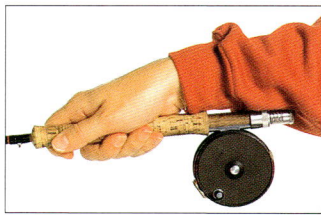

Standardgriff

Wettkampf- oder Castinggriff

Bei diesem Griff zeigt der Zeigefinger entlang der Rute. Dieser Griff ist optimal geeignet, wenn es um kurze, präzise Würfe an Bächen und Flüssen mit Trockenfliegen oder Nymphen geht.

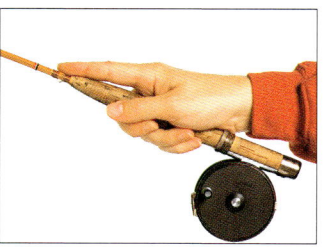

Wettkampf- oder Castinggriff

Die Trägheit der Wurfschnur krümmt die Rute ein wenig zusätzlich nach hinten

12 · 11 · 1 · 10 · 2 · 9 · 3 · 8 · 4 · 7 · 5 · 6

Stoppen Sie die Rute auf 11.30 Uhr

DAS ZIFFERBLATT EINER UHR

Mit Hilfe des Zifferblattes einer Uhr werden die verschiedenen Rutenstellungen beim Wurf beschrieben.

RÜCKWURF

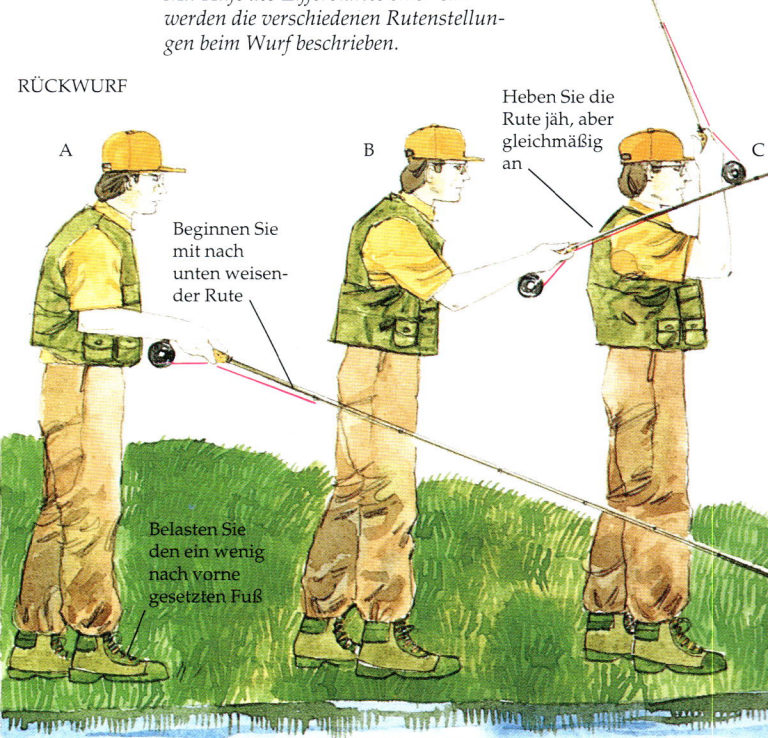

A · B · C

Beginnen Sie mit nach unten weisender Rute

Heben Sie die Rute jäh, aber gleichmäßig an

Belasten Sie den ein wenig nach vorne gesetzten Fuß

AUSBALANCIERTES GERÄT
Saubere Würfe hängen von zueinanderpassenden Fliegen, Schnüren und Ruten ab.

Der Rückwurf

Ein guter Rückwurf ist Voraussetzung für eine gute Vorwärtsbeschleunigung und wer diese beim Fliegenfischen ausschlaggebende Bewegung vernachlässigt, darf sich über einen schlechten Wurfstil nicht wundern. Bevor Sie beginnen, müssen Sie den Fuß auf Ihrer Rutenseite ein wenig nach vorne setzen, die Rutenspitze auf 4.00 Uhr in Stellung bringen und etwa 6 m Schnur vor Ihrer Rutenspitze liegen haben (A). Klemmen Sie nun die Schnur zwischen Zeigefinger und Rutengriff ein. Den Rückwurf beginnen Sie, indem Sie den Ellbogen anwinkeln (B) und dabei den Unterarm anheben, wobei die Rute gefühlvoll aber beständig von 4.00 Uhr auf 11.30 Uhr beschleunigt und dabei die Wurfschnur vom Wasser abgehoben wird (C). Halten Sie die Rute in dieser Stellung kurz an und warten Sie, bis sich die Schnur völlig gestreckt hat. Die Trägheit der Schnur krümmt die Rute bis auf 11.00 Uhr zurück. Erst jetzt beginnen Sie mit der Vorwärtsbeschleunigung. Diese Pause ist unerläßlich. Warten Sie zu lange, fällt hinter Ihnen die Schnur zu Boden. Ist die Pause zu kurz, kann es zu dem Peitschenknalleffekt kommen, der die Schnur beschädigen kann, gelegentlich geht dabei die Fliege verloren. Halten Sie Ihr Handgelenk beim Rückwurf gerade, da ansonsten die Rute zu weit abgesenkt wird. Der Vorwärtswurf kann dann nicht mehr geschmeidig und kontrolliert ausgeführt werden und findet eher ruckartig statt.

Leerwürfe

Leerwürfe ermöglichen es uns, beim Wurf Schnur nachzufüttern und so größere Wurfweiten zu erreichen. Es handelt sich um wiederholt stattfindende Vor- und Rückwürfe, ohne daß dabei die Schnur aufsetzt. Die Rutenbewegung ist dieselbe wie beim Überkopfwurf, statt daß die Schnur zwischen Zeigefinger und Rutengriff eingeklemmt wird, wird sie nun mit der freien Hand zwischen erstem Ring und Rolle gehalten. Bei jedem Rückwurf ziehen Sie von der Rolle Schnur, die Sie beim Vorschwung schießen lassen und so nachfüttern. Bewegen Sie die Rute dabei zwischen 11.00 und 2.00 Uhr und erst wenn genug Schnur in der Luft geführt wird, wird ein normaler Vorschwung durchgeführt und die Schnur freigegeben.

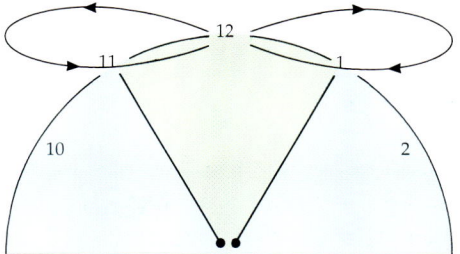

ENGE SCHLAUFE

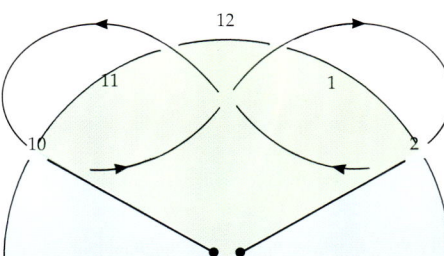

WEITE SCHLAUFE

Wurfschlaufen

Die Flugbahn der Wurfschnur wird von dem Bogen bestimmt, den die Rutenspitze bei den Leerwürfen beschreibt. Durch einen kurzen Bogen entsteht eine enge Schlaufe und durch einen langen Bogen entsteht eine weite. Eine enge Schlaufe, die durch Rutenbewegungen zwischen 11.00 und 1.00 Uhr entsteht, ermöglicht Ihnen einen weiteren Wurf als eine weite Schlaufe. Dennoch ist eine enge Schlaufe nicht immer wünschenswert. Wird beispielsweise mit einem Zug aus mehreren Fliegen gefischt, kann man die Verwicklungsgefahr erheblich senken, indem man den Rutenbogen von 10.00 bis 2.00 Uhr vergrößert und in der Luft eine weitere Schlaufe führt.

Die gekrümmte Rute verhält sich wie eine gespannte Feder, sie speichert Kraft, die sie beim Vorwärtswurf freigeben wird, wodurch die Wurfschnur nach vorne geschleudert wird

VORWÄRTSWURF ODER VORSCHWUNG

Die Schnur wird freigegeben, sobald die Rute etwa 1.30 oder 2.00 Uhr erreicht hat

Eine kurze Pause ermöglicht das Schießenlassen der losen Schnur

Begleiten Sie die Schnurbewegung mit der Rute, damit die Schnur nicht zu kurz fällt

D   E   F   G

Der Vorwärtswurf oder Vorschwung

Mit der unter Spannung befindlicher Rute und der hinten gestreckten Wurfschnur beginnen Sie, die Rute gleichmäßig nach vorne auf etwa 2.00 Uhr zu beschleunigen (D). Dort stoppen Sie die Bewegung abrupt ab (E), wobei Sie ganz zum Schluß die Rute noch ein wenig aus dem Handgelenk heraus nach vorne rucken. Die Handgelenkbewegung ist mit jener vergleichbar, mit der Sie mit leichten Hammerschlägen einen Nagel eintreiben würden. Beim Durchführen dieses Ruckes sollte die Rute auf einen imaginären Punkt etwa einen Meter über der Wasseroberfläche zielen. Begleiten Sie die Schnur mit der Rute, wenn sie sich zur Gänze ausstreckt und sanft auf das Wasser fällt (F,G). Alle diese Wurfbewegungen müssen möglichst durchgehend und geschmeidig ausgeführt werden.

Das Schießenlassen der Schnur

Für jede Rute gibt es eine Ideallänge an Wurfschnur, die in der Luft geführt werden kann. Größere Wurfweiten erreicht man nur durch das "Schießenlassen" der Wurfschnur. Hierzu muß man mehr Schnur von der Rolle ziehen, die während des Rückwurfes auf dem Boden liegenbleibt. Hat beim Vorschwung die Rute die 2.00 Uhr Stellung erreicht (E), gibt der Zeigefinger der Rutenhand die Leine frei. Die Trägheit der nach vorne beschleunigten Schnur zieht lose Schnur mit sich, wodurch man an Wurfweite gewinnt. Zielen Sie stets hoch genug, damit sich die Schnur auch der ganzen Länge nach strecken kann, bevor sie auf das Wasser fällt.

HÄUFIGE WURFFEHLER

Die Schnur fällt hinten zu tief
• der Rückwurf wurde nicht kraftvoll genug durchgeführt.
• die Rutenspitze wird hinten zu tief abgesenkt.
• die Pause beim Rückwurf ist zu lang.

Die Schnur "schießt" oder streckt sich nicht
• die Schnur wurde verfrüht freigegeben.
• die Wurfbewegung wurde nicht durchgehend ausgeführt.
• der Vorschwung wurde nicht kraftvoll genug ausgeführt.
• zwischen den Leerwürfen ist die Schnur nicht gestreckt.

Die Schnur landet als Haufen
• die Pause beim Rückwurf war zu kurz.
• es wurde zu niedrig gezielt.
• es wurde bei Gegenwind zu hoch gezielt.

Die Fliege wird abgerissen
• die Pause beim Rückwurf war zu kurz.
• die Vorfachspitze ist für die Größe und das Gewicht der Fliege zu dünn.

233

DER ROLLWURF

Um einen Rollwurf zu machen, wird die Wurfschnur direkt vom Wasser gehoben und vorwärts "gerollt", ohne eine Rückwurf durchzuführen. Vom Wasser gehoben wird die Schnur mit einer jähen Vorwärtsbewegung. Von unschätzbarem Wert ist dieser Wurf überall dort, wo hinter dem Angler befindliche Hindernisse den gewöhnlichen Überkopfwurf unmöglich machen. Sehr nützlich ist der Rollwurf beispielsweise auch dann, wenn Sie eine Sinkschnur aus dem Wasser heben wollen. Zunächst wird die gesunkene Schnur mit einem Rollwurf an die Oberfläche geholt, bevor sie mit einem Überkopfwurf erneut ausgebracht wird. Der Rollwurf bietet recht vielseitige Vorteile und er sollte zum selbstverständlichen Repertoire eines jeden Fliegenfischer gehören.

Das Durchführen eines Rollwurfes

Beginnen Sie damit, möglichst sicher zu stehen, indem Sie einen Fuß etwas vor den anderen setzen, wobei die Rute in Richtung Schnur weist (A). Dann heben Sie die Rute mit einer fließenden, gleichmäßigen Bewegung an (B), wobei die Rutenhand bis über Schulterhöhe angehoben wird, bis die Rute 10.30 oder 11.00 anzeigt (siehe Seite 232). Durch diese Bewegung entsteht eine große, offene Schnurschlaufe zwischen Rutenspitze und Wasser. Noch während sich die Schnur bewegt, wird die Rute noch etwas höher gehoben (C) und dann jäh nach vorne und etwas nach unten beschleunigt (D). Die Rute ist jetzt unter maximaler Spannung gekrümmt, die Schnur folgt ihr, wobei sie etwas hinter Ihnen einen großen Schnurbauch bildet und dicht an Ihren Füßen das Wasser verläßt. Wenn Sie die Rute in die 3.00 Uhr Stellung beschleunigen, rollt der Schnurbauch nach vorne (E). Begleiten Sie die Schnurbewegung mit der Rute (F), damit sich die Schnur auf dem Wasser streckt.

SICHERER STAND
Bei jeder Wurfart ist die Ausgangsstellung wichtig. Hierzu setzen Sie Ihr Standbein ein wenig vor das andere. Bei den meisten rechtshändigen Anglern bedeutet das den rechten Fuß, es kann sich aber auch lohnen, den linken Fuß nach vorne zu setzen, weil man so beim Vorschwung sicherer steht.
Sofern notwendig, können Sie beim Rollwurf wie beim Überkopfwurf lose Schnur in Ihrer freien Hand halten und sie erst im letzten Moment vom Vorschwung freigeben.

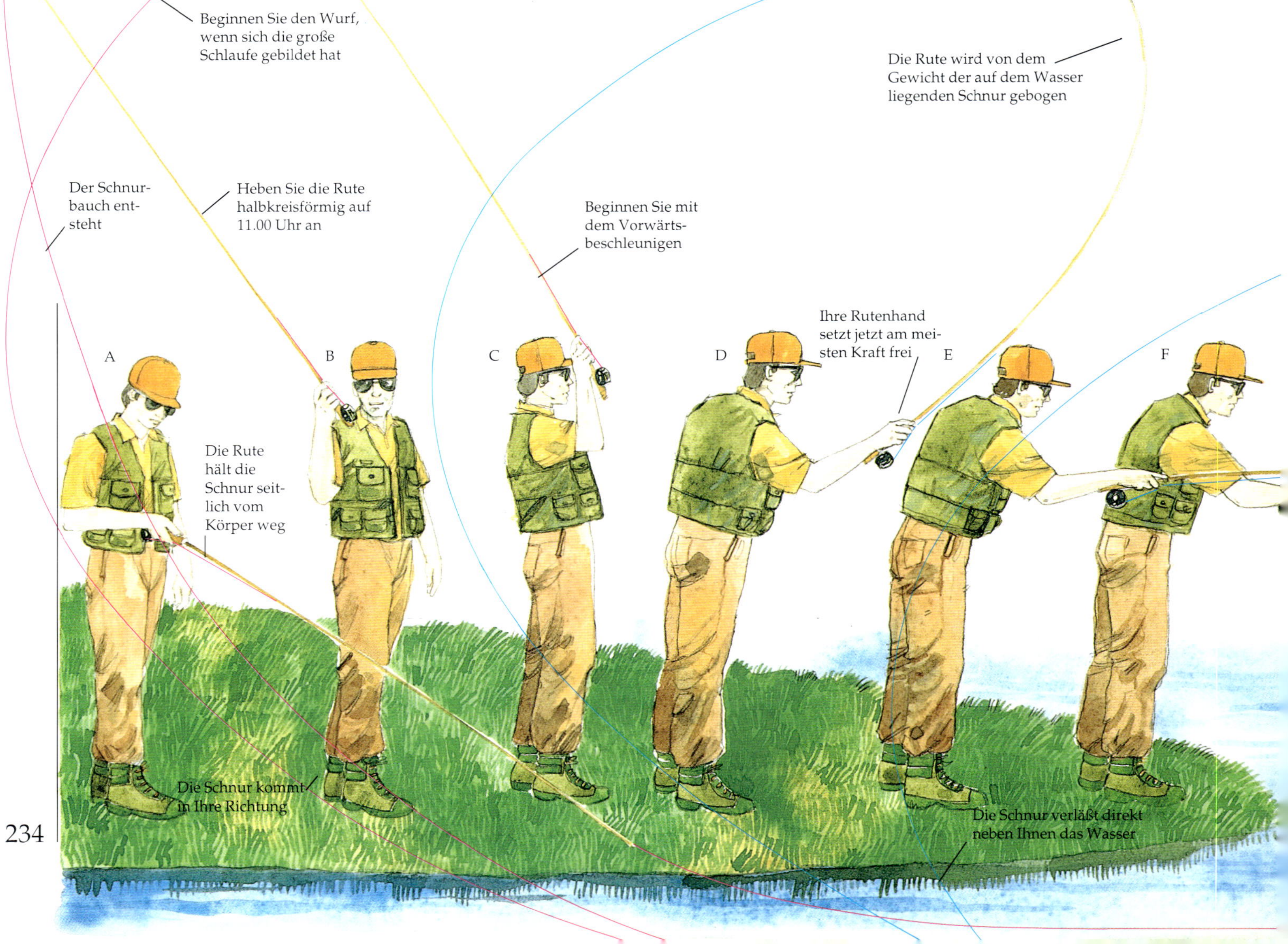

Beginnen Sie den Wurf, wenn sich die große Schlaufe gebildet hat

Die Rute wird von dem Gewicht der auf dem Wasser liegenden Schnur gebogen

Der Schnurbauch entsteht

Heben Sie die Rute halbkreisförmig auf 11.00 Uhr an

Beginnen Sie mit dem Vorwärtsbeschleunigen

Ihre Rutenhand setzt jetzt am meisten Kraft frei

A   B   C   D   E   F

Die Rute hält die Schnur seitlich vom Körper weg

Die Schnur kommt in Ihre Richtung

Die Schnur verläßt direkt neben Ihnen das Wasser

DAS WERFEN VON EINEM BOOT AUS *(links)*
Von einem treibenden Boot wird der Rollwurf dann ausgeführt, wenn mit einem Fliegenzug mit drei Fliegen gefischt wird oder dicht am Boot steigende Fische erreicht werden sollen. Der Rollwurf, der aus einer durchgehenden Bewegung besteht, ermöglicht steigende Fische viel schneller als mit einem Überkopfwurf zu erreichen, der wegen des Rückwurfes mehr Zeit benötigt.

DAS WERFEN AN EINEM FLUSS *(rechts)*
Wenn Sie einen Fluß befischen, dann ist der Rollwurf beim schnellen Richtungswechsel sehr praktisch oder überall dort, wo hinter dem Angler befindliche Hindernisse den Überkopfwurf unmöglich machen. Lachsangler, die mit langen Ruten große Flüsse befischen, finden den Rollwurf auch sehr praktisch, um ihre tief gesunkenen Sinkschnüre aus dem Wasser zu heben, bevor sie einen Überkopfwurf durchführen.

HÄUFIGE ROLLWURFFEHLER

Die Fliege verfängt sich hinter dem Angler
• Wird die Rute zu schnell angehoben, entwickelt sich der Schnurbauch zwischen Rutenspitze und Wasser nicht richtig, weil die Spannung der Schnur zu groß ist. Demzufolge zieht die Schnur zu niedrig an Ihnen vorbei und kann sich hinter Ihnen verfangen.
• Halten Sie beim Anheben und Abrollen der Schnur die Hand zu niedrig, zieht die Schnur zu tief an Ihnen vorbei.

Vor Ihnen rollt die Schnur nicht richtig ab
• Die Vorwärtsbeschleunigung war nicht kraftvoll genug. Sie sollte geschmeidig, aber dennoch kraftvoll erfolgen.
• Bei Wurfbeginn war die Schnur nicht gestreckt oder unter Spannung.
• Schlechter zeitlicher Wurfablauf. Werden das Anheben und Rollen der Schnur überstürzt, kann die Rute gegen den Zug der abhebenden Schnur keine Kraftreserven aufbauen.

Beim Abrollen nach vorne verwickelt sich die Schnur
• Die Rute wurde auf derselben vertikalen Ebene angehoben und nach vorne beschleunigt, wodurch sich die Schnur in sich verfängt. Vermieden wird das, indem man beim Abheben und Beschleunigen die Rute vom Körper weghält.
• Die Vorwärtsbeschleunigung wurde nicht kraftvoll genug ausgeführt.

Der Schnurbauch fliegt in einer abrollenden Schlaufe nach vorne

Die Schnurschlaufe strafft sich, weil sie jetzt der ganzen Rutenkraft ausgesetzt ist

Die Schnur entfaltet und streckt sich auf dem Wasser

Begleiten Sie die Bewegung Ihrer Schnur mit der Rute

DAS NASSFLIEGENFISCHEN

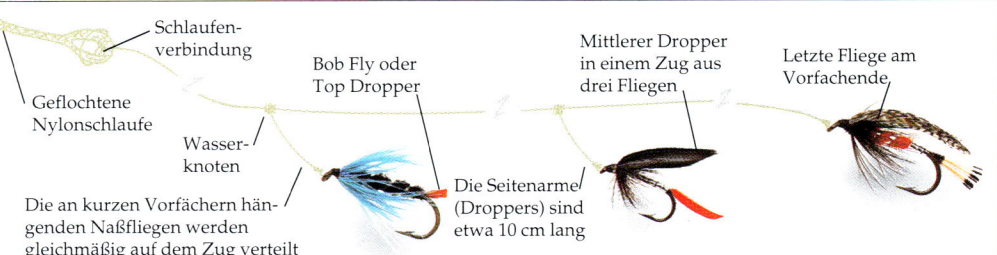

Das Naßfliegenfischen ist aufgrund seiner Vielseitigkeit eine der fängigsten Angeltechniken, deren Vorzüge am besten in strömendem Wasser zur Geltung kommen, die aber auch an trägeren, kanalartigen Strecken und stillstehenden Gewässern erfolgreich ist, sofern die Fliege richtig geführt wird. Den verschiedenen äußeren Bedingungen, Jahreszeiten und Fischarten entsprechend entstanden unterschiedliche Techniken. Eines haben sie jedoch alle gemeinsam: ob nun in Nordengland mit gesplißten Ruten und unscheinbaren Clyde-Fliegen gefischt wird oder ob in Nordamerika mit einhändigen Kohlefaserruten und Bucktailstreamern zu Werke gegangen wird, in jedem Fall findet diese Fischerei in einigen der wildesten und schönsten Gegenden unseres Planeten statt.

DAS NASSFLIEGENVORFACH
Naßfliegen werden einzeln oder, insbesondere für Forellen, in Zügen aus zwei oder drei, gleichmäßig zueinander entfernten Fliegen gefischt. Schmale, kleine Fliegen am Vorfachende und in der Mitte fischen tiefer als das große Muster darüber, das meist in oder knapp unter der Oberfläche geführt wird.

Schlaufenverbindung · Geflochtene Nylonschlaufe · Wasserknoten · Die an kurzen Vorfächern hängenden Naßfliegen werden gleichmäßig auf dem Zug verteilt · Bob Fly oder Top Dropper · Die Seitenarme (Droppers) sind etwa 10 cm lang · Mittlerer Dropper in einem Zug aus drei Fliegen · Letzte Fliege am Vorfachende

STROMAUF FLIEGENFISCHEN

Beim Fliegenfischen stromauf wird die Strömung zum Anbieten der Fliege in ruhigen Strömungsadern genutzt. Weil Sie sich von unten an die Fische heranpirschen, sind die Chancen entdeckt zu werden, weniger groß. Sehen Sie die Fische und auf welcher Höhe sie fressen, dann beschweren Sie Ihre Fliege gerade soviel, daß sie die richtige Tiefe erreicht. Stehen die Fische sehr tief, können Sie auch beschwerte Fliegen verwenden. Achten Sie beim Vorbeitreiben der Fliege auf Bewegungen von Fisch oder Vorfach.

VORSICHTIG ANPIRSCHEN
Von hinten können Sie sich viel leichter an Ihre Beute heranpirschen, weil Sie sich dann im toten Winkel des Sichtfensters befinden. Sie kommen auch viel näher an sie heran, sodaß Sie genauer werfen können. Mit wenig Schnur auf dem Wasser sinkt auch die Gefahr eines Schnurbauches, sodaß der Anhieb viel direkter erfolgen kann.

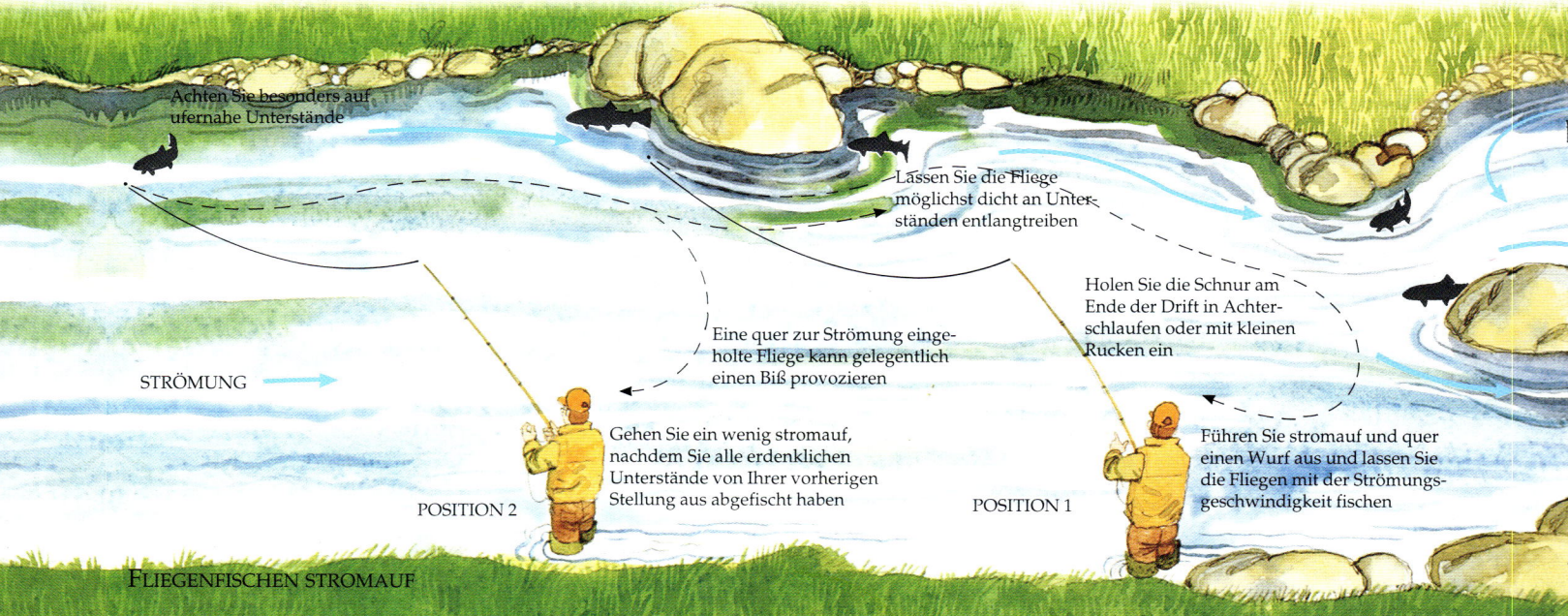

Achten Sie besonders auf ufernahe Unterstände · Lassen Sie die Fliege möglichst dicht an Unterständen entlangtreiben · Holen Sie die Schnur am Ende der Drift in Achterschlaufen oder mit kleinen Rucken ein · Eine quer zur Strömung eingeholte Fliege kann gelegentlich einen Biß provozieren · Gehen Sie ein wenig stromauf, nachdem Sie alle erdenklichen Unterstände von Ihrer vorherigen Stellung aus abgefischt haben · Führen Sie stromauf und quer einen Wurf aus und lassen Sie die Fliegen mit der Strömungsgeschwindigkeit fischen · STRÖMUNG · POSITION 2 · POSITION 1

STROMAB FLIEGENFISCHEN

Eine stromab und quer zur Strömung geworfene Naßfliege folgt der Wurfschnur bogenförmig. Und diese bogenförmige Drift finden viele Sportfische unwiderstehlich. Der Schlüssel zum regelmäßigen Erfolg liegt in der Driftgeschwindigkeit. Während die Fliege ihren Bogen beschreibt, sollte die Rute in Richtung Schnur weisen, da so die Drift kontrollierter stattfindet und auch vorsichtige Bisse noch wahrgenommen werden. Ein quer zur Strömung gerichteter Wurf hat eine hohe Driftgeschwindigkeit zur Folge, was beispielsweise beim Forellenfischen mit mehreren Fliege wünschenswert ist. Ein langer, stromab gerichteter Wurf quer zur Strömung findet in einem viel kleineren Winkel zum Fluß statt. Die Wurfschnur wird jetzt viel weniger von der Strömung erfaßt und entsprechend langsam treibt jetzt auch die Fliege durchs Wasser, was besonders beim Lachsfischen effektiv ist.

STROMAB UND QUER FISCHEN
Fischen Sie stromab und quer, sollten Sie möglichst viele Unterstände absuchen, vor allem all' jene Stellen, an denen die Hauptströmung nahe an ruhigem Wasser vorbeizieht.

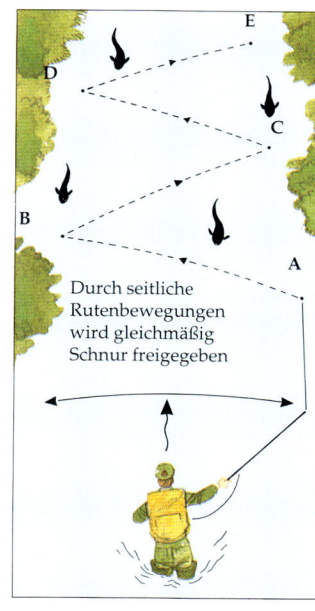

Durch seitliche Rutenbewegungen wird gleichmäßig Schnur freigegeben

Das Menden

Steigt ein Fisch in rascher Strömung nach der Fliege, verpaßt sie aber, dann liegt das oft an schlechter Köderführung: fischt die Fliege zu schnell, verpassen die Fische sie oft. Das "Menden" der Wurfschnur verlangsamt die Drift der Fliege. Hierzu wird unmittelbar nach dem Wurf ein Schnurbauch stromauf gelegt. Die Fliege treibt nun kontrollierter und langsamer von A nach D. Steht ein Fisch an B oder C und ist die Drift der Fliege immer noch zu schnell, dann kann wiederholtes Menden erforderlich sein.

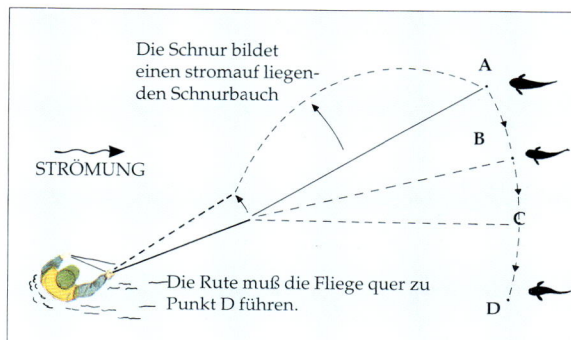

Die Schnur bildet einen stromauf liegenden Schnurbauch

STRÖMUNG

Die Rute muß die Fliege quer zu Punkt D führen.

Tiefes Waten

Trotz menden, fischt eine von Position 1 aus gefischte Fliege viel zu schnell. Von Position 2 aus läßt es sich aufgrund des günstigeren Winkels schon besser fischen, allerdings kann der auf 3 stehende watende Angler seine Fliege ebenso langsam, dafür aber mit einem kürzeren Wurf anbieten.

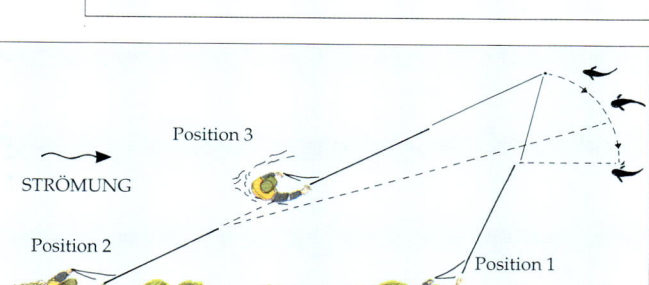

Position 3

STRÖMUNG

Position 2

Position 1

Das Rückwärtsfischen der Fliege

Mit dieser Technik wird stromab in Wasser gefischt, das zum Waten zu tief ist oder wo die Uferböschung zum Werfen hinderlich ist. Werfen Sie in Richtung A, schwingen Sie die Rute auf Ihre andere Körperseite während Sie Schnur freigeben und so die Fliege abbremsen. Hierdurch legt die Fliege die Strecke von A nach B zurück. Derselbe Vorgang wird wiederholt und so lassen sich auch die Punkte C,D und E erreichen. Die Bisse erfolgen gewöhnlich in der Querdrift und so sollten Sie nicht zuviel Schnur freigeben, wenn die Fliege mit ihrer Querbewegung beginnt.

Die Fliegen durchkämmen bogenförmig den Fluß

Indem man möglichst viel Schnur aus dem Wasser hält, gibt man der Fliege mehr Zeit zum Sinken

Menden Sie ganz nach Bedarf Ihre Schnur, um die Drift der Fliege zu verlangsamen

Werfen Sie stromab und quer und lassen Sie die Schnur möglichst locker

Gehen Sie nach jedem Wurf ein oder zwei Schritte stromab, wodurch die Drift der Fliege verlangsamt wird

Hauchen Sie Bucktails und Streamern mit der Rutenspitze noch zusätzliches Leben ein

POSITION 1

POSITION 2

STROMAB FISCHEN

DAS TROCKEN-FLIEGENFISCHEN

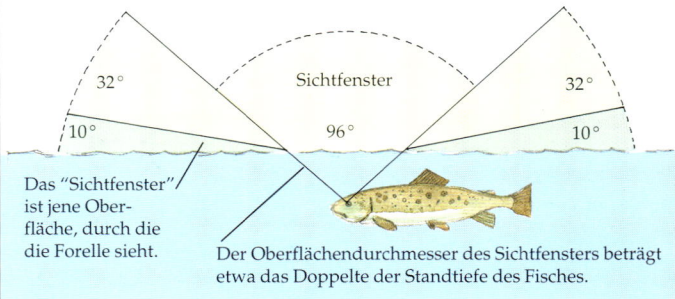

Das Trockenfliegenfischen liegt für jeden Fischer auf der Hand, wenn er Forellen nach Fliegen steigen sieht. Bereits im letzten Jahrhundert wurde diese Art der Fischerei durch Experten, wie M. Halford und Theodore Gordon, unsterblich gemacht. Diese beiden Experten legten damals schon auf das exakte Imitieren viel Wert und heute wurde aus dieser Technik eine der beliebtesten Fangmethoden für Forellen. Mit ihr lassen sich aber auch viele weitere Arten überlisten, u.a. Äschen, Karpfen und Hecht, allerdings kann man auch Lachse und Meerforellen mit der Trockenfliege fangen. Das Prinzip ist stets dasselbe: mit einer künstlichen, auf oder in der Wasseroberfläche angebotenen Fliege wird der Fisch zum Biß verleitet.

DAS SICHTFENSTER DER FORELLEN

Da sich ins Wasser einfallende Lichtstrahlen brechen, können Forellen nur jene Gegenstände sehen, die sich innerhalb eines von ihrem Standpunkt aus betrachteten Winkel von 48° auf jeder Seite von ihr befinden (siehe Zeichnung). Insgesamt entsteht so ein Sichtfenster von etwa 96°, das sich auf jeder Seite noch um 32° für Objekte unter der Wasseroberfläche (auch nahe stehende Angler) vergrößert. Treffen die Lichtstrahlen mit einem Winkel von weniger als 10° auf die Wasseroberfläche auf, dringen sie nicht in das Wasser ein; die Forellen sehen dann lediglich die Spiegelung ihrer Unterwasserwelt.

Das "Sichtfenster" ist jene Oberfläche, durch die die Forelle sieht.

Der Oberflächendurchmesser des Sichtfensters beträgt etwa das Doppelte der Standtiefe des Fisches.

DAS FISCHEN STROMAUF

In Flüssen stehen die Fische meistens mit dem Kopf zur Strömung gewandt. Indem Sie sich ihnen von stromab her nähern, vergrößern Sie Ihre Chancen unentdeckt zu bleiben. Einen steigenden Fisch überwerfen Sie dann von hinten her ein wenig und schon treibt die Fliege sanft durch sein Sichtfenster. Besonders wichtig ist das richtige "Lesen" der Strömung. Bewegen Sie sich geduckt fort, trainieren Sie sich einen Blick für mögliche Unterstände an und decken Sie beim Fischen das Wasser sorgfältig ab. Gehen Sie möglichst leicht bepackt zum Fischen. Setzen Sie Polaroidbrillen und einen Sonnenschutz mit möglichst breitem Rand auf, da sich so ein Großteil der Wasserspiegelungen ausschließen läßt und man viel problemloser Einblick in die Unterwasserwelt erhält.

DIE FISCHE FINDEN
Rückströmungen und die Bereiche hinter Brückenpfeilern sind erfolgversprechende Stellen. Achten Sie auch auf in Rückströmungen möglicherweise stromab gerichtet stehende Fische: wenn Sie sich einem solchen Fisch stromab nähern, kann er sie vielleicht entdecken. Bieten Sie die Fliege stromab vom ausgemachten Fisch an, damit die Wurfschnur nicht durch sein Sichtfenster treibt.

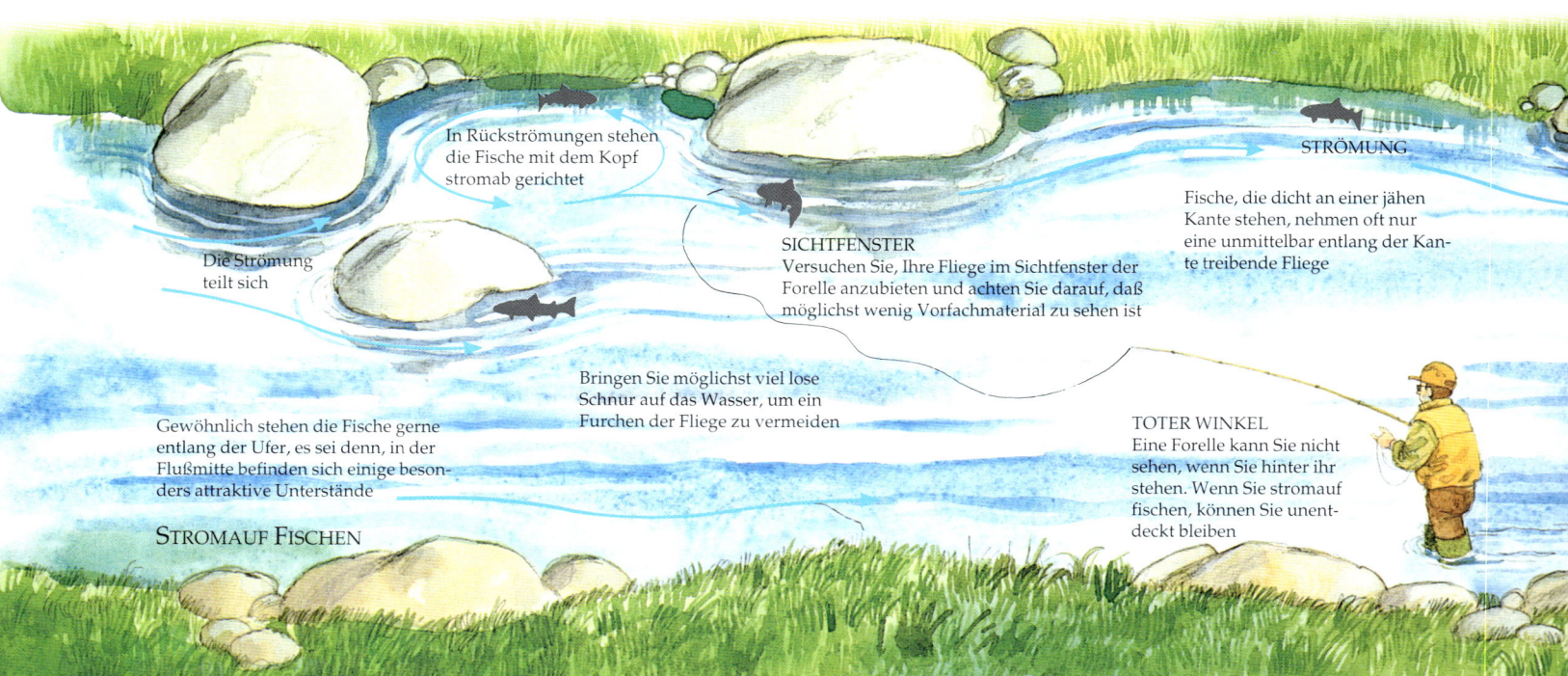

In Rückströmungen stehen die Fische mit dem Kopf stromab gerichtet

Die Strömung teilt sich

STRÖMUNG

Fische, die dicht an einer jähen Kante stehen, nehmen oft nur eine unmittelbar entlang der Kante treibende Fliege

SICHTFENSTER
Versuchen Sie, Ihre Fliege im Sichtfenster der Forelle anzubieten und achten Sie darauf, daß möglichst wenig Vorfachmaterial zu sehen ist

Bringen Sie möglichst viel lose Schnur auf das Wasser, um ein Furchen der Fliege zu vermeiden

Gewöhnlich stehen die Fische gerne entlang der Ufer, es sei denn, in der Flußmitte befinden sich einige besonders attraktive Unterstände

TOTER WINKEL
Eine Forelle kann Sie nicht sehen, wenn Sie hinter ihr stehen. Wenn Sie stromauf fischen, können Sie unentdeckt bleiben

STROMAUF FISCHEN

IN STILLSTEHENDEN GEWÄSSERN

In stillstehenden Gewässern kreuzen die Forellen gerne umher und steigen mal hier, mal dort. Durch das Beobachten mehrerer aufeinanderfolgender Ringe kann man die Schwimmrichtung des Fisches erahnen und die Fliege etwa einen bis drei Meter vor ihn werfen, damit ihr noch Zeit genug bleibt, um zur Ruhe zu kommen, bevor der Fisch sie erreicht hat. Lassen Sie Ihre Fliege möglichst natürlich treiben und vermeiden Sie jegliches Furchen: kommt die Fliege ins Furchen, schiebt sie vor sich eine Bugwelle, von der sich alle Fische vergrämen lassen. Verwenden Sie zum Trockenfliegenfischen möglichst unauffällige Vorfächer und vermeiden Sie dunkles Nylon.

STEIGENDE FISCHE
Trockenfliegen und Emerger sind bei fehlendem oder geringem Wind in ihrem Element, wenn die Fische an die Oberfläche kommen, um sich von den dort treibenden Insekten zu ernähren.

Absolute Windstille
Bei absoluter Windstille lassen sich die Fische durch ein schwimmendes Vorfach leicht vergrämen. Vergewissern Sie sich, daß ihr Vorfach sinkt, indem Sie es entfetten (Spülmittel oder Entfettungslösung). Ein gestrecktes Vorfach schneidet leichter durch die Oberfläche als ein gekringeltes. Ebenso kann man sich einer kleinen Nymphe bedienen, die etwas über der Trockenfliege an einem Seitenarm befestigt oder, wie hier abgebildet, auf die neuseeländische Art eingebunden wird. Die Nymphe bringt das Vorfach zum Sinken, aber nicht die Trockenfliege.

Trockenfliege oder Emerger

Vorfachlänge und -stärke den Bedingungen entsprechend

Kleine, stromlinienförmige Nymphe

STROMAB FISCHEN

Das Fischen stromab ist eine gute Methode, um Trockenfliegen auch an Stellen anzubieten, die von unten her unerreichbar sind. Wenn stromab Forellen nach Köcherfliegen (Sedges) steigen, kann eine furchende Fliege sogar von Vorteil sein und die eine oder andere Forelle zum Biß verleiten. Ohne zu furchen kann man stromab anbieten, indem man entsprechend Schnur freigibt und so die Fliege stromab treiben läßt. Der große Nachteil dieser Vorgehensweise besteht darin, daß sich direkt stromab vom Angler befindliche Fische nur schwer haken lassen.

DAS WATEN
Im Gegensatz zu stromauf fischenden Anglern waten stromab fischende Angler meistens. Das Waten erlaubt eine bessere Köderpräsentation, die Unterstände lassen sich besser absuchen und der Angler ist niedriger. Heben Sie beim Waten Ihre Füße nicht zusehr an: in schnellströmendem Wasser kann das zum Verhängnis werden. Führen Sie eine Schwimmhilfe mit sich.

DIE FLIEGE FURCHEN LASSEN
Um eine Fliege unmittelbar vor einem Fisch quer furchen zu lassen, brauchen Sie nur kurz bevor die Fliege den Fisch erreicht hat die Schnur zu straffen. Der Zug der Strömung bringt nun die Fliege in Richtung Flußmitte zum Furchen.

Die Schnur ist nun gestreckt und die Fliege beginnt zu furchen

Werfen Sie mit nicht ganz gestreckter Schnur stromab und quer

STRÖMUNG

VERBOTEN!
Das Fischen stromab ist an vielen Gewässern verboten, weil diese Vorgehensweise dem Angler angeblich zu einem unfairen Vorteil verhilft. Erkundigen Sie sich nach den genauen Bestimmungen.

DIE FLIEGE TREIBENLASSEN
Um eine Fliege in Richtung Fisch treiben zu lassen, muß entsprechend der Strömungsgeschwindigkeit Schnur nachgefüttert werden, ohne daß dabei die Fliege ins Furchen kommt. Der Fisch entdeckt die Fliege bevor die Wurfschnur in seinem Sichtfenster angelangt ist, sodaß die Chancen, den Fisch zu vergrämen, sinken und die Wahrscheinlichkeit, daß er nach der Fliege steigt, zunimmt.

Füttern Sie der Strömungsgeschwindigkeit entsprechend Schnur nach

STROMAB FISCHEN

DAS NYMPHENFISCHEN

Seit dem frühen 20.Jahrhundert, als G.E.M. Skues seine Klassiker zu diesem Thema schrieb, hat das Nymphenfischen viele Fortschritte gemacht. Heute ist hiermit nicht mehr lediglich das Fischen unter der Wasseroberfläche mit einer detailgenauen Imitation der Forellennahrung gemeint, weil es mittlerweile zahllose Nymphenmuster gibt, die nichts mehr mit natürlichen Vorlagen gemeinsam haben. Viele Nymphen aus modernen Bindematerialen sehen eindeutig mehr wie Phantasiegebilde als wie Insekten aus. Darüber hinaus stehen dem modernen Nymphenfischer viele verschiedene Techniken zur Verfügung, mit denen er bis zu drei Nymphen gleichzeitig fischen kann.

Die moderne Nymphenfischerei ist schon längst nicht mehr auf das Fischen mit einer einzelnen Fliege begrenzt.

BISSANZEIGER

Im Handel sind verschiedene Bißanzeigertypen erhältlich, die meisten sind fluoreszierend und somit bestens zu sehen. Unter vielen Fischern gelten sie aber als unsportlich.

Der Orvis Never-Miss Schaum läßt sich der Wassertiefe entsprechend auf jede Höhe des Vorfaches schieben und ist, im Gegensatz zum selbstklebenden Orvis Stay-on Indicator, mehrfach verwendbar. Die Butterfly-Schlaufe von Roman Moser ist ein fester Bestandteil seines ganzen Vorfachsystems. Sie besteht aus einem Stück geflochtenem Nylon, das an jedem Ende mit einer Schlaufe versehen wurde und zwischen die Wurfschnur und das Vorfach geschaltet wird. Die Sichtbarkeit wird von einem Stückchen fluoreszierend gefärbter Wolle im Nylongewebe erhöht.

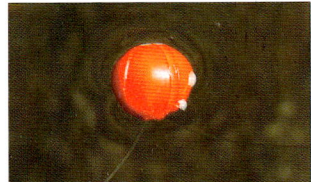
Orvis Never-miss

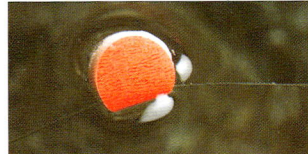
Orvis Stay-on

Moser's Butterfly-Schlaufe

FISCHEN IN FLÜSSEN

Mit einer Nymphe lassen sich oft oberflächennah oder grundnah kreuzende Forellen, die Trockenfliegen verweigern, zum Biß verleiten. Oft werden Trockenfliegen verweigert, weil die Fische auf Bachflohkrebse oder steigende Nymphen aus sind. Es ist unerläßlich, die Fliege auf die Höhe der Fische zu bringen und oft ist hierzu eine beschwerte Nymphe erforderlich. Versuchen Sie stets, mit ausreichend beschwerten Nymphen zu fischen, damit auch sicher die erforderliche Tiefe erreicht wird.

DEN BISS PROVOZIEREN
In dem klaren Wasser eines Kalkflusses läßt sich der Biß beim Nymphenfischen oft provozieren.

Den Biß provozieren
Forellen können Nymphen, die unmittelbar vor ihrer Nase steigen, nur schwer widerstehen. Nahezu provozieren können Sie den Biß, wenn das Wasser ausreichend klar ist, Sie einen Fisch sehen, die Nymphe auf ihn zutreiben lassen und sie dann im richtigen Moment ansteigen lassen.

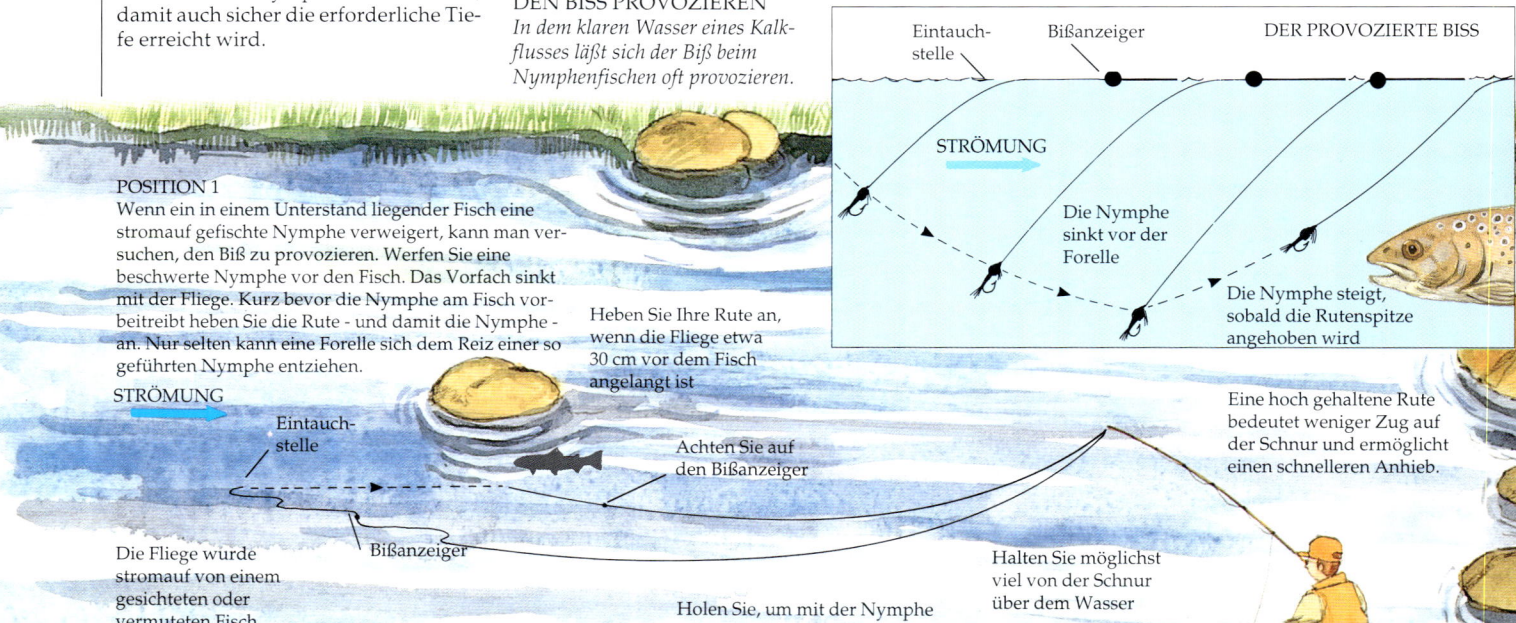

POSITION 1
Wenn ein in einem Unterstand liegender Fisch eine stromauf gefischte Nymphe verweigert, kann man versuchen, den Biß zu provozieren. Werfen Sie eine beschwerte Nymphe vor den Fisch. Das Vorfach sinkt mit der Fliege. Kurz bevor die Nymphe am Fisch vorbeitreibt heben Sie die Rute - und damit die Nymphe - an. Nur selten kann eine Forelle sich dem Reiz einer so geführten Nymphe entziehen.

STRÖMUNG

Eintauch-stelle

Die Fliege wurde stromauf von einem gesichteten oder vermuteten Fisch geworfen

Bißanzeiger

Heben Sie Ihre Rute an, wenn die Fliege etwa 30 cm vor dem Fisch angelangt ist

Achten Sie auf den Bißanzeiger

Holen Sie, um mit der Nymphe in Kontakt zu bleiben, die Schnur mit der Strömungsgeschwindigkeit ein

Eintauch-stelle   Bißanzeiger   DER PROVOZIERTE BISS

STRÖMUNG

Die Nymphe sinkt vor der Forelle

Die Nymphe steigt, sobald die Rutenspitze angehoben wird

Eine hoch gehaltene Rute bedeutet weniger Zug auf der Schnur und ermöglicht einen schnelleren Anhieb.

Halten Sie möglichst viel von der Schnur über dem Wasser

DAS NYMPHENFISCHEN AN STILLSTEHENDEN GEWÄSSERN

Die Larven und Puppen vieler Wasserinsekten werden von Forellen gefressen, ebenso wie Wasserflöhe, Kaulquappen, Schnecken und Flohkrebse, um nur einige zu nennen. Die Nymphenfischer verwenden daher Fliegen, die diese Art der Forellennahrung imitieren sollen. Hierbei gibt es sehr detailgenaue und sehr allgemein gehaltene Muster, die alle als Nymphen bezeichnet werden.

Einige Puristen behaupten allerdings, daß ausschließlich die Nymphen der Ephemeroptera-Arten (siehe Seite 100) echte Nymphen seien. Alle anderen Imitationen sind in ihren Augen in der Forellenfischerei fehl am Platz. Streng genommen haben sie mit der Bezeichnung recht, heute wird das Nymphenfischen jedoch nicht mehr von den verwendeten Fliegen, sondern von der Angeltechnik bestimmt. Es ist schwer, eine echte Abgrenzung zwischen dem Nymphen-, Naßfliegen- und Streamerfischen vorzunehmen. Die meisten Fliegenfischer, die an stillstehenden Gewässern mit ihrer Fliege ein im Wasser lebendes Insekt vortäuschen wollen, betrachten sich jedoch als Nymphenfischer.

Das Pirschen

Diese Methode ist für klare Gewässer geeignet, wo man die Fische sehen und sich einen als Ziel herauspicken kann. Besonders praktisch ist das Pirschen an kleinen Weihern und Teichen, in deren Tiefe große Forellen kreuzen. Verwenden Sie eine beschwerte Fliege, die gut sinkt und schnell die Tiefe der kreuzenden Forellen erreicht und versuchen Sie, wenn der Fisch unmittelbar an der Nymphe vorbeikommt, einen Biß zu provozieren, indem Sie die Nymphe leicht ansteigen lassen.

Werfen Sie aus und gehen Sie mit dem Wind im Rücken bis zu Position 1, damit die Fliege ein wenig sinken kann. Gehen Sie nun einige Schritte gegen den Wind zurück zu Position 2. Hierdurch steigt die Fliege bogenförmig aus dem tieferen Wasser empor.

WIND

POSITION 1   POSITION 2

TARNEN SIE SICH
Achten Sie beim Pirschen darauf, was von den Forellen gefressen wird. Bleiben Sie dabei jedoch immer möglichst versteckt, gehen Sie gebückt und tragen Sie dunkle Kleidung.

SCHNURFARBE
Blaß gefärbte Wurfschnüre sind eine große Hilfe, wenn es darum geht, die kleinsten Bisse zu entdecken.

Bogenförmig fischen
Bogenförmig gefischte Fliegen üben auf Fische in fließenden und stehenden Gewässern einen besonderen Reiz aus. Die Fische lassen sich von der wechselnden Einholgeschwindigkeit und Richtung zum Biß verleiten. Durch Wind entsteht in der Wurfschnur ein kleiner Bogen. Es kann sich allerdings bezahlt machen, ein wenig entlang vom Ufer zu spazieren und so einen deutlichen Schnurbogen entstehen zu lassen.

DER ÖHRKNOTEN
Befestigen Sie Ihre Fliege am Vorfach mit Hilfe des Universal- oder Grinnerknotens, den Sie beim Straffen nicht ganz zuziehen. Hierdurch bleibt der Fliege genug Freiraum, um sich am Vorfachende natürlich zu verhalten.

Universal- oder Grinnerknoten

Die Schlaufe läßt der Fliege Bewegungsfreiheit.

PIRSCHFLIEGEN
Die Walker's Mayfly Nymph ist ein ausgezeichnetes Musterbeispiel für eine beschwerte Pirschfliege. An warmen Tagen, an denen die Fische wählerisch sind, können beschwerte Käfer- und Midgemuster fängig sein, allerdings sind diese Fliegen nur schwer zu sehen, sodaß ein Bißanzeiger ratsam ist.

Walker's Mayfly Nymph

Bleikäfer

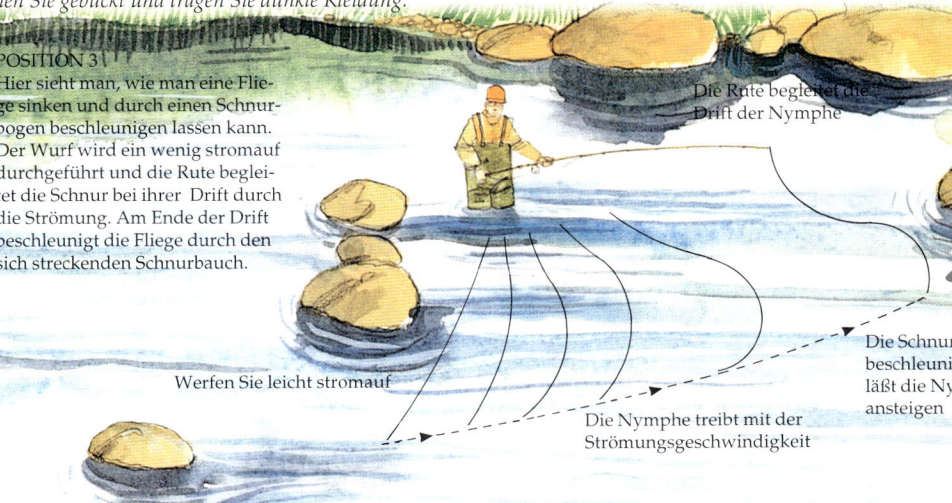

POSITION 2
Beim Watfischen in einem Fließgewässer können Sie die Nymphe durch Wasser treiben lassen, das zum Bewaten zu tief ist. Lassen Sie die Fliege in ihrer Drift gelegentlich ein wenig ansteigen, wodurch vielleicht der eine oder andere Biß provoziert wird. Geben Sie nach jedem Ansteigenlassen ein wenig Schnur frei, damit die Nymphe wieder ein bißchen sinken kann und ein wenig weiter in den Pool treibt.

POSITION 3
Hier sieht man, wie man eine Fliege sinken und durch einen Schnurbogen beschleunigen lassen kann. Der Wurf wird ein wenig stromauf durchgeführt und die Rute begleitet die Schnur bei ihrer Drift durch die Strömung. Am Ende der Drift beschleunigt die Fliege durch den sich streckenden Schnurbauch.

Die Rute begleitet die Drift der Nymphe

Die Schnur beschleunigt und läßt die Nymphe ansteigen

Die Nymphe treibt mit der Strömungsgeschwindigkeit

Werfen Sie leicht stromauf

Jedesmal, wenn die Schnur etwas gebremst wird, steigt die Nymphe verführerisch an

Drift   Bremsen   Freigeben   Drift   Bremsen   Freigeben

DAS FLIEGENFISCHEN VOM BOOT AUS

Das Driftfischen von einem Boot aus ist eine fängige Technik, um in stehenden Gewässern Forellen zu fangen. Hierbei wird mit einem aus drei oder vier Fliegen bestehenden Fliegenzug an recht kurzer Schnur von einem treibenden Boot aus gefischt. Besonders fängig ist diese Technik an stark windigen Tagen. Hierbei kommen Sink- und Schwimmschnüre zum Einsatz. Wird der Fliegenzug richtig gefischt, fängt die oberste Springerfliege am meisten. Das Geheimnis dieser Technik ist das richtige Anheben der Fliegen gegen Ende der Einholphase, wobei die Fliegen so lang wie nur möglich im Oberflächenfilm gehalten werden müssen. Im Laufe der Zeit wurden die traditionellen Fliegen durch neuere Muster, wie Raiders, Mini Muddlers und Emergers ersetzt. Trotzdem bleibt ein in früheren Zeiten herausragender Fliegenzug, wie etwa einer mit einer Wickham's als oberstem Springer, einer Silver Invicta in der Mitte und einer Gold Ribbed Hare's Ear an der Vorfachspitze, auch heute noch fängig, vor allem im Sommer.

SICHERE WURFWINKEL

Wenn sich zwei Fliegenfischer ein Boot teilen, darf jeder von ihnen nur eine begrenzte Fläche befischen, damit er den anderen nicht stört, aber vor allem, damit es beim Werfen nicht zu unnötigen Verletzungen kommt. Sind beide Angler Rechtshänder, kann der Angler A sicher im Sektor 3 fischen. Nimmt er auf den Angler B Rücksicht, kann er auch noch in den Sektoren 1 und 2 fischen. Der Angler B kann sicher im Sektor 4 fischen. Ist einer der Angler Linkshänder, sollte er von Position A aus fischen, von wo aus er die Sektoren 1, 2 und 3 abfischen kann. Sind beide Linkshänder, sind die Sektoren genau umgekehrt wie bei zwei Rechtshändern verteilt.

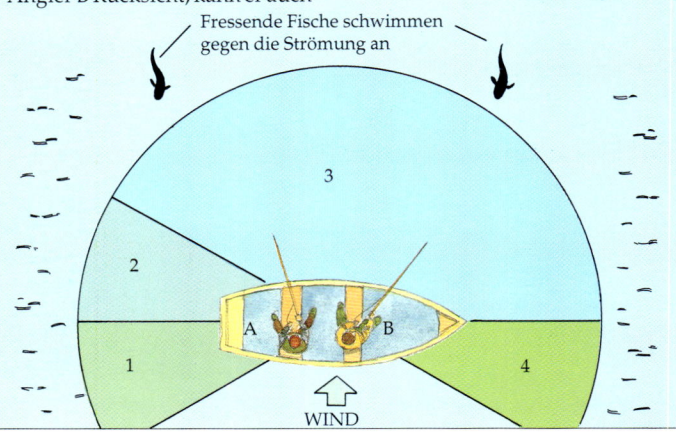

Fressende Fische schwimmen gegen die Strömung an

WIND

DAS DRIFTFISCHEN ("FISHING THE DRIFT")

Eine 3 bis 3,4 m lange Rute erlaubt Ihnen eine gute Schnurführung beim Anheben der Fliegen. Beim Werfen entsteht eine Schlaufe, die weit genug ist, damit sich die Fliegen nicht ineinander verfangen. Lange Seitenarme verbessern die Köderpräsentation und ermöglichen ein mehrfaches Wechseln der Fliegen, bevor auch die Seitenarme erneuert werden müssen. Bleiben Sie stets in Kontakt mit den Fliegen und setzen Sie beim geringsten Verdacht einen Anhieb. Achten Sie stets auf irgendwelche unnatürlichen Bewegungen in der Driftrichtung des Bootes und versuchen Sie, wann immer möglich, die bei starkem Wind auf der Wasseroberfläche entstehenden "Straßen" zu befischen, da sich dort gewöhnlich nahrungssuchende Fische aufhalten.

GEWÄSSERKENNTNIS

Die Fischbestände in Seen sind oft an bestimmten Stellen konzentriert und ohne die Hilfe eines einheimischen Anglers oder Führers verlieren Sie an Ihnen unbekannten Gewässern viel Zeit damit, fischleeres Wasser abzufischen. Hier steuert ein Führer die Bootsdrift, während der Angler seinen Fliegenzug im seichten Wasser am Felsvorsprung fischt.

WIND

Die mit der Nahrungsaufnahme beschäftigten Fische schwimmen gegen die Strömung an.

Bob Fly oder oberster Springer

Das Boot steht und treibt quer zum Wind und die Fliegen werden auf der windabgewandten Seite angeboten.

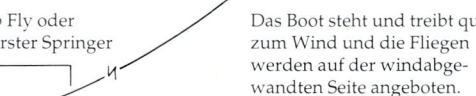

Bläst der Wind stark, dann sollten Sie an der Vorfachspitze eine große oder beschwerte Fliege montieren, sodaß diese im Wasser wie ein Treibanker wirkt und den Zug stabilisiert.

Die mittlere Springerfliege wird oft von Fischen genommen, die von den Verwirbelungen der obersten Springerfliege angelockt wurden.

DIE OBERSTE SPRINGERFLIEGE
Verwenden Sie bei starkem Wellengang eine buschige Fliege und ein "magereres" Muster bei leichtem Wind. Besonders auffällige Fliegen, wie etwa die Mini Muddlers, fangen nicht nur zahlreiche Fische, sondern locken auch oft Forellen an die unauffälligeren, eher imitativen Muster an den anderen Seitenarmen.

Bei starkem Wind läßt sich die Bootsdrift mit Hilfe eines Treibankers verlangsamen. Unter Wasser verhält sich ein solcher Anker wie ein kleiner Fallschirm, der die Bootsdrift abbremst.

FISCHEN MIT SINKSCHNUR

Das Fischen mit Sinkschnüren kann manchmal auf tief stehende Fische überaus fängig sein. Während die Fliegen absinken, sollten Sie gerade soviel Schnur einholen wie notwendig ist, um mit den Fliegen in Kontakt zu bleiben und um beim Absinken stattfindende Bisse auszumachen. Treibt das Boot über die Fliegen, heben Sie sie an, allerdings nur, bis der oberste Springer in Sichtweite oder an der Oberfläche angelangt ist. Dort halten Sie ihn so lange wie möglich. Auffällig gefärbte Fliegen provozieren oft in diesen Pausen einen Fisch zum Biß. Nymphen, die hinter einem auffällig gefärbten obersten Springer gefischt werden, sind vor allem an Tagen, an denen Forellen sich von Midges ernähren, erfolgreich.

MIT DER SINKSCHNUR
Ein heller Frühlingstag, an dem die Fische tief stehen, ist genau der richtige Moment, um mit einer schnellsinkenden Schnur und mit einem auffällig gefärbten obersten Springer zu fischen.

DAS FISCHEN MIT EINER SINKSCHNUR
Schnellsinkende Schnüre mit hoher spezifischer Dichte sind unerläßlich, wenn tiefstehende Forellen erreicht werden sollen; drei Meter lange Ruten mit 7er oder 8er Keulenschnüren sind dann angebracht. Um die Standtiefe der Fische herauszufinden, können Sie die Countdown-Methode verwenden (siehe Seite 216). Haben Sie sie herausgefunden, dann variieren Sie Ihre Einholgeschwindigkeit so lange, bis Sie die fängigste herausgefunden haben.

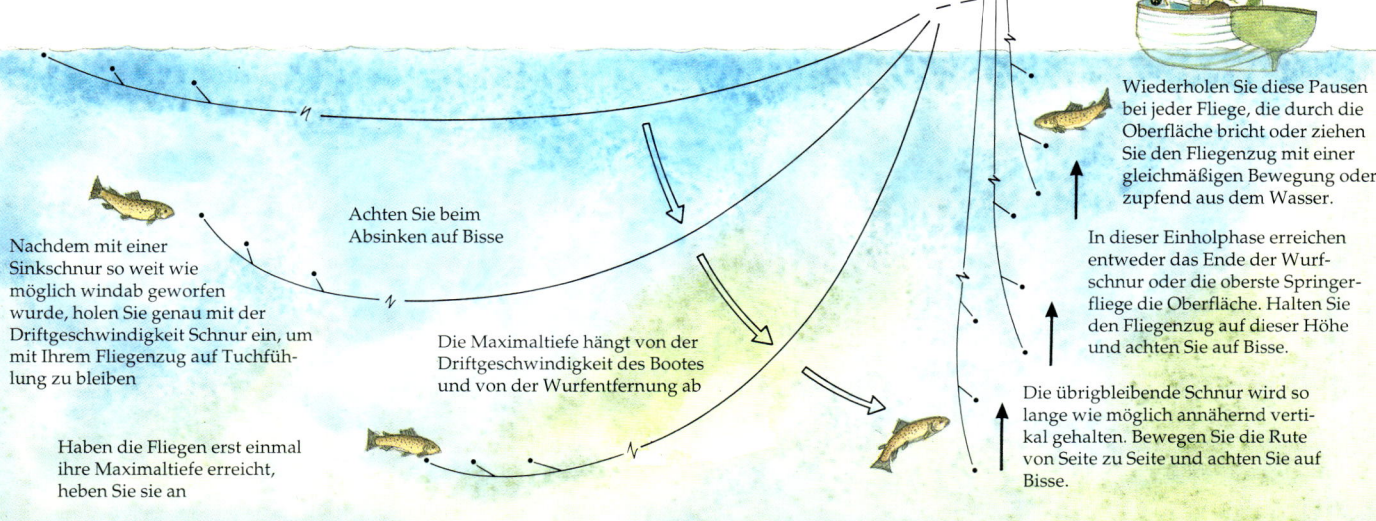

WIND

Das Boot wird vom Wind getrieben

Nachdem mit einer Sinkschnur so weit wie möglich windab geworfen wurde, holen Sie genau mit der Driftgeschwindigkeit Schnur ein, um mit Ihrem Fliegenzug auf Tuchfühlung zu bleiben

Achten Sie beim Absinken auf Bisse

Die Maximaltiefe hängt von der Driftgeschwindigkeit des Bootes und von der Wurfentfernung ab

Haben die Fliegen erst einmal ihre Maximaltiefe erreicht, heben Sie sie an

Wiederholen Sie diese Pausen bei jeder Fliege, die durch die Oberfläche bricht oder ziehen Sie den Fliegenzug mit einer gleichmäßigen Bewegung oder zupfend aus dem Wasser.

In dieser Einholphase erreichen entweder das Ende der Wurfschnur oder die oberste Springerfliege die Oberfläche. Halten Sie den Fliegenzug auf dieser Höhe und achten Sie auf Bisse.

Die übrigbleibende Schnur wird so lange wie möglich annähernd vertikal gehalten. Bewegen Sie die Rute von Seite zu Seite und achten Sie auf Bisse.

DAS "DAPPING"

Unter dem Dapping ist eine Technik zu verstehen, bei der eine Fliege mit Hilfe des Windes auf der Oberfläche tippend geführt wird, eine Technik, der in weiten Seen schon zahlreiche große Lachse, Meerforellen und Forellen zum Opfer fielen. Unerläßlich sind hierzu 4,6 bis 5,2 m lange Ruten und eine seidene "Flugschnur", die gut vom Wind getragen wird. Die einzelnen Fasern der Flugschnur zerfransen schnell, ein Knoten alle 50 cm bewahrt die Schnur vor dem Auflösen. Das Dapping mit echten Fliegen ist an einigen Gewässern verboten.

DAS FÜHREN DER FLIEGE
Eine möglichst lange Flugschnur wird in den Wind gehalten und die Fliege so weit es geht vom Boot entfernt angeboten. Die Fliege wird im Wind direkt über der Oberfläche gehalten und immer wieder auf das Wasser aufgesetzt und gelegentlich furchend über die Oberfläche gezogen. An stark windigen Tagen hilft eine zweite Fliege bei der Köderführung.

DIE UNGESCHRIEBENEN REGELN DER BOOTSFISCHEREI
Wenn Sie sich entlang eines Ufers treiben lassen, dann achten Sie darauf, von Uferanglern ausreichend Abstand zu halten. Starten Sie am Ende Ihrer Drift den Motor nur in ausreichender Entfernung zu den anderen angelnden Booten und kreuzen Sie beim Fahren nie verfrüht die Drift eines angelnden Kollegen oder den gerade fängigen Bereich. Stehen Sie im Boot nur, wenn es unerläßlich ist, schützen Sie Ihre Augen immer mit einer Brille und tragen Sie stets eine Schwimmweste.

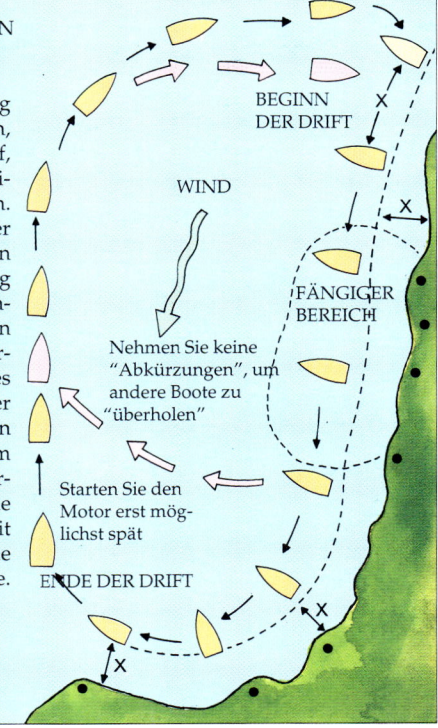

BEGINN DER DRIFT

WIND

FÄNGIGER BEREICH

Nehmen Sie keine "Abkürzungen", um andere Boote zu "überholen"

Starten Sie den Motor erst möglichst spät

ENDE DER DRIFT

LEGENDE:
X 100 Meter Mindestentfernung
● Uferangler

243

KÜSTENNAHES FISCHEN

Mit Hilfe eines kleinen, von einem Außenborder angetriebenen Boots oder einer kleinen Motorjacht lassen sich Angelstellen erreichen, die weit außerhalb der Wurfweite der Uferangler sind, jedoch nicht weit genug entfernt liegen, um ein Anfahren mit größeren Booten zu rechtfertigen. Zu diesen Angelstellen zählen nicht nur küstennah gelegene Stellen, sondern auch ruhige Buchten, Mündungsbereiche und Tidenrinnen, die oft besonders produktiv sind, weil sie selten befischt werden.

DAS "UPTIDE"-FISCHEN

Wird von einem verankerten Boot aus in seichtem Wasser gefischt, dann vergrämen die vom Boot und den Anglern ausgehenden Geräusche innerhalb einer "Angstzone" die meisten Fischarten (außer Plattfische). Diese Zone erstreckt sich nicht nur um das Boot, sondern auch darunter. In seichtem Wasser können die Fische nicht tief genug abtauchen, um den störenden Geräuschen zu entgehen, sodaß es gut möglich ist, daß sie die Umgebung des Bootes ganz verlassen. Nun lassen sie sich nicht mehr durch einfaches Absenken der Köder an der Bordwand erreichen. Das Uptide-Fischen, bei dem die Köder stromauf und möglichst seitlich weg vom Boot geworfen werden, löst dieses Problem. Am erfolgreichsten ist es in Tiefen von etwa 12 m - es kann so allerdings auch viel tiefer gefischt werden. Die Köder werden mit Hilfe von Krallenbleien in Stellung gehalten und damit diese Bleie gut halten, muß die Wurfentfernung mindestens das Dreifache der Wassertiefe betragen.

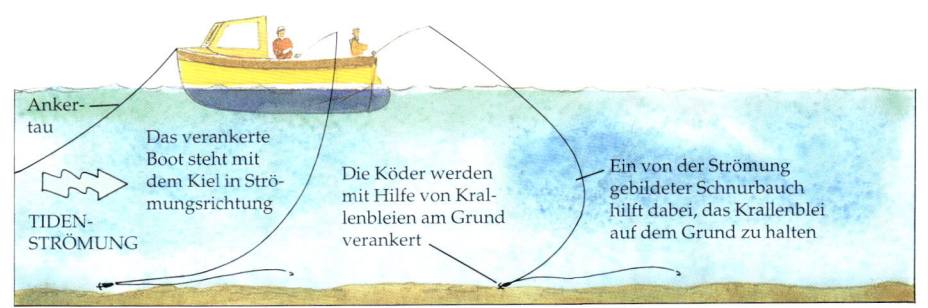

Ankertau

Das verankerte Boot steht mit dem Kiel in Strömungsrichtung

TIDENSTRÖMUNG

Die Köder werden mit Hilfe von Krallenbleien am Grund verankert

Ein von der Strömung gebildeter Schnurbauch hilft dabei, das Krallenblei auf dem Grund zu halten

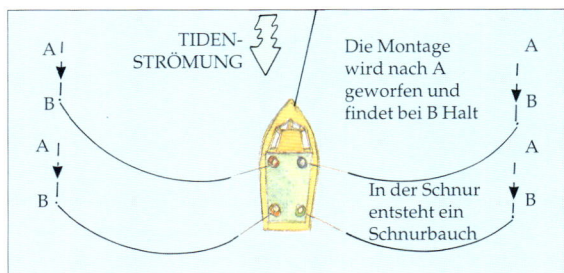

TIDENSTRÖMUNG

Die Montage wird nach A geworfen und findet bei B Halt

In der Schnur entsteht ein Schnurbauch

Das Werfen und der Anhieb
Verwenden Sie eine 2,7 bis 3 m lange Uptide-Rute, an die eine Stationärrolle oder eine kleine Multirolle kommt. Werfen Sie gegen die Strömung und seitlich weg vom Boot. Nach dem ersten Bodenkontakt rollt das Blei noch ein wenig auf dem Grund, bevor es Halt findet. Im Falle eines Bisses müssen Sie schnell einholen, bis Sie das Gewicht des Fisches in der Schnur fühlen und dann den Anhieb setzen.

SELBSTHAKMONTAGE

Hauptschnur, 0,32 bis 0,40 mm Monofilament

80 lbs Tönnchenwirbel

Perle

80 lbs Tönnchenwirbel

90 cm langes, o,70 mm starkes Monofilament

110 bis 170 Gramm Krallenblei

0,70 mm Monofilament, das länger als das Vorfach ist

1/0 - 4/0 Haken

UPTIDE-KRALLENBLEIE

"BREAKAWAY"

UPTIDEFISCHEN AUF HAI
Haie sind zwar nicht die gewöhnliche Beute der Uptidefischer, aber es werden mit dieser Technik oft Hunds- und Dornhaie sowie andere kleine, küstennah lebende Haiarten überlistet.

SELBSTHAKMONTAGE
Eine solche Montage wird zum Fischen auf Plattfische und Dorsche verwendet, die den Köder augenblicklich verschlucken. Sobald diese sich mit dem Köder entfernen, haken sie sich aufgrund der Trägheit des Krallenbleies selber. Laufmontagen (siehe nächste Seite) werden für Fische verwendet, die mit dem Köder ein wenig herumschwimmen, bevor sie ihn schlucken.

UPTIDEGEWICHTE *(oben)*
Die Gewichte können mit umklappbaren Sandkrallen (Breakaway) ausgestattet sein oder über festsitzende Drahtkrallen verfügen (siehe Seite 60 - 61). Die mit einer Plastikverlängerung versehenen bieten den besten Halt; mit den "Breakaways" lassen sich in seichtem Wasser die besten Ergebnisse erzielen.

DAS FISCHEN MIT DER STRÖMUNG

Nicht alle Situationen, die beim Bootsfischen auftreten, sind für das Uptide-Fischen geeignet und nicht alle erfordern den Einsatz von Uptide-Techniken oder spezieller Ruten. Das klassische Grundfischen läßt sich an Stellen, die über 9 m tief sind, beim Fischen über Riffen und beim Driftfischen hervorragend mit gewöhnlichem Bootsgerät ausüben. Die Ruten sind in aller Regel etwa 2,1 m lang. Die Rollen brauchen nicht über gute Wurfeigenschaften zu verfügen und dennoch läßt sich an solchem Gerät mit einer Vielzahl unterschiedlicher Vorfächer fischen.
Die Gewichte müssen den Köder nicht fest am Boden verankern, Krallenbleie sind überflüssig. Dennoch müssen sie den Bodenkontakt halten und sollten daher vom Gewicht her zur Gezeitenströmung und zur Schnurstärke passen - je niedriger diese beiden Faktoren liegen, desto weniger Blei ist notwendig. Darüber hinaus sollte das Gewicht der zu- oder abnehmenden Gezeitenströmung angepaßt werden.

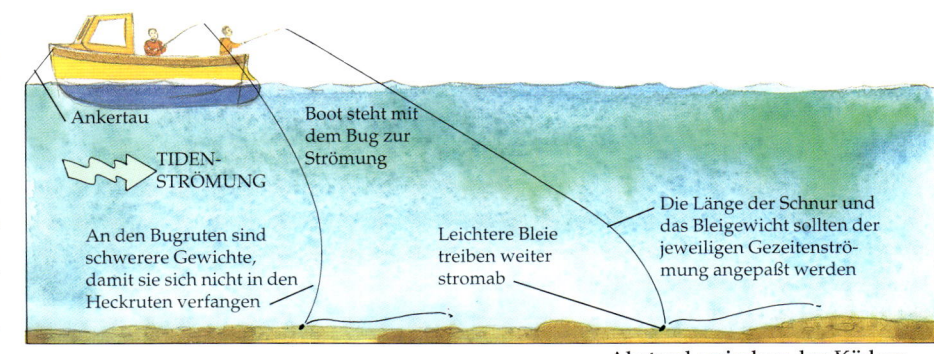

Ankertau

TIDENSTRÖMUNG

Boot steht mit dem Bug zur Strömung

An den Bugruten sind schwerere Gewichte, damit sie sich nicht in den Heckruten verfangen

Leichtere Bleie treiben weiter stromab

Die Länge der Schnur und das Bleigewicht sollten der jeweiligen Gezeitenströmung angepaßt werden

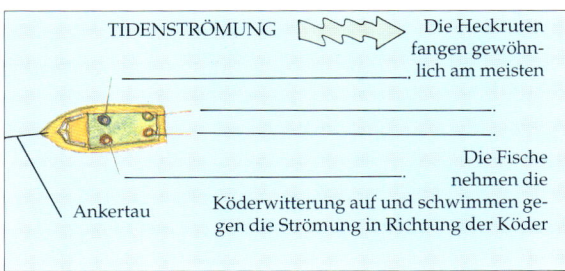

TIDENSTRÖMUNG

Die Heckruten fangen gewöhnlich am meisten

Die Fische nehmen die Köderwitterung auf und schwimmen gegen die Strömung in Richtung der Köder

Ankertau

Abstand zwischen den Ködern
Beim einfachen Grundfischen liegen alle Köder in der Verlängerung der Rutenspitze und müssen daher sorgfältig verteilt werden. Werden die vorderen Ruten mit viel Blei versehen und die Heckruten mit weniger Blei, dann werden letztere mehr von der Strömung erfaßt und jede Verwicklung ist ausgeschlossen.

LAUFBLEIMONTAGE
Fische, wie beispielsweise Wolfsbarsche, die ihre Beute erst ein wenig mit sich herumschleppen, bevor sie sie verschlucken, lassen den Köder oft los, wenn sie einen unnatürlich hohen Widerstand vom Blei merken. Mit der Laufbleimontage können auch diese Fische ungehindert Schnur abziehen und der Angler kann in aller Ruhe den richtigen Moment zum Anhieb abwarten. Beim Fischen mit einer Laufbleimontage wird die Rolle auf Freilauf geschaltet, damit die Schnur ungehindert durch die Schnurlaufperle gleiten kann, ganz ohne das Blei zu bewegen.

GRUNDBLEIE *(unten)*
Um den Bodenkontakt zu halten, ohne zuviel Schnur freigeben zu müssen, brauchen Sie ein Blei, das von seinem Gewicht her optimal zur Strömung paßt und dessen Form stromlinienförmig sein sollte, um dem Wasser möglichst geringen Widerstand entgegenzusetzen. Tropfenförmige Gewichte erfüllen diese Voraussetzungen und verursachen auch die wenigsten Hänger, sodaß sie für den Bootsfischer beim einfachen Grundfischen immer eine gute Wahl sind.

GLOCKENFORM

TORPEDOFORM

TROPFENFORM

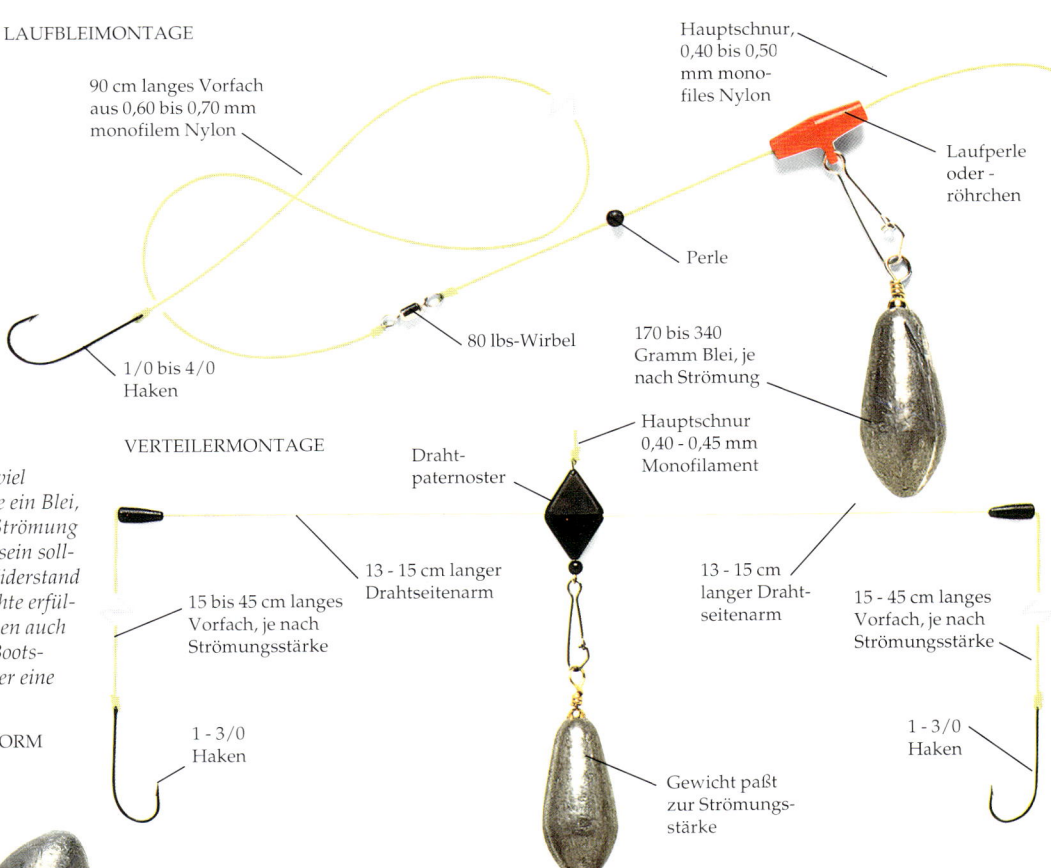

LAUFBLEIMONTAGE

90 cm langes Vorfach aus 0,60 bis 0,70 mm monofilem Nylon

1/0 bis 4/0 Haken

Perle

80 lbs-Wirbel

Hauptschnur, 0,40 bis 0,50 mm monofiles Nylon

Laufperle oder -röhrchen

170 bis 340 Gramm Blei, je nach Strömung

VERTEILERMONTAGE

Drahtpaternoster

13 - 15 cm langer Drahtseitenarm

15 bis 45 cm langes Vorfach, je nach Strömungsstärke

1 - 3/0 Haken

Hauptschnur 0,40 - 0,45 mm Monofilament

13 - 15 cm langer Drahtseitenarm

Gewicht paßt zur Strömungsstärke

15 - 45 cm langes Vorfach, je nach Strömungsstärke

1 - 3/0 Haken

VERTEILERMONTAGE
An diesem Paternoster werden die Köder an kurzen Vorfächern über dem Blei angeboten. Die Vorfächer werden an den Drahtseitenarmen so befestigt, daß sie sich nicht ineinander verfangen können. Die hier abgebildete Verteilermontage verfügt über zwei solcher Seitenarme und mit ihr können zwei Köder auf dem Grund angeboten werden. Die Vorfachlängen sollten den sich ständig ändernden Gezeitenströmungen angepaßt werden: in starker Strömung sind 45 cm ratsam, je träger die Strömung wird, desto eher müssen sie bis auf 15 cm verkürzt werden, damit die Verwicklungsgefahr nicht zu sehr steigt. Diese Art der Köderpräsentation gefällt vor allem Plattfischen, Wittlingen und Kleindorschen.

245

FISCHEN AUF HOHER SEE

Vielerorts sind die Fische mit zunehmender Wassertiefe und Entfernung zur Küste größer und zahlreicher. Das bedeutet allerdings keineswegs, daß Sie für den Fang großer Fische immer unbedingt weit hinaus fahren müssen: der Instinkt dieser Tiere bestimmt ständig ihren Aufenthaltsort und gelegentlich kann das auch in unmittelbarer Küstennähe sein. So werden beispielsweise die größten Conger, Dorsche und Butte gewöhnlich weit vor der Küste in großen Tiefen gefangen. Immer wieder gelingen solche Überraschungsfänge aber auch wenige Minuten vom Hafen entfernt. Einer der Faktoren, die den Aufenthaltsort großer Fische beeinflussen, ist das Nahrungsangebot und große Makrelen- und Sandaalbestände sind immer vorteilhaft. Diese und andere Futtertiere leben zahlreich über auf hoher See gelegenen Sandbänken und Riffen, wobei die Entfernung zum Land keine Rolle spielt. Aufgrund ihrer abgeschiedenen Lage sind viele dieser Stellen äußerst produktiv und bei echten Meeresanglern sehr beliebt.

DAS DRIFTFISCHEN
Treibend über unebenem Grund zu angeln ist nicht für leichtes Gerät geeignet, da die oft starke Gezeitenströmung schweres Blei erforderlich macht. Darüber hinaus müssen große Fische fast schon gewaltsam vom Grund weggepumpt werden, damit sie nicht unter dem nächstbesten Felsen Zuflucht suchen.

DAS BEFISCHEN VON SANDBÄNKEN

Es ist immer eine spannende Angelegenheit, auf Sandbänken zu fischen, da diese Stellen sandliebende Fischarten ebenso konzentrieren, wie sich in und um Wracks hindernis- und unterschlupfliebende Fische sammeln. Darüber hinaus rauben auf Sandbänken auch einige der am meisten geschätzten Fischarten, wie beispielsweise Wolfsbarsch, Dorsch, Stein- und Glattbutt. Des weiteren lassen sich dort auch zahlreiche Rochenarten, Scholle, Wittling und gelegentlich sogar Pollack fangen.

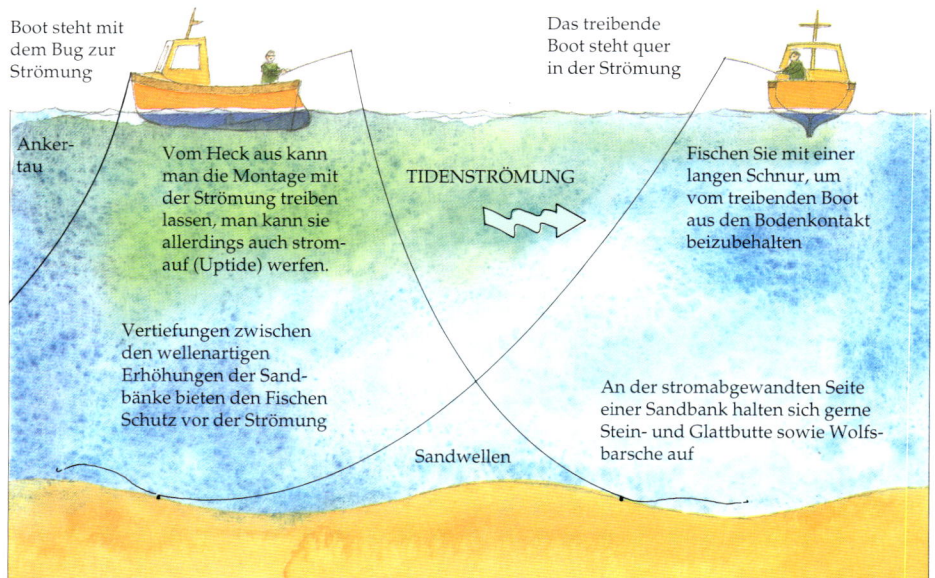

Boot steht mit dem Bug zur Strömung

Das treibende Boot steht quer in der Strömung

Ankertau

Vom Heck aus kann man die Montage mit der Strömung treiben lassen, man kann sie allerdings auch stromauf (Uptide) werfen.

TIDENSTRÖMUNG

Fischen Sie mit einer langen Schnur, um vom treibenden Boot aus den Bodenkontakt beizubehalten

Vertiefungen zwischen den wellenartigen Erhöhungen der Sandbänke bieten den Fischen Schutz vor der Strömung

An der stromabgewandten Seite einer Sandbank halten sich gerne Stein- und Glattbutte sowie Wolfsbarsche auf

Sandwellen

Sandbankmontagen

Die Art der Sandbankmontage hängt davon ab, ob treibend oder verankert gefischt wird. Um vom verankerten Boot aus zu fischen, sollten Sie eine Laufbleimontage (Siehe Seite 245) verwenden, mit einem dicken 1,2 m langen Vorfach, an dessen Ende ein 4/0 Aberdeenhaken befestigt wird. Beim Driftfischen wird das Vorfach auf 3 bis 6 m verlängert und das Gewicht an einem langen Schnurlaufröhrchen befestigt.

SANDBANK-BLEIE

UHRBLEI

Da eine Sandbank alles andere als eben ist und zahlreiche Wellen und Vertiefungen aufweist, gerät die Endmontage oft ins Rutschen, was zu Verwicklungen führt. Ein abgeflachtes, mit Zähnen versehenes Uhrblei rutscht nicht so schnell und verursacht weniger Verwicklungen als andere Bleiformen.

Driftfischen

Das Driftfischen ist mit Abstand die einfachste Methode, um eine großflächige Sandbank zu befischen, da diese Technik keine Kenntnis darüber erfordert, wo nun die einzelnen Wellen und Vertiefungen sind. Wenn Sie Ihre Drift weit stromauf vom Vorderrand der Sandbank beginnen und Ihrer Montage ausreichend Schnur geben, damit sie auch an den tiefsten Stellen den Grund erreicht, dann suchen Ihre Köder in Driftrichtung wirklich auch den letzten Winkel der Sandbank nach beißfreudigen Fischen ab. Typische Sandbankarten sind Wolfsbarsch, Stein- und Glattbutt.

Das Fischen vom verankerten Boot aus

Beim Fischen von einem verankerten Boot aus, decken Sie bei weitem nicht dieselbe Fläche wie beim Driftfischen ab. Demzufolge müssen Sie versuchen, an einer möglichst ertragreichen Stelle der Sandbank zu ankern, nämlich in einer der Vertiefungen zwischen den einzelnen "Sandwellen". Freiwasserräuber, wie die Wolfsbarsche, halten sich gerne über dem Vorderrand der Sandbank auf, Rochen eher im hinteren Bereich und Plattfische in der Mitte. Am einfachsten lassen sich diese Unebenheiten mit einem Echolot orten.

DAS BEFISCHEN VON RIFFEN AUF HOHER SEE

Ein Riff lockt eine Vielzahl von Meeresbewohnern an, darunter auch Fische. Es bietet zahlreiche Unterschlupfmöglichkeiten und die unregelmäßige Bodenbeschaffenheit bietet eine Vielzahl von unterschiedlichen Lebensräumen. Aufgrund der vielen möglicherweise anwesenden Arten steht der Riffangler oft vor dem Problem, auf welche er nun fischen soll. Hat er sich schließlich entschlossen, dann kann es gut sein, daß andere Arten ihm ständig den Köder stehlen. Fischt er beispielsweise auf Conger, dann interessieren sich auch andere Fische für den Köder. Lediglich die Größe von Haken und Köder hält den Schaden in Grenzen. Eine der beim Riffischen fängigsten Montagen ist ein beködertes Makrelenfederpaternoster, was von den unten abgeildeten Montagen berücksichtigt wird. Wie die Federpaternoster bieten auch sie die Köder über dem Blei an, sodaß diese verführerisch über den Hängern in der Strömung spielen. Diese Montagen lösen viele der Probleme, die man mit fertig gekauften Federpaternostern hat (zu kurze Seitenarme und schlechte Haken).

DRIFTFISCHEN

Das treibende Boot steht quer zur Strömung

TIDENSTRÖMUNG

Versuchen Sie, den Bodenkontakt mit einer möglichst kurzen Schnur zu halten, da Sie so die Gefahr eines Hängers reduzieren

Je stärker die Strömung ist, desto mehr Schnur muß freigegeben werden, um den Bodenkontakt zu halten

Eine fast vertikale Schnur ist ideal, allerdings nur bei Nipptiden möglich

Driftfischen

Beim treibenden Fischen über hängerreichem Grund und Riffen hängt die Gerätewahl weitgehend von den anwesenden Fischarten ab. So werden beispielsweise weite, mit Tang überzogene Geröllflächen im Sommer gerne von Dorschen aufgesucht. Für diese Fische müssen die Köder unmittelbar auf dem Grund angeboten werden und demzufolge ist mit hohem Materialverlust zu rechnen. Über ähnlichem Untergrund, allerdings mit größeren Tiefenunterschieden und jähen Felsabbrüchen rauben gerne Pollacks, und zwar ebenso in unmittelbarer Grundnähe, wie an der Oberfläche. Für den Fang dieser Fische ist nur selten unmittelbarer Bodenkontakt erforderlich, es sei denn, man möchte auf Meerbrassen, Lippfische und Leng als Beifang nicht verzichten.

DRIFTMONTAGE

Hauptschnur aus 0,50 mm Monofilament

80 lbs-Wirbel

0,65 mm Monofilament

30 - 45 Zentimeter 0,65 mm Monofilament

4 - 2/0 Haken

45 cm 0,80 mm Monofilament

2/0 - 6/0 Haken

Der Wirbel wird von Stoppern oder mit Hilfe von Sekundenkleber arretiert

30 cm langes Bleivorfach aus schwachem Nylon

170 - 340 Gramm Blei, je nach Strömung

DRIFTMONTAGE

Die Haken sollten deutlich vom Grund losgelöst und über dem Blei befestigt sein. Das Blei selbst ist tropfenförmig und über ein schwaches Vorfach mit der Hauptschnur verbunden, damit es, sollte es sich am Grund verfangen, abreißt. Da sich auch die Haken verfangen können, sollten Sie Aberdeenhaken verwenden - sie sind dünndrähtiger als Standardhaken und biegen sich unter Zug meistens auf.

Das Fischen vom verankerten Boot aus

Beim Fischen vom verankerten Boot aus kommt es seltener zu Hängern als beim Driftfischen, weil hier die Endmontage stationär angeboten wird. Darüber hinaus lassen sich die Köder auch unmittelbar auf dem Grund anbieten, wodurch sie auch für langsam schluckende Fischarten - wie etwa Conger, Lippfisch und Meerbrasse - interessant werden. In jedem Fall sollte ein Anker mit Sicherung verwendet werden, da im Falle eines Hängers nur solche Anker gerettet werden können. Ebenso sollten die Bleie immer an einer dünneren Reißleine befestigt werden, da so der Materialverlust in Grenzen gehalten werden kann.

DAS FISCHEN VOM VERANKERTEN BOOT AUS

Das verankerte Boot steht mit dem Bug zur Strömung

TIDENSTRÖMUNG

Die oberen Seitenarme der Montage sind auf den Fang kleinerer Arten ausgelegt

Die schwerste Montage hängt an dem untersten Seitenarm, damit auch große, grundnah lebende Fischarten, wie etwa Conger, erfolgreich gedrillt werden können

38 cm langes Vorfach aus 0,80 mm Monofilament

15 cm langer Seitenarm aus Draht

MULTIMONTAGE

Mit dieser sehr vielseitigen Montage können Sie mit nur einer Rute auf viele verschiedene Arten fischen. Diese Vielseitigkeit wird durch unterschiedliche Hakengrößen ermöglicht, von denen der kleinste ganz oben angebracht wird. Des weiteren läßt sich jeder Haken auch mit einem anderen Köder bestücken. Die hier abgebildete Montage verfügt über Seitenarme aus Draht.

MULTIMONTAGE

Hauptschnur 0,50 mm Monofilament

80 lbs-Wirbel

15 cm langer Seitenarm aus Draht

15 - 20 cm langes Vorfach aus 0,65 mm Monofilament

36 cm 0,65 mm Monofilament zwischen den Seitenarmen

2/0 bis 4/0 Haken

30 cm 0,70 mm Monofilament als Vorfach

40 cm zwischen den Seitenarmen

4 - 1 Haken

10 cm lange Reißleine

Das Blei wird passend zur Strömung gewählt

247

WRACKFISCHEN

Auf Schiffswracks kann man in unmittelbarer Küstennähe als auch mitten im Ozean stoßen, die größten Schiffsfriedhöfe befinden sich jedoch oft in der Nähe größerer Häfen. Die besten Wracks zum Angeln liegen gewöhnlich in über 60 m Tiefe. Wracks können sprichwörtlich auf jeder Art von Untergrund "landen" und aus anglerischer Sicht spielt dieser Untergrund ohnehin keine Rolle. Nach und nach machen sich auf dem Wrack Algen breit und schon bald folgen die ersten Schalen- und Krustentiere, bis schließlich eine vollständige Nahrungskette entsteht. Den Fischen muß ein Wrack auf sandigem Untergrund wie eine Oase vorkommen und auch auf felsigem Untergrund bietet ein Wrack Räubern und Beutefischen mehr Nahrung und besseren Unterschlupf als die umliegenden Felsen. Ein gebrochenes Wrack bietet mehr Unterschlupfmöglichkeiten und lockt mehr Fische an als ein intaktes. Je mehr ein Wrack aufbricht, desto bessere Fangergebnisse können sich die Angler erwarten.

DAS FISCHEN VOM VERANKERTEN BOOT AUS

Das Befischen eines Wracks von einem verankerten Boot aus ist eine Angelegenheit für Spezialisten, die Skipper und Angler ein gleichermaßen hohes Geschick abverlangt. Der Skipper muß auf Wind und Gezeitenströmung Rücksicht nehmen, zwei Faktoren, die innerhalb kürzester Zeit stark variieren können und er muß kontinuierlich darauf achten, das Heck seines Bootes etwas stromauf vom Wrack zu halten. Tiefe Wracks werden immer anläßlich von Nipptiden befischt. Das Boot wird bei schwacher Strömung und bei ruhiger See verankert. Im Idealfall stehen den Anglern 2 bis 2 1/2 Stunden Angelzeit zur Verfügung, bevor die nächste Gezeit das Boot verschiebt und es Zeit zum Driftfischen wird. Sobald das Boot von der Strömung verschoben wird, landen die Köder oft auf Sandwellen, die sich durch die Strömung um das Wrack herum aufgebaut haben. Sandliebende Fischarten, wie etwa große Seeteufel und Steinbutte, halten sich gerne auf solchen Sandwellen in unmittelbarer Wracknähe auf.

Das Boot steht mit dem Bug zur Strömung

Ankerkette

TIDENSTRÖMUNG

Der lange, strömungsfreie Zeitraum von Nipptiden ist zum Wrackfischen vom verankerten Boot aus ideal

Um sicher zu gehen, daß alle Ruten auf dem Wrack fischen, sollten alle Schnüre vergleichbar dick und alle Bleie gleich schwer sein

Der Wasserdruck schiebt dicke Schnüre zu weit stromab vom Wrack

Wrack

Das Befischen vom Wrackrumpf
Wenn Sie aus einem Wrackrumpf große Conger oder Lengfische fangen wollen, brauchen Sie schweres Gerät. Ihre Köder müssen Sie dort anbieten, wo sich diese Fische ernähren, also mitten im Wrack. Conger ziehen sich gerne in Löcher zurück und Sie müssen Ihre Köder unmittelbar vor deren Maul anbieten. Oft beißen diese Fische unglaublich sanft zu und in jedem Fall muß man ihnen Zeit zum Schlucken geben. Im Augenblick des Anhiebes müssen sie allerdings unbedingt aus ihren Unterschlüpfen gezogen werden, da sie sich ansonsten unwiderruflich festsetzen. Lengfische finden die Köder schneller als die Conger, demzufolge sind die besten Congerwracks jene, an denen die Lengbestände "ausgedünnt" wurden.

LAUFBLEIMONTAGE ZUM CONGERFISCHEN
Die beste Montage in hängerträchtigem Untergrund ist eine einfache Laufbleimontage aus robusten Materialien. Sie können die Längen und Komponenten der hier abgebildeten Montage ihren Bedürfnissen anpassen. Sind Sie auf Conger aus, sollten Sie ein Stahlvorfach einem Nylonvorfach vorziehen.

LAUFBLEIMONTAGE ZUM CONGERFISCHEN

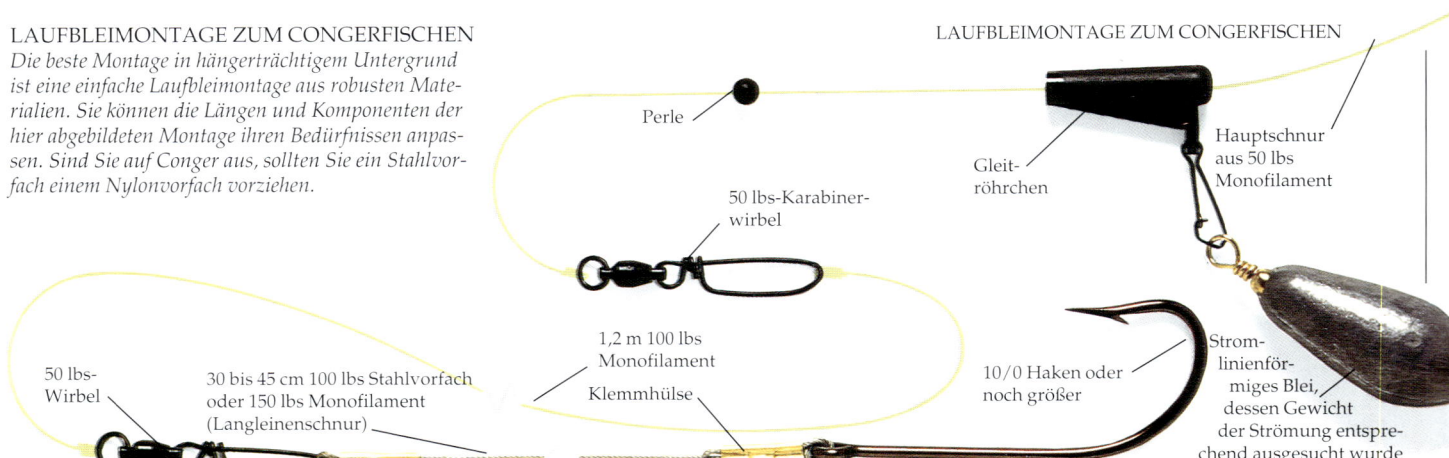

Perle

50 lbs-Karabinerwirbel

Gleitröhrchen

Hauptschnur aus 50 lbs Monofilament

50 lbs-Wirbel

30 bis 45 cm 100 lbs Stahlvorfach oder 150 lbs Monofilament (Langleinenschnur)

1,2 m 100 lbs Monofilament

Klemmhülse

10/0 Haken oder noch größer

Stromlinienförmiges Blei, dessen Gewicht der Strömung entsprechend ausgesucht wurde

DAS DRIFTFISCHEN

Das Driftfischen über Wracks ist für Angler und Skipper weitaus einfacher als das verankerte Wrackfischen. Mit einer Boje wird die Ausgangsstellung markiert und nach jeder Drift über das Wrack wird das Boot stromauf von ihr in Stellung gebracht.

An den meisten Wracks lassen sich die Fische in zwei Kategorien einteilen: jene, die sich in unmittelbarer Grundnähe ernähren, wie etwa Conger, Lengfisch und Dorsch, und jene, die um das Wrack herumschwirren und im Konterwasser des Wracks auf Raubzug gehen. Zu diesen Arten zählen Pollack und Köhler. Conger, eher noch Leng, lassen sich gelegentlich beim langsamen Treiben fangen. Diesen Fischen rückt man besser vom verankerten Boot aus zu Leibe. Die fängigsten Köder für die Freiwasserräuber sind Pilker und Gummiaale.

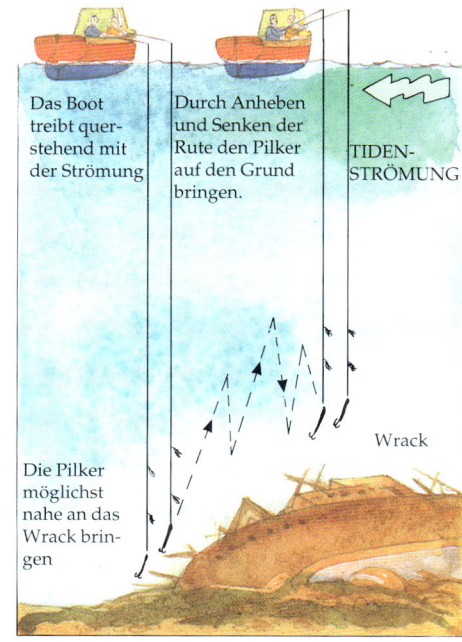

Das Boot treibt querstehend mit der Strömung

Durch Anheben und Senken der Rute den Pilker auf den Grund bringen.

TIDENSTRÖMUNG

Die Pilker möglichst nahe an das Wrack bringen

Wrack

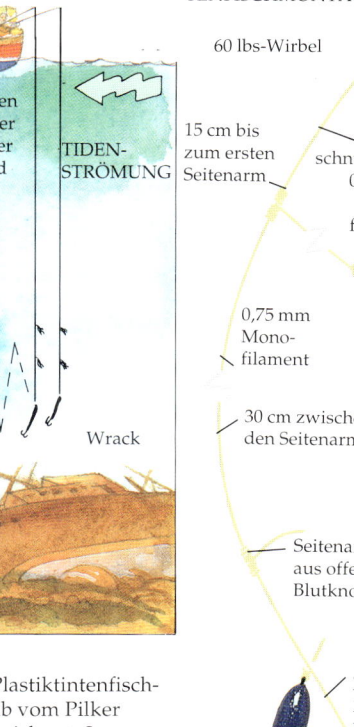

PILKER/PLASTIKTINTENFISCHMONTAGE

60 lbs-Wirbel

15 cm bis zum ersten Seitenarm

Hauptschnur 0,50 - 0,70 mm Monofilament

0,75 mm Monofilament

30 cm zwischen den Seitenarmen

Seitenarme aus offenen Blutknoten

30 cm bis zum Pilker

Plastiktintenfisch oder Gummiaal am Seitenarm

Pilkergröße und -gewicht entspricht der Strömungsstärke

MATERIALVERLUST
Die meisten Wracks bieten ausgezeichnete Angelmöglichkeiten, allerdings kommt es auch oft bei schönem Wetter und ruhiger See zu großen Materialverlusten.

Das Pilken

Beköderte Pilker und kleine Plastiktintenfischchen, die als Springer oberhalb vom Pilker montiert werden, sind ausgezeichnete Leng- und Dorschköder. Dorsch und Leng werden unmittelbar auf Grund gefangen. Stets sollte man darauf achten, nur solche Pilker zu verwenden, deren Gewicht zur vorhandenen Strömung paßt. Die Plastiktintenfische sollten an kurzen Seitenarmen aus dickem Nylon so nah wie möglich über den Pilkern montiert werden.

Spinnmontage mit Anti-Tangle Röhrchen

Diese Montage ist gut zum Fang von Pollacks und anderen über Wracks raubenden Fischarten geeignet, allerdings vergreifen sich bei den ersten Kurbelumdrehungen auch gelegentlich Dorsche und Lengfische an ihr. Werfen Sie die Montage, statt sie sinken zu lassen, um Verwicklungen zu vermeiden. Zählen Sie dann die Anzahl der Kurbelumdrehungen, um die Höhe herauszufinden, in der die Fische beißen. Stellen Sie Ihre Bremse recht schwach ein, damit der Haken nicht ausschlitzt, wenn der Fisch sich in einer kraftvollen Flucht in Richtung Grund bohrt.

SPINNFISCHEN AUF WRACKS

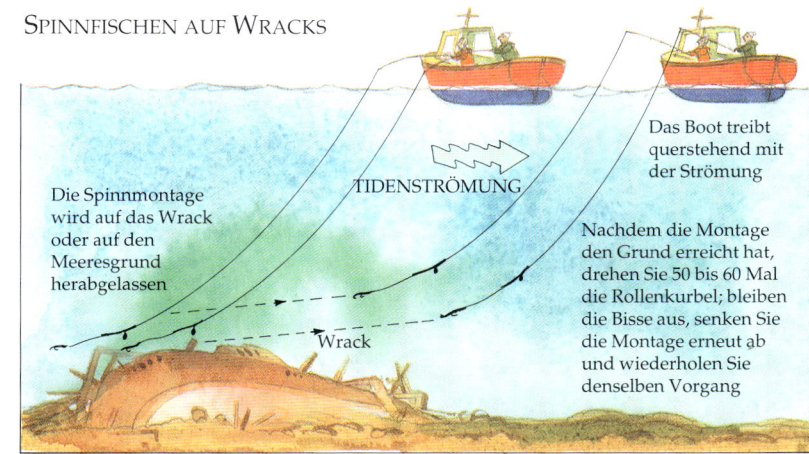

Die Spinnmontage wird auf das Wrack oder auf den Meeresgrund herabgelassen

TIDENSTRÖMUNG

Das Boot treibt querstehend mit der Strömung

Nachdem die Montage den Grund erreicht hat, drehen Sie 50 bis 60 Mal die Rollenkurbel; bleiben die Bisse aus, senken Sie die Montage erneut ab und wiederholen Sie denselben Vorgang

Wrack

ANTI-TANGLE RÖHRCHEN

Laufröhrchen (flying collar)

Perle

Wirbel

Mindestens 3 m 0,65 mm Monofilament als Vorfach

170 - 230 Gramm Blei

10 - 20 cm langer Gummiaal

8/0 Haken

BRANDUNGSFISCHEN

Von einem Strand aus in die Wellen zu werfen, ist eine der schönsten Arten der Küstenfischerei. Es ist gleichzeitig eine der körperlich anstrengendsten Angelarten, da keine andere beim Wurf einen so großen Körpereinsatz verlangt. Trotzdem erzielt man auch beim Brandungsfischen große Wurfweiten nicht mit Gewalt, sondern mit der richtigen Technik. Der erste Schritt besteht darin, sich die Grundbewegungen zu verinnerlichen. Hierzu ist nicht viel Zeit erforderlich. Komplizierter wird es erst danach, denn bis der ganze Bewegungsablauf und -rhythmus "automatisch" vonstatten geht, sind viel Erfahrung und Übung notwendig. Die hohen Wurfweiten stellen sich danach von selbst ein. Der Wurf läßt sich recht leicht erlernen, allerdings nicht aus Büchern allein; einige Angelpartien mit einem erfahrenen Brandungsfischer oder einem qualifizierten Castinglehrer machen sich schnell bezahlt.

DAS AUFSPULEN EINES SCHOCKVORFACHES (SCHLAGSCHNUR)

MULTIROLLE

STATIONÄRROLLE

Um ein Schockvorfach auf eine Multirolle zu spulen (siehe Seite 253), beginnen Sie mit dem Knoten am rechten Flansch. Führen Sie das Vorfach beim Aufwickeln von links nach rechts, wobei sie vor dem Knoten stoppen. Je mehr Sie die Schnur über die Spule verteilen, desto weniger frißt sich das Vorfach in die restliche Schnur. Ist der Knoten ganz rechts auf der Spule, verletzt er im Wurf Ihren Daumen nicht.

Bei einer Stationärrolle ist es unnötig, das Vorfach mit der Hand um die Spule zu legen, da die Rolle es ohnehin automatisch über Kreuz legen wird. Trotzdem ist es sinnvoll, den Knoten an den hinteren Spulenrand zu legen und mindestens sechs Vorfachwicklungen gleichmäßig um die Spule zu verteilen, da so der Knoten beim Wurf nicht noch einige Schnurklänge herunter reißt.

Der Griff

Man sieht öfter Angler mit nach oben gerichteter Multirolle fischen als mit nach unten gerichteter. Die nach unten gerichtete Rolle ziehen viele Weitwurf-Caster vor, da nun die stärkere Hand die Wurfkraft liefert und die schwächere die Spulenkontrolle übernimmt.

NACH OBEN GERICHTETE ROLLE

NACH UNTEN GERICHTETE ROLLE

REISSWURF

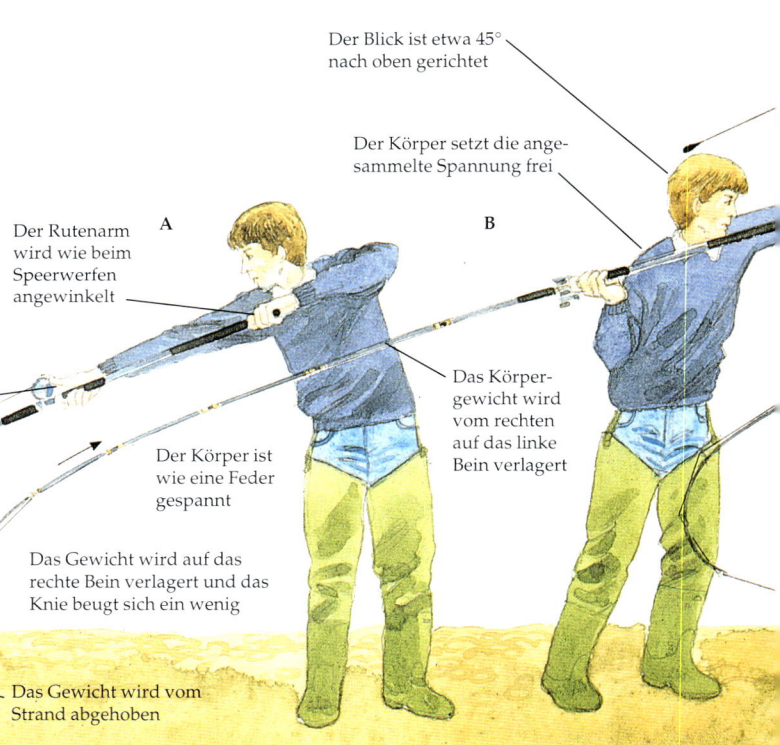

Der Blick ist etwa 45° nach oben gerichtet

Der Körper setzt die angesammelte Spannung frei

Der Rutenarm wird wie beim Speerwerfen angewinkelt

A

B

Das Körpergewicht wird vom rechten auf das linke Bein verlagert

Rechter Arm ist gestreckt

Der Körper ist wie eine Feder gespannt

Das Gewicht wird auf das rechte Bein verlagert und das Knie beugt sich ein wenig

Niedrige Rutenspitze

Schockvorfach und Gewicht liegen auf dem Sand auf

Das Gewicht wird vom Strand abgehoben

Sicherer Stand

Ziehen Sie in Wurfrichtung eine Linie in den Sand oder in den Kies. Nun stellen Sie sich mit dem rechten Fuß auf die Linie und mit dem linken etwa 15 cm dahinter. Mit der zum Wurf vorbereiteten Rolle drehen Sie nun Ihren Oberkörper und Ihre Schultern nach hinten und legen das Blei auf den Sand auf. Die Rutenspitze sollte unmittelbar über dem Grund stehen.

SICHERER STAND

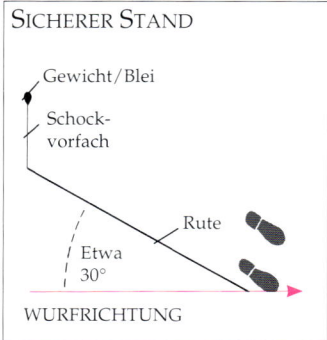

Gewicht/Blei

Schockvorfach

Rute

Etwa 30°

WURFRICHTUNG

Der Wurf

Bereiten Sie Ihre Rolle auf den Wurf vor (siehe Seite 212) und lassen Sie dabei das Blei 90 bis 120 cm unter dem Spitzenring hängen. Je nach Rollentyp bremsen Sie die Schnur mit dem Daumen oder mit dem Zeigefinger. Gehen Sie nun in Wurfstellung, indem Sie Ihr Gewicht auf das rechte Bein verlagern (A). Ihre linke Hand sollte in der Nähe Ihrer rechten Schulter, Ihr linker Ellbogen angehoben und Ihr rechter Arm gestreckt sein. Drehen Sie Ihren Kopf in Wurfrichtung und blicken Sie etwa im 45°-Winkel nach oben. drehen Sie nun Ihren Körper kraftvoll, aber dennoch geschmeidig nach links und ziehen Sie dabei gleichzeitig die Rute wie einen Speer gerade nach vorne, ohne sie seitlich schwingen zu lassen. Ihr linker Arm beginnt damit, anzusteigen, während Ihr rechter Arm durch

HÄUFIGE WURFFEHLER

Wenn Sie Ihr Gerät auf dem Strand in Stellung bringen bevor Ihre Bein-, Rücken- und Oberkörpermuskulatur wurfbereit ist, fehlt Ihrem Körper die zum Wurf erforderliche innere Spannung. Gehen Sie zuerst in Stellung und drehen Sie erst dann Schultern und Oberkörper nach hinten, um das Gewicht auf den Sand zu setzen.

Ein zweiter Fehler besteht oft darin, daß die Rute in der Anfangsphase des Wurfes (die Schritte A bis C) zu früh beschleunigt wird. Die Rute sollte eher Ihnen folgen, als vor Ihnen geschoben zu werden. Konzentrieren Sie sich darauf, Ihren Kopf in Wurfrichtung zu drehen und "entspannen" Sie Ihren Körper dabei wie eine Feder, wobei die Armbewegung der des Körpers ganz von selbst folgt.

GEEIGNETER UNTERGRUND
Der Reißwurf ist eine Wurftechnik, die in erster Linie für recht saubere, ebene Strände geeignet ist. Er läßt sich nicht auf unebenem Untergrund oder beim Waten in der Brandung ausführen.

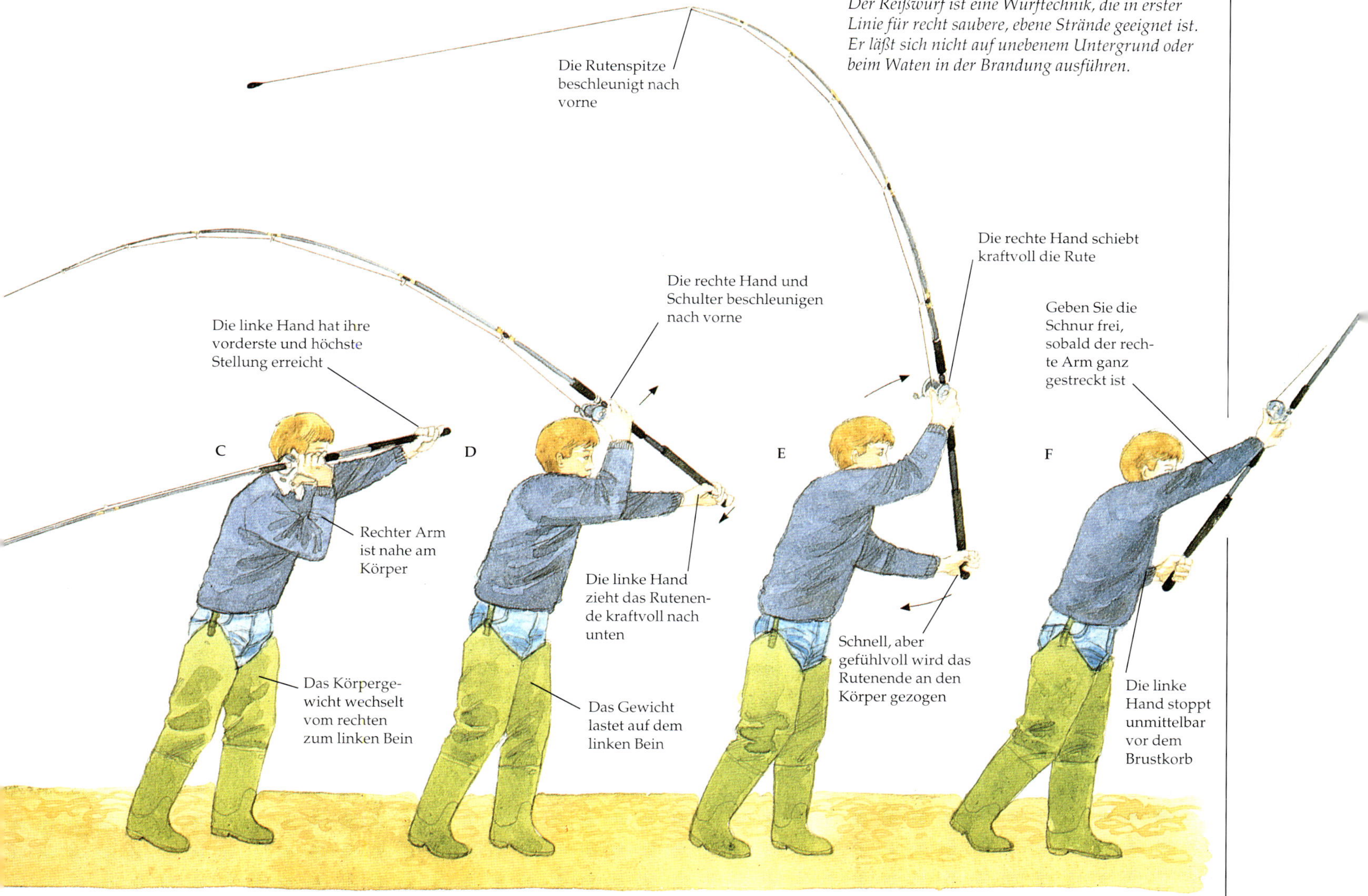

Die Rutenspitze beschleunigt nach vorne

Die rechte Hand und Schulter beschleunigen nach vorne

Die rechte Hand schiebt kraftvoll die Rute

Die linke Hand hat ihre vorderste und höchste Stellung erreicht

Geben Sie die Schnur frei, sobald der rechte Arm ganz gestreckt ist

C

Rechter Arm ist nahe am Körper

D

Die linke Hand zieht das Rutenende kraftvoll nach unten

E

Schnell, aber gefühlvoll wird das Rutenende an den Körper gezogen

F

Die linke Hand stoppt unmittelbar vor dem Brustkorb

Das Körpergewicht wechselt vom rechten zum linken Bein

Das Gewicht lastet auf dem linken Bein

den abknickenden Ellbogen dicht an die Brust kommt. Sobald Ihr linker Arm völlig gestreckt ist und sich Ihre rechte Hand in Augenhöhe befindet, verlagern Sie Ihr Gewicht auf das linke Bein (C). Die zusätzliche Kraft, die durch die Verlagerung des Körpergewichtes in den Wurf gebracht wird, äußert sich in höherer Wurfgeschwindigkeit, die die linke Hand am Rutengriff deutlich

spürt. Sobald Ihr linker Arm maximal gestreckt ist, beginnen Sie damit, Ihre rechte Hand nach oben zu beschleunigen und gleichzeitig ziehen Sie das Rutenende mit der linken Hand dicht an Ihren Brustkorb (D). Dieser ganze Wurfablauf sollte in einer einzigen, kontinuierlich und geschmeidig ausgeführten Bewegung stattfinden, wobei es zwischen dem anfänglichen "Speer-

wurf" und der Beschleunigungssequenz keinen Bruch geben darf. Die Rute wird bis zum Schnurfreigabepunkt weiterbeschleunigt (E). Ihre linke Hand sollte das Rutenende in Richtung ihres Brustkorbes ziehen und Ihr rechter Arm sollte sich vom Ellbogen her strecken. Ihr Oberkörper zeigt dabei in Wurfrichtung und der Großteil Ihres Körpergewichtes lastet auf dem linken Bein. So

beschleunigt bewegt sich die Rutenspitze schnell und geschmeidig nach vorne. Geben Sie die Schnur frei, wenn Ihr Arm völlig gestreckt ist und Ihre linke Hand den Brustkorb berührt (F). Stoppen Sie den Freilauf der Rollenspule, sobald das Gewicht auf dem Wasser aufgekommen ist, damit die Spule nicht überdreht und es nicht zu unnötiger Perückenbildung kommt.

KÜSTENFISCHEN

Wenn von einem niedrigen Standpunkt aus, wie beispielsweise von einem Strand aus, gefischt wird, dann bieten alle Vorfächer die Köder auf dem Grund an und es spielt keine Rolle mehr, wo das Blei befestigt wurde. Die meisten Montagen sind einfache Abwandlungen von Laufbleimontage und Paternoster. Wie die Endmontage nun eigentlich wirklich aussehen soll, hängt von den örtlichen Gegebenheiten, vom Zustand des Meeres und von der Nahrung der Zielfische ab. Die besten Ergebnisse erzielen immer die möglichst einfach gehaltenen Montagen. Verwenden Sie Seitenarme und Anti-Tangle Röhrchen (siehe Seite 60), um Gewichte und Vorfächer zueinander und zur Hauptschnur auf Abstand zu halten.

VORFACHKNOTEN
Grundknoten
Ein Vorfachknoten muß stark, zuverlässig und schmal sein, damit er problemlos durch die Ringe gleitet.

1 Binden Sie in das Vorfach einen einfachen Überhandknoten und führen Sie die Hauptschnur durch.

2 Den Knoten straff ziehen und in die Hauptschnur binden.

Hauptschnur

3 Hauptschnurknoten straff bis an den Überhandknoten ziehen.

Hochleistungsknoten
Fädeln Sie die Hauptschnur durch ein Loch im Vorfachende. Am besten klappt das, wenn die Hauptschnur viel dünner als das Vorfach ist.

1 Flachen Sie das Vorfachende mit Hilfe von Zangen ab und durchlöchern Sie es mit einer heißen Nadel.

2 Binden Sie einen Knoten in die Hauptschnur.

Hauptschnur

3 Den Knoten vor dem Loch straffen; sichern.

PATERNOSTER MIT ZWEI HAKEN

Sprengring

30 cm langes Vorfach

Plastikseitenarm

60 cm zwischen den Seitenarmen

30 cm langes Vorfach

Krallenblei, das über einem ovalen Sprengring befestigt wird

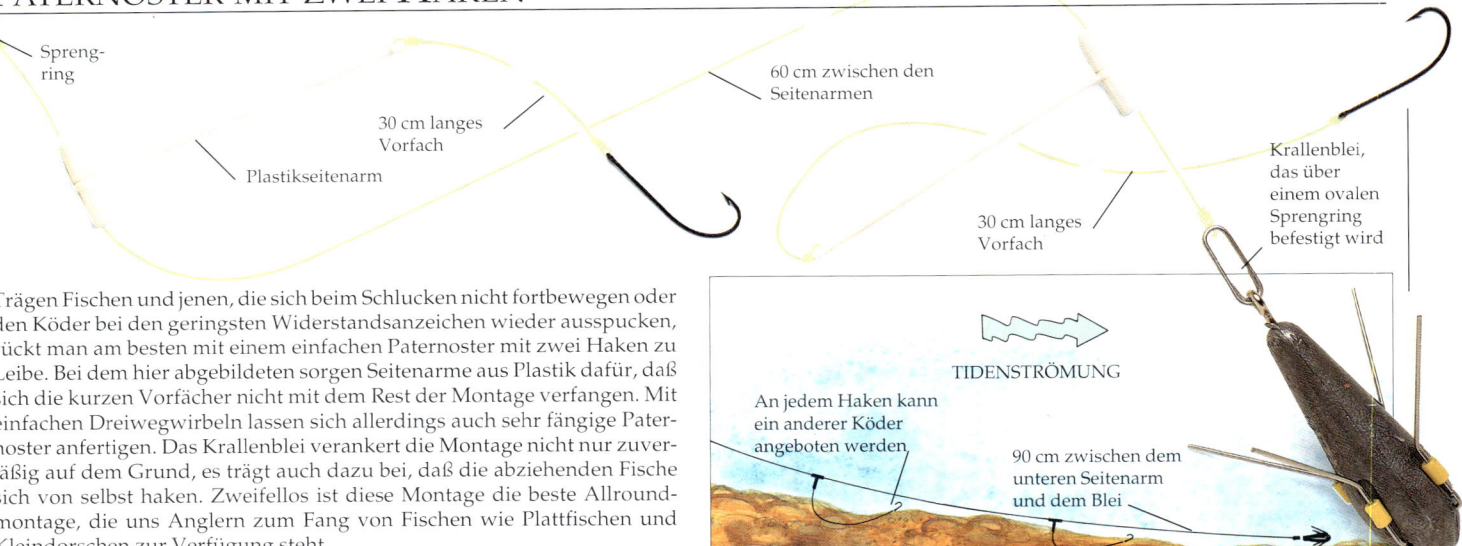

TIDENSTRÖMUNG

An jedem Haken kann ein anderer Köder angeboten werden

90 cm zwischen dem unteren Seitenarm und dem Blei

Trägen Fischen und jenen, die sich beim Schlucken nicht fortbewegen oder den Köder bei den geringsten Widerstandsanzeichen wieder ausspucken, rückt man am besten mit einem einfachen Paternoster mit zwei Haken zu Leibe. Bei dem hier abgebildeten sorgen Seitenarme aus Plastik dafür, daß sich die kurzen Vorfächer nicht mit dem Rest der Montage verfangen. Mit einfachen Dreiwegwirbeln lassen sich allerdings auch sehr fängige Paternoster anfertigen. Das Krallenblei verankert die Montage nicht nur zuverlässig auf dem Grund, es trägt auch dazu bei, daß die abziehenden Fische sich von selbst haken. Zweifellos ist diese Montage die beste Allroundmontage, die uns Anglern zum Fang von Fischen wie Plattfischen und Kleindorschen zur Verfügung steht.

LAUFBLEIMONTAGE

Sprengring

Laufröhrchen

Perle

Wirbel

90 cm langes Vorfach

Krallenblei

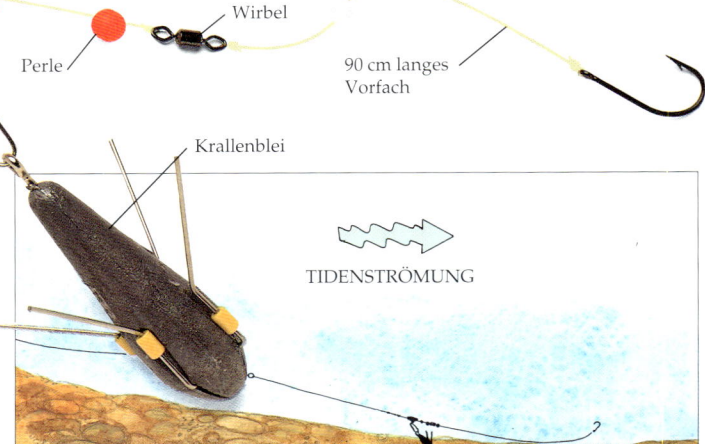

TIDENSTRÖMUNG

Einige Fischarten, wie beispielsweise der Wolfsbarsch, schwimmen gerne mit dem Köder ein wenig herum, bevor sie ihn verschlucken. Fühlen diese Fische einen unnatürlichen Widerstand, dann spucken sie den Köder schnell aus. Andere, wie etwa die Hundshaie, machen lange und ausgedehnte Fluchten, bevor sie mit dem Schlucken beginnen. All diesen Fischarten muß nach dem Biß freie Schnur zum Schlucken zur Verfügung stehen, bevor der Anhieb gesetzt wird. Hierzu ist die Laufbleimontage bestens geeignet. Es ist keine Montage, die gut zum Fischen auf große Distanz geeignet ist, dafür lassen sich recht problemlos mittlere Wurfweiten erzielen. Gut geeignet ist diese Montage auch für große Köder, die für Fische wie Conger, Rochen und kleine Haie gedacht sind. Aber auch andere Arten lassen sich nicht von ihr abschrecken.

LAUFPATERNOSTER

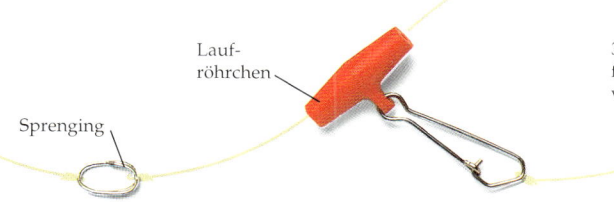

Sprenging — Laufröhrchen — 30 cm monofiles Schockvorfach — Perle — Wirbel — 30 bis 60 cm langes Vorfach

KÜSTENFISCHEN

Der Unterschied zwischen dieser Montage und der Laufbleimontage besteht darin, daß hier das Blei an einem monofilen Schockvorfach (Schlagschnur befestigt wurde (ein Schockvorfach ist ein Vorfach, das aus dickerer Schnur als die Hauptschnur gefertigt wird und beim Wurf die Belastung eines schweren Bleies abfangen soll). Mit einem Schockvorfach zwischen Laufröhrchen und Gewicht läßt es sich leichter werfen, da nun in Wurfstellung Gewicht und Köder etwa gleich hoch über dem Grund hängen. Für empfindliche und scheue Fische, denen man zum Schlucken wenig Schnur geben muß, ist es eine bessere Montage als die Laufbleimontage.

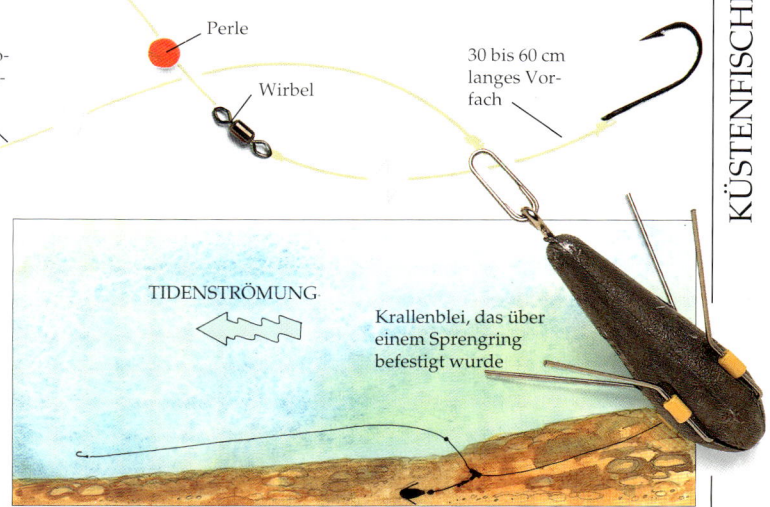

TIDENSTRÖMUNG

Krallenblei, das über einem Sprengring befestigt wurde

DAS VERANKERN DES KÖDERS

Das Werfen gegen die Strömung
Obwohl die Gezeiten auf dem Strand auf- und abwärts wandern, verläuft die Fließrichtung des Wassers oft parallel zum Strand. Ist diese Seitenströmung stark, dann können das Halten der Köder auf dem Grund und das Ausmachen der Bisse dem Brandungsangler das Leben schwer machen. Diese Probleme lassen sich durch das Verwenden eines Krallenbleies ausschließen. Diese Bleie sind in einer Vielzahl von Größen und mit unterschiedlichen Krallen erhältlich. Wenn Sie mit einem Krallenblei stromauf fischen wollen, müssen Sie es viel weiter stromauf von Ihrem Rutenhalter werfen. Bevor Sie nun das Rollengetriebe wieder zuschalten, gehen Sie zurück zu Ihrem Rutenhalter und geben dabei Schnur frei, sodaß ein Schnurbauch entsteht. Der Strömungsdruck auf den Schnurbauch trägt dazu bei, daß sich die Krallen des Bleies gut eingraben. Bei einem Biß lösen sich die Krallen aus dem Sand und während der Fisch mit dem Köder stromab treibt, lockert sich die Schnur.

DIE RUTE HALTEN
Bei schwerer Brandung sorgt nicht nur die Gezeitenströmung für Schwierigkeiten: oft wird viel Gras und Tang in die Schnur geschwemmt, wodurch das Krallenblei den Halt verliert. Wer die Rute in solchen Momenten mit der Hand hält und so auf die Bisse wartet, der kann oft viel Schnur über den Brechern halten.

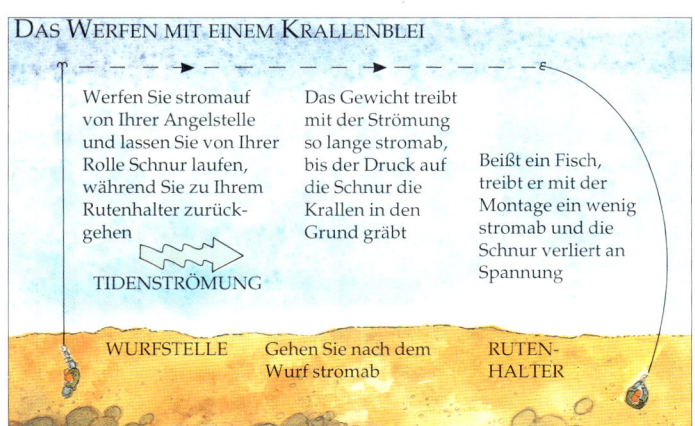

DAS WERFEN MIT EINEM KRALLENBLEI

Werfen Sie stromauf von Ihrer Angelstelle und lassen Sie von Ihrer Rolle Schnur laufen, während Sie zu Ihrem Rutenhalter zurückgehen

TIDENSTRÖMUNG

Das Gewicht treibt mit der Strömung so lange stromab, bis der Druck auf die Schnur die Krallen in den Grund gräbt

Beißt ein Fisch, treibt er mit der Montage ein wenig stromab und die Schnur verliert an Spannung

WURFSTELLE — Gehen Sie nach dem Wurf stromab — RUTENHALTER

Hänger vermeiden
Zu den typischen Hängerursachen gehören Treibgut, Wasserpflanzen und zerklüfteter Untergrund. Wenn Sie auf kurze Entfernung auf zerklüftetem Untergrund oder wenn zwischen Ihnen und der hängerfreien Angelstelle hängerträchtiger Untergrund ist, dann ist die Bleiform von Bedeutung. Alle Bleie können sich verfangen, am wenigsten passiert das jedoch mit tropfenförmigen Gewichten. Wo Hänger unvermeidbar sind, sollten Sie mit einem an einer "Reißleine" befestigten Blei fischen.

AUFTRIEBSHILFE
(Weight Lifter)
Hänger können beim Fischen von der Küste aus zu einem echten Problem werden, da es oft schwer ist, die Endmontage deutlich über den Hindernissen einzuholen. Die hier abgebildete Auftriebshilfe trägt dazu bei, daß das Blei bei schnellem Einholen mit hochgehaltener Rute deutlich über den Hindernissen durchs Wasser schwebt.

Den Grund absuchen
Es gibt Umstände, unter denen eine auf dem Grund rollende Montage mit einem einfachen, tropfenförmigen Gewicht einer fest verankerten gegenüber deutliche Vorteile hat, vor allem dann, wenn die Fische träge sind oder wenn sie sich an bestimmten Stellen, die nicht immer leicht auszumachen sind, versammelt halten. Indem Sie die "Rollmontage" weit stromauf auswerfen und sie langsam stromab treiben lassen, können Sie mit Ihrem oder Ihren Ködern große Flächen abdecken. Ist die Gezeitenströmung jedoch zu stark, dann treibt das Blei zu schnell über den Grund und die Hängergefahr steigt auf hindernisreichem Untergrund beträchtlich.

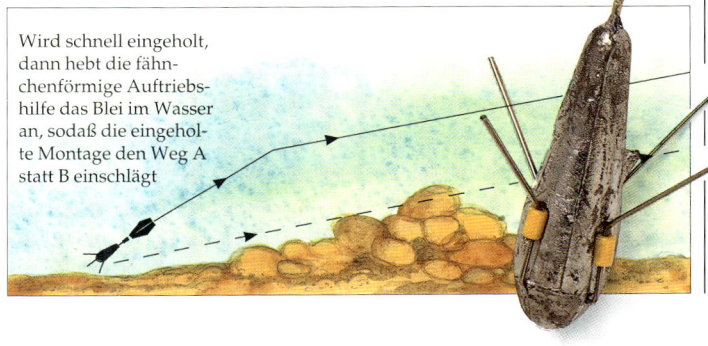

Wird schnell eingeholt, dann hebt die fähnchenförmige Auftriebshilfe das Blei im Wasser an, sodaß die eingeholte Montage den Weg A statt B einschlägt

253

KÜSTENFISCHEN 2

Nicht die ganze Küstenfischerei findet von sanft abfallenden Uferpartien aus statt und nicht alle küstennah lebenden Fische rauben und leben das ganze Jahr über in unmittelbarer Grundnähe. Das Meer ist eine dreidimensionale Welt und seine großen Tiefen sind vor allem dort für Angler interessant, wo sie bis an das Land heranreichen. Das kann entlang von Felsklippen der Fall sein, aber auch vor Hafenmauern, unter Pieren und um Strömungsbrecher. Beim Küstenfischen in tiefem Wasser erzielt derjenige Angler die besten Ergebnisse, der seine Köder in der geeigneten Tiefe anbietet. Beispielsweise kann er an einer Posenmontage einen Seeringelwurm oder einen Fischfetzen anbieten oder aber mit entsprechendem Spinngerät einen schweren oder beschwerten Kunstköder auf der Höhe der raubenden Fische führen. Die Posen- und Spinnfischerei sind beim Küstenfischen wichtige Techniken, die allerdings nur mit geeignetem Gerät ausgeübt werden sollten. Es ist zwar immer mehr Salzwasserspinn- und -posengerät erhältlich, es kann aber durchaus sein, daß Sie auf schweres Süßwassergerät zurückgreifen müssen.

ERST NACHDENKEN
Nur mit einem Senknetz, das an einer langen Schnur herabgelassen wird, läßt sich von einer solchen Angelstelle aus ein Fisch sicher landen. Überlegen Sie sich vor dem Fischen, wie Sie Ihre Beute landen werden, nicht erst, wenn sie am Haken hängt.

DAS POSENFISCHEN

Das Posenfischen wird von vielen Meeresfischern als eine Art Erweiterung der Süßwasserfischerei betrachtet. Und in der Tat, ein Großteil des verwendeten Gerätes stammt aus der Süßwasserfischerei. Dennoch ist sein Anwendungsgebiet eingeschränkt, nicht so sehr wegen der Fische, sondern viel mehr wegen der äußeren Bedingungen die oft dort vorherrschen, wo diese Fische leben und sich ernähren. Das Meeräschenfischen in ruhigen Hafenbecken stellt beispielsweise für herkömmliches Süßwassergerät keinerlei Problem dar, aber an vielen anderen Stellen ist schwereres Gerät erforderlich. So ist beispielsweise beim Fischen auf Lippfische über dichten Tangwäldern viel schwereres Gerät erforderlich, da diese kraftvollen Fische nach dem Biß augenblicklich in Deckung gehen. Beim Fischen auf Pollack von Uferklippen aus kann es manchmal notwendig sein, recht weit zu werfen, was schwereres Gerät erforderlich macht. Süßwasserruten, die auch in der Meeresfischerei Anwendung finden können, sind etwa 3 - 4 m lange Matchruten zum Posenfischen, ebensolange Grundruten und 2 bis 3 m lange Spinnruten. Ist wirklich schweres Spinngerät erforderlich, sollten Sie auf eine Meeresspinnrute zurückgreifen.

Das Fischen mit einer Gleitpose
Verwenden Sie, wann immer es geht, eher eine Gleitpose als eine feststehende, wenn es darum geht, in Tiefen zu fischen, die über der Rutenlänge liegen. Ist die Pose eine feststehende, die beispielsweise auf sechs Meter Tiefe eingestellt wurde, dann hängen während des Wurfes immer noch sechs Meter Schnur unter ihr. Hierdurch gestaltet sich der Wurf schwierig, aber auch der Drill und die Landung eines gehakten Fisches. Eine Gleitposenmontage ist auch überall dort vorzuziehen, wo die Bewegungsfreiheit beim Wurf begrenzt ist, wie es an schmalen Felsvorsprüngen oft der Fall ist: hängen unter der Rutenspitze nur Pose und Vorfach, läßt es sich viel kontrollierter und genauer werfen. Die Angeltiefe wird über einen kleinen, auf die Hauptschnur gebundenen Stopperknoten eingestellt, der möglichst reibungslos durch die Rutenringe gleiten sollte.

SCHWERE POSENMONTAGE

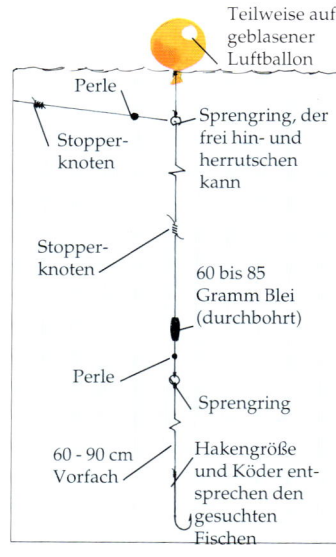

- Teilweise aufgeblasener Luftballon
- Perle
- Stopperknoten
- Sprengring, der frei hin- und herrutschen kann
- Stopperknoten
- 60 bis 85 Gramm Blei (durchbohrt)
- Perle
- Sprengring
- 60 - 90 cm Vorfach
- Hakengröße und Köder entsprechen den gesuchten Fischen

Das schwere Posenfischen
Diese Montage wurde für Situationen entworfen, in denen normales Meeresgerät nicht ausreicht. Hierzu gehört das Fischen in schnellen Strömungen, wo stellenweise 140 Gramm Blei erforderlich sind oder wenn es darum geht, große Köder vom Boot aus Raubfischen entgegentreiben zu lassen (kleine Haie, siehe Seite 256). Bei dieser Gleitmontage kommt eine sehr große Pose zum Einsatz, beispielsweise ein Luftballon. An den Luftballon wird ein Wirbel oder ein Sprengring gebunden, über den er dann zwischen Perle und Stopperknoten frei hin- und herrutscht. Unter dem Wirbel oder dem Sprengring hängen ein Lochblei, eine Perle und schließlich ein Vorfach aus Stahl.

HAFENFISCHEN
Dieser Hornhecht wurde im tiefen Wasser vor der Hafenmauer gefangen, eine zum Posenfischen ideale Stelle.

GLEITPOSENMONTAGE

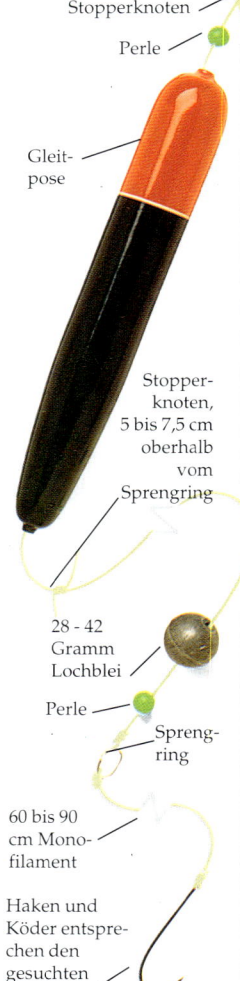

- Stopperknoten
- Perle
- Gleitpose
- Stopperknoten, 5 bis 7,5 cm oberhalb vom Sprengring
- 28 - 42 Gramm Lochblei
- Perle
- Sprengring
- 60 bis 90 cm Monofilament
- Haken und Köder entsprechen den gesuchten Fischen

DAS GRUNDFISCHEN

Das Grundfischen auf hängerträchtigem Untergrund ist immer schwierig und fast immer sind die Materialverluste hoch. Diese Schattenseiten müssen leider als unvermeidbar akzeptiert werden, allerdings gibt es auch Möglichkeiten, den Schaden in Grenzen zu halten. Die wichtigste hierunter besteht darin, stets nur mit den einfachsten Montagen zu fischen. Endmontagen mit nur einem Einfachhaken verfangen sich zwar nicht unbedingt weniger oft als komplizierte Montagen, dafür sind sie jedoch billiger und ihr Verlust schmerzt nicht zu sehr. Zu Hängern kommt es in erster Linie an Haken und Bleien und deshalb sollten diese Bestandteile der Montage über schwächere Schnur mit ihr verbunden sein, damit sie im Falle eines Hängers abreißen und der Rest der Montage gerettet werden kann (das Hakenvorfach darf allerdings keineswegs schwächer als die restliche Montage sein, wenn es darum geht, Fische mit scharfen Zähnen zu fangen). Eine Alternative besteht darin, die Grundmontage mit einem Auftriebskörper zu versehen, der den Köder über dem Grund und daher über den Hängern anbietet.

Hängerfreies Einholen

Ein Luftballon hält hier die Hauptschnur auf Höhe und gewährleistet, daß die Grundmontage beim Einholen deutlich über den Hindernissen am Grund läuft: auf die eigentliche Köderpräsentation hat der Ballon keinen Einfluß. Mit einer solchen Montage können Sie getrost auf die saubere, seewärts von Hindernissen gelegene Seite werfen und verhältnismäßig sicher sein, daß es nicht der letzte Wurf war. Die Grundmontage können Sie sich trotzdem frei aussuchen: schieben Sie, noch bevor Sie die Hauptschnur mit der Endmontage verbinden, auf die Hauptschnur einen Wirbel oder einen Sprengring, an dem Sie später den Ballon befestigen.

Grundmontage mit Schwimmkörper

Eine Grundmontage mit Schwimmkörper ermöglicht das Anbieten des Köders in einer bestimmten Entfernung zum Grund. Der Köder wird so auf fängigere Art und Weise angeboten und gleichzeitig sinkt das Hängerrisiko. Es läßt sich so beispielsweise vermeiden, daß der Köder in eine Felsspalte fällt und damit für die Fische unerreichbar wird. Auch die Krebse können den Köder nun nicht mehr innerhalb weniger Minuten zerstören. Die Montage besteht aus einer einfachen Balsapose, die auf das Vorfach einer Grundmontage geschoben wird. Die Höhe, in welcher der Köder über dem Grund schwebt, wird von der Stellung des Stopperknotens bestimmt.

Hauptschnur

Tropfenförmiges Gewicht

Perle

Sprengring oder Wirbel, 60 cm vom Stopperknoten

Fluoreszierend grüne, 7,5 cm lange und 12 mm dicke Balsapose

Stopperknoten, etwa 15 bis 30 cm vom Haken

Hakengröße und Köder ensprechen den gesuchten Fischen

HÄNGERFREIES EINHOLEN

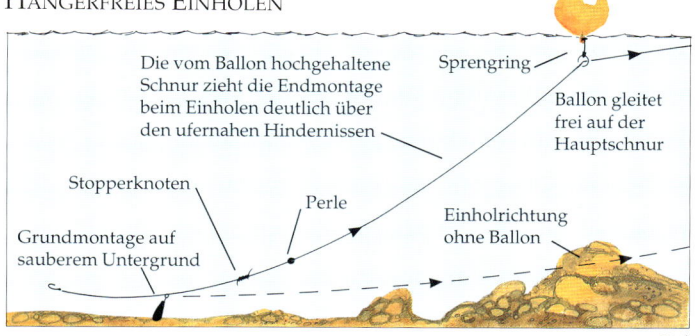

Die vom Ballon hochgehaltene Schnur zieht die Endmontage beim Einholen deutlich über den ufernahen Hindernissen

Sprengring

Ballon gleitet frei auf der Hauptschnur

Stopperknoten

Perle

Einholrichtung ohne Ballon

Grundmontage auf sauberem Untergrund

DAS SPINNFISCHEN

90 cm Vorfach

21 Gramm Anti-Drall Blei

Kleiner Gummisandaal

Das Spinnfischen hat dem Naturköderfischen gegenüber einige Vorteile. So ermöglicht beispielsweise die recht leichte Ausrüstung (Kunstköderschachtel, leichte Rute und Rolle) das Abfischen weiter Küstenstrecken an nur einem Tag. Felsige Uferabschnitte zählen entlang der Küste zu den besten Fangstellen, da sie gewöhnlich eine Vielzahl von verschiedenen Raubfischen anlocken, wie etwa Makrelen, Wolfsbarsche und Pollacks, die sich allesamt gerne an Spinnködern vergreifen. Suchen Sie das Wasser beim Spinnfischen so sorgfältig wie nur möglich ab, indem Sie die Lauftiefe Ihres Kunstköders öfter abändern und das Wasser mit System durchkämmen (siehe Seite 216). Zu den geeigneten Ködern zählen Wobbler, Spinner, Löffel und Pilker und Sie sollten stets eine Auswahl unterschiedlicher Kunstködertypen mit sich führen, sodaß Sie den jeweiligen Umständen und Arten entsprechend stets den passenden Köder montieren können. Fische greifen gewöhnlich von unten her an, sodaß Sie an hellen Tagen möglichst mit dunklen Kunstködern fischen sollten, während bei trübem Wetter reflektierende und auffällig gefärbte Kunstköder erfolgreicher sind.

LANDA LUKKI TURBO LÖFFEL
Zum tiefen Spinnfischen eignen sich schwere Löffel wie der hier abgebildete.

Das Kunstködergewicht

Je weiter Sie einen Kunstköder werfen können, desto größer ist die Wasserfläche, die Sie beim Fischen abdecken. Aus diesem Grund ist beim Fischen in tiefen, stark strömenden Gezeiten ein schwerer Kunstköder oft besser geeignet, als ein leichter. Der Idealfall ist, daß der Kunstköder ohne zusätzliche Beschwerung auskommt, was leider nicht immer möglich ist. Gelegentlich kann es unerläßlich sein, auf der Schnur ein Blei zu montieren, das dabei hilft, den Schnurdrall zu vermeiden (siehe Seite 214). Die Verwicklungsgefahr beim Werfen kann man dadurch reduzieren, daß man die Schnur mit dem Finger am Spulenrand abbremst, unmittelbar bevor der Kunstköder die Wasseroberfläche erreicht.

SPINNMONTAGE FÜR SEICHTES WASSER
Werfen Sie diese Montage gefühlvoll aus. Werfen Sie zu kraftvoll, dann überholt das Blei die restliche Montage in der Luft, wodurch es zu Verwicklungen kommen kann.

SICHERHEIT ZUERST
Felsige Uferabschnitte weisen oft in unmittelbarer Entfernung schon beachtliche Tiefen auf und sind gut zum Spinnfischen geeignet, da gewöhnlich über 2 m tiefes Wasser die besten Ergebnisse bringt. Man darf nicht vergessen, daß gischtnasse Felsen oft ungemein glitschig sein können: fischen Sie deshalb mit grobstolligem Schuhwerk und in Begleitung.

DAS FISCHEN AUF HAIE

Haie lassen sich mit einer Vielzahl von Techniken fangen, u.a. beim Driftfischen, beim Grundfischen von einem verankerten Boot aus, beim Küstenfischen und beim Schleppfischen mit toten oder mit lebenden Köderfischen (siehe Seite 258). Auch mit einer Fliegenrute lassen sich diese Fische überlisten. Die hier abgebildeten Grundtechniken sind für den Fang von Haiarten geeignet, die im Mittelwasser und nahe der Oberfläche auf Raubzug gehen, wie beispielsweise der Blau-, Mako- und Heringshai.

Da Haie eine sehr rauhe Haut und überaus scharfe und stabile Zähne haben, ist ein Stahlvorfach unerläßlich. Über eine Klemmhülse wird der Haken an ihm befestigt und über eine in einen Wirbel eingehängte Klemmhülse wird das Vorfach mit der Hauptschnur verbunden (oder, je nach Montage, mit einem Schockvorfach aus dickem Nylon).

STAHLVORFACH UND KLEMMHÜLSEN (SLEEVES)

1 Schieben Sie die Klemmhülse auf das Stahlvorfach. Fädeln Sie es durch die Haken- oder Wirbelöse, binden einen einfachen Knoten und straffen ihn.

2 Schieben Sie die Klemmhülse über das lose Drahtende. Lassen Sie ein kurzes Stück Stahlvorfach aus der Hülse hervorragen.

3 Bilden Sie mit dem losen Ende eine Schlaufe, die Sie in die Hülse schieben. So richtet das scharfe Drahtende keinen Schaden an.

4 Quetschen Sie die Klemmhülse mit Hilfe einer Zange zusammen. Quetschen Sie sie möglichst auf ihrer ganzen Länge.

DAS DRIFTFISCHEN

Blau- und Makohaie sind hauptsächlich Freiwasserfische, die sich von pelagisch lebenden Schwarmfischen, wie etwa Makrelen und Sardinen ernähren. Heringshaie rauben demgegenüber lieber in Küstennähe über seicht liegenden Riffen. Alle diese Haiarten lassen sich von einem treibenden Boot aus mit 30 bis 80 lbs-Ausrüstung fangen, wobei die Köder unter Posen (Ballons) im Rubby-Dubby Futterteppich angeboten werden. Haie verfügen über einen außerordentlich guten Geruchssinn und sogar kleinste Duftspuren können sie bis zu ihrem Ursprung verfolgen. Früher oder später wird die Futtermasse Wirkung zeigen. Haben sie erst einmal Witterung aufgenommen, dann bewegen sie ihre Köpfe von Seite zu Seite, um die größtmögliche Geruchskonzentration ausfindig zu machen und ihre Schwimmrichtung danach zu orientieren.

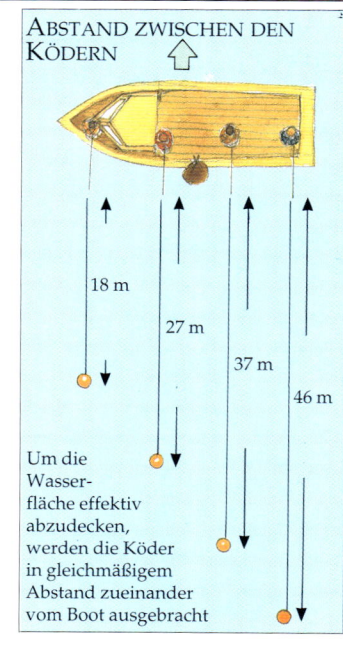

ABSTAND ZWISCHEN DEN KÖDERN

18 m
27 m
37 m
46 m

Um die Wasserfläche effektiv abzudecken, werden die Köder in gleichmäßigem Abstand zueinander vom Boot ausgebracht

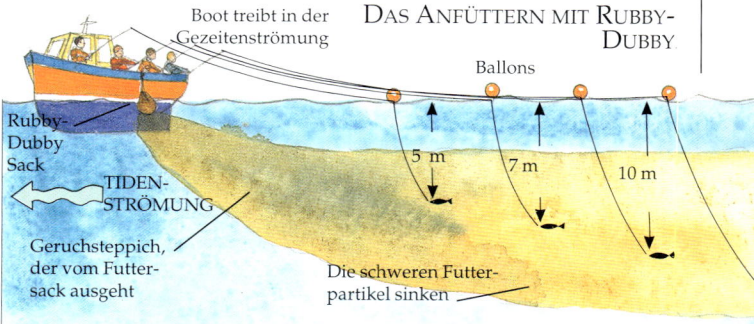

Boot treibt in der Gezeitenströmung

Rubby-Dubby Sack

TIDEN-STRÖMUNG

Geruchsteppich, der vom Futtersack ausgeht

DAS ANFÜTTERN MIT RUBBY-DUBBY

Ballons

5 m 7 m 10 m

Die schweren Futterpartikel sinken

Ködertiefen

Bis Sie herausgefunden haben, in welcher Tiefe die Haie rauben, sollten Sie Ihre Köder in unterschiedlichen Tiefen und in unterschiedlichen Entfernungen ausbringen. Der am weitesten vom Boot entfernte Köder sollte am tiefsten und der dem Boot am nächsten sollte am flachsten eingestellt werden.

Rubby-Dubby

Während seiner Drift hinterläßt das Boot einen weit ausgedehnten Geruchsteppich. Schwerere Bestandteile der Futtermasse sinken tiefer als leichte, sodaß sich der Futterteppich nicht nur in die Breite, sondern auch in die Tiefe ausdehnt. Hierdurch wird gewährleistet, daß sich alle Köder innerhalb der Geruchsfahne befinden.

DRIFTMONTAGE ZUM HAIANGELN

Stopperknoten
Wirbel
Reißleine zum Ballon
Perle
Hauptschnur, 30 bis 80 lbs-Monofilament

Klemmhülse
3 m 200 lbs-Monofilament
50 lbs-Wirbel
200 lbs-Stahlvorfach
Geschmiedeter 14/0 Haken
Klemmhülse

BALLONS *(links)*
Binden Sie die Ballons an ein kurzes Stück Schnur. Knüpfen Sie die Schnur an einen auf der Hauptschnur laufenden Wirbel oder klemmen Sie ihn fest.

DRIFTMONTAGE ZUM HAIANGELN

Damit die Hauptschnur nicht beschädigt wird, sollte das Vorfach an jeder Haimontage mindestens so lang wie die erwarteten Fische sein. Der Umgang mit einem langen Stahlvorfach ist nicht einfach, verwenden Sie daher ein recht kurzes und befestigen Sie den Haken an ihm. An das andere Stahlvorfachende kommt nun dickes, robustes Nylonmonofilament, das über einen Wirbel mit der Hauptschnur verbunden wird.

BOOTSFISCHEN AUF HUNDSHAI

Der Hundshai ist einer der vielen kleinen bis mittelgroßen Haiarten, die am oder unmittelbar über dem Grund auf Raubzug gehen, wobei sie sich von Fischen, wie etwa Dorsch, Schell- und Plattfisch, ernähren. Auf ihren Raubzügen kommen sie oft in unmittelbare Küstennähe. Hundshaie scheinen entweder als Einzelgänger oder in Gruppen zu rauben, die sich nur aus einem Geschlecht zusammensetzen. Sie lassen sich beim Grundfischen von einem verankerten Boot oder vom Ufer aus überlisten. Die besten Köder sind Fischstücke oder ganze Fische.

Beim Fischen vom verankerten Boot aus können Sie entweder gegen die Strömung oder mit der Strömung fischen (siehe Seite 244). Zum Uptide-Fischen sollten Sie eine etwa 3 m lange Uptide-Rute mit weichem Spitzenteil verwenden sowie ein Krallenblei, das schwer genug ist, um den Köder zuverlässig auf dem Grund zu verankern. Achten Sie darauf, ausreichend Schnur nachzufüttern, nachdem das Blei gefaßt hat, damit in der Strömung ein Schnurbauch entsteht. Fischen Sie stromab, brauchen Sie eine Bootsrute der 30 lbs-Klasse und ein vom Gewicht her geeignetes, tropfenförmiges Gewicht.

"Catch and Release"
Dieser Hundshai hat einen guten Drill geliefert und wird nun wieder in sein Element entlassen.

BOOTSMONTAGE FÜR HUNDSHAIE

Gleit-röhrchen
Perle
80 lbs-Wirbel
Klemm-hülse

Hauptschnur 0,40 mm Mono-filament beim Uptide-Fischen und 0,50 mm beim Fischen mit der Strömung

1,2 m 0,70 mm bis 0,80 mm Monofilament

30 cm 60 lbs-Stahlschnur

Klemm-hülse

8/0 bis 10/0 Haken

BOOTSMONTAGE FÜR HUNDSHAIE

Diese Montage ist lediglich eine Abwandlung der sehr fängigen Laufbleimontage (siehe Seite 245). Wie die größeren Blauhaie können auch die Hundshaie leichte Nylonschnur durchscheuern und zerbeißen, sodaß das Vorfach länger als der Fisch sein sollte. Das Vorfach sollte aus etwa 30 cm Stahlschnur und aus 1,2 mm dicker Nylonschnur bestehen.

Uptide oder tropfenför-miges Blei, das der Strömung entspricht

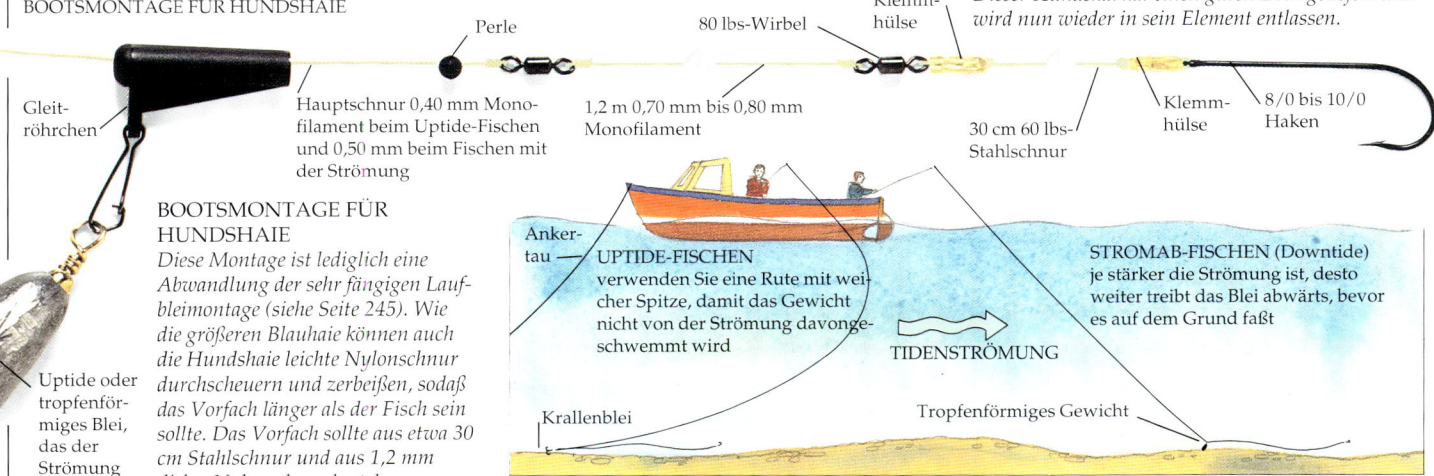

Anker-tau

UPTIDE-FISCHEN verwenden Sie eine Rute mit weicher Spitze, damit das Gewicht nicht von der Strömung davonge-schwemmt wird

TIDENSTRÖMUNG

STROMAB-FISCHEN (Downtide) je stärker die Strömung ist, desto weiter treibt das Blei abwärts, bevor es auf dem Grund faßt

Krallenblei

Tropfenförmiges Gewicht

DAS KÜSTENFISCHEN AUF HUNDSHAIE

Stopper-knoten
Perle
Ballon wird an Wirbel befestigt (oder an der Schnur mit Hilfe eines Streichholzes)

BALLON-POSENMONTAGE
Perle

Perle

Hundshaie halten sich oft in Wurfweite von der Küste entfernt auf. Felsabbrüche und -vor-sprünge, die auf sandigen Untergrund auslau-fen, sind ebenso vielversprechend wie steil abfallende Sand- oder Kiesstrände. Verwenden Sie eine qualitativ hochwertige Brandungsrute, die Wurfgewichte bis 170 Gramm verträgt. Die Rolle sollte mit etwa 300 Meter 0,40 mm bis 0,50 mm Monofilament gefüllt sein, da gehakte Hundshaie zu langen Fluchten in der Lage sind.

Hauptschnur (0,40 bis 0,50 mm Monofilament)

110 Gramm Lochblei

1,2 m 0,70 mm Monofilament

80 lbs-Wirbel

Klemmhülse

30 cm 60 lbs-Stahlvorfach

6/0 bis 8/0 Haken

Klemmhülse

Ufermontagen
Verwenden Sie entweder eine ein-fache Laufbleimontage oder eine Ballonmontage, die durch ein Lochblei beschwert wird. Ein lan-ges Vorfach reduziert die Beschä-digungsgefahr der Hauptschnur und gibt dem Fisch gleichzeitig Gelegenheit, mit dem Köder ein wenig herumzuspielen, bevor der Anhieb gesetzt wird. Ein langes Vorfach mit einem großen Köder läßt sich nur schlecht werfen, es sollte allerdings mindestens aus 1,2 Metern dicker Nylonschnur und aus 30 cm Stahlschnur beste-hen.

DER FANG VON GLATTHAIEN

Glatthaie und die meisten übrigen Dorn- und Glatthaiarten leben in recht flachem Wasser, wo sie sich hauptsächlich von Krebsen und Muscheln ernähren. Die Zähne dieser Haie sind abgeflacht und eher auf das Zermalmen als auf das Zertrennen ausgelegt. Diese Fische werden oft beim Fischen von der Küste aus gefangen sowie beim Bootsfischen auf Untiefen. Am Haken verhalten sich diese Fische recht kämpfe-risch.

PENNEL-HAKENMONTAGE

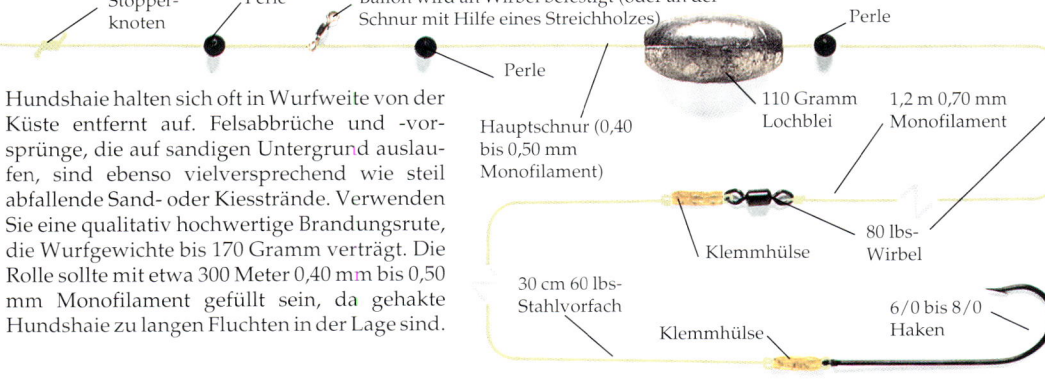

4/0 Haken

Die Schnur wurde durch die Hakenöse und durch das Gummiröhrchen gefädelt

0,70 mm Mono-filament

4/0 Haken

Ein Gummi-röhrchen auf dem Hakenschenkel hält letzteren auf der Schnur

Glatthaimontagen
Für den Fang von Haien brau-chen Sie ein Vorfach aus dickem, monofilem Nylon, das etwa 1,2 m lang ist. Verwenden Sie nur einen Einfachhaken oder eine Pennel-Hakenmontage, die Sie mit But-terkrebsen beködern. Der Vorteil der Pennel-Hakenmontage gegenüber dem Einfachhaken besteht darin, daß mit ihr größere Krebsportionen angeboten wer-den können.

BIG-GAME FISCHEN

Unter Big-Game Fischen ist der Fang einer Vielzahl großer Fische mit Rute und Rolle zu verstehen, zu denen verschiedene schwerttragende Arten, Wahoo, Tarpon, Großthune und große Raubhaie, wie beispielsweise Mako- und Tigerhai, gehören. Die meiste Big-Game Fischerei findet von Charterbooten aus statt, auf denen fast immer auch Gerät und Köder gestellt werden. Die zu befischende Fischart hängt teilweise von den Wünschen des Anglers und teilweise von dem ab, was in den befischten Gewässern vorhanden ist. Ebenso verhält es sich mit den Angeltechniken und dem Gerät. Einige Big-Game Fischer ziehen Fliegengerät vor, die große Mehrheit verwendet jedoch Bootsgerät

aus den 12 bis 130 lbs-IGFA-Klassen. Die fängigsten Angeltechniken sind das Schleppen mit Kunstködern und toten Köderfischen, es wird aber auch mit lebenden Köderfischen geangelt. Alle diese Techniken haben ihre Vor- und Nachteile, mit allen lassen sich viele Fische fangen und, wenn der Tag stimmt, dann kann jede einzelne von ihnen fängiger als die anderen sein. Alles hängt von den jeweils vorherrschenden äußeren Bedingungen ab und keine Technik ist ausreichend gut, daß es sich lohnen würde, die anderen zu vernachlässigen. Eine offene Grundeinstellung ist beim Big-Game Fischen ebenso wichtig, wie bei jeder anderen Art der Angelei.

DAS SCHLEPPEN MIT KUNSTKÖDERN

Es gibt außerordentlich viele Fischarten, die geschleppte Kunstköder angreifen und beim Schleppfischen läßt es sich nur schwer im voraus sagen, was man an den Haken bekommen wird. Es gibt jedoch eine Kerngruppe von Arten, die immer wieder mit dieser Technik gefangen werden. Zu dieser gehören die Marline, die Sailfische, die Thunfische und vergleichbar große Freiwasserräuber, die die tiefen Wasser des offenen Ozeanes vorziehen und sich oft

sprichwörtlich über mehreren Kilometern Wasser aufhalten. Mittelschwere Sportfische, wie etwa Wahoo, Dolphin und Bonitos greifen auch in offenem Wasser geschleppte Kunstköder an. Ob diese Fische echte Big-Game Fische sind, ist diskutabel, gelegentlich erreichen aber auch sie beachtliche Größen und in jedem Fall sind sie im Drill zähe Kämpfer. Das Schleppen mit Kunstködern ist vor allem in offenem Wasser praktisch, da sich hier die Fische nicht in einem

bestimmten Bereich konzentriert aufhalten und beim Fischen große Flächen abgedeckt werden. Die geschleppten Kunstköder werden an der Oberfläche in einem bestimmten Muster ausgebracht und so ausgesucht, daß jeder von ihnen eine etwas andere Aktion aufweist. Alle zusammen verursachen sie Lärm und hinterlassen eine dicke Blasenspur, wodurch sich die Raubfische aus den Tiefen emporlocken lassen und schnell zum Angriff übergehen.

Schleppmuster
Gewöhnlich wird auf Big-Game Booten mit vier Ruten gleichzeitig geschleppt: eine auf jeder Seite, die mit Hilfe von bis zu 14 m langen Auslegern (Outriggern) ausgebracht werden, sowie zwei am Heck. Als Kunstköder wird meistens eine Kombination aus unter der Oberfläche laufenden und auf der Oberfläche schlitternden Kunstködern gefischt. Jede Rute fischt in einer anderen Entfernung. So können beispielsweise die Outriggerruten 40 und 45 m und die Heckruten 20 und 25 m vom Boot entfernt fischen. So verteilt, sollen die Kunstköder beim Raubfisch den Eindruck eines kleinen Futterfischschwarmes erwecken. Hat ein Fisch die Verfolgung aufgenommen, dann bedeutet das keinesfalls, daß er eher die am weitesten vom Boot entfernten Kunstköder angreifen wird. Oft erfolgen an den Heckruten die meisten Bisse, vielleicht, weil sich die Fische vom Kielwasser anlocken lassen.

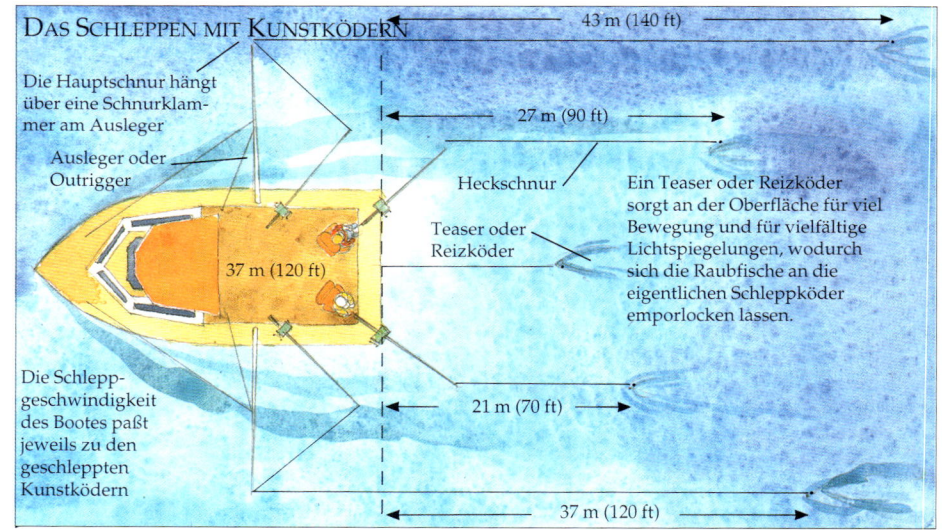

DAS SCHLEPPEN MIT KUNSTKÖDERN

Die Hauptschnur hängt über eine Schnurklammer am Ausleger

Ausleger oder Outrigger

Heckschnur

Teaser oder Reizköder

37 m (120 ft)

Die Schleppgeschwindigkeit des Bootes paßt jeweils zu den geschleppten Kunstködern

43 m (140 ft)

27 m (90 ft)

Ein Teaser oder Reizköder sorgt an der Oberfläche für viel Bewegung und für vielfältige Lichtspiegelungen, wodurch sich die Raubfische an die eigentlichen Schleppköder emporlocken lassen.

21 m (70 ft)

37 m (120 ft)

KUNSTKÖDERPALETTE
Auch wenn Hersteller oft ihre Köder für eine bestimmte Fischart angeben, beispielsweise für Marlin oder Thun, dann bedeutet das nicht, daß diese Köder, je nach Umständen, nicht auch zahlreiche andere Arten zum Biß verleiten können. Suchen Sie sich eine Reihe von Kunstködern aus, u.a. Kona Heads und Plastiktintenfische, bei denen Ihnen eine große Auswahl an Farben, Formen und Aktionen zur Verfügung steht, damit Sie Ihre Kunstköderwahl den jeweiligen äußeren Bedingungen entsprechend treffen können.

KONA HEADS

BIG-GAME ARTEN
Neben den großen Schwertträgern und anderen sehr großen Arten werden auch viele kleinere - wie etwa dieser Barrakuda - oft als Big-Game Art eingestuft. Ähnlich verhält es sich auch mit dem Dolphin, dem Albacorethun, der Königsmakrele und dem Amberjack.

DAS FISCHEN MIT NATURKÖDERN

Es gibt kaum etwas, das die räuberischen Instinkte der meisten Raubfische so sehr weckt, wie Geruch und Bewegung eines echten Beutefisches. Hierdurch sind Naturköder oft fängiger als Kunstköder, allerdings gibt es in ihrer Anwendung auch einige Nachteile. So sind Wahoos beispielsweise recht erfahren darin, wie man die Köder unmittelbar hinter dem Haken abreißt und andere Arten wiederum ziehen Naturköder den Kunstködern vor: Schwarze Marline lassen sich eher von einem langsam geschleppten Thun oder Dolphin zum Biß verleiten als von einem Kunstköder, auf den Blauen Marlin trifft jedoch genau das Gegenteil zu. Lebendköder locken auch Haie an, die sich nur selten an Kunstködern vergreifen. Sind Sie auf andere Arten aus, kann das zum Problem werden und nur noch tote Köderfische oder Fischstücke zu schleppen, stellt auch keine Lösung dar, da Haie ihre Beute in erster Linie über den Geruch und nicht über deren Schwimmbewegungen orten. Die Chancen, daß ein toter Köderfisch oder Fischhälften von geschätzteren Fischarten und nicht von Haien angegriffen werden, steigen jedoch, wenn man diese Köder schleppt und nicht statisch anbietet.

Das Schleppen mit toten Köderfischen

Erscheinung und Geruch eines toten Köderfisches machen ihn attraktiver als ein Kunstköder. Dennoch sollte er so angeboten werden, daß er beim Schleppen auf natürliche Art und Weise schwimmt, da ansonsten seine weiteren Vorteile verlorengehen. Meeräschen, Ballyhoos und andere kleine Köderfische lassen sich recht problemlos montieren, größeren Köderfischen, wie etwa Dolphin und Bonito, müssen die Mäuler zugenäht werden, damit ihr Wasserwiderstand nachläßt. Gleichzeitig müssen ihre Brust- und Rückenflossen aufgerichtet werden. Große Köderfische sollten viel langsamer als kleine und Kunstköder geschleppt werden.

MONTAGEN FÜR TOTE KÖDERFISCHE

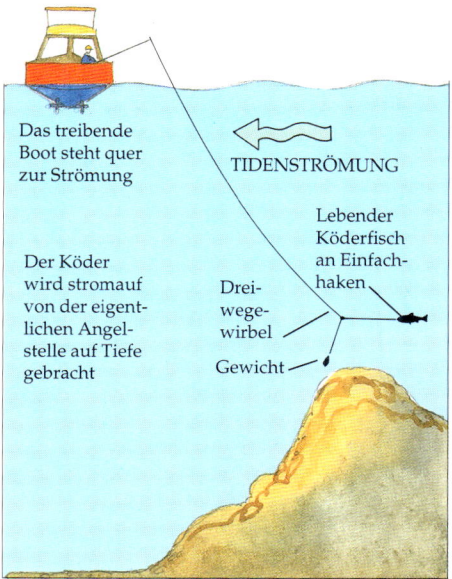

BALLYHOO-MONTAGE

Das Maul wird mit weichem Draht umwickelt

MEERÄSCHEN-MONTAGE

Kleines Blei

BALLYHOO-MONTAGE
Führen Sie den Haken durch das Maul und seine Spitze aus der Bauchhöhle heraus und schließen Sie dann sein Maul. Mit Draht bleibt es geschlossen.

MEERÄSCHEN-MONTAGE
Schneiden Sie zwischen die Bauchflossen ein Loch. Schieben Sie den Haken von da her durch das Maul und befestigen Sie ihn (über eine Drahtschlaufe) am Vorfach.

Das treibende Boot steht quer zur Strömung

TIDENSTRÖMUNG

Der Köder wird stromauf von der eigentlichen Angelstelle auf Tiefe gebracht

Lebender Köderfisch an Einfachhaken

Dreiwegewirbel

Gewicht

Das Driftfischen mit lebendem Köderfisch

Mit dieser Technik werden hauptsächlich Amberjacks und andere Arten gefangen, die sich gerne über Riffen und Untiefen aufhalten. Der große Nachteil dieser Technik besteht in den zahlreichen Störungen durch andere Arten, wie beispielsweise durch Haie. Sind jedoch Amberjacks in ausreichender Menge da, dann stellen sie auch den Großteil des Fanges dar. Kleine Köderfische werden durch die Nasenlöcher oder durch die Lippen gehakt und mit Hilfe eines entsprechenden Gewichtes stromauf der raubenden Fische oder des Unterstandes auf Tiefe gebracht und anschließend läßt man sie über die Riffe und Untiefen treiben.

Das Schleppen mit lebenden Köderfischen

Wenn sie am Leben bleiben sollen, müssen lebende Köderfische vorsichtig behandelt und nur langsam geschleppt werden, damit sie nicht ertrinken. Verwenden Sie nur diejenigen Köderfische, die beim Fang am wenigsten verletzt wurden und montieren Sie sie immer so schonend wie nur möglich. Große Köderfische, wie etwa Dolphin und Bonito, werden am besten an den Haken gebunden, statt von letzterem durchbohrt zu werden. Der Blutverlust ist geringer und die Fische leben länger. Auch kleine Köderfische können derart montiert werden, sie sind jedoch fängiger, wenn sie über ihre Nasenlöcher an einen weit geöffneten Lebendköderhaken geködert werden.

ANGELSTELLEN
Inseln inmitten der Ozeane, wie die Azoren, bieten die Möglichkeit, bereits nach kurzer Anfahrt in tiefem Wasser auf Marline zu fischen.

DAS SCHLEPPEN UND DRIFTEN

SCHNELLES SCHLEPPEN

LANGSAMES SCHLEPPEN

DAS DRIFTFISCHEN
Das Driftfischen ist eine sehr fängige Art und Weise, Naturköder an fangträchtigen Stellen, wie beispielsweise über Riffen, Wracks und Untiefen anzubieten.

DRIFTFISCHEN

TIDENSTRÖMUNG

SCHNELLES SCHLEPPEN
Das schnelle Schleppen ermöglicht Ihnen den Fang schnellschwimmender Arten, wie beispielsweise Wahoo und Blauflossenthun. Verwenden Sie Kunstköder mit leicht abgeflachter Vorderseite.

LANGSAMES SCHLEPPEN
Beim langsamen Schleppen mit 5 bis 8 Knoten sollten Sie lange, leichte Weichplastik- oder Gummiköder verwenden, deren Vorderseite stark abgeflacht ist.

DAS SCHLEPPEN MIT LEBENDEM KÖDERFISCH
Beim Schleppen mit lebenden Köderfischen wird lediglich mit zwei Ruten gefischt, damit die Köder nicht über Kreuz laufen. Beim langsamen Schleppen mit toten Köderfischen können auch vier Ruten gleichzeitig gefischt werden.

DAS WASSER

DER AUFMERKSAME ANGLER, DER ES GELERNT HAT, das Wasser zu "lesen" – ganz unabhängig davon, ob es sich um einen kleinen Teich oder um ein Stück Ozean handelt – kann Rückschlüsse über die möglicherweise vorhandenen Fischarten ziehen, wo sie sich im Wasser aufhalten, wovon sie sich ernähren und welchen Köder er ihnen wie servieren muß. Sich diese Kenntnis und Erfahrung anzueignen ist noch lange keine Fanggarantie, allerdings steigen die Fangaussichten beträchtlich. Wenn Sie ein bestimmtes Gewässer mit großer Regelmäßigkeit befischen, dann sollten Sie es mehrmals am Tag ausführlich beobachten und dabei genau auf die Bewegungen und Freß-gewohnheiten der Fische achten. Das hilft Ihnen beim Lokalisieren und beim Fangen der Fische in diesem Gewässer und gleichzeitig sammeln Sie Erfahrungen, die Sie sich an anderen Gewässern zunutze machen können. Ferngläser und Polaroidbrillen sind nützliche Hilfsmittel, wenn Sie ein wenig über die Aktivitäten der Fische heraus-finden möchten. Ein Fernglas ermöglicht es Ihnen, auch auf große Entfernung Hinweise auf Fische ausfindig zu machen, beispielsweise eine leichte Bewegung der Wasseroberfläche. Vor allem beim Meeresfischen ist ein solches Glas sehr nützlich, da so auch Verfärbungen der Wasseroberfläche – planktonreiche Zonen, in denen sich gerne Fische aufhalten – und raubende Fische ausgemacht wer-den können. In diesem Kapitel finden Sie viele Hinweise auf Anzeichen, auf die Sie in einer Vielzahl unterschiedlicher Gewässer, u. a in Bächen, in stillstehenden Gewäs-sern und auf der offenen See, achten sollten.

HALTEN SIE NACH HINWEISEN AUSSCHAU
Die Zeit, die man mit dem intensiven Beobachten eines Gewässers ver-bringt, um herauszufinden, wo sich die Fische am ehesten aufhalten, ist nie verschwendet.

BÄCHE UND FLÜSSE 1

Bäche und Flüsse lassen sich in zwei Grundkategorien einteilen: zum einen in Kalkflüsse, die von Quellwasser mit hohem Kalk- und Mineralgehalt gespeist werden; zum anderen in Fließgewässer, die in erster Linie Regenwasser enthalten und gewöhnlich recht arm an Mineralien sind. Des weiteren lassen sie sich in drei Abschnitte unterteilen: der reißende, hoch gelegene Bach; die gemäßigten mittleren Abschnitte und schließlich die trägen und tiefen Strecken im Unterlauf.

DIE CHARAKTERISTIKA VON BÄCHEN

Bäche haben gewöhnlich in hoch gelegenen Hügeln oder in Bergen ihren Ursprung, wo die jährliche Niederschlagsmenge am größten ist. Die schnellfließenden oberen Strecken sind gewöhnlich sauerstoffreich, aber auch voller Steine und Felsen, sodaß den Fischen nur ein recht unkomfortabler und nahrungsarmer Lebensraum zur Verfügung steht. Sobald diese Kleingewässer ihren Weg durch weniger zerklüftete Landschaft finden und immer mehr Seitenbäche in sie münden, werden sie allmählich breiter und langsamer. Nach und nach machen sich auch die ersten Wasserpflanzen breit und auf den immer erdigeren Ufern wachsen nun Büsche und Bäume. Schließlich windet sich der Fluß träge durch eine weit ausgeschwemmte Tallandschaft. In ihm leben jetzt andere Pflanzen- und Fischarten, die mit weniger Sauerstoff noch gedeihen können und denen das viel trübere Wasser nichts ausmacht.

BERGFLÜSSE
Die schnellfließenden Forellenflüsse in bergigen Landschaften werden von Regen- und Schmelzwasser gespeist. Das Wasser ist verhältnismäßig nahrungsarm und demzufolge kann der Angler oft nur kleinere Fische erwarten.

Bachtypen
Einige Bäche haben eine gurgelnde Quelle als Ausgangspunkt, die durch Regenwasser gespeist wird, das nach und nach durch poröse Gesteinschichten, wie beispielsweise durch Kalkstein, gesickert ist, bis es auf eine wasserundurchlässige Schicht, etwa eine Lehmschicht, gestoßen ist. Da das Wasser nicht durch den Lehm sickern kann, tritt es über eine Quelle am Fuß der Kalkschicht zutage. Andere Bäche entstehen durch aus Sumpflandschaften ablaufendes Wasser. Dort sind oft große Wassermengen gespeichert, die in lang andauernden Trockenperioden freigegeben werden. Flüsse, die in regengetränkten Bergen ihren Ursprung haben, sind dem Wetter weitaus eher ausgeliefert als jene, die von einer Quelle gespeist werden. Bei lang anhaltenden Trockenzeiten bleibt von regengespeisten Flüssen oft nur ein armseliges Rinnsal übrig, in dem das Leben für dort lebenden Fische schwierig wird; in besonders trockenen Jahren trocknen einige Fließgewässer zur Gänze aus. Dem gegenüber können sintflutartige Regenfälle innerhalb weniger Stunden einen friedlichen Bergbach in reißendes Wildwasser verwandeln. Von Schmelzwasser gespeiste Flüsse scheinen im Sommer in Bestform zu sein. Im Frühjahr läuft durch sie das Schmelzwasser aus den Bergen ab, wobei ihr Wasserstand oft stark ansteigt. Setzt echtes Tauwetter ein, kann es sogar zu Hochwasser kommen. Diese Schmelzwasser sind eisig kalt und zum Fischen meist ungeeignet. Besser ist es, das Ende der Schneeschmelze abzuwarten, die Luft- und Wassertemperaturen liegen nun höher und der Wasserstand beginnt zu sinken. Ein schneearmer Winter, auf den ein trockener Frühling und Sommer folgen, kann den Wasserstand von Schmelzwasserflüssen drastisch reduzieren. Bäche und Flüsse, die von Talsperren und künstlich angelegten Seen gespeist werden, haben meistens einen recht gleichmäßigen Wasserstand, da hier die Menge des freigegebenen Wassers reguliert werden kann. In regenarmen Zeiten wird einfach mehr Wasser freigegeben. Da die Quelle hierbei ein stillstehendes Gewässer ist, kann es durchaus sein, daß der Fluß oder Bach niemals zu trüb zum Fischen wird, auch nach sehr regnerischem Wetter.

Die verschiedenen "Regionen" eines Flusses
Die in einem Fluß lebenden Fischarten unterscheiden sich nach den "Regionen" des Flusses. In den Oberläufen, wo das Wasser am schnellsten und klarsten ist und die größte Menge an Sauerstoff mit sich führt (weil es andauernd durch viele Hindernisse im Flußbett "gebrochen" wird), gedeihen Forellen und Äschen (Forellen- und Äschenregion). Nahrung ist gewöhnlich nur in begrenzten Mengen vorhanden, lediglich einige Bachflohkrebse und wenige Insektenarten leben hier (gelegentlich fallen auch einige Landinsekten ins Wasser), sodaß die Fische meistens recht klein bleiben. Weiter stromab, wo der Fluß breiter und tiefer wird und sich seine Strömungsgeschwindigkeit verlangsamt hat, bieten Krautbänke den Fischen Unterschlupf und sind gleichzeitig das Zuhause der Kleintiere, von denen sich die Fische ernähren. Das Nahrungsangebot ist hier höher und zusammen mit der gemäßigten Strömung entsteht unter den Fischen eine größere Artenvielfalt, hier treffen wir nun u.a. Barben, Döbel, Hasel und Rotaugen an. Gelegentlich gibt es noch einige Forellen und Äschen.
Im Unterlauf der meisten Flüsse ist die Strömung vor allem im Sommer träge. Das Flußbett ist gewöhnlich schlammig, ein Untergrund, auf dem oft dichte Krautbänke gedeihen. Im Wasser sind oft zahlreiche Schwebteilchen, wodurch die Sichttiefe in starke Mitleidenschaft gezogen wird. Die weiter stromauf lebenden Arten gedeihen hier nicht mehr richtig, stattdessen leben hier Fische, die der Wasserqualität gegenüber toleranter sind und mit weniger Sauerstoff auskommen.

KALKFLÜSSE
Das gin-klare Wasser von Kalkgewässern ist sehr reich an Mineralien, sodaß in ihnen viele Pflanzen und große Fischbestände gedeihen.

PFLANZEN

Die entlang von Bächen und Flüssen wachsenden Pflanzen bieten sowohl dem Angler als auch dem Fisch viele Vorteile. Bäume und andere entlang vom Wasser wachsende Pflanzen stabilisieren die Überböschung und schützen sie vor Erosion; Wasserpflanzen arbeiten im Wasser wie Filter und sorgen dafür, daß bei ausbleibendem Regen der Wasserstand nicht zu schnell sinkt. Krautbänke jeder Art bieten den Fischen Schutz und sind gleichzeitig das Zuhause vieler Wirbelloser, von denen sich die Fische ernähren. Den Raubfischen, beispielsweise den Hechten, ermöglichen sie es, ihrer Beute unentdeckt aufzulauern. Überhängende Bäume bieten ebenfalls Schutz und von ihnen fallen zahlreiche Käfer und Raupen ins Wasser, ebenso wie Beeren (so werden beispielsweise die Holunderbeeren gerne von Rotaugen und Döbeln genommen).

KRAUTBÄNKE

Ausgedehnte Krautbänke sind das Zuhause zahlreicher im Wasser lebender Wirbelloser, die nahrungssuchende Fische herbeilocken. Über die Wasseroberfläche hinausragende Pflanzen sind leicht auszumachen, tief gelegene Krautbänke sind jedoch bei weitem nicht so leicht zu orten: achten Sie auf das durch sie verursachte träge Wasser.

UFERPFLANZEN

Fische halten sich gerne unter ausgeschwemmten Ufern und unter überhängenden Bäumen und Pflanzen auf, die ihnen Schutz vor der Sonne und vor Räubern (Reiher und ... Angler!) geben, und die gleichzeitig voller Insekten und anderer Beutetiere sind.

OBERFLÄCHENANZEICHEN

Die Fähigkeit, das Wasser zu "lesen", vergrößert die Erfolgschancen des Anglers erheblich. Nur selten ist der Oberflächenfilm wirklich einheitlich und jede Unregelmäßigkeit oder Beunruhigung auf ihm sind Hinweise auf das, was unter Wasser vor sich geht.

Unterwasserhindernisse

Oberflächenverwirbelungen an einer ansonsten recht einheitlichen Strecke verraten das Vorhandensein eines Unterwasserhindernisses, wie beispielsweise einen großen Felsen oder eine vorstehende Felsspitze. Dahinter gibt es sehr wahrscheinlich eine strömungsarme Zone, vielleicht auch auf jeder Seite, je nach dem, wie die Strömung gespalten wird. Viele Fischarten, beispielsweise auch Forelle und Lachs, halten sich gerne in derart "beruhigten" Zonen auf. Im Winter kann es sich bei solchen Oberflächenverwirbelungen auch um abgestorbenes Binsenkraut handeln, das zwar beim Verrotten, aber immer noch groß genug ist, damit das hinter ihm liegende Wasser von der Strömung weitgehend geschützt wird. Abgestorbene, ins Wasser gefallene Bäume werden bei Hochwasser oft weit stromab geschwemmt, bevor sie zur Ruhe kommen und hinter sich die Strömung bremsen. An solchen Stellen halten sich gerne Rotaugen auf, vor allem dann, wenn sich im strömungsgeschützten Bereich langsam eine Sandbank aufbaut.

Wasserströmung

In jeder Flußbiegung wird die Hauptströmung entlang des äußeren Ufers, entlang des Prallhanges gedrückt. Zwischen dieser Hauptströmung und dem ruhigen Wasser am inneren

DIE STRÖMUNG

Durch genaues Beobachten der Strömung eines kleinen Fließgewässers, kann man viel über die Beschaffenheit des Bachbettes lernen. Felsen und Pflanzen verursachen beispielsweise Riesel und nahezu strömungsfreie "Flecken", während tiefe Löcher, die den Fischen in ihrem ruhigen Wasser ein wenig Erholung von der Strömung bieten, von oben betrachtet dunkler als das umliegende Wasser sind.

Ufer entsteht ein sichtbarer Strömungsrand. Bei normalem Wasserstand halten sich Fischarten, wie die Döbel, gerne in diesem Rand auf. Sie schwimmen nur langsam bzw. sie halten im ruhigen Wasser Stellung, sind jedoch jederzeit dazu bereit, in die Hauptströmung einzutauchen, um nach von der Hauptströmung geschwemmter Nahrung zu schnappen. Steigt der Wasserstand in Folge von Regen an oder sinken die Wassertemperaturen, dann ziehen sich die Fische in das ruhige Wasser zurück. Gelegentlich kann es dazu kommen,

daß die Rückströmungen und ruhigen Abschnitte vor Fisch nur so wimmeln, weil diese hier nicht ständig gegen die starke Strömung ankämpfen müssen.

In Flüssen und Bächen, die aus einer Folge von Gumpen und Rieselstrecken bestehen, stehen die Fische oft unmittelbar am Poolanfang und am Poolauslauf. Bei ihrem Laichaufstieg halten Wanderfische gerne in diesen Vertiefungen (Pools) an, wo sie sich ein wenig ausruhen, bevor sie die noch weiter stromauf liegenden Laichgründe aufsuchen.

BÄCHE UND FLÜSSE 2

BÄCHE UND FLÜSSE IM HOCHLAND

Das Flußbett eines hoch gelegenen Fließgewässers besteht gewöhnlich aus Felsblöcken und Steinen, über die und zwischen denen schnellströmendes, gewöhnlich seichtes Wasser fließt. In den oberen Strecken leben Forellen als einzige Sportfische, die wegen des knappen Nahrungsangebotes, das aus einigen Bachflohkrebsen, Insektenlarven und aus einem gelegentlich in das Wasser geschwemmten Wurm besteht, ihr Leben lang klein bleiben.

Diese kleinen Forellen, deren Schuppenkleid oft noch mit der für die Jungforellen typischen Parr-Zeichnung versehen ist, verbringen ihr Leben damit, im Schutz von Steinen und Felsblöcken auf in der Strömung vorbeitreibende Nahrungspartikel zu lauern. An diesen recht kleinen, strömungsgeschützten Stellen suchen sie auch das Flußbett nach den wenigen vorhandenen Wirbellosen ab.

Weiter stromab, wo das Wasser weniger turbulent ist, gesellen sich oft Äsche und Lachs zur Forelle. Bei den Lachsen handelt es sich sowohl um unreife Parrs (Jungfisch bei Lachs und Forelle), als auch um ausgewachsene Fische, die zum Laichen erneut weit in ihren Geburtsfluß aufgestiegen sind.

In diesem Unterlauf eines Hochlandflusses wird das Wasser nach und nach tiefer und immer öfter weist das Flußbett regelrechte Gumpen auf, die vom Hochwasser ausgeschwemmt wurden. In diesen Vertiefungen und Löchern und im Schutz von großen Steinen und Felsblöcken leben die Äschen und Forellen. Auch die aufsteigenden Lachse ruhen im Schutz von Blöcken, bevor sie sich nach geeignetem Laichkies umsehen.

FLACHLANDBÄCHE UND -FLÜSSE

Flachlandflüsse stehen in starkem Kontrast zu ihren Gegenstücken im Hochland. Mit der langsamer werdenden Strömung beginnen Schwebteilchen damit, auf den Grund zu sinken, wo allmählich Ablagerungen entstehen. Das Ergebnis ist, daß das Flußbett nun vielseitiger wird, Steine und Felsblöcke wechseln mit Kies-, Sand- und gelegentlichen Lehmablagerungen ab. Diese verschiedenen Biotope locken nun jeweils eine eigene Flora und Fauna an und gewöhnlich leben in diesen Strecken auch zahlreiche Wirbellose. Aufgrund dieses reichen Nahrungsangebotes kommen hier zahlreiche Fischarten vor, u.a. Raubfische, wie Hecht und Barsch.

FLACHLAND-FLÜSSE
Viele Flachlandflüsse sind schnellfließend, allerdings strömen sie langsamer als im Hochland. Große Felsblöcke können für beträchtliche Oberflächenverwirbelungen sorgen. Strecken, die zahlreiche Felsblöcke enthalten, sollte man eher vom Ufer als von einem Boot aus befischen, vor allem, wenn sie Ihnen ein wenig fremd sind.

Ruhige Abschnitte und Rückströmungen
Das ruhigere Wasser hinter versunkenen Steinen und Felsblöcken bietet vielen Fischen einen komfortablen Unterstand. Diese Unterwasserhindernisse sind bei normalem Wasserstand nicht unbedingt sichtbar, sodaß es sich durchaus lohnt, den Fluß in einer Trockenzeit aufzusuchen. Der Wasserstand ist nun niedrig und alle größeren Unterstände lassen sich orten. Notieren oder merken Sie sich die Position der verschiedenen Felsblöcke und nehmen Sie auch Peilungen vor, damit Sie sie bei normalem Wasserstand genau befischen können. Andere "fischverdächtige" Stellen sind das ruhige Wasser hinter Brückenpfeilern und -befestigungen, die Rückströmungen um Einmündungen und die Vertiefungen im Flußbett. Diese Gumpen werden von Hochwassern ausgeschwemmt. Bei normalem Wasserstand sammeln sich, strömungsbedingt, zahlreiche Wirbellose und andere Nahrung in diesen ausgeschwemmten "Löchern". Grundnah lebende Fische, wie etwa die Barben, haben eine besondere Vorliebe für solche Vertiefungen.

BRÜCKEN
Eine Brücke mit ins Flußbett gebauten Pfeilern sorgt im Wasser für unterschiedliche Strömungsverhältnisse. Das zwischen den Pfeilern kanalisierte Wasser gewinnt an Geschwindigkeit, während im Schutz der Pfeiler ruhiges Wasser entsteht. Ist die Brücke niedrig, dann versorgt sie an sonnigen Tagen die Fische mit viel Schatten. Vor allem Barben und Brachsen halten sich gerne an diesen schattigen Stellen auf.

HOCHLANDFLÜSSE
(links)
Die unteren Strecken eines Hochlandflusses sind gute Stellen, um auf Forellen, Lachse und Äschen zu fischen. Das Wasser ist zu schnell und zu felsig, um von einem Boot aus befischt zu werden - hier ist Watfischen angesagt. Besonders effektiv ist das Watfischen an breiten Flüssen oder an solchen, an denen ein Ufer aufgrund der Uferböschung nicht zugänglich ist.

HOCHLAND-
FORELLEN *(rechts)*
Die kleinen Forellen aus hoch gelegenen Flüssen behalten ihre Parr-Zeichnung oft ihr Leben lang bei.

Mündungen und Inseln

Wo zwei vergleichbar große Flüsse ineinandermünden, entsteht zwischen den beiden eine ruhige Wassertasche. Fische halten sich gerne in dieser Tasche auf, sie müssen hier nicht ständig gegen die Strömung ankämpfen, der Energieverbrauch ist niedrig, aber dennoch können sie jederzeit zu jeder Seite hin in die Strömung schießen, um nach darin treibender Nahrung zu schnappen. Münden zwei unterschiedlich große Flüsse ineinander, dann staut sich der weniger große etwas zurück. Das Ergebnis ist, daß sein Unterlauf träger strömt. Dieses ruhigere Wasser lockt Fische an, vor allem bei Hochwasser, wenn die Strömung des Hauptflusses zunimmt und es in ihm unkomfortabel wird.

Auch Inseln sind bei den Fischen beliebt. Der Grund hierfür ist, daß sie die Strömung spalten und hierdurch zahlreiche "strömungsberuhigte" Zonen entstehen, die oft gut unter überhängenden Bäumen versteckt

liegen. Von dieser überhängenden Uferböschung fallen auch zahlreiche Landinsekten in das Wasser und der Tisch ist hier meistens reich gedeckt.

Wehre und Mühlenbecken

Das turbulente Wasser unterhalb eines Wehres lockt zahlreiche Arten an. Forellen (sofern der Fluß sauber ist) stehen im schnellsten, weißen Wasser des Pools, während weiter stromab Arten wie Döbel, Barbe und Äsche zuhause sind. Fische wie Barsch, Brachse und Rotauge ziehen ruhigeres Wasser vor und stehen demzufolge eher am Poolende und in den entlang der Ufer liegenden Rückströmungen. Die Hechte sind auch nicht weit weg, oft lauern sie in unmittelbarer Ufernähe im Schutz der überhängenden Uferböschung.

Manchmal sind Wehre tief unterschwemmt und leichte Grundmontagen werden dann von der Unterströmung erfaßt und unter das Wehr gezogen. Die Bisse sind oft recht

vehement und immer wieder kommt es zu Überraschungen. Zwar beißen meist die erwarteten Döbel und Barben, immer wieder hängt aber auch ein Barsch oder eine Brachse am Haken.

Talsperren

Talsperren werden quer durch ein Tal gebaut, damit sich hinter ihnen Wassermassen ansammeln, die als Trinkwasserreserven oder zur Stromerzeugung genutzt werden. Mit Hilfe einer Talsperre kann für eine gleichmäßige Flußströmung gesorgt werden, bei Hochwasser wird der Wasserspeicher gefüllt, bleibt der Regen aus, kann der Fluß mit gespeichertem Wasser versorgt werden. Wie sich eine Talsperre jedoch auf den Fischbestand auswirkt, hängt in erster Linie davon ab, wie das Wasser freigegeben wird. Wird es über den Überlauf freigegeben, ist es gewöhnlich warm, wird Tiefenwasser am Fundament des Dammes freigegeben, ist dieses Wasser oft äußerst kalt. In dem kalten Wasser, das von Talsperren, die in warmen bis heißen Gegenden zur Stromerzeugung errichtet wurden freigegeben wird, gedeihen Forellen oft erstaunlich gut. Ansonsten sorgt kaltes Wasser, das in großen Mengen in ein Gewässer gelangt und dessen Temperatur stark fallen läßt, für eine augenblickliche Beißpause, die erst dann wieder nachläßt, wenn es weggeschwemmt wurde.

Wo das Wasser ständig über einen Überlauf freigegeben wird, fällt es manchmal derart hart auf, daß unmittelbar vor dem Dammfundament tiefe Löcher ausgeschwemmt werden. Diese Löcher werden gerne von Fischen aufgesucht, die sie erst wieder verlassen, wenn die Strömung zu stark wird.

WEHRE

Wehre werden quer durch Flüsse gebaut, um den Wasserstand in dem stromauf gelegenen Flußabschnitt ansteigen zu lassen oder um stromab die Fließgeschwindigkeit zu kontrollieren. Das überlaufende Wasser reichert sich mit Sauerstoff an und ist auch in heißen Sommern noch recht gut belüftet, weshalb diese Stellen besonders dann von zahlreichen Fischen aufgesucht werden.

STILLSTEHENDE GEWÄSSER 1

Der Begriff "stillstehende Gewässer" deckt ein breites Spektrum an Gewässern ab. Das eine Ende dieses Spektrums bilden die winzigen Ententeiche auf Bauernhöfen, deren Ursprung natürlich ist oder die als Wasserspeicher (Feuerteich) künstlich angelegt wurden. Am anderen Ende des Spektrums stehen die gewaltigen natürlichen und künstlich angelegten Wasserflächen, von denen einige (wie beispielsweise die Great Lakes in Nordamerika) viel größer als viele der kleinen Länder unseres Planeten sind.

DIE CHARAKTERISTIKA VON STILLSTEHENDEN GEWÄSSERN

Jede Art von stillstehendem Gewässer stellt den Angler vor ganz eigene Probleme, die dieser lösen muß, sofern er erfolgreich sein möchte. Dennoch haben stillstehende Gewässer auch viele Gemeinsamkeiten, sodaß die beim Fischen an einem Gewässer gesammelte Erfahrung sinnvoll an anderen genutzt werden kann. So haben beispielsweise alle Seen, ganz unabhängig von ihrer Größe und Beschaffenheit, Uferabschnitte mit Buchten, Vorsprüngen und seichterem Wasser. Darüber hinaus gedeihen in vielen Seen auch dieselben Pflanzen wie im Ententeich, in denen wiederum dieselben Wirbellosen leben, sodaß die Fischarten, die sich in der Nähe dieser Pflanzen aufhalten, sehr wahrscheinlich dieselben sind. Ihre Fangaussichten steigen an jedem stillstehenden Gewässer beträchtlich, wenn Sie die Vorgänge unter der Wasseroberfläche zu verstehen lernen.

Stillwassertypen

Die große Mehrheit der stillstehenden Gewässer ist auf natürliche Art und Weise entstanden. Gespeist werden sie von Quellen, Bächen oder Flüssen und gewöhnlich haben sie mindestens einen Fluß als Auslauf. Zahlreiche Weiher und Seen wurden jedoch auch künstlich angelegt, indem ein Damm errichtet oder eine Vertiefung ausgehoben wurde. Die meisten aufgestauten Gewässer sind an dem Ende, an dem sie mit Wasser gespeist werden, am seichtesten und am Fuß des Dammes am tiefsten.
Viele der kleinen, künstlich angelegten Gewässer wurden als Zierteiche und -weiher angelegt, die meisten großen Stauseen wurden jedoch als Wasserspeicher oder zur Energiegewinnung errichtet. Die Größe dieser Gewässer schwankt außerordentlich und sie reicht von kleinen Wasserspeichern, um die man gemütlich spazieren kann, bis zu riesigen Ausdehnungen, deren Ufer tausende Kilometer lang sein können.
Eine weitere wichtige Gruppe von Stillwasser entsteht durch das Fluten von Kies- und Sandgruben. Der Boden dieser Seen ist oft äußerst unregelmäßig und oft ist das Wasser im unmittelbaren Uferbereich sehr tief. Gewöhnlich ist das Wasser recht klar und in den seichteren Abschnitten gedeihen Wasserpflanzen im Überfluß. Häufig kommt es auch zu einem überreichen Leben an Wirbellosen, nur leider sind die Laichmöglichkeiten der Fische nicht immer optimal. Es entsteht so ein sehr nahrungsreiches Biotop mit einem verhältnismäßig kleinen Fischbestand, dessen Zuwachsraten allerdings oft überraschend hoch sind.

KIESWEIHER (oben)
Eine geflutete Kiesgrube kann auf natürliche Art und Weise zu einem Fischbestand kommen, etwa durch an Wasservögeln klebengebliebene Fischeier. Die meisten Kiesgruben werden jedoch künstlich besetzt.

TEICHE (links)
In kleinen Teichen leben oft überraschend große Fische, vor allem, wenn sie als Angelteiche bewirtschaftet werden. Ein Überbesatz kann allerdings zum Verbutten der Fische führen.

DAS BEFISCHEN VON GROSSEN GEWÄSSERN

Die Ufer und die seichten Randbereiche von großen Seen sind den Randbereichen viel kleinerer Gewässer ähnlich und werden auf vergleichbare Weise befischt. Befischen Sie jedoch einen großen See mit einem Boot, dann lohnt es sich, eine genaue Tiefenkarte zu besorgen, mit deren Hilfe man Fischunterstände, wie etwa Untiefen, Barschberge und Abbrüche, ausfindig macht. Ein Echolot hilft beim Absuchen des Grundes und mit Hilfe von Temperaturmessungen in den verschiedenen Tiefen kann man beispielsweise herausfinden, in welchen Schichten sich die Seesaiblinge aufhalten.

Die Wasserfarbe

Sobald sich im Frühjahr das Wasser erwärmt, beginnen kleine Pflanzenorganismen, die als Phytoplankton bezeichnet werden, damit, sich zu vermehren. Wie stark sich diese Organismen vermehren, hängt von einer Vielzahl von Faktoren ab, u.a. von der Wassertemperatur und -tiefe, vom Pflanzenwuchs und der Menge an gelösten Nitraten und Stickstoffen (die meistens aus umliegendem Ackerland ins Wasser geschwemmt werden). In heißen Sommern verfärben sich überdüngte Stillwasser vor lauter Phytoplankton sattgrün.

Phytoplankton wird vom Zooplankton, dem tierischen Plankton, gefressen. Zu diesem tierischen Plankton gehören so einfache Organismen wie die Wasserflöhe, aber auch Fischlarven. In den seichten Randbereichen klarer Stillwasser kann man oft ganze Wolken von Wasserflöhen im Wasser hin- und herhuschen sehen.

Gibt es Zooplankton in ausreichenden Mengen, dann trägt es dazu bei, das Wasser klar zu halten. Hierdurch wird wiederum das Pflanzenwachstum gefördert, da die Pflanzen zum Gedeihen klares Wasser und Sonnenlicht brauchen. Neben seiner "Filterfunktion" stellt das Zooplankton auch eine bedeutende Nahrungsgrundlage für eine Vielzahl von Süßwasserfischen dar. Ganz besonders versessen auf Zooplankton sind die in Talsperren lebenden Regenbogenforellen.

Seichte Gewässer erwärmen sich gewöhnlich schneller als tiefe, wodurch das schnelle Wachstum vom Phytoplankton und den Wasserpflanzen gefördert wird. Ausnahmen hierzu sind von Quellen gespeiste Gewässer, die ständig mit kühlem Wasser versorgt werden und durch einen dichten Pflanzengürtel zugewachsene Teiche, die so gut wie nie das Sonnenlicht erblicken.

DIE WASSERFARBE

Viele der kleinen, stillstehenden Gewässer werden im Sommer grün, was auf ein Überangebot an pflanzlichem Plankton (Phytoplankton) zurückzuführen ist. Ein großer Bestand an tierischem Plankton (Zooplankton), der das pflanzliche Plankton frißt, sowie ein gesunder Wasserpflanzenbestand, der jene Nährstoffe vertilgt, über die ansonsten das Phytoplankton herfallen würde, können dazu beitragen, das Wasser möglichst klar zu halten.

UNTERSTÄNDE

Beim Befischen von stillstehenden Gewässern sollten Sie stets nach Unterständen Ausschau halten, an denen sich vielleicht einige Fische versammelt halten. Einmündende Bäche sind beispielsweise ein solcher Unterstand, da hier Nahrung in das Gewässer gelangt. Gleichzeitig ist ihr Wasser auch oft kälter und damit sauerstoffreicher als das stillstehende Gewässer, vor allem in lang anhaltenden Schönwetterperioden. Fische versammeln sich auch gerne um Felsen und um versunkenes Gehölz, wo sie sich von Algen, Schnecken und anderen dort lebenden Wirbellosen ernähren. Futterfischschwärme wiegen sich in oder entlang von versunkenen Bäumen in Sicherheit, während ihnen hier gerne Raubfische auflauern, die in den Ästen optimale Tarnung finden. Eine weitere Stelle, um nach Raubfischen Ausschau zu halten, ist die Scharkante, jener Abbruch, an dem das seichte Randwasser jäh auf größere Tiefen abfällt.

VERSUNKENES GEHÖLZ

Ins Wasser gefallene Bäume werden schnell zu einem bei den Fischen beliebten Unterstand, da diese zwischen seinen Blättern und Ästen optimalen Schutz finden. Versunkene Bäume gibt es auch inmitten von Kies- und Baggerseen, aber auch in Talsperren, stellenweise weit vom eigentlichen Ufer entfernt.

STILLSTEHENDE GEWÄSSER 2

WASSERPFLANZEN

Die Vegetation in stillstehenden Gewässern ist gewöhnlich auf seichte Abschnitte und Randbereiche begrenzt. Dort gedeihen Binsen, Riedgras, Wasserpest und Seerosen. Die Wasserpflanzen tragen dazu bei, das Wasser klar zu halten (indem sie Nährstoffe verbrauchen, die ansonsten dem Phytoplankton zugekommen wären), gleichzeitig bieten sie einer Vielzahl von Lebewesen Schutz. Auch treibende Pflanzen können dazu bei-

tragen, das Wasser vor übermäßigem Phytoplanktonwuchs zu bewahren. Teiche und Weiher, die fast zur Gänze von solchen Pflanzen überzogen sind, empfangen nur mehr wenig Sonnenlicht. Da das Phytoplankton als Pflanze auf Licht angewiesen ist, kann es ohne Sonnenlicht nicht überleben; es stirbt ab und das Wasser bleibt klar.

Ried- und Schilfgürtel

Ried- und Schilfgürtel bilden den Randbereich vieler Stillwasser und sie sind gleich oft an neu angelegten wie an alten Gewässern anzutreffen. Ihre Stiele bieten einer Vielzahl tierischer Lebensformen Schutz, u.a. vielen Wirbellosen wie Schnecken und vielen Larven, beispielsweise den Libellenlarven. Obwohl diese Schilfgürtel sehr dicht gewachsen sind, locken sie einige Fischarten an. Hecht und Barsch lauern gerne entlang dieser Gürtel, wo sie von ihrer Zeichnung hervorragend getarnt werden.

RIED- ODER SCHILF-GÜRTEL *(oben)*
Riedgras oder Schilf sind hohe Gräser, die eine Höhe von etwa 3 m erreichen können. Bei Windstille kann jedes Rascheln im Schilf von einem Fisch verursacht worden sein.

SEEROSEN *(rechts)*
Die meisten Seerosenarten wachsen gewöhnlich in weniger als 1,8 m tiefem Wasser. Durch ihre Anwesenheit verraten diese Pflanzen daher in etwa die Wassertiefe.

Seerosen
Fische halten sich an heißen Tagen gerne unter den Blättern der Seerosen auf. An solchen Tagen hört man oft schmatzende Geräusche in den Seerosenfeldern, wenn die Fische Kleinlebewesen von der Blattunterseite saugen.
Auch wenn die Seerosenblätter oft dichtgepackt auf dem Wasser treiben, ja, manchmal übereinander liegen, scheinen ihre Stiele unter Wasser kein undurchdringlicher Wald zu sein. Entlang der Seerosenfelder lauern die Raubfische ihrer Beute auf, während schlanke Fischarten, wie beispielsweise Rotauge und Rotfeder, problemlos zwischen den Stielen herumschwimmen. Größere, rundlichere Fische, wie etwa die Karpfen, bahnen sich gelegentlich auch ihren Weg durch so ein Seerosenfeld, wobei sie die Stiele und Blätter kraftvoll zur Seite schieben - ein Phänomen, auf das man achten sollte, wenn man die Ufer entlangspaziert und nach Fischen Ausschau hält.

Uferpflanzen

Bäume, Büsche und andere über das Wasser hängende Pflanzen bieten den Fischen Deckung und dienen gleichzeitig als Speisekammer, da von ihren Ästen und Blättern zahlreiche Spinnen, Käfer und Raupen ins Wasser fallen. Recht viel Nahrung finden die Fische auch dort, wo das Wurzelwerk der Uferpflanzen ins Wasser ragt: hier leben viele Schnecken und Insektenlarven.

ÜBERHÄNGENDE PFLANZEN

Unter einem überhängenden Pflanzendach sehen die Fangaussichten auf Fischarten, die sich, wie beispielsweise die Forelle, von Landinsekten ernähren, besonders gut aus. Das Pflanzendach bietet nicht nur den Fischen, sondern auch Ihnen Deckung. Lediglich das Werfen ist unpraktisch und stellenweise ist man besser damit beraten, solche Unterstände von einem Boot aus zu befischen.

ANZEICHEN AN DER OBERFLÄCHE

In Fließgewässern verursachen Unterwasserhindernisse Verwirbelungen an der Oberfläche. Uns Anglern dienen diese Verwirbelungen als Wegweiser zu aussichtsreichen Stellen (siehe Seite 262 - 265). Zu solchen Anzeichen an der Oberfläche kommt es in stillstehenden Gewässern nur selten, dafür verraten sich die Fische oft von selbst.

Blasen und Ringe

Grundfische, wie etwa Schleie und Karpfen, verursachen Schlammwolken, wenn sie den Gewässergrund nach Nahrung durchwühlen. Und während ihre dicken Lippen diese Sedimentwolken aufwirbeln, setzen sie auch kleine Gasbläschen frei, die zur Oberfläche emporsteigen. Auf einer größeren Fläche aufsteigende Blasen verraten einen oder mehrere Fische, die nach Nahrung wühlen. Forellen und andere Fische, die sich an der Oberfläche ernähren, verursachen hierbei Ringe. Große Fische, die in seichtem Wasser nach Nahrung wühlen, zeigen gelegentlich sogar ihre Rückenflosse.

Schaumstreifen und Treibgut

An großen Gewässern, die starkem Wind ausgesetzt sind, bilden sich an der Oberfläche Streifen ruhigeren Wassers, in denen sich schaumartige Wasserbläschen sammeln. In diesen Schaumstreifen konzentriert sich auch die gesamte auf der Oberfläche treibende Nahrung.

In den Sommermonaten werden vom Wind zahlreiche Insekten ertränkt. Da das Wasser in den Schaumstreifen ruhiger ist, ist seine Oberflächenspannung größer, was die Insekten trotz des bewegten Wassers am Sinken hindert. Viele Fischarten und vor allem die Forellen wissen, wie man aus diesem Segen seinen Nutzen zieht und systematisch suchen sie diese Schaumstreifen gegen die Windrichtung nach Nahrung ab.

DAS BEFISCHEN EINES KLEINEN WEIHERS *(oben)*

An diesem kleinen Weiher lohnt es sich, entlang der Seerosenfelder (wo gerade ein Fisch gestiegen ist und an der Oberfläche Ringe hinterlassen hat) und unter den überhängenden Bäumen entlang der Ufer zu fischen.

Künstliche Unterstände

Oft stellen die Bewirtschafter von nahezu hindernis- und unterstandfreien Angelteichen künstliche Unterstände her. Eine hierbei sehr beliebte Methode ist das Verankern riesiger Astbündel auf dem Gewässergrund.

Diese Bündel, deren Position gewöhnlich mit Hilfe von Bojen und sonstigen Hilfsmitteln gekennzeichnet ist, bieten den Fischen dieselben Vorteile wie die auf natürliche Art und Weise versunkenen Bäume (siehe Seite 267).

TREIBGUT

Bläst der Wind tagelang aus ein und derselben Richtung, wird alles Treibgut eines Gewässers (Pollen, Blätter, Äste usw.) an ein Ufer gedrückt. Unter solchen Treibgutansammlungen halten sich gerne Fische auf, da sie hier oft zahlreiche Insekten und Wasserflöhe finden.

KÜSTEN

Im Gegensatz zur hohen See, die gewöhnlich nur mit Hilfe von Seekarten und Echoloten "gelesen" werden kann, ist es entlang der Küste normalerweise möglich, sich ohne diese Hilfsmittel ein genaues Bild ihrer Beschaffenheit zu machen. Versuchen Sie, die niedrigstmögliche Gezeitenstärke bei Tageslicht abzupassen und spazieren Sie dann mit einem Notizblock entlang der Küste. Notieren Sie sich alle erdenklichen Unterstände und gelegentlich können auch mit einer Videokamera gemachte Aufnahmen von Nutzen sein.

DIE BESCHAFFENHEIT DER KÜSTE

Küsten unterscheiden sich auf vielerlei Arten voneinander, wobei die jeweilige Bodenbeschaffenheit der offensichtlichste Unterschied ist. Der Meeresgrund kann aus Sand, Kies oder aus Fels bestehen sowie aus einer Mischung dieser drei Materialien. Bestimmte Fischarten ziehen oft ein bestimmtes Substrat vor, allerdings spielen die Anzahl der Unterstände, das Gefälle der Küste, das Vorhandensein von Süßwassereinläufen und das Nahrungsangebot ebenfalls eine wichtige Rolle. Für den Angler ist es wichtig zu wissen, was die Fische bei ihren Standortwechseln motiviert.

Kiesstrände

Kiesstrände sehen oft ein wenig tot aus, was allerdings ein völlig falscher Eindruck ist. Der Kies, der von den Wellen recht steil aufgestapelt wird, ist oft der einzig sichtbare Teil eines viel komplexeren Substratgemisches auf dem eigentlichen Meeresgrund, manchmal enthält es sogar Kreide und Torf. Von Kiesstränden aus werden regelmäßig Dorsche, Wolfsbarsche, Rochen und Plattfische, ja sogar Conger gefangen.

Achten Sie auf womöglich vorhandene Untiefen, die von der Form der Wellen unterhalb des niedrigsten Wasserstandes verraten werden. Versuchen Sie bei Ebbe Ihre Köder auf der meerwärts gerichteten Seite dieser Untiefen zu plazieren; sobald das Wasser mit zunehmender Flut tief genug ist, können Sie Ihre Köder in den davorliegenden Rinnen anbieten. Es lohnt sich auch, Köder in der Nähe großer, im Wasser liegender Felsen anzubieten, sowie an all jenen Stellen, an denen die Eintönigkeit von Kiesstränden unterbrochen wird.

Sandstrände

Die Größe der Sandkörner eines Sandstrandes beeinflußt die dort lebenden Organismen und somit auch die dort lebenden Fischarten. Feinkörniger, organisch reicher Sand ist für Wattwürmer, Herzmuscheln und Krabben ideal und somit auch für jene Fischarten, die sich von diesen Organismen ernähren. Solche Strände neigen auch dazu, bereits beim geringsten Wellengang trüb zu werden. Das hierdurch fehlende Licht führt dazu, daß beispielsweise die Dorsche, die gewöhnlich nur bei Nacht in Küstennähe aktiv sind, auch bei Tage aktiv sein können.

Gröberer Sand setzt sich schneller. Solche Strände werden oft mit dem Brandungsfischen auf Wolfsbarsch, Flunder und Steinbutt in Verbindung gebracht. Ein wenig Wind ist hierbei immer nützlich, da durch ihn die Wellen aufgebaut werden. Aufgrund der Reibung zwischen dem Wasser und dem Sand auf dem Grund, wird der Wellenfuß gebremst, bis schließlich die Krone nach vorne kippt und die Welle bricht. In seichtem Wasser passiert so etwas eher und in einer Linie brechende Wellen können Hinweise auf Untiefen und Rinnen sein.

Jede Unebenheit auf einem ansonsten hindernisfreien Strand ist für die Fische von Interesse. Sie ziehen entlang der Rinnen und lassen sich von Untiefen, an denen die Wellen öfter brechen und mehr Nahrung freigesetzt wird, anlocken. Fische sammeln sich auch gerne in den Vertiefungen am Ende von Wellenbrechern an, wo sie auf hereingeschwemmte Nahrung warten.

KIESSTRÄNDE
An Kiesstränden liegen oft die fängigsten Angelstellen jenseits der Niedrigwassergrenze, dort, wo der Kies meistens feinerem Sand weicht.

SANDKÜSTEN
In mäßig warmem Wasser locken Sandküsten Arten wie Wolfsbarsch und Plattfische an. Auch in wärmeren Gewässern trifft man diese Fische noch über Sand an, allerdings gesellen sich hier Rochen (wie dieser Adlerrochen), Bonefische und viele Haiarten dazu, von denen einige sogar gefährlich sind.

Klippen

Der Hauptvorteil der aus Klippen bestehenden Küstenstreifen liegt in dem nahezu immer vorhandenen Wasser, das noch dazu meistens tief ist und wo zahlreiche Unterstände, wie beispielsweise Tangwälder und Felsblöcke, aber auch sandige Strecken, Lippfischen, Congern, Wolfsbarschen, Pollacks, Rochen, Haien und Plattfischen ein Zuhause bieten.

Es darf aber nur mit größter Sorgfalt gefischt werden. Überall lauern Felsspalten und stellenweise sind die Felsen durch die Gischt rutschig wie Seife. Gutes Schuhwerk, ein Tau, wenig Angelausrüstung und ein zuverlässiger Begleiter sind ebenso unerläßlich, wie das sorgfältige Ausspähen eines sicheren Heimweges bei steigendem Wasser.

WELLENSTRÄNDE *(links)*
Ein typischer Wellenstrand ist eine weite Sandausdehnung, die zum freien Ozean hin offen ist und wo die vom Wind aufgebaute Brandung an Land gedrückt wird. Das Befischen eines sanft abfallenden Strandes erfordert verhältnismäßig weite Würfe. Ein jäh abfallender Strand sollte dagegen nur mit kurzen bis mittelweiten Würfen befischt werden. Beim Bewaten eines Wellenstrandes muß man auf die Unterströmung besonders acht geben, die einem durchaus die Füße unter dem Körper wegziehen kann.

FELSKÜSTEN *(unten)*
Einige der ertragreichsten Küsten sind jene mit felsigem Grund. Auch von abfallenden Klippen lassen sich herrliche Fänge machen.

DAS FISCHEN VON PIEREN AUS *(oben)*
Weite Würfe sind beim Fischen von Pieren aus gewöhnlich unnötig, da sich viele Fischarten, u.a. auch Wolfsbarsch, Pollack, Meeräsche und Conger entlang ihrer Unterwasserbefestigungen ernähren.

KRAUTBÄNKE *(oben)*
Trotz des vielen Ärgers über zahlreiche Hänger kann das Befischen von Krautbänken sehr ertragreich sein, da sich von ihnen zahlreiche Fischarten anlocken lassen, die hier Deckung und Nahrung finden. Hier landet ein Angler gerade eine Meeräsche, die inmitten des Pflanzendickichts gehakt wurde.

Felsen, Rinnen und Krautbänke

Abwechslung entlang der Küste ist entlang von Felsküsten weniger wichtig als entlang von Sandküsten. Das liegt daran, daß die Felsküsten den Fischen ohnehin zahlreiche Versteckmöglichkeiten und viel Nahrung bieten. Allerdings bieten auch hier tiefe Rinnen und Löcher Schutz vor der Strömung, gleichzeitig sammelt sich in diesen Vertiefungen oft Nahrung an und auch zum Auflauern ahnungslos vorbeischwimmender Beute sind diese Stellen gut geeignet. Die muschelfressenden Lippfische und die nächtlich pirschenden Conger nutzen derartige Deckung immer, während andere Raubfische wie Wolfsbarsch, Pollack und Dorsch solche Stellen zum Rauben aufsuchen. Tangbänke bekommt man höchstens bei niedrigstem Wasserstand der stärksten Gezeiten zu Gesicht. Einige Angler verfluchen diese Krautbänke wegen der vielen Hänger, allerdings bieten sie den Futterfischen gute Deckung. In großen Tangwäldern stehen immer auch zahlreiche große Fische.

Piere, Molen und Befestigungsanlagen

Vom Menschen geschaffene, ins Meer ragende Bauwerke haben oft recht tief im Wasser liegende Fundamente. Für die Angler sind hier keine großen Wurfweiten erforderlich, um dieses tiefe oder sogar noch tieferes Wasser zu erreichen. Wer sehr weit wirft, bietet hier den Köder oft hinter den Fischen an, da diese unmittelbar am Fundament nach Nahrung suchen. Ein in einen Sandstrand ragender Pier bietet den Fischen und ihrer Nahrung in einer ansonsten völlig deckungsfreien Welt guten Schutz. In den hier ausgeschwemmten Vertiefungen sammelt sich Nahrung, in den Befestigungsanlagen gedeihen bei den Fischen beliebte Krebse. Außerdem gelangt immer wieder vom Pier selbst Nahrung ins Wasser.

Die meisten Steinpiere und Hafenausfahrten wurden auf versenkten Felsblöcken errichtet, die eine Vielzahl von Fischarten und Nährtieren anlocken. In den Felsen leben gewöhnlich Unmengen an Krebsen, Krabben und Kleinfischen, die alle unter dem dort wachsenden Algen Schutz finden. Meeräschen schaben mikroskopisch kleine Organismen von den Felsen. Nach Einbruch der Dämmerung rücken die Wolfsbarsche zur nächtlichen Jagd an.

271

FLUSSMÜNDUNGEN

Mündungen sind sehr dynamische Lebensräume, die sich bei konstantem Süßwassereinlauf ganz allmählich verändern. Kommt es zu sehr starken Regenfällen und zu Hochwasser, dann kann diese Veränderung sehr jäh erfolgen. Auch die Fischarten, die Süßwasser bis zu einem bestimmten Grad vertragen, brauchen einige Zeit, um sich daran zu gewöhnen. Durch plötzliches Hochwasser werden diese Fische weiter stromab gedrängt oder bis ins Meer zurückgescheucht, so weit jedenfalls, bis sie wieder den Salzgehalt antreffen, an den sie gewöhnt sind.

MÜNDUNGSFLUNDERN
In den gemäßigt warmen Meeren sind die meisten Mündungsbereiche das Zuhause großer Flunderbestände.

MÜNDUNGSTYPEN

In einer typischen Flußmündung verläuft sich das Süßwasser im Salzwasser. Es entsteht eine Brackwasserzone, wo beide Wasserarten aufeinanderstoßen und sich miteinander vermischen. Das Ausmaß dieser Brackwasserzonen hängt immer von der Größe der Mündung, der Gezeitenstärke und von der Menge des eingebrachten Süßwassers ab.

Größe und Beschaffenheit der Mündungen sind sehr verschieden. Einige Flüsse erreichen das Meer über schmale Felsgräben, andere bahnen sich durch weite Schlamm- und Sumpfausdehnungen ihren Weg und wiederum andere bilden großflächige Deltas. Zwar gibt es auch große Unterschiede, was die Qualität des jeweils eingebrachten Süßwassers betrifft, allerdings wird auch in solchen Mündungen das Leben im Wasser von denselben Grundregeln wie an anderen Mündungen bestimmt.

Fischarten in Mündungen

Wo und wie weit Meeresfische in Mündungen leben, hängt in erster Linie davon ab, inwiefern sie mit dem jeweils vorhandenen Salzgehalt leben können. Arten, die einen sehr niedrigen Salzgehalt vertragen, wie etwa Meeräschen, ziehen gerne im Brackwasser einer Mündung umher und manchmal treibt sie ihr Hunger bis in echtes Süßwasser aufwärts. Andere Arten, wie beispielsweise die Dorsche, kommen mit wenig Salz nicht zurecht. In Mündungen trifft man solche Fischarten nur an jenen Stellen an, an denen der Salzgehalt verhältnismäßig hoch ist.

Wanderfische, wie Lachs und Meerforelle, wandern vom Fluß ins Meer, wo sie abwachsen, und steigen als laichreife Fische wieder stromauf. Beim Durchschwimmen der Mündungsbereiche stellen sie ihre Körperfunktionen nach und nach auf Süßwasser um.

Die oberen Abschnitte

In den oberen Abschnitten von Mündungsbereichen lebt immer nur eine recht begrenzte Anzahl von Arten. Oft trifft man junge Flundern an, gelegentlich einen Wolfsbarsch und Meeräschen dort, wo die Strömung nicht allzu stark ist. Gute Gewässerkenntnis und Wissen über die vorhandene Nahrung helfen dabei, gute Angelstellen ausfindig zu machen. Achten Sie auf Krümmungen in der Hauptrinne, auf Rückströmungen hinter Hindernissen und auf strömungsfreie, seichte Buchten. Vertie-

fungen und Löcher in diesen ruhigen Stellen locken oft zahlreiche Fische an, da sich in ihnen viel Nahrung sammelt.

Die unteren Abschnitte

Die Unterstände und Angelstellen sind in den unteren Abschnitten einer Mündung etwa dieselben, wie in den oberen. Darüber hinaus gibt es hier oft weitflächige Ablagerungen, auf denen die Fische gerne nach Nahrung suchen, da hier viele Würmer, Mollusken und Krebse zuhause sind. An kleinen Mündungen, mit schnellfließendem Wasser und einem kanalartigen Auslauf, bilden sich solche Ablagerungen meistens in etwas größerer Entfernung, nämlich dort, wo die Strömung träge genug geworden ist, damit die Schwebteilchen im Wasser zu Boden sinken können. Den Fischen bieten diese kleinen Ablagerungen dieselben Vorteile, wie die großflächigen zuvor erwähnten. Fegen große Wellen über diese Ablagerungen, wird viel von der in ihr enthaltenen Nahrung freigesetzt. Die Strömung erfaßt diese Nahrung und die Fische erwarten sie auf der stromab gelegenen Seite dieser Ablagerungen.

Rinnen, Lagunen und Bacheinmündungen

Große Mündungen weisen oft dieselben Strukturen im eigentlichen Mündungsbereich auf. Am häufigsten sind dabei wahrscheinlich Gräben und Rinnen. Mit der Flut steigen Meeräschen und Flundern darin auf, gelegentlich auch Seezungen, sofern die Mündung zum offenen Meer hin weist.

Lagunen entstehen durch Ablagerungen, die allmählich große Wasserausdehnungen vom Meer abgrenzen. Da das Wasser hier viel weniger bewegt wird, erwärmt es sich auch viel schneller und wird dadurch nahrungsreicher. Der Zugang ist für die Fische nicht immer einfach, sind sie aber erst einmal in der Lagune, wachsen sie hervorragend ab. Meeräschen und Flundern sind für Lagunen typische Fischarten.

Bacheinmündungen, ob inmitten eines Strandes oder einer Felsküste, sind gewöhnlich zu klein, als daß in ihnen Fische leben könnten. Ihre Bedeutung erhalten sie aufgrund der durch sie verursachten Schwankung des Salzgehaltes, ein Reiz, dem sich Wolfsbarsch und Flunder scheinbar nur schwer entziehen können. Für Angler ist jede Art der Süßwassereinleitung, ganz egal, wie klein sie ist, einen Versuch wert.

Mangrovenrinnen

Küstenstreifen mit Mangrovensümpfen entlang der Ufer sind in den subtropischen und tropischen Breiten unseres Planeten recht häufig. Besonders gerne scheinen diese Pflanzen auf nährstoffreichen Ablagerungen von Flußmündungen zu gedeihen.

Mangroven sind Bäume, die auf einer käfigartigen Wurzelstruktur stehen, die den Stamm über dem Wasser hält. Wenn diese Wurzelstrukturen bei Flut überschwemmt sind, bieten sie Kleinfischen einen idealen Unterschlupf. Als Kindergarten spielen die Mangroven entlang vieler Küsten eine wichtige Rolle. Wo immer sich auch kleine Fische versammeln, stets locken sie auch größere Raubfische an. Barrakuda, Tarpon, Crevalle Jack, Gitarrenfisch und Nagelrochen sind typische Vertreter der in den Rinnen zwischen den Mangroven jagenden Räuber. Oft lauern sie auch direkt in den Mangrovenwurzeln.

MANGROVEN-RINNEN *(oben)*
Tarpone ziehen gerne durch die Mangrovenwälder und dabei lassen sie sich, nicht von seichtem Wasser abschrecken. Rinnen und Gräben zwischen den Mangroven sind sehr beliebte Unterstände. Dort, wo sie sich krümmen, sind sie tiefer ausgeschwemmt, trotz der starken Strömung finden die Fische in ihnen geschützte Stellen und gleichzeitig wird viel Nahrung hereingeschwemmt. Die stromab gelegene Kante einer starken Krümmung bietet guten Schutz vor der Strömung, hier lauern gerne große Fische auf eine geeignete Mahlzeit.

MÜNDUNGS-SCHLAMM *(links)*
Vor den meisten großen Mündungen liegen großflächige Schlammablagerungen. In diesen nährstoffreichen Ablagerungen leben zahlreiche Lebewesen, beispielsweise Mollusken und Würmer.

273

DAS FISCHEN AUF HOHER SEE IN GEMÄSSIGTEN BREITEN

Dem Laien kommt das Meer wie eine riesige, eintönige Wasserausdehnung vor. Unter der Oberfläche sieht es allerdings alles andere als eintönig aus und vielerorts wimmelt es vor Leben. Unregelmäßigkeiten auf dem Meeresgrund, wie beispielsweise Wracks und Felsanhäufungen locken zahlreiche Fische an, die hier Nahrung und Deckung finden. Der genaue Standort solcher Stellen ist auf Seekarten eingetragen und mit Hilfe des Echolotes läßt sich das Boot über ihnen verankern. Gelegentlich kann man die Fische auch durch "Lesen" der Oberfläche orten, was meistens nur in seichtem Wasser möglich ist.

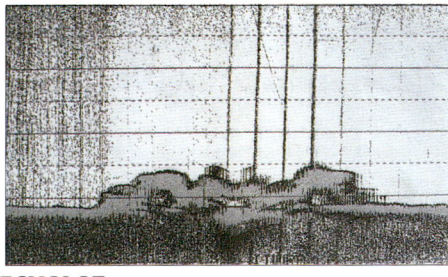

ECHOLOT
Ein Echolot zeigt Ihnen das genaue Bodenprofil unterhalb des Bootes, sodaß Sie darauf nach möglichen Unterständen Ausschau halten können. Auf diesem Echoschreiber sind deutlich die Umrisse eines großen Wracks zu erkennen, das in tiefem Wasser auf Grund liegt.

GEWÄSSERTYPEN

Meer ist nicht gleich Meer und von seiner jeweiligen Beschaffenheit hängt ab, welche Fischarten und wie viele Fische sich dort aufhalten. So ist eine unterstandslose Unterwasserwüste aus Sand recht fischarm und für den Angler wenig ertragreich, wogegen Felsen und Wracks gute Angelstellen sind, da sie große Mengen sehr unterschiedlicher Fischarten anlocken. In tiefem Wasser sind die Temperaturen stabiler als in seichtem Wasser, sodaß die tief lebenden Fische das Jahr über keinen so großen Temperaturschwankungen ausgesetzt sind. Ist es jedoch zu tief und, beispielsweise aufgrund von Schwebeteilchen, zu trüb, fehlt das für das Pflanzenwachstum notwendige Licht, sodaß den Fischen Deckung fehlt. Durch einmündendes Süßwasser wird der Salzgehalt gesenkt (siehe Seite 272) und Abwassereinleitungen locken Fische an, die sich hiervon ernähren, sie schrecken aber auch all jene Arten ab, für die der in unverschmutztem Wasser vorhandene hohe Sauerstoffgehalt lebenswichtig ist.

Bänke und Rinnen
Auf ansonsten unterstandsfreiem Grund, beispielsweise aus Sand oder Schlamm, sind die Bänke und die dazwischen liegenden Rinnen die aussichtsreichsten Stellen. Bänke trifft man hauptsächlich in der Nähe von Inseln und vor Landspitzen an, wo starke Gezeitenströmungen Sand und Lehm als Schwebeteilchen mit sich führen. Wo die Gezeitenströmung nachläßt, setzen sich diese Schwebeteilchen und so entstehen stellenweise gigantische Anhäufungen, deren Oberfläche sich ständig verändert und die von zahlreichen Rinnen und wellenartigen Sandanhäufungen durchzogen sind. Futterfische, besonders Sandaale, halten sich gerne an solchen Stellen auf und locken durch ihre Anwesenheit Raubfische, wie Wolfsbarsch, Stein- und Glattbutt an.
Die von der Strömung in die Bänke gezogenen Rinnen sind für die Plattfische ausgezeichnete Unterstände, aber auch die Wolfsbarsche suchen hier nach Sandaalen. Außerhalb von Bänken sammeln sich in solchen Rinnen zahlreiche Lebewesen, wie Krebse, Würmer und Kleinfische, die von der Gezeitenströmung durch das seichtere Wasser geschwemmt werden, bis sie in das tiefere Wasser der Rinnen fallen. Das Nahrungsangebot lockt zahlreiche Arten an, u,a. Dorsch, Rochen und Hai.

BOOTFISCHEN
(oben)
Das Fischen über einer produktiven Zone von einem verankerten oder von einem treibenden Boot aus, beispielsweise über einem Wrack, über einem Riff oder über einer Rinne, ist gewöhnlich sehr ertragreich.

SANDBÄNKE *(links)*
Die Anwesenheit einer Sandbank, einer guten Angelstelle, wird oft von Oberflächenverwirbelungen verraten, die durch die über die Sandbank gepreßte Strömung entstehen.

Abbrüche

Jähe Abbrüche, an denen das Wasser schnell auf große Tiefen abfällt, verbinden entweder recht unterstandsarme Zonen oder recht produktive Fanggründe miteinander. Wenn diese Abbrüche keine eigenen Unterstände aufweisen, wie beispielsweise ausgedehnte Krautbänke, dann halten sich an ihnen nur wenige Fische auf und für den Angler sind sie daher von untergeordneter Bedeutung. Abbrüche, die gute Fanggründe miteinander verbinden, locken allerdings zahlreiche Fische an. Raubende Plattfische versammeln sich an dem stromab gekehrten Abhang, wo sie aus ihrer Deckung heraus über ihnen schwimmende Sandaale abfangen. Auch Rochen finden hier vor der Strömung Schutz. Hundshaie und andere Haiarten gehen entlang der Abbrüche zwischen Riffen und Bänken auf Raubzug, wo sie über Fische herfallen, die von der Strömung erfaßt und davongetrieben werden. An der einen oder anderen Stelle finden auch Riffconger ein geeignetes Heim.

Abbrüche sollten von einem treibenden Boot aus befischt werden, wobei mit dem Fischen weit stromauf von jenen Stellen begonnen wird, wo man die meisten Fische vermutet.

Inseln

Der Wert von Inseln als "Fischmagneten" hängt von ihrer Beschaffenheit und Größe ab. Inselgruppen sind beispielsweise wertvoller als einzelne Inseln, da sie auf das umliegende Wasser einen größeren Einfluß haben. An ihnen prallt die Strömung ab, sie wird umgeleitet oder gar aufgehoben, jedenfalls entsteht eine Vielzahl von Lebensräumen, die wiederum viele Fischarten in großen Mengen anlockt.

In Zonen mit unregelmäßigen Gezeitenströmungen wird die Entstehung von Bänken und Sandwellen begünstigt. Schnellfließendes Wasser lockt Sandaale und Makrelen an und diese Fische wiederum Hundshaie, Wolfsbarsche, Pollacks, ja sogar Heringshaie. In den ruhigeren Buchten sind Lippfische und Conger zuhause und entlang der Strömungsränder der Hauptströmung finden standorttreue Arten, wie etwa die Rochen, die zu ihnen passenden Strömungsverhältnisse.

OBERFLÄCHENANZEICHEN

Fernab von der Küste kann man zum Ausfindigmachen fischreicher Zonen nach Oberflächenanzeichen, und zwar nach künstlichen und nach natürlichen, Ausschau halten. Zahlreiche Bojen warnen vor für die Schiffahrt gefährlichen Untiefen und viele dieser "Schiffsgefahren" sind fischreiche Felsen und Riffe. Mit Bojen sind ebenfalls die Ränder der Fahrrinnen gekennzeichnet und über zerklüftetem Untergrund treiben oft die zahllosen Kleinbojen der Krebsfischer.

Künstlich hergestellte Markierungen sind gewöhnlich zuverlässiger als natürliche Oberflächenanzeichen. So wird beispielsweise der Rand einer steil abfallenden Bank oft von Streifen weißen Wassers verraten. Je tiefer das Wasser ist, desto weiter stromab tauchen diese Streifen allerdings auf und bei unruhiger See

Felsspitzen und Gesims

Auf tief liegenden Riffen gibt es oft weit emporragende Felsspitzen, um die sich Fischarten sammeln, die sonst in viel seichterem Wasser zuhause sind. Das Fundament einer solchen Felsspitze unterscheidet sich kaum von einem echten Riff, auch hier leben zahlreiche Organismen, die wiederum viele Räuber anlocken. Die Spitzen dieser Felsnadeln können Bootskielen zum Verhängnis werden. Ein Gesims zu befischen ist einfacher, vor allem, wenn von einem treibenden Boot aus gefischt wird. Weil an diesen Stellen Unterstände fehlen, ist die Ausbeute oft ein wenig eintönig, dennoch sind kleine Riffische häufig und größere Raubfische in ihrer Nähe.

Von Inseln wird die Gezeitenströmung stark gebrochen und in ihrer unmittelbaren Umgebung entstehen zahlreiche unterschiedliche Lebensräume. Wo beispielsweise zwei Inseln nahe aneinanderliegen, kann das stark zwischen ihnen hindurchströmende Wasser ein tiefes Loch in den Meeresgrund schwemmen. In solchen Löchern leben gerne große Rochen, wo sie sich von der reichlichen Nahrung ernähren, die ihnen von der Gezeitenströmung zugeschwemmt wird. Rochen versammeln sich auch gerne in dem tiefen Wasser auf der stromabgewandten Seite der Inseln.

Wracks und Riffe

Wracks sind letztendlich nichts anderes als vom Menschen geschaffene Riffe, in ihnen und um sie leben dieselben Fischarten wie um natürliche Riffe. Die Arten dieser Fische werden von der Tiefe bestimmt. Seicht gelegene Wracks und Riffe weisen einen guten Bestand an Wolfsbarschen, Lippfischen, Congern und kleinen Pollacks auf, mit zunehmender Tiefe überwiegen jedoch Dorsche, Leng, größere Pollacks und größere Conger.

Auf einem Wrack oder Riff versammeln sich gewöhnlich dort die meisten Fische, wo das Nahrungsangebot am größten ist. Beim Driftfischen kann ein mehrfaches Treiben oder ein geschicktes Verankern notwendig sein, bis die Köder schließlich auch dort angeboten werden.

vermischen sich diese Streifen mit den Wellen. Jede Art von Verwirbelung und Rückströmung ist ein Hinweis auf Unterwasserhindernisse, von denen die Strömung abprallt und zur Oberfläche gedrückt wird. Diese Anzeichen können ohne weiteres erst weit stromab von den Hindernissen sichtbar werden.

Ins Wasser tauchende Möwen sind gute Wegweiser zu oberflächennah schwimmenden Makrelen; schwirren die Möwen unruhig durch die Luft, dann kann es sein, daß es unter ihnen bald zu einer Jagd kommt, bei der die kleine Futterfische von Raubfischen zur Oberfläche emporgedrückt werden. Bei diesen Raubfischen handelt es sich meistens um Makrelen, gelegentlich sind es aber auch geschätztere Raubfische, wie etwa Wolfsbarsche.

KREBSBOJEN
Krebsreiche Gründe sind oft auch fischreich. Krebsbojen, mit denen der Standort von Krebsreusen markiert wird, sind zuverlässige Wegweiser.

DAS FISCHEN AUF HOHER SEE IN TROPISCHEN BREITEN

Tropische Küstengewässer vertragen große Bestände vieler verschiedener Fischarten, die dort jede freie ökologische Nische besetzen. Die oberen Schichten bleiben bis weit ins offene Meer hinaus fischreich. Neben dem Riff-, Wrack- und Bank-
fischen (siehe Seite 274), bieten tropische Gewässer auch noch zahlreiche Möglichkeiten zum Grundfischen von der Küste und von kleinen Booten aus, zum
Fliegenfischen, zum küstennahen Schleppen, zum Stakfischen auf den Flats und
zum Big-Game Fischen im tiefen, blauen Wasser jenseits des Kontinentalsockels.

GEWÄSSERTYPEN

In den oberen Schichten der tropischen Meere
leben mehr Fische als in denen kühlerer Meere
und einige tropische Arten durchkämmen auf
ihrer Nahrungssuche die offene See. Die meisten Arten müssen jedoch in unmittelbarer
Küstennähe bleiben, da sie nur dort die für sie
geeignete Nahrung finden; emporquellendes
Wasser und seichte Küstenabschnitte sind
sichere Hinweise auf solche Stellen. Vieles von
dem, was bereits über das Fischen in kühleren
Meeren gesagt wurde, gilt auch für das Fischen
in tropischen Meeren, auch hier haben die
Fische eine Vorliebe für Wracks, Riffe, Bänke
und Rinnen sowie für all jene Stellen, an denen
sich Nahrung und Fische sammeln. Darüber
hinaus patrouillieren einige sehr große Sportfische gerne über den Kontinentalsockeln und
über dem Außenrand von Riffen.

Rinnen, Abbrüche und Bänke
Rinnen in tropischen Meeren erfüllen dieselbe
Aufgabe wie in kühleren Meeren, sie bieten
Schutz vor der Strömung und in ihnen sammelt sich Nahrung an. Große Raubfische, wie
etwa Tarpone, gehen in seichten Rinnen gerne
auf Raubzug. Zum Rauben ebenso geeignet
sind die stromab gelegenen Ränder von Rinnen, Bänken und Abbrüchen, wo die langsameren, grundnah lebenden Arten auf der Lauer
liegen.
Futterfische, die auf Bänken auf Nahrungssuche sind, locken fast immer auch Raubfische
an. Um welche Raubfischarten es sich im Ein-
zelfall handelt, wird von der Wassertiefe
bestimmt. In Frage kommen hierbei fast immer
Nagelrochen und Haie, aber auch Amberjack,
Crevalle Jack, Dolphin und gestreifter Marlin.
Die großen, sandliebenden Arten, zu denen die
verschiedenen Bass-, Jack- und Roosterfischar-
ten gehören, ziehen zum Rauben in sehr seichtes Wasser, manchmal fast bis an den Strand.

Korallenflats
Bonefische, kleine Haie, Barrakudas und
Rochen (vor allem Stingrays) sind die Haupt-
bewohner der Korallenflats. Nagelrochen lauern bewegungslos auf Beute, die anderen Arten
ziehen jedoch auf ihren Raubzügen
freischwimmend umher, sodaß sie sich von
einem sich nähernden Boot leicht ausmachen
lassen. Aus diesem Grund verwenden die Angler leichte, flache Boote, die stakend bis in
Wurfweite der Fische gebracht werden.

**RAUBENDE
TARPONE** (oben)
*Tarpone versammeln sich
zum Rauben oft gerne an
der Oberfläche, wo sie
sich von einem treiben-
den oder verankerten
Boot aus fangen lassen.*

DAS RIFFISCHEN
(links)
*Am Außenrand vom Riff
haben sich auf der rech-
ten Seite der kleinen Insel
Boote zum Fischen ver-
sammelt.*

KORALLENFLATS
(unten)
*Korallenflats sind groß-
flächige und sehr seichte
Ausdehnungen aus
Korallensand.*

Korallenriffe

Kleine bis mittelgroße Fische, wie Porgies, Snapper und Grouper, versammeln sich in großen Mengen über weit vor der Küste gelegenen Korallenriffen. Ihre Verteilung über dem jeweiligen Riff hängt zum Teil von dessen Tiefe ab und gewöhnlich trifft man die größten Grouper an den tiefsten Stellen vom Riff an.

Die auf den Korallenriffen lebenden Korallen spielen im Haushalt des Meeres eine wichtige Rolle und sie sind das Zuhause einer Vielzahl kleiner Meerestiere, von denen sich wiederum Fische ernähren. Von diesen Fischen werden größere Raubfische angelockt, u.a. kleine Haie.

Rinnen, die durch ein Riff oder die zwischen zwei Riffen laufen, bieten langsameren Raubfischen optimale Möglichkeiten, ihren Opfern unentdeckt aufzulauern. Die schneller-schwimmenden Raubfischarten rauben auch in diesen Rinnen und entlang der Riffabhänge. Barrakudas patrouillieren gerne entlang der oberen Ränder von Abbrüchen, wogegen Hammerhaie und andere größere Riffhaie weiter unten den Ton angeben. Wo diese Rinnen ausgesprochen tief sind, werden sie auch in unmittelbarer Ufernähe gelegentlich von Arten aufgesucht, die eigentlich auf hoher See zuhause sind.

Lange Felsspitzen, die aus großer Tiefe der Oberfläche entgegenragen, sind das Zuhause der größten Zackenbarsche und anderer Riffarten. Wie die tiefen Rinnen bieten auch diese Felsspitzen einige der zum Rauben bestmöglichen Unterstände an einem Riff. Geschickte Räuber werden hier schnell dick und rund und die Angler finden hier die interessantesten Angelmöglichkeiten.

Tiefes Wasser und Abbrüche

In den Ozeantiefen fehlen die Unterstände ebenso, wie auf hoher See, dennoch wird diese Eintönigkeit immer wieder von emporquellendem, nahrungsreichem Wasser unterbrochen. Dieses Wasser enthält eine Vielzahl winzig kleiner Organismen, die wiederum Futterfischschwärme anlocken; um diese versammeln sich kleinere Raubfische, die wiederum von größeren vertilgt werden. Stellen mit emporquellendem Wasser sind daher oft aussichtsreich und werden von zahlreichen Seevögeln verraten, die sich darüber versammeln und immer wieder nach den Futterfischen schnappen.

Ganz anders sieht es beim Befischen von Abbrüchen aus, die man mit Hilfe einer Seekarte und eines Echolotes orten kann. Futterfische sammeln sich gerne am äußeren Rand von tiefen Riffen und Felsspitzen. Entlang vom Oberrand der Abbrüche patrouillieren Haie, vor allem Hammerhaie, und in den seichtesten Abschnitten des Riffs gehen die Barrakudas auf Raubzug. Dicht an der Oberfläche und entlang von seicht gelegenen Abbrüchen und Rändern ist das Wasser wärmer, was schnellschwimmende Sportfischarten, wie etwa Wahoo und Sailfisch, vorziehen. Alle diese Arten nehmen Kunstköder und langsam geschleppte Lebendköder. An tieferen Stellen locken mehrere geschleppte Kunst- und Reizköder Arten wie Marlin und Sailfisch aus der Tiefe empor. Für einige Arten, die keine an der Oberfläche geschleppten Köder nehmen, muß mit Hilfe eines Downriggers in 10 bis 12 m Tiefe geschleppt werden.

Treibgutflöße

Treibgutflöße sind in den größeren Atlantikströmungen ein recht häufiges Phänomen. Die Nordatlantikströmung führt beispielsweise Algenklumpen mit sich, die als "Sargassum" bezeichnet werden. Diese Klumpen bilden oft große Flöße, die besonders für den Angler wertvoll sind, da sich hier inmitten einer ansonsten unterstandsfreien See gerne Fische sammeln.

Dolphin und andere, kleinere Arten gehen gerne unmittelbar unter Treibgut in Deckung. Bei diesem Treibgut muß es sich keineswegs um Grasklumpen handeln: Kisten, Tonnen und Baumstämme sind ebenso geeignet. In der Nähe von größerem Treibgut anzuhalten und mit ganzen oder zerhackten Fischen anzufüttern, kann überaus lohnenswert sein. Schon bald versammeln sich oft nach kurzer Zeit ganze Schwärme von Dolphins hinter dem Bootsheck und dem mit leichtem Gerät ausgerüsteten Angler sind spannende Drills fast schon garantiert. Dolphins sind an sich schon echte Sportfische, allerdings dienen sie noch größeren Räubern, beispielsweise den Marlinen als Nahrung. Das Schleppen mit Kona Heads in unmittelbarer Nähe von solchem Treibgut kann daher auch beim Fischen auf Marlin lohnenswert sein.

SCHLEPPFISCHEN
(oben)
Die beste Methode, um auf schnellschwimmende Big-Game Arten, wie etwa Marlin, Wahoo, Thun und Sailfisch zu fischen, ist das Schleppfischen mit Kunst- oder mit Naturködern.

TEASER *(links)*
Eine Kette auffällig gefärbter Teaser neben den eigentlichen Ködern zu schleppen kann Marline, Thune und Sailfische emporlocken.

UMWELTSCHUTZ

Der Ursprung aller Wirbeltiere, auch unser eigener, läßt sich bis zu den primitiven Fischen zurückverfolgen, die sich in den Gewässern des Spätkambriums tummelten, das vor etwa 500 Millionen Jahren endete. Einige der Nachfahren dieser Urzeitfische schafften den Schritt an Land, andere blieben im Wasser und entwickelten sich in die mehr als 22000 Fischarten weiter, die heute auf unserem Planeten leben. Diese Fische leben, wie die meisten Lebewesen, in Harmonie mit ihrer Umwelt, ihre Bestände wachsen und schrumpfen dem Nahrungsvorkommen entsprechend.

Trotzdem sind einige Arten in ihrer Existenz bedroht. Bei diesem Aussterben kann es sich um einen langsamen, natürlichen Vorgang handeln, der beispielsweise durch eine klimatische Veränderung in Gang gesetzt wird, an die sich die betroffene Art nicht gewöhnen kann. Die häufigste Ursache dieser Bedrohung ist jedoch der Mensch und seine Aktivitäten.

VERSCHMUTZUNG

Eine der offensichtlichsten und weltweit häufigsten Bedrohungen der Fische, vor allem der im Süßwasser lebenden Arten, stellen Wasserverschmutzungen dar. Diese Verschmutzung kann in vielerlei Formen stattfinden, es werden beispielsweise Industrieabwässer in Flüssen, Seen und Meeren verklappt; Hausabwässer, Ölrückstände und Chemikalien aus der Landwirtschaft werden eingeleitet; durch sauren Regen übersäuern Flüsse und Seen; vielerorts ist auch schon das Grundwasser, von dem wiederum Quellen gespeist werden, verschmutzt. Angler, die sich zur Ausübung ihres Sportes zwangsläufig oft am Wasser aufhalten, gehören immer wieder zu den ersten, welche die Auswirkung der Gewässerverschmutzungen zu spüren bekommen. Kommt in Ihnen einmal ein Verdacht auf Gewässerverunreinigung auf, dann sollten Sie diesen unverzüglich den jeweils verantwortlichen Stellen und den ortsansässigen Umweltschutzorganisationen melden. Eine weitere Bedrohung widerfährt den Fischen nicht von der Wasserqualität, sondern von seiner Quantität. Stets größerer Wasserbedarf seitens der Industrie und der Bevölkerung setzen vielen Flußsystemen erheblich zu.

Überdüngung

Das Phänomen der Überdüngung hat etwas Paradoxes an sich, da das Wasser hierbei mit Nährstoffen angereichert wird. Was vorteilhaft aussieht, stellt sich jedoch als ernsthaftes Problem heraus. Die "schuldigen" Nährstoffe sind Nitrate und Phosphate. Nitrate gelangen über Regenwasser in die Gewässer, das Dünger auf Nitratbasis vom Ackerland hereinschwemmt; auch Phosphate sind in Düngemitteln enthalten, allerdings gelangen diese hauptsächlich über Industrie- und Hausabwässer in den Wasserkreislauf (Phosphate sind in vielen Wasch- und Spülmitteln enthalten).

Gelangen diese Nährstoffe in übertriebenen Mengen ins Wasser, fördern sie das Algenwachstum stark. Diese Algen schwimmen in solchen Massen unter der Oberfläche, daß das Sonnenlicht nicht bis zu den Wasserpflanzen vordringt. Folge ist eine Kettenreaktion: die Pflanzen sterben ab, bei ihrer Zersetzung verbrauchen die Bakterien den im Wasser übriggebliebenen Sauerstoff und demzufolge sterben wiederum andere Lebensformen, die auf Sauerstoff angewiesen sind - also auch die Fische.

ENTKRAUTEN

Zu einer guten Gewässerbewirtschaftung gehören eine Vielzahl von Interventionen, u.a. das Einschränken exzessiven Pflanzenwachstums.

Übersäuerung

In den letzten Jahrzehnten wurden in der nördlichen Erdhemisphäre tausende von Seen und zahlreiche Flüsse aufgrund von Übersäuerung durch sauren Regen völlig fischleer. Skandinavien und Kanada sind zwei der am schlimmsten betroffenen Gegenden. Saurer Regen entsteht, wenn beim Verbrennen von fossilen Brennstoffen Schwefel- und Stickstoffverbindungen in der Atmosphäre freigesetzt werden, wo sie mit der natürlichen Luftfeuchtigkeit reagieren.

Saurer Regen übersäuert nach und nach Flüsse und Seen und setzt gleichzeitig aus ihrem Untergrund Aluminium frei. Der Säuregehalt des Wassers tötet Fischeier und -larven, das freigesetzte Aluminium setzt sich in den Kiemen der Fische ab, worauf diese sich mit Schleim zusetzen. Die Verbindung von hohem Säuregehalt und Aluminium tötet auch fast alle Pflanzen ab sowie die ganzen Kleinlebewesen, die den Fischen als Nahrungsgrundlage dienen.

AGROCHEMIE

Viele der in der modernen Landwirtschaft Anwendung findenden Chemikalien können sich als äußerst schädlich erweisen, wenn sie vom Regen in Flüsse, in Seen oder in das Meer geschwemmt werden. Zu diesen Chemikalien zählen Düngemittel, die übermäßiges Algenwachstum fördern, sowie Herbizide und Pestizide, die für alle Lebensformen im Wasser schädlich sind.

FISCHBESTÄNDE

Eine der größten Gefahren, der viele Arten ausgesetzt sind, ist die des Überfischens. Besonders problematisch ist das für viele für die Berufsfischerei bedeutende Meeresfischarten. Auf ihnen lastet ein enormer Befischungsdruck und gleichzeitig lassen sich Fangbegrenzungen und Mindestmaße nur schwer durchsetzen.
Süßwasserfische sind gewöhnlich besser vor der Gefahr des Überfischens geschützt. In den meisten höherentwickelten Ländern findet der Großteil der Fischerei des Sportes wegen statt und die ganze Fischerei ist durch Fischereischeine, Schonzeiten, Mindestgrößen, Besatzmaßnahmen und gelegentlich auch Entnahmebegrenzungen bestens durchorganisiert. Darüber hinaus lassen sich die meisten Süßwasserfische recht unproblematisch nachzüchten, sodaß die Besatzmaßnahmen den vorhandenen Beständen entsprechend organisiert werden können.
Auch Meeresangler können zum Erhalt der Fischbestände beitragen, indem sie sich persönliche Mindestmaße festsetzen und all jene Fische zurücksetzen, für die sie keine sinnvolle Verwendung haben.

Das "Catch and Release" - Fischen
Einen Fisch nach seinem Fang zurückzusetzen ist eine hervorragende Methode, um die Fischbestände zu erhalten. An einigen Gewässern ist es sogar Vorschrift. In jedem Fall müssen die zurückzusetzenden Fische sehr vorsichtig behandelt werden, damit sie später nicht an Verletzungen eingehen, die sie sich durch schlechte Behandlung zugezogen haben. Verwenden Sie widerhakenlose Haken oder drücken Sie den Widerhaken mit einer Zange flach, damit er sich leichter lösen läßt. Halten Sie den Fisch nach Möglichkeit im Wasser, damit sein Schuppenkleid und seine Schleimhaut möglichst unverletzt bleiben. Hat der Fisch den Haken geschluckt, sollten Sie die Schnur möglichst dicht am Haken durchschneiden und den Haken im Fischkörper lassen: so wird der Fisch weniger verletzt, als wenn versucht wird, ihn doch noch vom Haken zu befreien; die Magensäfte lösen ihn bald auf. Nach dem Hakenlösen halten Sie den Fisch mit beiden Händen mit dem Kopf gegen die Strömung, sofern welche da ist. Ist der Fisch erschöpft, müssen Sie ihn solange halten, bis er wieder zu Kräften gekommen ist und von selbst davonschwimmt.

HAIE SCHÜTZEN
Haie nach ihrem Fang zurückzusetzen, wie es dieser Angler gerade tut, hilft ihnen, ihr Überleben zu sichern. Die Bestände vieler Haiarten sind alarmierend zurückgegangen, teilweise wegen der Angler, aber vor allem, weil viele ihrer Flossen wegen gefangen werden. Das "Fischen" auf Haiflossen ist eine besonders verwerfliche Art der Berufsfischerei: den Haien werden bei lebendigem Leibe die Flossen abgeschnitten und die noch lebenden Fischrümpfe einfach ins Meer zurückgeworfen.

BEDROHTE ARTEN
Von internationalen und nationalen Organisationen wurden einige hundert Arten gezählt, deren Existenz bedroht ist. Einige der Arten, auf die der eine oder andere Angler stoßen wird, wurden hier aufgelistet, sie sind entweder vom Aussterben bedroht oder bereits am Aussterben. In den erwähnten Gegenden sollte man sie nicht gezielt befischen (was meistens ohnehin verboten ist) und wird zufällig einer gehakt, dann sollte er behutsam vom Haken gelöst und zurückgesetzt werden.

Acipenseriden (Störartigen)	
Shortnose Sturgeon	USA, Kanada
(*Acipenser brevirostrum*)	
Lake Sturgeon	USA, Kanada
(*Acipenser fulvescens*)	
Adriastör	Italien
(*Acipenser naccarii*)	
Atlantischer Stör	USA, Kanada
(*Acipenser oxyrhynchus*)	
Europäischer Stör	Europa
(*Acipenser sturio*)	
Pallid Sturgeon	USA
(*Scaphirhynchus albus*)	
Clupeiden (Heringsartige)	
Alse	Europa
(*Alosa alosa*)	
Lamniden	
Weißer Hai	Südafrika
(*Carcharodon carcharias*)	
Percichthyiden	
Eastern Freshwater Cod	Australien
(*Maccullochella ikei*)	
Trout Cod	Australien
(*Maccullochella macquariensis*)	
Clarence River Cod	Australien
(*Maccullochella sp.*)	
Mary River Cod	Australien
(*Maccullochella sp.*)	
Retropinniden	
Australian Grayling	Australien
(*Prototroctes maraena*)	
Salmoniden (Forellenartigen)	
Atlantic Whitefish	Kanada
(*Coregonus canadensis*)	
Kiyi	USA, Kanada
(*Coregonus kiyi*)	
Renken & Felchen	Europa
(*Coregonud lavaretus,*	
C.albula und C.oxyrhynchus)	
Blackfin Cisco	USA, Kanada
(*Coregonus nigripinnis*)	
Shortnose Cisco	USA, Kanada
(*Coregonus reighardi*)	
Shortjaw Cosco	USA, Kanada
(*Coregonus zenithicus*)	
Huchen	Osteuropa
(*Hucho hucho*)	
Apache Trout	USA
(*Oncorhynchus apache*)	
Gila Trout	USA
(*Oncorhynchus gilae*)	
Adriaforelle (Marmorata)	Balkanländer
(*Salmothymus obtrusirastris*)	

GLOSSAR

A

Afterflosse Die Flosse hinter dem After des Fisches.

AFTMA Die American Fishing Tackle Manufacturers Association. Dieser Verein setzt, neben anderen Aktivitäten, technische Normen für Angelgerät fest. Weltstandard erreichte seine Klassifizierung in der Fliegenfischerei.

Algen Unter Algen sind jene einfachen Pflanzen zu verstehen, die zwar Chlorophyll (grüner Pflanzenfarbstoff) enthalten, denen aber echte Wurzeln, Stämme und Blätter fehlen. Algen leben im Wasser und auf feuchtem Untergrund.

Amphidrome Fische Hierunter sind Fische zu verstehen, die zwischen Süß- und Salzwasser hin- und herwandern, ohne daß das für deren Laichgeschäft notwendig wäre.

Anadrome Fische Hierunter sind Fische zu verstehen, die den Großteil ihres Lebens im Meer verbringen, zum Laichen aber in Süßwasser aufsteigen.

Anhieb Nach dem Biß wird die Schnur ruckartig gestrafft und dadurch der Haken eingetrieben. Das ruckartige Straffen erfolgt meistens durch ein rasches Anheben der Rute.

Aorta Die Hauptarterie, die das Blut vom Herzen wegtransportiert.

Articular Der hintere Knochen im Unterkiefer eines Fisches. Er ist mit Ober- und Zwischenkiefer verbunden.

B

Bauchflossen Das Flossenpaar an der Körperunterseite eines Fisches.

Becken Eine Vertiefung in der Erdoberfläche; das Wassereinzugsgebiet eines Flußsystemes; eine sehr große Vertiefung in der Oberfläche, die beispielsweise einen Ozean und die sich in ihn ergießenden Flüsse und Ströme enthält (Pazifikbecken).

Befestigungsöse Ein kleiner Ring unmittelbar oberhalb vom Handteil einer Fliegenrute, in den die Fliege bei Nichtgebrauch eingehängt werden kann (Keeper Ring).

Biomasse Die Gesamtmasse aller Lebensformen einer bestimmten Gegend oder eines Gewässers.

Biß Die Handlung eines Fisches, der den Köder ins Maul nimmt.

Blindsäcke Fleischige, fingerartige Röhrchen, die an der Verbindung zwischen Magen und Darm eines Fisches wachsen. Von ihnen werden verdauungsfördernde Enzyme hergestellt.

Bogenfischen Das Fischen mit Pfeil und Bogen. In den Vereinigten Staaten ist diese Art der Fischerei an vielen Gewässern erlaubt und gewöhnlich wird so auf fischereilich uninteressante Arten (in den USA zählen dazu beispielsweise Karpfen) Jagd gemacht, die in Nahrungskonkurrenz zu geschätzteren Sportfischarten stehen. Der Pfeil wird an das Ende einer Schnur befestigt und am Bogen wird eine Schnurrolle montiert.

Brackwasser Leicht salziges Wasser.

Brustflossen Das Flossenpaar unmittelbar hinter dem Kopf eines Fisches.

Brut Sehr junge Fische, die kurz zuvor geschlüpft sind.

C

Catadrome Fische Süßwasserfische, die in die brackigen Flußunterläufe oder ins Meer zum Laichen ziehen.

Cleithrum Ein Knochen am Hinterrand des Fischschädels, der den Brustflossen Halt gibt.

Dottersack Die mit einer dünnen Membran überzogene, kugelartige Nahrungsreserve eines frischgeschlüpften Fisches. Von dieser Reserve zehrt er, bis er zur selbstständigen Nahrungsaufnahme in der Lage ist.

Eisfischen Eine sehr spezielle Art der Fischerei, die in skandinavischen Ländern und in Nordamerika entwickelt wurde. An vereisten Gewässern wird durch in die Eisschicht geschnittene Löcher gefischt. Gefangen werden hierbei Hechte, Zander, Barsche und Forellen. Durch Eislöcher wird meistens hebend und senkend mit Kunst- oder mit Naturködern gefischt.

Elektrofischerei Elektrischer Strom, der ins Wasser geleitet wird, betäubt die Fische. Sie lassen sich unverletzt einsammeln, vermessen und markieren, bevor sie zurückgesetzt oder in ein anderes Gewässer gebracht werden.

Endmontage Hierunter ist jene Montage gemeint, die an das Ende der Hauptschnur gebunden wird.

F

Fangbegrenzung Die maximale Entnahmemenge (Anzahl oder Gewicht), die an einem bestimmten Gewässer zulässig ist. erkundigen Sie sich vor dem Fischen stets nach den jeweils gültigen Bestimmungen.

Federstreifen Ein schmaler Streifen aus nur einigen Fibern einer Feder. Federstreifen werden oft beim Fliegenbinden verwendet.

Fettflosse Kleine, sehr fetthaltige Flosse, die einige Fischarten zwischen der Rücken- und der Schwanzflosse tragen.

Fingerling Ein kleiner, unreifer Fisch, der etwa Fingerlänge erreicht hat.

Fischlarve Ein Jungfisch kurz nach dem Schlüpfen.

Fischleiter Eine Aufstiegshilfe für Fische, die trotz eines Hindernisses (Wehr, Damm) weiter stromauf ziehen wollen.

Fischzucht Ein Ort, an dem Fische künstlich vermehrt und gemästet werden.

G

Gallenblase Eine kleine Tasche, die sich in der Nähe der Leber befindet und in der **Gallensaft** Gespeichert ist. Gallensaft wird von der Leber produziert, er hilft bei der Verdauung im Darmtrakt.

Gonaden Die Geschlechtsorgane, die für die Spermien- oder Eiproduktion zuständig sind.

Grain Eine Gewichtseinheit, die beispielsweise zum Klassifizieren von Wurfschnüren verwendet wird. 1 Gramm = 15,4 Grains; 1 Unze = 437,6 Grains.

Greenheart Ein tropischer Baum aus Amerika, Ocotea rodiae; früher wurde sein Holz zur Anfertigung von Fliegenruten verwendet.

Grilse Ein junger Atlantiklachs, der zum ersten Mal zum Laichen aufsteigt. Gewöhnlich hat er zuvor eineinhalb oder zwei Jahre im Meer verbracht.

H

Handleine Eine sehr einfache Montage, die oft von Kindern zum Fischen in Hafenbecken verwendet wird. Sie besteht lediglich aus einem Gewicht und einem Haken, die beide an eine um einen Plastik- oder Holzrahmen gewickelte Schnur gebunden werden.

Heben und Senken Eine Art der Köderführung. Den Natur- oder Kunstköder läßt man abwechselnd ansteigen und fallen, wobei diese Bewegung mit der Rutenspitze gesteuert wird.

Hoden Die Fortpflanzungsorgane eines männlichen Fisches (Gonaden), die für die Spermienherstellung zuständig sind.

I

Ichthyologie Das wissenschaftliche Studium der Fische und ihrer Lebensgewohnheiten.

IGFA Die International Game Fish Association. Ihren Sitz hat sie in Fort Lauderdale, Florida. Sie hält Listen mit Rekordfischen auf dem aktuellsten Stand und bestimmt technische Richtlinien für Angelgerät.

Introperculum Der Zwischendeckel vom Kiemendeckel.

J

Jig Ein kleiner Kunstköder mit metallenem Kopf, an den oft ein Federbüschel gebunden wird.

K

Kampfgurt Dieser Gurt ist aus Leder oder Gummi, er wird um die Hüfte geschnallt und in eine Vertiefung in ihm wird das untere Rutenende gesteckt, was im Drill mit großen Fischen einen günstigeren Hebel zur Folge hat.

Kelt Eine Forelle oder ein Lachs nach dem Ablaichen.

Kiemen Jenes Organ, mit dem der Fisch den Sauerstoff aus dem Wasser filtert.

Kiemenbogen Die Knochenbögen, an denen die Kiemen hängen.

Kiemenreusendornen Die zahnartigen Verlängerungen auf den Kiemenbögen. Durch sie wird vermieden, daß bei der Atmung Nahrung aus der Mundhöhle geschwemmt wird. Bei einigen Arten stehen diese Dornen so dicht, daß mit ihnen das Plankton aus dem Wasser gefiltert werden kann.

Köderfisch Jede Fischart, die von größeren Fischen gefressen wird, wie beispielsweise Elritzen und Sandaale, und die häufig Anwendung als Köder finden.

Ködernadel Eine lange Nadel, die zum Aufziehen größerer Köder verwendet wird.

Konterwasser Durch irgendein Hindernis wird die Strömung gebrochen und der Wasserfluß verlangsamt, es entsteht eine strömungsgeschützte Zone, in der das Wasser oft kreisförmig dreht.

Krill Winzige, krabbenartige Krebse aus der Familie der Euphausiiden, die im Meer einen sehr wichtigen Bestandteil der Nahrungskette ausmachen.

L

Laichkuhle Vertiefung im Gewässergrund, die einige Fischarten mit ihrer Schwanzflosse freilegen und in der anschließend abgelaicht wird (Forelle, Lachs).

Lebendköder Jeder Naturköder, der lebend verwendet wird (Maden, Würmer, Fische)

Limnologie Das wissenschaftliche Studium von Seen und Teichen und den in ihnen vorhandenen Lebensformen.

Loch-Style Das Fliegenfischen mit einem Naßfliegensystem, das nur kurz windab von einem auf einem stillstehenden Gewässer treibenden Boot geworfen wird.

Low-Water Fliege Eine recht sparsam ausgestattete Fliege, die auf einen kleinen Haken gebunden wird und in erster Linie zum Fang von in seichtem Wasser stehenden Lachsen verwendet wird.

M

Magenlöffel Mit diesem langen und schlanken Hilfsinstrument lassen sich durch den Fischschlund Proben des Mageninhaltes entnehmen. Hauptsächlich verwenden Forellenfischer diese Löffel,

mit deren Hilfe sie herausfinden können, was gerade von den Forellen gefressen wird.

Maxillar Der hintere Knochen vom Oberkiefer eines Fisches.

Milch Der Samen eines männlichen Fisches.

N

Nipptide Jene Gezeiten, mit denen sich die Springfluten abwechseln. Ihre Strömung und ihr Tidenhub ist der jeweils geringste innerhalb eines Monats.

O

Oberflächenfilm Der scheinbar elastische Film auf der Wasseroberfläche, der durch die Oberflächenspannung entsteht.

Oberflächenspannung Hierunter ist die natürliche Tendenz der Wasseroberfläche und der anderer Flüssigkeiten zu verstehen, sich wie ein elastisches Blatt zu verhalten. Hervorgerufen wird sie durch die zwischen den einzelnen Wassermolekülen herrschenden Kräfte. Die Moleküle an der Oberfläche und darunter sind viel fester miteinander verbunden, als mit jenen aus der Luft über ihnen.

Operculum Bei Knochenfischen ist dieser Knochen der äußerste und größte der verschiedenen Kiemendeckelknochen.

Osmose Der Prozeß, über den ein Fisch Wasser durch seine Haut aufnimmt und abgibt, damit er seinen Körperhaushalt zwischen Salzen und anderen Körperflüssigkeiten im Gleichgewicht halten kann.

Otolithen Die Ohrsteinchen. Diese ovalen, steinartigen Gebilde aus dem Gehörinneren von Fischen und anderen Wirbeltieren helfen dabei, das Gleichgewicht zu halten.

Ova Die Eier von Fischen und anderen Lebewesen. Die Menge der Eier in den Gonadenmembranen eines weiblichen Fisches wird als Rogen bezeichnet.

Ovarien Die Fortpflanzungsorgane (Gonaden) eines weiblichen Fisches, die für die Herstellung der Eier zuständig sind.

Oviviparus Ovivipare Fische sind solche, die Eier ablegen, aus denen später die Jungfische schlüpfen. Zu diesen Fischen gehören die meisten Knochenfische, viele Rochen- und einige Haiarten.

Ovoviviparus Die Eier werden im Leibesinneren vom Muttertier befruchtet, wo sie auch schlüpfen. Sie reifen in Schutzhüllen heran und erhalten dabei vom Muttertier keine Nahrung. Die meisten Hai- und Rochenarten vermehren sich auf diese Art und Weise.

P

Parabolicaktion Eine durchgehende Rutenaktion (von der Rutenspitze bis in den Griff)

Parr Jungforellen oder -lachse, die höchstens zwei Jahre alt sind und sich von den

Smolts durch ihre Parr-Zeichnung unterscheiden. Bei dieser Zeichnung handelt es sich um dunkle Streifen auf den Flanken.

Pelagische Fische Pelagische Fische leben im Freiwasser und an der Oberfläche.

pH-Wert Der pH-Wert einer Flüssigkeit klärt darüber auf, ob es sich um eine alkalische oder um eine saure handelt. Reines Wasser hat einen pH-Wert von 7; Wasser mit einem niedrigeren Wert ist sauer und Wasser mit einem höheren ist alkalisch (basisch). Saurer Regen weist meistens einen Wert unter 5 auf.

Pool Eine Vertiefung im Fluß, in der die Strömung nachläßt. An einem Pool ist ein Gewässer meistens auch ein wenig breiter.

Potamodrome Fische Fische, die innerhalb großer Flußsysteme ausgedehnte Wanderungen unternehmen.

Premaxillar Der Zwischenkiefer am Oberkiefer.

Preoperculum Der Vordeckel. Dieser Knochen liegt an der Wange unmittelbar vor dem eigentlichen Kiemendeckel.

Q

Quadrate Der Knochen, der den Oberkiefer mit dem Schädel verbindet.

R

Raubfisch Jede Fischart, die zur Nahrungsaufnahme über andere größere Lebewesen, u.a. Fische, herfällt.

Reißen Jedes Haken eines Fisches außerhalb vom Maul.

Riesel Eine schnellströmende, meistens recht seichte Strecke an einem Bach oder Fluß.

Rogen Die Eier des weiblichen Fisches.

Rückenflosse Die Flosse oder die Flossen auf dem Rücken vieler Fischarten.

S

Salzgehalt Hiermit ist die Gehalt an im Wasser gelösten Salzen gemeint. Im Süßwasser ist meistens weniger als 0,2% Salz enthalten, Brackwasser enthält bis zu 3% Salz und Meereswasser über 3%. Gewöhnliches Meerwasser enthält 3,433% Salze - 2,3% Sodiumchlorid (Kochsalz), 0,5% Magnesiumchlorid, 0,4% Sodiumsulfat, 0,1% Kalziumsulfat, 0,07% Potassiumchlorid und 0,063% andere Salze.

Salzwasser Wasser, das einen hohen Gehalt an gelösten Salzen hat.

Sauerstoffarmut Sie kann als Folge von Überdüngung oder von heißem Wetter eintreten. Ab einer bestimmten Sauerstoffarmut kommt es zu Fischsterben.

Schlundzähne Diese Zähne sitzen im hinteren Schlundbereich vieler Fischarten und dienen ihnen zum Zermalen der Nahrung. Typische Schlundzahnträger sind die Karpfenartigen.

Schlupf Hiermit ist das gleichzeitige Auftreten großer Insektenmengen ein und derselben Art an der Wasseroberfläche gemeint. An der Oberfläche befreien sich die erwachsenen Insekten von ihrer Nymphenhülle, worauf sie gewöhnlich ein wenig ruhen und sich dann in die Lüfte begeben.

Schwanzwurzel Hiermit ist der recht schlanke Abschnitt am Schwanzansatz zwischen Rücken- und Schwanzflosse gemeint.

Smolt Ein junger Lachs oder eine junge Meerforelle auf ihrer ersten Reise ins Meer. In diesem Stadium sind die Fische meistens überaus silbrig.

Sportfisch Jeder Fisch, der seiner sportlichen Eigenschaften wegen geschätzt wird.

Springflut Die Gezeiten anläßlich von Voll- und Neumond. Ihr Hub und ihre Strömung ist stärker als sonst innerhalb desselben Mondzyklus.

Strahlen Die weichen oder festen Strahlen, mit denen die Fische ihre Flossen aufrecht erhalten.

Suboperculum Der Unterdeckel vom eigentlichen Kiemendeckel.

Supracleithum Ein Knochen am oberen Hinterrand eines Fischschädels, er ist einer der Knochen, welche die Brustflossen in Stellung halten.

Süßwasser Wasser, in dem nur wenige Salze gelöst sind.

T

Taper Der Verjüngungsgrad einer Rute oder einer Wurfschnur. Der Verjüngungsgrad bestimmt die Aktion der Rute oder der Schnur.

Tiefseefische Diese Fische leben in den untersten Etage unserer Ozeane in absoluter Finsternis.

Tippet Die Vorfachspitze an einer Fliegenschnur, an die die Fliege gebunden wird.

Tragkraft Die Maximalbelastbarkeit einer Schnur, eines Wirbels oder anderen Angelgerätes. Solange die Belastung unter dem angegebenen Tragkraftwert bleibt, kann sicher gefischt und gedrillt werden.

U

Ufer Das linke Ufer eines Flusses ist nur dann das linke Ufer, wenn der Angler stromab blickt und es sich auf dessen linker Seite befindet.

Unrat Sediment-, Lehm- und organische Ablagerungen auf dem Gewässergrund.

Unterstand Eine Stelle, an der ein Fisch ruhen und in aller Ruhe seiner Beute auflauern kann.

V

Vas deferens Der Leiter, über den der männliche Samen aus den Hoden geleitet wird.

Viviparus Bei diesen Fischen werden die reifen Eier im Körperinneren der weiblichen Fische befruchtet, wo sie auch schlüpfen. Im Gegensatz zu den ovoviviparen Fischen werden diese Jungen im Mutterleib ernährt. Zu diesen Fischen zählen einige Haiarten und einige Knochenfische.

W

Wassereinzugsgebiet Das Gebiet, das von Fließgewässer entwässert wird. Seine Ausmaße hängen von den jeweiligen örtlichen Gegebenheiten ab.

Wirbel Ein einzelnes Segment aus der Wirbelsäule eines Wirbeltieres.

Wirbellose Eine Kreatur, die ohne Wirbelsäule auskommt (Würmer, Insekten, Schnecken).

Wirbeltiere Eine Kreatur, die über eine Wirbelsäule verfügt, wie beispielsweise Fische und Säugetiere.

Wobbler Diese Köder sind Kunstköder, die zum Spinn- und Schleppfischen verwendet werden. Die meisten Wobbler erhalten durch eine spezielle Tauchschaufel beim Einholen ein Eigenleben, das Raubfische zum Angriff provozieren soll.

INDEX

Fische, deren Namen noch nicht ins Deutsche übersetzt wurden, bzw. deren übersetzte Namen zu Verwechslungen führen können.

DANKSAGUNGEN

An diesem Buch hat eine ganze Mannschaft von Autoren, Fotografen und Zeichnern hingabevoll gearbeitet, wobei sie von einer riesigen Heerschar von Spezialisten und Geräteherstellern unterstützt wurde, denen wir hierfür gerne danken möchten.

Zunächst möchten wir uns bei Martin von Photo Summit bedanken, dessen Kaffee und hervorragenden Bilder den Anfang ermöglichten; bei John Wilson, für seine Zeit, seinen Rat und seine Gastfreundschaft; bei Mike Millman für seine Hilfe und seinen Willen, das Unmögliche in kürzester Zeit zu erledigen; bei Ron Worsfold für seine zur Verfügung gestellten Stippruten; und bei Trevor Housby, dessen Rat und Ermutigungen uns sehr fehlen.

Unter allen Gerätelieferanten möchten wir uns besonders bei Don Neish und Peter Morley (Don's of Edmonton) bedanken, die immer ganz kurzfristig dazu in der Lage waren, uns mit Gerät zu versorgen. Besonderer Dank für ihre Hilfe gebührt auch folgenden Personen und Firmen: Simon Bond (Shimano); Alan Bramley und Fiona Hemus (Partridge of Redditch); Bob Brownsdon (Shakespeare); Peter Drennan und Tochter Sally (Drennan International); Sue und Chris Harris (Harris Angling Company); Chris Leibbrandt (Ryobi Masterline); David McGinlay (Daiwa); und John Rawle (Cox & Rawle).

Ebenfalls möchten wir uns bei Richard Banbury (Orvis); Breakaway Tackle; Browning; Paul Burgess (Airflo); Jeremy Buxton (asset Optics); Pat Byrne (D.A.M.); Alan Caulfield (Penn); Darren Cox (DCD); Roy Eskins (HUF-Fishing); Brendan Fitzgerald (House of Hardy); Michael McManus (Caroll McManus); Nick Page (Nican Enterprises); Graeme Pullen (Blue Water Tackle); Andrew Reade (Keenets); Nicholas Stafford-Deitsch (Edington Sporting Co.); Mike Stratton (Thomas Turner & Sons); B.W.Wright (Nomad); Val und Chris (Vanguard Tackle, Boston); Bruce Vaughan und Dennis Moss (Wychwood Tackle); Clive Young (Young's of Harrow); sowie bei Nick Young (Leeda) bedanken.

Schließlich noch ein ganz herzliches Dankeschön an Barbara, Hilary und Jane für ihre Hilfe in den schwierigen Momenten; ebenso an Steve, Andy, Tim, Nick, Sara und Gary aus dem Studio; an Krystyna und Derek bei Dorling Kindersley; und zu guter letzt an Peter Kindersley, dessen Zuversicht das Projekt überhaupt erst ermöglicht hat.

ANHANG

Es gibt über 22000 Fischarten und nur ein Bruchteil von ihnen hat einen deutschen Namen erhalten, weil letztlich nur wenige von ihnen im deutschen Sprachgebrauch auftauchen. Ebenso verhält es sich mit zahlreichen in diesem Buch vorgestellten Arten, von denen viele, wenn nicht sogar die meisten, den deutschen Anglern fremd sind, da sie außerhalb der "Wurfweite" dieser Angler leben. Es ist natürlich möglich, diese Fischnamen "einzudeutschen", was aber ein noch größeres Durcheinander als im Englischen zur Folge hat: die Seatrout auf Seite 154 und die Seatrout auf Seite 189 haben, außer der Tatsache, daß es sich in beiden Fällen um einen Fisch handelt, nichts gemeinsam. Ebenso verhält es sich mit den zahlreichen "Seabass", die vielerorts im englischen Sprachraum und auch mehrmals in diesem Buch auftauchen. Was in Nordamerika als Lake Trout bezeichnet wird, ist im deutschen Sprachraum und den Wissenschaftlern zufolge ein Seesaibling, der nichts mit einer Forelle (Trout) gemeinsam hat. Kurzum, die Originalnamen sind oft schon fehlerhaft genug, eine Übersetzung hätte noch mehr Verwechslungen zur Folge. Recht zuverlässig, wenn auch nicht fehlerfrei, sind die wissenschaftlichen Namen.

Deutsche Namen tragen die Fische in diesem Buch nur dort, wo sie halbwegs passend sind und nicht zu Verwechslungen führen. Als Grundlage haben diese Namen die im deutschen Sprachraum umfassendsten Fischbestimmungsbücher (Muus/Dahlström; BLV-Verlag). Ansonsten wurden die im englischen Sprachraum geläufigen Originalnamen gelassen, was für den Angler letztlich auch am nützlichsten ist: es sind die Namen, auf die er während seiner Reisen stoßen wird.

Olivier Portrat